재잘재잘 피지컬 컴퓨팅 DIY
Making Things Talk

MAKING THINGS TALK
by Tom Igoe

ⓒ Insight Press 2014

Authorized translation from the English edition of Making Things Talk 2E ISBN 9781449392437 authored by Tom Igoe published by O'Reilly in September 2011
This Translation is published and sold by permission of O'Reilly Media, Inc., the owner of all rights to publish and sell the same.

이 책의 한국어판 저작권은 에이전시 원을 통해 저작권자와의 독점 계약으로 인사이트 출판사에 있습니다. 신저작권법에 의해 한국 내에서 보호를 받는 저작물이므로 무단전재와 무단복제를 금합니다.

재잘재잘 피지컬 컴퓨팅 DIY

초판 1쇄 발행 2014년 1월 20일 **지은이** 톰 아이고 **옮긴이** 김현규, 황주선 **펴낸이** 한기성 **펴낸곳** 인사이트 **편집** 김민희, 이은순 **본문 디자인** 윤영준 **제작·관리** 이지연, 박미경 **표지출력** 소다그래픽스 **본문출력** 현문인쇄 **용지** 월드페이퍼 **인쇄** 현문인쇄 **제본** 자현제책 **등록번호** 제10-2313호 **등록일자** 2002년 2월 19일 **주소** 서울시 마포구 서교동 469-9번지 석우빌딩 3층 **전화** 02-322-5143 **팩스** 02-3143-5579 **블로그** http://www.insightbook.co.kr **ISBN** 978-89-6626-079-5 책값은 뒤표지에 있습니다. 잘못 만들어진 책은 바꾸어 드립니다. 이 책의 정오표는 http://www.insightbook.co.kr/27296에서 확인하실 수 있습니다. 이 책의 국립중앙도서관 출판시 도서목록(CIP)은 서지정보유통지원시스템 홈페이지(http://seoji.nl.go.kr)와 국가자료공동목록시스템(http://www.nl.go.kr/kolisnet)에서 이용하실 수 있습니다.(CIP제어번호: CIP2013023019)

재잘재잘
피지컬 컴퓨팅 DIY

톰 아이고 지음 | 김현규 · 황주선 옮김

차례

옮긴이의 글   VIII

서문   XIII

이 책의 대상 독자   XIV
알아두어야 할 것들   XV
이 책의 내용   XVI
부품 구입   XVII
예제 코드의 사용에 대하여   XVIII
예제 회로도의 사용에 대하여   XVIII
초판에 부치는 감사의 글   XIX
2판에 부치는 글   XXII

1장   도구들   1

만지는 것에서 시작한다   2
모든 것은 펄스의 문제이다   3
컴퓨터의 모양과 크기는 다양하다   4
좋은 습관들   5
도구들   7
명령 행 사용하기   15
오실로스코프 사용하기   39
만지는 것에서 끝난다   40

2장   가장 단순한 네트워크   43

규약의 계층   45
연결하기: 하위 계층들   46
대화하기: 응용 계층   52
   프로젝트 1. 키보드로 LED의 밝기 조절하기   52
복잡한 대화   56
   프로젝트 2. 몬스키 퐁   56
흐름 제어   67
   프로젝트 3. 무선 몬스키 퐁   69
   프로젝트 4. 블루투스 다루기   74
결론   78

3장   보다 복잡한 네트워크 — 81

네트워크 지도와 주소 — 83
클라이언트, 서버, 메시지 프로토콜 — 90
　프로젝트 5. 네트워크 고양이 — 97
결론 — 118

4장   컴퓨터 없이 인터넷을? 마이크로컨트롤러와 인터넷 — 121

네트워크 모듈 — 123
　프로젝트 6. 헬로 인터넷! — 126
임베디드 네트워크 클라이언트 응용프로그램 — 134
　프로젝트 7. 네트워크에 연결된 대기 환경 계기판 — 134
임베디드 모듈 프로그래밍과 문제 해결 도구 — 146
결론 — 153

5장   (거의) 실시간으로 통신하기 — 155

인터랙티브 시스템과 피드백 루프 — 157
전송 제어 프로토콜: 소켓과 세션 — 158
　프로젝트 8. 네트워크 퐁 — 159
클라이언트 — 161
결론 — 184

6장   무선통신 — 187

무선통신의 한계 — 190
무선통신의 양대 산맥: 적외선과 전자파 — 191
　프로젝트 9. 적외선으로 디지털카메라 제어하기 — 195
전파 통신의 작동 방식 — 197
　프로젝트 10. 양방향 전파 통신 — 201
　프로젝트 11. 블루투스 송수신기 — 214
통신기를 선택하는 요령 — 224
와이파이 — 225
　프로젝트 12. 헬로 와이파이! — 225
결론 — 228

차례   v

7장 세션을 사용하지 않는 네트워크   233

세션 vs. 메시지   236
거기 누구 있어요? 방송 메시지   237
    프로젝트 13. 작업실에 유해 화학물질이 있는지 보고하기   242
목적지가 지정된 메시지   255
    프로젝트 14. 태양전지 데이터 무선으로 중계하기   257
결론   267

8장 위치 찾기   271

네트워크 위치와 실제 위치   274
거리 측정하기   278
    프로젝트 15. 적외선 거리측정기 예제   279
    프로젝트 16. 초음파 거리측정기 예제   281
    프로젝트 17. XBee 무선 통신기를 이용해서 수신된 신호 세기 읽기   284
    프로젝트 18. 블루투스 무선 통신기를 이용해서 수신된 신호 세기 읽기   286
삼변 측량법으로 위치 판단하기   287
    프로젝트 19. GPS 직렬 프로토콜 읽기   288
방향 알아내기   296
    프로젝트 20. 디지털 나침반을 이용해서 방향 알아내기   297
    프로젝트 21. 가속도 센서를 이용해서 자세 판단하기   301
결론   308

9장 인증하기   311

물리적 인식   314
    프로젝트 22. 웹캠을 이용한 색상 인식   316
    프로젝트 23. 웹캠을 이용한 얼굴 인식   320
    프로젝트 24. 웹캠을 이용한 2차원 바코드 인식   324
    프로젝트 25. 프로세싱에서 RFID 태그 읽기   330
    프로젝트 26. RFID가 가정 자동화와 만났을 때   333
    프로젝트 27. RFID로 트윗 하기   341
네트워크 인증   364
    프로젝트 28. IP 지오코딩   366
결론   371

10장 휴대전화 네트워크와 실세계 ... 375

거대 네트워크 ... 377
    프로젝트 29. 고양이 카메라 다시 보기 ... 381
    프로젝트 30. 온도조절기에게 전화하기 ... 398
문자 메시지 인터페이스 ... 406
휴대폰을 위한 네이티브 응용프로그램 ... 410
    프로젝트 31. 개인 휴대용 데이터로거 ... 416
결론 ... 430

11장 프로토콜 다시보기 ... 433

연결하기 ... 434
텍스트냐 바이너리냐? ... 438
MIDI ... 441
    프로젝트 32. MIDI 즐기기 ... 443
REST ... 452
    프로젝트 33. 즐겁게 REST를 사용하기 ... 455
결론 ... 457

부록 부품과 재료 구하기 ... 461

부품들 ... 462
하드웨어 ... 464
소프트웨어 ... 469

찾아보기 ... 471

옮긴이의 글

이 책의 번역을 제안받은 것은 『짜릿짜릿 전자회로 DIY』(Make Electronics)라는 책을 번역한 후 한숨 돌리면서 책과 인터넷을 뒤적이며 잡다한 것을 만들던 도중이었습니다. 공교롭게 이 책의 원서인 『MAKING THINGS TALK』 역시 당시 보고 있던 책이었습니다. 여러 아두이노 서적에서 추천되고 있는 책이니까요. 사실 처음 책의 제목만 봤을 때는 소리 내는 뭔가를 만드는 것인 줄 알고 딸의 장난감을 만들 때 쓸 수 있겠다는 생각으로 읽기 시작했습니다. 하지만, 그 생각이 착각이었다는 것을 알아채는 데는 오래 걸리지 않았습니다. 여기서 'talk'라는 단어는 '소리를 낸다'는 뜻이 아니라 '서로 소통한다'는 의미였던 거죠.

최근 십여 년 전부터 임베디드 분야에서 가장 많이 사용되는 단어 중 하나가 바로 'connected'인 것 같습니다. 이전에는 하나의 장치가 어떤 일을 하는지에 집중했다면, 이제는 다양한 장치들이 서로 연결되어 정보를 주고받으면서 이전에는 상상하기 어려웠던 많은 일들을 할 수 있게 된다는 의미이기도 하죠.

바로 이 책은 다양한 장치들을 서로 연결시키기 위한 물리적 전기적인 규격인 인터페이스와, 장치들이 서로 정보를 주고받을 수 있도록 만들어주는 약속인 프로토콜, 받아들인 정보에 대해서 반응하고 처리하는 응용 예제에 이르기까지 연결된 장치를 만들어내기 위한 정보를 대부분 가지고 있습니다. 달리 이야기하면, 한창 화두가 되고 있는 'connected device'를 만들 수 있는 방법을 가장 쉽게 설명한 책인 거죠.

장치를 서로 연결할 수 있다는 것은 그 자체로도 하나의 장비로 처리할 수 없었던 일들을 서로 연결해 일을 분산해서 처리할 수 있다는 점에서 큰 의미가 있지만, 취미로 뭔가를 만드는 사람들에게는 데이터를 얻어오는 부분(보통 센서겠죠?)과 받아들인 데이터를 처리하는 부분, 그리고 사용자에게 보여주는 부분을 분리할 수 있게 된다는 점이 좀 더 큰 의미가 아닌가 생각됩니다. 즉, 이전보다 훨씬 자유롭게 데이터를 얻어오는 센서들이나 인터페이스를 장치시킬 수 있고, 위치에 크게 제약을 받지 않으면서 데이터를 수집·가공하고, 사용자가 이해하고 접근하기 쉬운 방법으로 보여줄 수 있게 된 것입니다.

달리 이야기하면, 이전에 어떤 것을 만들 때 물리적인 제약이 상상을 제한한 부분이 있었는데, 이제는 서로 연결된 장치들을 사용함으로써 좀 더 자유롭게 상상하고 만들어 낼 것을 구상할 수 있게 되었다는 점이 달라졌습니다. 물론, 모든 제한이 사라진 것은 아닙니다. 하지만 상상을 실제로 구현할 수 있는 가능성은 크게 늘어난 상태라 볼 수 있죠. 이 책에서는 상당히 광범위한 연결 방법을 이야기하고 있으니까요.

이제 방법은 있습니다. 상상하세요.

마지막으로, 주중에는 바쁘다고 새벽에 퇴근하고, 집에 와서는 주중이고 주말이고 번역하고 있는 저를 위해서 슬며시 놀러나가면서 주말 시간을 인내해준 귀염둥이 딸 민혜와 안사람 은경에게 감사와 사랑을 전하며 머릿말을 마무리합니다. 감사합니다.

김현규

이 책은 아두이노의 통신과 네트워크를 다룹니다. 아두이노는 '감각하고' '표현하고' '생각하는' 등 다양한 기능을 수행할 수 있는 막강한 소형 컴퓨터입니다. 하지만 저자는 이러한 아두이노가 '홀로 사유하는 외톨이'는 아닌지 고민한 끝에 이 책을 통해 아두이노를 '서로 대화하는 사물'로 변모시킵니다. 저자는 대화하는 규칙과 방법을 아두이노에게 차근차근 가르칩니다(프로그래밍). 이를 통해 자칫 건조하고 어려울 수도 있는 통신과 네트워크의 세계를 독자들이 잘 이해하고 활용할 수 있도록 정성껏 안내하고 있습니다.

이 책은 33개의 크고 작은 프로젝트로 구성되어 있습니다. 각 프로젝트가 다루는 소재와 범위는 매우 다양합니다. 저자가 폭넓은 분야의 개념과 장치, 그리고 언어를 연결하고 결합하기 때문입니다. 이 책에서 다루는 장치만 하더라도 아두이노와 같이 간단한 입출력 장치는 물론, 다양한 실드와 통신 장치, 원격 컴퓨터와 로컬 컴퓨터, 그리고 안드로이드 기반의 스마트폰에 이르기까지 매우 폭이 넓습니다. 개발 환경 및 언어도 아두이노, 프로세싱, PHP 등에 걸쳐 있으며, 서버와 클라이언트를 오가며 프로젝트가 진행됩니다. 때로는 독자가 간단한 구조물을 만들어서 완성하는 프로젝트도 있습니다. 이 책 자체가 다양한 분야의 지식과 정보가 서로 대화하고 소통하는 하나의 거대하고 복합적인 광장인 것입니다. 그러면서도 프로젝트가 잘 조직되고 구성된 덕분에 책의 전체적인 주제를 효과적으로 전달하고 있습니다. 독자는 이 책에서 재활용 가능한 샘플 코드나 회로도를 얻을 수도 있지만 그 이상의 것, 즉 사물과 사물을 연결하고 대화하도록 만드는 데 필요한 개념과 규칙, 방법 자체를 배울 수 있습니다.

저자는 통신과 네트워크의 최종 목표가 사물과 사물을 연결하는 데 있는 것은 아니라고 말합니다. 저자가 지향하는 지점에는 사물과 사람이, 그리고 사물 너머의 사람과 사람이 보다 수월하게 대화하는 모습이 그려지고 있습니다. 저자의 이러한 생각은 책에 수록된 프로젝트 곳곳에서 다양한 방식으로 구체적인 일상과 추상적인 데이터를 연결하며 모습을 드러냅니다. 저자는 또한 타인에 대한 배려심을 잊지 않도록 독자에게 당부합니다. 자신을 위한 프로젝트를 구현하는 것도 기쁘고 소중한 일이지만 타인을 배려하고 함께 나눌 때 프로젝트의 가치가 더욱 커진다는 점을 강조합니다.

통신과 네트워크가 우리의 일상에서 차지하는 비중은 어느새 매우 커졌고 또한 자연스러울 정도로 일반화되었습니다. 물론 그만큼 매력적인 분야이기도 합니다. 이는 교육 현장에서도 예외는 아니어서, 호기심에 이끌려 아두이노를 처음 배우기 시작한 학생들도 학기말이 되면 알게 모르게 통신과 네트워크 분야를 포함하는 프로젝트 아이디어를 제안하는 일이 많습니다. 통신과 네트워크를 다룬다는 것은 어떤 면에서는 보다 공적인 언어로의 사고전환을 의미하기도 합니다. 그러한 상황을 인식하는 학생들은 그동안 너무나도 익숙했던 '대화하기'에 대해 다시 고민하는 과정을 경험하곤 합니다. 그리고 '말하기'와 '듣기'를 아두이노에게 가르치는 과정에서 자신도 그 과정에 대해 재학습합니다.

이 책과의 인연은 저자의 첫 저서인 『피지컬 컴퓨팅(Physical Computing)』까지 거슬러 올라갑니다. 색은 다소 바랬지만 여전히 가까운 책장에 꽂혀 있는 저자의 책들을 보며 저 또한 많은 것을 배웠습니다. '좋은 저자'와 '좋은 책'에 대한 믿음과 애정을 쌓아왔습니다. 한편, 비교적 짧은 시간 동안 통신과 네트워크 관련 프로젝트를 진행하는 학생들이 스스로 참조할 수 있는 마땅한 지침서가 없어 늘 아쉬웠습니다. 덕분에 이 책의 번역 권유를 받았을 때 선뜻 나설 수 있었습니다. 세간에는 이미 아두이노에 대한 훌륭한 서적이 많이 출간되어 있습니다. 그럼에도 이 책은 아두이노 기반의 통신과 네트워크 분야에서 중요한 역할을 할 수 있으리라 생각합니다.

이 책이 나오기까지 많은 분들이 노고를 아끼지 않았습니다. 그분들께 감사합니다. 특히 한국예술종합학교 디자인과 학생들은 원고를 읽고 훌륭한 의견을 많이 제시해 주었습니다. 또한 공동 번역자 김현규 씨와 도서출판 인사이트의 한기성 대표, 그리고 누구보다 마음 고생이 심하셨을 김민희 에디터께도 깊은 감사를 드립니다.

2013년 가을 연남동에서
황주선

MAKE: PROJECTS　　　**재잘재잘 피지컬 컴퓨팅 DIY**

서문

몇 년 전, 닐 거센펠드(Neil Gershenfeld)는 『컴퓨터는 없다: 생각하는 사물 (When Things Start to Think)』이라는 책을 썼다. 이 책에서 거센펠드는 일상의 사물과 장치 들이 모두 컴퓨터 기능을 내장하고 있는 세계, 즉 우리가 살고 있는 시대에 대해 논의했다. 그는 또한 장치들이 인간의 정체성, 역량, 그리고 행동들에 대한 정보를 서로 교환하면 우리에게 어떤 영향을 미칠지도 언급했다. 매우 흥미로운 책이다. 하지만, 제목이 조금 잘못되었다. 나라면 책의 제목을 '대화하는 사물들'이라고 지었을 것이다. 왜냐하면, 아무리 좋은 생각이 있더라도 누군가와 그 생각에 대해 대화하지 않는다면 아무런 가치도 없기 때문이다. 『재잘재잘 피지컬 컴퓨팅 DIY(MAKING THINGS TALK)』는 컴퓨터 기능을 갖춘 사물들이 서로 대화할 수 있도록 만드는 방법을 보여주고, 또한 사람들이 이러한 사물들을 사용해서 서로 통신할 수 있는 능력을 키워주는 책이다.

지금으로부터 수십 년 전, 컴퓨터 과학자들은 소프트웨어를 개발할 때 프로그램들과 하위 프로그램들을 객체, 즉 사물로 간주했으며 이러한 스타일을 객체지향적 프로그래밍이라고 불렀다. 마치 물리적인 사물들이 저마다의 특징과 기능을 갖추고 있듯이 소프트웨어 객체들도 속성(특징)과 행위(기능)를 갖추고 있었다. 객체는 이러한 특징과 행위를 원형, 즉 프로토타입으로부터 물려받는다. 소프트웨어 객체의 규범적 형식은 객체를 기술하는 코드로 만들어진다. 소프트웨어 객체 덕분에 새로운 객체를 재결합하는 일이 쉬워졌다. 또한 소프트웨어 객체는 인터페이스, 즉 사용자가 접근할 수 있는 속성과 메서드만 파악한다면 얼마든지 재사용할 수 있다. (물론, 인터페이스 사용법을 알려주는 문서들도 필요하다). 소프트웨어 객체가 정상적으로 작동하는 한, 소프트웨어 객체의 내부에서 어떠한 일이 일어나고 있는지 사용자가 알아야 할 필요는 없다. 소프트웨어 객체는 사용자가 효과적으로 사용할 수 있도록 이해하기 쉬워야 하며 또한 다른 객체들과 함께 사용해도 문제가 없어야 한다.

물리적인 세계에서 우리는 온갖 전자적인 사물들에 둘러싸여 있다. 시계가 달린 라디오, 토스터기, 휴대폰, 음악 재생기, 어린이용 장난감 등등. 유용한 전자 장치를 만들기 위해서는 많은 노력과 상당한 지식이 필요하다. 나아가 이러한 장치들이 서로 대화할 수 있도록 만들고 그를 통해 삶을 보다 윤택하게 하려면 그 이상의 노력과 지식이 필요할 수도 있다. 미리 부담스러워 할 필요는 없다. 복잡해 보이는 전자 장치들도 대부분은 간단한 모듈들을 서로 결합하는 작업부터 시작하기 때문이다. 모듈의 인터페이스를 이해한다면, 여러분도 모듈을 이용해서 무엇이든 만들 수 있다. 모듈이란, 토스터나 컴퓨터의 이메일 프로그램 아니면 네트워크 데이터베이스 같은 것이다. 모듈을 객체지향적인 하드웨어라고 생각해 보자. 사물들이 서로 대화하도록 만드는 작업을 할 때 가장 중요한 점은 이들이 대화하는 방식을 이해하는 것이다. 사물의 대화 방식을 알아내기만 하면 이들을 모두 연결할 수 있다. 이 책은 이러한 연결을 만들어내는 일부 도구들에 대한 안내서다.

이 책의 대상 독자

이 책은 서로 대화하는 사물을 만들고자 하는 사람들을 위한 책이다. 어쩌면 여러분은 과학 선생님이어서 학생들에게 날씨의 상태를 학교 주변의 여러 장소에서 동시에 관찰하는 방법을 가르쳐주고 싶어할 수도 있다. 또는 춤추는 조각품을 전시 공간 가득하게 만들고 싶어 하는 조각가일 수도 있다. 혹은 새로운 제품의 형태와 기능을 모두 디자인하며 빠른 시간 안에 모형을 만들어야 하는 산업 디자이너일 수도 있으며, 또는 애완용 고양이를 키우는 주인으로서, 집 밖에서도 고양이와 놀아주고 싶어 하는 사람일 수도 있다. 이 책은 관심은 많지만 기술력이 거의 없는 사람들을 위한 입문서다. 또한 이 책은 프로젝트를 제대로 완성하고자 하는 사람들을 위한 책이기도 하다.

이 책에서 주로 사용하는 도구는 개인용 컴퓨터, 웹 서버, 그리고 일상적으로 사용하는 제품에 들어 있는 마이크로컨트롤러들이다. 십수년 전만 해도 난해하기만 했던 마이크로컨트롤러와 프로그래밍 도구들이 이제 사용하기 쉬운 형태로 발전했다. 사용하기 쉬워진 도구들 덕분에 불과 십년 전만 해도 대학원생을 곤란하게 만들었던 문제를 요즘에는 초등학생도 해결해 낼 수 있다. 그 사이 나를 비롯한 내 동료들은 다양한 배경을 가진 사람들(컴퓨터 프로그래머 출신은 거의 없다)에게 이 도구를 가르쳐서 컴퓨터가 반응하고 감지하며 해석할 수 있는 물리적 행동 범위를 확장할 수 있도록 했다.

최근에는 마이크로컨트롤러를 사용하는 사람들이 자신들의 장치로 물리적인 세계를 감지하고 제어하는 것뿐만 아니라, 감지하고 제어하는 것에 대해 마이크로컨트롤러들끼리 서로 대화할 수 있도록 만드는 데 큰 관심을 기울이고 있다. 만일 여러분이 베이직 스탬프나 레고의 마인드스톰 키트로 무엇인가를 만들어 보았고, 그리고 그 물건들이 자신 또는 다른 사람들이 만든 또 다른 물건과 통신하게 하고 싶다면, 이 책은 바로 여러분을 위한 책이다. 또는 여러분이 네트워킹과 웹 서비스에는 익숙하지만 임베디드 네트워크 프로그래밍에 대해서는 조금 더 지식이 필요한 소프트웨어 프로그래머라면 이 책이 유용할 것이다.

전문적인 기술서를 원하는 사람에게는 이 책이 큰 도움이 되지 않을 수도 있다. 이 책에는 블루투스나 TCP/IP 스택을 다루는 세부적인 예제 코드가 없으며, 이더넷 제어 칩의 회로도도 없다. 이 책에서는 단순성, 유연성, 비용의 균형을 적절하게 유지하고 있는 부품들을 사용한다. 또한 최소한의 회로 구성 및 코드가 필요한 객체지향적인 하드웨어를 이용한다. 이렇게 선별한 부품들 덕분에 빠른 시간 안에 서로 대화하는 사물 만들기라는 목표에 도달할 수 있다.

알아두어야 할 것들

전자 및 마이크로컨트롤러 프로그래밍에 대한 기본적인 지식, 인터넷 사용 경험, 그리고 당장 이 모두를 사용할 수 있는 환경을 갖추고 있는 사람이라면 이 책을 최대한 활용할 수 있다.

마이크로컨트롤러를 통해 프로그래밍을 경험을 쌓아온 사람은 센서 몇 개와 서보모터만으로도 재미있는 물건들을 만들 수 있겠지만, 컴퓨터에 설치된 다른 프로그램들과 마이크로컨트롤러가 통신하는 작업은 거의 경험하지 못했을 수도 있다. 마찬가지로, 네트워크와 멀티미디어 프로그래밍에 경험이 많은 대다수의 사람들도 마이크로컨트롤러를 포함한 하드웨어에 대한 경험은 거의 없을 수도 있다. 이 책은 그런 사람들에게 잘 맞는 책이다. 이 책의 독자는 다양하기 때문에 각자 배경에 따라 일부 설명 자료는 다소 평이하게 느낄 수 있다. 만약 그렇게 느껴진다면, 자신이 잘 알고 있는 부분은 건너뛰고 좀 더 구미에 맞는 곳부터 읽어도 좋다.

마이크로컨트롤러를 전혀 사용해본 적이 없는 사람이라면, 이 책을 읽기 전에 약간의 배경 지식을 익혀두는 것도 좋다. 그런 사람들은 저자와 댄 오설리반(Dan O'Sullivan)이 공동 저술한 『Physical Computing: Sensing and Controlling the Physical World with Computers』[1]을 보면 도움이 될 것이다. 이 책은 전자, 마이크로컨트롤러, 물리적인 인터랙

---

[1] 번역서는 『피지컬 컴퓨팅』(2008 지구문화사, 서동수 옮김)

션 디자인에 대해 다각적으로 다루고 있다.

    컴퓨터 프로그래밍에 대한 기본적인 이해가 있는 사람이라면 이 책을 보다 수월하게 읽을 수 있다. 프로그래밍을 전혀 해보지 않았다면, www.processing.org에서 프로세싱의 프로그래밍 환경을 참조하자. 프로세싱은 프로그래밍을 전공하지 않은 사람들에게 프로그래밍을 교육할 목적으로 개발된 간단한 언어인데, 일부 상당히 전문적인 프로그램을 작성할 때도 손색없을 정도로 강력하다. 이 책에서는 프로세싱을 사용해서 그래픽 인터페이스 전반을 프로그래밍한다.

    이 책의 예제 코드들은 필요에 따라 몇 개의 상이한 프로그래밍 언어로 작성되어 있다. 하지만, 매우 간단하기 때문에, 이 책이 제시하는 언어를 사용하고 싶지 않다면 자신이 선호하는 언어로 재작성해서 사용하는 것도 어렵지 않을 것이다.

이 책의 내용

이 책은 사물들이 이루는 네트워크에 대한 개념을 설명한 뒤에 이에 대한 이해를 돕는 실질적인 예제들을 제시하는 방식으로 구성되어 있다. 매 장마다 새로운 아이디어가 소개되며 이를 활용하는 프로젝트를 구현하는 과정이 단계적으로 설명되어 있다.

1장에서는 이 책에서 자주 사용할 프로그래밍 도구들을 살펴보고, 각각의 "헬로 월드!" 출력하기, 즉 기본적인 사용법을 익힌다.

    2장에서는 서로 대화하는 사물들을 만들기 위해 알아두어야 할 아주 기본적인 개념을 소개한다. 통신을 시작하기 전에 미리 합의해 두어야 할 규약의 종류와 범위에 대해 알아보고, 문제가 발생했을 때 규약의 범주별로 해결 방법을 모색하는 방식의 이점에 대해 살펴본다. 또한 모뎀 통신을 이해할 수 있도록 블루투스 통신기로 마이크로컨트롤러와 개인용 컴퓨터 사이의 간단한 일대일 시리얼 통신을 구현해볼 것이다. 이 과정에서 데이터 프로토콜, 모뎀 장치, 주소 지정 등에 대해 살펴본다.

    3장에서는 보다 복잡한 네트워크인 인터넷에 대해 소개한다. 인터넷을 묶고 유지해주는 기본적인 장치들과 이들 사이의 기본적인 관계에 대해 알아본다. 우리가 일상적으로 인터넷을 사용할 때 그 이면에서 실질적으로 오가는 메시지들을 살펴보고, 이러한 메시지들을 직접 전송하는 방법을 배운다. 독자들은 자신의 집에서 일어나는 물리적인 현상을 통신망을 통해 전송하는 첫 프로그램을 작성하게 된다.

    4장에서는 임베디드 장치를 만들어 본다. 명령어 인터페이스를 통해 통신망에 접속하는 방법을 조금 더 알아보고, 데스크톱이나 노트북을 경유하지 않고 마이크로컨트롤러를 직접 웹 서버에 접속시키는 방법도 살펴볼 것이다.

    5장에서는 통신망 접속에 대한 이해를 심화한다. 인터랙션을 조금 더 오래 지속시켜 주는 소켓 접속에 대해 알아보고, 서버 프로그램을 작성해서 통신망을 통해 접속해 오는 것은 무엇이든 연결할 수 있도록 한다. 또한 어떻게 각각 다른 종류의 장치들이 동일한 서버를 통해 서로 연결될 수 있는지 알아보기 위해 명령어 인터페이스와 마이크로컨트롤러를 통해 여러분이 만든 서버에 접속해 본다.

6장에서는 무선통신을 소개한다. 무선통신의 광대한 측면 중 일부 주요 특징들을 살펴보며 무선통신의 장단점을 알아본다. 이 장에서는 다수의 짧은 예제를 통해 무선통신의 "헬로 월드!"를 다양한 측면에서 다룰 것이다.

7장에서는 5장의 소켓 접속과 대비되는 메시지 기반의 프로토콜을 소개한다. 인터넷의 UDP, 지그비(XBee) 및 802.15.4 무선통신 규약이 이에 해당한다. 이전 장에서 다룬 클라이언트-서버 모델과는 달리, 네트워크에 접속한 각각의 객체들이 서로 동등한 위치에서 통신하도록 설계하는 방법과 한 번에 하나씩의 정보 메시지를 교환하는 방법을 배운다.

8장은 위치에 대해 다룬다. 물리적인 공간에 있는 사물의 위치를 찾아내는 몇 가지 도구를 소개하고, 또한 물리적인 위치와 네트워크 사이의 관계에 대한 일부 개념도 논의한다.

9장은 물리적인 공간 및 네트워크 공간에서 사물을 식별하고 인증하는 방법에 대해 다룬다. 물리적인 특성에 기반하는 고유의 네트워크 식별자를 생성하는 몇 가지 기법도 배울 것이다. 또한 네트워크 장치의 특성을 확인하는 방법에 대해서도 배운다.

10장은 이동전화 네트워크를 소개하며, 휴대전화와 휴대전화 통신망을 작업에 활용하는 방법에 대해 알아본다.

11장은 이 책에서 소개한 다양한 프로토콜을 되짚어보고 이들을 모두 활용하여 미래의 작업에 활용할 수 있는 프레임워크를 제공한다.

부품 구입

이 책의 프로젝트를 모두 진행하려면 많은 부품이 필요하다. 그러므로 여러분은 다양한 판매점에 대해서도 배우게 될 것이다. 내가 살고 있는 도시에는 전문적으로 전자 부품을 취급하는 대형 소매점이 없기 때문에, 온라인에서 한꺼번에 부품을 구입한다. 여러분이 살고 있는 지역에 대형 오프라인 매장이 있다면 매우 운이 좋은 편이다! 그렇지 않다면, 온라인 판매점을 알아두는 것이 좋다.[2]

자메코(http://jameco.com), 디지-키(www.digikey.com), 파넬(www.farnell.com)은 일반적인 전자 부품들을 취급하는 판매점이기 때문에 서로 중복되는 제품도 많다. 한편, 메이커 셰드(www.makershed.com), 스파크 펀(www.sparkfun.com), 에이다프루트(http://adafruit.com) 같은 판매점은 특수 부품, 키트, 그리고 인기 있는 프로젝트들을 진행할 때 필요한 부품들을 취급한다. 판매점의 전체 목록은 부록에 정리되어 있다. 목록에서 언급하는 부품 중 여러분에게 보다 더 익숙한 부품이 있다면 대체해서 사용해도 무방하다.

온라인으로 부품을 주문하는 것이 편하기 때문에 웹사이트를 통해서만 판매자와 소통하고 싶다는 생각을 할 수도 있다. 하지만, 궁금한 것이 있을 때는 직접 전화로 문의하는 것도 좋은 방법이다. 특히 낯선 유형의 프로젝트를 진행하는 경우에는 주문하는

---

[2] 국내 부품 및 판매처 목록은 http://www.xwasright.com에서 확인할 수 있다.

부품의 특성과 사용법을 누구에겐가 문의해 보는 것이 좋다. 부록에 소개한 대부분의 판매점에는 고객의 전화를 받아 안내하는 상담원이 있다. 필요한 전화번호도 수록해 두었으니 유용하게 활용하기 바란다.

예제 코드의 사용에 대하여

이 책은 독자들의 작업을 돕기 위해 쓴 것이다. 특별한 경우가 아니라면 누구나 이 책의 코드를 자신의 프로그램이나 문서에 사용할 수 있다. 또한 코드의 대부분을 무단으로 복제해서 사용하는 경우가 아니라면, 우리에게 연락해서 허가를 받을 필요는 없다.

예를 들어, 이 책의 코드들을 조합하여 프로그램을 작성할 때는 별도의 허가가 필요하지 않다. 하지만 오라일리 출판사에서 출간한 책의 예제가 수록된 CD를 판매하거나 배포할 때는 허가를 받아야 한다. 그리고 어떤 질문에 답하기 위해 이 책의 예제를 인용하는 경우에는 별도의 허가가 필요없다. 하지만 여러분이 만든 제품 관련 문서에 책의 예제 코드 중 상당 부분을 포함하려면 허가가 필요하다.

이 책의 저작자를 표기해 주기 바란다. 저작자는 보통 제목, 저자, 출판사, 그리고 ISBN을 포함하여 표기한다. 가령 다음과 같은 방식으로 표기한다. "Making Things Talk: Practical Methods for Connecting Physical Objects, by Tom Igoe. Copyright 2011 O'Reilly Media, 978-1-4493-9243-7." 만약 여러분이 예제 코드를 사용하고자 하는 범위가 앞에서 기술한 허가 범위를 벗어난다고 생각하면 permissions@oreilly.com에 문의해 보라.

예제 회로도의 사용에 대하여

이 책의 프로젝트들을 구현하려면, 제품을 해체하고 그에 따라 제품의 품질 보증을 포기해야 할 때도 있다. 이것이 싫은 사람은 이 책을 보지 않는 것이 좋다. 이 책은 물건이 망가질지 모르는 위험을 감수하면서도 분해하는 모험을 즐기는 사람들을 위해 쓰여졌다.

우리는 독자들이 모험을 즐기기를 바라지만, 또한 안전하기를 바란다. 이 책의 프로젝트를 구현할 때 불필요한 위험을 감수하지는 말자. 이 책에서 설명하는 모든 내용은 안전을 염두에 두고 작성했다. 안전사항을 무시할 때는 스스로 책임을 져야 한다. 안전하게 작업을 진행할 수 있도록 적절한 지식과 경험을 갖추도록 하자.

이 책의 프로젝트와 회로들은 교육적인 목적을

위해서 사용할 수 있다. 전자 제품을 시장에서 유통할 때 보장되어야 할 전원 제어, 자동 재설정, 전자파 차단 등을 비롯한 여러 요건의 세부적인 사항은 이 책의 범위를 벗어난 것이다. 만약 다른 사람들이 실제로 사용할 수 있는 제품을 설계하고 있다면, 이 책의 정보 외에도 다양한 자료를 찾아보기 바란다.

초판에 부치는 감사의 글

이 책은 많은 대화와 협업의 산물이다. 지인들의 지원과 격려가 없었다면 이 책은 빛을 보지 못했을 것이다.[3]

뉴욕대학교 티시 예술대의 ITP(Interactive Telecommunication Program)는 지난 십여 년간 나의 고향과 같은 곳이었다. 작업하기 좋게 활기 있고 따뜻한 곳이며, 또한 재능 있는 사람들이 많이 모여 있는 곳이기도 하다. 이 책은 수년간 내가 강의한 '네트워크로 연결된 사물들(Networked Objects)'이라는 수업 덕분에 쓸 수 있었다. 이 책에 담긴 아이디어들이 그곳의 정신을 반영하고 내가 그곳에서 얼마나 즐겁게 작업했는지 여러분에게 전해지기를 바란다. 이 전공을 설립한 레드 번스는 내가 처음 이 분야에 들어섰을 때부터 나를 지원해 왔다. 그녀는 내가 상상력을 마음껏 펼칠 수 있도록 해주었을 뿐만 아니라 필요할 때는 현실을 직시할 수 있도록 도와주었다. 내가 구상한 모든 프로젝트가 기술을 위한 기술로 치우치지 않고 사람을 중심에 둘 수 있도록 균형을 잡아준 것도 그녀의 역할이었다. 나의 동료이자 ITP의 학과장인 댄 오설리반은 나에게 피지컬 컴퓨팅의 세계를 보여준 장본인이며 관대하게도 나에게 ITP에서 피지컬 컴퓨팅을 교육하고 다듬는 역할을 하도록 허락해 주었다. 그는 훌륭한 조언자이자 협업자이며, 또한 내가 작업하는 동안 지속적인 피드백을 해주었다. 이 책의 대부분의 장은 댄과의 장황한 대화 속에서 피어났다. 책의 전반에 그의 손길이 닿아 있으며, 그 덕분에 더 나아질 수 있었다.

클래이 서키, 다니엘 로진, 댄 시프만 또한 이 프로젝트의 긴밀한 조언자였다. 클래이는 사무실에 어지럽게 쌓여가는 부품들을 너그럽게 받아주었으며, 기꺼이 자신의 집필을 중단해가며 나의 아이디어에 대해 의견을 나누어 주었다. 다니엘 로진의 소중한 안목이 이 책에 큰 도움이 되었다. 댄 시프만은 많은 원고를 읽어 주었으며 큰 도움이 되는 피드백을 제공해 주었다. 그는 훌륭한 코드 샘플들과 라이브러리를 기부하기도 했다.

동료인 마리안 페티, 낸시 헤친저, 장-마크 가티어는 이 책을 쓰는 내내 격려와 영감을 불어넣어 주었고, 나에게 부여된 학과 업무를 도와 주었으며, 자신들의 작품을 통해 영감의 원천을 제공해 주었다.

그 외의 ITP 교직원들도 이 책이 나올 수 있도록 많은 도움을 주었다. 조지 아가도우, 에드워드 고든, 미도리 야스다, 메건 데이마리스트, 낸시 루이스, 로버트 라이언, 존 드웨인, 말론 에반스, 토니 쎙, 글로리아 세드는 피지컬 컴퓨팅과 네트워크로 연결된 사물들이라는 명목하에 진행된 온갖 기괴한 작업을 용인해 주었으며, 그 덕분에 학생들은 물론 교원들과 나 또한 많은 일을 성취할 수 있었다. 연구원 칼린 머, 토드 헐라우벡, 존 쉬멜, 도리아 팬, 데이빗 놀

---

[3] 감사의 글에 등장하는 이름의 영문 표기는 www.insightbook.co.kr/27337에서 확인할 수 있다.

렌, 피터 컬린, 그리고 마이클 올슨은 지난 수년간 교원들과 학생들을 도와 프로젝트를 실현하는 데 일조했으며 그 프로젝트들은 이 책에도 영향을 미쳤다. 교원인 패트릭 드와이어, 마이클 슈나이더, 그렉 셰커, 스콧 피츠제럴드, 제이미 앨런, 션 반 에브리, 제임스 투, 래피 크리코리안은 이 책에 등장하는 도구들을 수업에 사용하거나 또는 이 책의 프로젝트를 위해 자신들의 기법을 알려주기도 했다.

ITP의 학생들은 이 분야가 가진 잠재성의 영역을 꾸준히 확장해 왔으며, 그들이 이루어낸 성과물은 이 책의 많은 부분에 반영되었다. 학생들의 작품을 특정한 것도 있지만, 나의 수업 '네트워크로 연결된 사물들'을 수강한 모든 학생들에게 두루 고마운 마음을 전하고 싶다. 그들 덕분에 나의 시야도 확장될 수 있었다. 특히 2006학년도부터 2007학년도까지 수업을 들은 학생들이 많은 도움이 되었다. 그들은 아직 미완성이었던 원고 초안에 기반한 수업을 들었으며 원고의 중요한 문제점들을 지적해 주었다.

몇몇 사람들이 이 책을 위해 상당량의 코드, 아이디어, 그리고 노고를 아끼지 않고 제공해 주었다. 제프 스미스는 내게 네트워크로 연결된 사물들이라는 강좌명을 처음 제시했으며, 객체지향적인 하드웨어라는 개념을 소개해 주었다. 존 쉬멜은 나에게 마이크로컨트롤러로 HTTP 요청하는 방법을 알려 주었다. 이 책에 나오는 모든 서버 코드의 뿌리는 댄 오설리반이 작성한 서버 코드에 두고 있다. 또한 나의 모든 프로세싱 코드는 댄 시프만의 코딩 스타일에 대한 조언 덕분에 더욱 안정성을 획득할 수 있었다. 로버트 팰러디는 다수의 코드를 제공했으며, 이 책의 XBee 예제들을 보다 명확하게 정리해 주었다. 또한 예제의 오류도 많은 부분 바로잡아 주었다. 맥스 휘트니는 내가 블루투스로 데이터를 교환할 수 있도록 도왔으며 고양이 침대를 (알레르기에도 불구하고!) 완성해 주었다. 데니스 크로울리는 2D 바코드의 가능성과 한계를 내게 명확히 설명해 주었다. 크리스 헤스키트는 위치 인식에 대한 나의 개념 형성에 큰 영향을 주었다. 듀렐 비숍은 내가 사물 인식에 대해 생각해 볼 수 있도록 도와 주었다. 마이크 커네브스키를 비롯하여 2006년부터 2007년 사이에 진행된 '하드웨어 스케치하기' 워크숍에 참가한 사람들 덕분에 나는 이 책의 집필 과정을 보다 큰 흐름의 한 부분으로 인식할 수 있었으며, 새로운 도구도 많이 소개받았다. 고양이 누들스가 온갖 귀찮은 일을 참아준 덕분에 고양이 침대와 사진 찍기 프로젝트를 완성할 수 있었다. 이 책의 집필 과정에서 그 어떠한 동물도 해치지 않았으나, 한 마리에게만은 개박하 뇌물을 주었음을 밝힌다.

케이시 리아스와 벤 프라이가 만든 프로세싱 덕분에 이 책의 소프트웨어 부분을 집필할 수 있었다. 프로세싱이 없었다면 네트워크로 연결된 사물들의 소프트웨어를 구현하는 것이 훨씬 고통스러웠을 것이다. 또한 프로세싱 덕분에 아두이노와 와이어링의 프로그래밍 인터페이스는 더없이 간결하고 명쾌해질 수 있었다. 이 책의 하드웨어적인 측면을 구현할 수 있었던 것은 아두이노와 와이어링의 창작자들 덕분이다. 아두이노를 만든 마시모 벤지, 지안루카 마르티노, 다비드 쿠아티엘레스, 다비드 멜리스, 와이어링을 만든 에르난도 바라간에게 감사하며, 아두이노와 와이어링 사이에 가교를 놓은 니콜라스 잠베티에게도 감사한다. 이들과 함께 작업할 수 있었던 것은 정말 행운이었다.

이 책에서는 다양한 하드웨어 공급 업체를 언급하고 있지만, 스파크 펀의 나단 세이들은 특별히 언급하지 않을 수 없다. 그 덕분에 이 책이 현재와 같은 모습을 갖출 수 있었기 때문이다. 내가 수년간 객체지향적인 하드웨어에 대해 입으로만 떠들고 있는 동안, 나단과 그의 스파크 펀 동료들은 이를 현실로 옮기고 있었다.

랜트로닉스의 지원팀에게도 감사한다. 제품도 훌륭했지만 지원은 완벽했다. 게리 모리스, 게리 마스, 제니 에이젠호이어는 나의 수많은 이메일과 전화에 유익하고도 기분 좋게 응대해 주었다.

이 책의 프로젝트 아이디어는 전 세계의 수많은 동료들이 참가한 워크숍이나 방문한 자리에서의 대화를 통해 이끌어 낼 수 있었다. 내가 잠시 몸담았던 왕립 예술학교(RCA)의 인터랙션 디자인 과정, UCLA의 디지털 미디어와 예술 과정, 오슬로 건축 및 디자인 대학의 인터랙션 디자인 과정, 이베리아의 인터랙션 디자인 대학, 그리고 코펜하겐 인터랙션 디자인 대학 교원과 학생들에게 감사한다.

네트워크에 연결된 사물들을 이용한 다수의 작품 덕분에 이 책을 집필하는 데 영감을 받을 수 있었다. 각 장에 수록된 작품의 도판을 제공해 준 사람들에게 감사한다. 투안 안 T. 응우옌, 백주연, 도리아 팬, 마우리시오 멜로, 제이슨 카우프만, 언커먼 프로젝트의 타리크 코룰라와 조쉬 루크-레이, 목진요, 알렉스 베임, 앤드류 슈나이더, 길라도 로턴, 안젤라 파블로, 모나 안드레오스와 소날리 스리드하, 에리어/코드의 프랭크 란츠와 케빈 슬라빈, 그리고 사라 요한슨에게 감사한다.

메이크(MAKE)와 함께 작업할 수 있어서 즐거웠다. 데일 도허티는 나의 아이디어들을 전적으로 응원해 주었고, 늦어지는 집필을 잘 기다려 주었으며, 새로운 내용들을 마음껏 시도해 볼 수 있도록 받아주었다. 그가 반대를 할 때는 언제나 내가 납득할 수 있는 대안(종종 보다 나은 대안이었다)을 제시했다. 브라이언 젭슨은 편집자로서의 의무에만 머물지 않고, 직접 프로젝트들을 만들어 보고, 개선을 요구하고, 코드를 디버깅하고, 사진과 도판 작업을 도와주고, 그리고 끊임없는 격려를 보내주었다. 그가 없었다면 나는 이 책을 쓸 수 없었을 것이다. 나로서는 더 훌륭한 편집자를 만나기 어려울 것이다. 낸시 코

여러분의 목소리를 기다립니다

이 책과 관련된 의견이나 질문이 있는 분은 출판사로 연락해 주시기 바랍니다.

오라일리 미디어 주식회사
1005 Gravenstein Highway NorthSebastopol, CA 95472
(800) 998-9938 (미국 또는 캐나다)
(707) 829-0515 (국제)
(707) 829-0104 (fax)

이 책의 웹사이트를 운영하고 있습니다. 정오표, 예제들, 그리고 추가적인 정보를 확인할 수 있습니다. 웹사이트 주소는 다음과 같습니다.
www.makezine.com/go/MakingThingsTalk
정오표: http://www.insightbook.co.kr/81309

이 책과 관련된 기술적인 질문은 아래의 주소로 이메일을 보내 주시기 바랍니다.
bookquestions@oreilly.com

메이커 미디어는, 상상하는 것은 만들 수 있다고 믿는 재능 있는 사람들이 늘어남에 따라 이들의 커뮤니티를 전담하기 위해 설립된 오라일리 미디어의 한 부서입니다. 메이크 매거진, 크래프트 매거진, 메이커 페어, 그리고 관련 시리즈의 책을 출간하고 있으며, 메이커 미디어는 창의적인 영감과 안내서를 통해 DIY(Do-It-Yourself) 정신을 장려하고 있습니다.

메이커 미디어에 대한 보다 자세한 정보는 아래의 사이트를 참고하시기 바랍니다.
MAKE: www.makezine.com
CRAFT: www.craftzine.com
Maker Faire: www.makerfaire.com
Maker SHED: www.makershed.com

타리는 원고의 교열을 완벽하게 봐주었다. 케이티 월슨은 내가 기대했던 것 이상으로 이 책을 보기 좋고 읽기 쉽게 만들어 주었다. 팀 릴리스는 도판 작업을 많이 도와주었다. 메이크 팀 전원에게 감사한다.

나의 대리인들에게도 감사한다. 로라 르윈 덕분에 일을 시작할 수 있었고, 닐 살킨드 덕분에 잘 마무리할 수 있었다. 스튜디오 B의 지원팀 모두에게 감사한다. 마지막으로 나의 가족과 친구들에게 감사한다. 책을 쓰며 쏟아냈던 나의 불평 불만을 더없이 잘 들어주었다. 모두 사랑한다.

2판에 부치는 글

이 책은 두 가지 이유 때문에 다시 쓰게 되었다. 오픈 소스 하드웨어 운동의 출현이 첫 번째 이유이고, 참여 문화의 성장, 특히 상호작용적인 사물을 만드는 분야에서의 참여 문화의 성장이 두 번째 이유이다. 아두이노와 관련된 커뮤니티, 그리고 보통 오픈 소스 하드웨어 운동이라고 부르는 분야는 매우 빠르게 성장했다. 이러한 성장의 영향력은 아직 더 두고 보아야 하겠지만 한 가지는 확실하다. 객체지향적인 하드웨어와 피지컬 컴퓨팅이 우리의 일상으로 스며들고 있다는 점이다. 지금은 2005년에 예상했던 것보다 훨씬 많은 사람들이 전자 부품을 이용해 사물을 만들고 있다.

어떤 기술이라도 일반화되기 위해서는 대중의 상상력을 자극할 여지가 있어야 한다. 해당 기술에 대해 모르고 있던 사람들이 그 기술의 개념을 이해할 수 있어야 하고, 또한 어디에 쓰일 수 있는지 알아야 한다. 2005년 이전에는, 사람들에게 피지컬 컴퓨팅이 무엇인지 설명하고 '네트워크로 연결된 사물들'이 무엇을 의미하는지 설명하기 위해 매우 많은 시간을 들여야 했다. 하지만 요즘은 모든 사람들이 위(Wii) 조종기나 키넥트(Kinect)와 같은 장치 덕분에 컴퓨터가 감지할 수 있는 인간의 물리적인 표현 범위를 확장할 수 있다는 사실을 안다. 이제는 통신망에 연결되지 않은 사물을 찾기가 오히려 어려워졌다.

이러한 개념들이 일반적인 이해를 얻고 있다는 것은 즐거운 일이다. 하지만 더욱 흥분되는 것은 이러한 개념들이 용도를 얻어가고 있다는 점이다. 사람들은 키넥트를 게임할 때만 사용하는 것이 아니다. 사람들은 키넥트를 신체적 장애가 있는 클라이언트들을 위한 보조 인터페이스로 사용하고 있다. 사람들은 위를 놀 때만 사용하는 것이 아니다. 위로 음악을 연주하기도 한다. 사람들은 전자 장치를 개조할 수 있다는 사실을 알게 되었고 그것을 실행에 옮기고 있다.

내가 아두이노 프로젝트에 합류했을 때, 나는 아두이노가 당시에 나와 있던 소비자용 전자 장치들보다는 조금 더 자유롭게 조작할 수 있고, 또한 당시의 마이크로컨트롤러 시스템들보다는 조금 더 배우기 쉬울지도 모른다고 생각했다. 나는 오픈 소스적인 접근이 훌륭한 방법이라고 생각했다. 왜냐하면 플랫폼에 대한 이상향이 우리가 제시한 모델들을 넘어설 수 있다고 생각했기 때문이다. 그러한 기대는 지난 수년간 등장한 많은 파생 보드, 실드, 파생 상품 그리고 액세서리들을 통해 실현되었다. 많은 사람들이 다른 사람들을 위한 기반 전자제품을 만들 뿐만 아니라 전문적인 지식 없이도 사용할 수 있는 전자제품을 만들고 있다는 사실은 매우 멋진 일이다.

아두이노 실드와 라이브러리의 증가 덕분에 나는 이 책을 쓰면서 독자들이 최소한의 프로그래밍과 회로 구성만 해도 되도록 집필할 수 있었다. 이 책에 수록된 프로젝트 대부분은 기존의 실드나 라이브러리로 구현할 수 있다. 하지만, 여러분이 배울 수 있는 것이 미리 만들어진 부품들을 조합하는 범위로 제한될 수 있기 때문에 전자 통신과 물리적 인터페이스의 기저에 있는 원리들을 부분적으로나마 설명하려 노력했다. 간단한 하드웨어 구성이 필요한 경우에는 부품과 회로도를 함께 제시했다. 내가 최고로 꼽는 코드 라이브러리 및 회로 설계는 소위 '유리상자'와 같은 구조, 즉 난삽한 세부 사항들은 안에 가두어둔 채 편리한 인터페이스는 밖으로 나와 있으며, 또한 내부를 들여다볼 수도 있어서 관심이 있는 진행 사항은 확인할 수 있는 구조여야 한다고 생각한다. 나아가, 잘 구축되어 있어서 막상 들여다보면 복잡한 세부 사항들이 그다지 난삽해 보이지 않아야 한다. 이번에 출간되는 두 번째 판도 그러하기를 바란다.

소프트웨어 참조

두 번째 판을 집필하는 동안 아두이노 플랫폼에 상당한 변화가 있었다. 아두이노 통합개발 환경은 그 동안 베타 버전에 머물렀으나, 이 책이 출간될 즈음에는 1.0 버전이 출시된다. 이미 아두이노를 사용하고 있다면 버전 1.0 베타1 또는 그 이후의 버전을 내려받기 바란다. 이 책은 http://code.google.com/p/arduino/wiki/Arduino1에서 다운받은 아두이노 1.0 베타1을 기준으로 했다. 최종 1.0 버전은 www.arduino.cc의 다운로드 페이지에서 내려받을 수 있다. 아두이노 사이트에 접속해서 최근의 업데이트 버전을 확인해 보자. 이 책에 수록된 코드는 나의 깃허브 저장소인 https://github.com/tigoe/MakingThingsTalk2에서 내려받을 수 있다. 그리고 새로 바뀌는 부분들은 블로그, 즉 www.makingthingstalk.com에서 확인할 수 있다.

하드웨어 참조

물리적인 장치들 사이의 통신에 초점을 맞추기 위해 이번 판에서는 아두이노 우노를 하드웨어 참조 디자인으로 선택했다. 이 책의 모든 내용은 적절한 액세서리나 실드를 장착한 아두이노 우노에서 정상적으로 작동한다. 일부 프로젝트는 형태적인 요소의 적합성을 고려하여 아두이노 이더넷 또는 아두이노 릴리패드와 같이 특수한 아두이노 모델을 사용하기도 했지만, 그러한 경우에도 아두이노 우노에서 테스트해 보았다. 우노와 호환되는 보드라면 어떤 것이든지 이 책의 코드가 정상적으로 실행될 것이며 또한 이 책의 회로를 그대로 사용할 수 있을 것이다.

2판에 부치는 감사의 글

이 책이 나올 수 있도록 도와주는 사람이 늘어나고 있다.

이번 판은 아두이노 팀에 있는 나의 동료들 덕분에 여러 면에서 개선될 수 있었다. 마시모 벤지, 다비드 쿠아티엘레스, 지안루카 마르티노, 그리고 다비드 멜리스와 함께 일하는 것은 여전히 즐겁고, 도전적이며 경이로움으로 가득하다. 이들을 협업자로 둘 수 있어서 매우 행운이라고 생각한다.

뉴욕 대학교의 ITP는 여전히 내가 하는 일들에 대해 전문적인 지원을 아끼지 않는다. 그곳에 있는 동료들의 참여가 없었다면 이 모든 것들은 이루기 어려웠을 것이다. 댄 오설리반은 늘 그랬듯이 많은 프로젝트에 대해 소중한 조언을 아끼지 않았다. 다니엘 시프만과 션 반 에브리는 프로세싱의 데스크톱 버전과 안드로이드 버전에 대해 지원해 주었다. 마리안 페티, 낸시 헤친저, 클래이 셔키, 그리고 마리나 주커우는 유형 무형의 도움을 제공했다. 레드 번스는 예와 마찬가지로, 내가 교육을 통해 사람들로 하여금 일상을 규정하는 기술에 대해 더 잘 이해하도록 해서 자신들의 역량을 키워 갈 수 있도록 지속적인 영감을 주고 있다.

ITP에는 늘 새로운 연구원과 외래교수들의 발길이 끊이지 않고 있으며 이들은 언제나 큰 힘이 되었다. 이 책을 집필하는 동안 연구원인 무스타파 바으다틀르, 캐롤린 브라운, 제레마이어 존슨, 메러디스 해슨, 리스제 허슨, 크래이그 캡, 아디 머롬, 에리얼 네버레즈, 폴 로스만, 아타이 벤자민, 크리스챤 세리토, 존 디마토스, 지아웨이양 팽, 캐시 킨저, 제나 마시, 코리 멘스처, 매트 파커, 그리고 팀 트월만이 예제들을 다듬고, 프로젝트를 시험해 봤으며, 내가 자리를 비울 때 ITP의 일들을 잘 처리해 주었다. 외래교수인 토마스 게르하트, 스콧 피츠제럴드, 로리 누젠트, 더스틴 로버츠는 피지컬 컴퓨팅 개론 과목에서 이 책을 교재로 사용한 소중한 협업자이다.

롭 팰러디는 여전히 나에게 XBee 및 디지 사와 관련된 조언을 해준다.

적응 디자인 협회의 앙투아네트 라소사와 릴 트로일스트룹이 허락해준 덕분에 5장에서 이들의 기울기 보드 디자인을 사용할 수 있었다.

많은 사람들이 우리의 개발자 메일링 목록과 교육자 목록을 통해 아두이노 개발에 도움을 주었다. 특히, 미칼 하트, 마이클 마골리스, 아드리안 맥어웬, 리모 프리드는 소프트웨어 시리얼, 이더넷, 그리고 텍스트파인더 등의 핵심적인 통신 라이브러리를 개발하고, 또한 나의 수많은 질문에 대해 개인적인 조언을 아끼지 않으며 이 책에 영향을 주었다. 이 책의 코드 중 일부는 마이클 마골리스의 『Arduino Cookbook』[4]을 참조하기도 했다. 또한 라이언 멀리건과 알렉산더 브레빅이 만든 라이브러리들 덕분에 이 책의 예제 중 일부를 구현할 수 있었다.

에이다프루트의 소유주인 리모 프리드와 필립 터론은 이 책을 쓰는 내내 지속적인 조언과 비평 그리고 격려를 아끼지 않았다. 스파크 펀의 나단 세이들 역시 나의 핵심적인 비평가이자 조언자이다. 에이다프루트와 스파크 펀은 내가 부품을 구입하는 주요 업체이다. 사용하기 좋은 제품들을 잘 만들기 때문이다.

오픈 소스의 회로 그리기 툴인 프릿징(http://fritzing.org) 덕분에 이번 판에서는 보다 근사하게 회로를 그릴 수 있었다. 레토 웨타치, 안드레 노리그, 조나단 코헨이 개발한 이 훌륭한 툴 덕분에 회로와 회로도를 더욱 수월하게 사용할 수 있게 되었다. 스파크 펀의 라이언 오웬스는 나에게 부품들의 회로도를 일부 제공해 주었다. 조르지오 올리베로와 조디 컬킨은 이 책에서 추가적으로 사용된 도관들을 제공해 주었다.

데이빗 보이한, 조디 컬킨, 자크 이브랜드, 가브리엘라 구티에레즈는 원고를 읽고 피드백을 해주었다. 이들에게 감사한다.

트윌리오의 케이스 캐시, 아마리노의 설립자인 보니파스 카우프만, 안드로이드에 대해 도움을 준 안드레아스 게란슨, 그리고 프로세싱의 안드로이드 모드를 만들고 안드로이드 절에 대한 피드백을 제공해준 케이시 리아스와 벤 프라이에게 감사한다.

새로운 프로젝트들에 영감을 받은 덕분에 이번 판에 새로운 절들을 추가할 수 있었다. 그라운드랩의 베테데타 피엔텔라와 저스틴 도운스 및 심발링크의 설립자인 메러디스 해슨, 에리얼 네버레즈, 그리고 나하나 스켈링에게 감사한다. 그리고 RFID에

---

[4] 번역서는 『레시피로 배우는 아두이노 쿡북』(2012 제이펍, 윤순백 옮김)

대한 영감과 협력을 제공해 준 티모 아날, 아이너 스너베 마티누센, 얀 크누센에게 감사한다. 다이볘 히르시만 덕분에 조명 제어가 얼마나 재미있는지, 그리고 DMX-512가 얼마나 사용하기 쉬운지 알 수 있었다. 무스타파 바으다틀르는 포커 페이스[5]에 대해 조언해 주었고 프란시스 길버트와 제이크는 고양이 카메라 2를 지원해 주었다. 안톤 체이콥에게는 미안하게 생각한다. 탈리 패단은 희극적인 영감을 불어넣어 주었다.

장마다 수록된 프로젝트의 모델이 되어준 지나아 곤잘레스, 김영휘, 제니퍼 마그노피, 목진요, 매트 파커, 앤드류 슈나이더, 길라도 로턴, 안젤라 파블로, 제임스 바넷, 모간 노엘, 누들스, 그리고 몬스키에게 감사한다.

메이크 팀에 감사를 표한다. 특히 담당 편집자이자 협업자인 브라이언 젭슨에게 감사한다. 그의 인내심과 끈기 덕분에 두 번째 판을 내놓을 수 있었다. 기술 편집자인 스콧 피츠제럴드는 모든 부품들의 목록을 잘 정리할 수 있도록 도와 주었다. 스콧 덕분에 이 책에 수록된 부품들을 웹에서 찾을 수 있게 되었다. 나의 대리인인 닐 살킨드와 스튜디오 B의 모든 이에게 감사한다.

이 책을 쓰는 마지막 몇 주 동안 친한 동료들이 나를 도와주었다. 자크 이브랜드, 드니스 핸드, 제니퍼 마그노피, 클리브 톰슨, 맥스 휘트니는 프로젝트의 마무리를 위해 몇 날 며칠을 절단, 납땜, 배선, 그리고 조립 작업을 도와주었을 뿐만 아니라 집필하는 동안 함께 있어 주었다. 조 허비카는 며칠 동안이나 책의 마지막 작업을 도와주었다. 대부분의 새로운 프로젝트에 추가된 사진들을 잘 정리해 주었을 뿐만 아니라, 나의 작업 흐름을 구성해 주었으며, 일정을 관리하고 부품들을 구입해 주고 일관성을 검토해 주었다. 무엇보다도 내가 흐름을 놓쳐서 먹고 자는 데 소홀해지지 않도록 잘 챙겨 주었다. 이들의 도움이 없었다면 나는 홀로 이 책을 쓸 수 없었을 것이다. 이들 덕분에 나는 사물들이 서로 대화할 수 있도록 만들기 위해서는 친구들이 꼭 필요하다는 점을 다시금 깨닫게 되었다.

---

[5] 착용형 컴퓨터. http://mustafabagdatli.com/?p=113

일러두기
각주로 넣은 주석은 모두 옮긴이 주입니다.

MAKE: PROJECTS   1

도구들

이 책은 마치 요리책처럼 여러 유형의 프로젝트를 다루는 일종의 쿡북이다. 이 장에서는 앞으로 사용할 주요 재료들을 전반적으로 살펴보며, 각 장에서 사용하게 될 도구들과 개념을 소개한다. 여기에는 여러분이 각 도구로 "헬로 월드!"를 구현할 수 있을 만큼 충분한 정보가 담겨 있지만 이미 여기서 다루는 도구나 그와 유사한 도구들을 사용해 본 독자들도 있을 것이다. 만약 그렇다면 알고 있는 부분은 건너뛰고 새로운 도구로 넘어가도록 한다. 한편, 도구에 따라서는 여러분이 스스로 추가적인 탐험을 해봐야만 비로소 사용법과 잠재적인 기능을 이해할 수 있는 것도 있다. 앞으로 진행할 프로젝트에서는 도구들이 가진 잠재적인 기능 중 일부분만 활용하게 된다. 따라서 보다 심층적인 탐구를 원하는 독자는 곳곳에 수록된 참조문을 보기 바란다.

<해피 피드백 머신(Happy Feedback Machine)> 투안 안 T.응우옌(Tuan Anh T. Nguyen)
이 작품은 스위치를 젖히거나 동그란 손잡이를 돌릴 때의 느낌이 인터랙션의 남다른 즐거움을 유발한다. 스위치와 손잡이를 조작할 때 발생하는 빛과 소리의 효과는 부차적일 뿐, 사람들은 작품의 효과보다는 오히려 스위치와 손잡이의 느낌을 더욱 인상 깊게 기억한다.

만지는 것에서 시작한다

여러분이 이 책에서 접하게 될 유형 및 무형의 사물들은 모두 특정한 기능을 수행한다. 소프트웨어 사물은 메시지를 송신하고 수신하거나, 데이터를 저장하고, 때로는 이 두 가지 일을 모두 수행한다. 물리적인 사물은 움직이거나, 빛을 밝히고, 또는 소리를 낸다. 여러분은 이러한 사물들을 접할 때, 첫째, 그 사물이 무슨 일을 할 수 있는지 알아야 한다. 둘째, 그 사물을 작동시키는 방법을 알아야 한다. 다시 말하면, 사물의 인터페이스를 알아야 한다.

사물의 인터페이스는 세 가지 요소로 구성된다. 첫째는 물리적 인터페이스이다. 여러분이 만지는 손잡이, 스위치, 키보드의 키, 그리고 다른 센서 등과 같이 인간의 행동에 반응하는 물건이 여기에 해당한다. 사물들을 잇는 연결장치도 물리적인 인터페이스의 한 부분이다. 사물들의 네트워크는 모두 물리적인 인터페이스에서 시작해서 물리적인 인터페이스로 끝난다. 비록 소프트웨어 사물과 같은 일부 네트워크 사물들은 물리적인 인터페이스가 없지만, 사람들은 물리적인 인터페이스에 기반해서 시스템이 작동하는 개념적인 모형을 구축한다. 가령, 키보드, 마우스, 모니터는 컴퓨터의 물리적인 인터페이스일 뿐이지만 우리가 보고 만지는 것이 바로 이들이기 때문에 우리는 인터페이스들을 컴퓨터라고 생각한다. 여러분이 아무리 훌륭한 기능을 시스템 안에 구축하더라도 사람들이 보고, 듣고, 만질 수 있도록 사물을 통해 명확하게 드러내지 못한다면 그 기능은 결코 사용되지 않을 것이다. 아무도 사용법을 배우고 싶어 하지 않아서 항상 12:00를 깜빡이던 VCR의 시계가 주는 교훈은 무엇일까? 물리적인 인터페이스가 좋지 않으면 시스템의 나머지 부분도 악영향을 받는다.

둘째, 소프트웨어 인터페이스가 있다. 특정한 작동을 하도록 사물에게 보내는 명령들이 여기에 해당한다. 어떤 프로젝트에서는 자신만의 소프트웨어 인터페이스를 개발할 수도 있고, 또 다른 프로젝트에서는 기존의 인터페이스를 사용할 수도 있다. 훌륭한 소프트웨어 인터페이스는 보통 간단하고 일관성 있는 기능들을 갖추고 있어서 예상하는 결과물을 산출할 수 있도록 되어 있다. 불행하게도, 모든 소프트웨어 인터페이스가 기대만큼 간단하지는 않아서 원하는 대로 작동하도록 만들기 위해서는 다소의 실험을 감수해야 한다. 새로운 소프트웨어 인터페이스를 배울 때는 물리적인 인터페이스에 접근하는 방식과 유사하게 개념적으로 접근하는 것이 좋다. 또한 모든 함수를 단박에 사용하려 하지 말고 각각의 함수가 어떤 기능을 수행하는지 하나하나 배워 나가도록 한다. 피아노를 배울 때도 바흐의 푸가부터 바로 시작하지 않고 소리부터 하나씩 익히는 과정을 거친다. 마찬가지로 소프트웨어 인터페이스를 배울 때도 처음부터 커다란 응용프로그램을 작성하는 대신 하나하나 함수를 배워가야 한다. 이 책에는 많은 프로젝트가 수록되어 있다. 그중 이해되지 않는 소프트웨어 함수가 있다면 조금 더 간단한 프로그램을 작성해서 해당 함수를 이해한 뒤 다시 프로젝트로 돌아가도록 한다.

마지막으로, 전기적 인터페이스가 있다. 하나의 장치에서 다른 장치로 전송되어 정보로 복원되는 전기적 에너지의 펄스가 여기에 해당한다. 여러분이 새로운 사물 또는 사물들을 잇는 연결장치를 직접 디자인하지 않는 한 이 인터페이스를 다루는 일은 없다. 반면 새로운 사물이나 이들을 연결하는 네트워크를 디자인하려면, 전기적 인터페이스에 대해 어느 정도는 이해하고 있어야 서로 전기적으로 인터페이스가 맞지 않는 사물들도 연결할 수 있다.

모든 것은 펄스의 문제이다

사물들이 서로 통신하기 위해서는 통신 프로토콜이 필요하다. 프로토콜이란 원활한 통신이 이루어질 수 있도록 둘 이상의 사물이 상호 합의한 일련의 표준이다.

컴퓨터에 프린터, 하드 드라이브, 키보드, 마우스, 그리고 다른 주변 장치들을 연결할 때는 RS-232, USB, IEEE 1394(FireWire 또는 i.Link라고도 한다)와 같은 시리얼 프로토콜을 사용한다. 컴퓨터 여러 대를 네트워크 허브, 라우터, 스위치 등에 연결할 때는 이더넷과 TCP/IP 같은 네트워크 프로토콜을 사용한다. 일반적으로 통신 프로토콜은 메시지를 교환하는 속도, 메시지에 데이터를 배치하는 방식, 교환의 원칙 등을 규정하고 있다. 물리적인 사물들의 프로토콜은 전기적 특성도 규정하며, 때로는 연결 단자의 물리적인 형태까지도 규정해 둔다. 하지만 프로토콜은 사물들이 서로 해야 할 일까지는 규정하지 않는다. 사물이 무엇인가를 하도록 만드는 것은 명령어이고, 이 명령어는 프로토콜을 기반으로 전달된다. 이는 마치 명확한 사용안내서가 적절한 문법을 기반으로 사용자에게 전달되는 것과 같다. 올바른 문장을 만들 수 없다면 유용한 명령을 전달할 수 없다.

칩과 칩 사이의 가장 단순한 메시지부터 가장 복잡한 네트워크 아키텍처에 이르기까지 모든 통신 프로토콜에는 한 가지 공통점이 있다. 바로 통신 프로토콜은 에너지의 펄스에 대한 규정이라는 것이다. 디지털 장치들은 서로를 잇는 연결선을 통해 에너지를 약정된 펄스로 전송해서 정보를 교환한다.

여러분의 마우스와 컴퓨터를 연결하는 USB 연결장치는 송신과 수신을 담당하는 두 가닥의 전선을 통해 전기 에너지를 약정된 펄스로 전송한다. 마찬가지로 유선 네트워크 연결장치들도 전선을 통해 전송되는 전기적 에너지의 약정된 펄스로 이루어져 있다. 보다 멀리, 또는 높은 대역폭으로 전송할 때는 전선 대신 광섬유 케이블을 이용해 빛을 약정된 펄스로 전송하기도 한다. 물리적인 연결이 불편하거나 불가능한 경우에는 전파 송수신기(송신 기능과 수신 기능을 모두 갖추고 있는 양방향 전파 통신기)들이 전파 에너지의 펄스를 주고받으며 전송이 이루어진다. 데이터 펄스들의 의미는 펄스를 나르는 매체들의 영향으로부터 독립적이다. 여러분은 전선이나 광섬유 케이블 또는 전파에 동일한 일련의 펄스를 실어서 전송할 수 있다. 여러분이 다루는 모든 통신은 일련의 펄스로부터 시작하며, 어딘가에는 이러한 연속적인 펄스들에 대한 설명서가 반드시 있다는 점을 염두에 둔다면, 어떠한 통신 시스템이라도 사용할 수 있게 될 것이다.

컴퓨터의 모양과 크기는 다양하다

여러분은 이 책에서 물리적인 인터페이스가 다른 네 종류의 컴퓨터를 접하게 된다. 첫째, 대부분의 사람에게 가장 친숙한 컴퓨터는 개인용 컴퓨터일 것이다. 여러분이 거의 매일 사용하는 데스크톱이나 노트북은 모두 키보드, 모니터 화면 그리고 마우스를 갖추고 있다. 바로 이 키보드, 화면, 마우스가 개인용 컴퓨터의 물리적 인터페이스를 구성하는 세 가지 요소다.

두 번째 유형의 컴퓨터는 마이크로컨트롤러이다. 마이크로컨트롤러는 단지 전기적 펄스를 수신하거나 송신하는 입출력 핀을 갖춘 전자 칩일 뿐이며, 사람이 직접 상호작용할 수 있는 물리적인 인터페이스가 없다. 마이크로 컨트롤러를 사용할 때는 세 단계를 거친다.

1. 입력: 센서를 입력 핀에 연결해서 움직임, 온도, 소리와 같은 물리적인 에너지를 전기적 에너지로 변환한다.
2. 출력: 모터, 스피커, 그리고 다른 장치들을 출력 핀에 연결해서 전기적 에너지를 물리적인 작동으로 전환한다.
3. 처리: 마지막으로, 입력 값의 마지막으로, 입력상의 변화를 출력물에 반영할 수 있도록 프로그램을 작성한다.

다시 말하면, 마이크로컨트롤러의 물리적인 인터페이스는 여러분이 만들기 나름이다.

이 책에 나오는 세 번째 컴퓨터 유형은 네트워크 서버이다. 서버는 기본적으로 데스크톱 컴퓨터와 같다. 심지어 키보드, 화면, 마우스까지 갖추고 있다. 따라서 서버를 개인용 컴퓨터처럼 사용할 수도 있지만, 서버의 주된 기능은 네트워크를 통해 송신하거나 수신하는 일이다. 대부분의 사람은 서버를 물리적인 대상으로 생각하지 않는다. 서버와는 네트워크를 통해서만 상호작용할 수 있으며 이때도 자신의 컴퓨터를 물리적인 인터페이스로 사용하기 때문이다. 대부분의 사용자들에게 서버의 가장 중요한 인터페이스는 소프트웨어 인터페이스이다.

여러분이 이 책에서 마주칠 네 번째 유형은 앞에서 언급하지 않은 여러 가지 잡다한 컴퓨터들이다. 휴대폰, 음악 신시사이저, 모터 제어기 등이 여기에 속한다. 이들 중 일부는 충분한 물리적 인터페이스를 갖추고 있지만, 또 다른 일부는 최소한의 물리적 인터페이스만 갖추고 있는 대신 소프트웨어 인터페이스를 세세하게 갖추고 있다. 대개는 양쪽을 조금씩 갖추고 있다. 여러분은 이러한 장치들이 컴퓨터가 아니라고 생각할 수도 있지만, 이것들은 분명 컴퓨터다. 이 장치들도 프로그래밍이 가능하며, 인터페이스를 갖추고 있는 컴퓨터라는 점을 인식한다면 이들을 서로 소통하게 하는 방법도 한결 수월하게 찾을 수 있을 것이다.

좋은 습관들

사물들의 네트워킹은 사랑과 비슷한 측면이 있다. 이들이 공유하는 본질적인 문제는 한쪽이 보내는 메시지를 상대편이 제대로 이해했는지 결코 알 수 없다는 점이다. 수도 없이 많은 이유 때문에 메시지는 전달되는 과정에서 누락되거나 왜곡된다.

여러분이 느끼는 감정을 상대방은 느끼지 못할 수도 있다. 그 또는 그녀는 여러분이 말하고 행동하는 바에 의지하여 판단할 수밖에 없다. 마찬가지로, 여러분은 자신의 로컬 컴퓨터가 전송하려는 메시지가 무엇인지, 어떻게 메시지를 보내는지, 그리고 메시지의 비트들이 무엇을 의미하는지 잘 안다. 하지만 메시지를 수신하는 원격 컴퓨터는 여러분이 프로그램을 작성해서 이해를 도와주기 전까지는 메시지를 이해하지 못한다. 원격 컴퓨터는 자신이 수신하는 비트들만 볼 수 있을 뿐이다. 신뢰할 수 있고, 분명한 통신을 하고 싶다면 (사랑에서든 네트워크에서든), 유의해야 할 사항이 있다.

- 조금 말하고 많이 듣자.
- 자신이 말한 대로 상대방이 들었을 것이라고 넘겨짚지 말자.
- 어떤 방식으로 말할 것인지 사전에 규칙을 정해두자.
- 메시지가 분명하지 않을 때는 다시 한 번 확인하자.

조금 말하고 많이 듣자

첫인상을 좋게 남기고 관계를 잘 유지하기 위해서는 무엇보다도 상대방의 말을 잘 들어야 한다. 듣는 것이 말하는 것보다 더 어렵다. 말은 언제든 하고 싶을 때 하면 되지만, 듣는 것은, 상대방이 언제 말을 할지 알 수 없어서 항상 귀를 기울이고 있어야 하기 때문이다. 네트워크 차원에서 보자면, 대부분의 시간은 메시지에 귀를 기울이고 꼭 필요한 경우에만 메시지를 전송할 수 있도록 프로그램을 작성해야 한다는 의미가 된다. 항상 메시지를 전송하도록 작성하는 편이 적절한 시기에 메시지를 전송하도록 하는 것보다 쉬울 때가 많다. 그러나 그럴 경우 많은 문제가 발생하곤 한다. 전송을 제한하도록 프로그램을 작성하는 일은 크게 수고스럽지 않다. 하지만, 돌아오는 이익은 훨씬 크다.

넘겨짚지 말자

여러분이 하는 말이 언제나 그대로 상대방에게 전달되는 것은 아니다. 때로는 해석의 차이 때문에, 때로는 잘 들리지 않아서 잘못 전달될 수 있다. 그런데도 메시지가 전달됐을 것이라고 넘겨짚고, 계속 마음대로 메시지를 전송하다 보면 곧 곤란한 상황에 처하게 된다. 마찬가지로, 여러분은 시스템의 모든 논리와 모든 단계의 메시지들을, 사물들을 연결해 가기도 전에 산출해서 구현한 뒤 한 번에 모두 시험해보고 싶을 것이다. 하지만 그 유혹에서 벗어나야 한다.

미리 전체 시스템을 계획해보는 것은 좋다. 하지만 만들고 시험하는 과정은 차근차근 단계를 밟으며 진행하자. 프로젝트를 구현할 때 발생하는 오류는 대부분 사물들의 통신 때문에 일어난다. 보다 복잡한 단계로 진행하기 전에, 항상 다른 사물에게 "헬로 월드!"를 보내서 메시지가 온전히 도착하는지 확인하자. 그리고 이 "헬로 월드!" 예제는 통신이 실패하는 경우 곧장 확인할 수 있도록 가까이 두자.

메시지를 잘못 받았을 때만 문제가 발생하는 것은 아니다. 이 책에 수록된 대부분의 프로젝트에서 여러분은 물리적, 소프트웨어적, 그리고 전기적 인터페이스를 구축하는 과정을 거치게 된다. 이러한 복합적인 프로젝트를 진행할 때 흔히 범하는 실수 중의 하나는 바로 문제가 특정한 인터페이스에서 발생한다고 넘겨짚는 것이다. 가령, 메시지를 전송하는 소프트웨어의 버그를 해결하지 못해 한참 헤매다, 정작 나중에 알고 보면 수신장치를 연결하지 않았거나 장치가 메시지를 수신할 상태가 아닌 경우도 종종 있다. 통신 오류는 여러분이 짐작하는 곳에서만 발생하지 않는다. 오히려 예상하지 못한 곳에서 오류가 발생하는 경우가 더욱 빈번하며 그렇기 때문에 눈에 잘 띄지 않는다. 메시지가 들어오지 않는다면 송신기부터 수신기에 이르는 모든 연결고리를 하나하나 다시 점검해봐야 한다. 그리고 간과한 부분은 없는지 꼼꼼하게 확인해야 한다.

사전에 대화의 규칙을 정하자

좋은 관계에서는, 함께 공유한 경험을 토대로 공통의 언어를 개발해 나간다. 여러분은 상대방이 가장 잘 알아들을 수 있게 말하는 최선의 방법을 익히며, 자주 반복하는 표현은 축약해서 말하는 법도 터득하게 된다. 마찬가지로 좋은 데이터 통신도 대화하는 방식을 공유하는 것, 즉 프로토콜을 공유하는 것에서 출발한다. 때로는 여러분이 직접 프로토콜을 개발해서 시스템의 모든 사물들이 대화할 수 있도록 구성할 수도 있고, 때로는 기존의 프로토콜에 의존할 수도 있다. 만약 여러분이 기존의 프로토콜에 기반하여 작업을 진행할 계획이라면, 먼저 프로토콜의 각 부분을 꼼꼼하게 이해한 뒤 프로토콜을 해석하도록 하자. 여러분이 손수 자신만의 프로토콜을 개발할 여유가 있다면, 송신자와 수신자의 요구사항을 모두 충분히 고려해서 프로토콜을 정의하도록 하자. 예를 들어, 웹 서버상에서 프로그램 하기 좋은 프로토콜을 선택했는데, 나중에 알고 보니 마이크로컨트롤러가 해당 프로토콜을 지원하지 않는 경우도 있다. 송신자와 수신자의 장단점을 충분히 이해하고 적절하게 조율한 뒤 작업을 진행한다면 훨씬 수월하게 일을 진행할 수 있을 것이다.

다시 한 번 확인하자

셀 수도 없이 많은 이유 때문에 메시지는 왜곡된다. 가령, 앞뒤가 맞지 않는 상대방의 말을 듣고 당신이 임의로 모종의 행동을 했는데, 나중에 알고 보니 상대방은 당신이 생각했던 것과는 전혀 다른 말을 했을 수도 있다. 엉뚱한 실수를 범하지 않기 위해서는 상대방에게 다시 물어봐서 명확하게 확인하는 방법이 최선이다. 마찬가지로, 네트워크 통신에서도 수신하는 메시지가 앞뒤가 맞는지 확인해야 한다. 의심스럽다면, 다시 메시지를 전송해달라고 요구해야 한다. 상대방이 당신의 메시지를 수신했다고 짐작하지만 말고 직접 확인하는 것이 현명하다. 무엇인가를 잘못 말하는 것보다 아무 말도 하지 않는 편이 더욱 상황을 악화시킬 수 있다. 모두가 불확실함에 대해 침묵한다면 사소한 문제가 큰 문제로 확대될 수 있기 때문이다. 네트워크 통신에서도 같은 문제가 일어날 수 있다. 저쪽의 장치는 연결조차 되어 있지 않은데, 이쪽에서는 계속 상대방의 메시지를 기다리고 있을 수도 있다. 상대방의 반응이 없다면, 다시 한 번 메시지를 보내자. 하지만 상대방이 응답할 시간을 가질 수 있도록 너무 자주 보내지는 말자. 확인 메시지는 사치스럽게 보일 수도 있지만 복잡한 시스템을 구축할 때는 확인 메시지만큼 시간과 노력을 절약해주는 도구도 없다.

도구들

여러분은 사물의 물리적, 소프트웨어적, 전기적 인터페이스를 다루어야 하기 때문에 도구들과 소프트웨어 그리고 (컴퓨터) 하드웨어가 필요하다.

물리적 도구

여러분이 전자 장치나 마이크로컨트롤러들을 사용해본 경험이 있다면, 이미 상당수의 물리적 도구를 갖추고 있을 것이다. 이 책에서 자주 사용하는 도구들이 그림 1-1에 나와 있다. 대부분은 쉽게 구할 수 있는 일반적인 도구들이다. 도구 목록은 표 1-1에 나와 있다.

수작업 도구들과는 별도로, 자주 사용하게 되는 전자 부품도 있다. 이 책에서 자주 사용하는 전자 부품들은 판매점의 부품 번호와 함께 목록으로 정리해 두었다. 판매점에 따라 취급하지 않는 품목도 있기 때문에 목록이 다소 들쭉날쭉하다.

주의: 이 책에서는 여러 부품 판매점을 언급하고 있다. 가능하면 최고의 제품을 최저가에 공급하는 판매점에서 제품을 구입하는 것이 좋지만, 부품을 보다 저렴하게 취급하는 판매점을 찾아내기 위해 종일 상품 목록을 뒤적이는 것보다는 취급하는 것이 확실한 판매점에서 일괄적으로 구입하는 편이 더 나을 때도 있다. 자신이 선호하는 판매점에서 구입해도 무방하다. 판매점 목록은 부록에 수록되어 있다.

1. **인두기** 중간 가격대의 제품을 권한다. 싼 인두기는 수명이 너무 짧다. 웰러 WLC-100과 같은 중간 가격대의 인두기가 소규모 전자 부품을 다루기에 적당하다. 하지만 콜드 솔더 인두기(Cold Solder Irons)는 피하는 것이 좋다. 이들은 전기 스파크를 일으키며 납땜을 하기 때문에 마이크로컨트롤러와 같이 정전기에 민감한 부품들을 망가뜨릴 수 있다.
자메코(http://jameco.com): 146595; 파넬(www.farnell.com):1568159; 라디오세크(http://radioshack.com): 640-2801, 640-2078

2. **땜납** 직경 21~23 AWG(약 0.57~0.72 mm)의 땜납이 가장 사용하기 좋다. 가능하면 유해 물질이 적은 무연 납을 선택하자.
자메코: 668271; 파넬: 419266; 라디오세크: 640-0013

3. **납흡입기** 납을 제거할 때 사용한다.
자메코: 305226; 스파크 편(www.SparkFun.com): TOL-00082; 파넬: 3125646

4. **와이어 스트리퍼, 니퍼, 롱노우즈 플라이어** 3-in-1 제품은 오히려 본연의 기능을 발휘하지 못하기 때문에 각각 별도로 준비하자. 배선을 처리할 때는 이 세 도구가 꼭 필요하지만 그렇다고 고가의 제품일 필요는 없다.
와이어 스트리퍼: 자메코: 159291; 파넬: 609195; 스파크 편: TOL-00089; 라디오세크: 640-2129A
니퍼: 자메코: 161411; 파넬: 3125397; 스파크 편: TOL-00070; 라디오세크: 640-2043
롱노우즈 플라이어: 자메코: 35473; 파넬: 3127199; 스파크 편: OL-00079; 라디오세크: 640-2033

5. **소형 스크루 드라이버** 십자(+)형과 일자(-)형 모두 준비한다. 자주 사용하는 도구들이다.
자메코: 127271; 파넬: 4431212; 라디오세크: 640-1963

6. **안전 고글** 납땜할 때나 드릴로 구멍을 뚫을 때, 또는 다른 일을 할 때도 눈을 보호하기 위해 착용하는 것이 좋다.
스파크 편: SWG-09791; 파넬: 1696193

7. **납땜 보조기** 납땜을 훨씬 쉽게 할 수 있다.
자메코: 681002; 파넬: 1367049

8. **멀티미터** 고가의 제품을 사용하지 않아도 된다. 전압, 저항, 전류, 그리고 도통(continuity) 상태를 확인할 수 있는 정도면 괜찮다.
자메코: 220812; 파넬: 7430566; 스파크 편: TOL-00078; 라디오 세크: 22-182

9. **오실로스코프** 전문가용은 값이 비싸지만, DSO 나노와 같은 오실로스코프는 100달러 정도에 구입할 수 있으며, 전자 부품을 다룰 때 매우 유용하다.
스파크 편: TOL-10244 (v2); 씨드 스튜디오(www.seeedstudio.com): TOL114C3M; 메이커 셰드(www.makershed.com): MK-SEEED11

10. **9-12V DC 전원 어댑터** 자주 사용하게 되며, 오래된 전자제품에 사용하던 것들이 한두 개

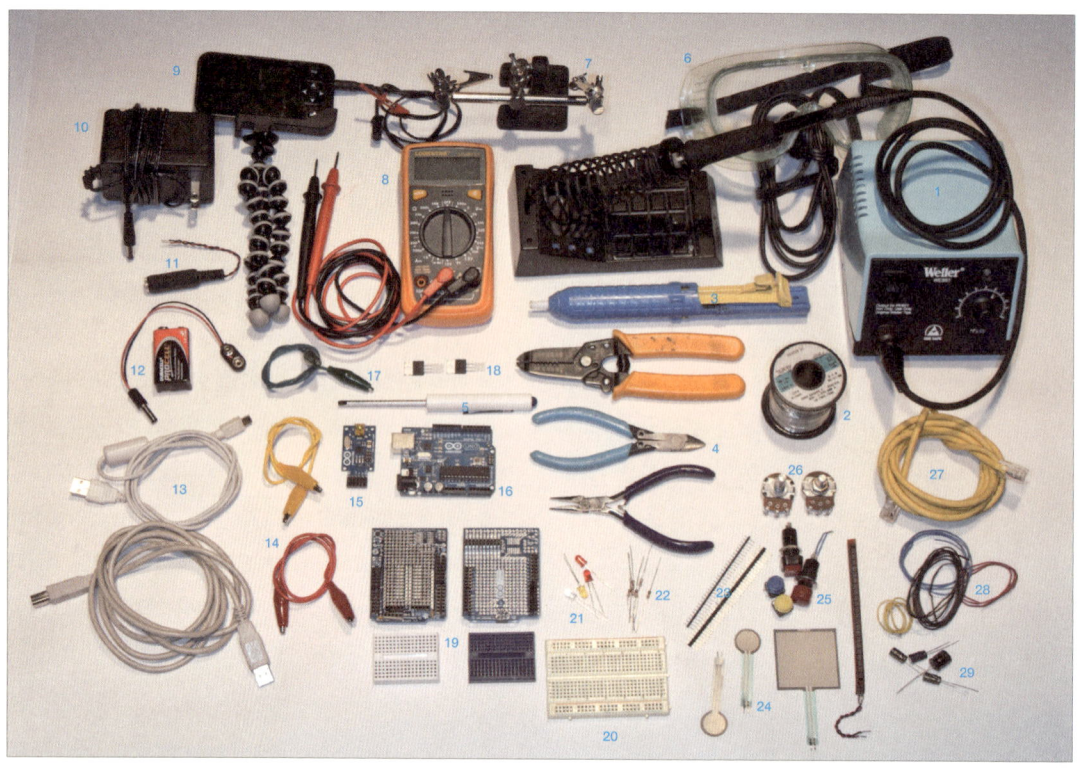

그림 1-1 네트워크 개체들을 다룰 때 유용한 도구들. 각 도구에 대한 설명은 아래의 목록을 참조하자.

쯤 주변에 있을 것이다. 일부 전자 부품 중에는 극성을 뒤바꿔 연결하면 망가지는 경우도 있기 때문에 플러그의 극성을 확인해서 사고를 예방하자. 이 책에서 언급하는 대부분의 장치들에는 내경 2.1mm, 외경 5.5mm 플러그를 연결할 수 있는 DC 전원 잭이 장착되어 있다. 따라서 동일한 규격의 어댑터를 사용하면 좋다.
자메코: 170245(12V,1000mA); 파넬: 1176248 (12V, 1000mA); 스파크 펀: TOL-00298; 라디오세크: 273-355(9V 800mA)

11. 전원 연결 단자 내경 2.1mm, 외경 5.5 mm 마이크로컨트롤러나 브레드보드를 직류 전원 어댑터에 연결할 때 사용한다. 이 책에서 구성하는 회로에 전원을 공급할 때는 위 규격의 단자를 가장 많이 사용한다.
자메코: 159610; 디지-키(www.digikey.com): CP-024A-ND; 파넬: 3648102

12. 9V 전지용 연결 단자와 9V 전지 이 연결 단자를 사용하면 전지 전원으로 프로젝트를 구동할 때 편하다.
스파크 펀: PRT-09518; 에이다프루트(http://adafruit.com): 80; 디지-키: CP3-1000-ND, 84-4K-ND; 자메코: 28760 및 216452; 파넬: 1650675 및 1737256; 라디오세크: 270-324 및 274-1569

13. USB 케이블 이 책에서는 USB A-B(가장 흔한 USB 케이블)와 USB A-MINI B(디지털 카메라에 많이 사용하는 규격)를 사용한다.
스파크 펀: CAB-00512, CAB-00598; 파넬: 1838798, 1308878

14. 악어 클립 대여섯 개씩이나 되는 장치를 들고 회로를 테스트하는 것은 쉬운 일이 아니지만, 클립 연결선을 사용하면 훨씬 수월하게 이러한 작업을 할 수 있다.
자메코:10444; RS(www.rs-online.com): 483-859; 스파크 펀: CAB-00501; 라디오세크: 278-016

15. 시리얼-USB 변환기 이 변환기는 USB 포트에서 TTL 시리얼 신호를 내보낼 수 있도록 해준다. 그림에 있는 FT232 모듈과 같은 브레드보드용 USB-시리얼 변환 모듈은 다른 소비자 모델에 비해 저렴하고 이 책에 나오는 프로젝트에서 사용하기 쉽다.
스파크 펀: BOB-00718; 아두이노 스토어(store.arduino.cc): A000014

16. 마이크로컨트롤러 모듈 그림에 나와 있는 마이크로컨트롤러는 아두이노 우노이다. 미국에서는 스파크 펀과 메이커 셰드(http://www.makershed.com/Arduinos_Accessories_s/43.htm)에서 구입할 수 있으며 국제적으로도 다양한 판매점이 있다. http://arduino.cc/en/Main/Buy에서 우리나라의 판매점을 확인할 수 있다.

17. 전압조정기 전압조정기는 불안정한 입력 전압을 안정적인 (낮은) 출력 전압으로 변환해준다. 5V와 3.3V 레귤레이터는 프로젝트에서 자주 사용하게 될 조정기들이다. 이전에 사용해본 경험이 없는 전압조정기를 처음 다룰 때는 신중해야 한다. 데이터 시트를 꼼꼼히 확인하고 핀을 정확하게 연결했는지 확인해야 한다.

3.3V: 디지-키: 576-1134-ND; **자메코:** 242115; **파넬:** 1703357; **RS:** 534-3021

5V: 디지-키: LM7805CT-ND; **자메코:** 51262; **파넬:** 1703357; **RS:** 298-8514

18. TIP120 트랜지스터 트랜지스터는 낮은 전류와 전압으로 높은 전류와 전압을 제어할 수 있도록 해주는 디지털 스위치이다. 트랜지스터의 종류는 매우 다양하며, 이 책에서는 TIP120을 자주 사용한다. TIP120의 외형은 전압 조정기와 비슷하기 때문에 주의해야 한다. 때로는 서로 다른 역할을 하는 전자 부품들의 물리적 외형이 서로 비슷한 경우가 있기 때문에 부품에 새겨진 부품 번호를 확인하는 습관을 기르도록 하자.

디지-키: TIP120-ND; **자메코:** 32993; **파넬:** 9804005

19. 프로토타이핑 실드 아두이노 마이크로컨트롤러 위에 장착하는 보드로서 부품들을 배치하여 납땜하기 쉽도록 구멍들이 격자 모양으로 뚫어져 있다. 납땜해서 회로를 구성할 수도 있지만, (그림에 나와 있는 것 같은) 작은 브레드보드로 회로를 구성해서 시험해볼 수도 있다. 프로토타입을 빨리 만들어야 할 때 편리하게 사용할 수 있으며, 전자 부품들을 작은 크기로 구성할 때도 유용하다.

에이다프루트: 51; **아두이노 스토어:** A000024; **스파크 펀:** DEV-07914; **메이커셰드:** MSMS01
프로토타입용 브레드보드: 스파크 펀: PRT-08802; **에이다프루트:** 보드에 포함되어 있음; **디지-키:** 923273-ND

20. 브레드보드 브레드보드는 여러 개를 갖추고 있으면 편하다. 보드의 양쪽에 전원과 그라운드를 연결할 수 있는 긴 레일이 있는 유형이 좋다.

자메코: 20723(측면에 2줄의 레일이 있음); **파넬:** 4692810; **디지-키:** 438-1045-ND; **스파크 펀:** PRT-00137; **라디오셰크:** 276-002

21. 여분의 LED 마치 소프트웨어 개발자들이 print 구문을 사용하는 것처럼, 하드웨어 개발자들은 LED를 사용한다. LED를 사용하면 두 지점 사이에 전압 차이가 있는지, 또한 신호가 전달되는지 빠르게 확인해 볼 수 있다. 항상 주변에 여분의 LED를 준비해 둔다.

자메코: 3476; **파넬:** 1057119; **디지-키:** 160-1144-ND; **라디오셰크:** 278-016

22. 저항 프로젝트에는 다양한 규격의 저항이 사용된다. 저항의 일반적인 규격은 표 1-1에 정리되어 있다.

23. 헤더 핀 자주 사용하는 부품이다. 헤더 소켓도 함께 준비하자.

자메코: 103377; **디지-키:** A26509-20-ND; **파넬:** 1593411

24. 아날로그 센서(가변저항들) 무수히 다양한 가변적인 저항들이 온갖 물리적인 속성을 측정할 때 사용된다. 단순한 아날로그 센서들은 바로 가변저항으로 만들며, 시험 회로에 삽입하여 구성하는 것도 매우 쉽다. 휨 센서와 압력 감지 저항은 회로나 프로그램을 시험할 때 유용하다.

휨 센서: 자메코: 150551; **이미지스 SI**(www.imagesco.com): FLX-01
압력 센서: 패럴랙스(www.parallax.com): 30056; **이미지스 SI:** FSR-400, 402, 406, 408

25. 푸시버튼 두 종류의 푸시버튼을 자주 사용한다. 하나는 와이어링이나 아두이노 보드에 장착되어 있는 리셋 버튼처럼 PCB에 실장하는 유형이며, 다른 하나는 최종 사용자들이 인터페이스를 제어할 수 있도록 패널에 실장하는 유형이다. 아무거나 선택해서 사용해도 된다.

PCB 실장형: 디지-키: SW400-ND; **자메코:** 119011; **스파크 펀:** COM-00097
패널 실장형: 디지-키: GH1344-ND; **자메코:** 164559PS

26. 퍼텐쇼미터 퍼텐쇼미터를 장착하면 사용자가 프로젝트에 설정된 값을 조정하거나 바꾸도록 할 수 있다.

자메코: 29081; **스파크 펀:** COM-09939; **RS:** 91A1A-B28-B15L; **라디오셰크:** 271-1715; **파넬:** 1760793

27. 이더넷 케이블 몇 개 준비해두면 유용하게 사용할 수 있다.

자메코: 522781; **라디오셰크:** 55010852

28. 검정, 빨강, 파랑, 노랑 전선 22 AWG(약 0.64mm) 두께의 단심 전선은 브레드보드 전선으로 사용하기에 매우 적당하다. 최소한 세 가지 색깔을 준비하고 빨간색은 전원으로, 검은색은 그라운드로 사용하자. 전선은 잘 정리해두면 오랫동안 유용하게 사용할 수 있다.

검은색: 자메코: 36792
파란색: 자메코: 36767
녹색: 자메코: 36821
빨간색: 자메코: 36856; **라디오셰크:** 278-1215
노란색: 자메코: 36919
키트: 라디오셰크: 276-173

29. 커패시터 프로젝트에는 다양한 규격의 커패시터가 사용된다. 표 1-1에 일반적인 규격이 나와 있다.

> ⚠️ 여러분은 앞으로 아두이노 이더넷 보드, 아두이노 와이파이 실드, 무선 실드, RFID 실드, USB-시리얼 어댑터 등과 같은 하드웨어를 사용하게 된다. 하지만 책을 집필할 당시만 해도 이 하드웨어들이 최신 제품이어서 판매점들이 부품 번호를 미처 부여하지 못하고 있었다. 여러분이 이 책을 읽을 무렵에는 정상적으로 재고 관리를 하고 있을 테지만 부품 번호가 없는 하드웨어는 이름으로 검색해서 찾도록 하자.

표 1-1
전자 부품 및 마이크로컨트롤러 작업에 사용하는 일반적인 부품들

D 디지-키(http://digikey.com) **J** 자메코(http://jameco.com)
R RS(www.rs-online.com) **F** 파넬(www.farnell.com)

저항
100Ω	**D** 100QBK-ND, **J** 690620, **F** 9337660, **R** 707-8625	
220Ω	**D** 220QBK-ND, **J** 690700, **F** 9337792, **R** 707-8842	
470Ω	**D** 470QBK-ND, **J** 690785, **F** 9337911, **R** 707-8659	
1K	**D** 1.0KQBK, **J** 29663, **F** 1735061, **R** 707-8669	
10K	**D** 10KQBK-ND, **J** 29911, **F** 9337687, **R** 707-8906	
22K	**D** 22KQBK-ND, **J** 30453, **F** 9337814, **R** 707-8729	
100K	**D** 100KQBK-ND, **J** 29997, **F** 9337695, **R** 707-8940	
1M	**D** 1.0MQBK-ND, **J** 29698, **F** 9337709, **R** 131-700	

커패시터
- 0.1μF 세라믹 — **D** 399-4151-ND, **J** 15270, **F** 3322166, **R** 716-7135
- 1μF 전해 — **D** P10312-ND, **J** 94161, **F** 8126933, **R** 475-9009
- 10μF 전해 — **D** P11212-ND, **J** 29891, **F** 1144605, **R** 715-1638
- 100μF 전해 — **D** P10269-ND, **J** 158394, **F** 1144642, **R** 715-1657

전압 조정기
- 3.3V — **D** 576-1134-ND, **J** 242115, **F** 1703357, **R** 534-3021
- 5V — **D** LM7805CT-ND, **J** 51262, **F** 1860277, **R** 298-8514

아날로그 센서
- 휨 센서 — **D** 905-1000-ND, **J** 150551, **R** 708-1277
- 압력 센서 — **D** 1027-1000-ND, **J** 2128260

LED
- 녹색 투명 — **D** 160-1144-ND, **J** 34761, **F** 1057119, **R** 247-1662
- 빨간색 투명 — **D** 160-1665-ND, **J** 94511, **F** 1057129, **R** 826-830

트랜지스터
- 2N2222A — **D** P2N2222AGOS-ND, **J** 38236, **F** 1611371, **R** 295-028
- TIP120 — **D** TIP120-ND, **J** 32993, **F** 9804005

다이오드
- 1N4004-R — **D** 1N4004-E3, **J** 35992, **F** 9556109, **R** 628-9029
- 3.3V 제너(1N5226) — **D** 1N5226B-TPCT-ND, **J** 743488, **F** 1700785

푸시버튼
- PCB — **D** SW400-ND, **J** 119011, **F** 1555981
- 패널 — **D** GH1344-ND, **J** 164559PS, **F** 1634684, **R** 718-2213

브레드보드
- 일반 — **D** 438-1045-ND, **J** 20723, 20600, **F** 4692810

브레드보드용 연결선
- 빨간색 — **D** C2117R-100-ND, **J** 36856, **F** 1662031
- 검은색 — **D** C2117B-100-ND, **J** 36792, **F** 1662027
- 파란색 — **J** 36767, **F** 1662034
- 노란색 — **J** 36920, **F** 1662032

퍼텐쇼미터
- 10K — **D** 29081

헤더 핀
- 직선 — **D** A26509-20-ND, **J** 103377, - PRT-00116
- 직각 — **D** S1121E-36-ND, **S** PRT-00553

헤더 소켓
- 암놈 — **S** PRT-00115

전지 스냅 단자
- 9V — **D** 2238K-ND, **J** 101470PS, **S** PRT-00091

그림 1-2 프로세싱 편집 창

소프트웨어 도구

프로세싱

이 책에서는 프로세싱으로 멀티미디어 프로그래밍을 한다. 프로세싱은 자바에 기반하고 있으며 전문적으로 프로그래밍을 배우지는 않았지만 무엇인가 만들어 내고자 하는 디자이너, 예술가, 그리고 일반인을 위해 개발되었다. 다른 언어에 비해 프로세싱은 상대적으로 적은 코드만으로도 네트워크에 접속하거나, 시리얼 포트를 통해 주변 장치에 접속하고 카메라를 제어하는 등 상당히 근사한 결과물을 산출할 수 있으며, 프로그래밍 개념을 설명할 때도 매우 유용하다. 프로세싱은 오픈 소스이며 www.processing.org에서 무료로 내려받을 수 있다. 또한 자바를 기반으로 하기 때문에, 자바 클래스와 함수를 프로세싱 프로그램에 불러올 수도 있다. 맥의 OS X, 윈도우, 그리고 리눅스에서도 실행되는 만큼 각자 자신이 선호하는 운영체제에서 사용할 수 있다. 또한 안드로이드 휴대폰 앱 개발용 모드와 자바스크립트 개발용 모드도 있어서 필요에 따라 다양한 용도로 사용할 수 있다. 프로세싱으로 작업하고 싶지 않다면 이 책의 코드 샘플과 주석을 여러분이 선호하는 멀티미디어 환경에 맞는 유사 코드로 바꿔서 사용할 수 있어야 한다. 우선 프로세싱을 다운로드해서 컴퓨터에 설치를 완료한다. 그런 다음 프로세싱을 실행하면 그림 1-2와 같은 화면을 볼 수 있을 것이다.

여기 여러분의 첫 프로세싱 프로그램이 있다. 이 코드를 편집 창에 입력하고 툴바 왼쪽 위에 있는 Run 버튼을 누른다.

```
println("Hello World!");
```

여러분의 첫 프로세싱 프로그램은 비록 화려하지는 않지만 프로그램의 고전이다. 이 프로그램은 편집창의 아랫부분에 있는 메시지 박스에 Hello World!를 출력한다. 매우 간략하면서도 쉽다.

프로세싱의 프로그램들은 스케치라고 하며, 스케치에 필요한 모든 데이터는 스케치와 동일한 이름의 폴더에 저장된다. 편집기는 프로그래밍을 방해하는 어수선한 요소들이 없어서 매우 간결한 모습이다. 툴바에는 스케치 실행(Run), 정지(Stop), 새로운 파일 만들기(New), 기존의 파일 열기(Open), 저장하기(Save), 자바 애플릿으로 내보내기(Export Application) 등의 명령을 수행하는 버튼들이 있다. File 메뉴의 Export Application 명령을 사용하면 스케치를 독립적으로 실행되는 프로그램으로 만들 수도 있다. 파일들은 기본적으로 Processing 폴더('문서' 폴더 안에 있다)에 저장되지만, 필요하다면 다른 곳에 저장할 수도 있다.

두 번째로 작성할 프로그램은 좀 더 재미있다. 또한 프로세싱의 주요 프로그래밍 구조도 잘 드러나 있다.

주의: 이 책에 있는 모든 예제의 주석에는 프로세싱, 프로세싱 안드로이드 모드, 아두이노, PHP 등과 같이 예제를 실행해야 할 프로그램 환경을 제시하고 있다.

```
/*
    삼각형을 그리는 프로그램
    환경: 프로세싱

    마우스 버튼을 누르고 있지 않으면 삼각형을 그린다.
    마우스의 버튼을 누르면 삼각형이 지워진다.
*/

// 변수를 선언한다:
float redValue = 0;        // 빨간색의 값을 저장하는 변수
float greenValue = 0;      // 녹색의 값을 저장하는 변수
float blueValue = 0;       // 파란색의 값을 저장하는 변수

// setup() 함수는 프로그램이 시작할 때만 한 번 실행된다:

void setup() {
  size(320, 240);          // 애플릿 창의 크기를 설정한다
  background(0);           // 창의 배경색을 검은색으로 설정한다
  fill(0);                 // 도형을 채울 색깔을 지정한다(0 = 검은색)
  smooth();                // 가장자리를 안티에일리어싱 처리한다
}

// draw() 함수는 애플릿의 창이 열려 있는 한 반복적으로 실행된다.
// 이 함수는 창에 그려지는 요소들과 여러분이 프로그래밍한 내용을 새로 고친다.

void draw() {

  // 빨간색, 녹색, 파란색에 임의의 값을 할당한다.
  redValue = random(255);
  greenValue = random(255);
  blueValue = random(255);

  // 선의 색깔을 설정한다.
  stroke(redValue, greenValue, blueValue);

  // 마우스를 누르지 않으면 도형을 그린다(일반적인 관습은 잠깐 잊자).
  if (mousePressed == false) {
    // 삼각형을 그린다:
    triangle(mouseX, mouseY, width/2, height/2,
             pmouseX, pmouseY);
  }
  // 마우스의 버튼을 누르면 화면을 지운다.
  else {
    background(0);
    fill(0);
  }
}
```

모든 프로세싱 프로그램에는 setup()과 draw()라는 두 개의 주요 루틴이 포함된다. setup()은 프로그램이 시작할 때 한 번 실행되는 루틴이다. 이곳은 애플릿 창의 크기나 변수의 초기화 등 모든 초기 조건을 설정하는 곳이다. draw()는 프로그램의 메인 루프이다. 여기에 작성한 코드는 애플릿 창을 닫을 때까지 반복적으로 실행된다.

프로세싱에서 변수를 사용하려면 변수의 데이터 유형을 선언해야 한다. 앞의 프로그램에서 변수로 사용했던 redValue, greenValue, blueValue의 데이터 유형은 모두 float 유형, 즉 부동 소수점 숫자들이다. 이 외에도 int(정수), boolean(참 또는 거짓 값), String(텍스트 문자열), byte(바이트)는 일반적으로 많이 사용하는 변수의 유형이다.

C 언어나 자바, 또는 그 외의 많은 언어들처럼 프로세싱도 C 언어의 구문법을 따른다. 그래서 함수도 변수처럼 데이터 유형이 있어야 한다(많은 경우 함수는 아무런 값도 반환하지 않는 void 데이터 유형이다). 또한 모든 코드의 행은 세미콜론으로 끝나며, 코드 블록은 모두 중괄호로 감싼다. 조건문(if-then 표현문), for 반복문, 그리고 주석도 C 언어의 구분 방식을 따른다. 앞의 코드에는 for 반복문을 제외한 모든 표현법이 포함되어 있다.

전형적인 for 반복문의 예를 살펴보자. 새로운 스케치(새로운 스케치를 만들려면, 프로세싱의 File 메뉴에서 New를 선택한다)에서 다음의 코드를 실행해본다.

```
for (int myCounter = 0; myCounter <=10; myCounter++) {
  println(myCounter);
}
```

BASIC 사용자들을 위한 안내 C 언어 방식의 for 반복문을 처음 봤다면 다소 낯설게 보일 것이다. 이 코드는 myCounter라는 변수를 생성한다. 이 변수의 값이 10보다 작거나 같은 한, 중괄호 안에 있는 코드를 실행한다. myCounter++는 반복문이 한 번 실행될 때마다 myCounter에 1을 더해야 한다는 의미이다. 이 반복문을 BASIC으로 고쳐 쓰면 다음과 같을 것이다:

```
for myCounter = 0 to 10
  Print myCounter
next
```

프로세싱은 상호작용적인 그래픽을 짧은 시간 안에 만들 수 있기 때문에 갖고 놀기 유쾌한 언어이다. 또한 초보 프로그래머에게는 자바 언어에 대한 간단한 안내서 역할도 한다. 당신이 이미 자바 프로그래머라면, 프로세싱 프로그램에 자바를 곧장 불러올 수도 있다. 프로세싱은 코드 라이브러리를 통해 기능을 확장할 수 있다. 이 책에서는 시리얼 라이브러리와 네트워크 라이브러리를 자주 사용한다.

프로세싱의 구문들은 www.processing.org에 있는 Reference 페이지에 자세하게 설명되어 있다. 프로세싱을 만든 케이시 리아스(Casey Reas)와 벤 프라이(Ben Fry)가 저술한 『Processing: A Programming Handbook for Visual Designers and Artists』(MIT 프레스)나, 또는 보다 간결한 『Getting Started with Processing』[1]을 읽어보면 더 배울 수 있다. 다니엘 쉬프만(Daniel Shiffman)의 『Learning Processing』[2] 또한 훌륭한 안내서이다. 그 외에도 프로세싱 관련 서적이 여러 권 출간되어 있으니 자신에

---

1 번역서는 『손에 잡히는 프로세싱』(2011 인사이트, 황주선 옮김)

2 번역서는 『프로세싱, 날개를 달다』(2011 비제이퍼블릭, 랜덤웍스 옮김)

게 맞는 스타일의 책을 찾아서 읽자.

원격 접속 프로그램

명령어 입력 방식의 원격 접속 프로그램은 원격 컴퓨터의 명령어 인터페이스에 접속할 수 있는 툴이며, 이 책의 프로젝트들을 구현할 때 가장 효과적으로 사용할 수 있는 디버깅 도구 중 하나이다. 명령어 인터페이스를 한 번도 사용해보지 않았다면, 처음에는 다소 낯설 수도 있지만, 이내 익숙해질 것이다. 웹 서버에 로그인해서 이 책에 수록된 PHP 스크립트 작업을 하기 위해서는 명령어를 사용해야 하기 때문에 이 툴은 특히 중요하다.

다수의 웹 호스팅 서비스 업체들은 리눅스, BSD, 솔라리스, 또는 유닉스와 유사한 운영체제를 탑재한 시스템들을 보유하고 있다. 때문에 웹 서버에서 어떤 작업을 하려면 웹 서버에 접속해서 명령어 인터페이스를 사용해야 할 필요가 있다.

주의: PHP와 HTML 문서를 작성해본 경험이 있고 또한 웹 서버에 업로드 하는 방법을 아는 독자들은 바로 18페이지 'PHP' 절로 넘어가도 좋다.

명령 행 인터페이스는 서버에서 PHP 작업을 하는 가장 직접적인 방식을 제공하지만 어떤 사람들은 보다 간접적인 방식을 선호한다. 이들은 자신의 로컬 컴퓨터에서 텍스트 파일을 작성한 뒤 원격 컴퓨터에 업로드한다. 여러분이 제공받는 웹 호스팅 서비스에 따라 달라질 수 있지만, 간접적인 방식만 허용하는 업체들도 있다.(요즘은 다수의 저가 호스팅 업체들도 명령어 인터페이스를 제공한다.) 간접적인 방식을 선호할 수 있지만 이 책에서는 명령어 인터페이스를 통해서만 작업할 수 있는 상황이 있으므로 약간은 알아둘 필요가 있다.

SSH 접속하기

맥 OS X와 리눅스

터미널 프로그램을 실행한다. 평범한 텍스트 창이 열리고 아래와 유사한 메시지가 출력된다.

```
Last login: Wed Feb 22 07
ComputerName:~ username$
```

여러분의 웹 호스트에 접속하기 위해서는 명령 행에 ssh username@myhost.com이라고 입력한다. 이때 username과 myhost.com은 자신의 사용자 이름(id)과 호스트 주소로 바꿔야 한다.

윈도우

윈도우 사용자들은 PuTTY(그림 1-3)를 실행해야 한다. Host Name 입력란에 myhost.com(자신의 웹 호스트 주소)을 입력하고, SSH 프로토콜을 선택한 뒤 Open을 클릭한다.

컴퓨터가 원격 호스트에 접속하면 비밀번호를 입력하라는 메시지를 보낼 것이다. 비밀번호를 입력하고(입력하는 글자는 화면에 출력되지 않는다) 엔터 키를 친다.

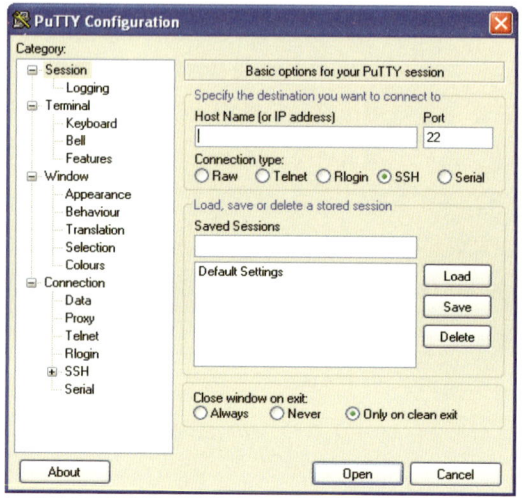

그림 1-3 PuTTY의 메인 창.

윈도우 컴퓨터에서는 몇 종류의 원격 접속 프로그램을 사용할 수 있다. 그중 여러분이 사용할 툴은 PuTTY라는 프로그램으로 www.putty.org에서 다운받을 수 있다. 윈도우 방식의 설치 프로그램을 받은 후에 실행한다. 맥 OS X와 리눅스 사용자들은 운영체제에 포함되어 있는 OpenSSH를 사용하면 되며, 터미널 프로그램에서 ssh 명령어를 입력하면 실행된다.

리눅스 또는 맥 OS X에서 OpenSSH를 사용하려면, 먼저 터미널 에뮬레이션 프로그램을 실행해서 명령어 인터페이스에 접근해야 한다. 맥 OS X에서는 이 에뮬레이션 프로그램을 터미널이라고 하며 응용프로그램의 하위 디렉터리인 유틸리티 폴더에서 찾을 수 있다. 리눅스에서는 xterm, rxvt, Terminal, 또는 Konsole이라는 프로그램을 찾아 실행한다.

주의: ssh는 오랫동안 유닉스에서 원격 접속 프로그램으로 사용해왔던 텔넷(telnet)을 보다 현대화한 사촌 격 프로그램이다. ssh는 보안이 더욱 강화되었다. ssh는 하나의 컴퓨터에서 다른 컴퓨터로 데이터를 전송할 때, 데이터를 모두 암호화해서 전송하기 때문에 외부에서 도중에 염탐할 수 없다. 그에 비해 텔넷은 데이터를 전송할 때 암호화하는 과정을 거치지 않는다. 따라서 가능하면 다른 컴퓨터에 접속할 때 ssh를 사용하는 것이 좋다. 이 책에서도 다른 대안이 없을 때만 텔넷을 사용한다. 텔넷은 오래된 친구와 비슷하다. 이제 텔넷은 가장 멋진 친구가 아닐 수도 있고, 좋은 평판만 듣는 친구도 아니지만, 언제나 당신 옆을 지키고 있는 친구이며, 모두가 당신을 실망시키는 상황에서도 마지막까지 믿을 수 있는 친구이다.

명령 행 사용하기

원격 서버에 접속하면, 아래와 유사한 메시지가 출력된다.

```
Last login: Web Feb 22 08:50:40 2006 from 216.157.45.215
[userid@myhost ~]$
```

여러분은 웹 호스트 컴퓨터의 명령 프롬프트를 보고 있는 것이며, 앞으로 입력하는 명령어는 원격 컴퓨터에서 실행된다. 이제 여러분이 위치한 디렉터리를 확인해 보자. 다음와 같이 입력한다.

pwd

이 명령어는 '작업 디렉터리 출력(print working directory)'의 줄임말로 현재 여러분이 작업하고 있는 디렉터리의 이름과 경로를 출력하도록 컴퓨터에게 요구한다.(많은 유닉스 명령어들은 매우 간결하기 때문에 키보드를 덜 쳐도 된다. 하지만 그 때문에 기억하기 어렵다는 단점도 있다.) 서버는 다음와 같이 디렉터리 경로를 출력한다.

/home/igoe

여러분 계정의 홈 디렉터리가 출력되었다. 일반적으로 이 디렉터리 안에는 public_html 또는 www라는 이름의 하위 디렉터리가 있다. 웹 파일들은 이 하위 디렉터리 안에 있어야 한다. 홈 디렉러리에 위치한 파일들(즉, www 또는 public_html 외부에 위치한 파일들)은 웹 방문객들이 볼 수 없다.

주의: 홈 디렉터리의 파일과 디렉터리가 어떻게 설정되어 있는지 구체적으로 파악하기 위해서는 웹 호스트에게 확인해봐야 한다.

현재 디렉터리에 있는 파일들의 목록(list)을 보려면 아래와 같은 명령어를 입력한다.

```
ls -l .
```

주의: 명령 행의 끝에 기입한 점은 '현재 디렉터리'의 약칭이다. 두 개의 점은 현재 디렉터리를 포함하고 있는 디렉터리(상위 디렉터리)의 약칭이다.

-l은 '상세정보(list long)'를 의미한다. 명령을 입력하면 아래와 유사한 결과를 볼 수 있을 것이다.

```
total 44
drwxr-xr-x    13 igoe users 4096 Apr 14 11:42 public_html
drwxr-xr-x     3 igoe users 4096 Nov 25  2005 share
```

현재 작업 중인 디렉터리에 있는 모든 파일과 하위 디렉터리의 목록 그리고 속성이 출력되었다. 첫 번째 열은 사용자의 권한(읽기, 수정하기, 실행하기 등)을 보여준다. 두 번째 열은 시스템에서 해당 파일에 연결된 링크의 수를 나타낸다. 특별한 경우가 아니라면 여러분은 링크의 수에는 신경을 쓰지 않아도 된다. 세 번째 열은 소유자를 나타내고, 네 번째 열은 파일이 속한 사용자 그룹을 나타낸다. 다섯 번째는 크기를 나타내며 여섯 번째는 수정된 날짜를 보여준다. 마지막 열은 파일 이름이다.

파일 이름 앞에 점이 있으면 유닉스 환경에서는 보이지 않는 파일, 즉 숨김파일이 된다. 이 책에서도 나중에 다루지만 접속을 제어하는 파일 같은 경우 보이지 않도록 숨겨둘 필요가 있다. 하지만 아래와 같이 ls 명령에 -a 변경자를 사용하면 숨겨둔 파일을 포함한 모든 파일의 목록을 출력할 수 있다.

```
ls -la
```

한 디렉터리에서 다른 디렉터리로 이동하려면 '디렉터리 변경(change directory)' 명령인 cd를 입력한다. 가령, public_html 디렉터리로 이동하기 위해서는 아래와 같이 입력한다.

```
cd public_html
```

다시 상위 디렉터리로 이동하기 위해서는 아래와 같이 입력한다.

```
cd ..
```

홈 디렉터리로 돌아가려면, 홈 디렉터리의 약칭인 ~ 기호를 입력한다.

```
cd ~
```

명령 행에 cd만 입력하는 경우에도 홈 디렉터리로 이동하게 된다.

어떤 디렉터리의 하위 디렉터리로 이동하고 싶다면, 예를 들어 public_html 디렉터리 내에 있는 cgi-bin 디렉터리로 이동하고 싶다면, cd public_html/cgi-bin과 같이 입력하면 된다. 서버의 메인 디렉터리(루트)를 기준으로 /를 파일의 경로명 앞에 붙여서 절대 경로를 표기할 수 있다. 그렇지 않은 파일 경로명은 현재 디렉터리를 기준으로 하는 상대 경로이다.

새로운 디렉터리를 만들려면 아래와 같이 입력한다.

```
mkdir directoryname
```

이 명령어는 현재 디렉터리에 directoryname이라는 새로운 디렉터리를 만든다. 디렉터리를 만든 다음 ls -l을 입력하면 새로운 디렉터리가 표시될 것이다. 다시 cd directoryname을 입력하면 해당 디렉터리로 이동하고, ls -la를 입력하면 해당 디렉터리의 모든 내용을 볼 수 있는데, 아래와 같이 두 가지가 보일 것이다.

```
drwxr-xr-x 2 tqi6023 users 4096 Feb 17 10:10 .
drwxr-xr-x 4 tqi6023 users 4096 Feb 17 10:10 ..
```

첫 번째 파일인 .은 현재 디렉터리 자체에 대한 참조이다. 두 번째 파일인 ..은 현재 디렉터리를 포함하고 있는 상위 디렉터리에 대한 참조이다. 디렉터리가 존재하는 한 이 두 개의 참조는 함께 존재한다. 이는 변경할 수 없다.

디렉터리를 삭제하려면 다음과 같이 입력한다.

```
rmdir directoryname
```

이 명령은 비어 있는 디렉터리만 삭제할 수 있으므로 삭제하기 전에 디렉터리 안에 있는 모든 파일을 지워야 한다. rmdir 명령은 디렉터리를 삭제하기 전에 여러분에게 경고하는 절차를 거치지 않기 때문에 주의해서 사용해야 한다. 자신이 만들지 않은 디렉터리나 파일은 삭제하지 않도록 하자.

파일에 대한 접근 제어

파일들의 권한을 살펴볼 수 있도록, ls -l을 입력해서 현재 디렉터리에 있는 파일들의 목록을 출력해 보자. 파일에 drwx------ 와 같이 표시되어 있다면(앞에 d가 표시되어 있다면), 이는 디렉터리를 의미하며, 디렉터리를 만든 시스템 사용자(파일의 소유자)가 읽고, 쓰고, 실행할 수 있다는 뜻이다. 한편, 파일 앞에 -rw-rw-rw와 같이 표시되어 있을 경우, 맨 앞에 있는 - 표시는 디렉터리가 아니라 파일이라는 의미이며, 소유자, 파일이 속한 사용자 그룹(일반적으로 소유자는 이 그룹의 구성원이다), 그리고 시스템에 접근할 수 있는 사람은 누구든지 이 파일을 읽고 쓸 수 있다는 뜻이다. 처음에 나오는 rw-는 소유자

의 권한을 지칭하며, 두 번째는 그룹의 권한, 그리고 세 번째는 일반 사용자의 권한을 의미한다. 여러분이 파일의 소유자라면, chmod 명령으로 파일의 권한을 바꿀 수 있다.

```
chmod go-w filename
```

chmod 뒤에 옵션을 표기해서 해당 사용자의 권한을 설정할 수 있다. 앞의 예제의 경우, 파일이 속한 그룹(g)과 일반 사용자(o)의 쓰기 권한을 제한(-w)한다. 그룹과 일반 사용자의 쓰기 권한을 다시 부여하고 더불어 실행 권한도 부여하기 위해서는 다음과 같이 입력한다.

```
chmod go+wx filename
```

사용자를 나타내는 u, 그룹을 나타내는 g, 일반 사용자를 나타내는 o와 + 및 -, 읽기를 나타내는 r, 쓰기를 나타내는 w, 그리고 실행을 나타내는 x를 조합하면 여러분의 파일에 대한 시스템 사용자들의 권한을 변경할 수 있다. 실수로 자신(사용자)의 권한을 제한하지 않도록 주의하자. 또한, 꼭 필요한 경우가 아니라면 그룹이나 일반 사용자에게 파일의 접근 권한을 부여하지 않는 것이 좋다. 대부분의 호스트 서비스 업체들은 여러분 외에도 수백 명의 다른 사용자들이 하나의 서버를 공유하도록 하고 있다!

파일을 만들고, 보고, 삭제하기

유용한 명령 행 프로그램이 두 개 더 있다. 바로 nano와 less이다. nano는 텍스트 편집기이다. 아주 기본적인 기능만 갖추고 있기 때문에 여러분은 자신의 컴퓨터에서 자신이 선호하는 텍스트 편집기로 파일을 편집한 다음 서버에 업로드하는 것을 더 선호할 수도 있다. 하지만, 서버에 접속해서 직접 편집해야 할 때는 nano가 매우 유용하다. 새로운 파일을 만들려면, 아래와 같이 입력한다.

```
nano filename.txt
```

그러면 nano 편집기가 열린다. nano 편집기로 텍스트를 입력하는 모습이 그림 1-4에 나와 있다.

　nano의 모든 명령은 키보드의 Ctrl 키와 다른 키의 조합으로 구성된다. 가령, 프로그램에서 나오려면, Ctrl-X(Ctrl과 x 키를 동시에 누름)를 입력한다. 그러면 편집기는 저장 여부를 물어본 뒤 저장할 파일 이름을 물어본다. 화면 아래에는 가장 빈번하게 사용하는 명령어들이 나열되어 있다.

　파일을 만들고 편집할 때는 nano가 유용하지만, 파일을 볼 때는 less가 매우 유용하다. 파일의 내용을 한 화면씩 끊어서 보여준다. 조금 전에 nano로 만든 파일을 보려면, 다음과 같이 입력한다.

```
less filename.txt
```

파일의 내용이 출력되고, 화면 아래에는 콜론(:) 프롬프트가 표시될 것이다. 스페이스 바를 누르면 다음 내용이 화면 가득 표시된다. 충분히 읽었다면 q를 입력해서 종료한다. less에는 별다른 기능이 없다. 하지만 긴 파일을 읽을 때는 매우 유용하다. 한편, 파이프(|) 연산자를 사용하면 다른 명령(또는 거의 모든 명령 행 프로그램)을 less와 연결할 수 있다. 다음과 같이 입력해 보자.

```
ls -la . | less
```

파일을 만들었다면, rm 명령으로 파일을 지울 수 있다. 아래와 같이 입력해 보자:

```
rm filename
```

rmdir과 마찬가지로, rm 명령은 확인 절차 없이 바로 파일을 삭제하기 때문에 주의해서 사용해야 한다.

　유닉스의 명령 셸에는 더 많은 명령어들이 있지만, 처음 시작하는 단계에서는 이 정도면 충분하다.

일반적으로 많이 사용하는 명령어들을 출력하려면, 명령 프롬프트에서 help를 쳐보자. 특정한 명령어에 대한 안내문을 보려면 명령어 앞에 man을 입력한다. 서버에 대한 접속을 끊으려면, logout이라고 입력한다. 유닉스와 리눅스 시스템의 명령 행에 대해 더 알아보고 싶다면 제리 피크, 그레이스 토디노, 그리고 존 스트랭이 저술한 『한 권으로 끝내는 유닉스』(한빛미디어)를 보도록 하자.

PHP

이 책의 서버 프로그램은 대부분 PHP로 작성했다. PHP는 웹 서버의 응용프로그램을 작성하는 가장 일반적인 스크립트 언어(서버 측 스크립트) 중 하나이다. 서버 측 스크립트로 프로그램을 작성하면 웹 서버를 더욱 유용하게 활용할 수 있다. 고정된 텍스트나 HTML 페이지를 보여주는 것은 물론, 브라우저로 데이터베이스에 접속하거나 웹 세션의 데이터를 텍스트 파일로 저장하고, 브라우저에서 메일을 보내는 등 많은 작업이 가능해진다. 이 책에 수록된 대부분의 프로젝트를 진행하기 위해서는 인터넷 접속 서비스와 웹 호스팅 계정이 필요하다. 대부분의 웹 호스팅 업체는 PHP 서버 환경을 제공한다.

　PHP를 시작하기 위해서는 앞의 절에서 한 것과 마찬가지로 웹 호스팅 계정에 원격 접속해야 한다. 일부 호스팅 업체는 기본적인 서비스만 제공하고 ssh 접속은 허용하지 않으므로 자신의 서비스 환경을 확인해야 한다. 만약 ssh 접속 환경을 제공하지 않는다면 비싸지 않은 다른 호스팅 업체를 알아보는 것이 좋다. 유연하게 명령 행으로 작업할 수 있는 환경은 그만한 가치가 있기 때문이다. 접속했다면 아래와 같이 입력한다.

```
php -v
```

다음과 같은 결과가 출력된다.[3]

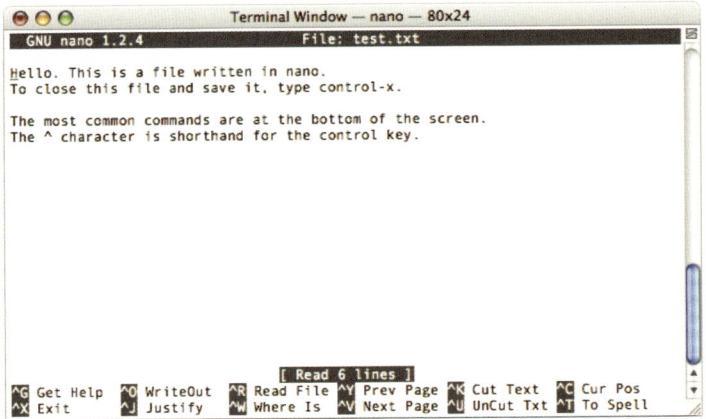

그림 1-4 nano 텍스트 편집기

```
PHP 5.3.5 (cli) (built: Dex 15 2010 12:15:07)
Copyright © 1997-2010 The PHP Group
Zend Engine v2.3.0, Copyright © 1998-2010
Zend Technologies
```

여러분의 서버에 설치된 PHP의 버전이 출력되었다. 이 책에 있는 코드는 PHP5를 기준으로 작성했기 때문에 서버에 그 이상의 버전이 설치되어 있다면 정상적으로 작동할 것이다. PHP를 사용하면 어렵지 않게 데이터베이스의 검색 결과를 웹 페이지에 표시할 수 있고, 다른 서버에 메시지를 보내거나, 이메일을 보내는 등 다양한 작업을 할 수 있다.

여러분이 명령 행에서 곧장 PHP 스크립트를 실행하는 경우는 그다지 많지 않을 것이다. 대신 아파치 등과 같이 서버에 설치된 웹 서버 프로그램을 호출해서 파일을 요청하게 될 것이다.(이러한 과정은 웹 브라우저를 열고, 웹 서버에 있는 문서의 주소를 브라우저의 주소 입력란에 기입한 뒤 엔터 키를 치는 방식으로 진행된다. 웹 페이지를 방문하는 것과 다를 바가 없다.) 여러분이 요구하는 파일이 PHP 스크립트라면, 웹 서버의 응용프로그램이 해당 파일을 찾아서 실행한다. 그리고 실행 결과를 메시지로 알려준다.

이와 관련된 보다 자세한 내용은 3장에서 다룬다. 우선은, 한두 개의 간단한 PHP를 작성해서 실행해 본다. 여러분이 자주 사용하는 텍스트 편집기를 열고, 아래의 코드를 입력한 뒤 서버의 public_html 디렉터리(호스팅 업체에 따라 웹 페이지가 www 또는 www/public과 같은 디렉터리에 저장될 수 있으니 자신의 서버 환경을 확인하자)에 hello.php라는 이름으로 저장하자.

```
<?php
echo "<html><head></head><body>\n";
echo "hello world!\n";
echo "</body></html>\n";
?>
```

명령 행으로 돌아와서 다음과 같이 입력하고 결과를 확인하자.

```
php hello.php
```

아래와 같이 출력될 것이다.

```
<html><head></head><body>
hello world!
</body></html>
```

---

3   호스팅 서비스를 제공하는 업체들 중 다수는 root 권한을 가진 경우에만 php 명령을 내릴 수 있도록 제한하고 있다. 웹 호스팅 서비스를 받는 사용자들은 root 권한이 없는 일반 사용자들이기 때문에 php 명령을 내릴 수 없다.

그림 1-5 여러분의 첫 PHP 스크립트가 브라우저에 표시되었다.

이제 이 파일을 브라우저에서 열어보자. 브라우저를 열고 여러분의 웹 사이트에 있는 파일의 주소로 이동한다. 파일을 public_html에 저장했기 때문에 주소는 http://www.example.com/hello.php가 될 것이다. (여러분은 example.com 대신 자신의 웹 사이트 주소를 기입해야 한다. 또한 필요하다면 http://tigoe.net/~tigoe/hello.php와 같이 파일에 위치한 홈 디렉터리의 경로를 추가로 기입해야 할 수도 있다.) 그림 1-5와 같은 웹 페이지가 브라우저에 표시될 것이다.

 PHP 스크립트를 컴퓨터 내의 파일 형식으로 열었다면, 그림 1-5와는 다르게 PHP의 소스 코드가 보이게 된다. 웹 브라우저의 주소가 file:// 대신 http:// 로 시작하는지 확인해 보자.

여러분의 웹 서버가 PHP 환경을 지원하지 않으면 스크립트가 열리지 않을 수도 있다. 또한 웹 서버가 PHP의 확장자를 .php4처럼 설정하도록 되어 있어도 스크립트가 열리지 않을 수 있다. 이러한 문제가 발생할 경우 웹 호스팅 업체에 문의한다.

브라우저에 사실상 HTML 텍스트가 출력되고 있다는 것을 알 수 있을 것이다. PHP는 HTML과 잘 결합할 수 있도록 설계되어 있다. 또한, 일반적인 HTML 페이지에도 〈? 와 ?〉 태그 사이에 PHP 스크립트를 넣을 수 있다. 브라우저에서 PHP 스크립트를 열 때 오류가 발생한다면, PHP 스크립트가 서버

의 특정한 디렉터리에서만 실행되는지, 또는 PHP 스크립트를 실행하기 위한 별도의 권한 설정이 필요한지 시스템 관리자에게 문의해야 한다.

이번에는 약간 더 복잡한 PHP 스크립트를 작성해 보자. 서버의 public_html 디렉터리에 time.php라는 파일명으로 아래의 코드를 저장한다.

```
<?php
/*
    날짜 출력하기
    환경: PHP

    HTML 페이지에 날짜와 시간을 출력함.
*/
// 시간과 날씨를 양식에 맞춰 변수에 저장함:
$date = date("Y-m-d h:i:s\t");

// HTML 페이지의 시작 부분을 출력함:
echo "<html><head></head><body>\n";
echo "Hello World!<br>\n";
// 날짜를 출력함:
echo "Today's date : $date<br>\n";
// HTML을 마침
echo "</body></html>";
?>
```

브라우저의 주소란에 http://www.example.com/time.php를 입력하고 결과를 확인한다. (앞의 예제들과 마찬가지로, example.com은 여러분의 주소로 바꿔야 한다.) 화면에 날짜와 시간이 출력될 것이다. 이 프로그램에서는 PHP의 함수인 date()를 호출해서 날짜와 시간 데이터를 구한 뒤 $date 변수에 할당한다. PHP에서는 변수의 유형을 선언하지 않아도 된다. 단순 변수나 스칼라 변수는 변수 이름 앞에 $를 붙여 만들 수 있으며, 정수, 실수, 또는 문자열을 저장할 수 있다. PHP는 프로세싱과 마찬가지로 C 언어 방식의 구문법을 따른다. 그래서 if 조건문, for

반복문, 그리고 주석은 익숙한 모습일 것이다.

PHP에서 변수 다루기

PHP는 프로세싱이나 아두이노와는 약간 다른 방식으로 변수를 처리한다. 프로세싱과 아두이노는 명령어와 중복되지 않는 이상 변수 이름을 자유롭게 지정할 수 있다. 그리고 변수를 사용하려면 처음 한 번은 변수 이름 앞에 데이터 유형을 표기해서 변수를 선언해야 한다. PHP에서는 변수의 유형을 선언하지 않아도 된다. 대신 변수명 앞에 $를 표기해야 한다. 앞의 PHP 스크립트에서도 이렇게 만든 변수를 볼 수 있다. $date는 변수이며, date() 명령을 호출해서 변수에 문자열을 할당하고 있다.

PHP에서는 변수를 검사하는 명령어가 몇 개 있다. 가령, isset()는 변수에 값이 할당되었는지 확인하고, is_bool(), is_int(), is_string()과 같은 명령어는 변수들이 특정한 유형의 데이터를 저장하고 있는지 확인한다(각각 불, 정수, 문자열 유형).

PHP는 환경 변수라고 하는 변수들도 내장하고 있는데 여러분은 그 중 세 개, 즉 $_REQUEST, $_GET 그리고 $_POST 변수를 주목해야 한다. 이 변수들은 HTTP 요청에 대한 결과를 반환한다. HTML의 폼(form)을 통해 PHP 스크립트를 호출하거나, 또는 URL 뒤에 변수들로 이루어진 문자열을 덧붙이는 방식으로 스크립트를 호출해도 결과를 반환한다. $_GET은 PHP 스크립트가 HTTP GET 요청을 통해 호출될 때 결과를 반환한다. $_POST는 HTTP POST 요청을 통해 호출될 때 결과를 반환하고, $_REQUEST는 어떠한 방식으로 요청하든지 결과를 반환해 준다.

HTTP 요청에는 서로 다른 정보의 조각들이 몇 개씩 담겨 있을 수도 있는데(온라인에서 회원 가입 등을 할 때 여러 칸에 정보를 채워야 하는 서식을 많이 봤을 것이다), 이들은 모두 배열 변수다. 배열에서 특정한 요소에 접근할 때는 일반적으로 요소의 이름을 사용한다. 예를 들어, 여러분이 Name이라는 입력란에 자신의 이름을 입력한다면, 입력한 값은 $_REQUEST['Name']이라는 요소로 $_REQUEST 변수에 추가된다. 만약 HTTP POST 방식으로 요청을 보낸다면 $_POST['Name']을 통해 값에 접근할 수 있다. 여러분이 알아야 할 환경 변수들은 더 있지만, 이 세 개의 변수가 클라이언트(웹 브라우저나 마이크로컨트롤러)로부터 정보를 얻을 때 가장 많이 사용하는 것이다. 이들 변수에 대해서는 앞으로 보다 자세하게 다룰 것이다.

PHP에 대해서 알아보려면 www.php.net을 방문한다. 이곳에는 PHP와 관련된 좋은 지침과 사용법들이 게시되어 있다. 데이비드 스클라(David Sklar)가 저술한 『Learning PHP 5』(오라일리)는 PHP에 대해 보다 심도 깊은 내용을 다루고 있다.

시리얼 통신 도구들

앞 절에서 살펴본 원격 접속 프로그램들은 터미널 에뮬레이션 프로그램으로서, 여러분은 인터넷을 통해 원격 컴퓨터에 접속할 수 있었다. 하지만 터미널 에뮬레이션 프로그램의 기능은 여기에 국한되지 않는다. TCP/IP가 컴퓨터의 네트워크 접속 방식으로 광범위하게 자리잡기 전에는 모뎀을 컴퓨터의 시리얼 포트에 연결하여 네트워크에 접속하는 방식이 일반적이었다. 그때는, 많은 사용자들이 전자게시판(BBS)에 접속했으며 메뉴 기반의 시스템에서 메시지를 토론 게시판에 올리고, 파일을 다운 받으며 다른 BBS 사용자들에게 메일을 보냈다.

요즘은 시리얼 포트를 주로 컴퓨터와 주변장치를 연결할 때 사용한다. 마이크로컨트롤러 프로그래밍 분야에서는, 컴퓨터와 마이크로컨트롤러가 서로 데이터를 교환할 때 시리얼 포트를 주로 사용한다. 이 책에 나오는 프로젝트들을 진행하기 위해서는 시리얼 포트에 접속할 수 있는 터미널 프로그램이 꼭 필요하다. 시중에는 무상으로 배포되거나 일정 기간 무상으로 사용할 수 있는 터미널 프로그램이 몇 개 있다. 쿨텀(CoolTerm)은 로저 마이어가 만든 훌륭한 무료 소프트웨어로, http://freeware.the-meiers.org에서 다운받을 수 있다. 맥 OS X와 윈도우에서 모두 사용할 수 있으며, 초보자에서 전문가에 이르기까지 사용할 수 있는 매우 호감이 가는 툴이기도 하다. 프로그래머가 자신의 소중한 시간을 쪼개서 개발하고 공개하는 것인 만큼 올바르게 사용하고 가능하다면 소정의 금액도 기부하자. PuTTY는 시리얼과 ssh 터미널을 모두 열 수 있어서 윈도우 사용자들에게는 괜찮은 대안이다. PuTTY는 리눅스에서도 사용할 수 있다. 또는 고전적인 방식으로 터미널 창에서 간편하게 GNU 스크린 프로그램을 실행해서 사용하는 것도 좋지만, 쿨텀에 비하면 기능이 제한적이다.

윈도우에서의 시리얼 통신

시작하기에 앞서, 시리얼 포트의 이름을 먼저 확인해야 한다. 시작→실행을 클릭하고, devmgmt.msc라고 입력한 뒤 엔터를 치면 장치관리자가 뜬다(또는 윈도 7의 검색 상자에서 devmgmt.msc를 찾아 프로그램을 실행한다). 와이어링이나 아두이노 보드 같은 시리얼 장치가 연결되어 있다면, 포트(COM & LPT) 항목이 형성되어 있을 것이다. 그 항목을 열면 가용한 시리얼 포트의 목록이 펼쳐진다. 새로운 와이어링 또는 아두이노 보드를 연결할 때마다 COM5, COM6, COM7과 같이 새로운 이름이 추가된다.

시리얼 포트의 이름을 확인했다면, PuTTY를 실행한다. 그림 1-6과 같이 Session 카테고리에서 Connection Type을 Serial로 설정하고, Serial Line 상자에는 여러분의 포트 이름을 기입한다. 그 다음 카테고리 목록의 맨 아래에 있는 Serial 카테고리를 클릭해서 시리얼 라인이 자신이 사용할 포트 이름과 일치하는지 확인한다. 시리얼 라인의 설정은 Speed(baud) 9600, Data bits 8, Stop bits 1, Parity None, Flow control None으로 맞춘다. 마지막으로 Open 버튼을 클릭하면 시리얼 창이 열린다. 여러분이 이 창에서 입력하는 것은 모두 시리얼 포트를 통해서 전송되며, 시리얼 포트에 도착하는 모든 데이터는 이 창에 ASCII 텍스트로 표시된다.

주의: 아두이노에 시리얼 포트로 통신하는 프로그램이 업로드되어 있지 않다면 아직은 창에 아무런 데이터도 출력되지 않을 것이다. 아두이노 프로그램을 작성하는 방법은 곧 배우게 된다.

맥 OS X에서의 시리얼 통신

쿨텀을 실행하고 Options 아이콘을 클릭한다.

Options 탭에는 포트를 설정할 수 있는 풀다운 메뉴가 있다. 맥 OS X의 시리얼 포트 이름은 /dev/tty.usbmodem241241과 비슷한 방식으로 부여된다. 자신의 포트를 확실하게 확인하려면, 아두이노를 연결하지 않은 상태에서 목록을 확인한 뒤, 다시 아두이노를 연결한 다음에 Options 탭에 있는 Re-scan Serial Ports를 클릭한다. 새로 나열된 포트가 여러분의 아두이노가 연결된 시리얼 포트이다. 시리얼 포트를 열려면, 메인 메뉴에서 Connect 버튼을 클릭한다. 연결을 끊으려면, Disconnect를 클릭한다.

맥 OS X는 유닉스에 기반하고 있기 때문에, 모험심 강한 맥 사용자들은 다음에 소개하는 리눅스 방식으로 연결해 봐도 재미있을 것이다.

리눅스에서의 시리얼 통신

리눅스(또는 맥 OS X)에서 시리얼 통신을 시작하려

시리얼 포트는 누가 사용하고 있나?

응용프로그램들은 시리얼 포트를 서로 잘 공유하지 못한다. 사실 한 번에 하나의 응용프로그램만 시리얼 포트를 점유할 수 있다. 가령, 여러분이 아두이노 모듈에 연결하기 위해 PuTTY나 쿨텀 또는 스크린 프로그램으로 시리얼 포트를 열어둔 상태라면 아두이노 IDE에서 새로운 코드를 업로드할 수 없다. 응용프로그램들은 시리얼 포트를 열 때 잠금 파일이라고 하는 특수한 파일에 직접 기입하거나 또는 운영체제에 대신 잠금 파일에 기입하도록 요청하는 방식으로 포트에 대한 독점적인 제어권을 요구한다. 응용프로그램이 시리얼 포트를 닫으면 시리얼 포트에 대한 잠금도 해제된다. 하지만 응용프로그램이 시리얼 포트를 개방하고 있는 도중에 작동을 멈추면 가끔 시리얼 포트를 닫지 못하는 경우가 생겨서 결과적으로 다른 프로그램이 해당 포트를 사용할 수 없게 되기도 한다. 이런 일이 발생하면, 운영체제를 다시 시작해서 포트 잠금을 모두 해제하는 수밖에 없다(또는 운영체제가 포트의 잠금 문제를 해결할 때까지 기다리는 방법도 있다). 이러한 문제를 미연에 방지하려면, 한 프로그램에서 다른 프로그램으로 넘어갈 때 시리얼 포트를 확실하게 닫는 것이 좋다. 리눅스와 맥 OS X 사용자들은 매번 Ctrl - A 다음에 Ctrl - \를 눌러 스크린을 닫고, 윈도우 사용자들은 PuTTY의 접속을 끊어야 한다. 그러지 않으면, 컴퓨터를 다시 시작하는 일이 자주 발생할 수도 있다.

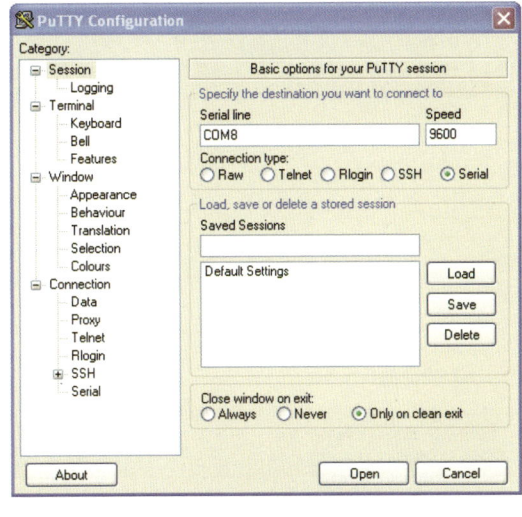

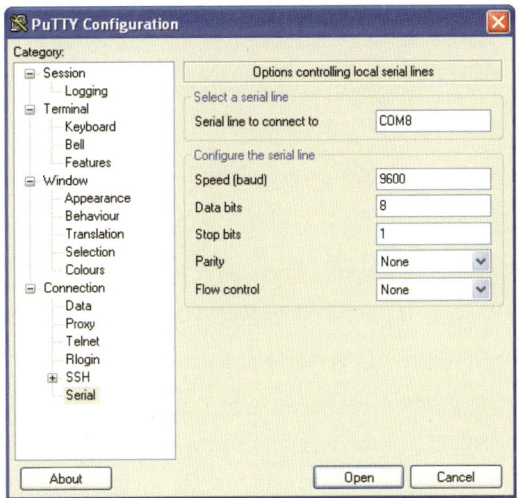

그림 1-6 PuTTY에서 시리얼 연결 설정하기.

면 터미널 창을 열고 아래와 같이 입력한다.

```
ls /dev/tty.*    # Mac OS X
ls /dev/tty*     # Linux
```

이 명령은 가용한 시리얼 포트들을 출력해 준다. 윈도우의 COM1, COM2와 같은 포트 이름에 비하면 맥 OS X와 리눅스의 시리얼 포트 이름은 좀 더 독특하면서 보다 복잡하다. 시리얼 포트를 선택해서 아래와 같이 입력해 보자.

screen portname datarate.

예를 들어, 아두이노 보드와 연결된 시리얼 포트를 초당 9600비트의 속도로 열고 싶다면, 맥 OS X에서는 screen /dev/tty.usbmodem241241 9600과 같이

1장 도구들   23

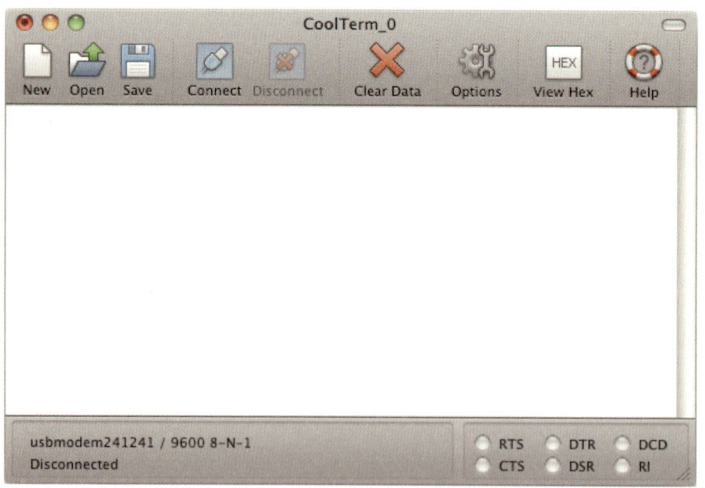

그림 1-7 쿨텀 시리얼 터미널 프로그램

입력한다. 리눅스에서는 screen /dev/ttyUSB0 9600 과 같이 입력한다. 그러면 화면이 초기화되고 이제 부터 입력하는 모든 글자는 여러분이 개방한 시리 얼 포트를 통해 전송된다. 하지만, 여러분이 입력하 는 글자는 화면에 표시되지 않는다. 반면, 시리얼 포 트를 통해 수신되는 바이트들은 화면에 글자로 표 시된다. 시리얼 포트를 닫으려면 Ctrl-A를 입력하고 이어서 Ctrl-\을 입력한다.

다음 절에서는 시리얼 통신 프로그램을 사용해서 마이크로컨트롤러와 통신해 볼 것이다.

하드웨어

아두이노, 와이어링, 그리고 파생 보드들

이 책에서는 아두이노 모듈을 주요 마이크로컨트롤 러로 사용한다. 아두이노 모듈과 또 하나의 마이크 로컨트롤러 모듈인 와이어링은 2005년 이탈리아에 있는 이브레아 인터랙션 디자인 대학원에서 등장했 다. 둘 다 아트멜(www.atmel.com)의 아트메가 시 리즈 마이크로컨트롤러에 기반하고 있으며, C/C++ 로 프로그램되어 있다. 이 모듈들은 프로세싱의 소 프트웨어 통합 개발 환경(IDE)에 기반한 개발 환경

을 갖추고 있으며 언어도 프로세싱 언어와 유사한 일종의 '사투리'를 사용한다. 그래서 아두이노와 와 이어링을 다루다 보면 프로세싱의 명령어인 setup() 과 loop() 같은 함수(프로세싱의 draw() 함수는 원 래 loop()라는 명칭을 갖고 있었다)와 map() 함수 등, 프로세싱과 유사한 명령어들을 자주 보게 된다.

이 책의 초판을 쓸 때만 해도 와이어링 보드는 한 종류밖에 없었고, 아두이노 보드도 네다섯 종류만 있었을 뿐, 파생 보드는 거의 없었다. 지금은 더욱 다 양한 아두이노 모델이 있고, 새로운 와이어링 모델 도 두 개나 출시되며, 아두이노 IDE에서 직접 프로 그램을 작성해서 업로드할 수 있을 정도로 호환성이 뛰어난 아두이노 파생 보드도 많다. 그 외에 자체적 인 IDE를 갖추고 있는 다른 보드들도 있으며 이 책에 나오는 일부(전부는 아니다) 코드들을 사용할 수도 있을 것이다. 한편, 물리적인 디자인 측면에서는 호 환이 되지만 상이한 언어로 프로그램된 보드들도 있 다. 다양한 분야에서 파생 보드가 사용되고 있다.

앞으로 나올 프로젝트들은 다양한 아두이노 보드 에서 시험해 봤으며, 가능한 경우에는 고전적인 와 이어링 보드에서도 시험을 마쳤다. 약간의 차이는 있겠지만, 와이어링 보드용으로 작성한 코드들은

아두이노 보드에서도 정상적으로 작동되며, 그 반대의 경우도 마찬가지이다. 아두이노 파생 보드들의 경우에는 보드 제작사에 확인해 봐야 한다. 아두이노 포럼에서도 파생 보드들에 대한 정보가 활발하게 오가고 있어서 문제를 해결하는 데 많은 도움을 받을 수 있을 것이다.

아두이노와 와이어링의 편집기는 서로 매우 닮았다. 이 편집기들은 무료이며 오픈 소스 프로그래밍 환경을 제공한다. 각각 www.arduino.cc와 www.wiring.org.co에서 다운받을 수 있다.

아두이노와 와이어링의 하드웨어도 오픈 소스이며, 앞에서 언급한 온라인상의 다양한 판매점에서 구입할 수 있다. 만약, 여러분이 하드웨어에 흠뻑 빠져 있어서 자신만의 인쇄 회로 보드를 만들고 싶다면 관련 자료들을 다운받아서 직접 만들 수도 있다. 그래도 온라인에서 완제품을 구입하면 바로 사용할 수 있기 때문에 편리하다(그리고 대부분의 경우 직접 만든 아두이노보다 훨씬 신뢰성이 높다). 그림 1-8에 여러분이 선택할 수 있는 보드들이 나열되어 있다.

와이어링과 아두이노는 크로스플랫폼이라는 장점을 갖고 있다. 즉, 맥 OS X, 윈도우, 그리고 리눅스에서도 잘 작동한다. 이는 마이크로컨트롤러 개발 환경에서 매우 드문 장점이기도 하다.

또 다른 장점은, 마치 프로세싱처럼 확장 가능하다는 점이다. 프로세싱 프로그램에 자바 클래스와 함수를 불러올 수 있는 것처럼, 와이어링과 아두이노 프로그램에는 AVR-C로 작성한 C/C++ 코드를 불러올 수 있다. 이 방법에 대해서는 각각의 웹사이트를 방문해서 알아보도록 하자.

아두이노에 대한 좋은 입문서가 필요하다면, 마시모 벤지의 『손에 잡히는 아두이노』(인사이트)를 보도록 하자.

그림 1-8 다양한 아두이노 및 와이어링 보드. 1. 릴리패드 아두이노 2. 아두이노 우노 SMD 3. 아두이노 피오 4. 아두이노 프로 미니 5. 아두이노 미니 6. 아두이노 나노 7. 아두이노 메가 2560 8. 아두이노 우노 9. 와이어링 보드 10. 아두이노 프로 11. 아두이노 이더넷 12. 아두이노 블루투스 13. 아두이노 두에밀라노베

그림 1-9 아두이노 실드들. 1. 아두이노 프로토타이핑 실드 2. 에이다프루트 프로토타이핑 실드 3. 아두이노 이더넷 실드 4. 팅커키트 DMX 실드 5. 아두이노 무선 실드 6. 에이다프루트에서 만든 움라우트(Oomlout) 아두이노/브레드보드 받침대 7. 스파크 펀 마이크로 SD 카드 실드 8. 에이다프루트 모터 드라이버 실드 9. 스파크 펀 악기 실드

아두이노 실드

실드는 특정한 기능을 가진 회로를 아두이노 위에 쉽게 장착하여 사용할 수 있도록 규격화해서 조립한 모듈을 지칭하는 용어이다. 실드 덕분에 아두이노 작업이 훨씬 단순하고 수월해졌다. 실드의 종류도 다양하며 웬만한 분야에서 활용할 수 있는 실드들은 이미 제3의 업체들이나 개인 개발자들이 개발해 놓은 상태이다. 미디 신시사이저나 NTSC 비디오 출력 등의 기능을 아두이노에 추가할 수 있는 실드들도 이미 시중에서 구할 수 있으며 이 책에서도 와이파이나 이더넷 실드를 사용하게 될 것이다.

실드의 증가와 발전은 아두이노가 널리 보급되는 데 크게 기여했다. 전자 분야에 대한 경험이 없는 사용자들도 좋은 구성과 설명서를 갖춘 실드로 다양한 프로젝트를 진행할 수 있기 때문이다. 여러분도 이 책을 보는 동안 몇 개의 실드를 사용할 것이며, 일부 프로젝트에서는 직접 회로를 구성해볼 것이다.

이 책에서는 아두이노를 인터넷에 연결해 주는 이더넷 실드, Digi 사의 통신기나 이와 동일한 핀 규격을 가진 통신기를 장착하여 아두이노로 제어할 수 있도록 제작된 무선 실드, 그리고 프로젝트에 필요한 회로를 쉽게 구성할 수 있게 해주는 프로토타이핑 실드 등을 많이 사용하게 된다.

보드 설계도와 같은 실드의 자료 역시 www.arduino.cc 에서 구할 수 있다. 인쇄 기판을 만들어 본 경험이 있다면 직접 실드 만들기에 도전해 보자. 재미있는 작업이 될 것이다.

최근까지도 아두이노용 실드들은 와이어링의 보드와 물리적으로 호환되지 않았다. 하지만, 최근 로그 로보틱스(www.roguerobotics.com)에서 판매하고 있는 어댑터 덕분에 아두이노 실드를 와이어링 보드에 장착할 수 있게 되었다.

그러나 모든 실드가 모든 보드와 호환되는 것은 아니므로 주의해야 한다. 일부 파생 보드들은 아두이노 보드와 달리 5볼트 외의 전압으로 작동하기 때문에 아두이노의 전압을 기준으로 설계된 실드들과는 호환되지 않는다. 아두이노 이외의 다른 마이크로컨트롤러 보드를 사용하고 있다면, 실드와 연결해서 사용할 수 있는지 보드 제조업체에 확인해야 한다.

다른 마이크로컨트롤러들

이 책의 예제들은 아두이노를 기준으로 작성되었지만, 다른 마이크로컨트롤러 플랫폼에서도 동일한 작업을 수행할 수 있다. 비록 플랫폼마다 서로 차이가 있기는 하지만 기본적으로 모든 마이크로컨트롤러는 하나의 작은 컴퓨터라는 근본적인 공통점이 있다. 이들은 공통적으로 출력 핀의 전압을 높이거나 낮춤으로써, 그리고 입력 핀의 전압 변화를 판독함으로써 세상과 통신한다. 대부분의 마이크로컨트롤러는 일부 I/O 핀들을 통해 전압의 다양한 변화를 감지할 수 있다. 모든 마이크로컨트롤러는 하나 이상의 디지털 통신 방식을 통해 다른 컴퓨터들과 통신할 수 있다. 시중에 유통되고 있는 다른 마이크로컨트롤러들을 소개한다.

8비트 컨트롤러

아두이노와 와이어링의 핵심 부품인 아트멜의 마이크로컨트롤러는 데이터와 명령을 8비트 단위로 처리하는 소위 8비트 컨트롤러이다. 8비트 컨트롤러는 저렴하고 일반적이며 우리의 감각을 넘어서는 해상도와 속도로 간단한 물리적 속성들을 감지할 수 있기 때문에 매우 효과적으로 물리적인 세계를 측정하고 제어할 수 있다. 시계가 달린 라디오부터 자동차 그리고 냉장고에 이르기까지 우리가 일상에서 사용하는 거의 모든 전자 장치에는 이러한 종류의 컨트롤러가 장착되어 있다.

물리적인 장치를 만들 때 사용되는 8비트 컨트롤러 중에는 썩 괜찮은 제품들이 있다. 취미 개발자들이 일반적으로 가장 많이 사용하는 마이크로컨트롤러는 아마도 패럴랙스(www.parallax.com)의 베이직 스탬프와 베이직 스탬프 2(BS-2)일 것이다. 사용하기도 쉽고 와이어링이나 아두이노처럼 기본적인 기능들도 갖추고 있다. 하지만, 이들은 함수에 매개변수를 전달할 수 없는 PBASIC이라는 언어에 기반하고 있기 때문에 이 책에 있는 예제들 중 다수는 프로그래밍하기가 쉽지 않다. 레볼루션 에듀케이션의 PICAXE 환경(www.rev-ed.uk)은 베이직 스탬프의 PBASIC과 매우 흡사하지만 베이직 스탬프보다는 비용 부담이 다소 덜하다. PICAXE와 스탬프 모두 이 책에서 소개하는 일들을 해낼 수는 있지만, 이들이 가진 프로그래밍 언어의 한계 때문에 작업 진행은 다소 지루해지기 쉽다.

PIC과 AVR

마이크로칩의 PIC(www.microchip.com)과 아트멜의 AVR은 매우 뛰어난 마이크로컨트롤러다. AVR은 아두이노와 와이어링의 핵심 부품이며, PIC은 베이직 스탬프와 PICAXE의 핵심 부품이다. 기본적으로 베이직 스탬프, PICAXE, 와이어링, 그리고 아두이노는 모두 사용자에게 컨트롤러를 보다 수월하게 사용할 수 있는 환경을 제공하는 마감재일 뿐이다. 이러한 환경을 벗어나서 PIC과 AVR을 사용하려면 컴퓨터와 연결해 주는 별도의 하드웨어 프로그래머가 필요하며 별도의 프로그래밍 환경과 컴파일러도 설치해야 한다.

마이크로컨트롤러 자체는 싸지만(개당 약 1천~1만원), 필요한 도구들을 직접 모두 갖추려면 상당한 비용이 들어간다. 그뿐만 아니라 초기 개발 환경을 구축하는 데도 많은 시간을 투자해야 한다. 왜냐하면 앞에서 열거한 아두이노 등과는 다르게, 사용자의 편의를 지원하는 부품들이 갖춰지지 않은 컨트롤러를 구해서 프로그래밍할 수 있으려면 어느 정도의 기술적(소프트웨어적 그리고 하드웨어적) 지식이 수반되어야 하기 때문이다.

32비트 컨트롤러

아마도 여러분의 컴퓨터에는 64비트 프로세서가, 그리고 휴대폰에는 32비트 프로세서가 장착되어 있을 것이다. 이 프로세서들은 멀티태스킹을 하거나 미디어를 제어하고 재생하는 것과 같이 보다 복잡한 과제를 수행할 수 있다.

예전에는 32비트 프로세서를 구하기 어려웠고 프로그래밍도 쉽지 않았다. 하지만 지난 몇 년 사이에 상황이 많이 바뀌었으며, 이제는 시중에서 몇 종류의 32비트 마이크로컨트롤러 플랫폼을 구할 수 있게 되었다. 텍사스 인스트루먼트의 비글보드(http://beagleboard.org)는 32비트 프로세서를 장착한 보드로, HDMI 비디오 출력, USB, SD 카드 및 대용량 저장장치를 연결할 수 있는 단자 등 기초적인 개인 컴퓨터를 만드는 데 필요한 장치를 두루 갖추고 있다. 또한 리눅스 운영체제의 미니멀 버전을 설치할 수 있다. 넷두이노(www.netduino.com)는 아두이노 실드를 장착할 수 있도록 설계된 32비트 프로세서로, 마이크로소프트의 닷넷 프로그래밍 프레임워크의 오프 소스 버전으로 프로그래밍되어 있다. 리프랩의 메이플(http://leaflabs.com)은 또 다른 32비트 프로세서로서, 핀 배치는 아두이노 우노와 동일하며, 아두이노 및 와이어링과 마찬가지로 C/C++ 로 프로그래밍되어 있다. 이 외에도 몇몇 보드가 시중에 출시될 예정이다.

32비트 프로세서를 사용하기가 점차 쉬워짐에 따라 물리적인 인터페이스를 다루던 사용자들은 기존의 입출력 범위를 넘어서는 흥미로운 환경을 맞이하고 있다. 이미 8비트 컨트롤러들은 인간의 지각을 능가하는 해상도로 간단한 물리적 변화를 감지하고 출력을 제어할 수 있다. 하지만, 몸짓을 인식(gesture recognition)하는 것과 같은 보다 복잡한 감지 기능, 멀티태스킹, 보다 간단한 메모리 관리, 그리고 개인 컴퓨터와 동일한 방법과 라이브러리로 장치들과 상호작용할 수 있는 기능은 과거에 없던 커다란 변화를 만들어 내고 있다. 물리적 인터페이스를 다루는 사용자들은 32비트 프로세서 덕분에 서버와 개인 컴퓨터에서 개발했던 코드 라이브러리와 프레임워크를 사용하거나 변환해서 쓸 수 있게 되었다. 이 프로세서들이 진정 흥미로운 것은 바로 이 때문이다.

이러한 가능성은 이제 막 실현되고 있으며 곧 다른 책들을 통해 소개될 것이다. 하지만 그럼에도, 기본적인 센싱과 네트워크 통신은 여전히 8비트 컨트롤러로 구현할 수 있기 때문에 이 책에서는 이들에 초점을 맞추었다.

아두이노와 와이어링을 포함한 모든 마이크로컨트롤러들은 일종의 작은 컴퓨터이다. 그리고 모든 컴퓨터는 입력, 출력, 전원 공급, 그리고 다른 장치와 연결할 수 있는 통신 포트를 갖추고 있다. 전원은

USB를 통해 공급할 수도 있고 또는 별도의 전원 장치로 공급할 수도 있다. 여러분은 우선 USB로 아두이노 모듈에 전원을 공급할 것이다. 다른 프로젝트들에서는 프로그램을 업로드한 이후에는 모듈을 컴퓨터에서 분리하고 싶을 수도 있다. 그런 경우에는 외부 전원 장치로 보드에 전기를 공급하면 된다.

그림 1-10은 아두이노 우노의 입력 및 출력 핀을 보여준다. 다른 아두이노 모델들과 와이어링 모듈의 핀 구성도 비슷하다. 각각의 모듈은 아날로그 입력, 디지털 입력 및 출력 그리고 전원 및 그라운드와 같이 대부분의 마이크로컨트롤러가 공통적으로 지닌 표준적인 특징을 갖추고 있다. 일부 I/O 핀은 시리얼 통신을 위한 용도로 사용된다. 다른 핀들은 펄스폭 변조(PWM), 즉 핀의 전압을 매우 빠르게 높였다가 낮추는 방식으로 모조 아날로그 전압을 만들어 낼 때 사용된다. 와이어링과 아두이노 보드들에는 USB-시리얼 제어기에 연결된 USB 연결 단자가 있어서 메인 컨트롤러가 컴퓨터와 USB 포트로 시리얼 통신을 할 수 있도록 해준다. 또한 펌웨어를 다시 프로그래밍할 때 사용하는 프로그래밍 헤더(이 책에서는 다루지 않는다)와 리셋 버튼도 갖추고 있다. 이 그림은 앞으로 이 책에서 다루는 모든 마이크로컨트롤러 프로젝트의 기본 바탕이 되기 때문에 자주 보게 될 것이다.

시작하기

와이어링과 아두이노의 설치 과정은 비슷하기 때문에 아두이노 과정만 다루도록 하겠다. 와이어링 사용자들은 '아두이노'라고 언급하는 부분들을 '와이어링'이라고 이해하며 과정을 따라오면 된다. 자신이 사용하는 보드의 웹사이트에서 소프트웨어를 다운받고 다음의 지시를 따르도록 하자. 또한 사이트에 업데이트된 항목이 있는지도 확인하자.

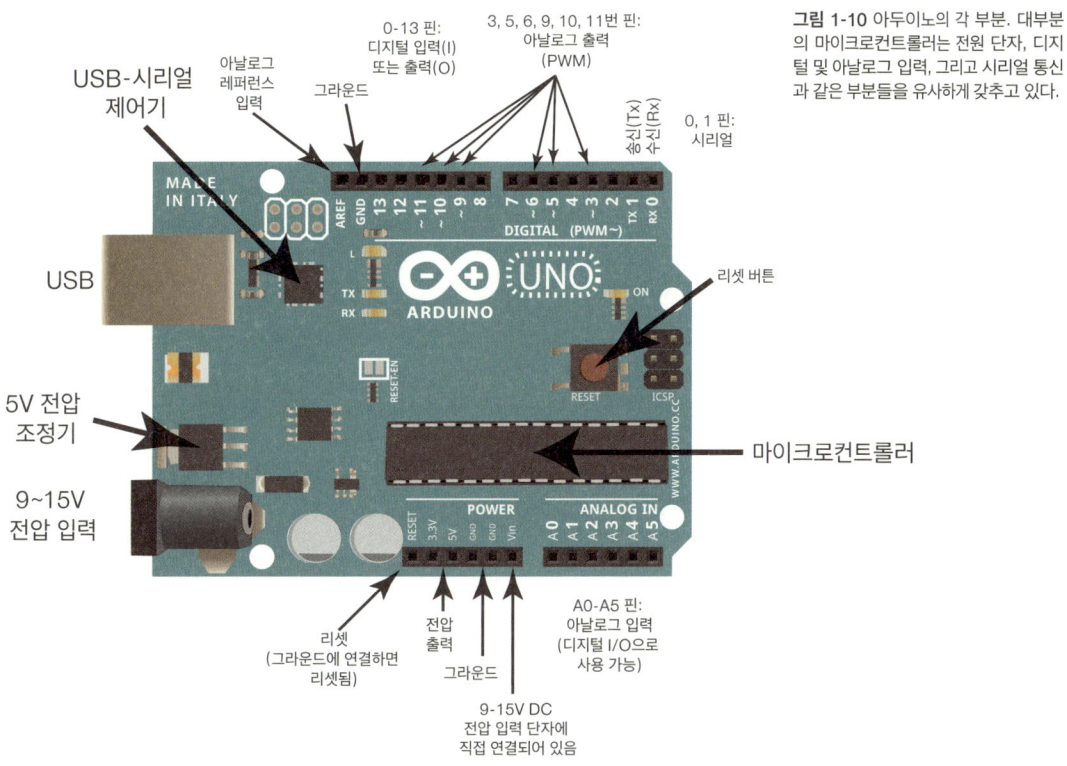

그림 1-10 아두이노의 각 부분. 대부분의 마이크로컨트롤러는 전원 단자, 디지털 및 아날로그 입력, 그리고 시리얼 통신과 같은 부분들을 유사하게 갖추고 있다.

> 아두이노와 와이어링 소프트웨어는 자주 업데이트된다. 이 책은 아두이노 1.0과 와이어링 1.0을 기준으로 썼다. 여러분이 이 책을 읽을 즈음에는 세부적인 사항에서 변화가 있을 수도 있다. 그러니 아두이노와 와이어링 웹사이트를 참조해서 최신 사항을 확인하자.

맥 OS X에서 설정하기

다운받은 파일을 더블 클릭해서 언팩하면 아두이노 응용프로그램과 FTDI USB-시리얼 드라이버가 포함된 디스크 이미지가 열린다. 아두이노 응용프로그램은 여러분의 응용프로그램 디렉터리로 드래그해서 넣는다. 아두이노 우노나 그보다 최신 보드를 사용하고 있다면, FTDI 드라이버가 필요 없지만, 두에밀라노베나 그 이전의 보드 또는 와이어링 보드

문서화하기

이 책에는 수많은 회로도와 시스템 도면 그리고 프로그램 흐름도 등 다양한 자료가 수록되어 있다. 여러분이 이 책에 수록된 프로젝트들을 진행하며 만들게 되는 시스템은 대부분 많은 부품을 포함하고 있다. 그래서 다양한 부품, 송신자와 수신자, 통신에 사용하는 프로토콜 등을 여러분의 방식대로 정리해서 문서화하면 적잖게 도움이 될 것이다. 이 책의 집필 과정 중에는 세 종류의 드로잉 도구를 빈번하게 사용했는데, 여러분의 문서화에 도움이 될 것 같아 소개한다.

어도비 일러스트레이터(www.adobe.com/products/illustrator.html) 비록 값이 비싸고 배우는 데 시간이 걸리지만 이만한 드로잉 도구는 없을 것이다. 전자회로 기호를 그릴 수 있는 무료 라이브러리들도 웹에서 쉽게 구할 수 있다.

잉크스케이프(www.inkscape.org) 벡터 도형을 그릴 때 사용하는 오픈 소스 툴이다. 일러스트레이터에 비하면 GUI의 완성도는 다소 떨어지지만, 그래도 상당히 훌륭한 프로그램이다. 이 책에 수록된 대부분의 도면은 일러스트레이터와 잉크스케이프로 그렸다.

프릿징(www.fritzing.org) 프릿징은 인터랙티브 전자 프로젝트를 기록, 공유, 교육, 그리고 디자인할 때 사용하는 오픈 소스 툴이다. 프릿징은 물리적으로 보이는 모양 그대로 회로를 그린 뒤 회로도를 생성할 수 있기 때문에 회로도 읽는 법을 배울 때 매우 유용하다. 또한 프릿징은 벡터 그래픽으로 전자 부품을 표현할 수 있는 훌륭한 라이브러리를 갖추고 있는데 다른 벡터 프로그램에서도 사용할 수 있다. 덕분에 한 프로그램에서 다른 프로그램으로 옮겨가며 각각의 장점을 살려 작업을 할 수 있다.

그림 1-10은 세 가지 도구를 활용해서 그린 것이다. 조디 컬킨과 조르지오 올리베로가 그린 그림을 안드레 노리그와 조나단 코헨이 프릿징으로 다듬었다. 이러한 사례는 책에서 자주 접할 것이다.

자신이 진행한 작업을 잘 메모하고 나아가 다른 사람들과 공유하는 것도 좋은 생각이다. 필자는 세 가지 방식을 활용한다. 하나는 블로그를 운영하는 것인데, 워드프레스(www.wordpress.com)에 기반하고 있는 www.makingthingstalk.com, http://tigoe.net/blog, 그리고 http://tigoe.net/pcomp/code를 운영 중이다. 코드의 경우 기트허브(http://github.com/tigoe)를 활용하며, 마지막으로 필기하거나 그림을 그릴 때는 메이커 노트북을 애용한다(www.makershed.com에서 판매하며 제품 번호는 9780596519414이다).

를 사용하고 있다면 드라이버가 필요하다. 여러분의 보드가 무엇이든 (꼭 필요하지는 않더라도) 드라이버를 설치해서 문제가 생기지는 않는다. 설치 프로그램을 실행한 뒤 안내에 따라 드라이버를 설치하도록 하자. 설치가 완료되면 아두이노 응용프로그램을 열고 작업을 시작한다.

윈도우 7에서 설정하기

다운받은 파일의 압축을 푼다. 압축이 풀린 폴더는 시스템의 어느 곳에나 두고 사용할 수 있지만, Program Files 디렉토리에 넣어 두도록 하자. 그 다음에는 드라이버를 설치한다. 아두이노 우노를 사용하든지 아니면 그 이전의 보드를 사용하든지, 또는 와이어링 보드를 사용하더라도 드라이버를 설치해야 한다.

아두이노를 컴퓨터에 연결하고 윈도우가 드라이버 설치 과정을 시작할 때까지 잠시 기다린다. 두에밀라노베나 그 이전의 보드라면 FTDI 드라이버를 설치해야 한다. 두에밀라노베를 연결하면 자동으로 인터넷을 통해 드라이버를 설치하지만, 자동으로 설치하지 않는다면 아두이노 응용프로그램 디렉터리 안에 있는 drivers 디렉터리에 있는 사본을 사용하면 된다. 아두이노 우노 또는 그보다 최신 보드를 사용하고 있다면 시작 메뉴를 누른 뒤 제어판을 연다. '시스템 및 보안' 탭을 열고 '시스템 및 보안' 항목을 연다. 포트(COM & LPT) 안을 들여다보면 Arduino UNO(COMxx)라고 표시된 포트가 보일 것이다. 이 포트를 선택하고 마우스의 오른쪽 버튼을 클릭해서 '드라이버 소프트웨어 업데이트…' 옵션을 클릭한 뒤 '컴퓨터에서 드라이버 소프트웨어 찾아보기'를 클릭한다. '찾아보기…' 버튼을 누르고 아두이노 우노의 드라이버 파일이 있는 곳을 찾아가서, drivers 디렉터리에 있는 ArduinoUNO.inf 파일을 선택한다. 그러면 윈도우가 드라이버 설치를 완료한다.

리눅스에서 설정하기

여러분이 사용하는 리눅스에 따라 아두이노를 설치하는 방법이 달라진다. 리눅스별 안내 사항은 http://www.arduino.cc/playground/Learning/Linux를 참조한다. 우분투 사용자는 우분투 소프트웨어 업데이트 툴을 사용하면 된다.

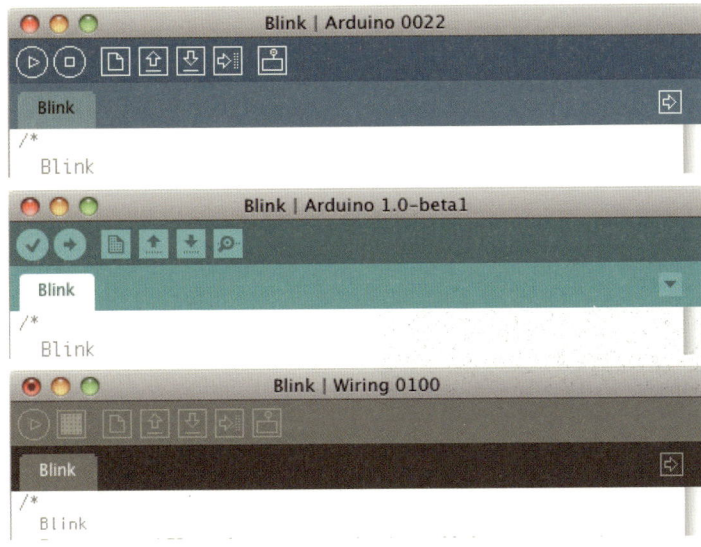

그림 1-11
아두이노 0022 버전, 아두이노 1.0, 와이어링 1.0의 툴바.

이제 아두이노를 띄울 수 있게 되었다. 아두이노를 USB 포트에 연결한 뒤 아두이노 아이콘을 더블클릭해서 소프트웨어를 띄운다. 편집기의 모습은 그림 1-12와 같다.

개발 환경은 프로세싱에 기반하고 있으며, 툴바에는 새 파일, 열기, 저장 버튼이 있다. 프로세싱과는 달리 아두이노와 와이어링에서는 Run 버튼 대신 확인(Verify) 버튼이 있으며, 업로드 버튼도 있다. 확인은 여러분이 작성한 프로그램을 컴파일해서 오류가 있는지 확인하며, 업로드는 여러분의 코드를 컴파일한 뒤 마이크로컨트롤러 모듈에 업로드한다. 한편, 시리얼 모니터 버튼도 있는데, 모듈의 시리얼 데이터를 수신해서 표시할 수 있기 때문에 디버깅 과정에서 자주 사용한다.

1.0 버전의 특징

이전 버전에 익숙한 아두이노 사용자들은 1.0 버전에서 몇 가지 차이점을 발견할 것이다. 툴바가 약간 바뀌었다. 그림 1-11을 보면 아두이노 0022(pre-1.0) 버전, 아두이노 1.0, 그리고 와이어링 1.0의 툴바를 비교해 볼 수 있다. 아두이노 1.0에서는 파일을 저장하면 .pde 확장자 대신 .ino 확장자가 붙어서, .pde 확장자를 사용하는 프로세싱과의 충돌을 피한다. 와이어링은 여전히 .pde 확장자를 사용한다. 게다가, 아두이노 1.0에서는 외부의 하드웨어 프로그래머[4]로 스케치를 업로드할 수 있게 되었다. 이는 도구 메뉴 하위의 프로그래머 메뉴에서 설정할 수 있다.

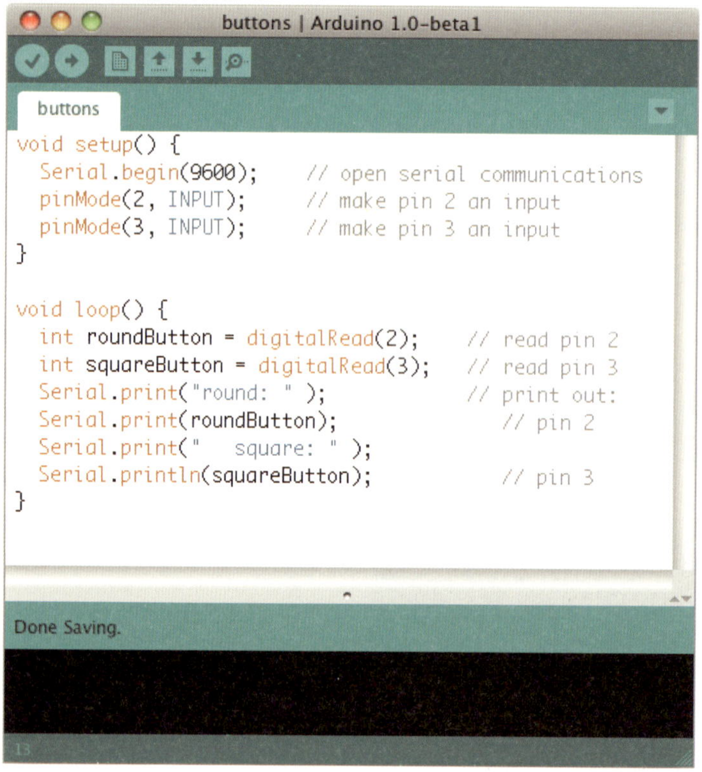

그림 1-12 아두이노 프로그래밍 환경. 색깔이 다르다는 점 외에는 와이어링 환경도 비슷한 모습이다.

---

[4] AVR-ISP, STK500 등을 사용할 수 있다. http://arduino.cc/en/Hacking/Programmer를 참조하기 바란다.

시도해 보자

여러분의 첫 프로그램을 작성해 보자.

```
/*  깜빡이기
    환경: 아두이노

    0.5초마다 13번 핀에 연결된 LED를 깜빡인다.

    회로 연결:
        13번 핀: LED의 + 다리 연결(LED의 - 다리는 그라운드에 연결)
*/

int LEDpin = 13;
void setup(){
  pinMode(LEDpin, OUTPUT);      // 13번 핀을 출력 모드로 설정
}
void loop(){
  digitalWrite(LEDpin, HIGH);   // 13번 핀의 LED를 켬
  delay(500);                   // 0.5초 동안 기다림
  digitalWrite(LEDpin, LOW);    // LED를 끔
  delay(500);                   // 0.5초 동안 기다림
}
```

이 프로그램을 실행하려면, 그림 1-13과 같이 보드의 13번 핀과 그라운드(GND) 사이에 LED를 연결해야 한다. LED의 양극(긴 다리)은 13번에 연결하고, 음극(짧은 다리)은 그라운드에 연결해야 한다.

그 다음에는 편집기에서 코드를 입력하고 도구→보드를 클릭해서 자신의 아두이노 모델을, 다시 도구→시리얼 포트를 클릭해서 아두이노 모듈이 연결된 시리얼 포트를 선택한다. 맥이나 리눅스에서는 시리얼 포트의 이름이 다음과 비슷하게 표시된다. /dev/tty.usbmodem241241. 구형 보드나 와이어링 보드라면, 다음과 비슷하게 표시된다. /dev/tty.usbserial-1B1(대시 기호 다음에 나오는 숫자와 글자는 연결할 때마다 약간씩 달라진다). 윈도우에서는 COMx와 비슷하게 표시되며, 여기서 x는 숫자로 표시된다(가령, COM5와 같은 식으로 표시된다).

주의: 일반적으로 윈도우 운영체제는 컴퓨터에 해당 포트가 없더라도 COM1부터 COM4를 내장 포트용으로 예약해 두는 경우가 있다.

포트와 모델을 선택했다면, 확인 아이콘을 눌러서 코드를 컴파일한다. 컴파일이 끝나면 창의 아래쪽에 컴파일 완료라는 메시지가 표시된다. 그러면 업로드를 클릭한다. 업로드에는 몇 초가 걸린다. 업로드가 끝나면 업로드 완료라는 메시지가 표시되며 창의 맨 아래쪽에 있는 콘솔에는 다음과 유사한 확인 메시지가 출력된다.

바이너리 스케치 사이즈: 1010바이트(최대 32,256바이트)

그림 1-13 아두이노 보드의 13번 핀에 LED를 연결한 모습. 몇 분 이상 LED를 작동시킬 때는 전류를 제한할 수 있도록 220옴 저항을 직렬로 연결해야 한다.

스케치를 업로드하고 나면, 여러분이 출력 핀에 연결한 LED가 깜빡이기 시작한다. 이는 마이크로컨트롤러 세계에서는 "헬로 월드!"에 해당하는 표현이다.

주의: LED가 작동하지 않는다면, 외부에 도움을 요청해 보자. 아두이노 홈페이지의 학습(Learning) 메뉴(www.arduino.cc/en/Tutorial)에는 다양한 사용자 지침서가 게시되어 있다. 또한 많은 사람들이 활발하게 활동하고 있는 아두이노 포럼(www.arduino.cc/forum)과 와이어링 포럼(http://forum.wiring.co)에서도 도와줄 사람을 찾을 수 있을 것이다.

시리얼 통신

이 책에서 가장 빈번하게 수행하는 작업 중의 하나는 마이크로컨트롤러가 다른 장치와 시리얼 통신을 할 수 있도록 만드는 것이다. 마이크로컨트롤러가 센서의 값을 네트워크 너머로 송신할 때도 그렇고, 모터나 조명 등 다른 장치들을 제어하는 명령을 수신할 때도 시리얼 통신이 필요하다. 어떤 장치와 통신을 하든지, 여러분이 마이크로컨트롤러 프로그램에서 사용하는 명령은 동일하다. 시리얼 통신을 하기 위해서는 먼저 적절한 데이터 전송 속도로 시리얼 연결 환경을 설정해야 한다. 그 다음에는 통신하려는 장치의 종류와 통신 구조에 따라, 때로는 수신하는 바이트를 읽거나 송신하는 바이트를 작성하고, 때로는 두 가지를 동시에 처리한다.

> **나의 시리얼 포트는 어디 있지?**
>
> 아두이노 또는 와이어링 모듈과 연결된 USB 시리얼 포트는 사실 모듈을 연결할 때마다 로딩되는 소프트웨어 드라이버이다. 모듈을 뽑으면, 시리얼 드라이버가 비활성화되고 시리얼 포트는 가용한 포트 목록에서 사라진다. 또한 모듈을 뽑았다가 다시 꽂으면 포트 이름이 바뀌는 것을 보았을 수도 있다. 윈도우 컴퓨터에서는 새로운 COM 번호를 받게 된다. 맥에서는 포트 이름 뒤에 이전과는 다른 문자와 숫자로 이루어진 코드가 붙는다.
>
> 시리얼 포트를 개방한 상태에서는 절대로 USB 시리얼 장치를 뽑지 말아야 한다. 즉, 와이어링이나 아두이노 소프트웨어 환경을 종료한 다음에 뽑아야 한다. 그렇게 하지 않으면, 소프트웨어 드라이버의 처리 방식에 따라 응용프로그램이 작동을 멈추거나 운영체제 전체가 멈출 수도 있다.

주의: 아두이노의 시리얼 통신은 베이직 스탬프나 픽베이직 프로(PicBasic Pro)의 시리얼 통신과 다소 다르다. 피베이직(PBasic)이나 픽베이직 프로에서는 메시지를 전송할 때마다 시리얼 핀과 데이터 전송 속도를 정의해야 한다. 와이어링과 아두이노에서는 시리얼 핀을 바꿀 수 없으며 데이터 전송 속도는 프로그램의 도입부에서 설정해야 한다. 이러한 방식은 피베이직에 비하면 다소 융통성이 없어 보이지만, 장점도 있다. 이제 여러분은 곧 이 장점을 경험하게 될 것이다.

시도해 보자

이번에는 시리얼 데이터를 수신하는 아두이노 프로그램을 작성한다. 데이터가 수신된다면 데이터 유형에 상관없이 무조건 1을 더한 뒤 다시 데이터를 송신한다. 또한 정상인 작동 상태임을 나타낼 수 있도록 앞의 예제와 동일한 핀에 연결된 LED를 깜빡인다.

```
/*
    간단한 시리얼 통신
    환경: 아두이노
    도착하는 시리얼 바이트에 귀를 기울이다가
    도착한 바이트에 1을 더해서 다시 시리얼로 전송함.
    또한 13번 핀에 연결된 LED를 0.5초마다 깜빡임.
*/

int LEDpin = 13;              // 다른 디지털 I/O 핀을 지정해도 상관없다
int inByte = 0;               // 들어오는 시리얼 데이터를 저장하는 변수
long blinkTimer = 0;          // LED가 마지막으로 켜진 시간을
```

```
                                    // 저장하는 변수
int blinkInterval = 1000;           // 켜졌다 꺼졌다를 반복하는 시간(1초)
void setup() {
  pinMode(LEDPin, OUTPUT);          // 13번 핀을 출력 모드로 설정
  Serial.begin(9600);               // 시리얼 포트의 전송 속도를
                                    // 9600 bps로 설정한다.
}
void loop() {
  // 시리얼에 도착한 바이트가 있다면:
  if (Serial.available() > 0) {
    // 첫 번째 바이트를 읽음:
    inByte = Serial.read();
    // 읽은 바이트에 1을 더하고 그 결과를 전송함:
    Serial.write(inByte+1);
  }

  // 한편, LED를 계속 깜빡인다.
  // 0.5초 후에 LED를 켠다:
  if (millis() - blinkTimer >= blinkInterval / 2) {
    digitalWrite(LEDPin, HIGH);     // 13번 핀의 LED를 켠다
  }
  // 0.5초 후에 LED를 끄고 timer 변수를 재설정한다:
  if (millis() - blinkTimer >= blinkInterval) {
    digitalWrite(LEDPin, LOW);      // LED를 끔
    blinkTimer = millis();          // timer를 재설정함
  }
}
```

컴퓨터가 마이크로컨트롤러 모듈에 바이트를 전송하려면, 먼저 앞의 프로그램을 컴파일하고 업로드한다. 그 다음 시리얼 모니터 아이콘(툴바의 맨 오른쪽에 있는 아이콘)을 클릭해서 연다. 화면에는 그림 1-14와 같은 결과가 표시될 것이다. 시리얼 전송 속도는 9600으로 맞춘다.

텍스트 입력 상자에 아무 글자나 입력하고 엔터를 치거나 Send 버튼을 클릭한다. 입력한 글자의 다음 글자가 출력될 것이다(가령, A를 입력하면 B가 출력된다). 모듈은 여러분이 전송하는 각각의 글자에 해당하는 ASCII 값에 1을 더해서 그 결과를 전송하고 있다.

모듈에 부품 연결하기

아두이노와 와이어링 모듈들은 I/O 핀 외에 별도로 회로를 구성할 수 있는 소켓의 여유가 없기 때문에 센서나 작동 장치(출력 장치들)의 회로를 쉽게 구성하기 위해서는 브레드보드를 사용해야 한다. 그림 1-15에 모듈과 브레드보드를 연결하는 일반적인 방식이 나와 있다.

기본 회로

이 책에서 여러분은 두 가지 기본 회로, 즉 디지털 입력과 아날로그 입력 회로를 매우 자주 사용하게 된다. 마이크로컨트롤러 개발에 익숙하다면 이 기본 입력 회로들도 익숙할 것이다. 센서의 값을 읽어야 할 때도 두 회로 중 하나를 선택하면 된다. 언젠가 여러분의 프로젝트에서 센서를 변경하여 사용하더라도 이 회로들을 기본 회로로 활용하면 센서를 쉽게 마이크로컨트롤러에 연결할 수 있다.

디지털 입력

마이크로컨트롤러의 디지털 입력이란 사실 스위치의 값을 읽는 것이다. 스위치는 전압선과 마이크로

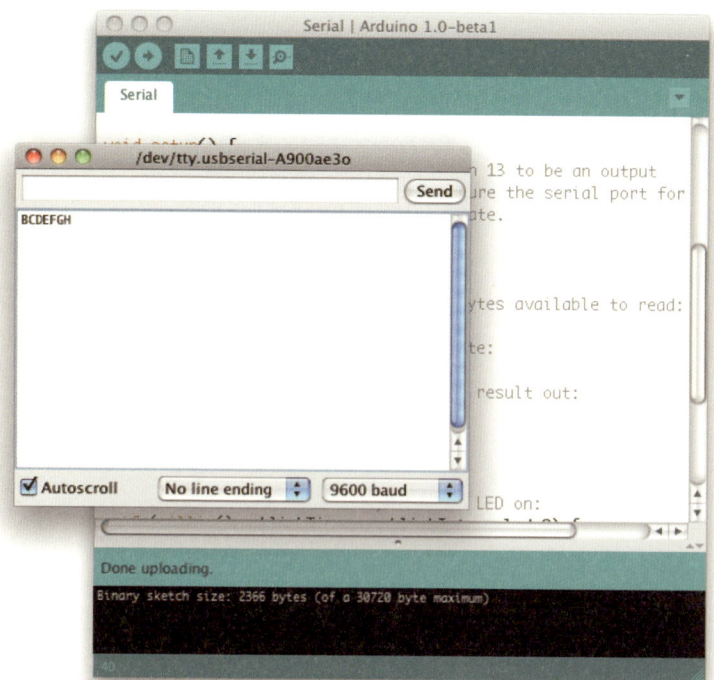

그림 1-14 앞의 스케치가 실행되고 있는 아두이노의 시리얼 모니터. 사용자가 ABCDEFG를 입력하면 각각 다음 글자에 해당하는 BCDEFGH가 출력된다.

그림 1-15
아두이노와 연결된 브레드보드. 모듈에서 나온 +5V와 그라운드가 보드의 긴 줄(레일이라고도 한다)에 연결되어 있다. 이렇게 하면, 모든 센서와 작동 장치들을 +5V와 그라운드에 연결할 수 있다. 각각의 센서 또는 작동 장치의 제어 또는 신호 단자는 적절한 I/O 핀에 연결해야 한다. 이 예제의 경우, 푸시버튼 두 개가 각각 디지털 핀 2번과 3번에 연결되어 있다.

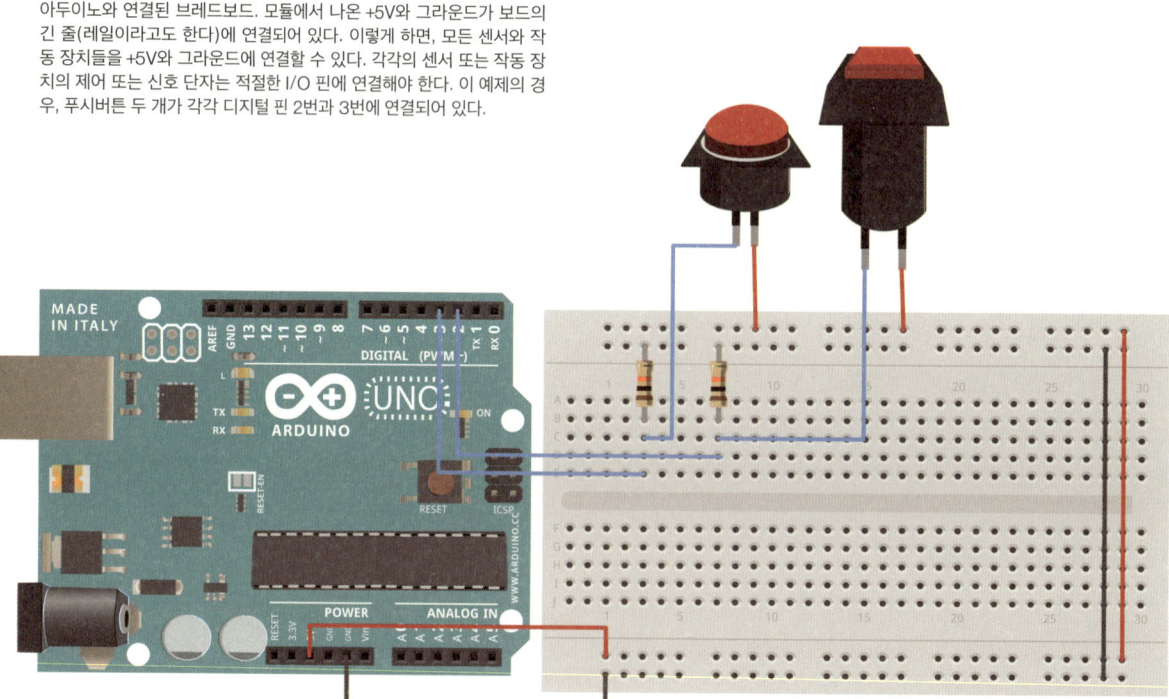

컨트롤러의 디지털 입력 핀에 연결한다. 입력 핀과 그라운드 사이에는 높은 값의 저항(10k옴이면 적당하다)을 연결한다. 이러한 용도로 사용하는 저항을 풀다운 저항이라고 한다. 어떤 전자 회로 지침에서는 스위치를 그라운드에 연결하고 저항을 전압선에 연결하기도 한다. 그런 경우의 저항을 풀업 저항이라고 한다. 풀업 및 풀다운 저항은 디지털 입력 핀이 전원(풀업) 및 그라운드(풀다운)에 대해 참조할 수 있게 해준다. 그림 1-16과 같이 스위치를 구성하면 스위치를 눌렀을 때(회로가 닫혔을 때) 입력 핀의 전압이 높아진다. 이와 다르게 스위치를 눌렀을 때 입력 핀의 전압이 낮아지도록 회로를 구성할 수도 있다.

아날로그 입력

그림 1-17은 분압기라고 하는 회로를 보여준다. 이 회로에서 가변저항과 고정저항은 전압을 나눠서 분압하는 역할을 한다. 분압의 비율은 두 저항값의 비율에 의해 결정된다. 두 저항 사이의 지점과 마이크로컨트롤러의 아날로그 입력 핀을 전선으로 연결하

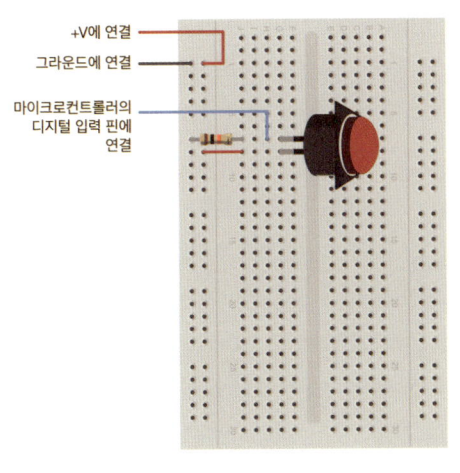

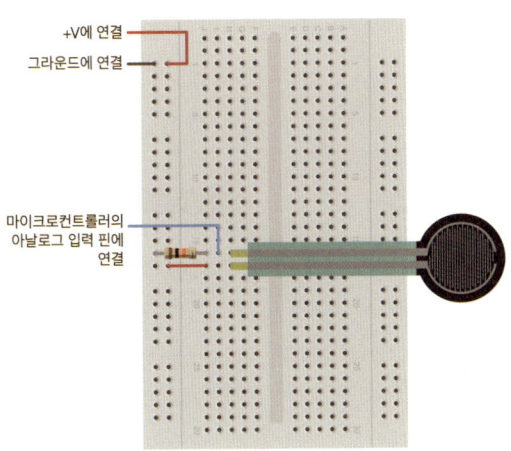

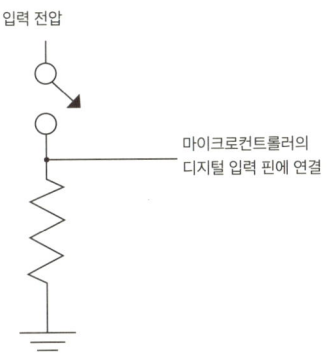

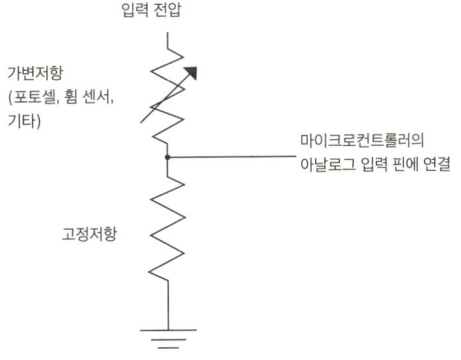

그림 1-16 마이크로컨트롤러의 디지털 입력회로.
위: 브레드보드 도판, 아래: 회로도

그림 1-17 마이크로컨트롤러의 아날로그 입력 회로로 구성된 분압기.
위: 브레드보드 도판, 아래: 회로도

1장 도구들 37

면 가변저항의 값이 변함에 따라 입력 전압이 바뀌는 것을 확인할 수 있다. 가변저항은 포토셀, 서미스터(온도 센서), 휨 센서 등 아무것이나 사용해도 상관없다.

그림 1-18에 보이는 퍼텐쇼미터는 특수한 유형의 가변저항이다. 퍼텐쇼미터는 전도성 표면을 가진 고정저항과 그 표면 위를 접촉하며 움직일 수 있는 와이퍼로 이루어져 있다. 와이퍼를 움직이면 와이퍼와 고정저항의 양쪽 끝 사이의 저항값이 변한다. 기본적으로, 포텐셔미터는 한 패키지 안에 들어 있는 두 개의 가변저항인 것이다.[4] 퍼텐쇼미터의 양끝을 전압과 그라운드에 각각 연결하면 와이퍼(가운데 핀)를 통해 분압된 전압을 얻을 수 있다.

앞으로 프로젝트를 진행하며 보다 다양한 회로를 익히겠지만 여기 소개한 회로들이 이 책에서 소개하는 모든 프로젝트의 바탕이 된다.

특수 회로와 모듈들

여러분은 이 책에서 블루투스 메이트나 XBee 통신기와 같은 특수 회로나 모듈도 다수 다루게 될 것이다. 이 장치들을 사용하면 시리얼 데이터를 무선으로 전송할 수 있다. 한편 일부 프로젝트에서는 여러분 자신이 직접 회로를 구성해서 만들기도 할 것이다. 모든 회로는 지금과 같이 브레드보드 도판으로 제시되지만, 자신만의 방식으로 만들어도 상관없다. 또한 인쇄 회로 기판을 잘 다루고 이 책의 회로를 인쇄 기판으로 만들고 싶은 사람은 그렇게 해도 무방하다.

> ⚠️ 시중에는 이 책에서 다루는 모듈이나 부품과 유사한 다양한 변종 제품들이 있다. 가령, 아두이노 모듈도 그림 1-8과 같이 다양한 파생 모델이 있다. 다음 장에서 사용하게 될 FTDI USB-시리얼 변환 모듈도 최소한 세 개의 변종이 있다. 심지어는 이 책에서 다루고 있는 전압 조정기만 해도 다양한 변종이 나와 있다. 따라서, 부품 및 모듈들의 데이터 시트를 반드시 확인해서 이 책에서 제시하는 부품들과 전혀 호환되지 않는 부품은 사용하지 않도록 주의한다.

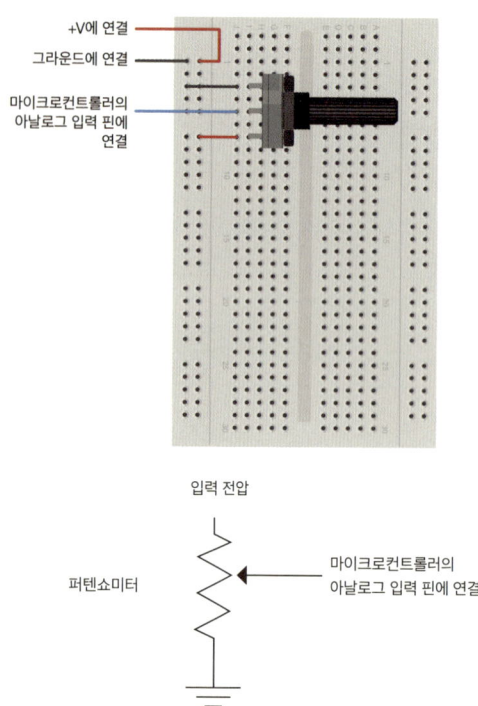

그림 1-18 마이크로컨트롤러의 아날로그 입력장치로 사용된 포텐셔미터.
위: 브레드보드 도판, 아래: 회로도

---

4 가변저항이라는 용어는 종종 퍼텐쇼미터를 지칭한다.

오실로스코프 사용하기

이 책에 수록된 대부분의 장치들은 전압의 변화를 시간의 흐름에 따라 판독하는 컴퓨터 회로들을 포함하고 있다. 마이크로컨트롤러가 디지털 및 아날로그 입력 값을 읽을 때나, 모터의 속도를 제어할 때, 또는 개인용 컴퓨터에 데이터를 전송할 때는 시간에 따라 변하는 전압의 값을 읽거나 생성하는 작업을 한다. 마이크로컨트롤러의 시간 단위는 일상적인 시간 단위에 비하면 훨씬 미세하다. 예를 들어, 앞에서 살펴본 시리얼 통신의 경우 초당 약 10,000번이나 바뀌는 전기 펄스를 만들어 낸다. 멀티미터로는 이러한 속도로 바뀌는 펄스를 측정할 수 없다. 바로 이러한 상황에서 사용할 수 있는 장비가 오실로스코프이다.

오실로스코프는 시간이 흐름에 따라 바뀌는 전기적 신호를 시각적으로 확인할 수 있는 장비이다. 오실로스코프는 전압의 감도(화면에 표시되는 전압의 크기)와 시간의 단위(초 단위, 1/1,000초 단위, 1/1,000,000초 단위)를 조절해서 원하는 해상도 값을 볼 수 있다. 신호를 표시하는 방식도 바꿀 수 있다. 전압의 변화를 실시간으로 볼 수 있고 특정한 순간에 시작하거나 멈출 수도 있으며, 또한 신호가 특정한 전압적 한계치를 돌파할 때(즉 트리거가 발동하는 순간)를 포착할 수도 있다.

한때 오실로스코프는 일반적인 취미 개발자들이 갖추기에는 너무 고가의 장비였지만, 최근에는 비싸지 않은 제품들이 출시되고 있다. 그림 1-19에 보이는 씨드 스튜디오의 DSO 나노라는 제품이 대표적인 예이다. 가격은 약 100달러이지만, 여러분이 열정적인 취미 전자제품 개발자라면 제값을 할 것이다. 전문적인 오실로스코프의 모든 기능을 다 갖추지는 않았지만, 전압이나 시간을 기준으로 해상도를 조절해서 신호를 볼 수 있으며 전압 트리거를 사용해서 특정한 정보를 포착할 수도 있다. 초당 백만 개까지 샘플을 취할 수 있는데, 이 정도면 대부분의 시리얼 응용프로그램의 신호를 측정할 수 있다. 그림 1-19는 아두이노가 "Hello World!" 메시지를 전송할 때 출력되는 전압의 모습이다. 각각의 블록은 데이터의 1비트에 상응한다. 수직 축은 전압의 값이며, 수평 축은 시간의 값이다. 이 이미지는 DSO 나노가 초당 200마이크로초의 속도로 샘플링한 모습이며, 수직 단위는 1볼트였다. 오실로스코프의 프로브 선은 각각 아두이노의 그라운드 및 시리얼 전송 핀인 1번 핀에 연결되어 있다.

비싸지 않은 하드웨어 오실로스코프 외에도 다양한 유무료의 소프트웨어 오실로스코프도 구할 수 있다. 소프트웨어 오실로스코프는 일반적으로 컴퓨터의 오디오 입력 단자를 통해 전압의 샘플을 획득한다. 물론, 과도한 전압이 오디오 단자로 들어올 경우 컴퓨터가 망가질 수도 있다. 따라서 하드웨어 오실로스코프를 사용하는 편이 안전하지만, 만약 소프트웨어 오실로스코프에 관심이 있다면, 웹에서 software oscilloscope를 검색해서 유용한 자료들을 참조하도록 한다.

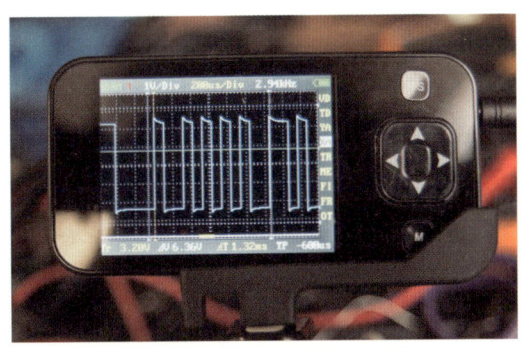

그림 1-19 시리얼 데이터 흐름을 판독하는 DSO 나노 오실로스코프.

만지는 것에서 끝난다

이 책의 대부분은 서로 대화하는 사물들을 직접 만드는 환상적인 세계에 할애되어 있지만, 여러분은 자신뿐만 아니라 다른 사람들의 즐거움, 즉 프로젝트 이면의 기술적인 내용에는 관심이 없는 문외한들의 즐거움도 고려해야 한다는 점을 잊지 말아야 한다.

비록 자신만을 위해 프로젝트를 진행하더라도, 자주 손봐야 하는 상황을 바라지는 않을 것이다. 하물며 다른 사람들은 여러분이 만든 시스템에서 눈에 보이고, 귀에 들리며, 만질 수 있는 부분을 우선 중요하게 생각한다. 만약 물리적인 인터페이스가 작동하지 않는다면 사람들은 여러분이 공을 들인 내부의 세세한 부분들에는 더더욱 신경을 쓰지 않는다. 따라서 여러분은 사물들의 대화를 구현하는 데 시간을 쏟아붓느라 사람들과의 소통을 소홀히 해서는 안 된다. 사람들이 구체적으로 무엇을 하고 무엇을 보는지 먼저 생각하는 것이 사실 가장 중요하다.

간과하기 쉽지만, 인간에게는 매우 중요한 세부적인 측면들이 많이 있다. 예를 들면, 대부분의 네트워크 통신에는 수 초 또는 그 이상의 시간이 소요되는데 이때 스크린 기반의 운영체제에서는 진행 바를 통해 현재의 상태를 사용자에게 알려주어서 사용자가 처리 과정에 대한 정보를 얻을 수 있다. 하지만 물리적인 사물들은 진행 바가 없기 때문에 무엇을 처리하고 있는지 알려줄 수 있는 모종의 장치를 추가할 필요가 있다. 가령, 소리를 내거나 LED를 깜빡거리기만 해도 사용자에게 처리 과정에 대한 정보를 제공해 줄 수 있다.

작품이 눈에 보이지 않는 작동을 하는 동안에도 현재 상황을 알려줄 수 있도록 물리적으로 표시할 수 있는 자신만의 해결책을 고안해야 한다.

기본적인 요소들도 잊지 말아야 한다. 전원 스위치나 재설정 버튼을 장착해 두자. 전원 표시기도 필요하다. 어디가 바닥에 닿는 면인지 명확하게 알 수 있도록 형태의 디자인에도 주의를 기울여야 한다. 물리적인 제어장치는 잘 보이고 조작하기 쉽게 만든다. 사람이 취할 수 있는 일련의 행동에 대응할 수 있도록 계획을 세우고, 이러한 행동들을 유도할 수 있는 물리적인 환경도 갖춘다. 여러분이 만든 물건에 대한 사람들의 생각을 강제할 수는 없다. 여러분이 할 수 있는 것은 물리적인 형태를 통해 사물과 상호작용하는 방식을 보여주는 것뿐이다. 때로는 보다 도전적인 놀이를 창안하기 위해서, 또한 때로는 사물들이 보다 '신비롭게' 보이도록 만들기 위해서 제어장치의 디자인 관례를 깨뜨려야 하는 경우도 생긴다. 하지만 이는 의식적으로 이루어져야 한다. 늘 참가자의 기대를 먼저 고려해야 한다.

참가자의 행위를 여러분이 설계하는 시스템의 일부로 포함하면 컴퓨터로는 해결하기 어려웠던 문제들을 해결할 수 있게 된다. 궁극적으로, 대화하는 사물을 만드는 가장 중요한 이유는 대화하는 사람들에게 보다 나은 소통 환경을 제공하기 위한 것임을 잊지 말자.

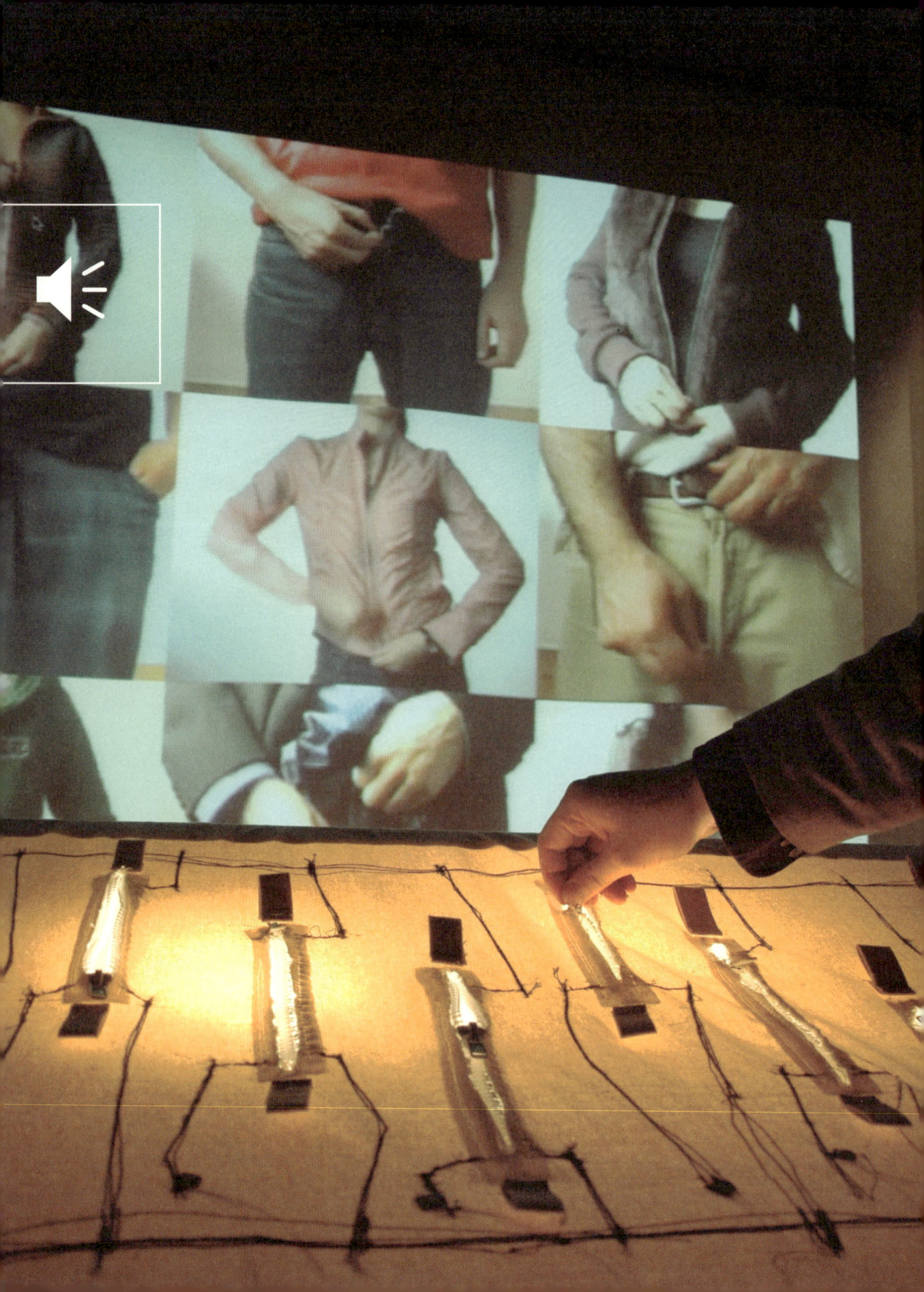

MAKE: PROJECTS   2

가장 단순한 네트워크

두 사물을 일대일로 연결하면 가장 기본적인 네트워크를 구축할 수 있다. 이 장에서는 사물들이 서로 통신하기 위해 사전에 합의해야 할 몇 가지 사항을 비롯하여, 양방향 통신에 대해 자세하게 다룬다. 데이터 프로토콜(통신 규약), 흐름 제어, 주소 지정과 같이 네트워크 통신을 지원하는 요소에 대해서도 배울 것이다. 이해를 돕기 위해 마이크로컨트롤러와 컴퓨터 사이의 일대일 통신을 다루는 예제 두 개를 통해 여러분은 통신과 관련된 기본적인 사항들을 실습하게 된다. 나아가 모뎀을 이용한 통신 방법과, 두 개의 블루투스 통신기로 유선 통신을 대체하는 방법에 대해서도 배워본다.

<지퍼 오케스트라(Zipper Orchestra)> 백주연(Joo Youn Paek), 2006
지퍼로 비디오와 음악을 제어하는 음악 설치 작품이다. 전도성 실로 지퍼를 마이크로컨트롤러에 연결했으며, 마이크로컨트롤러는 멀티미디어 컴퓨터와 시리얼 통신을 한다. 지퍼를 열거나 닫으면 컴퓨터가 동영상과 소리를 재생한다. 사진 제공: 백주연

2장에서 사용하는 부품

판매점 기호
- **A** 아두이노 스토어(http://store.arduino.cc/ww/)
- **AF** 에이다프루트(http://adafruit.com)
- **D** 디지-키(www.digikey.com)
- **F** 파넬(www.farnell.com)
- **J** 자메코(http://jameco.com)
- **MS** 메이커 셰드(www.makershed.com)
- **RS** RS(www.rs-online.com)
- **SF** 스파크 펀(www.SparkFun.com)
- **SS** 씨드 스튜디오(www.seeedstudio.com)

프로젝트 1: 키보드로 LED의 밝기 조절하기
» 아두이노 모듈 1개 아두이노 우노를 권장한다. 하지만 다른 아두이노나 아두이노 호환 보드에서도 프로젝트는 정상적으로 작동한다.
D 1050-1019-ND, J 2121105, SF DEV-09950, A A000046, AF 50, F 1848687, RS 715-4081, SS ARD132D2P, MS MKSP4

» RGB LED, 캐소드 공통형 1개 빨강, 초록, 파랑 LED가 하나로 묶여 있는 LED. 각각의 색을 조절할 수 있다.
D 754-1492-ND, J 2125181, SF COM-00105, F 8738661, RS 713-4888

» 컴퓨터 1대

» 마이크로컨트롤러와 컴퓨터가 서로 시리얼 통신을 할 수 있도록 연결해주는 변환기 아두이노나 와이어링 모듈을 사용한다면 USB 케이블만 준비하면 된다. 다른 마이크로컨트롤러를 사용할 경우 USB-시리얼 변환기와 브레드보드에 연결하기 위한 연결 단자가 필요할 수 있다.

» 탁구공 1개

프로젝트 2: 몬스키 퐁
» 아두이노 모듈 1개 아두이노 우노를 권장한다. 하지만 다른 아두이노나 아두이노 호환 보드에서도 프로젝트는 정상적으로 작동한다.
D 1050-1019-ND, J 2121105, SF DEV-09950, A A000046, AF 50, F 1848687, RS 715-4081, SS ARD132D2P, MS MKSP4

» 휨 센서 저항 2개
D 905-1000-ND, J 150551, SF SEN-10264, AF 182, RS 708-1277, MS JM 150551

» 푸시버튼 2개 전자부품 판매점에서 가장 마음에 드는 것을 선택한다.
D GH1344-ND, J 315432, SF COM-09337, F 1634684, RS 718-2213, MS JM 315432

» 10K 옴 저항 4개
D 10KQBK-ND, J 29911, F 9337687, RS 707-8906

» 브레드보드 1개
D 438-1045-ND, J 20723 또는 20601, SF PRT-00137, F 4692810, AF 64, SS STR101C2M 또는 STR102C2M, MS MKKN2

» 컴퓨터 1대

» 마이크로컨트롤러와 컴퓨터가 서로 시리얼 통

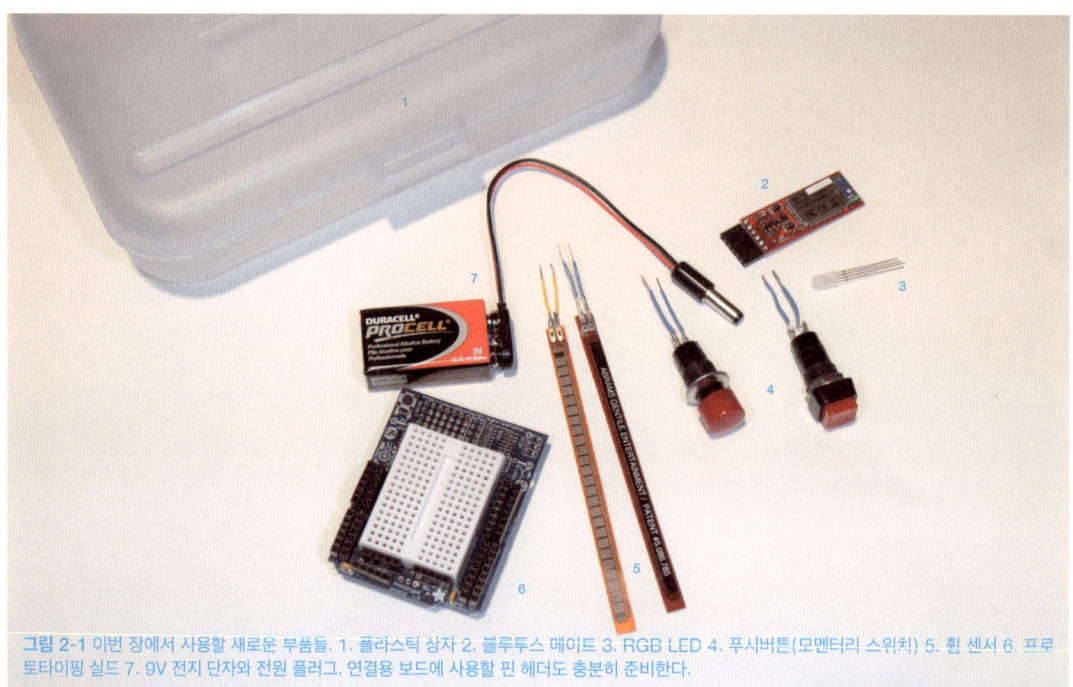

그림 2-1 이번 장에서 사용할 새로운 부품들. 1. 플라스틱 상자 2. 블루투스 메이트 3. RGB LED 4. 푸시버튼(모멘터리 스위치) 5. 휨 센서 6. 프로토타이핑 실드 7. 9V 전지 단자와 전원 플러그. 연결용 보드에 사용할 핀 헤더도 충분히 준비한다.

신을 할 수 있도록 연결해주는 변환기 프로젝트 1과 같은 요령으로 준비한다.

» **작은 분홍색 원숭이 인형 1개** 일명 몬스키. 2인용 게임을 만들려면 2개를 준비한다.

프로젝트 3: 무선 몬스키 퐁

» **완성한 몬스키 퐁 프로젝트** 프로젝트 2에 이어서 진행한다.

» **9V 전지와 연결 단자**
D 2238K-ND, J 101470, SF PRT-09518,
F 1650675

» **전원 플러그, 내경 2.1mm 외경 5.5mm** 스파크 편에서 판매하는 전지 연결 단자를 사용하지 않을 경우에는 필요하다.
D CP-024A-ND, J 159506, F 1737256

» **블루투스 메이트 모듈 1개**
SF WRL-09358 또는 WRL-10393

» **플라스틱 상자 1개** 마이크로컨트롤러, 건전지, 무선통신 보드를 장착할 때 사용한다.

프로젝트 4: 블루투스 다루기

» **블루투스 메이트 모듈 1개** 프로젝트 3에서 사용한 모듈과 동일하다.
SF WRL-09358 또는 WRL-10393

» **FTDI 방식의 USB-시리얼 어댑터 1개** 5V용이나 3.3V용 모두 사용할 수 있다. 케이블 방식이나 독립 모듈 형식으로 판매된다.
SF DEV-09718 또는 DEV-09716, AF 70 또는 284, A A000059, MS MKAD22, D TTL-232R-3V3 또는 TTL-232R-5V

그림 2-2 FTDI USB-TTL 케이블. 다양한 시리얼 기기와 쉽게 연결할 수 있도록 설계되었다. USB 포트에 연결하면 시리얼 통신을 하고 있는 장치에 전원도 공급할 수 있다. 케이블 대신 여기에 보이는 어댑터 보드들을 USB-시리얼 어댑터로 사용할 수도 있다. 왼쪽부터 아두이노의 USB-시리얼 변환 보드, 스파크 편의 FTDI 베이식 브레이크아웃, 에이다프루트의 FTDI 프렌드. 디지털카메라에 많이 사용하는 USB A-Mini B 유형의 케이블이 추가로 필요하며 송신선과 수신선에 LED가 장착되어 있다. 데이터를 전송할 때 깜빡이기 때문에 시리얼 문제를 해결할 때 유용하다.

다른 보드들과 달리 아두이노 어댑터는 FTDI 드라이버 칩을 사용하지 않는다. 맥 OS X와 리눅스 사용자들은 별도의 드라이버를 설치할 필요가 없지만, 윈도우에서는 아두이노 우노에서도 사용하는 INF 파일을 사용해야 한다.

사진 제공: 스파크 편, 에이다프루트

규약의 계층

사물들이 서로 대화하기 위해서는 먼저 몇 가지 기본 규약을 정의해야 한다. 이 규약들은 하위 계층부터 상위 계층까지 다섯 계층으로 구성된다. 상위 계층의 규약은 하위 계층의 규약에 기반한다.

- **물리적 계층** 한 장치의 물리적인 입력부와 출력부는 다른 장치의 입력 및 출력부와 어떻게 연결되어 있는가? 두 장치가 메시지를 교환하기 위해서는 몇 개의 전선이 연결되어야 하는가?
- **전기적 계층** 데이터의 비트는 어느 정도의 전압으로 표현할 것인가?

- **논리적 계층** 높은 전압을 0으로 처리할 것인가 아니면 1로 처리할 것인가? 높은 전압 상태가 1을 의미하고 낮은 전압 상태가 0을 의미하는 경우를 참논리라고 한다. 그에 반해 높은 전압이 0을 의미하고 낮은 전압이 1을 의미하는 경우는 역논리라고 한다. 이어지는 예제들에 관련 사례

2장 가장 단순한 네트워크 45

가 나와 있다.
- **데이터 계층** 비트의 타이밍은 어느 정도인가? 비트는 몇 개 묶음으로 전송되는가? 8, 9, 10개씩? 혹은 그 이상인가? 전송되는 비트 묶음의 앞이나 뒤에 구분자 역할을 하는 비트들이 추가되는가?
- **응용 계층** 메시지를 구성하는 비트의 묶음은 어떻게 나열되어 있는가? 특정한 결과를 유도하기 위해서 메시지를 교환하는 순서와 절차는 어떻게 되는가?

이 계층 구분은 OSI(Open Systems Interconnect: 개방형 시스템 간 상호 접속) 모형, 즉 네트워크 개념에 대한 일반적인 모형을 단순화한 것이다. 사실 네트워크 문제는 이렇게 깔끔하게 구분되지 않는다. 하지만 이 계층들을 기억해 두면 네트워크에서 발생하는 문제들을 보다 수월하게 해결할 수 있다. 어떤 계층의 문제인지 특정할 수 있어서 시간 낭비를 줄이며 바로 문제에서 접근할 수 있기 때문이다.

아무리 네트워크가 복잡해도 전자 장치들 사이의 통신은 모두 에너지의 파동 문제로 귀결된다. 가령 시리얼 통신은 결국 에너지 펄스의 문제로 귀결된다는 점을 잊지 말아야 한다. 마찬가지로 시리얼 통신도 송신자와 수신자를 연결한 통신선의 전압을 특정한 시간에 맞춰 바꿔주는 기술과 관련이 있다. 시간의 간격은 정보의 한 비트에 상응한다. 송신자는 비트의 0이나 1을 표현하기 위해 전압을 바꾸고 수신자는 전압의 변화를 읽는다. 송신자와 수신자는 비동기식 방식이나 동기식 방식 중 하나로 전송 속도를 정의한다(그림 2-3). 비동기식 시리얼 통신의 경우 송신자와 수신자는 특정한 전송 속도에 합의하지만 클럭은 송신자와 수신자가 서로 독립적으로 관리한다. 그에 비해 동기식 시리얼 통신은 송신자와 수신자를 연결하는 별도의 선이 있으며, 송신자가 이 선을 통해 전압이 일정한 속도로 바뀌는 펄스를 수신자에게 전송해서 수신자의 클럭을 제어한다. 동기식 시리얼 통신은 컴퓨터의 프로세서와 메모리 칩이 통신하는 경우처럼 통합된 회로의 부품들 사이에 통신이 이루어질 때 때 많이 사용된다. 이 책에서 다루는 네트워크의 시리얼 통신은 대부분 비동기식이기 때문에 이번 장에서는 비동기식 시리얼 통신만 살펴본다.

연결하기: 하위 계층들

여러분은 이미 1장에서 컴퓨터의 USB 포트에 아두이노를 연결해서 시리얼 통신을 했기 때문에 마이크로컨트롤러와 컴퓨터의 시리얼 통신이 전혀 낯설지는 않을 것이다. 만약 1장에서 아두이노 외에 패럴랙스의 베이직 스탬프와 같은 마이크로컨트롤러를 사용했다면 아마도 USB-시리얼 변환기로 모듈을 컴퓨터의 USB 포트에 연결했을 것이고, 구형 컴퓨터를 사용하고 있다면 9핀의 RS-232 시리얼 포트에 연결했을 것이다. 연결은 간단하지만 여기에는 두 개의 시리얼 프로토콜이 사용됐다.

첫 번째는 마이크로컨트롤러 측의 TTL 시리얼 프로토콜이다. TTL 시리얼의 규약 계층은 다음과 같다.

- **물리적 계층** 컨트롤러는 어떤 핀으로 통신을 하는가? 아두이노 모듈의 경우 디지털 입출력 0번

그림 2-3 시리얼 통신의 유형

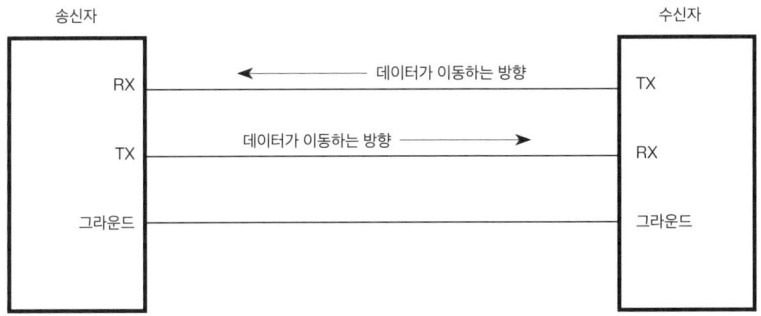

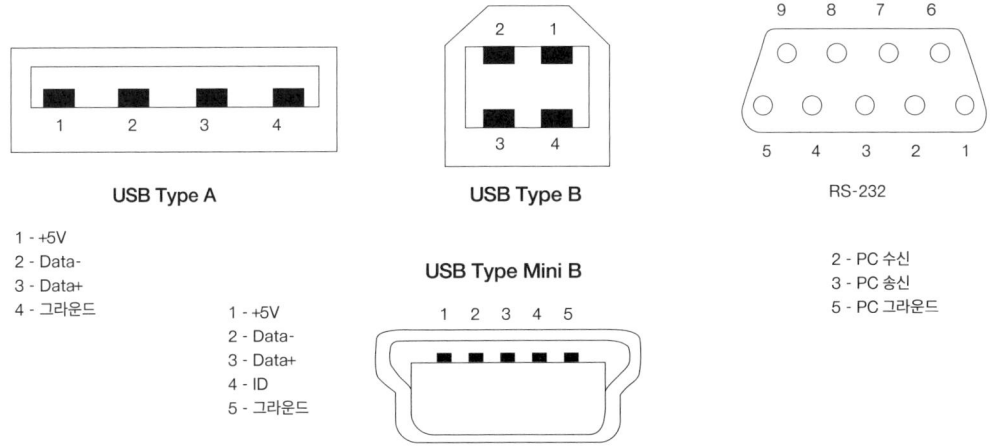

그림 2-4 물리적 연결부: USB와 RS-232 시리얼 방식

USB Type A

1 - +5V
2 - Data-
3 - Data+
4 - 그라운드

USB Type B

1 - +5V
2 - Data-
3 - Data+
4 - ID
5 - 그라운드

USB Type Mini B

RS-232

2 - PC 수신
3 - PC 송신
5 - PC 그라운드

2장 가장 단순한 네트워크 47

핀에서 데이터를 수신하고 1번 핀에서 데이터를 송신한다.
- **전기적 계층** 아두이노는 5볼트나 0볼트로 비트를 표현한다. 5볼트 대신 3.3볼트를 사용하는 마이크로컨트롤러들도 있다.
- **논리적 계층** 높은 전압(5볼트) 신호는 1을 의미하고, 0볼트 신호는 0을 의미한다.
- **데이터 계층** 데이터는 일반적으로 초당 9600비트의 속도로 전송된다. 하나의 바이트는 8개의 비트로 이루어지며 앞에는 시작 비트가, 뒤에는 정지 비트가 붙는데 여러분은 전송 속도에 주의하면 된다.
- **응용 계층** PC에서 아두이노로 바이트를 하나 보내면 아두이노가 이를 처리해서 다시 PC로 하나의 바이트를 보낸다.

아직 끝난 것이 아니다. 마이크로컨트롤러가 만들어내는 5볼트와 0볼트 신호는 곧장 컴퓨터로 이동할 수 없다. 컨트롤러의 TTL 시리얼 신호는 우선 USB-시리얼 변환 칩으로 보내져서 USB 신호로 변환되어야 한다. 아두이노에는 이 칩이 장착되어 있다.

두 번째 프로토콜은 USB(Universeal Serial Bus, 범용 시리얼 버스) 프로토콜이다. USB는 TTL 시리얼 프로토콜과 여러 면에서 다르다.

- **물리적 계층** USB는 Data+와 Data-로 이루어진 두 가닥의 선으로 데이터를 전송한다. 또한 모든 USB 커넥터는 5볼트 전원을 공급하는 선과 그라운드 선도 갖추고 있다.
- **전기적 계층** Data-의 신호는 언제나 Data+ 신호의 반대 극성을 지닌다. 따라서 두 선에 가해지는 전압의 합은 언제나 0이 된다. 이러한 특성 때문에 수신자는 두 전압의 합을 검사하는 방식으로 전기적 에러를 확인할 수 있다. 만약 전압의 합이 0이 아니라면 수신자는 해당 시점의 신호를 무시할 수 있다.
- **논리적 계층** Data+ 선의 +5볼트 신호나 Data- 선의 -5볼트 신호는 1을 의미하며 0볼트 신호는 0의 값을 의미한다.
- **데이터 계층** USB의 데이터 계층은 TTL 시리얼 신호의 데이터 계층보다 더 복잡하다. USB는 초당 480메가비트를 송신할 수 있다. 각각의 바이트는 8개의 비트로 구성되며 바이트의 앞에는 시작 비트가, 뒤에는 정지 비트가 붙는다. 복수의 USB 장치들은 동일한 데이터 선을 공유할 수 있으며 PC의 통제하에 신호를 전송한다. 이러한 방식을 버스(USB의 B는 바로 이 bus를 의미한다)라고 한다. 동일한 버스에는 많은 장치를 얹을 수 있기 때문에 운영체제는 각각의 장치에 고유한 주소를 할당하고 각각의 장치가 보내는 바이트들이 적절한 응용프로그램으로 이동하도록 관리한다.
- **응용 계층** 아두이노 보드에 장착된 USB-시리얼 변환기는 운영체제에 몇 개의 바이트를 전송해서 자신을 확인시킨다. 그러면 운영체제는 아두이노 하드웨어와 구동 드라이버를 연결해서 다른 프로그램이 아두이노의 데이터에 접근할 수 있도록 한다.

컴퓨터의 USB 컨트롤러는 필요한 바이트만 전달해주기 때문에 앞에서 언급한 제어 과정을 여러분이 직접 볼 수는 없다. 운영체제는 아두이노의 USB-시리얼 변환 칩을 시리얼 포트로 인식하며 USB 연결선을 통해 여러분이 선택한 전송 속도로 데이터를 전송한다(1장에서는 초당 9600비트로 데이터를 전송했다).

프로토콜 하나를 더 알아보자. 만약 USB 시리얼 인터페이스가 없는 베이직 스탬프 보드나 다른 마

USB: 시리얼 포트들의 무한한 원천

마이크로컨트롤러는 비교적 가격이 저렴하기 때문에 여러 개를 큰 부담없이 사용할 수 있다는 것이 장점이다. 예를 들어, 어떤 프로젝트에서 수많은 센서를 사용해야 하는 경우, 모든 센서를 하나의 마이크로컨트롤러에 연결할 수도 있지만, 하나의 센서를 하나의 마이크로컨트롤러에 연결해서 사용할 수도 있다. 컴퓨터의 시리얼 포트는 수가 제한되어 있기 때문에 모든 센서를 하나의 마이크로컨트롤러에 연결해서 사용하는 경우가 더 좋다고 생각할 수 있다. 하지만 USB의 경우라면 상황이 다르다.

마이크로컨트롤러에 USB 통신기가 장착되어 있거나 별도의 USB-시리얼 어댑터를 사용하는 경우, 컴퓨터의 포트에 연결하면 운영체제는 곧 이 장치를 새로운 시리얼 포트로 인식한다.

예를 들면, 컴퓨터에 연결된 USB 허브에 3개의 아두이노 모듈을 연결하면 운영체제는 새로운 시리얼 포트 3개를 추가로 할당한다. 맥 OS X의 경우에는 아래와 유사한 이름으로 포트가 할당된다.

```
/dev/tty.usbmodem241441
/dev/tty.usbmodem241461
/dev/tty.usbmodem241471
```

윈도우의 경우에는 COM8, COM9, COM10 등과 같이 포트가 추가되는 것을 볼 수 있다.

아두이노 보드에는 USB-시리얼 변환기가 내장되어 있다. 하지만 어댑터가 없는 마이크로컨트롤러나 주변장치들도 있다. USB-시리얼 변환기는 15~40달러의 가격에 구입할 수 있다. 키스팬(www.keyspan.com)과 아이오기어(www.iogear.com) 같은 곳이 적절한 변환기를 취급하고 있다. USB가 나오기 이전에는 RS-232가 시리얼 연결 방식의 표준이었기 때문에 다수의 변환기들은 대부분 USB-to-RS-232 방식이다. 하지만 USB-to-RS-232 어댑터는 TTL 시리얼 장치에 직접 사용할 수 없다.

FTDI 사는 USB-TTL 시리얼 변환 케이블을 제조한다. 이 제품은 5볼트와 3.3볼트 버전이 있으며 브레드보드 연결 단자가 부착되어 있어서 TTL 시리얼 장치들과 연결하기 쉽다. 메이커 셰드, 스파크 펀, 에이다프루트를 비롯하여 많은 업체들이 이 제품을 판매하고 있다. 한편, 아두이노, 스파크 펀, 에이다프루트 등에서는 연결용 보드를 만든다. 스파크 펀의 FTDI 베이직 보드는 LED가 달려 있어서 데이터가 전송되면 반짝인다. 에이다프루트는 FTDI 프렌드라는 제품을 판매한다. 아두이노의 USB-시리얼 어댑터는 다른 칩을 내장하고 있지만 핀 배치는 동일하다. 어떤 제품을 사용해도 이 책에서 다루는 USB-시리얼 연결에는 문제가 없다. 제품 사진은 이 장의 앞부분에 소개되어 있으며, 핀 연결은 그림 2-6에 나와 있다.

이크로컨트롤러를 사용하고 있다면, 아마도 9개의 핀으로 이루어진 시리얼 커넥터나 USB-시리얼 어댑터로 마이크로컨트롤러를 컴퓨터에 연결할 것이다(그림 2-4). 이 커넥터는 DB-9 혹은 D-sub-9라고 하며 또 다른 시리얼 프로토콜인 RS-232의 표준 커넥터이다. USB가 등장하기 이전까지는 RS-232가 컴퓨터 시리얼 연결의 주요 시리얼 프로토콜이었다. 현재는 구형의 컴퓨터 호환 장치에서 일부 사용된다.

- **물리적 계층** RS-232 시리얼 포트가 있는 컴퓨터는 2번 핀으로 데이터를 수신하고 3번 핀으로 데이터를 송신한다. 5번 핀은 그라운드 핀이다.
- **전기적 계층** RS-232는 5볼트에서 12볼트 사이의

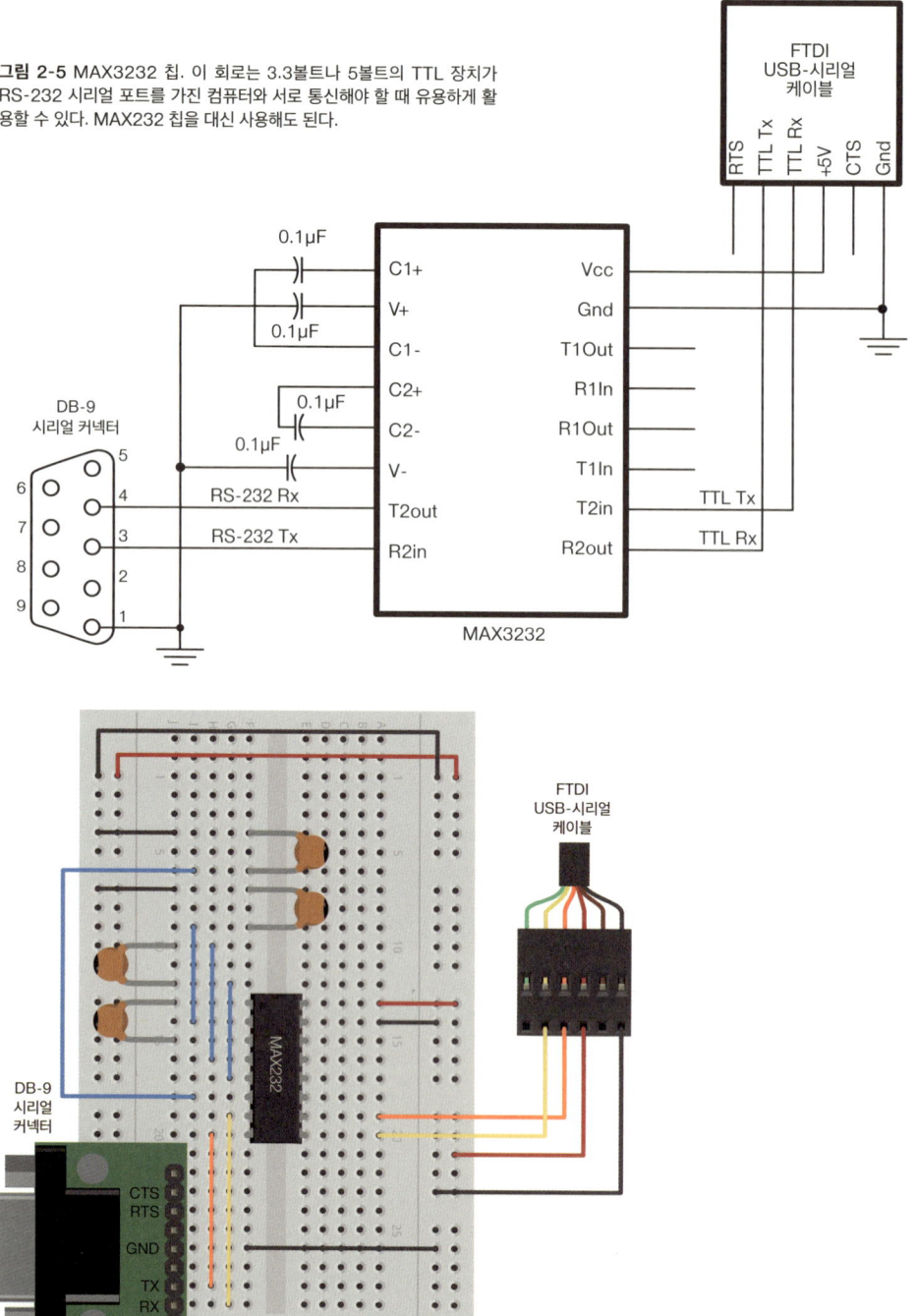

그림 2-5 MAX3232 칩. 이 회로는 3.3볼트나 5볼트의 TTL 장치가 RS-232 시리얼 포트를 가진 컴퓨터와 서로 통신해야 할 때 유용하게 활용할 수 있다. MAX232 칩을 대신 사용해도 된다.

전압과 -5볼트에서 -12볼트 사이의 전압으로 데이터를 전송한다.

- **논리적 계층** 5볼트부터 12볼트 사이의 전압 신호는 0을 의미하며 -5볼트부터 -12볼트 사이의 전압 신호는 1을 의미한다. 즉, 역논리 값을 가진다.

- **데이터 계층** 하나의 바이트는 8비트로 이루어져 있으며 시작 비트와 정지 비트가 앞뒤로 붙는다. TTL 신호와 동일하다.

그렇다면, 어째서 베이직 스탬프나 BX-24와 같은 일부 마이크로컨트롤러는 RS-232 시리얼 포트에 직접 연결해서 사용할 수 있는 것일까? 이는 TTL 시리얼의 전압 수준(0~5V)이 RS-232의 전압 수준을 그나마 가까스로 수용할 수 있고, 수신과 송신할 때 전달되는 비트들의 역논리 값은 마이크로컨트롤러로 반전시킬 수 있기 때문이다. USB와는 달리, RS-232 프로토콜은 장치의 주소 지정과 관련된 부가적인 데이터를 수반하지 않기 때문에 다루기 수월한 프로토콜이다. 하지만 유감스럽게도 매우 구식이기 때문에 이제는 USB-시리얼 변환기가 마이크로컨트롤러 프로그래머들의 일상적인 도구가 됐다. 아두이노 보드는 USB-시리얼 변환기를 통합 장착하고 있기 때문에 USB 포트에 꽂기만 하면 사용할 수 있다.

운이 좋다면, 여러분 대신 변환기가 다 알아서 서로 다른 프로토콜들을 조합하고 신호 변환 작업도 처리해 줄 것이다. 하지만 언제나 운이 좋을 수는 없기 때문에 변환 과정에서 어떤 일이 일어나는지 조금은 알아 두는 것도 좋다. 예를 들면, 시리얼 장치와 컴퓨터를 연결할 때 직면하는 가장 일반적인 문제는 장치의 시리얼 신호를 USB 혹은 RS-232 신호로 바꾸는 일이다. TTL 신호를 RS-232 신호로 바꿀 때는 맥심 테크놀로지(www.maxim-ic.com) 사의 MAX3232 칩이 매우 유용하다. 이 칩은 RS-232 시리얼 신호를 받아서 3.3볼트나 5볼트의 TTL 신호로 바꿔주며 역으로 TTL 신호는 RS-232 신호로 바꿔준다. 칩에 3.3볼트를 인가하면 3.3볼트로 변환된 신호를 받을 수 있고 5볼트를 인가하면 5볼트 신호를 받을 수 있다. 그림 2-5는 MAX3232의 전형적인 회로도를 보여준다.

시리얼 프로젝트를 수행한 경험이 있다면 MAX3232 이전에 나왔던 MAX232를 알고 있을 것이다. 사실, MAX232는 매우 광범위하게 사용됐기 때문에 맥스에서 만들었든 그렇지 않든 모든 TTL-to-RS-232 변환 장치를 지칭하는 대명사가 되었다. MAX232는 5볼트에서만 작동했지만, MAX3232는 3.3볼트부터 5볼트의 전압에서 작동한다. 전자 부품계에서는 점차 3.3볼트가 5볼트를 대체하는 표준 전압으로 자리잡아가고 있기 때문에 두 가지 전압에 모두 대처할 수 있는 칩을 사용하는 편이 좋다.

그림 2-6 FTDI USB-TTL 케이블. 송신, 수신, 전원, 그라운드 연결선이 있다. 그 외에 RTS(Request to Send, 송신 요구)와 CTS(Clear to Send, 송신 가능)와 같은 하드웨어 흐름 제어 연결선이 있는데, 일부 장치에서는 시리얼 데이터의 흐름을 관리하기 위해 사용된다.

아두이노를 USB-시리얼 변환기로 사용하기

아두이노 보드에는 마이크로컨트롤러가 컴퓨터와 통신할 수 있도록 USB-시리얼 어댑터가 장착되어 있다. USB-시리얼 어댑터의 송신 핀(TX)은 마이크로컨트롤러의 수신 핀(RX)에, 마이크로컨트롤러의 송신 핀은 USB-시리얼 어댑터의 수신 핀에 연결되어 있다. 따라서, 마이크로컨트롤러를 우회하면 아두이노 보드를 USB-시리얼 어댑터로 사용할 수 있다. 이러한 방법이 유용할 때가 있다. 이 장에서도 아두이노를 USB-시리얼 어댑터로 사용하여 블루투스 무선 장치와 직접 통신하는 방법을 소개할 것이다. 아두이노를 어댑터로 사용하려면 먼저 마이크로컨트롤러를 제거하거나 또는 다음과 같이 아무것도 수행하지 않는 스케치를 업로드한다.

```
void setup(){}
void loop(){}
```

그 다음에는 연결하고자 하는 시리얼 외부 장치를 아래의 요령에 따라 아두이노에 연결한다.

외부 시리얼 장치의 수신(RX) 핀 → 아두이노 보드의 0번 (RX) 핀

외부 시리얼 장치의 송신(TX) 핀 → 아두이노 보드의 1번 (TX) 핀

이렇게 하면 외부 시리얼 장치가 마이크로컨트롤러를 우회하여 아두이노 보드의 USB-시리얼 어댑터와 직접 통신할 수 있다. 마이크로컨트롤러를 다시 사용하려면 외부 시리얼 장치를 분리하고 새로운 스케치를 업로드하면 된다.

대화하기: 응용 계층

지금까지 두 장치를 연결할 때 필요한 규약의 하위 계층들을 살펴보았다. 이제 몇 개의 프로젝트를 진행해 보며 전송할 데이터를 어떻게 구조화해야 하는지 알아본다.

프로젝트 1
키보드로 LED의 밝기 조절하기

이 예제에서는 컴퓨터의 키보드로 마이크로컨트롤러의 출력을 제어한다. 통신에 집중할 수 있도록 최소한의 재료만 사용하는 간단한 예제이다.

준비물
- RGB LED, 음극 공통형 1개
- 아두이노 마이크로컨트롤러 모듈 1개
- 컴퓨터 1대
- 마이크로컨트롤러와 컴퓨터가 서로 시리얼 통신을 할 수 있도록 연결해주는 변환기
- 탁구공 1개

아무리 간단한 응용프로그램이더라도, 통신을 하기 위해서는 프로토콜이 필요하다. LED를 켜는 간단한 작업을 위해서도 송신자와 수신자는 '불을 켠다'라는 신호를 어떻게 주고받을지 사전에 합의해야 한다.

이번 프로젝트에서는 작은 컬러 램프를 만든다. 램프의 밝기와 색깔은 컴퓨터에서 명령을 전송해서 제어한다. 램프에 들어가는 RGB LED는 빨강, 초록, 파랑으로 켜지는 세 개의 LED가 하나의 패키지로 묶인 부품이다. 세 개의 LED는 음극(cathode), 혹은 음극 단자를 함께 공유한다. RGB LED의 가장 긴 다리, 즉 음극은 아두이노 모듈의 그라운드에 연결하고 나머지 세 개의 다리, 즉 양극(anode)들은 그림 2-7과 같이 각각 아두이노의 9번, 10번, 11번 핀에 연결한다. LED의 음극 다리는 적당히 구부려서 길이를 조절한다. 이때 다른 다리에 닿으면 합선이 일어날 수 있으니 서로 닿지 않도록 주의해야 한다.

LED를 보드에 연결한 다음 탁구공보다 약간 큰

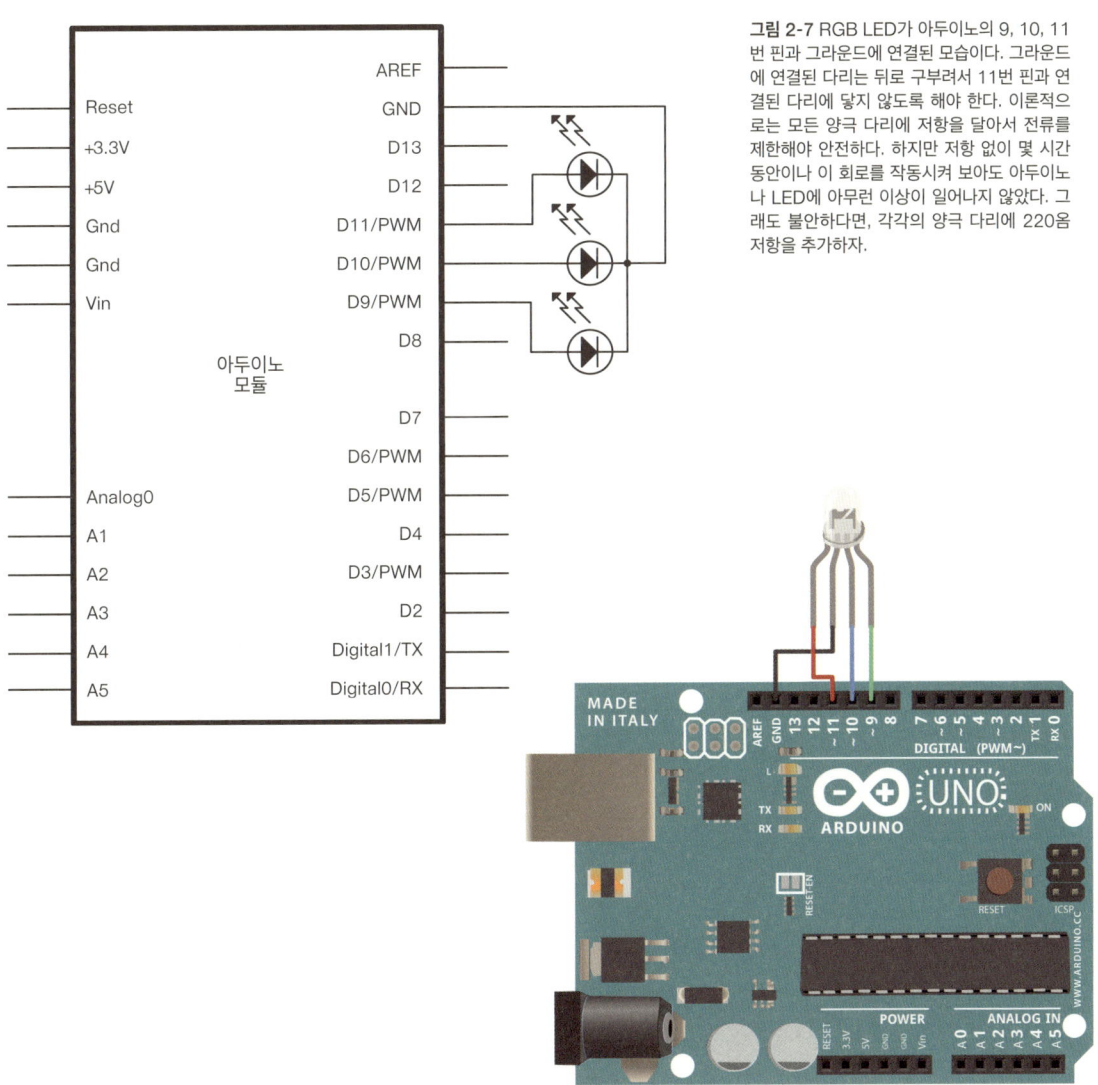

그림 2-7 RGB LED가 아두이노의 9, 10, 11번 핀과 그라운드에 연결된 모습이다. 그라운드에 연결된 다리는 뒤로 구부려서 11번 핀과 연결된 다리에 닿지 않도록 해야 한다. 이론적으로는 모든 양극 다리에 저항을 달아서 전류를 제한해야 안전하다. 하지만 저항 없이 몇 시간 동안이나 이 회로를 작동시켜 보아도 아두이노나 LED에 아무런 이상이 일어나지 않았다. 그래도 불안하다면, 각각의 양극 다리에 220옴 저항을 추가하자.

구멍을 뚫고 그림 2-10과 같이 LED 위에 덮는다. 탁구공은 빛을 잘 분산해서 근사한 전등갓으로 사용할 수 있다. 만약 LED의 빛이 모여서 탁구공에 너무 밝은 빛의 반점이 생긴다면 사포로 LED의 표면을 살짝 갈아내자.

프로토콜

회로를 모두 연결했다면 이제 LED를 제어할 수 있도록 마이크로컨트롤러와 통신하는 방법을 정해야 한다. 즉, 통신 프로토콜을 설계해야 한다. 이번 프로토콜은 매우 간단하다.

- LED의 색상을 지정하기 위해서는 소문자로 색상의 첫 번째 문자(r, g, b)를 전송한다.
- 색의 밝기를 조절하기 위해서는 0부터 9까지의 숫자 중 하나를 전송한다.

예를 들어, 밝기의 범위가 0부터 9까지 변한다고 할 때 빨간색의 밝기를 5, 녹색의 밝기는 3, 그리고 파란색의 밝기는 7로 설정하려면 다음과 같이 전송한다.

r5g3b7

매우 간단한 프로토콜을 정의했다. 이제는 마이크로컨트롤러가 데이터를 한 바이트씩 읽고 각각의 바이트의 값에 따라 적절한 작동을 할 수 있도록 프로그램을 작성해야 한다.

프로그램의 흐름도는 그림 2-8과 같다.

아두이노에 스케치를 업로드하고 그림 2-9와 같이 시리얼 모니터 아이콘을 눌러 모니터를 열고 텍스트 필드에 아래와 같이 입력한다.

r9

입력한 다음 send를 누른다. 탁구공의 색깔이 빨간색으로 변할 것이다. 아래의 메시지도 전송해 본다.

r2g7

빨간색은 감소하고 녹색이 밝아질 것이다. 다음의 메시지도 전송해보자.

g0r0b8

공의 색깔이 파란색으로 바뀔 것이다. 어떤가, 여러분은 시리얼 통신으로 제어할 수 있는 램프를 만들었다!

만약 여러분이 입력한 색과 탁구공의 색이 다르다면 예제의 LED와 여러분이 사용하는 LED가 서로

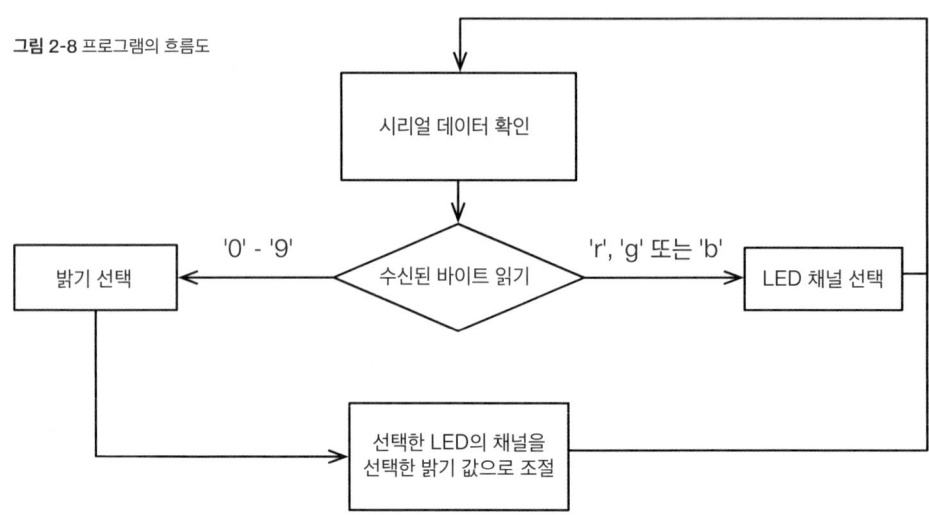

그림 2-8 프로그램의 흐름도

| 시도해 보자 | ```
/*
   시리얼 RGB LED 제어기
   환경: 아두이노
   RGB LED를 제어함
   빨강, 초록, 파랑 다리는 각각 11, 9, 10번 핀에 연결되어 있음.
*/
``` |
|---|---|
| » 우선 RGB 핀 번호를 할당할 상수를 설정해야 한다. 또한 변경할 색상의 핀 번호를 할당할 변수 하나와 변경할 밝기 값을 할당할 변수도 하나 필요하다. | ```
// RGB 핀의 번호를 저장하는 상수:
const int greenPin = 9;
const int bluePin = 10;
const int redPin = 11;

int currentPin = 0;  // 변경할 색상 핀의 번호
int brightness = 0;  // 변경할 밝기 값
``` |
| » setup() 함수에서는 시리얼 통신을 초기화하고 LED 핀들을 출력 모드로 초기화한다. | ```
void setup() {
  // 시리얼 통신을 초기화함:
  Serial.begin(9600);

  // LED 핀들을 출력 모드로 초기화함:
  pinMode(redPin, OUTPUT);
  pinMode(greenPin, OUTPUT);
  pinMode(bluePin, OUTPUT);
}
``` |
| » 메인 루프는 시리얼 바이트가 들어오는 상황에 따라 작동한다. | ```
void loop() {
  // 만약 버퍼에 시리얼 데이터가 있다면 한 바이트를 읽는다:
  if (Serial.available() > 0) {
    int inByte = Serial.read();

    // 읽은 바이트가 'r', 'g', 'b', 또는 '0'부터 '9'까지의 값이라면 대응한다.
``` |
| » 만약 데이터가 들어오고 있다면 필요한 바이트에 대해서만 대응하면 된다. 필요한 값이 들어오고 있다면 if 구문을 사용해서 색상 핀의 번호와 밝기의 값을 설정한다. | ```
    // 다른 값은 신경 쓰지 않아도 된다:
    if (inByte == 'r') {
      currentPin = redPin;
    }
    if (inByte == 'g') {
      currentPin = greenPin;
    }
    if (inByte == 'b') {
      currentPin = bluePin;
    }
``` |
| » 마지막으로 analogWrite() 명령어로 선택한 핀의 밝기를 선택한 수준으로 설정한다. | ```
    if (inByte>= '0' &&inByte<= '9') {
      // 들어오는 바이트의 값을 analogWrite() 명령어의 범위에 맞도록 변환한다:
      brightness = map(inByte, '0', '9', 0, 255);
      // 선택한 핀을 선택한 밝기 값으로 설정한다:
      analogWrite(currentPin, brightness);
    }
  }
}
``` |

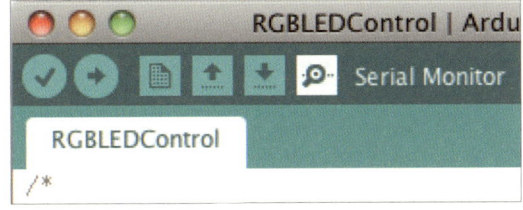

그림 2-9 아두이노 툴바. 시리얼 모니터 아이콘이 강조되어 있다.

그림 2-10 빛을 분산하기 위해 탁구공을 씌운 LED

다른 모델이어서 핀 번호가 다르기 때문일 것이다. 스케치에서 핀 번호를 할당한 상수들을 수정하면 이 문제는 해결될 것이다.

직접 시리얼 모니터에 값을 입력해야만 램프를 제어할 수 있는 것은 아니다. 어떤 프로그램이더라도 시리얼 포트를 제어하는 기능이 있다면 여러분 대신 정해진 프로토콜에 따라 아두이노로 데이터를 보내서 램프를 제어할 수 있다. 다음 프로젝트까지 진행한 후에는 프로세싱으로 자신만의 램프 제어기를 만들어 보자.

프로그램을 보면 여러분이 입력할 글자들이 작은따옴표 사이에 표기되어 있다. 이렇게 하면 각 글자들의 ASCII 값을 사용할 수 있다. ASCII는 글자(문자와 숫자)마다 특정한 수를 할당한 프로토콜이다. 예를 들어, 글자 'r'에 상응하는 ASCII 값은 114이며, 글자 '0'에 상응하는 ASCII 값은 48이다. 이렇게 작은따옴표 안에 글자를 표기하면 아두이노는 글자 자체의 값이 아니라 글자의 ASCII 값을 사용하도록 프로그램된다. 아래의 코드를 보자.

```
brightness = map(inbyte, '0', '9', 0, 255);
```

ASCII 표에서는 글자 '0'이 숫자 48을 의미하고, 글자 '9'는 숫자 57을 의미하기 때문에 이는 다음의 표현과 동일하다.

```
brightness = map(inbyte, 48, 57, 0, 255);
```

프로그램을 작성할 때는 문자나 숫자를 작은따옴표 안에 표기해도 되고 해당하는 수로 표기해도 된다. 하지만 글자를 작은따옴표 안에 표기하면 프로그램의 가독성이 높아진다. 앞의 코드들 중 첫 번째 표현에서는 ASCII 글자를 사용해서 변환할 값을 표기했다. 두 번째 표현에서는 수 자체를 사용해서 변환 범위를 표기하고 있다. 이 책에서는 두 가지 방식을 혼용하여 코드를 작성한다. ASCII에 대해서는 60 페이지의 'ASCII란 무엇인가?'를 참조하자.

복잡한 대화

프로젝트 1에서는 매우 간단한 프로토콜을 사용해서 컴퓨터에서 마이크로컨트롤러를 제어했다. 이번에는 마이크로컨트롤러로 컴퓨터의 애니메이션을 제어해 본다. 물론 통신 프로토콜은 좀 더 복잡해진다.

프로젝트 2
몬스키 퐁

이 예제에서는 마우스 대신 아두이노와 센서를 사용한다. 마우스는 그림 2-11과 같이 데이터를 전송하는 사물이라고 간주할 수 있다.

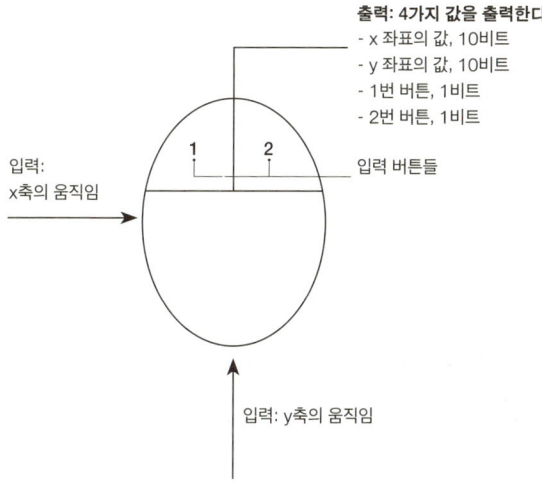

그림 2-11 마우스를 데이터 사물로 사용하기

준비물

- 휨 센서 저항 2개
- 푸시 스위치 2개
- 10k옴 저항 4개
- 브레드보드 1개
- 아두이노 마이크로컨트롤러 모듈 1개
- 컴퓨터 1대
- 마이크로컨트롤러와 컴퓨터가 서로 시리얼 통신을 할 수 있도록 연결해주는 변환기
- 작은 분홍색 원숭이 인형 1개

마우스의 데이터는 컴퓨터의 응용프로그램에 따라 다양하게 활용할 수 있다. 이번 응용프로그램에서는 팔을 움직여서 탁구를 치는 작은 분홍색 원숭이를 만든다. 버튼 두 개를 장착해서 각각 게임을 재설정하거나 공을 서브하는 기능도 갖춘다.

휨 센서에 긴 전선을 연결해서 마이크로컨트롤러와 충분한 거리를 두고 원숭이의 팔에 부착할 수 있도록 한다. 전선은 오래된 전화선과 같이 가급적이면 유연한 재료가 좋다. 길이는 60cm 정도면 테스트하기에 충분하다.

버튼에도 긴 전선을 연결한다. 견고한 판재나 골판지 위에 버튼을 임시로 장착하고 배선해도 좋다. 버튼에는 각각 '재설정'과 '서브'라고 표시해둔다. 전선들은 그림 2-12와 같이 마이크로컨트롤러에 연결한다.

원숭이 인형의 팔에 작은 구멍을 뚫고 센서를 각각 삽입한다. 만약 원숭이 인형을 망가뜨리고 싶지 않다면 그림 2-13과 같이 케이블 타이나 테이프로 센서를 원숭이의 팔에 단단히 고정한다. 센서가 원활하게 움직일 수 있도록 센서의 자리를 잘 조절한다. 공예용 철사 등을 사용해서 센서들을 서로 고정하면 센서들의 위치를 보다 안정적으로 유지할 수 있다. 휨 센서는 휘는 방향에 따라 값이 달라지기 때문에 두 센서의 휘어지는 방향이 일치하도록 주의해야 한다. 센서와 전선을 연결한 부분의 절연에도 신경 써야 한다. 인형을 움직이면 인형 내부에 있는 솜과 같은 충전물이 서로 마찰해서 정전기가 발생할 수 있는데, 센서가 이 정전기에 반응할 수 있기 때문이다. 글루건으로 전선과 센서의 연결 부분을 잘 마무리하는 것도 좋은 방법이다.

코드를 작성하기 전에 센서들과 전기 배선이 정확하고 안정적으로 연결되어 있는지 다시 한 번 확인한다. 전기적 연결이 불안정하거나 문제가 있을 경우 디버깅은 매우 어려워진다.

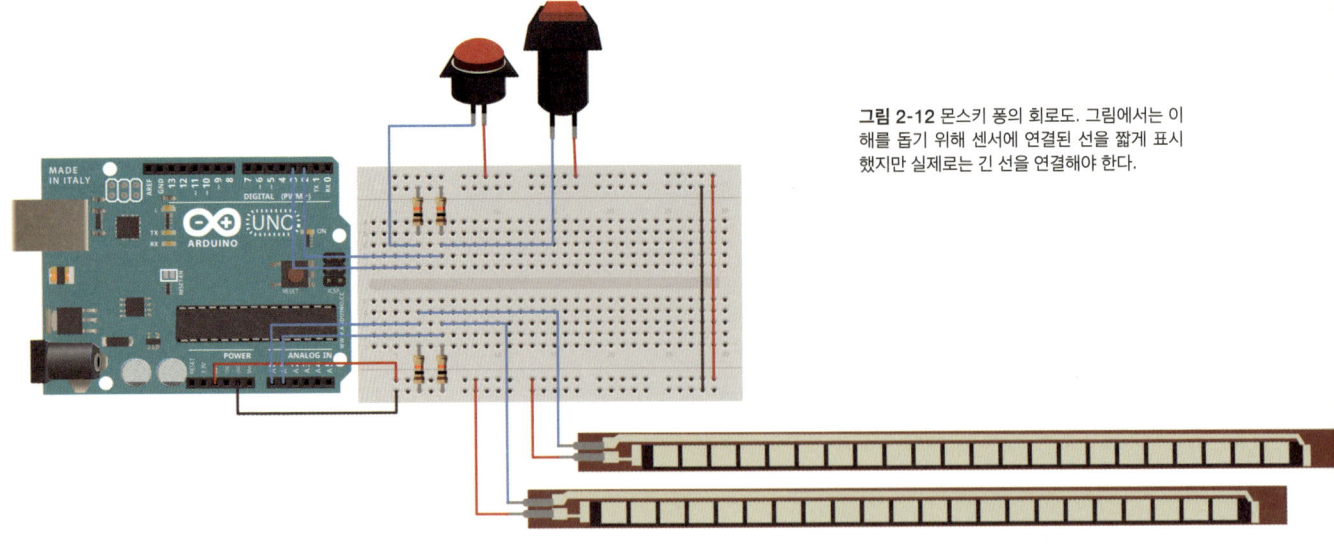

그림 2-12 몬스키 풍의 회로도. 그림에서는 이해를 돕기 위해 센서에 연결된 선을 짧게 표시했지만 실제로는 긴 선을 연결해야 한다.

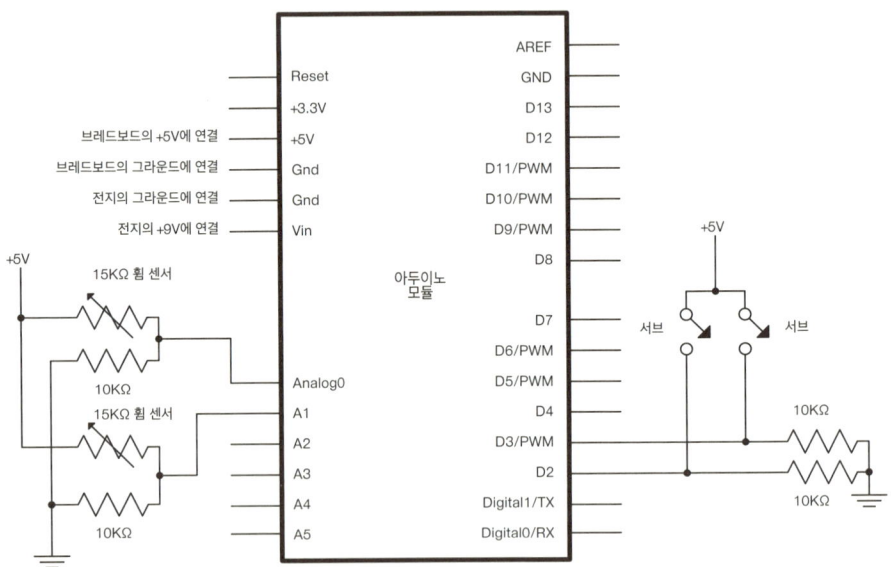

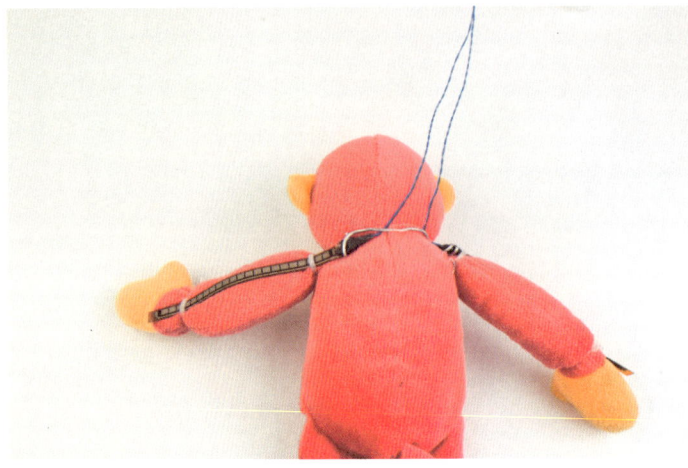

그림 2-13 센서의 값을 잘 받아들이기 위해서는 센서를 안정적으로 고정해야 한다. 센서가 잘 지지되었다면 원숭이 내부로 옮겨서 다시 테스트해 보자.

시도해 보자

다음의 코드를 아두이노 모듈에 업로드하고 센서가 정상적으로 작동하는지 확인한다.

아두이노의 시리얼 모니터나 여러분이 선호하는 시리얼 터미널 프로그램을 열고 데이터 전송 속도를 초당 9600비트에 맞춘 뒤 출력되는 데이터를 확인한다. 아래와 유사하게 출력되는 것을 확인할 수 있을 것이다:

```
284, 284, 1, 1,
285, 283, 1, 1,
286, 284, 1, 1,
289, 283, 1, 1,
```

각각의 값은 쉼표로 구분되어 있고, 일련의 숫자가 한 줄씩 출력된다.

```
/*
  센서 값을 읽는 스케치
  환경: 아두이노

  아날로그 입력 값 두 개와 디지털 입력 값 두 개를 읽어서 시리얼로 출력함.

  연결:
     아날로그 센서는 각각 아날로그 입력 핀 0번과 1번에 연결됨
     스위치는 각각 디지털 입출력 핀 2번과 3번에 연결됨
*/
const int leftSensor = 0;      // 왼쪽 팔의 아날로그 입력 핀
const int rightSensor = 1;     // 오른쪽 팔의 아날로그 입력 핀
const int resetButton = 2;     // 재설정 버튼의 디지털 입력 핀
const int serveButton = 3;     // 서브 버튼의 디지털 입력 핀

int leftValue = 0;             // 왼쪽 팔의 센서 값을 저장하는 변수
int rightValue = 0;            // 오른쪽 팔의 센서 값을 저장하는 변수
int reset = 0;                 // 재설정 버튼의 값을 저장하는 변수
int serve = 0;                 // 서브 버튼의 값을 저장하는 변수

void setup() {
  // 시리얼 연결 설정:
  Serial.begin(9600);
  // 디지털 입력 설정:
  pinMode(resetButton, INPUT);
  pinMode(serveButton, INPUT);
}

void loop() {
  // 아날로그 센서의 값 읽기:
  leftValue = analogRead(leftSensor);
  rightValue = analogRead(rightSensor);

  // 디지털 센서(버튼)의 값 읽기:
  reset = digitalRead(resetButton);
  serve = digitalRead(serveButton);

  // 센서의 값을 출력하기:
  Serial.print(leftValue);
  Serial.print(",");
  Serial.print(rightValue);
  Serial.print(",");
  Serial.print(reset);
  Serial.print(",");
  // 마지막 센서의 마지막 값은 println() 함수로 출력해서 행마다 4개의 센서 값이 출력되도록 함
  Serial.println(serve);
}
```

» 코드에서 센서 값을 출력하는 부분을 오른쪽과 같이 바꾼 뒤 업로드해보자.

시리얼 모니터나 터미널에 아래와 유사한 결과가 출력될 것이다.

```
.,P,,
(,F,,
(,A,,
),I,,
```

```
  // 센서의 값을 출력하기:
  Serial.write(leftValue);
  Serial.write(44);
  Serial.write(rightValue);
  Serial.write(44);
  Serial.write(reset);
  Serial.write(44);
  // 마지막 센서의 마지막 값은 println() 함수로 출력해서 행마다 4개의 센서 값이 출력되도록 함
  Serial.write(10);
  Serial.write(13);
  Serial.write(serve);
}
```

⚠️ 다음 절에서는 아두이노의 데이터를 해석하는 프로세싱 프로그램을 작성한다. 하지만 다음 절로 이동하기 전에 위의 아두이노 코드는 원래의 코드로 되돌려 놓아야 한다.

왜 이렇게 출력될까? 원래의 코드에서는 Serial. print() 명령을 사용했다. print() 명령어는 센서의 값을 ASCII 코드의 값으로 출력한다. 그에 비해 Serial. write()로 수정한 코드는 센서의 값을 바이너리 값으로 출력한다. 시리얼 모니터와 시리얼 터미널 응용프로그램들은 수신하는 모든 바이트를 ASCII 값으로 간주한다. 따라서 두 번째 예제의 경우 수신하는 바이너리 값에 상응하는 ASCII 값을 출력했다. 예를 들어, 13과 10은 각각 ASCII의 복귀(return)와 개행(newline) 문자에 해당한다. 44는 ASCII의 쉼표에 해당한다. 수정한 예제에서는 센서 값의 사이사이에 이러한 바이트들을 전송하고 있다. 한편, 화면에 출력된 수수께끼 글자들은 센서 변수(leftValue, rightValue, reset, serve) 때문에 발생했다. 수정한 예제에서 출력된 결과를 보면 3번째 줄에서 두 번째 센서 값이 출력되는 자리에 'A'라는 글자가 보인다. 이는 센서의 값이 65일 때 시리얼 모니터가 이에 해당하는 ASCII 값인 'A'를 출력하기 때문이다. 각각의 글자에 상응하는 완전한 ASCII 표를 확인하려면 www.asciitable.com을 방문하도록 한다.

그렇다면 바이너리와 ASCII 중 어떤 형식으로 센서의 값을 전송해야 할까? 이를 결정하기 위해서는 데이터를 수신하는 시스템과 송신하는 시스템의 특성을 모두 고려해야 한다. 개인 컴퓨터에서 프로그램을 작성할 경우에는 바이너리 값을 해석하는 소프트웨어가 더 나을 수도 있다. 하지만 이 책에서는 ASCII에 기반하는 네트워크 프로토콜을 다수 다루게 된다. 나아가 ASCII는 사람이 알아보기도 쉽기 때문에 데이터를 ASCII 방식으로 전송하도록 구성하는 편이 더 용이할 것이다. 몬스키 풍에서는 ASCII 방식(원래의 예제)을 사용한다. 이 장의 후반부에서 왜 이 방식이 유용한지 확인할 수 있을 것이다.

만약 59페이지에서 바이너리 데이터를 출력하도록 수정한 코드를 ASCII를 출력하는 원래의 코드로 아직 되돌리지 않았다면, 반드시 ASCII 방식을 출력하도록 원래대로 되돌려 놓자. 그리고 마이크로컨트롤러가 보내는 센서의 값이 출력되는 모습을 터미널에서 확인했다면 이제 탁구 게임에서 마이크로컨트롤러의 데이터를 읽고 사용하도록 프로그램을 작성해야 한다. 게임 프로그램은 프로세싱으로 작성하며, 아두이노 보드가 연결된 호스트 컴퓨터에서 실행한다.

ASCII란 무엇인가?

ASCII는 American Symbolic Code for Information Interchange(미국 정보 교환용 표준 부호)의 약자이다. 모든 컴퓨터가 운영체제와 상관없이 텍스트 기반의 메시지를 교환할 수 있도록 1967년 미국규격협회(현재는 ANSI로 바뀜)가 제정하였다. ASCII에서는 로마자의 모든 문자, 숫자 및 구두점에 번호를 부여해 두었다. 컴퓨터는 사용자가 타이핑하는 모든 문자, 숫자, 구두점들을 수(번호)로 변환하여 전송하며 이는 다시 상대편 컴퓨터에서 문자와 숫자 등으로 재변환된다. 문자, 숫자, 구두점 외에도 줄바꿈이나 복귀(각각 ASCII의 10번, 13번) 등 페이지의 서식과 관련된 글자들도 ASCII 번호를 갖고 있다. 이러한 방식으로 텍스트뿐 아니라 텍스트가 표시되는 서식까지 함께 전송할 수 있다. 이러한 서식 관련 문자들은 제어용 문자라고 하며 ASCII의 0번부터 31번까지 32개가 지정되어 있다. 하지만, ASCII는 너무 제한적이어서

비영어권 글자들을 모두 표기할 수 없고, 제어용 문자도 부족해서 그래픽 사용자 인터페이스 시대에 걸맞은 서식을 충분히 표현할 수 없다는 문제를 안고 있다. 그에 따라 ASCII를 보다 포괄적으로 확장한 유니코드가 ASCII 대신 텍스트 교환 방식의 표준으로 자리잡게 되었고 포스트스크립트나 HTML 같은 마크업 언어들이 ASCII의 서식 문자들을 대체하고 있다. 그럼에도 원래의 ASCII 코드는 아직도 곳곳에서 유용하게 사용되고 있다.

시도해 보자

프로세싱을 실행하고 이 코드를 입력하자.

```
/*
   시리얼 문자열 판독기
   환경: 프로세싱
*/
import processing.serial.*;    // 프로세싱 시리얼 라이브러리를 불러온다

Serial myPort;                 // 시리얼 포트 객체 선언
String resultString;           // 처리한 문자열을 저장할 변수

void setup() {
  size(480, 130);              // 애플릿 창의 크기 설정
  println(Serial.list());      // 가용한 시리얼 포트를 모두 출력함

  // 시리얼 포트 목록에서 아두이노가 연결된 포트를 선택해야 한다.
  // 아두이노는 일반적으로 시리얼 목록의 첫 번째 포트로 설정되기 때문에
  // Serial.list()[0]를 개방한다.
  // 만약 아두이노가 첫 번째 포트로 설정되지 않았다면
  // 대괄호 안의 0을 해당 포트의 번호로 바꿔준다:
  String portName = Serial.list()[0];
  // 시리얼 포트를 개방한다:
  myPort = new Serial(this, portName, 9600);

  // 개행(ASCII 10) 문자가 나올 때까지 바이트를 버퍼에 저장한다:
  myPort.bufferUntil('\n');
}

void draw() {
  // 애플릿 창의 배경색 및 도형의 fill() 컬러를 설정한다:
  background(#044f6f);
  fill(#ffffff);
  // 창에 문자열을 표시한다:
  if (resultString != null) {
    text(resultString, 10, height/2);
  }
}

// 프로세싱 스케치는 시리얼 데이터를 읽어서 버퍼에 저장하다가
// bufferUntil() 함수에서 지정한 바이트 값이 들어오면
// serialEvent 함수를 자동으로 호출한다:

void serialEvent(Serial myPort) {
  // 시리얼 버퍼를 읽음:
  String inputString = myPort.readStringUntil('\n');
  // 읽어 들인 문자열에서 복귀와 개행 문자를 제거함:
  inputString = trim(inputString);
  // resultString 변수의 값을 비움:
  resultString = "";

  // 쉼표 전후로 문자열을 나누고
  // 나뉜 부분을 정수로 바꿈:
  int sensors[] = int(split(inputString, ','));
```

```
    // 처리한 값들을 문자열 변수에 추가함:
    for (int sensorNum = 0; sensorNum<sensors.length;
        sensorNum++) {
      resultString += "Sensor " + sensorNum + ": ";
      resultString += sensors[sensorNum] + "\t";
    }
    // 결과 문자열을 콘솔에 출력함:
    println(resultString);
}
```

데이터 패킷, 헤더, 페이로드, 테일

여러분은 이제 하나의 장치(원숭이 인형에 부착된 마이크로컨트롤러)에서 다른 장치(프로세싱을 실행하는 컴퓨터)로 데이터를 전송할 수 있게 되었다. 여기서 우리가 데이터를 교환하기 위해 전송한 바이트들을 어떤 순서로 배열했는지 잠깐 되돌아보자. 여러분은 아래 표와 같은 순서로 바이트들을 배열해서 센서의 값을 전송하고, 각 센서의 값은 쉼표(ASCII 값으로는 44)로 구분했다.

왼쪽 팔의 센서 (0–1023)	오른쪽 팔의 센서 (0–1023)	재설정 버튼 (0 또는 1)	서브 버튼 (0 또는 1)	복귀 문자와 개행 문자
1–4 바이트	1–4 바이트	1 바이트	1 바이트	각각 2 바이트

센서의 값을 표현하는 일련의 바이트들 사이에는 ASCII 44(쉼표) 값을 갖는 바이트가 하나씩 들어가 있다. 즉, 여러분은 새로운 프로토콜을 또 하나 만든 것이다. 여기서, 센서 값을 표현하는 바이트들과 이들을 분리하는 쉼표를 페이로드라고 하며, 복귀 문자와 개행 문자는 테일이라고 한다. 쉼표는 데이터와 데이터를 구분하는 역할을 하기 때문에 특별히 구분 문자라고도 한다. 이 데이터 프로토콜은 헤더가 없지만, 필요하다면 만들 수도 있다.

헤더란 뒤에 어떤 내용이 이어서 오는지 알려주는 일련의 바이트들이다. 헤더에는 데이터에 대한 간단한 설명이 포함되어 있을 수도 있다. 네트워크에 있는 많은 장치들은 동일한 메시지를 수신할 수도 있기 때문에 헤더에 송신자나 수신자, 혹은 둘 다의 주소가 포함되어 있을 수 있다. 그러면 어떤 장치든 헤더만 판독하고도 나머지 메시지를 읽을 필요가 있는지 없는지를 판단할 수 있다. 경우에 따라서는 메시지의 시작을 표시하는 하나의 지정된 바이트가 간단한 헤더가 될 수 있다. 이번 예제와 같이 헤더가 없을 경우, 테일이 유사한 기능을 수행해서 하나의 메시지를 다음 메시지와 구분한다.

네트워크에서는 수많은 메시지들이 쉴 틈 없이 전송된다. 구분되는 바이트들의 묶음을 패킷이라고 하며, 패킷은 헤더, 페이로드, 테일로 이루어진다. 어떤 네트워크라도 패킷의 최대 길이는 제한되어 있다. 이번 예제의 경우 패킷의 길이는 컴퓨터의 시리얼 버퍼 크기에 의해 제한된다. 프로세싱은 약 수천 바이트의 버퍼를 처리할 수 있기 때문에 우리가 전송하는 16바이트 패킷은 수월하게 처리할 수 있다. 메시지가 제한된 크기보다 길어진다면 메시지를 여러 개의 패킷으로 나누어서 전송하고, 패킷을 모두 받은 후에 메시지를 재조립해야 한다. 그럴 경우에는 헤더에 패킷의 순서를 나타내는 번호를 포함시켜서 수신자가 패킷을 재조립할 때 참고하도록 하는 방법도 있다.

프로세싱 스케치를 실행해서 작성한 코드를 확인해 보자. 우선 아두이노의 시리얼 모니터를 종료했는지 확인한다. 만약 별도의 시리얼 터미널 프로그램을 실행하고 있다면 역시 시리얼 포트를 닫았는지 확인한다. 모두 확인했다면 프로세싱을 실행한다. 콘솔과 창에 센서 값이 그림과 같이 출력될 것이다.

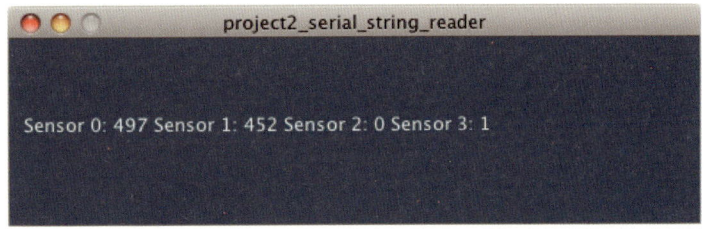

» 이제 센서의 값들을 활용해서 탁구 게임을 할 수 있도록 코드를 수정한다. 먼저, 프로세싱 스케치의 시작 부분, 즉 setup() 함수 앞에 몇 개의 변수를 추가한다. 그리고 setup()에서 창의 크기를 수정하고 일부 변수들을 초기화한다. 새로 추가하거나 수정한 코드는 파란색으로 표시했다.

주의: 이 예제에서는 라켓이 이동하는 범위와 관련된 변수들을 소수점이 있는 실수 유형으로 선언한다. 왜냐하면 정수를 나눗셈한 결과는 정수가 되기 때문이다. 예를 들어, 480/400은 1.2가 아니라 1이 된다. 마찬가지로 400/480은 0.8333이 아니라 0이 된다. 즉 비슷한 크기의 두 정수를 나눗셈하면 무의미한 결과가 나올 수 있다. 따라서 map() 함수 등과 같이 비롯 값을 구하는 함수를 사용할 때는 특히 주의해야 한다.

```
float leftPaddle, rightPaddle;      // 휠 센서 값을 저장할 변수들
int resetButton, serveButton;       // 버튼 값을 저장할 변수들
int leftPaddleX, rightPaddleX;      // 라켓의 수평 위치를 저장할 변수들
int paddleHeight = 50;              // 라켓의 길이를 저장할 변수
int paddleWidth = 10;               // 라켓의 너비를 저장할 변수

float leftMinimum = 120;            // 왼쪽 휠 센서의 최솟값
float rightMinimum = 100;           // 오른쪽 휠 센서의 최솟값
float leftMaximum = 530;            // 왼쪽 휠 센서의 최댓값
float rightMaximum = 500;           // 오른쪽 휠 센서의 최댓값

void setup() {
  size(640, 480);                   // 애플릿 창의 크기 설정

  String portName = Serial.list()[10];
  // 시리얼 포트를 개방한다:
  myPort = new Serial(this, portName, 115200);

  // 줄바꿈(ASCII 10) 문자가 나올 때까지 바이트를 버퍼에 저장한다:
  myPort.bufferUntil('\n');

  // 센서 값을 초기화함:
  leftPaddle = height/2;
  rightPaddle = height/2;
  resetButton = 0;
  serveButton = 0;

  // 라켓의 수평 위치를 초기화함:
  leftPaddleX = 50;
  rightPaddleX = width - 50;

  // 테두리 선을 제거함:
  noStroke();
}
```

» 이제 serialEvent() 함수를 다음과 같이 수정해서 시리얼 값을 센서 변수들에 할당한다.

```
void serialEvent(Serial myPort) {
  // 시리얼 버퍼를 읽음:
  String inputString = myPort.readStringUntil('\n');

  // 읽어 들인 문자열에서 복귀와 개행 문자를 제거함:
  inputString = trim(inputString);
  // resultString 변수의 값을 비움:
```

```
    resultString = "";
    // 쉼표를 전후로 문자열을 나누고 나뉜 부분들을 정수로 바꿈:
    int sensors[] = int(split(inputString, ','));
    // 센서들의 값이 모두 들어왔다면 사용함:
    if (sensors.length == 4) {
        // 휨 센서의 값을 라켓의 이동 범위에 맞게 조절함:
        leftPaddle = map(sensors[0], leftMinimum,
                         leftMaximum, 0, height);
        rightPaddle = map(sensors[1], rightMinimum,
                          rightMaximum, 0, height);

        // 스위치의 값을 각각 버튼 변수에 할당함:
        resetButton = sensors[2];
        serveButton = sensors[3];

        // 처리한 값들을 결과 문자열에 추가함:
        resultString += "left: "+ leftPaddle +
                        "\tright: " + rightPaddle;
        resultString += "\treset: "+ resetButton +
                        "\tserve: " + serveButton;
    }
}
```

» 마지막으로 라켓이 화면에 표시되도록 draw() 함수를 수정한다(새로 추가된 코드는 파란색으로 표시).

```
void draw() {
    // 애플릿 창의 배경색 및 도형의 fill() 컬러를 설정한다.
    background(#044f6f);
    fill(#ffffff);

    // 왼쪽 라켓을 그림:
    rect(leftPaddleX, leftPaddle, paddleWidth,
         paddleHeight);

    // 오른쪽 라켓을 그림:
    rect(rightPaddleX, rightPaddle, paddleWidth,
         paddleHeight);
}
```

라켓이 화면에 보이지 않으면 휨 센서를 구부려 본다. 여러분이 사용하는 센서는 원숭이에 부착된 상태와 원숭이 팔이 구부러지는 정도에 따라 변하는 값의 범위가 달라진다. map() 함수를 사용하면 센서 값의 범위를 라켓이 이동하는 범위에 맞게 변환할 수 있다. 하지만 먼저 센서 값의 유효 범위를 확인해야 한다. 이는 매우 정교한 작업이기 때문에 센서를 최종적으로 고정할 위치에 견고하게 부착한다. 그러지 않으면 센서의 유효 범위가 달라질 수 있다.

센서를 인형의 팔에 최종적으로 고정한 후에는 프로세싱 프로그램을 다시 실행하고 왼쪽과 오른쪽 팔을 구부리며 센서들의 값을 확인한다. 각 팔을 움직였을 때 센서의 최댓값(maximum)과 최솟값(minimum)을 기록해 두고 프로세싱 스케치의 setup() 함수에 있는 leftMinimum, leftMaximum, rightMinimum, rightMaximum 변수에 각각 할당한다. 여러분이 변수들의 값을 잘 조절했다면, 인형의 팔을 움직였을 때 라켓이 화면의 위에서 아래까지 움직이게 된다.

» 마지막으로 공을 추가한다. 공은 화면에서 좌우 대각선 방향으로 움직인다. 공이 화면의 위쪽이나 아래쪽에 닿으면 수직 이동 방향이 반대로 바뀌며 튕겨 나오고 왼쪽이나 오른쪽에 닿으면 재설정되어서 화면의 중앙으로 이동하도록 한다. 한편, 공이 라켓에 닿으면 수평 이동 방향이 반대로 바뀌며 튕겨 나온다. 스케치에서 setup() 함수 코드 앞에 새로운 변수 다섯 개를 추가하고 이러한 기능을 구현한다.

```
int ballSize = 10;          // 공의 크기
int xDirection = 1;         // 공의 수평 방향
                            // 왼쪽은 -1, 오른쪽은 1.
int yDirection = 1;         // 공의 수직 방향.
                            // 위쪽은 -1, 아래쪽은 1.
int xPos, yPos;             // 공의 수평, 수직 위치
```

» setup() 함수의 마지막 부분에는 공의 위치를 화면의 중앙으로 초기화하는 코드를 추가한다.

```
// 공의 위치를 화면의 중앙으로 초기화함:
xPos = width/2;
yPos = height/2;
```

» 프로그램의 마지막 부분에 함수를 두 개 추가한다. 하나는 animateBall()이고 다른 하나는 resetBall()이다. 이 함수들은 darw() 함수에서 호출할 것이다.

```
void animateBall() {
  // 만약 공이 왼쪽으로 이동하고 있다면:
  if (xDirection< 0) {
    // 만약 공이 왼쪽 라켓보다 더 왼쪽에 있다면:
    if ((xPos<= leftPaddleX)) {
      // 만약 공이 라켓의 위쪽과 아래쪽의 사이에 있다면
      if ((leftPaddle - (paddleHeight/2) <= yPos) &&
        (yPos<= leftPaddle + (paddleHeight /2))) {
        // 수평 방향을 바꾼다:
        xDirection =-xDirection;
      }
    }
  }
  // 만약 공이 오른쪽으로 이동하고 있다면:
  else {
    // 만약 공이 오른쪽 라켓보다 더 오른쪽에 있다면:
    if ((xPos>= ( rightPaddleX + ballSize/2))) {
      // 만약 공이 라켓의 위쪽과 아래쪽의 사이에 있다면:
      if ((rightPaddle - (paddleHeight/2) <=yPos) &&
        (yPos<= rightPaddle + (paddleHeight /2))) {

        // 수평 방향을 바꾼다:
        xDirection =-xDirection;
      }
    }
  }

  // 만약 공이 화면의 왼쪽을 벗어난다면:
  if (xPos< 0) {
    resetBall();
  }
  // 만약 공이 화면의 오른쪽을 벗어난다면:
  if (xPos> width) {
    resetBall();
  }

  // 공이 화면의 위쪽과 아래쪽을 벗어나지 않도록 함:
  if ((yPos - ballSize/2 <= 0) || (yPos +ballSize/2
     >=height)) {
    // 공의 y축 이동 방향을 바꿈:
    yDirection = -yDirection;
```

```
    }
    // 공의 위치를 업데이트함:
    xPos = xPos + xDirection;
    yPos = yPos + yDirection;

    // 화면에 공을 그림:
    rect(xPos, yPos, ballSize, ballSize);
}

void resetBall() {
    // 공의 위치를 화면의 중앙으로 옮김
    xPos = width/2;
    yPos = height/2;
}
```

» 공을 움직이기 전에 먼저 재설정 버튼 및 서브 버튼과 관련된 코드를 작성한다. 다시 스케치의 앞부분(setup() 함수 앞에 변수들을 선언한 부분)으로 가서 공이 움직이고 있는지 추적하는 변수를 추가한다. 또한 점수를 저장하는 변수도 두 개 추가한다.

```
boolean ballInMotion = false;   // 공이 움직이고 있는지 추적하는 변수
int leftScore = 0;              // 왼쪽 라켓의 점수
int rightScore = 0;             // 오른쪽 라켓의 점수
```

» 이제 공이 움직이도록 코드를 추가한다. 공은 서브를 넣어야만 움직인다. 코드는 draw() 함수의 마지막 부분에 추가한다. 첫 번째 if() 구문은 ballInMotion 변수가 참일 경우 공의 움직임이 화면에 그려지도록 한다. 두 번째 if() 구문은 서브 버튼을 누르면 ballInMotion 변수에 참의 값을 할당하여 공의 움직임이 시작되도록 한다. 세 번째 if() 구문에서는 재설정 버튼을 누르면 공의 위치를 화면의 중앙으로 재설정하고 점수도 재설정한다.

```
// 공의 위치를 계산해서 화면에 공을 그림:
if (ballInMotion == true) {
    animateBall();
}

// 서브 버튼을 누르면 공의 움직임을 시작함:
if (serveButton == 1) {
    ballInMotion = true;
}

// 재설정 버튼을 누르면 점수를 재설정하고
// 공의 움직임을 시작한다:
if (resetButton == 1) {
    leftScore = 0;
    rightScore = 0;
    ballInMotion = true;
}
```

» animateBall() 함수를 수정해서 공이 화면의 왼쪽이나 오른쪽을 벗어나면 점수에 반영되도록 한다. 새로 추가한 코드는 파란색으로 표시했다.

```
// 만약 공이 화면의 왼쪽을 벗어난다면:
if (xPos< 0) {
    rightScore++;
    resetBall();
}

// 만약 공이 화면의 오른쪽을 벗어난다면:
if (xPos> width) {
    leftScore++;
    resetBall();
}
```

» 화면에 점수를 표시할 수 있도록 setup() 함수 앞에 새로운 전역 변수를 하나 추가한다.

```
int fontSize = 36;        // 텍스트의 폰트 크기
```

» 폰트를 초기화하는 코드를 setup() 함수 끝부분에 추가한다.

```
// 시스템에서 사용 가능한 세 번째 폰트를 선택하여 새로운 폰트를 생성한다:
PFont myFont = createFont(PFont.list()[2], fontSize);
textFont(myFont);
```

» 마지막으로, 점수를 화면에 표시하는 코드를 draw() 함수 마지막 부분에 추가한다.

```
// 점수를 출력함:
text(leftScore, fontSize, fontSize);
text(rightScore, width-fontSize, fontSize);
```

이제 몬스키 퐁을 완성했으니 게임을 할 수 있다! 그림 2-14는 게임이 진행되고 있는 화면을 보여준다. 원숭이 인형을 하나 더 준비해서 두 인형의 팔에 센서를 하나씩 부착한 뒤 친구와 함께 게임을 한다면 더욱 재미있을 것이다.

그림 2-14 완성된 몬스키 퐁의 프로세싱 스케치

흐름 제어

게임을 하다 보면 몬스키 인형의 팔을 움직여도 라켓이 바로 움직이지 않는 경우가 있다. 때로는 라켓이 몇 분의 1초 정도 움직이지 않을 때도 있고, 때로는 한참 전의 움직임을 따라오는 것 같은 경우도 있다. 이러한 현상은 두 기기가 비동기식 방식으로 통신하기 때문에 발생한다.

컴퓨터와 아두이노의 데이터 전송 속도가 같더라도 수신자 컴퓨터의 프로그램이 데이터를 처리하는 속도와 아두이노가 비트들을 전송하는 주기는 얼마든지 다를 수 있다. 컴퓨터가 수신하는 비트들은 전담 하드웨어 회로에 의해 별도로 추적, 관리되며, 관련 프로그램이 비트들을 사용할 준비가 될 때까지 시리얼 버퍼라고 하는 메모리 버퍼에 저장된다. 대개의 경우 컴퓨터는 각 시리얼 포트마다 수천 바이트의 버퍼를 할당해 두고 있다. 한편 비트들을 사용하는 프로그램(이전 예제의 경우는 프로세싱)은 화면을 새로 그리고, 수학 연산을 수행하는 등 여러 가지 작업을, 운영체제의 관리하에 다른 프로그램들과 시스템의 처리 시간을 나누어 사용하며 수행한다. 이 때문에 프로그램이 버퍼에서 바이트를 꺼내서 사용하는 속도가 바이트들이 수신되어 누적되는 속도보다 더 느릴 수도 있다.

두 장치 사이에 발생하는 이러한 통신 지연 문제를 완화하기 위해서는 통신 규칙을 살짝 바꾸어야 한다. 즉, 프로세싱은 데이터가 필요할 때만 마이크로컨트롤러에 데이터를 요청하고 마이크로컨트롤러는 데이터 요청을 받을 때만 데이터 패킷을 전송하도록 둘 사이의 협조 관계를 강화해야 한다.

» 협조 관계를 강화할 수 있도록 이전에 작성한 아두이노 스케치를 수정하자. 수정할 스케치는 '프로젝트 2: 몬스키 퐁'에서 작성했던 '센서 값을 읽는 스케치'이다. 스케치의 setup() 함수 마지막 부분에 다음 코드를 추가하면 아두이노는 프로세싱이 응답할 때까지 시리얼 메시지를 전송한다.

```
while (Serial.available()<=0){
  Serial.println("hello");     // 시작 메시지 전송
}
```

» 이제 아두이노의 loop() 함수에 있는 모든 코드를 다음과 같이 if() 구문으로 감싼다(새로 추가한 코드들은 파란색으로 표시). 아두이노 스케치를 모두 수정했다면, 다음 단계에서는 프로세싱의 '몬스키 퐁' 스케치에 코드를 추가한다.

```
void loop() {
  // 시리얼 버퍼에
  // 수신된 바이트가 있는지 확인함:
  if (Serial.available() > 0)    {
    // 시리얼 버퍼를 읽음;
    // 수신되는 바이트가 있다면
    // 바이트의 값은 무엇이든 상관없다.
    int inByte = Serial.read();
    // 기존의 코드는 여기에 남겨둔다
    // ...
  }
}
```

» 프로세싱 스케치의 serialEvent() 함수 마지막 부분에 다음과 같이 코드를 추가한다(새로운 코드는 파란색으로 표시).

```
void serialEvent(Serial myPort) {
  // 기존의 코드는 여기에 남겨둔다
  myPort.write('\r');  // 복귀 문자를 전송함
}
```

이제 라켓이 훨씬 부드럽게 움직일 것이다. 수정한 내용을 정리해 보자. 여러분은 마이크로컨트롤러가 프로세싱으로부터 시리얼 데이터를 수신하기 전까지 "hello"라는 문자열을 전송하도록 프로그램을 수정했다. 마이크로컨트롤러는 시리얼 데이터를 수신해야 메인 루프에 진입할 수 있다. 메인 루프에 진입

하면 시리얼 버퍼의 바이트를 읽은 뒤 센서들의 데이터를 한 번 전송한다. 그럼 다음 아두이노는 다시 프로세싱으로부터 데이터가 도착할 때까지 기다린다. 아무런 데이터도 도착하지 않으면 센서의 값을 전송하지 않는다.

한편 프로세싱은 실행된 이후 데이터가 수신될 때까지 기다리다가 개행 문자가 들어오면 serialEvent()를 호출해서 문자열을 읽고, 문자열에서 쉼표를 찾아내서 각각의 센서 값을 추출한다. 만약 데이터에 쉼표가 없다면, 즉 "hello"가 들어오고 있다면, 프로세싱은 아무런 조치도 취하지 않는다. 여기까지는 이전에 작성한 스케치와 동일하다.

프로세싱에서 달라진 점은 serialEvent()에서 센서의 값을 추출한 뒤 마이크로컨트롤러에 줄바꿈 바이트를 송신하도록 수정한 부분이다. 마이크로컨트롤러는 프로세싱이 보내는 줄바꿈 바이트를 수신하면 센서 데이터 패킷을 전송하고, 프로세싱은 데이터 패킷을 읽은 뒤 다시 바이트를 전송한다. 이 교환 과정은 지속적으로 반복되어서, 프로세싱 측에 시리얼 버퍼가 과도하게 누적되는 것을 예방하고 언제나 최신 센서 값이 수신되도록 한다.

마이크로컨트롤러가 수신하는 줄바꿈 바이트는 단지 프로세싱이 새로운 데이터를 수신할 준비가 되어 있다고 마이크로컨트롤러에 알려주는 신호일 뿐이므로 어떤 바이트라도 상관없다. 마찬가지로, 마이크로컨트롤러가 프로세싱에 전송하는 "hello"라는 문자열도 프로세싱이 데이터를 전송하도록 유도하는 역할만 할 뿐이기 때문에 프로세싱은 "hello"에서 센서의 값을 추출하지 않는다. 이와 같이 데이터의 흐름을 제어하는 방식을 핸드셰이크(handshake), 혹은 응답확인(call-and-response) 방식이라고 한다. 데이터 패킷을 안정적으로 전송해야 할 때 매우 유용하다.

프로젝트 3

무선 몬스키 퐁

몬스키 퐁도 재미있지만 몬스키가 컴퓨터에 USB 케이블로 매어 있지 않고 무선으로 작동한다면 더욱 좋을 것이다. 이번 프로젝트에서는 마이크로컨트롤러와 컴퓨터를 연결하는 선을 제거하고 무선으로 대체한다. 모뎀과 주소라는 네트워크 개념에 대해서도 알아본다.

준비물

- 완성한 몬스키 퐁 프로젝트 1점
- 9V 배터리와 스냅 단자 1개씩
- 내경 2.1mm, 외경 5.5mm의 전원 플러그 1개
- 블루투스 메이트 모듈 1개
- 플라스틱 상자 1개

주의: 만약 컴퓨터가 블루투스를 내장하고 있지 않다면 블루투스 어댑터를 준비해야 한다. 대부분의 컴퓨터 관련 매장에서는 USB-블루투스 어댑터를 판매한다.

블루투스: 다층적 네트워크 프로토콜

블루투스 모듈은 이번 프로젝트에서 새롭게 사용하는 하드웨어다. 블루투스 모듈에는 두 개의 인터페이스가 있다. 하나는 마이크로컨트롤러와 통신하는 비동기식 시리얼 포트로서 각각 RX, TX로 표시된 핀들이다. 다른 하나는 블루투스 통신 프로토콜을 사용하는 무선 통신기이다. 즉, 블루투스 모듈은 비동기식 시리얼 포트와 블루투스를 연결하는 모뎀의 기능을 수행한다.

주의: 초기의 디지털 모뎀들은 전화선을 통해 데이터를 전송할 수 있도록 데이터 신호를 오디오 신호로 바꿨다. 이 모뎀들은 데이터를 오디오 신호로 변조(modulate)하고 다시 오디오 신호를 데이터로 복조(demodulate)했다. 지금은 이런 모뎀이 매우 희귀해졌지만, 다양한 파생 기술들은 여전히 사용되고 있다. 예를 들어 케이블 TV 신호를 인터넷 신호로 변조 및 복조하는 셋톱박스나 해양 관측을 할 때 초음파를 데이터로 변조 및 복조하는 수중 음파 탐지기는 디지털 모뎀의 파생 기술을 이용하는 일반적인 사례이다.

블루투스는 여러 층으로 이루어진 통신 프로토콜이며, 몇 가지 응용 분야에서 유선 통신을 대체하기 위해 개발되었다. 그래서 블루투스는 다시 프로파일(profile)이라는 응용 프로토콜들로 나누어진다. 가장 간단한 블루투스 장치는 시리얼 통신 방식을 사용하는 장치들로 이번 프로젝트에서 사용하는 모듈도 바로 이러한 시리얼 장치의 한 종류이다. 이러한 프로파일을 블루투스 SPP(Serial Port Profile)라고 한다. 다른 프로파일을 구현하는 블루투스 장치들도 있다. 무선 헤드셋과 같은 기기에는 오디오 헤드셋 프로파일이 적용되었고, 무선 마우스와 키보드에는 HID(Human Interface Device), 즉 휴먼 인터페이스 장치 프로파일이 적용되어 있다. 이렇게 블루투스 장치가 지원할 수 있는 프로파일이 다양하기 때문에 무선 장치들은 서비스를 발견하기 위해 SDP(Service Discovery Protocol)로 프로파일 정보를 교환한다. 프로토콜은 표준화되어서 사용자는 장치들을 연결하거나 연결을 유지하는 대부분의 세세한 과정을 건너뛰고 데이터 교환에만 집중할 수 있다. 이는 앞의 프로젝트에서 보았듯이 RS-232와 USB 사용자가 마이크로컨트롤러와 컴퓨터를 연결하는 전기적 세부 사항들 대신 바이트 전송에만 집중할 수 있는 것과 유사하다.

그림 2-16과 같이 블루투스 모듈을 몬스키 퐁 보드에 추가하자. 모듈의 그라운드와 VCC를 보드의 그라운드와 +5V에 각각 연결한다. 아두이노의 TX는 모듈의 RX에 연결하고 아두이노의 RX는 모듈의 TX에 연결한다. 배터리를 연결하면 모듈이 작동하기 시작한다.

컴퓨터와 블루투스 모듈 페어링하기

컴퓨터와 모듈을 무선으로 연결하려면 페어링(pairing), 즉 연결을 성립해야 한다. 이 작업을 하기 위해서는 컴퓨터의 블루투스 제어판을 열고 새로운 장치를 검색해야 한다.

맥 OS X 사용자는 애플 메뉴→시스템 환경설정을 열고 블루투스를 클릭한다. 블루투스가 켜져 있고 인식 가능한 상태인지 확인한 뒤 "메뉴 막대에서 Bluetooth 상태 보기"를 체크한다. 블루투스 장치 목록 하단에서 + 표시를 클릭해서 블루투스 설정 지원 창을 연다. 컴퓨터는 장치를 검색하기 시작하고 FireFly-XXX(블루투스 메이트 골드)나 RN42-XXX(실버)를 발견하게 된다. XXX는 블루투스 모듈의 일련번호이다. 만약 또 다른 블루투스 장치가 작동하고 있지 않다면 이 장치들만 발견될 것이다. 장치를 선택하고 다음 화면에서 암호 옵션을 클릭한다. 화면이 바뀌면 "특정 암호 사용"에 1234를 입력하고 "계속"을 클릭한다. 쿨텀 응용프로그램이나 아두이노의 시리얼 포트 메뉴 혹은 프로세싱의 시리얼 포트 목록 등에서 사용할 수 있는 시리얼 포트를 확인하면 FireFly-XXX-SPP 또는 RN42-XXX-SPP가 잡혀 있을 것이다.

윈도우 7 사용자의 경우 컴퓨터에 따라 서로 다른 블루투스 무선 장치가 장착되어 있을 것이다. 만약 PC에 블루투스 무선 장치가 장착되어 있지 않다면 윈도우 블루투스 스택을 지원하는 블루투스 어댑터를 장착해서 사용하면 된다. 대부분의 USB 동글은 윈도우 블루투스 스택을 지원한다. 설명서에 따라 드라이버를 설치하고 장치 표시줄에서 작은 삼각형 모양의 "숨겨진 아이콘 표시" 아이콘을 클릭한다. 그러면 그림 2-15와 같이 블루투스 장치 아이콘이 나타난다. 이 아이콘을 누르고 장치 추가를 클릭하자.

그림 2-15 윈도우의 블루투스 장치 아이콘이 숨어 있는 곳. 아이콘을 작업 표시줄에 고정하고 싶다면 '사용자 지정…'을 클릭하여 설정한다.

운영체제는 새로운 장치들을 찾아서 목록을 나열하는데, FireFly-XXX도 포함되어 있을 것이다. 여기서 XXX는 블루투스 모듈의 일련번호이다. 주변에 다른 블루투스 장치가 없다면 FireFly-XXX만 표시된다. "다음" 버튼을 클릭해서 연결 옵션 선택으로 이동한 뒤 장치의 연결 코드 입력을 클릭하고 1234를 입력한다. 이 과정을 마치면 시리얼 포트 목록에 새로운 시리얼 포트가 추가된다. 다음에 사용할 수 있도록 포트 이름을 확인하고 기록해 두자(이 책의 경우는 COM14이다).

우분투 리눅스용 블루투스 관리자 버전 1.0은 다소 제한적이기 때문에 블루맨(BlueMan)을 설치해서 사용하는 편이 더 쉽다. 우분투 소프트웨어 센터를 방문해서 블루맨을 검색하여 설치한다. 설치를 마치고 시스템 제어판을 열면 기존의 블루투스 제어판 외에 블루투스 관리자가 보일 것이다. 블루투스 관리자를 열면 주변의 장치들을 검색한 뒤 목록을 보여주는데, FireFly-XXX 또는 RN-42-XXX도 포함되어 있을 것이다. 여기서도 XXX는 블루투스 모듈의 일련번호이다. 장치의 연결 코드를 입력하라는 요청이 있으면 1234를 입력한다. 장치가 추가되고 설정을 클릭하면 시리얼 포트에 연결할지 여부를 묻는 대화창이 뜬다. '계속'을 누르면 /dev/rfcomm0과 같이 블루투스 모듈의 시리얼 포트 이름을 알려준다.

몬스키 퐁 프로그램 수정하기

컴퓨터와 블루투스 모듈의 페어링이 성공적으로 이루어지면, 마치 시리얼 포트처럼 컴퓨터에서 블루투스 모듈을 사용할 수 있다. 몬스키 퐁의 프로세싱 스케치를 실행하고 시리얼 포트의 목록을 확인하자. 여러 포트 중에 새로운 포트가 포함되어 있는 것을 볼 수 있을 것이다. 새로운 포트의 번호를 확인한 뒤에 setup() 함수에서 다음의 코드를 찾아 수정하자.

```
String portName = Serial.list()[0];
// 시리얼 포트를 개방함:
myPort = new Serial(this, portName, 9600);
```

만약, 블루투스 포트가 9번째 포트로 등록되어 있다면 코드의 첫 줄을 Serial.list()[8]로 바꿔야 한다. 그 다음에는 두 번째 줄의 데이터 전송 속도를 다음과 같이 바꾼다.

```
myPort = new Serial(this, portName, 115200);
```

 코드를 수정한 뒤 아두이노를 비롯한 어떤 시리얼 장치라도 컴퓨터에 새로 연결하거나 또는 분리했다면 포트의 수가 바뀌기 때문에 프로세싱 프로그램을 다시 실행해야 한다.

마찬가지로, 아두이노 스케치의 Serial.begin() 행도 다음과 같이 수정해야 한다.

```
Serial.begin(115200);
```

블루투스 모듈이 업로드 과정을 방해하지 않도록 아두이노에서 분리한 뒤 수정한 스케치를 업로드한다. 코드가 모두 업로드되면 다시 블루투스 모듈을

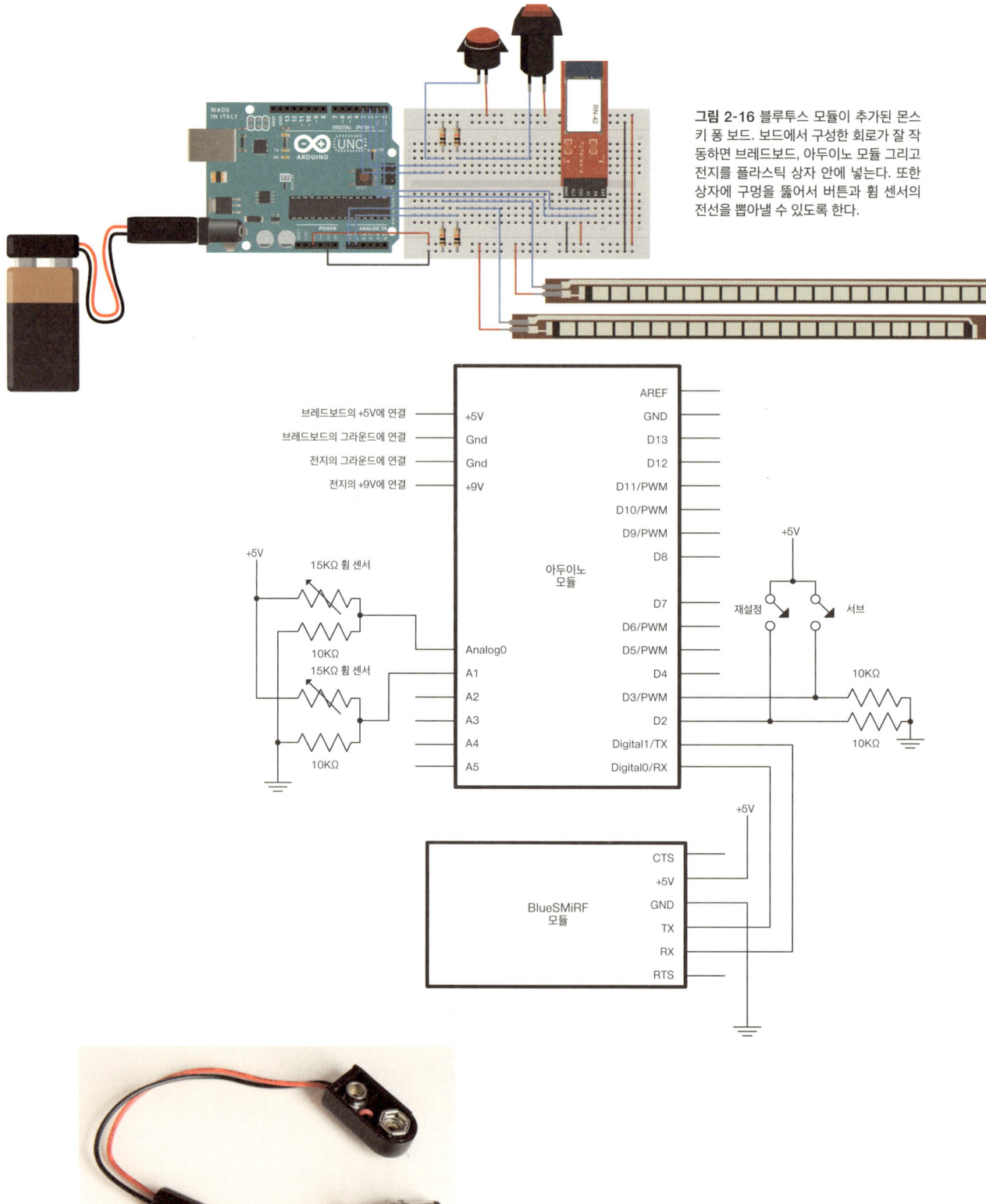

그림 2-16 블루투스 모듈이 추가된 몬스 키 퐁 보드. 보드에서 구성한 회로가 잘 작동하면 브레드보드, 아두이노 모듈 그리고 전지를 플라스틱 상자 안에 넣는다. 또한 상자에 구멍을 뚫어서 버튼과 휨 센서의 전선을 뽑아낼 수 있도록 한다.

그림 2-17 스파크 펀에서 판매하는 직류 전원 전지 연결 단자를 사용하지 않는다면 그림과 같이 연결 단자를 납땜한다.

아두이노에 연결한다. 코드의 다른 부분은 수정하지 않아도 무선으로 연결될 것이다. 이제 방의 어느 곳이라도 자유롭게 돌아다니며 몬스키로 게임을 할 수 있다. 참고로, 프로세싱 스케치가 블루투스 모듈에 연결되면 모듈에 장착된 녹색 LED가 켜진 상태로 유지된다.

만약 앞의 '흐름 제어' 절(67페이지)에서 제시한 바와 같이 아두이노와 프로세싱 코드를 수정해서 몬스키 퐁 프로그램이 응답확인 방식으로 통신하도록 하지 않았다면 무선 통신 연결에 문제가 생길 수도 있다. 연결이 되지 않으면 우선 해당 절과 같이 코드를 수정하자. 그러면 몬스키 퐁이 무선 방식으로 잘 작동할 것이다.

마무리하기: 전선을 정리하고 상자에 담자

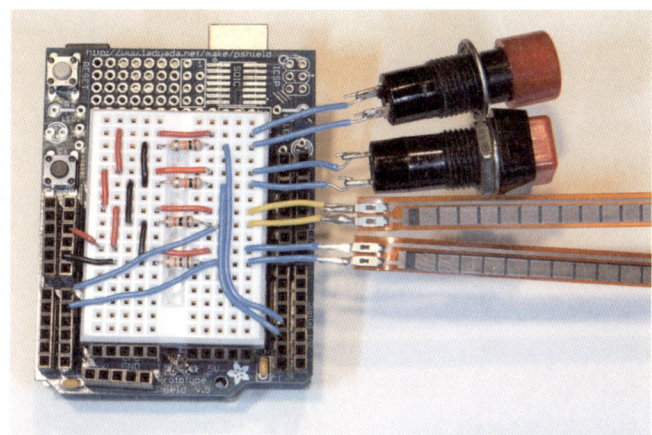

그림 2-18 몬스키 퐁을 보다 소형화하고 싶다면 그림과 같이 아두이노 프로토실드를 이용하자. 프로토실드에 구현한 회로는 그림 2-16의 회로와 동일하다. 다만 플라스틱 상자에 들어갈 수 있도록 작은 브레드보드를 사용했다.

그림 2-19 몬스키와 몬스키 퐁 제어기의 모습. 주방용 플라스틱 수납 용기에 아두이노와 브레드보드를 넣었다.

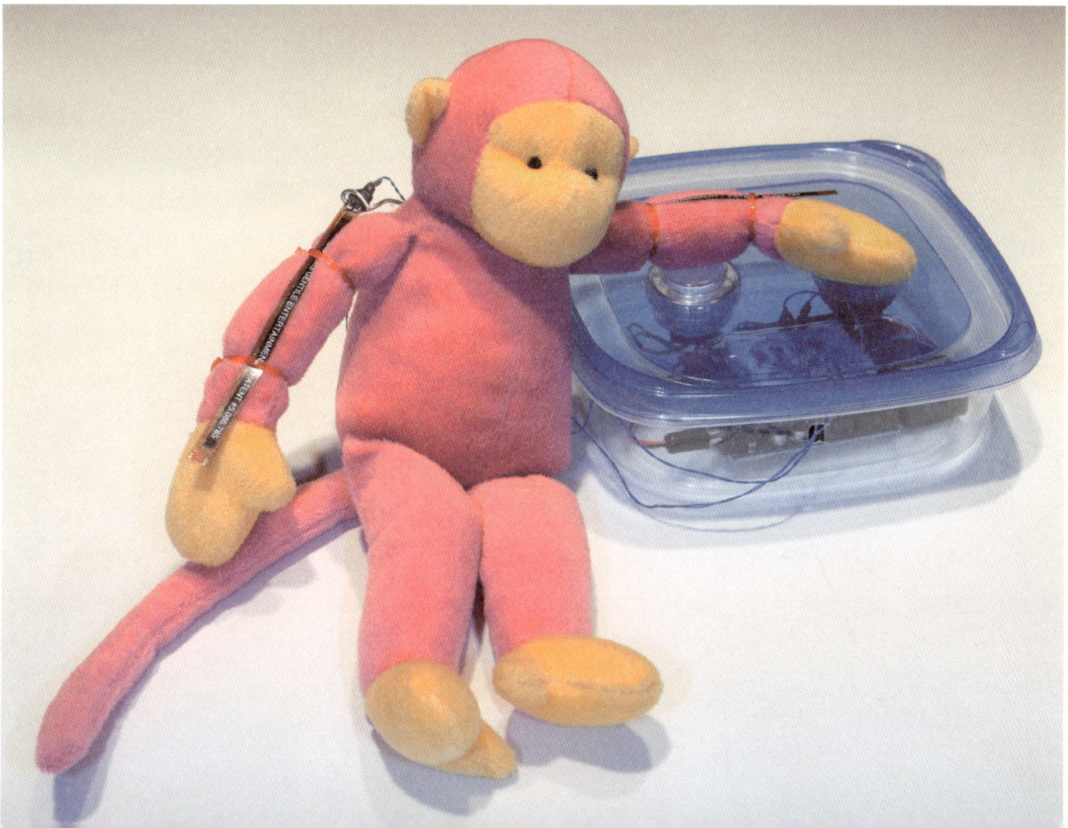

프로젝트 4
블루투스 다루기

앞서 여러분은 블루투스 모듈과 컴퓨터를 페어링하기 위해 몇 단계의 과정을 거쳐야 했다. 컴퓨터로 무선 장치들을 검색했고, 무선 장치가 제공하는 서비스를 확인했으며, 마지막으로 연결을 성립해서 페어링을 할 수 있었다. 그래픽 사용자 인터페이스에서는 이 과정을 매우 편리하게 진행할 수 있었지만 만약 장치들이 자동으로 이 과정을 진행할 수 있다면 더욱 편할 것이다. 이번 절에서는 장치들이 자동으로 연결을 성사하는 프로그램을 작성할 것이다. 그러기 위해서는 먼저 여러분이 각각의 연결 단계를 직접 성사시키며 이해해야 한다.

준비물
- 블루투스 메이트 모듈 1개
- FTDI USB-시리얼 변환기 1개

블루투스 모듈은 하나의 통신 미디어를 다른 통신 미디어로 바꾸는, 즉 유선으로 전송되는 시리얼 TTL 신호를 무선으로 전송되는 블루투스 신호로 변환하는 일종의 모뎀이다. 모뎀이란 다른 모뎀과의 연결을 성립하고, 데이터 교환을 위한 조건들을 성사시키며, 데이터를 교환한 뒤 연결을 끊도록 설계된 장치다. 모뎀은 이러한 기능을 수행하기 위해 두 가지 모드로 작동한다. 하나는 사용자가 모뎀 자체와 통신하는 명령 모드(command mode) 방식이고 다른 하나는 사용자가 모뎀을 통해 다른 장치와 통신하는 데이터 모드(data mode) 방식이다. 블루투스 모듈도 이와 같은 방식을 따르고 있다.

블루투스 모듈을 비롯하여 대다수의 통신 기기들은 일명 헤이즈 AT 명령 프로토콜에 기반한 명령어를 사용한다. 헤이즈 명령 프로토콜은 원래 전화 모뎀용으로 설계되었으며 모든 명령어는 ASCII 글자로 전송된다. 이 프로토콜을 사용하는 장치들은 모두 명령 모드와 데이터 모드로 작동할 수 있다. 블루투스 명령 프로토콜도 마찬가지다. 헤이즈 프로토콜은 데이터 모드에서 명령어 모드로 전환하기 위해 +++ 문자열을 전송한다. 이 프로토콜의 모든 명령어는 공통적인 구조를 갖고 있다. 마이크로컨트롤러나 컴퓨터와 같은 통제 장치에서 모뎀으로 전송하는 명령어는 ASCII의 문자열 AT로 시작해서 뒤에 문자나 숫자를 조합한 명령어 구조로 되어 있다. 명령어에 매개변수가 있을 경우에는 쉼표로 구분하고 값을 표기한다. ASCII의 복귀 문자가 붙으면 명령어가 마무리된다. 모뎀은 OK 메시지로 명령에 응답하며, 필요한 경우 추가적인 정보를 반환한다.

블루투스 메이트는 AT 명령어를 그대로 사용하지는 않지만 매우 유사한 프로토콜을 사용한다. 명령어는 ASCII에 기반하고 있으며, 명령 모드와 데이터 모드도 있다. 데이터 모드에서 명령 모드로 전환할 때는 $$$ 문자열을 전송한다.

명령어들은 모두 짧은 문자열로 이루어져 있으며 모뎀은 AOK로 응답한다. 명령 모드를 종료하고 다시 데이터 모드로 전환하기 위해서는 ---\r을 전송한다. \r은 ASCII 13, 즉 복귀 문자이다. 데이터 모드에서는 사용자가 모뎀으로 전송하는 모든 바이트가 그대로 무선 송출되며 무선으로 수신하는 모든 바이트는 시리얼 연결을 통해 들어온다.

블루투스 모듈 제어하기

그림 2-20과 같이 블루투스 모듈을 USB-시리얼 변환기에 연결한다. 모듈과 변환기의 핀 배치가 동일하기 때문에 데이터를 교환하려면 각각의 TX와 RX

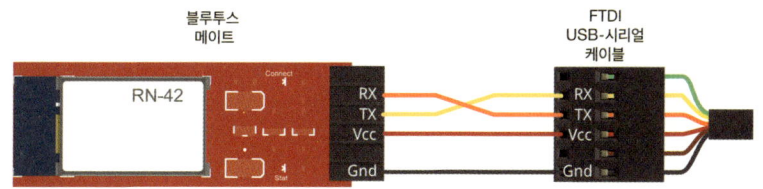

그림 2-20 FT232RL USB-시리얼 변환기에 연결된 블루투스 메이트. 블루투스 메이트는 FTDI 케이블에 딱 맞도록 설계되었기 때문에 핀의 배치가 동일하다. 따라서, 연결을 성립하려면 송신선과 수신선을 교차 연결해야 한다.

선을 서로 교차해서 연결해야 한다. 그 다음, 변환기를 컴퓨터의 USB 포트에 연결한다.

이번 프로젝트에서는 시리얼 포트 두 개를 동시에 열어야 한다. 하나는 USB-시리얼 변환기에 유선으로 연결된 블루투스 모듈의 시리얼 포트이고, 다른 하나는 무선으로 블루투스와 연결된 포트이다. 하지만 아두이노의 시리얼 모니터는 포트 두 개를 동시에 열 수 없기 때문에 두 개의 포트를 열 수 있는 별도의 시리얼 터미널 프로그램이 필요하다.

맥 OS X나 윈도우 사용자는 쿨텀 프로그램을 사용하면 된다. 우분투 리눅스 사용자들은 GNU 스크린이나 푸티를 사용한다. USB-시리얼 어댑터가 연결된 포트에 초당 전송 속도 115200비트로 연결한다.

블루투스 메이트는 전원을 인가하면 처음에는 데이터 모드로 작동한다. 명령 모드로 전환하기 위해서 다음 문자열을 전송한다.

$$$

그러면 모듈이 다음과 같이 응답한다.

CMD

이제 명령 모드에 진입했다. 모듈이 명령 모드로 작동하는지 확인하고 싶다면 언제든지 키보드의 엔터나 리턴 키를 친다. 명령 모드로 작동하고 있다면 ? 표시가 출력된다. 사용할 수 있는 모든 명령어의 목록을 출력하려면 H를 치고 엔터키를 친다. www.SparkFun.com이나 www.rovingnetworks.com을 방문하면 모든 명령어 목록을 확인할 수 있다(블루투스 메이트 골드는 로빙 네트웍스사의 RN-41 모델을 사용하고 블루투스 메이트 실버는 RN-42 모델을 사용한다. 사이트에 접속해서 해당 모델의 명령어 목록을 확인해 보자). 이 책에서는 일부 명령어만 다룬다. 아쉽게도 각각의 블루투스 모뎀 제조업체들은 자체적인 명령어를 사용하지만, 기본적으로는 이 책에서 다루는 예제와 유사한 구조를 갖고 있다.

현재 블루투스 모듈은 명령 모드 상태이다. 먼저 현재의 설정을 확인해 보자. D를 기입하고 리턴이나 엔터를 치면 다음과 같이 블루투스 기기의 설정이 출력될 것이다.

```
***Settings***
BTA=000666112233
BTName=FireFly-7256
Baudrt(SW4)=115K
Parity=None
Mode=Slav
Authen=0
Encryp=0
PinCod=1234
Bonded=0
Rem=NONE SET
```

첫 번째 줄은 블루투스 주소이다. 이 주소는 다른 장치와 연결할 때 필요하다. 블루투스 기기 제조사들은 표준 주소 할당 규정에 따라 주소를 부여하므로, 주소가 똑같은 블루투스 장치는 없다. 주소 다음에는 무선 기기의 환경 설정 내용이 출력된다. 시리얼 데이터 전송 속도(baud rate), 인증 기능 활성화 여부, 승인 코드 혹은 핀 코드 등이 환경 설정에 포함된다.

만약 시리얼 터미널 프로그램에서 여러분이 입력

하는 키를 화면에 표시하는 기능, 즉 에코 기능을 활성화하지 않았다면 타이핑하는 내용은 화면에 표시되지 않고 곧장 시리얼 포트로 전송된다. 하지만 +\r을 입력하면 블루투스 메이트는 여러분이 입력한 글자를 화면에 표시해 준다. 이 명령어는 에코 모드를 활성화 또는 비활성화한다. 에코 기능을 활성화해두면 명령어를 입력할 때 편하다.

이제 블루투스 모듈과 대화할 수 있게 되었으니 주변에서 작동하고 있는 블루투스 장치들을 찾아보자. I를 입력하면 모듈에 주변의 장치를 찾아내서 목록을 출력하도록 요청(inquiry)할 수 있다. 모듈은 잠시 블루투스 장치들을 검색한 뒤 다음과 같이 결과를 출력한다.

```
?
Inquiry, COD=0
Found 9
0010C694AFBD,,1C010C
0023125C2DBE,tigoebook,3A010C
0017F29F7A67,screen1,102104
002241CE2E79,residents,380104
002241D70127,admints Mac mini,380104
0014519266B8,ERMac,102104
002241CE7839,VideoMac05,380104
E806889B12DD,,A041C
00236CBAC2F0,Fred Mac mini,302104
Inquiry Done
```

블루투스 무선 통신기는 사전에 페어링을 하지 않는 장치들과는 시리얼 통신을 시작할 수 없다. 마찬가지로 블루투스 메이트도 사전에 컴퓨터에서 페어링을 하지 않았다면 컴퓨터와 통신을 시작할 수 없다. 이에 대해서는 6장에서 보다 상세히 다룬다.

블루투스 메이트가 검색해서 출력한 다른 블루투스 장치들의 목록을 보자. 각 행의 앞부분에는 장치 각각의 고유한 주소가 표시되어 있다. 그 다음에는 장치의 이름이 표시된다. 장치에 별도의 이름이 없다면 표시되지 않는다. 마지막으로 장치의 클래스 혹은 타입이 표시된다. 맥 미니의 클래스 번호가 동일

하게 표시됐다. 장치의 이름은 중복될 수 있지만 주소는 고유하기 때문에 블루투스 장치와 연결할 때는 언제나 주소를 이용해야 한다.

검색한 장치 중 여러분의 컴퓨터에 해당하는 대상을 선택해서 연결을 시도해 보자. 연결을 하려면 이미 블루투스 모듈과 컴퓨터가 페어링이 되어 있어야 한다. 만약 아직 페어링을 해두지 않았다면 앞의 프로젝트로 돌아가서 제시된 요령에 따라 페어링을 한다. 페어링이 되었다면 컴퓨터에서 블루투스 무선 장치와 연결된 시리얼 포트를 연다.

맥 OS X 사용자들은 터미널 프로그램에서 새 창을 하나 더 열고 Bluetooth PDA-Sync 포트에 연결한다. 통신 속도는 115200 bps로 설정한다.

윈도우 7 사용자들은 작업 표시줄에서 '숨겨진 아이콘 표시' 아이콘을 눌러서 Bluetooth 장치 아이콘이 나타나게 한다. Bluetooth 장치 아이콘을 클릭하면 메뉴가 나타나는데 여기서 설정 열기를 선택한다. Bluetooth 설정 창이 열리면 옵션 판을 선택하고 검색 항목에서 Bluetooth 장치가 이 컴퓨터를 찾을 수 있도록 허용에 체크한다. 또한 연결 항목에 있는 Bluetooth 장치가 이 컴퓨터에 연결하도록 허용에도 체크하고 확인을 누른다. 이번에는 Bluetooth 장치 아이콘을 클릭해서 Bluetooth 장치 표시를 클릭한다. 창에 블루투스 모듈이 보이면 더블 클릭해서 속성 창을 열어서 서비스 판을 선택한다. Bluetooth 서비스 항목에는 서비스와 시리얼 포트가 표시되는데, 포트의 번호를 확인한 뒤 시리얼 터미널 프로그램에서 해당 포트에 115200 bps 전송 속도로 연결한다.

우분투 리눅스 사용자의 경우 블루투스 관리자가 시리얼 포트와 블루투스 시리얼 포트 프로토콜(SPP)과의 연결을 지원하지 않기 때문에 앞의 '컴퓨터와 블루투스 모듈 페어링하기' 절에서 소개한 요령에 따라 연결을 진행한다. 페어링에 성공했다면

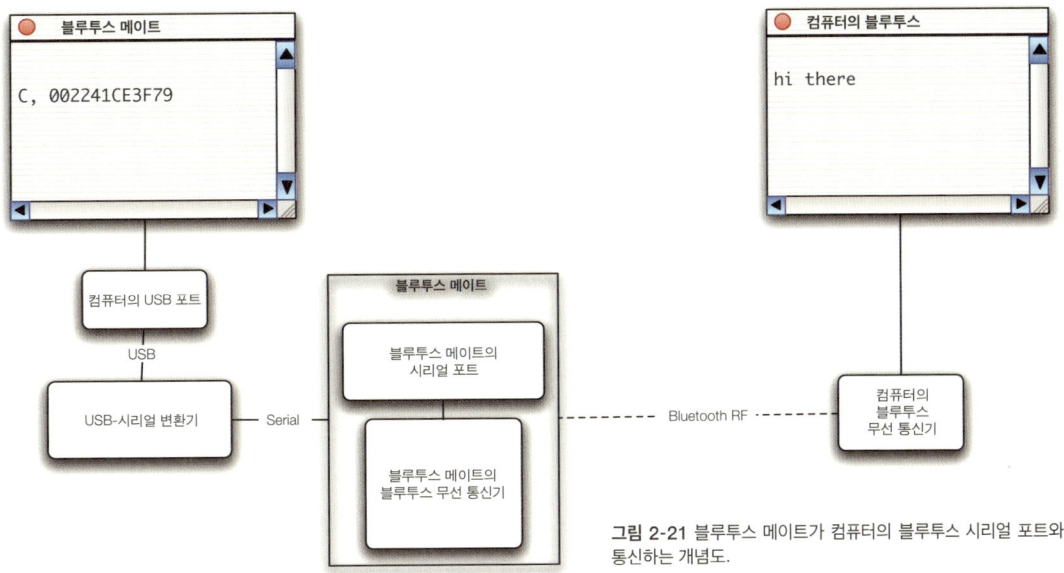

그림 2-21 블루투스 메이트가 컴퓨터의 블루투스 시리얼 포트와 통신하는 개념도.

다른 운영체제와 동일하게 블루투스 메이트에서 데이터를 송신하거나 수신하고 명령 모드와 데이터 모드를 전환하는 작업을 할 수 있다.

컴퓨터와 블루투스의 무선 시리얼 포트가 연결됐다면, 다시 블루투스 모듈과 유선으로 연결된 시리얼 포트의 터미널 창으로 돌아가서 아래와 같이 명령어를 입력한다.

C, address\r

여기서 address로 표시한 부분에는 앞서 블루투스 모듈이 검색해서 출력한 여러분의 컴퓨터 주소를 입력해야 한다. 성공적으로 연결되었다면 블루투스 메이트의 LED가 켜지고 이제 여러분이 입력하는 내용은 다른 시리얼 터미널 창에 출력될 것이다. 터미널 창을 오가며 데이터를 전송해 보자. 이왕이면 두 대의 컴퓨터를 블루투스로 연결해서 데이터를 교환하는 편이 훨씬 더 흥미로울 것이다.

여러분은 명령 모드에서 데이터 모드로 진입했기 때문에 열린 터미널 창 사이를 오가며 직접 데이터를 전송할 수 있다.

모뎀의 상태 등을 확인하기 위해 데이터 모드를 벗어나려면 아래와 같이 입력한다. 여기서 \r은 엔터 키나 리턴 키를 의미한다. 직접 \ 키나 r 키를 입력하지는 말자.

$$$\r

이전과 같이 CMD 프롬프트 메시지가 출력될 것이다. 원하는 명령어를 입력하면 그에 상응하는 응답이 출력된다. 다시 데이터 모드로 돌아가려면 다음과 같이 입력한다.

---\r

마지막으로, 다른 블루투스 장치와의 연결을 끊으려면 명령 모드에서 K,\r 을 입력한다. 다른 장치에 연결하고 싶다면 다시 명령 모드로 진입하고 이번 절의 과정을 수행하면 된다.

명령어들은 단지 텍스트 문자열이기 때문에 마이크로컨트롤러의 프로그램에서 명령어를 통해 수월하게 모듈을 제어하고, 연결을 성립하거나 끊고, 데이터를 교환하도록 할 수 있다. 또한 모든 명령어가

ASCII에 기반하기 때문에 데이터도 ASCII 모드로 교환하도록 하자. 그러면 앞에서 몬스키가 읽어 들인 센서 데이터들을 전송하기 위해 구성한 ASCII 문자열도 블루투스 모뎀에서 잘 작동할 수 있다.

결론

여러분은 이번 장의 프로젝트들을 통해 네트워크 데이터 통신에서 가장 중요한 몇몇 개념을 살펴보았다. 첫째, 데이터 통신은 물리, 전기, 논리, 데이터, 그리고 응용 계층에 기반한 규약들을 토대로 하고 있다는 점을 잊지 말아야 한다. 이 계층들을 잘 이해하면 프로젝트를 보다 수월하게 설계 및 진행할 수 있고, 당면하는 문제들을 보다 쉽게 해결할 수 있을 것이다.

두 번째로, 시리얼 데이터는 ASCII나 바이너리 값으로 전송할 수 있는데, 이 방식을 선택할 때는 연결된 장치들의 성능과 한계를 염두에 두어야 한다는 점을 기억하자. 여러분의 모뎀이나 소프트웨어 환경이 ASCII 데이터 전송에 최적화되어 있는데 바이너리 방식으로 데이터를 전송하는 것은 비효율적인 일이다.

세 번째, 프로젝트에서 교환할 메시지를 염두에 두고 데이터 프로토콜을 꼼꼼히 설계하자. 적절한 데이터 패킷을 설계해야 필요한 정보를 누락하지 않고 전송할 수 있다. 또한 신호를 보다 쉽게 읽을 수 있도록 헤더를 추가하거나, 분리자, 테일 등을 잘 배치해야 한다.

네 번째, 데이터의 흐름을 파악해서 송수신이 부드럽게 이어지도록 해야 한다. 버퍼에 과도하게 데이터가 누적되거나 또는 수신되는 데이터가 너무 적어서 흐름이 끊어지는 일이 없도록 프로그램을 작성해야 한다. 간단한 응답 확인 방식을 적용하면 데이터의 흐름을 보다 원활하게 할 수 있다.

마지막으로, 사물들을 연결하는 모뎀과 장치들에 대해 충분히 알아야 한다. 장치들의 주소에 대한 규약이나 명령 프로토콜 등을 잘 이해하면 이들의 장점과 한계점을 기획에 반영할 수 있고, 작업을 어렵게 만드는 요소들도 사전에 예방할 수 있다. 이 원칙은 동일하게 적용된다.

▶▶ <지터박스(JitterBox)> 가브리엘 바르시아-콜롬보(Gabriel Barcia-Colombo)
이 작품은 일종의 인터랙티브 비디오 주크박스로, 1940년대에 사용했던 구형 라디오를 복원해서 만들었다. 비디오로 투사되는 무용수가 음악에 반응해서 몸을 흔들고 춤추는 것이 특징이다. 관객이 라디오의 주파수를 조절하면 무용수가 흘러나오는 곡에 맞춰 움직인다. 지터박스에 장착된 퍼텐쇼미터 튜너를 돌리면 1940년대의 빈티지 곡들을 선택할 수 있다(이 튜너는 시리얼 통신을 하는 아두이노 마이크로컨트롤러에 연결되어 있다). 이 노래들과 연결된 비디오 클립은 디지털 프로젝터를 통해 재생된다. 지터박스에서 춤추는 무용수는 라이언 마이어스(Ryan Myers)이다.

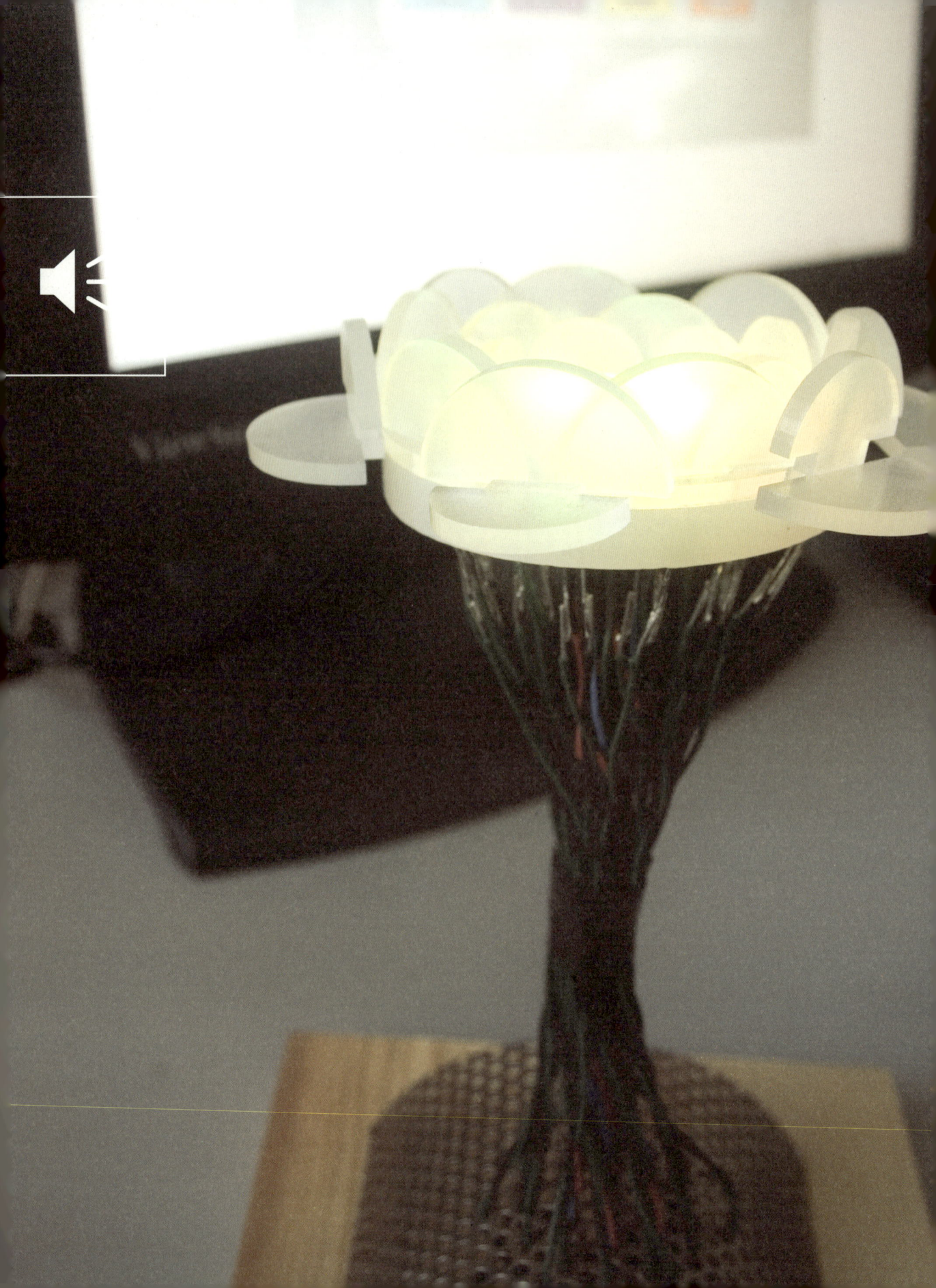

MAKE: PROJECTS   3

보다 복잡한 네트워크

네트워크 통신의 기본을 이해했다면, 이제 보다 복잡한 네트워크를 살펴볼 차례이다. 인터넷은 우리에게 가장 익숙한 데이터 네트워크일 뿐만 아니라 복잡한 네트워크의 대표적인 사례이기도 하다. 인터넷은 하나의 단일한 네트워크가 아니라 네트워크 서비스 공급자들이 소유하고 있는 각각의 네트워크들이 공통 프로토콜로 연결된 집합체이다. 이번 장에서는 인터넷의 구조, 인터넷을 묶고 유지해주는 장치와 이들 장치가 공유하는 프로토콜을 살펴볼 것이다. 여러분은 웹 브라우저나 이메일 클라이언트가 어떻게 작동하는지 직접 실습하며 알아보고 이를 활용하여 자신의 사물들을 네트워크에 연결해 볼 것이다.

<네트워크 플라워(Networked Flowers)> 도리아 팬(Doria Fan), 마우리시오 멜로(Mauricio Melo), 제이슨 카우프만(Jason Kaufman)
네트워크 플라워는 누군가에게 디지털 꽃을 전송하기 위한 개인 통신 장치이다. 각각의 꽃은 서로 다른 빛의 움직임으로 표현된다. 꽃 모양의 조각품은 네트워크에 연결되어 있다. 관객이 웹 사이트를 방문해서 빛이 애니메이션되는 방식을 선택하면 꽃에 명령이 전송되어 반영된다.

3장에서 사용하는 부품

판매점 기호

- **A** 아두이노 스토어(http://store.arduino.cc/ww/)
- **AF** 에이다프루트(http://adafruit.com)
- **D** 디지-키(www.digikey.com)
- **F** 파넬(www.farnell.com)
- **J** 자메코(http://jameco.com)
- **MS** 메이커 셰드(www.makershed.com)
- **RS** RS(www.rs-online.com)
- **RSH** 라디오셰크(www.radioshack.com)
- **SF** 스파크 펀(www.SparkFun.com)
- **SS** 씨드 스튜디오(www.seeedstudio.com)

프로젝트 5: 네트워크 고양이

» 인터링크 400 시리즈 압력 센서 2~4개 (www.interlink.com). 예제에서는 인터링크 402 모델을 사용하지만 다른 400 시리즈 모델도 괜찮다.
D 1027-1000-ND, **J** 2128260, **SF** SEN-09673

» 1k옴 저항 1개
D 1.0KQBK-ND, **J** 29663, **F** 1735061, **RS** 707-8669

» 아두이노 모듈 1개 아두이노 우노를 권장한다. 하지만 다른 아두이노 또는 아두이노 호환 보드에서도 프로젝트는 정상적으로 작동한다.
D 1050-1019-ND, **J** 2121105, **SF** DEV-09950, **A** A000046, **AF** 50, **F** 1848687, **RS** 715-4081, **SS** ARD132D2P, **MS** MKSP4

» 브레드보드 1개
D 438-1045-ND, **J** 20723 또는 20601, **SF** PRT-00137, **F** 4692810, **AF** 64, **SS** STR101C2M 또는 STR102C2M, **MS** MKKN2

» 컴퓨터 1대
» 웹카메라 1개
» 고양이 한 마리 강아지도 괜찮다.
» 고양이 매트 1장
» 고양이 매트 크기의 두꺼운 나무 판이나 종이 판 2장
» 래핑 와이어
D K445-ND, **J** 22577, **S** PRT-08031, **F** 150080

» 와이어 래핑기
J 242801, **F** 441089, **RSH** 276-1570, **S** TOL-00068

» 핀 헤더
D A26509-20-ND, **J** 103377, **S** PRT-0011, **F** 1593411

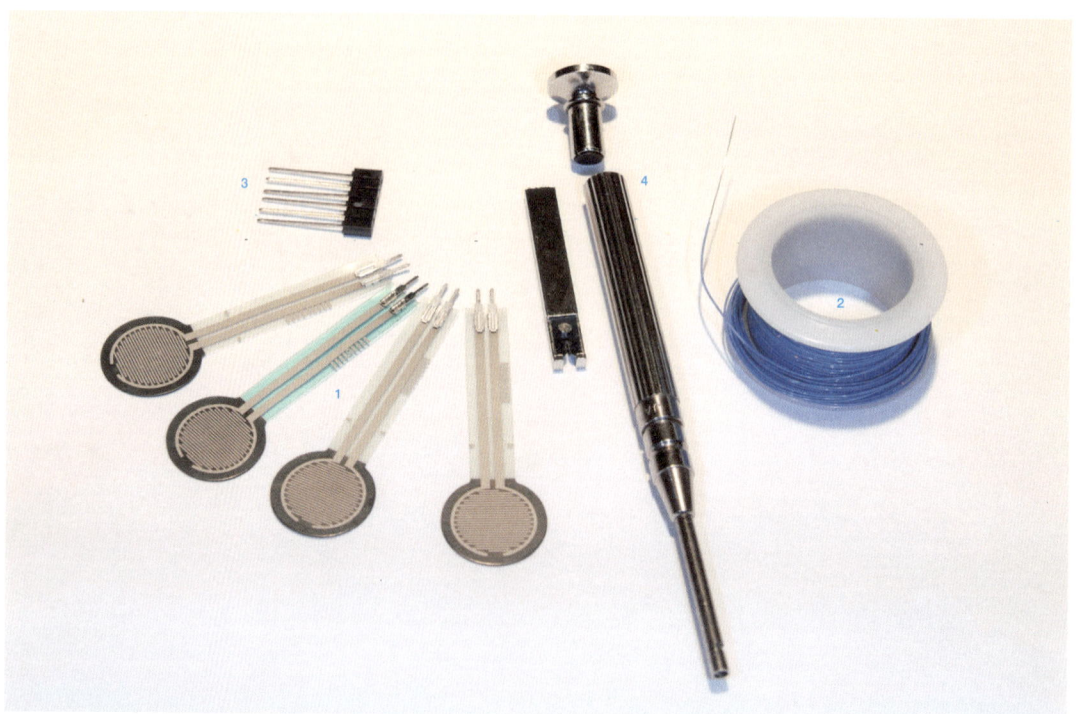

그림 3-1 이번 장에서 사용할 새로운 부품들. 1. 인터링크 402 FSR(압력 센서) 2. 30AWG 규격의 래핑 와이어 3. 와이어 래핑 핀(또는 긴 핀 헤더) 4. 새로운 도구: 와이어 래핑기. 래핑기의 손잡이 안쪽에는 왼쪽에 보이는 와이어 스트리퍼가 들어간다. 연결용 보드에 사용할 핀 헤더도 충분히 준비하자.

네트워크 지도와 주소

앞 장에서는 메시지의 흐름을 수월하게 추적할 수 있었다. 단지 두 지점, 즉 송신자와 수신자만 네트워크에 있었기 때문이다. 하지만 그 이상의 사물(3개 이상이든 300만 개 이상이든)이 연결되어 있는 네트워크라면 사물들의 연결 관계를 파악할 수 있는 지도가 필요하다. 또한 메시지를 목적지로 전송하기 위한 주소 지정 체계도 갖추어야 한다.

사물들의 연결 관계를 보여주는 네트워크 지도

메시지의 경로를 어떻게 지정하느냐에 따라 네트워크를 물리적으로 연결하는 방식도 달라진다. 가장 단순한 방식은 네트워크에 있는 각각의 사물을 다른 모든 사물들과 일일이 물리적으로 연결하는 방식이다. 그러면 메시지를 하나의 지점에서 다른 지점으로 직통으로 전송할 수 있다. 하지만 그림 3-2의 직통으로 연결된 네트워크에서 볼 수 있듯이 이 방식은 통신로의 수가 매우 급격하게 증가하고, 더군다나 쉽게 뒤엉킨다는 문제가 있다. 이에 대한 대안으로 네트워크의 중심에 중앙 제어기를 두고 이 허브를 통해 모든 메시지를 전달하는 별 모양 네트워크 방식을 생각해 볼 수 있다. 이 방식은 허브가 제 기능을 수행할 수 있는 범위 내에서는 만족스럽게 작동한다. 하지만, 연결되는 사물이 늘어날수록 중앙의 허브는 모든 메시지를 더욱 빠르게 처리해야 한다. 여기에는 한계가 있다. 세 번째로는 마치 고리처럼 사물을 줄줄이 연결하는 방식, 즉 데이지 체인 방식이 있다. 이 방식을 사용하면 통신로의 수가 줄고 또한 모든 메시지는 목적지에 도달할 수 있는 두 개의 경로를 확보하게 된다. 하지만 메시지를 고리 건너 반대편에 있는 가장 먼 지점으로 전달할 때는 너무 시간이 오래 걸린다는 단점이 있다.

실질적으로 인터넷에는 그림 3-3과 같이 다중 계층을 이루고 있는 별 모양의 네트워크 모델이 가장 적합하다. 그림에서 옅은 색 동그라미로 표시된 연결장치에는 몇 개의 사물만 연결되어 있고 각각의 연결장치는 보다 진한 색 동그라미로 표시된 중앙의 연결장치에 연결되어 있다. 중앙의 연결장치들은 하나 이상의 다른 연결장치와 연결될 수 있다. 그 덕분에 메시지가 한 지점에서 다른 지점으로 이동할 때 몇 개의 다른 경로를 선택적으로 이용할 수 있다. 이 시스템은 중앙 연결장치가 다중으로 연결되어 있어서 통신로에 여유가 있는 한편 모든 사물들을 다

그림 3-2
세 가지 유형의 네트워크: 모든 요소를 직접 연결하는 방식, 별 모양 네트워크, 고리 네트워크.

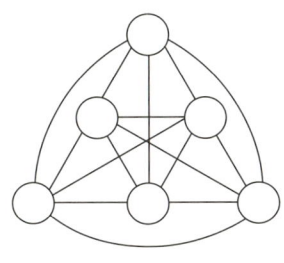

직통으로 연결된 네트워크

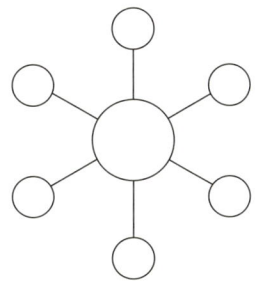

별 모양 네트워크

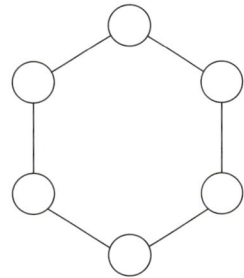

고리 모양 네트워크

3장 보다 복잡한 네트워크

른 사물과 직통으로 연결하는 방식과는 다르게 통신로가 엉키는 문제도 피할 수 있다.

중앙의 연결장치들은 하나가 망가지더라도 다른 경로로 메시지를 우회시킬 수 있다. 하지만 외곽의 연결장치들에는 약점이 있다. 외곽의 연결장치가 망가지면 그것과 연결된 사물들이 네트워크에 접속할 수 없고 메시지도 이동할 수 없기 때문이다. 외곽의 연결장치에 연결된 사물의 수가 많지 않다면 전체 네트워크에 미치는 영향은 미미할 수 있다. 비록 연결이 끊긴 당사자의 입장에서는 미미한 문제가 아니겠지만, 나머지 네트워크는 정상을 유지하고 있기 때문에 문제가 있는 연결장치만 다시 작동시키면 네트워크에 재접속할 수 있다.

만약 여러분이 고려하는 네트워크가 인터넷이라면 다중계층 모델을 믿고 사용해도 된다. 하지만 여러분이 자체적으로 네트워크를 구축할 생각이라면 앞에서 언급한 네트워크 방식들을 잘 비교해서 적절한 방식을 선택해야 한다. 작은 네트워크라면 그

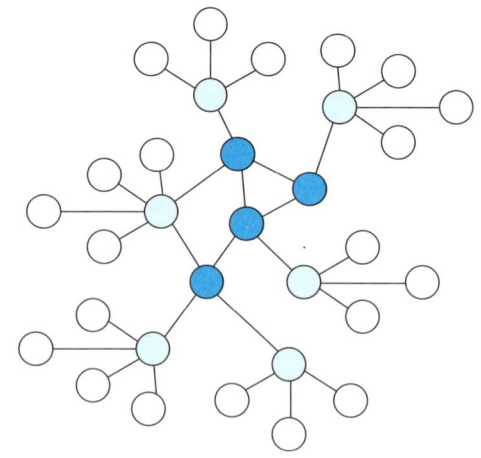

그림 3-3 복잡한 다중계층 네트워크.

림 3-2에서 소개한 방식 중 하나를 선택해도 문제 없이 잘 작동하며 수고도 줄일 수 있다. 책을 읽다 보면 관련 예제들을 발견할 수 있을 것이다. 이번 장에서 여러분은 인터넷을 자신의 기반 네트워크로 선택해서 다중계층 방식을 다루게 될 것이다.

모뎀, 허브, 스위치, 라우터

다양한 장치가 그림 3-3에서 본 연결장치의 역할을 수행한다. 모뎀, 허브, 스위치, 라우터 등은 가장 흔하게 사용되는 인터넷의 연결장치들이다. 네트워크 환경에 따라 다소 차이는 있겠지만 여러분도 이미 가정이나 직장에서 몇몇 연결장치를 사용하고 있을 것이다. 각각의 장치는 다음과 같이 구분하여 정의할 수 있다.

모뎀은 특정 유형의 신호를 다른 유형의 신호로 전환하는 장치이며, 하나의 사물을 다른 사물과 연결한다. 흔히 볼 수 있는 예가 케이블 TV의 셋톱박스나 DSL 모뎀이다. 이 장치들은 가정의 컴퓨터 또는 네트워크가 전송하는 디지털 신호를 전화선이나 케이블 TV 선으로 전송할 수 있는 신호로 변환해서 통신선 너머의 상대편 모뎀에 전달한다. 상대편 모뎀은 여러분에게 인터넷 서비스를 제공하는 업체의 네트워크에 연결되어 있다. 이러한 관점에서 보면 2장에서 다룬 블루투스 무선 장치도 전기 신호를 무선 신호로 전환하므로 모뎀이라고 할 수 있다.

허브는 여러 장치들로부터 들어오는 데이터 신호를 다중화하여 망에 연결된 다른 장치들에 전달한다. 하지만 메시지를 양방향으로 전달하기만 할 뿐 특정 수신자를 지정하여 전달하지는 않는다. 따라서 허브에 연결된 모든 장치들은 허브를 통과하는 모든 메시지를 수신하게 되며 필요한 메시지를 걸러내는 일은 각각의 장치가 알아서 해야 한다. 허브는 비용이 저

렴하고 편리하지만 통신량을 관리하지는 못한다.

스위치는 허브와 유사하지만 연결되어 있는 사물들의 주소를 파악할 수 있다. 덕분에 오가는 메시지들을 해당 주소로만 전달할 수 있다. 스위치에 연결된 사물들은 자기 주소로 전달되지 않는 메시지는 볼 수 없다.

모뎀과 허브 그리고 스위치는 케이블이나 DSL 모뎀과는 다르게 일반적으로 네트워크상에서 자신의 주소를 갖지 않는다. 따라서 다른 장치들에게 보이지도 않는다. 하지만 **라우터**는 네트워크상의 다른 장치들이 볼 수 있다. 자신의 주소를 갖고 있을 뿐만 아니라 연결된 사물들을 네트워크에서 가릴 수도 있다. 또한 라우터에 연결된 사물들 사이에서만 유효한 사설 주소를 할당할 수도 있으며 마치 라우터 자체에서 전송하듯이 메시지를 전송할 수도 있다. 나아가 IP 주소가 없는 사물들이 연결되면 IP 주소를 할당하기도 한다.

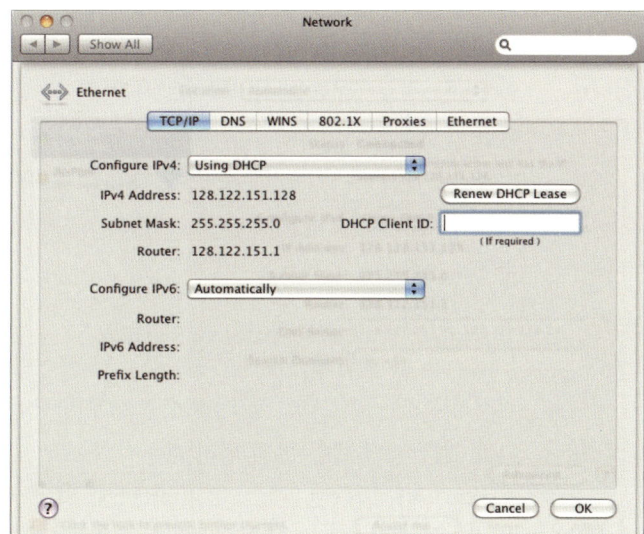 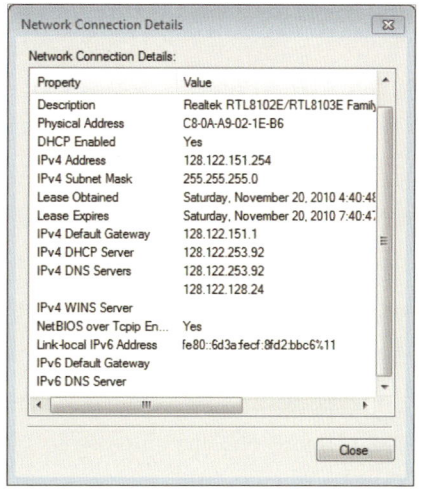

그림 3-4 맥 OS X(왼쪽)와 윈도우의 네트워크 설정 패널.

하드웨어 주소와 네트워크 주소

모든 사물들이 서로 직통으로 연결된 단순한 네트워크 모형이든, 다중 계층으로 이루어진 복잡한 네트워크 모형이든, 또는 그 중간의 어떤 모형이든 하나의 지점에서 다른 지점으로 메시지를 전달하기 위해서는 주소를 지정하는 체계(addressing)가 필요하다. 더군다나 여러분이 자체적인 네트워크를 아예 처음부터 새로 구축하고 있다면 자신만의 주소 지정 체계도 새로 만들어내야 한다. 하지만 이 책의 예제에서는 기존의 네트워크 기술과 주소 지정 체계를 활용하기로 한다. 예를 들어 2장에서 블루투스 무선 장치를 사용할 때 기존에 통용되는 블루투스 프로토콜 주소 지정 체계를 사용했다. 인터넷 장치들을 연결하려면 IP, 즉 인터넷 프로토콜 주소 지정 체계를 사용해야 한다. 또한 인터넷에 접속하는 대부분의 장치들은 이더넷 프로토콜도 사용하기 때문에 여러분은 이더넷 주소 지정 프로토콜도 사용하게 된다. 한편 다른 네트워크로 옮기면 장치의 IP

주소는 바뀔 수 있지만 장치의 하드웨어 주소, 또는 MAC 주소라고 하는 매체 접근 제어 주소는 장치의 메모리에 새겨져 있기 때문에 바뀌지 않는다. MAC 주소는 제조업체가 부여한 고유한 식별 번호로서 다른 이더넷 장치들과 중복되지 않는다. 물론 와이파이 어댑터도 하드웨어 주소를 갖고 있다.

컴퓨터의 IP 주소와 하드웨어 주소에 대해서는 이미 들어봤을 것이다. 맥 OS X 사용자들은 애플 메뉴 → 시스템 환경 설정 → 네트워크를 클릭하면 네트워크 제어판을 열 수 있다. 이곳에서 인터넷에 연결할 수 있는 네트워크 인터페이스를 비롯하여 컴퓨터에서 사용할 수 있는 모든 네트워크 인터페이스를 확인할 수 있다. 아마도 여러분의 컴퓨터에는 이더넷 인터페이스와 에어포트 인터페이스가 기본적으로 장착되어 있을 것이다. 컴퓨터에 장착된 이더넷과 에어포트 인터페이스는 둘 다 하드웨어 주소를 갖고 있으며 둘 중 하나를 선택하면 하드웨어 주소를 확인할 수 있다. '고급…' 버튼을 클릭하면 하드웨어 탭과 TCP/IP 탭으로 이동할 수 있다. 이더넷 탭에서는 하드웨어 주소를 확인할 수 있고 컴퓨터가 이더넷에 연결되어 있다면 TCP/IP 탭에서 컴퓨터의 IP 주소를 확인할 수 있다.

윈도우 7 사용자는 시작 메뉴 → 제어판으로 들어가 네트워크 및 인터넷 → 네트워크 및 공유 센터로 이동한다. 창의 왼쪽 상단에서 어댑터 설정 변경을 클릭하면 네트워크 장치들을 볼 수 있는데, 이더넷을 사용하고 있다면 로컬 영역 연결을 더블 클릭하고, 와이파이 연결을 사용하고 있다면 무선 네트워크 연결을 더블 클릭한다. 새로 열리는 연결 상태 창에서 '자세히…' 버튼을 누르면 세부 정보를 표시하는 창이 열리고 IP 설정과 하드웨어 주소를 확인할 수 있다.

우분투 리눅스 사용자는 System Menu를 클릭해서 Preference → Network Connections로 이동한다. 네트워크 인터페이스 목록이 보이면 Edit를 클릭해서 세부적인 내용을 확인한다.

그림 3-4는 맥 OS X와 윈도우의 네트워크 연결 설정 창을 보여준다. 어떤 플랫폼을 사용하든지 하드웨어 주소와 인터넷 주소는 다음과 같은 형식을 취한다.

- 하드웨어 주소는 다음과 같이 16진수의 숫자 6개로 표시한다: 00:11:24:9b:f3:70
- IP 주소는 다음과 같이 10진수의 숫자 4개로 표시한다: 192.168.1.20

일부 네트워크에서는 메시지를 송신하거나 수신할 때 IP 주소를 알아야 하고, 하드웨어 주소를 알아야 IP 주소를 얻을 수 있는 경우도 있다. 따라서 새로운 프로젝트를 시작할 때는 사용할 장치들의 하드웨어 주소와 IP 주소를 적어두자.

거리, 도시, 도, 국가: IP 주소의 구조

지리적 주소는 구체적인 것(거리의 주소)부터 광범위한 것(국가의 이름)까지 여러 계층적 구조로 이루어져 있다. 인터넷 프로토콜(IP) 주소도 지리적 주소와 마찬가지로 여러 계층적 구조를 가진다. 가장 구체적인 부분은 맨 오른쪽에 있는 마지막 숫자인데 이는 컴퓨터 자체의 주소를 의미한다. 그 왼쪽에 있는 세 개의 숫자는 컴퓨터가 소속된 서브넷의 주소이다. 여러분의 라우터와 컴퓨터는 동일한 서브넷에 소속되어 있기 때문에 마지막 네 번째 숫자를 제외하면 주소가 같다. IP 주소의 숫자들은 8비트로 이루어진 배열, 즉 옥텟(octet)이라고 하며, 각각의 옥텟은 지리적 주소의 계층들에 상응한다. 만약 어떤 장치(컴퓨터)의 주소가 217.123.152.20이라면, 이 장치가 연결된 라우터의 주소는 통상 217.123.152.1이 된다.

각각의 옥텟은 0부터 255까지의 값을 취하는데 관습적으로 일부 숫자들은 특수한 목적을 위해 예약되어 있다. 예를 들어, 라우터의 주소는 통상적으로 xxx.xxx.xxx.1이다. 서브넷은 217.123.152.xxx 와 같이 주소의 범위로 표현하곤 한다. 때로는 하나의 라우터가 각각의 지역 라우터에 연결된 보다 큰 서브넷이나 서브넷들의 그룹을 관리할 때가 있다. 이때는 통상 라우터가 217.123.1.1과 같은 주소를 가진다.

각각의 라우터에는 일정한 수의 장치를 연결할 수 있으며 라우터는 연결된 장치들에 대한 접속을 제어한다. 제어하는 장치의 수는 서브넷 마스크에 표시되어 있다. 여러분은 아마 컴퓨터에서 서브넷 마스크를 설정하거나 보았을 것이다. 전형적인 서브넷 마스크는 255.255.255.0이다.

서브넷 마스크의 마지막 옥텟을 보면 서브넷에 연결할 수 있는 장치의 수를 알 수 있다. 서브넷을 비트로 환산해서 계산해 보자. 4바이트는 32비트이다. 서브넷에서 비트를 빼는 만큼 연결할 수 있는 장치의 수는 늘어난다. 기본적으로는 서브넷의 최댓값인 255.255.255.255에서 서브넷 마스크를 빼면 연결할 수 있는 장치의 수가 나온다. 예를 들어 서브넷이 255.255.255.255라면 서브넷에는 하나의 장치, 즉 라우터 자체만 연결할 수 있다. 만약 마지막 옥텟이 0이라면 라우터 외에 255개의 장치를 연결할 수 있다. 서브넷이 255.255.255.192라면 255-192=63이므로 라우터 외에 63개의 장치를 연결할 수 있다. 실제로는 예약된 주소가 몇 개 더 있기 때문에 연결할 수 있는 장치의 수는 조금 더 줄어든다. 이해를 돕기 위해 표 3-1에 서브넷 마스크와 연결할 수 있는 장치의 수 사이의 관계를 표현했다.

IP 주소의 구조를 알면 송수신하는 메시지의 흐름을 관리하는 데 도움이 된다. 일반적으로는 브라우저

서브넷 마스크	라우터를 포함하여 서브넷에 연결할 수 있는 장치의 최대 수(예약된 주소 참고함)
255.255.255.255	1 (라우터)
255.255.255.192	63
255.255.255.0	254
255.255.252.0	1022
255.255.0.0	65,534

표 3-1 서브넷 마스크와 네트워크에 연결할 수 있는 장치의 최대 수와의 관계.

와 이메일 클라이언트 등과 같은 소프트웨어는 여러분 대신 메시지의 흐름을 관리해준다. 하지만 여러분이 자신만의 네트워크를 구축하고 있다면 라우터를 찾고 다른 장치들을 관리하기 위해서 최소한의 IP 주소 지정 체계는 알고 있는 것이 좋다.

숫자를 이름으로 바꾸기

이름으로 된 인터넷 주소, 즉 www.makezine.com 이나 www.archive.net 같은 주소에 익숙한 사람들에게는 숫자로 된 주소가 낯설어 보일 것이다. 여러분은 보통 숫자로 된 주소를 다루지도 않고 또 그러고 싶지도 않을 것이다. 숫자 주소에 이름 주소를 할당해주는 것은 DNS, 즉 도메인 이름 시스템이라고 하는 별도의 프로토콜이다. 네임서버라고 하는 장치는 숫자 주소들에 할당된 이름 주소를 네트워크에서 계속 추적한다. 컴퓨터의 네트워크 설정을 보면 DNS 주소를 입력하는 자리가 있을 것이다. 대부분의 컴퓨터는 라우터로부터 DHCP, 즉 동적 호스트 제어 프로토콜 방식으로 DNS 주소와 IP 주소를 할당 받도록 설정되어 있기 때문에 여러분이 직접 설정하지 않아도 된다. 이번 장의 프로젝트는 인터넷으로 나가지는 않기 때문에 장치의 이름 주소는 없고 숫자 주소만 있다. 따라서 장치들의 숫자 주소를 확인해야 한다.

> ### 사설 IP 주소와 공인 IP 주소
>
> 인터넷에 연결된 모든 사물의 주소가 다른 사물들에게 검색되는 것은 아니다. 때로 라우터는 보다 많은 사물들을 지원하기 위해 자신에게 연결된 사물들의 주소를 감추고 이 사물들이 외부로 전송하는 모든 메시지를 마치 라우터 자신이 보내는 메시지인 것처럼 네트워크에 연결된 다른 사물들에게 전달한다. 한편, IP 주소 지정 체계는 사설 주소로 사용할 수 있도록 특수한 범위의 주소들을 지정해 두고 있다. 예를 들어 192.168.xxx.xxx의 범위에 포함되는 모든 주소는 사설 주소로만 사용할 수 있다. 10.xxx.xxx.xxx 주소 범위나 172.16.xxx.xxx부터 172.31.xxx.xxx 사이의 주소 범위도 사설 주소로 사용된다. 이 주소 범위는 가정용 라우터, 즉 인터넷 공유기에 많이 사용되며, 여러분이 가정용 라우터를 사용하고 있다면 연결된 장치의 주소가 위의 범위 내에서 지정된 것을 확인할 수 있을 것이다. 이 장치들에서 외부로 메시지를 전송하면 마치 라우터의 공인 IP 주소에서 전송한 것처럼 보인다. 이를테면 다음과 같은 방식이다.
>
> 가령, 사설 네트워크에서 IP 주소가 192.168.1.45인 컴퓨터가 원격 서버에 웹 페이지를 요청한다고 하자. 이 요청은 먼저 컴퓨터에서 라우터로 향한다. 라우터의 주소는 192.168.1.1이지만 외부의 인터넷에서 볼 때 라우터의 공인 IP 주소는 66.187.145.75이다. 웹 페이지를 요청하는 메시지는 라우터의 공인 주소를 통해 서버로 전송되고 어떠한 응답이라도 공인 주소로 회신되도록 한다. 사설 주소와 서브넷 마스크 덕분에 여러 장치는 하나의 공인 IP 주소를 공유할 수 있고 그 결과 더욱 많은 장치를 인터넷에 연결할 수 있게 된다.

패킷 교환: 메시지가 네트워크를 이동하는 방식

메시지는 어떻게 다른 장치로 전달될까? 택배로 자전거를 보내는 과정을 생각해 보자. 자전거는 상자 하나에 넣어 보내기에는 너무 크다. 그러므로 먼저 상자에 들어갈 수 있는 크기로 분해해야 한다. 네트워크에서는 이 과정이 이더넷 계층 또는 데이터 연결 계층에서 처리된다. 각각의 메시지는 비슷비슷한 크기의 뭉치들로 나누어지고 패킷 번호가 포함된 헤더가 붙는다. 한편 여러분은 수신자와 송신자의 주소를 자전거 상자에 기입할 것이다. 이에 상응하는 과정은 IP 계층에서 처리된다. 송신자와 수신자의 주소가 포함된 또 다른 헤더가 메시지에 추가된다. 마지막으로 자전거 상자들을 발송한다. 택배 회사는 운송 차량이 최적의 적재 상태를 유지할 수 있도록 자전거 상자들을 여러 차량에 분산하여 배송할 수 있을 것이다. 인터넷에서는 전송 계층에서 이 과정을 처리해서 패킷들이 확실히 목적지에 도착하도록 관리한다. TCP(Transmission Control Protocol), 즉 전송 제어 프로토콜과 UDP(User Datagram Protocol), 즉 사용자 데이터그램 프로토콜은 인터넷에서 패킷 전송을 담당하는 대표적인 두 프로토콜이다. TCP 방식은 UDP에 비해 송수신하는 데이터의 오류를 보다 엄격하게 검사하는 대신 전송 속도가 떨어지는 반면 UDP는 송신자 측이 일방적으로 데이터를 전송하기 때문에 속도는 빠르지만 수신자가 데이터를 무사히 받았는지 여부는 확인하지 않는다. 두 프로토콜에 대해서는 나중에 더 자세히 다룰 것이다.

각각의 라우터는 자신이 연결된 라우터로 패킷을 하나씩 전송한다. 만약 하나 이상의 라우터에 연결되어 있다면 가장 덜 붐비는 라우터로 패킷을 전송한다. 따라서 상황에 따라 패킷들은 각각 서로 다른 경로에 있는 다른 라우터들을 몇 차례 경유하여 수신자에게 전달될 수 있다. 패킷들이 목적지에 도착하면 수신자는 헤더를 제거하고 메시지를 원래대로 재조립한다. 이렇게 메시지를 작은 뭉치들로 나눠서 다중 경로를 통해 전송하는 방식을 패킷 교환이라고 한다. 이 방식은 네트워크의 모든 경로를 가장 효율적으로 사용할 수 있지만 패킷이 누락되거나 상실될 수도 있다. 하지만 전체적으로 보면 네트워크의 신뢰성은 높은 편이어서 패킷이 누락될 걱정은 거의 하지 않아도 된다.

여러분의 메시지가 잘 전달될 수 있는지 확인하려면 핑(ping)이라는 명령어를 이용한다. 이 명령어는 네트워크에 연결된 특정한 사물에게 "거기 있나요?"라고 묻는 메시지를 보내고 응답을 기다린다.

핑 명령어를 사용하려면 컴퓨터의 명령어 입력창을 열어야 한다. 맥 OS X 사용자라면 터미널을 열고, 윈도우 사용자는 명령 프롬프트를 연다. 리눅스/유닉스 사용자는 xterm 또는 유사한 응용프로그램을 연다. 맥 OS X나 리눅스 사용자는 다음과 같이 입력한다.

```
ping -c 10 127.0.0.1
```

윈도우 사용자는 다음과 같이 입력한다.

```
ping -n 10 127.0.0.1
```

그러면 메시지가 127.0.0.1 주소로 전달되고 회신을 기다린다. 회신을 받을 때마다 소요된 시간을 다음과 같이 출력한다.[1]

```
64 bytes from 127.0.0.1: icmp_seq=0 ttl=64 time=0.166 ms
64 bytes from 127.0.0.1: icmp_seq=1 ttl=64 time=0.157 ms
64 bytes from 127.0.0.1: icmp_seq=2 ttl=64 time=0.182 ms
```

맥에서 -c 10, 윈도우에서 -n 10이라고 입력했기 때문에 10개의 패킷을 수신한 뒤에는 다음과 같이 요약된 정보가 출력된다.[2]

```
--- 127.0.0.1 ping statistics ---
10 packets transmitted, 10 packets received, 0% packet loss
round-trip min/avg/max/stddev = 0.143/0.164/0.206/0.015 ms
```

전달된 패킷의 수뿐만 아니라 소요된 시간도 알려주기 때문에 인터넷에 연결된 장치에 도달할 수 있는지 여부와 네트워크가 얼마나 안정적인지도 알 수 있다. 여러분은 앞으로 물리적인 인터페이스를 갖고 있지 않아서 작동 여부를 확인할 수 없는 장치들을 사용하게 된다. 이럴 경우 핑 명령어는 작동 여부를 판단하는 데 많은 도움이 된다.

주의: 127.0.0.1은 루프백 주소(loopback address) 또는 로컬호스트 주소(localhost address)라고 하는 특수한 주소다. 이 주소로 메시지를 송신하면 메시지가 되돌림되어 보낸 사람에게 송신된다. 숫자 주소 대신 localhost라는 이름을 사용할 수도 있다. 네트워크에 연결되어 있지 않더라도 이 주소를 사용하면 많은 네트워크 응용프로그램을 시험할 수 있다.

---

1 윈도우 7의 경우 다음과 같은 결과가 출력된다.

C:\>ping -n 10 127.0.0.1
Ping 127.0.0.1 32바이트 데이터 사용:
127.0.0.1의 응답: 바이트=32 시간<1ms TTL=128
127.0.0.1의 응답: 바이트=32 시간<1ms TTL=128
127.0.0.1의 응답: 바이트=32 시간<1ms TTL=128
127.0.0.1의 응답: 바이트=32 시간<1ms TTL=128
127.0.0.1의 응답: 바이트=32 시간<1ms TTL=128
127.0.0.1의 응답: 바이트=32 시간<1ms TTL=128
127.0.0.1의 응답: 바이트=32 시간<1ms TTL=128
127.0.0.1의 응답: 바이트=32 시간<1ms TTL=128
127.0.0.1의 응답: 바이트=32 시간<1ms TTL=128
127.0.0.1의 응답: 바이트=32 시간<1ms TTL=128

2 역자의 경우 다음과 같은 결과를 얻었다.

127.0.0.1에 대한 Ping 통계:
패킷: 보냄 = 10, 받음 = 10, 손실 = 0 (0% 손실)
왕복 시간(밀리초): 최소 = 0ms, 최대 = 0ms, 평균 = 0ms

클라이언트, 서버, 메시지 프로토콜

지금까지 우리는 인터넷이 어떻게 구성되어 있는지 알아보았다. 그렇다면 인터넷에서는 어떤 방식으로 일들이 처리될까? 가령, 여러분이 발송한 이메일 메시지는 어떻게 인터넷을 통해 친구에게 전달될까? 또는, 여러분이 브라우저에서 URL을 입력하거나 링크를 클릭하면 어떻게 웹 페이지가 여러분의 컴퓨터에서 열릴까? 이러한 모든 일은 앞에서 설명한 전송 체계에 따라 사물들이 주고받는 메시지를 처리해서 구현한다. 이제 인터넷에서 웹 브라우저와 이메일이 작동하는 방식을 알아보자.

웹 브라우저가 작동하는 방식

그림 3-5는 웹 페이지가 여러분의 컴퓨터에 도달하는 경로를 그린 지도다. 여러분의 웹 브라우저가 웹 서버로 페이지를 요청하면 서버가 페이지를 전송한다. 페이지 요청과 그에 대한 응답은 연결된 경로를 따라 무작위로 오간다. 웹 서버 자체는 인터넷의 어딘가에 있는 컴퓨터에서 실행되고 있는 프로그램일 뿐이다. 서버는 네트워크의 다른 프로그램들에게 서비스를 제공하는 프로그램이다. 서버 프로그램이 실행되는 컴퓨터도 서버라고 하며, 서버는 서비스에 지장을 주지 않도록 온라인 상태, 즉 정보를 보낼 수 있는 상태를 유지해야 한다. 웹 서버 덕분에 네트워크의 도처에 위치한 클라이언트들은 HTML 파일, 이미지, 사운드 파일 그리고 웹사이트를 구성하는 기타 요소들에 접근할 수 있다. 클라이언트는 서비스를 받는 프로그램이다. 브라우저는 서버에 접속하여 페이지를 요청하는 클라이언트이다. 브라우저가 서버 컴퓨터에 접속하면 서버 프로그램은 접속을 수락하고 페이지를 표시하는 파일들을 전송하는 방식으로 교환이 성립된다.

서버는 실행되고 있는 모든 서버 프로그램에 각각 포트 번호를 할당하는 방식으로 IP 주소를 서버 프로그램들과 공유한다. 예를 들면, 포트 80에 대한 연결 요청은 모두 웹 서버 프로그램으로 전달된다. 포트 25에 대한 연결 요청은 모두 이메일 서버 프로그램으로 전달된다. 사용하지 않고 비어 있는 포트는 어떤 프로그램이라도 점유할 수 있지만 여러 프로그램이 동시에 특정한 포트를 장악할 수는 없다. 이런 측면에서 보면 네트워크 포트는 시리얼 포트와 매우 유사하게 작동한다. 대부분의 낮은 포트 번호들은 이메일, 파일 전송, 텔넷 그리고 웹 브라우징과 같은 공동 응용프로그램에 할당되어 있다. 높은 포트 번호들은 비활성화되어 있거나 사용자 응용프로그램에서 사용할 수 있도록 개방되어 있다. 특정 페이지 요청은 다음과 같이 진행된다.

1. 브라우저에 http://www.makezine.com/index.html을 입력한다.
2. 브라우저 프로그램은 www.makezine.com의 포트 80에 접근한다.
3. 서버 프로그램이 연결을 수락한다.
4. 브라우저 프로그램은 특정한 파일 이름, 즉 index.html을 요청한다.
5. 서버 프로그램이 지역 파일 시스템에서 해당 파일을 찾아서 브라우저와 연결해 파일을 출력한다. 이후 연결을 닫는다.
6. 브라우저는 파일을 읽어서 추가적으로 필요한 파일(이미지, 동영상, 스타일 시트 등)을 파악한 뒤, 앞의 연결 요청 과정을 반복하며 페이지를 표시하는 모든 파일을 확보해 나간다. 모든 파일을 확

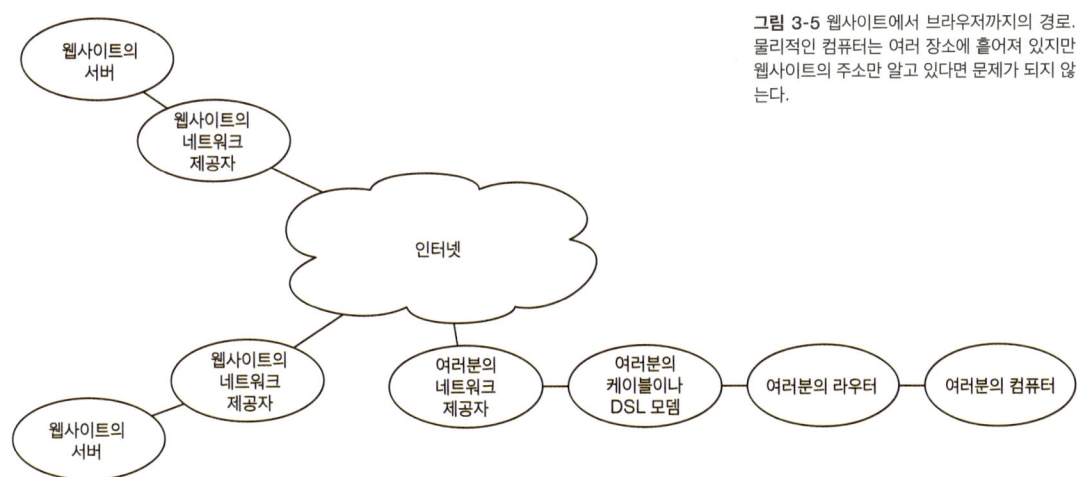

그림 3-5 웹사이트에서 브라우저까지의 경로. 물리적인 컴퓨터는 여러 장소에 흩어져 있지만 웹사이트의 주소만 알고 있다면 문제가 되지 않는다.

보한 다음에는 헤더 정보를 모두 제거하고 페이지를 표시한다.

브라우저가 서버로 전송하는 모든 요청과 서버가 브라우저로 전송하는 모든 응답은 이미지와 동영상 파일 등을 제외하면 단지 문자열로 이루어진 텍스트일 뿐이다. 이 과정이 진행되는 모습을 보고 싶다면 터미널 창에서 요청 과정을 다시 시도해 보자. 앞의 핑 예제에서와 같이 터미널 프로그램을 다시 연다. 윈도우 7 사용자는 PuTTY를 사용한다.

시도해 보자

오른쪽에 있는 코드를 입력하자.[3]

서버가 아래와 같이 응답할 것이다. (윈도우 사용자는 PuTTY를 사용해서 www.google.co.kr에 포트 80, 연결 유형은 Raw로 선택한 뒤 Open을 클릭한다.)

```
Trying 64.233.161.147…
Connected to www.google.co.kr.
Escape character is '^]'.[4]
```

```
telnet www.google.co.kr 80
```

 윈도우 운영체제에 포함되어 있는 텔넷 프로그램은 그다지 좋지 못하다. 예를 들어, localecho 옵션을 수정하지 않으면 여러분이 입력하는 내용이 표시되지 않고, "Trying… Connected"와 같은 유용한 프롬프트도 나타나지 않는다. 따라서 윈도우 사용자에게는 PuTTY를 권장한다.
(http://www.chiark.greenend.org.uk/~sgtatham/putty)

---

3 윈도우 7에서 telnet 명령을 사용할 수 없다면 다음과 같이 텔넷 클라이언트를 확인해 보자.
제어판→프로그램→프로그램 및 기능으로 이동하여 Windows 기능 사용/사용 안함을 클릭한다. 그러면 Windows 기능 창이 뜨는데 목록에서 텔넷 클라이언트에 체크하고 확인을 누른다. 잠시 뒤 설치가 끝나면 자동으로 창이 닫힌다. 그러면 다시 명령 프롬프트로 이동해서 telnet 접속을 시도해 보자.

4 맥의 터미널에서는 이와 같은 결과를 확인할 수 있지만, 윈도우에서 PuTTY를 사용하면 위의 내용이 출력되지 않을 수 있다. 그렇다 하더라도 연결은 되어 있으니 다음 단계로 넘어가자.

» 오른쪽의 코드를 입력해 보자.[5] 마지막 행을 입력한 뒤에는 리턴(엔터) 키를 두 번 친다. 그러면 서버는 다음과 유사하게 응답한다.

```
HTTP/1.1 200 OK
Date: Mon, 18 Jul 2011 00:04:06 GMT
Cache-Control: private, max-age=0
Content-Type: text/html; charset=EUC-KR
Server: gws
Connection: Close
```

```
GET /index.html HTTP/1.1
Host: www.google.co.kr
Connection: Close
```

주의: 텔넷이 자동으로 닫히지 않는다면 직접 Ctrl -]을 입력해서 텔넷 프롬프트를 호출하고 q를 입력한 다음 엔터 키를 쳐서 종료해야 한다.

헤더가 출력된 다음에는 매우 많은 HTML이 출력되기 때문에 구글의 단순한 웹 인터페이스와는 사뭇 다른 인상을 받게 될 것이다. 하지만 여러분이 보고 있는 것이 바로 구글 인덱스 페이지의 HTML이다. 이와 같이 브라우저와 웹 서버는 HTTP(Hypertext Transport Protocol), 즉 텍스트 기반의 프로토콜을 사용해서 서로 통신한다. 웹 주소 앞에 표시하는 http://는 브라우저가 이 프로토콜로 통신하도록 유도한다. HTML이 출력되기 전에 HTTP 헤더 정보가 출력되었다. 브라우저는 헤더 정보를 통해 파일의 유형과 파일이 부호화된 방식 등을 파악한다. 이 정보는 일반 사용자에게는 보이지 않지만 클라이언트와 서버 사이의 데이터 흐름을 관리할 때는 매우 유용하다.

1장의 PHP 시간 예제를 기억하는가? 아직 여러분의 웹 서버인 www.examples.com(www.examples.com은 자신의 서버 주소로 수정하자)에 남아 있을 것이다. 명령 행으로 이 파일에 접근해 보자.

시도해 보자

오른쪽 코드와 같이 HTML을 출력하는 모든 행을 지워서 PHP 프로그램을 수정하자.

이제 명령 행에서 텔넷으로 여러분의 웹 서버 포트 80에 접속해서 파일을 요청한다. 앞서 구글에서 했던 것처럼 HOST를 특정하는 것을 잊지 말자.

구글의 예와는 다르게 훨씬 짧은 응답이 출력될 것이다.

```
<?php
/*  날짜 페이지
    환경: PHP
    날짜를 출력하는 프로그램. */

// 날짜 정보를 받아서 서식을 만듦:
$date = date("Y-m-d h:i:s\t");
// 날짜를 출력함:
echo "< $date >\n";

?>
```

브라우저에서 보기에는 그다지 좋지 않을 수도 있지만 매우 간단하기 때문에 프로세싱 프로그램이나 마이크로컨트롤러 프로그램에서 데이터를 추출하기 수월하다. 서버에서 수신한 텍스트에서 < 문자를

---

[5] 윈도우에서 PuTTY를 사용할 경우 프롬프트 창이 떠 있는 상태라면 연결은 되어 있는 것이므로 위와 같이 입력하자.

검색해서 >가 나오기 전까지 읽기만 하면 데이터를 추출할 수 있기 때문이다.

HTTP 요청은 파일을 요구하는 데서 그치지 않는다. 매개변수를 추가하면 특정한 요청을 할 수 있다. 만약 여러분이 요청하고 있는 URL이 실제로는 PHP 스크립트와 같은 프로그램이라면 매개변수를 통해 무엇인가를 특정하게 작동시킬 수도 있다. 매개변수를 추가하기 위해서는 물음표를 넣은 뒤 매개변수를 기입한다. 다음의 예를 보자.

http://www.example.com/get-parameters.php?name=tom&age=14

여러분은 name과 age라는 매개변수 두 개를 보내고 있다. 인자는 각각 'tom'과 '14'이다. 원하는 만큼 매개변수를 보낼 수 있다. 단, 매개변수는 앰퍼샌드 기호(&)로 구분해야 한다.

PHP에는 매개변수뿐만 아니라 서버와 클라이언트가 주고받는 다양한 양상의 메시지에도 접근할 수 있도록 해주는 사전 정의된 변수들이 있다. 예를 들어 다음 예제에서 사용할 $_REQUEST 변수는 HTTP 요청을 할 때 전송한 매개변수와 인수를 반환한다. 또한 클라이언트의 브라우저와 운영체제, 서버의 운영체제, 클라이언트가 업로드를 시도하는 파일의 정보 등을 제공하는 변수도 있다.

시험해 보자
옆에 있는 PHP 스크립트는 들어오는 요청의 모든 값을 읽은 다음에 웹 페이지에 출력한다.

PHP 스크립트의 파일 이름을 get-parameters.php로 저장한 뒤 서버에 업로드한다. 브라우저를 열고 앞서 사용한 URL을 주소창에 입력한 뒤 확인해 보자. 페이지에 아래와 같이 표시될 것이다.

name: tom
age: 14

```php
<?php
/*
    매개변수 판독기
    환경: PHP

    HTTP의 GET 명령을 통해 들어오는 매개변수들을 출력함.
*/

// 모든 변수를 출력함:
foreach ($_REQUEST as $key => $value){
    echo "$key: $value<br>\n";
}
?>
```

» 텔넷이나 PuTTY를 사용해서 서버에 요청을 보낼 수도 있다. 단, 이전의 예제와는 다르게 GET 다음에 ?name=tom&age=14와 같이 매개변수와 인자를 포함해야 한다. 가령 다음과 같이 작성해보자. GET/get-parameters.php?name=tom&age=14. 오른쪽 코드와 비슷하게 HTTP 헤더가 포함되어 출력되는 결과를 확인할 수 있을 것이다.[6]

```
HTTP/1.1 200 OK
Date Thu, 15 Mar 2007 15:10:51 GMT
Server: Apache
X-Powered-By: PHP/5.1.2
Vary: Accept-Encoding
Connection: close
Content-Type: text/html; charset=UTF-8

name: tom<br>
age: 14<br>
```

---

[6] 옮긴이의 경우 다음과 같은 결과를 얻었다.
HTTP/1.1 200 OK
Server: apache
Date: Sat, 28 Jul 2012 10:16:42 GMT
Content-Type: text/html
Transfer-Encoding: chunked
Connection: close
P3P: CP='NOI CURa ADMa DEVa TAIa OUR DELa BUS IND PHY ONL UNI COM NAV INT DEM PRE'
X-Powered-By: PHP/5.2.9p2
10
name: tom
age: 14
0
호스트에 대한 연결을 잃었습니다.

» 물론, PHP는 프로그래밍 언어이기 때문에 단순한 결과를 출력하는 것 이상의 기능을 수행할 수 있다. 오른쪽의 스크립트를 시도해 보자.

파일 이름을 age_ckecker.php로 저장한 뒤 업로드하자. 그리고 브라우저에서 주소 뒤에 이전과 같은 매개변수인 ?name=tom&age=14를 추가해서 요청을 보내고 결과를 확인하자. 다음에는 age=21로 바꾼 뒤에 요청을 보내고 결과를 확인하자.

주의: PHP의 장점 중 하나는 '14'와 같은 ASCII 문자 값을 자동으로 숫자 값으로 바꿔준다는 것이다. 모든 HTTP 요구는 ASCII를 기반으로 하기 때문에 PHP는 이와 같은 ASCII 기반의 변환에 최적화되어 있다.

```php
<?php
/*
나이를 확인하는 프로그램
환경: PHP

HTTP 요청에서 아래의 두 매개변수를 확인함:
    name (텍스트 문자열)
    age (정수)
이름(name)과 나이(age)에 기반하여 개인화된 인사말을 출력함.
*/

// 모든 변수를 읽고 지역 변수에 할당함:
foreach ($_REQUEST as $key => $value)
{
  if($key == "name"){
    $name = $value;
  }

  if($key == "age"){
    $age = $value;
  }
}

if($age<21){
  echo "<p> $name, You're not old enough to drink.
        </p>\n";
} else{
  echo "<p> Hi $name. You're old enough to have a
        drink, ";
  echo "but do so responsibly.</p>\n";
}
?>
```

HTTP GET과 POST

서버는 HTTP 요청과 함께 전송되는 매개변수들에 응답할 수 있기 때문에 여러분은 다양한 응용프로그램을 작성할 수 있다. 예를 들어 이메일 메시지를 전송할 주소를 선택하거나 메시지를 선택할 수 있는 스크립트를 작성할 수 있을 것이다. URL 다음에 물음표와 매개변수를 추가한 뒤 PHP가 읽도록 해서 이메일 프로그램의 다양한 변수를 설정하는 데 사용하면 된다.

URL 다음에 물음표를 붙여서 변수를 전송하는 방식을 GET 방식이라고 한다. HTTP는 GET 외에 POST, PUT, 그리고 DELETE까지 네 개의 명령어를 제공한다. 하지만 대부분의 브라우저는 PUT이나 DELETE를 지원하지 않기 때문에 GET과 POST에만 집중하기로 하자.

POST는 일반적으로 웹 서식을 통해 데이터를 게시할 때 많이 사용하는 방식이다. GET 방식은 URL의 끝에 매개변수들을 추가하는 반면 POST는 HTTP 요청의 끝에 매개변수를 덧붙인다. 또한 POST 방식은 콘텐츠 유형이나 길이와 같은 매개변수들도 덧붙여야 한다. POST 방식은 좀 더 수고스럽긴 하지만 지저분한 매개변수들을 깨끗하게 감출 수 있으며 URL을 보다 말끔하고 기억하기 쉽게 해준다. 덕분에 사용자들은 이전의 지저분한 URL 대신 아래와 같은 주소만 보게 된다.

http://www.example.com/get-parameters.php

나머지 매개변수들은 POST 방식으로 전달된다.

시도해 보자

명령 창에서 다시 한 번 텔넷으로 여러분의 웹 서버에 포트 80으로 접속하고 파일을 요청한다. 이번에는 여기 있는 것처럼 POST 요청을 입력한다.

GET 방식을 사용했을 때와 마찬가지의 결과가 나올 것이다.[7] 하지만 이제는 모든 매개변수를 마지막 줄에 모아둘 수 있다.

```
POST /age_checker.php HTTP/1.0
Host: example.com
Connection: Close
Content-Type: application/x-www-form-urlencoded
Content-length: 16

name=tom&age=14
```

» 코드의 마지막 줄에 있는 콘텐츠 길이(Content-length: 16)는 name=tom&age=14 문자열의 길이에 개행 문자가 더해진 길이를 의미한다. 만약 여러분의 이름이 세 글자보다 길거나 나이가 두 자릿수보다 크거나 적을 경우 전체 문자열의 길이에 맞게 콘텐츠 길이를 조절해야 한다.

» 이제 스크립트를 약간 바꿔보자. 먼저 이름과 나이를 확인하는 부분을 또 다른 if 구문에 포함시킨다. 새로운 행은 파란색으로 표시했다.

```php
if (isset($name) && isset($age)){
  if($age < 21) {
    echo "<p> $name, You're not old enough to drink.
          </p>\n";
  }else{
    echo "<p> Hi $name. You're old enough to have a
          drink, but do ";
    echo "so responsibly.</p>\n";
  }
}
?>
```

PHP 태그를 닫은 후에는 아래의 HTML을 추가해서 age_checker.php로 저장하고 업로드한다.

```html
<html>
<body>

<form action="age_checker.php" method="post"
enctype="application/x-www-form-urlencoded">
Name: <input type="text" name="name" /><br>
Age: <input type="age" name="age" />
<input type="submit" value="Submit" />
</form>

</body>
</html>
```

브라우저에서 해당 주소(www.example.com/age_checker.php)를 새로고침 해보면 그림 3-6과 같은 입력 양식을 볼 수 있을 것이다. 여러분이 추가한 if 구문 덕분에 이름과 나이 값을 입력하지 않으면 나이에 따른 메시지는 출력되지 않는다. 이름과 나이를 입력하고 HTML 양식을 제출하면 HTTP POST 요청에 의해 동일한 스크립트가 다시 호출된다.

그림 3-6 PHP로 나이를 확인하는 PHP 양식.

---

7 HTTP/1.1 200 OK
   Server: apache
   Date: Sat, 28 Jul 2012 15:12:52 GMT
   Content-Type: text/html
   Connection: close

P3P: CP='NOI CURa ADMa DEVa TAIa OUR DELa BUS IND PHY ONL UNI COM NAV INT DEM PRE'
X-Powered-By: PHP/5.2.9p2
<p> tom, You're not old enough to drink.</p>

이메일이 작동하는 방식

이메일을 전달할 때도 마찬가지로 클라이언트-서버 모형을 사용한다. 여러분의 메일을 친구에게 전달하는 과정에는 네 개의 응용프로그램이 개입한다. 여러분이 사용하는 이메일 프로그램과 친구가 사용하는 이메일 프로그램, 그리고 여러분의 이메일 서버, 즉 이메일 호스트와 친구의 이메일 서버가 개입한다. 여러분의 이메일 프로그램은 여러분이 전송하는 메시지가 이메일 메시지이며, 송신자와 수신자는 누구이며, 그리고 제목은 무엇인지를 나타내는 헤더를 덧붙인다. 그런 다음 이메일 프로그램은 여러분의 메일 서버에 접속하고 메일 서버는 친구의 메일 서버로 메일을 전송한다. 친구가 메일을 확인하기 위해 이메일 프로그램을 실행하면 메일 서버에 접속해서 대기 중인 메시지들을 다운로드한다. 메일 서버들은 언제나 온라인 상태를 유지하며 새로운 메시지가 도착하기를 기다린다.

SMTP(Simple Mail Transport Protocol)는 메일을 발송할 때 사용하는 프로토콜이다. 이 프로토콜은 검색 프로토콜인 POP(Post Office Protocol) 그리고 IMAP(Internet Message Access Protocol)과 짝을 이룬다. HTTP와 마찬가지로 텍스트 기반이다. PHP는 메일을 발송하거나 검색할 때 유용한 기능들을 갖추고 있으며 프로세싱 스케치나 마이크로컨트롤러 응용프로그램과 같은 로컬 응용프로그램을 SMTP와 연결해 주는 매개체의 역할을 할 수도 있다.

시도해 보자

옆에 있는 것은 이메일을 발송하는 PHP 스크립트이다. mailer.php로 저장한 뒤 여러분의 서버에 업로드하자. 앞의 스크립트들과 같이 브라우저로 해당 주소에 접속하면 두 가지 일이 일어난다. 우선, 다음과 같은 웹 페이지가 브라우저에 표시된다.

```
I mailed you@example.com
From: you@example.com
Hello world!

Hi there, how are you?
```

두 번째로, 여러분의 메일 클라이언트에 다음과 같은 메시지가 도착해 있을 것이다.

```
From:    You <you@example.com>
Subject: Hello world!
Date:    May 8, 2013 2:57:42 PM
         EDT
To:      you <you@example.com>

Hi there, how are you?
```

```php
<?php
/*
이메일 프로그램
환경: PHP

이메일을 발송함.
*/

// 메일을 보내기 위한 변수들을 설정한다.
// $to 변수와 $from 변수의 값을 여러분의 이메일 주소로 바꾸자:
$to = "you@example.com";
$subject = "Hello world!";
$from = "From: you@example.com";
$message = "Hi there, how are you?";

// 메일 발송
mail($to, $subject, $message, $from);
// 브라우저에 내용 표시:
echo "I mailed " . $to . "<br>";
echo $from . "<br>";
echo $subject. "<br><br>";
echo $message;
?>
```

여기에 있는 메일을 발송하기 위해서는 서버가 제대로 설정되어 있어야 한다. 웹 호스팅 서비스를 받고 있다면 여러분의 계정에 따라 메일 설정이 달라질 수 있다. 또한 여러분의 발신자(from) 주소가 서버에서 사용할 수 있는 주소인지 확인하자. 일부 메일 서버는 여러분이 서비스 받고 있는 도메인의 이

메일만 발송할 수 있기 때문이다. 예를 들어, 도메인 이름이 example.com이라면 cat@ohaikitteh.com이라는 이메일 주소를 사용해서 메일을 보낼 수 없는 경우도 있다.

앞의 예제에서 보았듯이 PHP로 매우 간단하게 메일을 보낼 수도 있다. 이제 여러분은 PHP를 사용해서 웹 페이지를 서비스할 수 있고 메시지를 전달할

수도 있게 되었다. GET 또는 POST 방식을 사용할 수 있는 장치나 프로그램을 사용할 수 있다면, PHP나 다른 서버 측 프로그래밍 언어를 사용해서 네트워크에 퍼져 있는 많은 상이한 응용프로그램과 메시지를 교환할 수 있다. 이제 기본적인 HTTP 요청과 메일 발신에 대해 알아보았으니, 프로젝트에 응용해 보자.

프로젝트 5
네트워크 고양이

여러분은 매우 쉽게 웹 브라우저와 이메일을 사용할 수 있다. 컴퓨터의 인터페이스가 인간이 사용하기 쉽게 발전해왔기 때문이다. 키보드는 손가락으로 다루기 좋고 마우스는 손으로 부드럽게 밀 수 있다. 하지만 고양이가 이메일을 보내는 것은 쉽지 않다. 이 프로젝트에서는 고양이도 이메일을 쉽게 보낼 수 있도록 인터페이스를 개선하는 한편 인터넷과 물리적 인터페이스를 연결하는 방법을 소개한다.

고양이 애호가라면 낮잠 자기 좋은 곳에서 몸을 웅크리고 있는 고양이가 얼마나 귀여운지 잘 알 것이다. 일을 하며 스트레스를 많이 받고 있을 때 몸을 웅크리거나 가르랑거리는 고양이를 생각하면 기분이 좋아지기도 한다. 만약 고양이가 낮잠을 자려고 누울 때마다 여러분에게 이메일을 보낸다면 근사하지 않을까? 나아가 고양이의 웹사이트에 접속해서 귀엽게 누워 있는 고양이를 볼 수 있다면 더욱 좋을 것이다. 이번 프로젝트에서 구현할 내용이 바로 그것이다.

시스템이 작동하는 방식은 다음과 같다. 고양이 매트 아래에는 마이크로컨트롤러에 연결된 압력 센서가 있다. 마이크로컨트롤러는 컴퓨터에 연결되어 있고, 카메라 한 대도 컴퓨터에 연결되어 있다. 고양이가 매트에 누우면 몸무게 때문에 압력 센서의 값에 변화가 생길 것이다. 마이크로컨트롤러가 컴퓨터에서 실행되고 있는 프로그램에 신호를 보내면 컴퓨터의 프로그램이 카메라로 고양이 사진을 찍어서 PHP 스크립트를 통해 웹 서버에 올린다. 프로그램은 다른 PHP 스크립트도 호출해서 고양이가 귀여운 짓을 하고 있다는 이메일을 여러분에게 보낸다. 그림 3-7에 전체 시스템이 표현되어 있다.

이 프로젝트는 몇 부분으로 나누어서 진행한다.

1. 고양이 매트에 있는 센서의 값을 읽고 그 결과를 시리얼 방식으로 프로세싱에 전송하는 아두이노 스케치를 작성한다.
2. 시리얼 데이터를 읽다가 적절한 상황이 되면 메일을 전송하는 PHP 스크립트를 호출하도록 프로세싱 스케치를 작성한다.
3. 메일을 전송하는 PHP 스크립트를 작성한다.
4. 고양이 카메라를 위한 웹 페이지를 만든다.
5. 웹 페이지에 새로운 이미지를 업로드하는 두 번째 PHP 스크립트를 작성한다.
6. 새로운 사진을 찍고 두 번째 PHP 스크립트를 호출해서 이미지를 업로드할 수 있도록 프로세싱 스케치를 수정한다.

그림 3-7 네트워크 고양이 시스템

준비물

- 인터링크 400 시리즈 압력 센서 2~4개
- 1k옴 저항 1개
- 브레드보드 1개
- 아두이노 마이크로컨트롤러 모듈 1개
- 컴퓨터 1대
- 웹 카메라 1대
- 고양이 매트 1장
- 고양이 한 마리
- 고양이 매트 크기의 얇은 나무 판이나 두꺼운 종이 판 2장
- 래핑 와이어
- 와이어 래핑기
- 핀 헤더

고양이 매트에 센서 설치하기

먼저 고양이가 매트 위에 있다는 판단을 할 수 있어야 한다. 가장 간단한 방법은 매트 아래에 압력 센서를 넣고 고양이가 매트 위로 올라갈 때 센서의 값이 변하는 것을 측정하는 것이다. 이 방법의 효과는 사용하는 압력 센서에 따라 달라진다. 이번 프로젝트에는 인터링크의 400 시리즈 압력 센서가 사용하기 적당하다. 센서는 합판이나 나무 또는 단단한 판지와 같이 딱딱한 재료 위에 부착한다.

압력 센서 중에는 인터링크의 408 시리즈 제품과 같이 길고 얇은 모양이 있다. 하지만 기다란 센서는 흔하지 않기 때문에 여러분이 갖고 있는 것은 400 시리즈나 402 시리즈처럼 작고 동그란 센서일 가능성이 크다. 이와 유사한 센서를 사용하고 있거나 아니면 CUI 또는 FlexiForce 같은 업체에서 만든 압력 센서를 사용하고 있다면 감지 판을 조금 크게 제작해야 한다. 우선, 고양이 매트보다 약간 작은 나무 판이나 단단한 판지 두 장을 준비한다. 아주 두껍거나 무거운 목판은 피한다. 센서의 부드러운 표면에 비해 상대적으로 표면이 단단한 견고한 물체라면 무엇이든 상관 없다. 첫 번째 판재의 모서리마다 센서를 부착하고 나머지 판재를 위에 덮어서 센서가 두 판 사이에 위치하도록 한다. 두 판 가장자리에 테이프를 둘러 떨어지지 않도록 붙인다. 단, 고양이가 올라갔을 때 센서에 영향을 줄 수 있도록 적당히 느슨하게 고정해야 한다. 두 판을 너무 꽉 붙이면 센서가 언제나 압력을 받는 상태가 되고, 너무 느슨하면 판들이 서로 비스듬하게 밀려나서 고양이가 불편할 수 있기 때문이다. 만약 센서가 충분한 반응을 보이지 않는다면 집 근처의 전자부품 판매점이나 철물점에서 고무 지지대를 구해서 센서를 누를 수 있도록 센서를 마주 보는 판에 부착하자. 또한 나무나 판지가 다소 휘어진다면 판의 중앙에 고무 지지대를 한두 개 붙여서 휘는 것을 줄인다. 그림 3-8, 3-9, 3-10은 센서 판을 만드는 과정을 보여준다.

센서 판을 만들었다면, 압력 센서에 긴 전선을 연결한다. 전선은 매트에서 마이크로컨트롤러 모듈에 닿을 수 있을 만큼 충분히 길어야 한다. 여러 개의 센서를 사용하기 때문에 매트 아래의 넓은 범위를 감지할 수 있으며, 어떤 센서가 반응을 하는지는 중요하지 않다. 그림 3-10과 같이 분압기 회로를 이용해서 센서들을 마이크로컨트롤러의 아날로그 입력 핀에 병렬로 연결한다. 이 회로는 센서 네 개를 결합해서 하나의 입력 핀에 값을 전달한다.

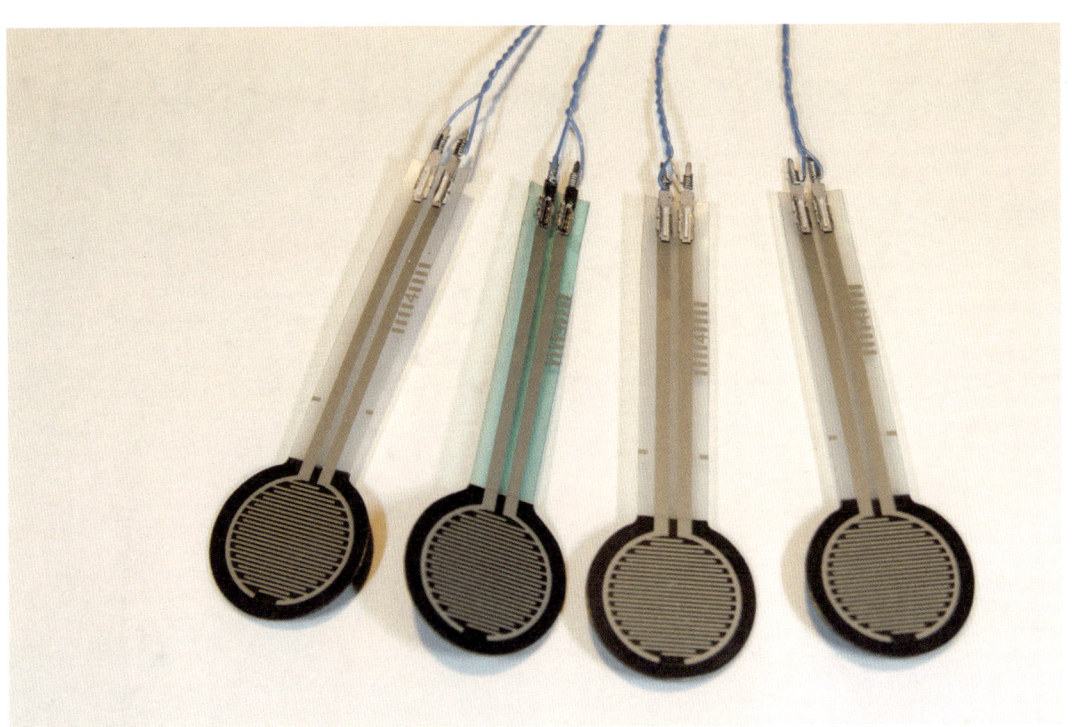

그림 3-8 압력 센서는 열에 약해서 잘 녹기 때문에 30AWG 전선으로 와이어 래핑을 했다. 와이어 래핑기는 비싸지 않고 사용하기 쉬우면서 연결을 확실하게 할 수 있다. 와이어 래핑 이후에는 열 수축 튜브로 연결부를 마감했다. 사진은 열 수축 튜브로 마감하기 전에 찍은 것이다.

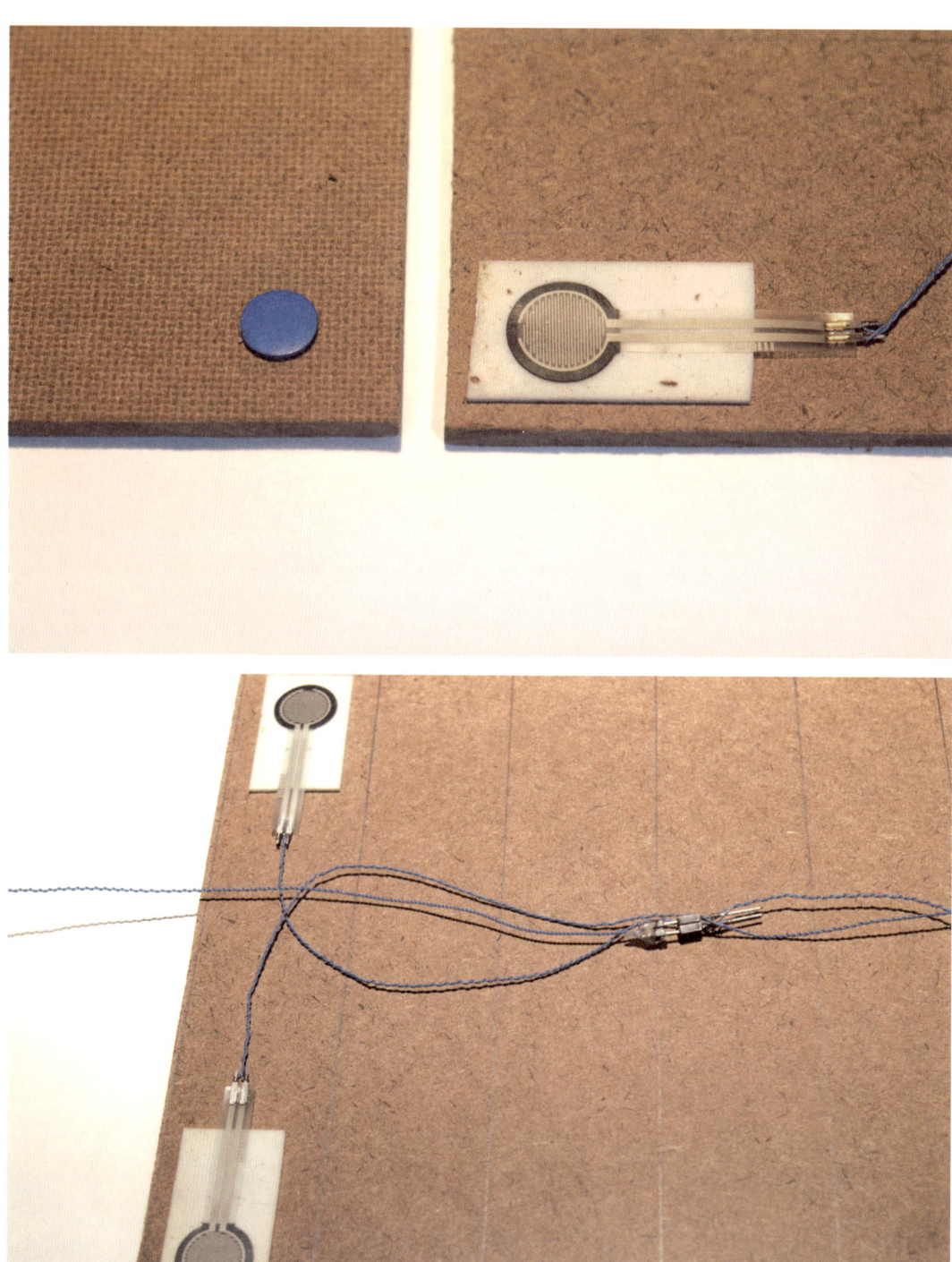

그림 3-9 고양이를 감지하는 판. 네 개의 압력 센서가 병렬로 배선되어 있다. 센서에 보다 정확하게 압력을 가하는 고무 지지대가 부착되어 있다. 테이프로 판을 서로 고정하기 전에 배선의 연결부를 확실히 절연한다. 연결 단자로는 핀 헤더를 사용했다.

그림 3-10 고양이 감지 회로. 모든 압력 센서가 병렬로 연결되어 있기 때문에 두 개의 접속 단자만 있다. 이 회로는 핀 헤더에 저항 하나만 연결해서 그라운드에 연결하면 끝날 만큼 간단하다.

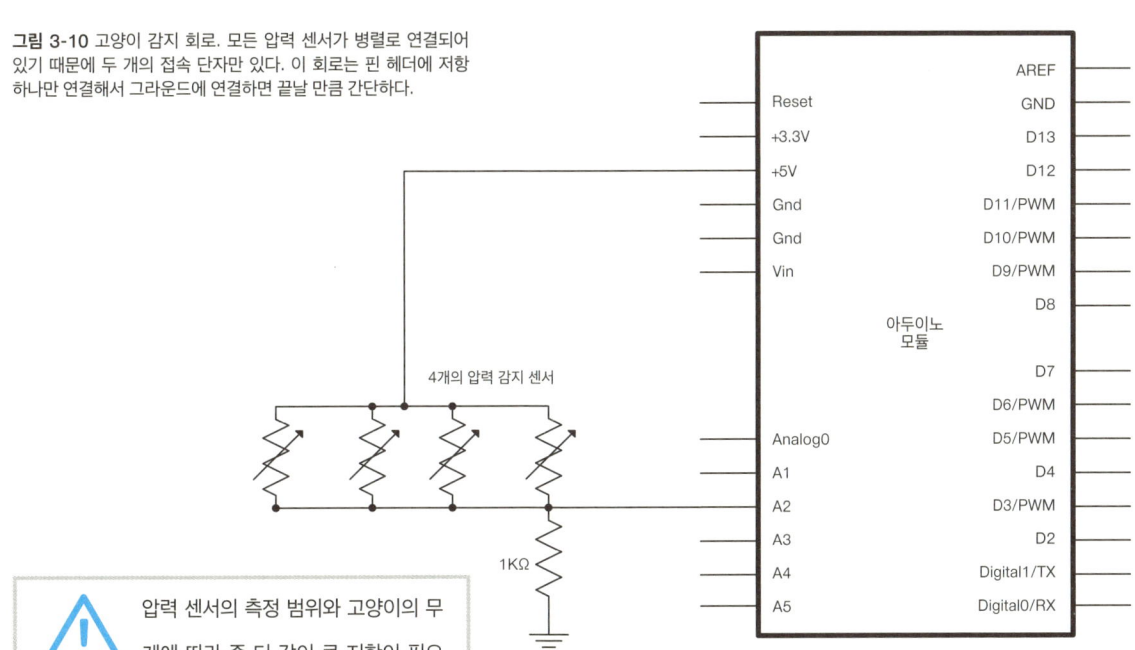

⚠️ 압력 센서의 측정 범위와 고양이의 무게에 따라 좀 더 값이 큰 저항이 필요할 수 있다. 1K 저항을 사용했을 때 고양이가 잘 감지되지 않는다면 4.7K나 10K 저항을 사용해보자. 사진에는 10K 저항이 보인다.

3장 보다 복잡한 네트워크

테스트해 보자

센서 판을 조립해서 마이크로컨트롤러에 연결했다면 이 코드를 아두이노 보드에 업로드하고 센서를 테스트해 보자.

시리얼 모니터를 열고 전송 속도를 초당 9600비트로 맞춘 뒤 결과를 확인한다. 그 다음에는 고양이를 판에 올려 놓은 뒤 변한 값을 기록한다. 고양이가 제멋대로 움직일 수 있기 때문에 값의 변화를 기록하기가 다소 까다로울 수 있다. 고양이 과자나 개박하를 판 위에 놓아 두고 고양이를 유인하면 조금은 수월할 것이다. 장치가 잘 작동하고 고양이가 판에 앉았을 때 센서의 값이 의미 있게 변하는 것을 확인했다면 다음 단계로 넘어가자.

```
/*
  아날로그 센서 판독기
  환경: 아두이노

  아날로그 0번 핀에서 아날로그 입력 값을 읽어서 ASCII 양식의 10진수로 출력함.

  연결:
     아날로그 0번 핀에 압력 센서가 연결됨.
*/
void setup()
{
   // 시리얼 포트를 전송 속도 9600bps로 개방함:
   Serial.begin(9600);
}

void loop()
{
   // 아날로그 입력 값을 읽음:
   int sensorValue = analogRead(A0);

   // 아날로그 값을 ASCII 십진수 양식으로 전송함:
   Serial.println(sensorValue, DEC);
}
```

연결하자

이제 시리얼 통신을 이용해서 센서 값을 프로세싱으로 전송한다. 프로세싱은 고양이가 매트에 올라가면 이메일을 발송하고 사진을 찍는다. 이 스케치는 2장의 몬스키 품에서 센서 값을 읽는 스케치와 비슷하기 때문에 낯설지 않을 것이다.

고양이가 매트에 앉아 있는 동안 프로세싱이 쉬지 않고 계속 메시지를 보낸다면 여러분은 아마 수천 통의 이메일을 받게 될 것이다. 따라서 고양이가 매트에 올라가면 이메일을 하나 보내고 매트 위에 머무는 동안은 이메일을 계속 보내지 않도록 해야 한다. 고양이가 자리를 떠났다가 다시 돌아오면 그때는 또 한 번 이메일을 보내야 한다. 또한 고양이가 1분 이내에 오락가락하는 경우에도 이메일을 발송하지 않도록 해야 한다.

이러한 상황이 센서의 값으로는 어떻게 표현될까? 두 가지 방법 중 하나를 선택해서 확인하자. 첫 번째 방법은 고양이가 신호에 맞춰 매트 위에서 오락가락하도록 하는 방법이다. 하지만 이 방법은 과자나 장난감으로 고양이를 유인하지 않으면 효과를 거두기 어렵다. 또 다른 방법은 고양이의 무게를 잰 뒤 비슷한 무게가 나가는 물건으로 고양이를 대신하는 방법이다. 고양이로 직접 실험을 하면 고양이가 뒹굴거나 발톱으로 매트를 만지작거릴 때 일어나는 변화도 확

```
/*
  시리얼 문자열 판독기
  환경: 프로세싱

  개행 문자(ASCII 10)가 나올 때까지 문자열을 읽어서
  문자를 숫자로 바꿈.
*/
import  processing.serial.*;

Serial myPort;                  // 시리얼 포트
float sensorValue = 0;          // 센서의 값
float xPos = 0;                 // 그래프의 수평 위치

void setup() {
   size(400, 300);
   // 가용한 모든 시리얼 포트의 목록을 출력함
   println(Serial.list());

   // 맥 컴퓨터의 경우 아두이노가 언제나 첫 번째 포트에 연결되기 때문에
   // Serial.list()[0]을 개방한다.
   // Serial.list()는 첫 번째 포트인 [0]부터 가용한 포트들을 보여준다.
   // 자신의 환경에 맞는 포트를 개방하자.
   myPort = new Serial(this, Serial.list()[0], 9600);

   // 개행 문자(ASCII 10)가 나올 때까지 바이트들을 읽어서 버퍼에 저장함:
   myPort.bufferUntil('\n');

   // 배경의 초기 색과 도형을 부드럽게 처리하도록 설정함:
   background(#543174);
   smooth();
}

void draw () {
   // 여기서는 아무것도 처리하지 않음
}

void serialEvent (Serial myPort) {
   // ASCII 문자열을 읽음:
```

인할 수 있다. 그에 비해 고양이의 무게를 대신하는 물건을 이용하면 고양이를 회유하지 않고도 간편하게 프로젝트를 진행할 수 있다.

```
String inString = myPort.readStringUntil('\n');

if (inString != null) {
  // 공백 문자를 제거함:
  inString = trim(inString);
  // 문자를 숫자로 변환하고 화면의 높이로 범위를 변환함:
  sensorValue = float(inString);
  sensorValue = map(sensorValue, 0, 1023, 0, height);
  println(sensorValue);
  }
}
```

프로그램을 다듬자

장치들이 잘 작동하고 있다면 고양이가 매트 위에 올라갔을 때 센서 값이 변하는 것을 보았을 것이다. 결과를 그래프로 그려보면 차이가 보다 더 확연하게 드러난다. 그래프를 그리기 위해 프로세싱 프로그램의 앞부분에 변수를 몇 개 추가하자.

```
float prevSensorValue = 0;   // 센서의 이전 값
float lastXPos = 0;          // 이전의 수평 위치
```

» drawGraph()라는 함수를 추가한다.

주의: 마이크로컨트롤러가 컴퓨터와 정상적으로 시리얼 통신을 했다면 2장의 몬스키 퐁과 같이 블루투스 무선 장치를 사용해 보자. 컴퓨터와 고양이 매트를 유선으로 연결하지 않아도 된다면 훨씬 편하게 프로그램을 작성할 수 있을 것이다.

```
void drawGraph(float prevValue, float currentValue) {
  // 화면에서 높은 숫자가 위로 그려질 수 있도록 창의 높이에서 값을 뺀다
  float yPos = height - currentValue;
  float lastYPos = height - prevValue;

  // 적절한 색으로 선을 그린다:
  stroke(#C7AFDE);
  line(lastXPos, lastYPos, xPos, yPos);

  // 화면의 가장자리에 이르면 다시 처음으로 돌아간다:
  if (xPos >= width) {
    xPos = 0;
    lastXPos = 0;
    background(#543174);
  }
  else {
    // 수평 위치를 증가시킴:
    xPos++;
    // 다음 프레임에서 사용할 수 있도록
    // 현재 그래프의 위치를 저장함
    lastXPos = xPos;
  }
}
```

» 마지막으로, serialEvent() 함수에 새로운 코드를 추가한다. 센서의 값을 출력하는 코드 다음에 추가하면 된다. 새로운 코드는 파란색으로 표시했다.

```
    println(sensorValue);
    sensorValue = map(sensorValue, 0, 1023, 0, height);
    drawGraph(prevSensorValue, sensorValue);
    // 다음 프레임에서 사용할 수 있도록 현재 센서의 값을 저장함:
    prevSensorValue = sensorValue;
  }
}
```

프로그램을 실행하면 그림 3-11과 같이 센서 값이 그래프로 그려진다. 고양이가 매트 위에 올라가면 그래프가 갑자기 증가하고 매트에서 내려가면 그래프가 감소한다. 한편 고양이의 움직임과 상관없이 그래프에 발생하는 작은 변화도 볼 수 있다. 만약 고양이가 매트에 올라가 있을 때와 내려갔을 때의 그래프 차이에 비해 이 변화가 상대적으로 작다면 무시해도 되지만 그렇지 않다면 걸러내야 한다. 이제 센서의 값을 이용해서 충분한 정보를 얻을 수 있으니 고양이가 매트를 오가는 상황을 이벤트로 정의해 보자. 먼저 주목해야 할 이벤트는 센서의 값이 크게 증가할 때이다. 그때가 바로 고양이가 매트 위에 올라간 순간이기 때문이다. 이를 검출하기 위해서는 한계치를 정해서 고양이가 매트 위에 있을 때와 그렇지 않을 때를 구분해 보자. 센서의 값이 한계치보다 작은 상태에서 더 커지거나 같아질 때가 첫 번째 이벤트이다. 한편, 고양이가 매트를 벗어나면 센서의 값이 한계치 이하로 떨어진다. 이것이 두 번째 이벤트다.

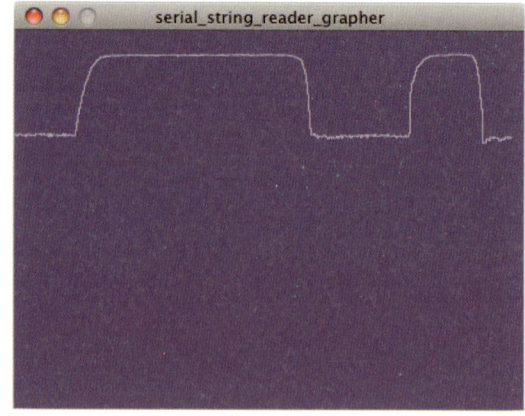

그림 3-11 센서의 값을 그래프로 보여주는 프로그램.

이벤트가 일어날 때마다 일일이 반응할 수는 없다. 고양이가 변덕스럽게 매트 위를 오르락내리락 할 수도 있기 때문이다. 메시지를 한 번 보내고 나면 한동안은 고양이가 매트에서 내려갔다가 다시 올라오더라도 메시지를 보내지 않도록 해야 한다. 적당한 휴식 시간을 정해서 그 사이에는 어떠한 값이 입력되더라도 반응하지 않도록 하자. 그리고 휴식 시간이 끝나면 다시 입력 값에 따라 반응하도록 한다.

» 한계치 값을 저장할 새로운 변수를 프로그램 앞부분에 추가하자. 고양이가 매트에 올라가 있지 않은 상태에서 입력되는 센서의 값을 관찰하고 그보다 약간 높은 값을 한계치의 값으로 설정한다.

```
int threshold = 250;   // 센서의 값이 이 이상 나오면
                       // 고양이가 매트 위에 올라간 것으로 간주한다.
```

» serialEvent() 함수에서 drawGraph()를 호출하는 행 바로 다음에 새로운 코드를 추가한다. 새로운 코드는 파란색으로 표시했다. serialEvent() 함수에서 센서의 값을 출력하는 코드의 행은 지우거나 주석으로 처리하자.

```
drawGraph(prevSensorValue, sensorValue);

if (sensorValue > threshold) {
    // 만약 센서의 값이 한계치보다 크고 이전의 센서 값은 한계치보다 작았다면
    // 고양이가 방금 매트 위로 올라온 것이다.
    if (prevSensorValue <= threshold) {
      println("cat on mat");
      sendMail();
    }
}
else {
    // 만약 센서의 값이 한계치 보다 작고 이전의 센서 값은 한계치보다 컸다면
    // 고양이가 방금 매트에서 내려간 것이다.
```

```
if (prevSensorValue > threshold) {
  println("cat not on mat");
}
}
```

» 마지막으로 메일을 발송하는 함수를 추가한다. 일단은 콘솔에 메일을 발송하는 메시지만 출력하도록 하고, 다음 절 이후에 메일을 발송하는 코드를 작성하기로 하자. 이 함수는 프로그램의 맨 마지막 부분에 추가한다.

```
void sendMail() {
  println("This is where you'd send a mail.");
}
```

프로그램을 실행하면 고양이가 매트에 올라가거나 내려갈 때 그리고 메일이 발송되어야 할 때를 알려주는 메시지가 콘솔에 출력된다. 여러분의 고양이는 변덕스러울 수도 있고, 또는 매트 위에서 꾸물거릴 수도 있다. 그럴 경우 고양이가 완전히 자리를 잡을 때까지 메일 메시지가 몇 차례 발송될 수 있다.

이러한 현상을 방지하기 위해서는 메시지를 한 번 발송하면 일정한 시간 동안은 다시 발송하지 않도록 스케치를 수정해야 한다. sendMail() 함수를 수정해서 마지막으로 메시지를 발송한 시간을 파악하고 있도록 다음과 같이 코드를 수정하자.

길들이자
프로그램이 메일을 보낼 때마다 시간을 기록하자. 프로그램의 앞부분에 새로운 변수를 몇 개 추가한다.

```
int currentTime = 0;      // 현재 시간
int lastMailTime = 0;     // 마지막으로 메일을 보낸 시간
int mailInterval = 60;    // 메일과 메일 사이의 시간(초)
String mailUrl = "http://www.example.com/cat-script.
                  php";
```

» draw() 함수에 현재 시간을 지속적으로 업데이트하는 행을 추가한다.

```
void draw() {
  currentTime = hout()*3600 + minute() * 60 + second();
```

» 이제 sendMail() 함수를 오른쪽과 같이 수정한다.

정상적으로 작동하는 것을 확인한 뒤에는 mailInterval 변수의 값을 조절해서 메일을 보내는 시간 간격을 적절하게 맞춘다.

```
void sendMail() {
  // 메일을 보낸 이후 경과한 시간:
  int timeDifference = currentTime - lastMailTime;

  if (timeDifference > mailInterval) {
    String[] mailScript = loadStrings(mailUrl);
    println("results from mail script:");
    println(mailScript);

    // 메일을 보낸 시간을 저장함:
    lastMailTime = currentTime;
  }
}
```

스케치를 실행하면 센서의 값이 한계치를 넘어가는 순간 아래와 같은 에러 메시지가 출력될 것이다.

```
cat on mat
results from mail script: The file "http://
www.example.com/cat-script.php" is missing
or inaccessible, make sure the URL is valid
```

or that the file has been added to your sketch and is readable.

에러가 발생하는 이유는 스케치가 존재하지 않는 PHP 스크립트에 대한 HTTP GET 요청을 하고 있기 때문이다. PHP 스크립트는 다음 절에서 작성한다.

고양이가 보낸 편지

프로세싱에는 이메일을 주고받는 라이브러리가 없기 때문에 PHP 스크립트를 호출해서 이메일 작업을 수행해야 한다. 프로세싱에서는 loadStrings() 함수로 간단하게 HTTP GET 요청을 할 수 있다. 같은 함수로 다른 PHP 스크립트나 웹 URL도 호출할 수 있다. 하지만 POST 요청은 약간 더 복잡하다. 이에 대해서는 다음에 알아본다.

다음의 PHP 스크립트를 cat-script.php라는 파일명으로 저장하고 여러분의 서버에 업로드하자. 브라우저에서 해당 파일을 호출하면 여러분에게 이메일이 도착할 것이다. 일부 메일 서버들은 적절한 계정 이름으로만 메일을 발송할 수 있다. 그런 경우에는 cat@example.com을 스크립트가 실행되고 있는 서버의 계정 이름과 연결된 이메일로 바꿔야 한다.

스크립트가 정상적으로 실행되는 것을 확인했다면 프로세싱 스케치로 돌아가서 mailUrl 변수의 값이 스크립트의 URL과 일치하는지 분명히 확인하자. 이제는 고양이가 매트에 앉으면 스케치가 메일을 발송하는 스크립트를 호출하게 되고, 여러분은 비로소 고양이가 보내는 이메일을 받을 수 있다. 콘솔에는 다음과 같이 출력된다.

```
cat on mat
results from mail script:
[0] "TO: you@example.com"
[1] "FROM: cat@example.com"
[2] "SUBJECT:the cat"
[3] ""
[4] "The cat is on the mat at http://www.
example.com/catcam."
[5] ""
```

```
<?php
/*
    메일을 보내는 스크립트
    환경: PHP

    센서의 값이 한계치를 넘어가면 메일을 발송함.
*/
    // 메시지의 양식:
    $to = "you@example.com";
    $subject = "the cat";
    $message = "The cat is on the mat at http://www.example.com/catcam.";
    $from = "cat@example.com";

    // 메일을 발송함:
    mail($to, $subject, $message, "From: $from");
    // 프로세싱에 응답함:
    echo "TO: " .$to;
    echo "\nFROM: " .$from;
    echo "\nSUBJECT:" .$subject;
    echo "\n\n" .$message . "\n\n";
?>
```

» 이메일 계정은 수정해야 함.

이제까지 많은 진전이 있었다. 물리적인 이벤트, 즉 매트 위에 고양이가 앉으면 메일을 보낼 수 있게 된 것이다. 잠깐 쉬면서 여러분이 거둔 성과와 이에 협조한 고양이를 위해 자축하자. 다음 절에서는 웹캠을 사용해서 여러분의 고양이를 인터넷의 유명 인사로 만들어 볼 것이다.

 이제 프로그램이 메일을 발송할 수 있기 때문에 메일을 발송하는 빈도에 주의해야 한다. 반복적으로 순환하는 프로그램에서 실수로 메일 명령어를 잘못 호출하면 순식간에 1만 통이 넘는 메일을 받을 수도 있기 때문이다.

고양이 카메라 웹 페이지 만들기

» 고양이 카메라를 위한 웹 페이지가 필요하다. 고양이의 사진을 찍어서 catcam.jpg로 저장하고 스크립트 파일이 있는 디렉터리에 업로드한다. 이미지가 올바른 디렉터리에 있고 잘 열리는지 확인했다면 index.html이라는 웹 페이지에 이미지를 삽입하자. 여기에 간단한 웹 페이지의 HTML이 있다. 이 페이지는 헤드에 포함된 메타 태그 덕분에 브라우저에서 5초마다 새로고침을 한다. 페이지를 자신의 취향에 맞게 수정해 보자. 단, 메타 태그는 그대로 유지해야 한다.

```html
<html>
<head>
  <title>Cat Cam</title>
  <meta http-equiv="refresh" content="5">
</head>
<body>
  <center>
    <h2>Cat Cam</h2>
      <img src="catcam.jpg">
  </center>
</body>
</html>
```

프로그램을 다듬자

위의 웹 페이지는 정말 간단하지만 매번 전체 페이지를 새로고침 한다. CSS DIV 태그와 자바스크립트를 조금 사용하면 근사하게 이미지만 새로고침 할 수 있다.

이번에 만들 페이지는 약간 더 복잡하다. 하지만 다른 요소들은 그대로 두고 이미지만 새로고침 할 수 있다.

고양이 카메라 페이지를 마음에 들게 만들었다면 사진을 찍어서 업로드하는 과정을 자동화할 차례다. 먼저 업로드를 담당하는 PHP 스크립트를 작성한 뒤 프로세싱 스케치를 수정해서 사진을 찍고 해당 PHP 스크립트를 호출해 업로드할 수 있도록 할 것이다. 그림 3-12는 고양이 카메라 페이지에 올라간 이미지를 보여준다.

```html
<html>
<head>
  <title>Cat Cam</title>
  <script type="text/javascript">
    function refresh() {
      var refreshTime = 5 * 1000;       // 5000 ms
      var thisImage = "catcam.jpg";     // 이미지의 경로
      var today = new Date();           // 현재 시간
      // 이미지 문자열 뒤에 시간 정보를 붙여서
      // 고유한 URL로 만든다:
      document.images["pic"].src=thisImage+"?"+today;
      // 이미지가 업로드되었다면 새로고침 한다:
      if(document.images) {
        window.onload=refresh;

      }
      // 정해진 시간이 되면 이미지를 새로고침 한다
      t=setTimeout('refresh()', refreshTime);

    }
  </script>
</head>
<body onload="refresh()">
  <center>
    <h2>Cat Cam</h2>
<img src="catcam.jpg" id="pic">
  </center>
</body>
</html>
```

그림 3-12 여러분이 어떤 수정을 하더라도 고양이 카메라 페이지는 이와 유사한 모습일 것이다.

PHP로 서버에 파일 올리기

이제 서버에 파일을 업로드하는 스크립트를 작성해 보자. PHP에는 사전에 정의된 변수인 $_FILES가 있다. 이 변수는 사용자가 HTTP를 통해 업로드하는 모든 파일에 대한 정보를 제공한다. 마치 앞에서 본 $_REQUEST 변수와 같이 $_FILES는 배열이며 배열의 각각의 요소들은 파일의 속성을 저장하고 있다. 여러분은 이 변수를 통해 파일의 이름, 크기, 유형 등을 파악한 뒤 특정한 크기 이하의 JPEG 파일만 업로드할 수 있도록 스크립트를 작성할 것이다.

시도해 보자

옆의 PHP 스크립트는 파일을 업로드하는 HTML 양식을 포함하고 있다. 이 PHP 스크립트는 아직 HTTP 요청에 대한 결과만 보여줄 뿐 다른 기능은 없다. 스크립트를 save2web.php로 저장하고 서버에 업로드하자.

업로드한 파일을 브라우저에서 열어 본다. 파일을 선택하는 버튼과 업로드 버튼이 있는 간단한 양식이 보일 것이다. JPEG 파일을 선택해서 업로드해 보자. 그러면 다음과 유사한 결과가 출력된다.

```
Array ( [file] => Array (
[name] => catcam.jpg [type] =>
image/jpeg [tmp_name] => /tmp/
phpoZT3BS [error] => 0 [size]
=> 45745 ) )
```

위의 결과는 $_FILE 변수가 저장하고 있는 내용이다.

```php
<?php
if (isset($_FILES)) {
  print_r($_FILES);

}
?>

<html>
<body>

<form action="save2web.php" method="post"
enctype="multipart/form-data">
<label for="file">Filename:</label>
<input type="file" name="file" id="file" />
<br />
<input type="submit" name="submit" value="Upload" />
</form>

</body>
</html>
```

» 스크립트의 PHP 부분, 즉 <?php와 ?> 사이의 행들을 다음과 같이 바꾸자. 이 스크립트는 업로드한 파일이 100킬로바이트 이하의 크기이며 JPEG 파일인지 확인한 뒤 스크립트와 같은 디렉터리에 저장한다.

```php
<?php
if (isset($_FILES)) {
  // 파일의 매개변수들을 변수에 할당한다.
  $fileName = $_FILES['file']['name'];
  $fileTempName = $_FILES['file']['tmp_name'];
  $fileType = $_FILES['file']['type'];
  $fileSize = $_FILES['file']['size'];
  $fileError = $_FILES['file']['error'];

  // 파일이 JPEG 유형이며 100K 미만일 경우 처리한다:
  if (($fileType == "image/jpeg") && ($fileSize <
                                    100000)){
    // 파일에 에러가 있다면 출력한다:
    if ( $fileError > 0){
      echo "Return Code: " . $fileError . "<br />";
    }

    // 파일에 에러가 없다면 파일 정보를 HTML로 출력한다:
    else {
      echo "Upload: " . $fileName . "<br />";
      echo "Type: " . $fileType . "<br />";
      echo "Size: " . ($fileSize / 1024) . " Kb<br />";
      echo "Temp file: " . $fileTempName . "<br />";

      // 기존에 동일한 파일이 업로드되어 있다면, 기존 파일을 지운다:
      if (file_exists($fileName)) {
        unlink($fileName);
      }
      // 파일을 임시 장소에서 아래의 디렉터리로 이동시킨다:
      move_uploaded_file($fileTempName, $fileName);
      echo "Uploaded file stored as: ".$fileName;
    }
  }
  // 파일이 JPEG 유형이 아니거나 너무 크다면 아래와 같이 출력한다:
  else {
    echo "File is not a JPEG or too big.";
  }
}
?>
```

프로세싱으로 이미지 캡처해서 업로드하기

서버에는 업로드 스크립트가 있으니 로컬 컴퓨터, 즉 여러분의 컴퓨터에서 고양이의 사진을 찍어서 스크립트를 호출할 수 있는 프로그램이 필요하다. 시장에 자동화된 웹캠 응용프로그램이 몇몇 나와 있지만 직접 프로그램을 만드는 것도 재미있을 것이다. 이 절에서는 프로세싱의 외부 라이브러리 두 개를 이용해서 프로그램을 만든다. 우리가 사용할 라이브러리는 프로세싱 비디오 라이브러리와 프로세싱 넷 라이브러리이다.

시작하기 전에 해야 할 일이 몇 가지 있다. 첫째, 컴퓨터와 프로세싱이 웹캠을 읽을 수 있는지 확인해야 한다.

여러분이 맥 OS X를 사용하고 있다면, 모든 준비는 끝났다. 프로세싱 비디오 라이브러리는 퀵타임(QuickTime) 환경에서 작동하는데 맥에는 이 환경이 갖추어져 있다. 포토부스(Photo Booth) 같은 응용프로그램을 실행하고 카메라가 작동하는 것을 확인했다면 프로그램을 작성할 준비가 되었다.

윈도우 7 사용자들은 퀵타임이 설치되어 있지 않다면 http://www.apple.com/quicktime에서 다운받은 뒤 안내에 따라 설치해야 한다. 퀵타임을 통해 프로세싱을 웹캠에 연결해주는 VDIG라는 소프트웨어도 필요하다. http://www.eden.net.nz/7/20071008/에서 WinVDIG를 다운받자.[8] 책을 쓰고 있는 현재로서는 1.0.1 버전이 가장 안정적이니 이 버전을 사용하도록 한다. 마지막으로, 프로세싱의 호환성 설정을 바꿔야 한다. 프로세싱 응용프로그램의 디렉터리를 열고 프로세싱 응용프로그램 아이콘을 오른쪽 클릭해서 속성을 선택한다. 속성 창이 열리면 호환성 탭으로 이동해서 '이 프로그램을 실행할 호환 모드:'에 체크하고 드롭 다운 메뉴가 활성화되면 'Windows XP(서비스 팩 3)'를 선택

한다. 이 과정을 모두 마친 뒤 적용 버튼을 클릭하면 다음 단계로 진행할 준비가 끝난다. 프로세싱 개발팀에서 이 과정을 줄일 수 있는 방법을 찾고 있는 만큼 조만간 훨씬 간편하게 작업할 수 있을 것이다.

유감스럽게도 우분투 리눅스 사용자들은 이번 예제를 해볼 수 없다. 현재까지는 프로세싱 비디오 라이브러리가 리눅스 환경을 지원하지 않기 때문이다. 여러분이 이 문제를 해결할 패치(작은 프로그램)를 프로세싱 팀에게 제공해 준다면 개발자들이 기뻐할 것이다.

시도해 보자

옆에 웹캠의 라이브 이미지를 화면에 출력하는 비디오 라이브러리 스케치가 있다. 스케치를 실행하면 여러분 자신이나 고양이가 화면에 나타날 것이다.

```
/*
이미지 캡처와 업로드
환경: 프로세싱
*/
import processing.video.*;      // 비디오 라이브러리를 불러옴
Capture myCam;                  // 카메라

void setup() {
  size(640, 480);   // 창의 크기 설정

  // 컴퓨터에 연결된 카메라의 목록을 출력함:
  println(Capture.list());

  // 기본 카메라를 사용해서 30fps의 속도로 캡처함:
  myCam = new Capture(this, width, height, 30);
}
void draw() {
  // 카메라가 데이터를 전송해 온다면:
  if (myCam.available()) {
    myCam.read();           // 카메라의 이미지를 읽음
    set(0, 0, myCam);       // 화면에 카메라의 이미지를 출력함
  }
}
```

» draw() 함수에 있는 set() 명령어 아래에 다음의 행을 추가하면 화면에 시간과 날짜를 출력할 수 있다. 새로운 코드는 파란색으로 표시했다.

```
void draw() {
  // 카메라가 데이터를 전송해 온다면:
  if (myCam.available()) {
    myCam.read();           // 카메라의 이미지를 읽음
    set(0, 0, myCam);       // 화면에 카메라의 이미지를 출력함

    // 시간을 문자열로 바꿈:
    String timeStamp = nf(hour(), 2) + ":" +
      nf(minute(), 2) + ":" + nf(second(), 2) + " " +
```

---

8 프로세싱 2.X 버전 이상에서는 비디오 라이브러리가 변경됨에 따라 PC에 퀵타임과 VDIG가 설치되어 있지 않아도 웹캠을 사용할 수 있게 되었다. 하지만 프로세싱 1.5.1 버전을 사용하는 독자들은 앞의 절차를 따라야 한다.

```
    nf(day(), 2) + "-" + nf(month(), 2) + "-" +
    nf(year(), 4);

  // 시간 텍스트의 그림자 그리기:
  fill(15);
  text(timeStamp, 11, height - 19);
  // 그림자 위에 시간 텍스트 표시:
  fill(255);
  text(timeStamp, 10, height - 20);
  }
}
```

» 이제 스케치의 맨 위에 파일 이름을 저장할 전역변수를 추가하고 스케치의 맨 아래에는 창의 이미지를 JPEG 파일로 저장할 함수를 추가한다. 키보드의 아무 키나 치면 이미지가 저장된다. 새로운 행들은 파란색으로 표시했다.

```
import processing.video.*;   // 비디오 라이브러리를 불러옴
Capture myCam;               // 카메라
String fileName = "catcam.jpg";

// setup과 draw 함수가 있는 부분

void keyReleased() {
  PImage img = get();
  img.save(fileName);
}
```

그림 3-13 고양이 카메라 프로세싱 스케치의 출력 결과.

» 다음에는 HTTP POST 요청을 하는 함수를 추가한다. 이 함수를 추가하려면 네트워크 라이브러리가 필요하다. 이 라이브러리는 시리얼 라이브러리와 마찬가지로 프로세싱에 몇 가지 기능을 추가한다. 시리얼 라이브러리는 여러분이 시리얼 포트에 접속할 수 있게 해준다. 네트워크 라이브러리는 네트워크에 접속할 수 있게 해주며 그 외에 몇 가지 전역변수도 제공한다. 오른쪽의 코드를 setup() 함수 앞에 추가한다.

```
import processing.net.*;

String pictureScriptUrl = "/save2web.php";
String boundary = "----H4rkNrF";
Client thisClient;
```

» 이제 실제로 POST 요청을 표현하고 전송할 수 있는 함수가 필요하다. 이를 위해서는 서버에 새로운 클라이언트 접속을 열고 요청을 보내야 한다. 옆의 함수는 세 가지 내용을 요청하고 있다. 첫 번째는 파일 앞에 붙어 있는 모든 것(requestHead 변수), 두 번째는 바이트 배열로 로드되는 파일 자체(thisFile 변수), 그리고 마지막은 파일 다음에 오는 요청의 끝부분(tail 변수)이다. 스케치의 마지막 부분에 이 함수를 추가하자.

```
void postPicture() {
  // 저장한 이미지를 바이트 배열로 로드함:
  byte[] thisFile =loadBytes(fileName);

  // 서버에 새로운 연결 개방:
  thisClient = new Client(this, "www.example.com", 80);
  // HTTP POST 요청:
  thisClient.write("POST " + pictureScriptUrl +
                   " HTTP/1.1\n");
  thisClient.write("Host: www.example.com\n");
  // 서버에 여러 부분으로 나누어진 POST를 보낸다는 것을 알리고,
  // 이 부분들을 기술하는 고유한 문자열을 전송한다:
  thisClient.write("Content-Type: multipart/form-data;
                   boundary=");
  thisClient.write(boundary + "\n");

  // 요청의 앞부분을 구성함:
  String requestHead ="\n--" + boundary + "\n";
  requestHead +="Content-Disposition: form-data;
                 name=\"file\"; ";
  requestHead += "filename=\"" + fileName + "\"\n";
  requestHead +="Content-Type: image/jpeg\n\n";

  // 요청의 끝부분을 구성함
  String tail ="\n--" + boundary + "--\n\n";
```

» 요청을 구성하는 세 부분을 만들었으면 문자열 두 개의 길이와 바이트 배열을 더해 바이트의 총합을 계산한다. 그 다음 콘텐츠의 길이를 전송하고 이어서 콘텐츠 자체를 전송한다. 마지막으로 클라이언트를 정지시켜서 연결을 닫는다.

```
  // 요청의 앞부분, 파일, 그리고 마지막 부분을 포함한
  // 요청의 총 길이를 계산해서 전송한다:
  int contentLength = requestHead.length() + thisFile.
                      length + tail.length();
  thisClient.write("Content-Length: " + contentLength
                   + "\n");

  // 요청의 앞부분, 파일, 그리고 끝부분을 전송한다:
  thisClient.write(requestHead);
  thisClient.write(thisFile);
  thisClient.write(tail);

  // 클라이언트를 닫는다:
  thisClient.stop();
}
```

» 마지막으로, 앞에서 작성한 새로운 함수를 호출하는 행을 keyPressed() 함수 안에 삽입한다. 새로운 행은 파란색으로 표시했다.

```
void keyReleased() {
  PImage img = get();
  img.save(fileName);
  postPicture();
}
```

스케치를 저장하고 실행해 보자. 키보드의 아무 키나 누르면 스케치는 이미지를 저장하고 save2web.php 스크립트를 통해 서버의 catcam 디렉터리에 이미지를 업로드한다.

다중 POST 요청(multipart POST request) 해부하기

HTTP를 통해 파일을 업로드하는 HTML 양식은 POST 요청은 물론 특수한 콘텐츠 유형인 multipart/form-data 방식을 이용해서 서버로 하여금 자신에게 전송되는 데이터를 어떻게 해석해야 하는지 알려준다. 양식을 이루는 각각의 요소는 고유한 문자열로 구분된다. 파일을 업로드하는 스크립트가 보낸 내용은 아래와 같은 모습으로 서버에 전달된다.

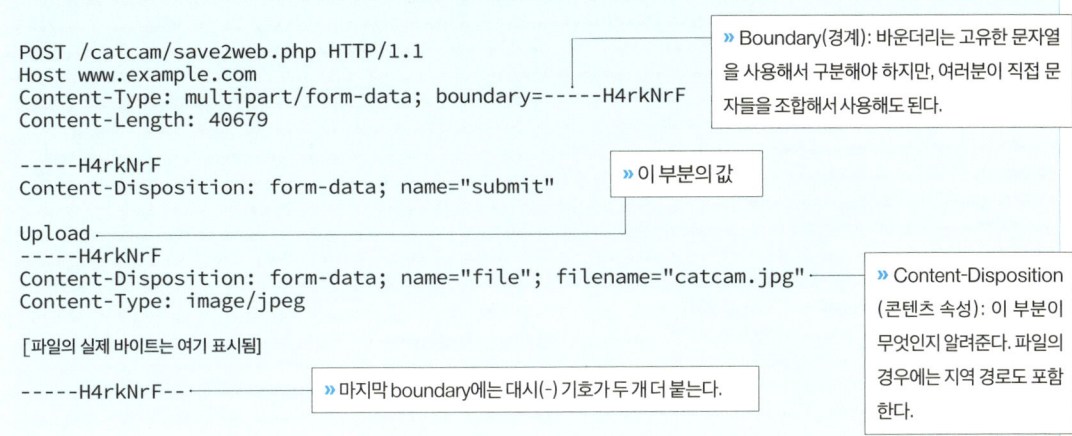

» Boundary(경계): 바운더리는 고유한 문자열을 사용해서 구분해야 하지만, 여러분이 직접 문자들을 조합해서 사용해도 된다.

» 이 부분의 값

» Content-Disposition (콘텐츠 속성): 이 부분이 무엇인지 알려준다. 파일의 경우에는 지역 경로도 포함한다.

한데 모으기

마지막으로 시리얼 포트를 읽고, 메일을 보내는 스크립트를 읽으며, 사진을 찍고, 이미지를 업로드하는 스크립트를 호출하는 프로세싱 스케치를 모두 결합한다. 최종 스케치는 그림 3-14에 보이는 것과 같이 작동한다. 시리얼을 통해 들어오는 센서의 데이터에 의해 모든 것이 작동한다. 즉, 시리얼로 들어오는 값이 한계치를 넘었다면 고양이가 있다는 의미이므로 스케치는 사진을 찍는다. 마지막으로 사진을 찍은 이후 적절한 시간이 경과한 뒤라면 사진을 업로드한다. 만약 센서의 값이 한계치 이하에서 막 한계치 이상으로 바뀌었고, 마지막 메일을 발송한 이후 적절한 시간이 흐른 뒤라면 스케치는 여러분에게 고양이가 매트 위로 올라갔다는 메일을 발송한다.

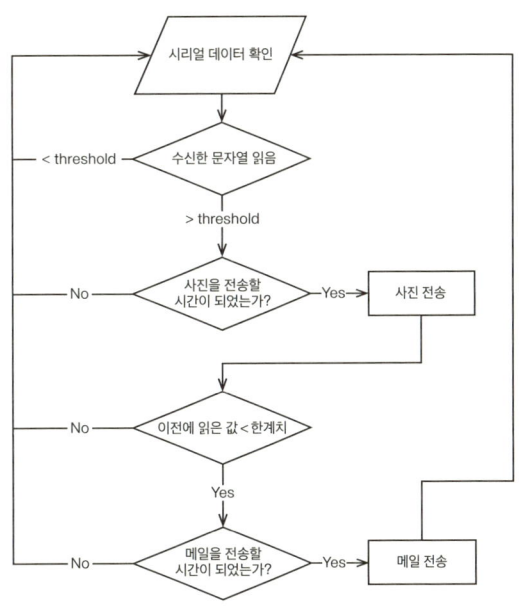

그림 3-14 고양이 카메라 스케치의 흐름도.

시도해 보자

전역변수들부터 시작해서 두 스케치를 합치자.

```
/*
고양이 웹캠 업로더/이메일러
환경: 프로세싱

지속적으로 웹캠 사진을 찍어서 업로드하고
주어진 값 이상의 시리얼 데이터가 들어오면 메일을 발송함
*/

// 네트워크, 시리얼, 비디오 라이브러리를 불러옴:
import processing.serial.*;
import processing.video.*;
import processing.net.*;

Serial myPort;                        // 시리얼 포트
float sensorValue = 0;                // 센서의 값
float prevSensorValue = 0;            // 센서의 이전 값
int threshold = 250;                  // 이 값 이상이 나오면
                                      // 고양이가 매트 위에 올라간 것임

int currentTime = 0;                  // 현재 시간
int lastMailTime = 0;                 // 마지막으로 메일을 보낸 시간
int mailInterval = 60;                // 메일과 메일 사이의 시간(초)
String mailUrl = "http://www.example.com/cat-script.
                   php";
int lastPictureTime = 0;              // 마지막으로 캡처한 시간
int pictureInterval = 10;             // 캡처와 캡처 사이의 시간

Capture myCam;                        // 카메라 캡처 라이브러리의 인스턴스
String fileName = "catcam.jpg";       // 캡처한 이미지의 파일 이름

// 서버에 있는 사진 스크립트의 경로:
String pictureScriptUrl = "/save2web.php";
String boundary = "----H4rkNrF";      // POST 요청에서 경계를 표시하기
                                      // 위해 사용할 문자열

Client thisClient;                    // 넷 라이브러리의 인스턴스
```

» 이제 setup() 함수를 합치자.

```
void setup() {
  size(400,300);
  // 모든 시리얼 포트의 목록 출력
  println(Serial.list());

  // 맥 컴퓨터의 경우 아두이노가 언제나 첫 번째 포트에 연결되기 때문에
  // Serial.list()[0]을 개방한다.
  // Serial.list()는 첫 번째 포트인 [0]부터 가용한 포트들을 보여준다.
  // 자신의 환경에 맞는 포트를 개방하자.
  myPort = new Serial(this, Serial.list()[0], 9600);

  // 개행(ASCII 10) 문자가 나올 때까지 바이트들을 읽어서 버퍼에 저장함:
  myPort.bufferUntil('\n');

  // 배경의 초기 색과 도형을 부드럽게 처리하도록 설정함:
  background(#543174);
  smooth();

  // 컴퓨터에 연결된 카메라의 목록을 출력함:
  println(Capture.list());

  // 기본 카메라를 사용해서 30fps의 속도로 캡처함:
  myCam = new Capture(this, width, height, 30);
}
```

» draw() 함수는 카메라 이미지와 시간을 화면에 출력한다.

```
void draw () {
  // 현재의 시간, 분, 초를 합산한다:
  currentTime = hour() * 3600 + minute() * 60 +
                second();

  if (myCam.available() == true) {
    // 카메라의 이미지를 읽어서 화면에 출력함:
    myCam.read();
    set(0, 0, myCam);

    // 시간을 문자열로 바꿈:
    String timeStamp = nf(hour(), 2) + ":" +
      nf(minute(), 2) + ":" + nf(second(), 2) + " " +
      nf(day(), 2) + "-" + nf(month(), 2) + "-" +
      nf(year(), 4);

    // 시간 텍스트의 그림자 그리기:
    fill(15);
    text(timeStamp, 11, height - 19);
    // 그림자 위에 시간 텍스트 표시:
    fill(255);
    text(timeStamp, 10, height - 20);
  }
}
```

» 그림 3-14의 흐름도에서 알 수 있듯이, serialEvent()에서는 중요한 일들이 일어난다. 만약 센서의 값이 한계치보다 크다면 스케치는 사진을 찍는다. 또한 매 5초마다 사진을 업로드한다. 만약 센서의 값이 막 바뀌었다면 sendMail() 함수를 호출한다.

```
void serialEvent (Serial myPort) {
  // ASCII 문자열을 읽음:
  String inString = myPort.readStringUntil('\n');

  if (inString != null) {
    // 공백 문자를 제거함:
    inString = trim(inString);
    // 문자를 숫자로 변환하고 화면의 높이로 범위를 변환함:
    sensorValue = float(inString);
    sensorValue = map(sensorValue, 0, 1023, 0, height);

    if (sensorValue > threshold ) {
      if (currentTime - lastPictureTime >
          pictureInterval) {
        PImage thisFrame = get();
        thisFrame.save(fileName);
        postPicture();
        lastPictureTime = currentTime;
      }

      // 만약 센서의 값이 한계치보다 크고
      // 이전의 센서 값은 한계치보다 작았다면
      // 고양이가 방금 매트 위로 올라온 것이다.
      if (prevSensorValue <= threshold) {
        println("cat on mat");
        sendMail();
      }
    }
    else {
      // 만약 센서의 값이 한계치보다 작고
      // 이전의 센서 값은 한계치보다 컸다면
      // 고양이가 방금 매트에서 내려간 것이다.
      if (prevSensorValue > threshold) {
        println("cat not on mat");
      }
    }
```

```
                // 다음 프레임에서 사용할 수 있도록 현재 센서의 값을 저장함:
                prevSensorValue = sensorValue;
        }
}
```

» sendMail() 함수는 마지막으로 메일을 보낸 이후 충분한 시간이 지났는지 판단한다. 만약 충분한 시간이 경과했다면 HTTP GET 요청을 하기 위해 loadStrings() 함수로 cat-mail.php 스크립트를 호출한다.

```
void sendMail() {
        // 메일을 보낸 이후 경과한 시간:
        int timeDifference = currentTime - lastMailTime;

        if ( timeDifference > mailInterval) {
                String[] mailScript = loadStrings(mailUrl);
                println("results from mail script:");
                println(mailScript);

                // 메일을 보낸 시간을 저장함:
                lastMailTime = currentTime;
        }
}
```

» 마지막으로 postPicture() 함수는 HTTP POST 요청으로 save2web.php 스크립트를 호출해서 가장 최근에 저장한 이미지를 업로드한다.

```
void postPicture() {
        // 저장한 이미지를 바이트 배열로 로드함:
        byte[] thisFile =loadBytes(fileName);

        // 서버에 새로운 연결 개방:
        thisClient = new Client(this, "www.example.com", 80);
        // HTTP POST 요청:
        thisClient.write("POST " + pictureScriptUrl +
                        " HTTP/1.1\n");
        thisClient.write("Host: tigoe.net\n");
        // 서버에 여러 부분으로 나누어진 POST를 보낸다는 것을 알리고,
        // 이 부분을 기술하는 고유한 문자열을 전송한다:
        thisClient.write("Content-Type: multipart/form-data;
                        boundary=");
        thisClient.write(boundary + "\n");

        // 요청의 앞부분을 구성함:
        String requestHead ="\n--" + boundary + "\n";
        requestHead +="Content-Disposition: form-data;
                        name=\"file\"; ";
        requestHead += "filename=\"" + fileName + "\"\n";
        requestHead +="Content-Type: image/jpeg\n\n";

        // 요청의 끝부분을 구성함:
        String tail ="\n\n--" + boundary + "--\n\n";

        // 요청의 앞부분, 파일, 그리고 마지막 부분을 포함한
        // 요청의 총 길이를 계산해서 전송한다:
        int contentLength = requestHead.length() + thisFile.
                        length + tail.length();
        thisClient.write("Content-Length: " + contentLength +
                        "\n\n");

        // 요청의 앞부분, 파일, 그리고 끝부분을 전송한다:
        thisClient.write(requestHead);
        thisClient.write(thisFile);
        thisClient.write(tail);
}
```

최종 테스트

최종 테스트를 해보자. 먼저 브라우저로 고양이 카메라 페이지에 접속한 뒤 스케치를 실행한다. 처음 시작하면 스케치는 사진을 한 장 찍어서 업로드한다. 몇 초 후에 고양이 카메라 페이지가 자동으로 새로고침을 하면 업로드한 이미지가 브라우저에 나타난다. 다음에는 고양이가 매트 위로 올라가게 하자. 그러면 스케치는 또 다른 사진을 찍어서 업로드하고 여러분에게 이메일을 발송한다. 고양이가 보낸 메일이 자신의 이메일 계정에 들어와 있는지 확인하자.

고양이가 매트 위에 머무는 동안에는 몇 초마다 이미지만 새롭게 업로드된다. 브라우저를 1분 내외 동안 관찰하고 이미지가 몇 번 바뀌는 것을 확인해보자. 그 다음에는 고양이를 매트에서 내려가게 한다. 곧 메일을 발송하는 스크립트를 호출하는 메시지가 콘솔에 나타날 것이다. 고양이가 매트에서 내려간 뒤에 이미지가 바뀌는지 확인하자. 바뀌지 않을 것이다. 브라우저에 보이는 이미지는 매트에서 내려가기 전의 고양이일 것이다. 즉, 고양이가 다시 매트 위로 올라가지 않으면 이미지는 바뀌지 않는다. 이미지에 표시된 시간을 보면 고양이가 마지막으로 매트 위에 있었던 때를 확인할 수 있다.

모든 것이 잘 작동한다면 한숨 돌리고 성과를 자축하자. 그림 3-15에 완성된 고양이 침대가 나와 있다. 축하한다! 여러분은 지금 첫 인터넷 연결 프로젝트를 완수했다. 이제 당신과 당신의 고양이는 서로 소식을 전할 수 있게 되었다.

그림 3-15 완성된 고양이 침대(오른쪽)와 센서 판의 세부 이미지. 센서 판은 고양이 침대 밑에 있다. 집 안의 가구들과 어울리도록 전자 부품들은 대나무로 만든 보석함 안에 넣어두었다. USB 케이블은 컴퓨터에 연결되어 있다. 전선을 잘 가려두지 않으면 고양이가 물어뜯을 수 있으니 주의하자.

결론

이제 여러분은 인터넷의 구조와 네트워크 응용프로그램이 어떻게 작동하는지 알게 되었다.

인터넷은 사실 여러 계층으로 이루어진 네트워크의 네트워크이다. 성공적으로 네트워크 메시지를 처리하기 위해서는 적어도 하나의 신뢰할 만한 인터넷 통신로가 클라이언트와 서버를 연결하고 있어야 한다. 클라이언트와 서버 응용프로그램들은 네트워크 포트를 통해 파일과 메시지를 전송하며, 서로 교환하고자 하는 파일들에 대한 일련의 텍스트 메시지를 교환한다. 특정한 서버와 통신하기 위해서는 서버의 메시지 프로토콜을 알아야 한다. 프로토콜을 알고 있다면 일반적으로는 텔넷 세션에서 적절한 메시지를 입력하여 클라이언트와 서버 사이의 통신을 시도해 볼 수 있다. 마찬가지로 고양이 침대 프로젝트와 같이 컴퓨터나 마이크로컨트롤러가 적절한 메시지를 전송할 수 있도록 프로그램을 작성할 수도 있다. 여러분이 보았듯이 이 메시지는 매우 간단하기 때문에 컴퓨터를 사용하지 않더라도 메시지를 교환할 수 있다. 다음 장에서는 마이크로컨트롤러용 이더넷 인터페이스를 사용해서 마이크로컨트롤러가 컴퓨터를 경유하지 않고 직접 인터넷에 연결되도록 한다.

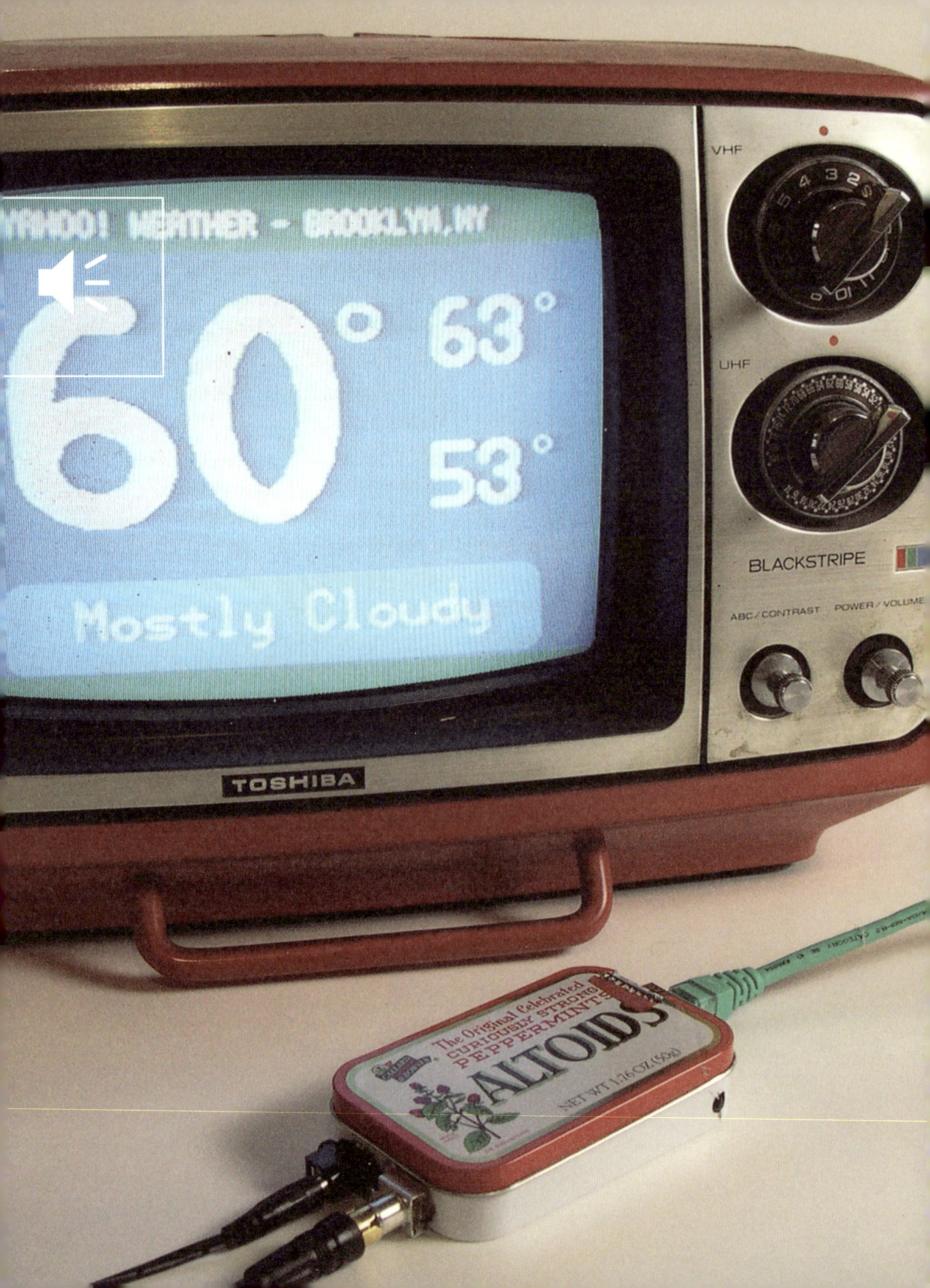
WEATHER - BROOKLYN,NY
60°
63°
53°
Mostly Cloudy
VHF
UHF
BLACKSTRIPE
ABC/CONTRAST
TOSHIBA
The Original Celebrated
CURIOUSLY STRONG
PEPPERMINTS
ALTOIDS
NET WT 1.76 OZ (50g)

MAKE: PROJECTS

4

컴퓨터 없이 인터넷을? 마이크로컨트롤러와 인터넷

많은 사람들이 3장의 네트워크 고양이 침대와 같은 프로젝트를 경험하고 나면 "대단하군. 하지만 컴퓨터를 사용하지 않고도 마이크로컨트롤러를 인터넷에 연결할 수는 없을까?" 하는 생각을 한다. 단지 인터넷을 사용하기 위해서 매번 마이크로컨트롤러를 데스크톱 컴퓨터나 노트북에 부착해야 한다면 매우 번거로울 것이다. 하지만, 3장에서 보았듯이 인터넷 메시지 프로토콜은 단지 텍스트 문자열일 뿐이다. 그리고 마이크로컨트롤러는 짧은 텍스트 문자열을 제법 잘 전송할 수 있다. 그래서 이번 장에서는 마이크로컨트롤러를 컴퓨터에 연결하는 대신 새로운 장치에 연결하여 인터넷에 접속하는 방법을 알아볼 것이다. 이 장치는 앞서 2장에서 사용했던 블루투스 무선통신 모뎀만큼이나 간단하다.

<Y박스(YBox)> 언커먼 프로젝트(Uncommon Projects)
Y박스 (http://uncommonprojects.com/sites/play/ybox-2)는 XPort 시리얼-이더넷 모듈과 프로펠러 마이크로칩을 사용해서 RSS 피드를 TV 화면에 보여준다. 사진 제공: 언커먼 프로젝트

지난 몇 년 동안, 시장에는 개인용 컴퓨터의 지원을 받지 않고도 인터넷에 직접 연결할 수 있는 상업용 제품이 대거 등장했다. 예를 들어 D-링크(D-Link), 소니(Sony), 액시스(Axis)를 비롯한 여러 업체에서 이더넷이나 와이파이 같은 네트워크 인터페이스를 갖춘 보안 카메라를 생산하고 있다. 또한 시바(Ceiva), 이스탈링(eStarling) 같은 업체들은 와이파이 액자를 만들고 있다. 이 액자는 넷에서 업로드한 이미지를 보여준다. 앰비언트 디바이스(Ambient Devices) 같은 회사는 다양한 램프와 디스플레이를 생산하는데, 이 제품들은 넷에 연결되어 있어서 주식시장의 데이터, 날씨, 그리고 다른 양적인 정보의 변화에 따라 색깔이나 내용이 바뀐다. 케이블 텔레비전의 셋톱박스는 사실 오디오, 비디오, 데이터의 흐름을 동시에 전달할 수 있는 작은 컴퓨터이다. 실제로 셋톱박스의 운영체제(OS)는 웹 호스팅 컴퓨터에 많이 사용되는 리눅스의 파생 운영체제인 경우가 많다. 또한 가정에서 사용하는 경보 시스템 같은 경우도 모뎀으로 전화선 너머의 중앙 서버와 통신하는 마이크로컨트롤러들의 네트워크로 이루어져 있다.

앞에서 언급한 기기들은 모두 네트워크 통신과 맞물려 있다. 가장 단순하게는 한 번에 하나의 트랜잭션(transaction), 즉 작업 단위만 처리한다. 예를 들어, 서버에 정보를 요구하고 응답을 기다린다거나, 또는 특정한 물리적 이벤트(event)가 발생하면 단일한 메시지를 전송하는 경우가 이에 해당한다. 반면, 복합적인 통신 스트림을 동시에 처리하는 경우도 있다. 텔레비전을 보면서 인터넷을 서핑하는 경우가 여기에 해당한다. 장치의 처리 능력이 우수할수록 더욱 많은 일을 처리할 수 있다. 하지만, 우리는 한두 가지 기능만 구현하는 장치를 만들 것이기 때문에 엄청난 처리 능력을 갖춘 장치까지는 필요 없다.

그림 4-1 이번 장에서 사용할 새로운 부품들. 1. 아두이노 이더넷 실드. 보드에 장착된 이더넷 모듈을 통제할 수 있다. 2. 포토셀 3. 빨간색, 초록색, 파란색 광 필터 4. 전압계. 최신형을 사용해도 되지만 분위기 있는 골동품이라면 더욱 좋다. 연결용 보드에 사용할 수 있도록 핀 헤더(수놈)도 충분히 준비한다.

4장에서 사용하는 부품

판매점 기호

- **A** 아두이노 스토어(http://store.arduino.cc/ww)
- **AF** 에이다프루트(http://adafruit.com)
- **D** 디지-키(www.digikey.com)
- **F** 파넬(www.farnell.com)
- **J** 자메코(http://jameco.com)
- **MS** 메이커셰드(www.makershed.com)
- **RS** RS(www.rs-online.com)
- **SF** 스파크 펀(www.sparkfun.com)
- **SS** 씨드 스튜디오(www.seeedstudio.com)

프로젝트 6: 헬로 인터넷

» 아두이노 이더넷 보드 1개
  A A000050
  이더넷 실드가 장착된 아두이노 호환 보드(2장 참조)를 사용할 수도 있다.
  SF DEV-09026, J 2124242, A A000056, AF 201, F 1848680

» 인터넷에 연결된 이더넷 접속기
  가정에서 사용하는 라우터(공유기)의 뒷면에는 대개 이더넷 잭이 있다. 이더넷으로 컴퓨터를 인터넷에 연결해 보았다면 포트의 위치를 찾을 수 있을 것이다.

» 10k옴 저항 3개
  D 10KQBK-ND, J 29911, F 9337687, RS 707-8906

» 포토셀(LDR: 광저항) 3개
  D PDV-P9200-ND, J 202403, SF SEN-09088, F 7482280, RS 234-1050

» 브레드보드 1개
  D 438-1045-ND, J 20723 or 20601, SF PRT-00137, F 4692810, AF 64, SS STR101C2M or STR102C2M, MS MKKN2

» 광 필터 3개 빨간색, 초록색, 파란색 원색으로 각각 1개씩. 조명 매장이나 광학 장비 매장에서 구입할 수 있다.

프로젝트 7: 네트워크에 연결된 대기 환경 계기판

» 아두이노 이더넷 보드 1개
  A A000050
  이더넷 실드가 장착된 아두이노 호환 보드(2장 참조)를 사용할 수도 있다.
  SF DEV-09026, J 2124242, A A000056, AF 201, F 1848680

» 인터넷에 연결된 이더넷 접속기
  가정에서 사용하는 라우터(공유기)의 뒷면에는 대개 이더넷 잭이 있다. 이더넷으로 컴퓨터를 인터넷에 연결해 보았다면 포트의 위치를 찾을 수 있을 것이다.

» 브레드보드 1개
  D 438-1045-ND, J 20723 또는 20601, SF PRT-00137, F 4692810, AF 64, SS STR101C2M 또는 STR102C2M, MS MKKN2

» 전압계 1개 근사해 보이는 구형을 권장한다. 0 - 5V, 혹은 0 - 10V를 표시할 수 있는 제품이 이상적이다.
  SF TOL-10285, RS 244-890

» LED 4개
  D 160-1144-ND 또는 160-1665-ND, J 34761 도는 94511, F 1015878, RS 247-1662 또는 826-830, SF COM-09592 또는 COM-09590

» 220옴 저항 4개
  D 220QBK-ND, J 690700, F 9337792, RS 707-8842

네트워크 모듈

여러분은 마이크로컨트롤러가 네트워크 통신의 모든 과정, 즉 물리적 연결과 데이터 연결부터 네트워크 주소 관리 그리고 SMTP나 HTTP와 같은 프로토콜 제어에 이르는 전체 과정을 처리하도록 프로그램을 작성할 수 있다. 네트워크 연결에 필요한 모든 계층을 망라하는 코드 라이브러리를 네트워크 스택 또는 TCP/IP 스택이라고 한다. 한편, 네트워크 인터페이스 모듈을 사용하면 이 모든 작업을 훨씬 수월하게 처리할 수 있다..

네트워크 인터페이스 모듈의 가격과 형태는 다양하다. 마이크로컨트롤러 플랫폼을 고를 때 기술적인 사양을 선택할 수 있듯이 네트워크 컨트롤러를 선택할 때도 기술적인 수준을 선택할 수 있다. 레빗 세미컨덕터(Rabbit Semiconductor) 사의 레빗코어(RabbitCore) 처리기와 같은 모듈은 TCP/IP 스택에 필요한 모든 소스 코드를 함께 제공하기 때문에 사용자가 용도에 맞게 소스 코드를 수정해서 장치를 프로그램할 수 있다. 비글 보드(Beagle Board)와 같은 보드들은 한 회로판에 집적된 하나의 완전한 네

그림 4-2 아두이노 이더넷 보드(왼쪽), 아두이노 이더넷 실드(가운데), POE(Power-over-Ethernet) 모듈이 장착된 이더넷 실드(오른쪽). 셋 중 아무거나 사용해도 된다.

트워크 컴퓨터이다. 이 보드들은 강력한 기능을 갖추고 있으며, 숙련된 네트워크 프로그래머들에게는 매우 편리한 프로그래밍 환경을 제공한다. 하지만 센서나 액추에이터를 연결하기 어렵고 네트워크 프로그래밍 경험이 적은 사람은 배우기도 어렵다. 그에 비해 랜트로닉스(Lantronix) 모듈, 액스포트 다이렉트(XPort Direct), 매치포트(MatchPort), 와이포트(WiPort)와 같은 다른 모듈들은 펌웨어에 스택이 프로그램되어 있을 뿐만 아니라 시리얼이나 텔넷 또는 웹 기반의 인터페이스를 제공한다. 이러한 보드들이 훨씬 사용하기 쉽다. 웹 인터페이스는 여러분의 개인용 컴퓨터에 있는 웹 브라우저를 통해 접근이 가능하다. 텔넷 인터페이스는 서버나 개인용 컴퓨터로 접근 가능하며 특히 시리얼 인터페이스는 마이크로컨트롤러를 통해서도 접근할 수 있다. 즉, 이들은 시리얼-이더넷 모뎀이다. 2장에서 사용한 블루투스 모뎀과 매우 유사하게 작동하지만 시리얼 프로토콜이 다르다는 차이가 있다. 이 모뎀들은 배우기 쉬워서 이 책의 초판에서는 광범위하게 사용했다. 하지만 이번 판에서는 동기식 시리얼 인터페이스(synchronous serial interface)를 지원하는 이더넷 모듈을 사용할 것이다. 이 모듈들은 시리얼-이더넷 변환을 다룰 수 있는 환경을 제공할 뿐만 아니라 마이크로컨트롤러의 비동기식 시리얼 포트를 점유하지 않는다. 덕분에 이 모듈들을 사용하는 동안에도 시리얼 포트를 통해서 디버깅을 하거나 다른 장치들과 통신할 수 있다.

아두이노를 직접 이더넷에 연결하는 방법은 두 가지가 있다. 첫 번째는 아두이노 이더넷 보드를 사용하는 방법이다. 이 보드는 아두이노에 이더넷 모듈이 장착되어 있으며 표준 아두이노들과 다르게 USB 연결 단자 대신 이더넷 연결 단자가 장착되어 있다. 그래서 보드를 프로그래밍하기 위해서는 FTDI 방식의 USB-시리얼 변환 어댑터를 별도로 준비해야 한다. 두 번째는 일반적인 아두이노 모듈에 이더넷 실드라는 확장 보드를 연결하는 방법이다. 시중에 몇 가지 버전의 이더넷 실드가 나와 있다. 아두이노 이더넷 실드는 위즈넷(WizNet)의 이더넷 칩인 W5100을 장착하고 있으며 아두이노 이더넷 보드와 마찬가지로 SD 메모리 카드 슬롯도 장착하고 있다. 에이다프루트의 이더넷 실드는 W5100 칩이나 앞에서 언급한 랜트로닉스 시리얼-이더넷 변환 모듈을 연결해서 사용할 수도 있다. 이번 장의 프로젝트들은 아두이노 이더넷, 아두이노 이더넷 실드,

또는 W5100을 장착한 에이다프루트의 이더넷 실드에서는 잘 작동할 것이다. 하지만 랜트로닉스 모듈에서는 작동하지 않는다. 우리가 사용할 모듈들은 그림 4-2에 나와 있다.

시리얼 주변장치 인터페이스(SPI)

이더넷 실드와 아두이노 이더넷 보드는 내장된 이더넷 컨트롤러와 통신할 때 SPI(Serial Peripheral Interface), 즉 시리얼 주변장치 인터페이스라는 동기식 시리얼 통신 방식을 사용한다. SPI와 또 다른 동기식 시리얼 프로토콜인 양방향 통합회로인 I2C(Inter-Integrated Circuit. 아이 스퀘어 씨라고 읽으며 Two-Wire-Interface라고 부르기도 한다)는 대표적인 동기식 시리얼 프로토콜이다.

동기식 시리얼 프로토콜은 제어하는 장치가 하나의 핀에서 규칙으로 펄스 또는 클럭 신호를 발생시켜서 연결된 장치들에 전달하고 연결된 장치들은 이 클럭 펄스에 맞춰 또 다른 선을 통해 데이터를 교환한다(2장 참조). 동기식 시리얼 프로토콜은 버스이기 때문에 마스터 제어장치와 연결된 물리적인 선에 여러 장치들을 동시에 연결할 수 있다. 프로토콜마다 버스를 구현하는 방식은 다르다.

SPI 방식은 다음과 같이 세 개 혹은 네 개의 선으로 제어장치(혹은 마스터 장치)와 주변장치(혹은 슬레이브)들을 연결한다.

- 클럭: 마스터가 규칙적으로 펄스를 발생시키는 핀.
- 마스터 출력, 슬레이브 입력(Master Out, Slave In, MOSI): 클럭 펄스가 발생할 때마다 이 선을 통해 마스터가 슬레이브에 데이터 비트를 하나씩 전송한다.
- 마스터 입력, 슬레이브 출력(Master In, Slave Out, MISO): 클럭 펄스가 발생할 때마다 이 선을 통해 슬레이브가 마스터에 데이터 비트를 하나씩 전송한다.
- 슬레이브 선택(Slave Select, SS) 혹은 칩 선택(Chip Select, CS): 여러 개의 슬레이브들이 같은 버스를 공유하기 때문에 개별적인 선이 마스터의 칩 선택 핀에 연결되어 있다. 마스터가 이 핀의 전압을 낮추면 핀에 연결된 특정한 슬레이브 기기가 데이터를 수신할 수 있는 상태가 된다. 마스터가 특정한 슬레이브와 통신하지 않을 때는 이 슬레이브 선택 핀의 전압을 높인다.

만약 슬레이브가 마스터에게 데이터를 송신할 필요가 없다면 MISO 핀을 사용하지 않아도 된다.

아두이노의 SPI 라이브러리는 11번 핀을 MOSI로, 12번 핀은 MISO로 그리고 13번 핀은 클럭으로 설정해두고 있다. 10번 핀이 기본적인 칩 선택 핀이지만 다른 핀을 선택할 수도 있다. 예를 들면, 아두이노 이더넷 보드와 이더넷 실드의 SPI 버스에는 두 개의 슬레이브, 즉 위즈넷 칩과 SD 카드가 연결되어 있다. 아두이노의 11, 12, 13번 핀은 위즈넷 칩과 SD 카드의 MISO, MOSI, 클럭 핀에 연결되어 있으며, 10번 핀은 위즈넷 모듈의 칩 선택 핀에 그리고 4번 핀은 SD 카드의 칩 선택 핀에 연결되어 있다.

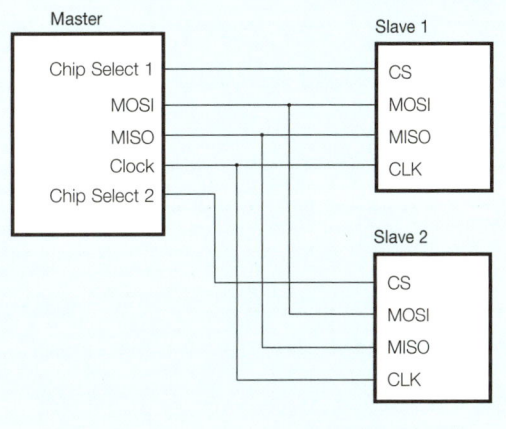

프로젝트 6
헬로 인터넷!

네트워크 모듈을 사용하려면 먼저 네트워크에 연결해야 한다. 네트워크에 연결하는 것이 이번 프로젝트의 목표이기도 하다. 그래서 이번에는 매우 간단한 웹 서버를 아두이노로 만들고 웹 페이지를 하나 만든다. 이 웹 페이지의 배경 색깔은 아두이노가 있는 곳의 조명 색깔에 따라 바뀐다.

준비물
- 아두이노 이더넷 보드 1개 혹은
- 아두이노 이더넷 실드 1개와 아두이노 마이크로컨트롤러 모듈 1개
- 인터넷에 연결된 이더넷 접속기 1개
- 10k옴 저항 3개
- 포토셀(LDR) 3개
- 브레드보드 1개
- 광 필터 3개

연결하기

만약 아두이노 이더넷 보드를 사용하고 있다면 먼저 보드를 USB-시리얼 어댑터에 연결한다. 그러면 일반적인 아두이노를 연결했을 때와 마찬가지로 컴퓨터의 시리얼 포트 목록에 보드가 추가되어 나타나며, 전원도 일반적인 USB 케이블처럼 USB-시리얼 어댑터가 공급한다. 프로그래밍도 여타 아두이노를 사용할 때와 다를 바가 없지만, 도구→보드 메뉴에서 Arduino UNO 혹은 Arduino Ethernet을 선택해야 한다.

만약 이더넷 실드를 사용한다면 다른 아두이노 실드들과 마찬가지로 매우 쉽게 컨트롤러에 연결할 수 있다. 그냥 아두이노 보드에 꽂기만 하면 된다. 아두이노가 이더넷 모듈 및 실드의 이더넷 컨트롤러와 통신하려면 10, 11, 12, 13번 핀을 사용하며, SD 카드와 통신할 때는 4, 11, 12, 13번 핀을 공통적으로 사용한다. 따라서 이 핀들은 다른 입력 혹은 출력 용도로 사용할 수 없다. 이제 이더넷 모듈과 라우터를 이더넷 케이블로 연결한다. 아두이노 이더넷 실드와 마이크로컨트롤러의 연결 관계는 그림 4-3과 같다.

아두이노 이더넷을 사용하든 표준 아두이노에 이더넷 실드를 장착해서 사용하든 호환성에는 문제가 없기 때문에 이제부터는 각각을 구분하지 않고 '이더넷 모듈'이라고 부른다.

주변의 조명 색깔을 읽어 들이기 위해서는 포토셀 3개에 각각 빨간색, 초록색, 파란색의 광 필터를 덧씌워서 사용한다. 광 필터는 조명 매장, 사진기 취급점, 미술용품 판매점에서 구입할 수 있으며 집에 있는 반투명한 플라스틱 등을 사용해도 괜찮다. 이 부분에 대해서 엄격하게 과학적일 필요는 없다. 아두이노 이더넷 모듈과 포토셀 3개를 연결하는 방법은 그림 4-4에 나와 있다.

이더넷 라이브러리의 작동 방식

먼저 아두이노용 이더넷 라이브러리를 사용해서 간단한 프로그램을 두 개 만들어 본다. 이 라이브러리를 사용하면 시리얼 포트를 다루는 것과 유사한 방식으로 이더넷 모듈을 제어할 수 있다. 여러분이 만들 프로그램은 서버와 클라이언트로 구분되는 두 가지 유형의 소프트웨어 객체이다. 일반적인 서버들과 마찬가지로 여러분이 만드는 서버는 인

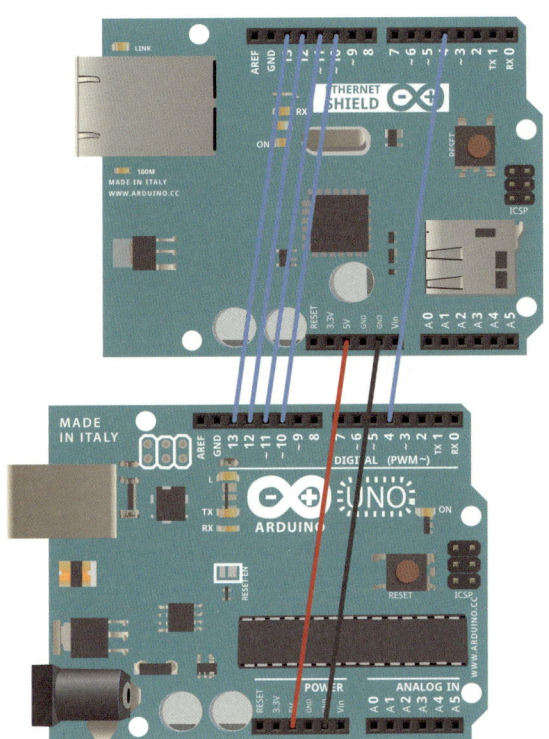

그림 4-3 이더넷 실드를 아두이노 컨트롤러에 장착했을 때의 연결 관계를 보여준다.

터넷의 원격 장치가 접속하기를 기다리다가 접속하는 클라이언트가 있으면 이더넷 모듈에 연결해준다. 한편 다른 클라이언트들과 마찬가지로 여러분이 만드는 클라이언트도 원격 장치에 접속을 시도하고 서버에 요청을 보내며 서버에 응답한다. 시리얼 라이브러리에서 본 것과 같은 read(), write(), print(), println() 명령어를 사용하면 서버나 클라이언트에게 데이터를 송신하거나 수신할 수 있다. 서버나 클라이언트에서 새로운 데이터를 읽어올 수 있는지 확인할 때는 시리얼 라이브러리와 마찬가지로 available() 명령어를 사용한다. 클라이언트 측에는 connected() 명령어가 있는데 이 명령어를 사용하면 원격 서버에 접속되어 있는지 여부를 알 수 있다. 나중에 원격 서버에 접속해서 데이터를 받아야 할 때 매우 유용하게 사용할 수 있다. 우선은 간단한

서버를 스케치한다.

프로그램을 작성하기 전에 몇 가지 기본적인 정보가 있어야 이더넷 모듈을 인터넷에 접속하게 할 수 있다. 우선, 3장에서와 마찬가지로 장치의 MAC 주소, 즉 매체 접근 제어(Media Access Control) 주소가 필요하다. 이는 이더넷 컨트롤러의 하드웨어 주소인데, 아두이노 이더넷 모듈의 뒷면에 있는 스티커에 16진수의 6바이트 문자로 표기되어 있다. 만약 스티커가 없다면 임의로 MAC 주소를 만들어서 사용하거나 다음 예제에 나오는 범용 주소를 사용하면 된다. 또한 라우터의 주소(라우터는 인터넷과 연결되는 관문, 즉 게이트웨이이기 때문에 라우터의 주소를 게이트웨이 주소라고도 한다)와 여러분의 장치가 라우터의 서브넷에서 사용할 주소도 필요하다.

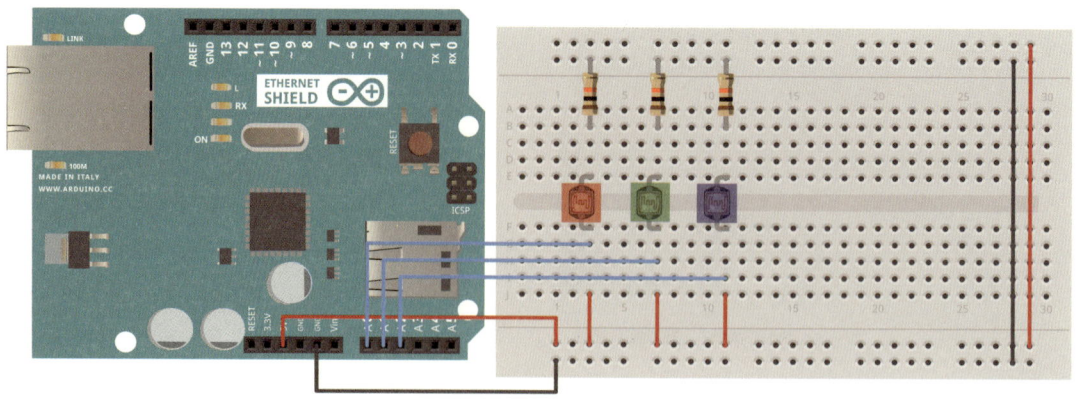

그림 4-4 RGB 서버 회로. 이 회로는 아두이노 이더넷과 아두이노 이더넷 실드에 모두 동일하게 적용된다. 포토셀 위에는 색 필터를 씌운다.

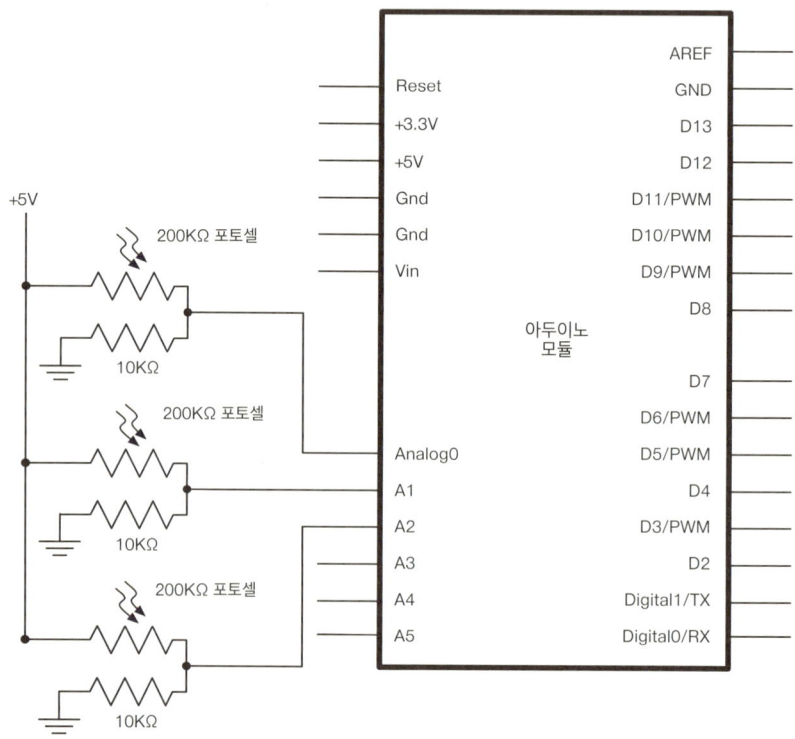

여러분의 장치가 사용할 IP 주소는 라우터의 주소와 거의 같다. 일반적으로 앞의 세 숫자는 라우터의 주소와 같고 마지막 숫자만 다르다. 예를 들어, 라우터의 로컬 주소가 192.168.1.1이라면 이더넷 모듈의 주소는 192.168.1.20과 같이 설정하면 된다. 단, 여러분이 사용할 이더넷 모듈의 주소는 라우터에 연결된 다른 장치의 주소와는 달라야 한다.

라우터는 연결된 장치들에게 주소를 할당하고,

주소의 일부를 마스크 처리하여 장치들이 라우터와 동일한 서브넷 주소를 사용할 수 있도록 한다. 예를 들어, 라우터가 192.168.1.2부터 192.168.1.254 사이의 주소를 연결된 장치들에게 할당한다면 192.168.1에 해당하는 앞의 세 숫자, 즉 옥텟(octets)들은 부분망으로 식별하기 위해 마스크 처리된다. 이를 넷마스크(netmask) 혹은 서브넷 마스크(subnet mask)라고 한다. 컴퓨터의 네트워크 설정을 보면 넷마스크는 255.255.255.0과 같이 표기되어 있다. 이더넷 모듈도 같은 방식으로 처리해야 한다.

MAC 주소, 라우터 주소, IP 주소 그리고 서브넷 마스크를 확인했다면 이제 프로그램을 작성해 보자.

시도해 보자

모듈을 제어하기 위해서는 먼저 SPI 라이브러리와 이더넷 라이브러리를 불러와야 한다. 또한 서버 인스턴스도 초기화해야 한다. 서버는 여타 웹 서버들과 마찬가지로 포트 80으로 초기화한다.

MAC 주소, IP 주소, 게이트웨이, 서브넷 마스크를 저장할 변수 네 개가 필요하다. 이 네 변수의 데이터 유형은 바이트 배열이며, 각각의 바이트는 주소를 구성하는 숫자에 해당한다.

```
/*
웹 서버
환경: 아두이노
*/

#include <SPI.h>
#include <Ethernet.h>

EthernetServer server(80);

byte mac[] = { 0x00, 0xAA, 0xBB, 0xCC, 0xDE, 0x01 };
IPAddress gateway(192,168,1,1);
IPAddress subnet(255,255,255,0);
IPAddress ip(192,168,1,20);
```

» 자신의 장치에 맞도록 이 부분(파란색 부분)을 수정한다.

» setup() 함수에서 이더넷 모듈과 서버를 시작한다. 디버깅을 위해 시리얼 포트도 활성화한다.

```
void setup()
{
  // 이더넷 연결과 서버를 시작한다:
  Ethernet.begin(mac, ip, gateway, subnet);
  server.begin();
  Serial.begin(9600);
}
```

» 메인 루프에서는 원격 클라이언트가 접속하는지 서버가 반복적으로 확인하도록 한다. 클라이언트가 접속한다면 3장에서와 같이 클라이언트가 HTTP 요청을 할 때까지 기다린다. 이 루프는 클라이언트의 요청이 발생하면 클라이언트에 응답하는 대신 시리얼 모니터에 클라이언트의 요청을 출력한다.

```
void loop()
{
  // 접속하는 클라이언트가 있는지 확인한다:
  EthernetClient client = server.available();
  if (client) {
    while (client.connected()) {
      if (client.available()) {
        char thisChar = client.read();
        Serial.write(thisChar);
      }
    }
    // 연결을 종료한다:
    client.stop();
  }
}
```

이더넷 모듈을 라우터에 연결하고 이 스케치를 업로드한 뒤 시리얼 모니터를 열어 보자. 그 다음 브라우저를 열고 아두이노의 주소로 이동한다. 예제를 그대로 따라 했다면 주소 표시줄에 http://192.168.1.20을 입력해서 이동한다. 브라우저에는 아무것도 표시되지 않을 것이다. 하지만 시리얼 모니터를 보면 클라이언트(브라우저)가 보내는 HTTP 요청을 볼 수 있다. 시리얼 모니터에 보이는 것은 3장에서 여러분이 HTTP 요청을 했을 때 서버 측의 입장에서 보고 있던 것이다. 출력되는 요청은 다음과 유사할 것이다.

HTTP 매개변수들은 대부분 무시해도 되지만, 두 곳은 눈여겨봐야 한다. 클라이언트가 무엇을 요구하는지 알 수 있는 첫 번째 행과 요청을 종료하기 위해 송신하는 마지막의 빈 행이다. 이번의 경우를 예로 들면, 첫 번째 행에 표시되는 GET /의 /를 통해 클라이언트가 서버의 루트에 있는 메인 인덱스 페이지를 요구하고 있다는 것을 알 수 있다. 지금은 반환되는 결과가 하나뿐이지만, 앞으로는 이 부분에 추가되는 내용을 통해 클라이언트의 요청을 파악하고 그에 대응하는 서로 다른 결과를 반환할 수 있도록 보다 복잡한 서버를 작성하게 된다.

```
GET / HTTP/1.1
Host: 192.168.1.1
Connection: keep-alive
Accept: application/xml,application/
xhtml+xml,text/html;q=0.9,text/
plain;q=0.8,image/png,*/*;q=0.5
User-Agent: Mozilla/5.0 (Macintosh; U; Intel
Mac OS X 10_6_5; en-US) AppleWebKit/534.10
(KHTML, like Gecko) Chrome/8.0.552.215
Safari/534.10
Accept-Encoding: gzip,deflate, sdch
Accept-Language: en-US, en;q=0.8
Accept-Charset: ISO-8859-1,utf-8;q=0.7,*;
q=0.3
```

첫 행에 대해서는 나중에 더 살펴보기로 하고 이제 요청이 종료되는 마지막 부분을 살펴보자. 요청의 마지막 부분에는 개행(\n 혹은 ASCII 10) 문자 다음에 복귀 (\r 혹은 ASCII 13) 문자가 이어지고 다시 개행 문자가 하나 생긴다. 그림 4-5는 다음에 나오는 코드에서 진행되는 상황을 보여준다.

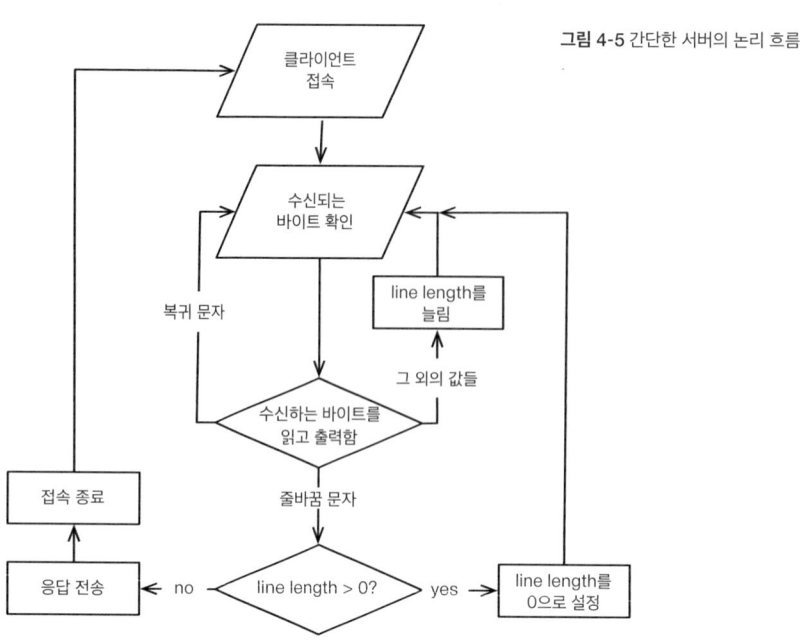

그림 4-5 간단한 서버의 논리 흐름

» 파란색으로 표시된 행들을 메인 루프에 있는 Serial.write(thisChar) 다음에 추가하자.

```
void loop()
{
  // 접속하는 클라이언트가 있는지 확인한다
  EthernetClient client = server.available();
  if (client) {
    Serial.println("Got a client");
    int lineLength = 0;

    while (client.connected()) {
      if (client.available()) {
        char thisChar = client.read();
        Serial.write(thisChar);
        // 개행 문자가 들어왔는데 requestLine이 비어 있다면 요청이 종료된 것이다:
        if (thisChar == '\n' && lineLength < 1) {
          // 표준 http 응답 헤더를 송신한다
          makeResponse(client);
          break;
        }
        // 개행 문자나 복귀 문자가 들어오고 있다면, 행의 마지막에 도달한 것이다:
        if (thisChar == '\n' || thisChar == '\r') {
          lineLength = 0;
        }
        else {
          // 그 외의 문자가 들어오고 있다면, 행의 길이를 늘린다:
          lineLength++;
        }
      }
    }
    // 웹 브라우저가 데이터를 수신할 수 있도록 기다린다
    delay(1);
    // 연결을 종료한다:
    client.stop();
  }
}
```

» 이 스케치를 실행하기 전에 스케치의 맨 마지막에 makeResponse()를 추가한다. 이 함수는 클라이언트에게 문자열을 전송한다.

```
void makeResponse(EthernetClient thisClient) {
  thisClient.print("HTTP/1.1 200 OK\n");
  thisClient.print("Content-Type: text/html\n\n");
  thisClient.print("<html><head>");
  thisClient.print("<title>Hello from Arduino</title></head><body>");
  thisClient.println("</body></html>\n");
}
```

브라우저에 아두이노의 주소를 입력하면 웹 페이지를 볼 수 있다. 많은 내용이 있는 페이지는 아니지만 브라우저가 아두이노 서버를 다른 서버와 구분하지 못할 만큼은 격식을 갖춘 페이지이다. 웹 페이지에 더 추가하고 싶은 것이 있다면 makeResponse() 함수에 HTML을 추가하면 된다. 다른 서버에 있는 이미지나 콘텐츠도 링크를 걸어 페이지에 표시할 수 있다. 이제 여러분은 아두이노를 일종의 포털로 사용할 수 있게 되었다. 아두이노로 사용자를 안내해서 원하는 내용을 보여줄 수 있기 때문이다. 센서를 통해 얻을 수 있는 물리적인 데이터나 또 다른 웹 기반의 데이터도 보여줄 수 있다. 모든 것은 여러분에게 달려 있다. print()와 println() 구문이 가진 가능성을 창의적으로 활용한다면 이더넷 실드를 통해 아두이노에 접근하는 역동적인 웹 인터페이스를 폭넓게 만들어낼 수 있을 것이다.

4장 컴퓨터 없이 인터넷을? 마이크로컨트롤러와 인터넷

» 이번에는 아날로그 핀에 입력되는 값을 출력해 보자. 파란색으로 표시한 행들을 makeResponse()에 추가한다.

```
void makeResponse(EthernetClient thisClient) {
  thisClient.print("HTTP/1.1 200 OK\n");
  thisClient.print("Content-Type: text/html\n\n");
  thisClient.print("<html><head>");
  thisClient.print("<title>Hello from Arduino</title>
              </head><body>\n");

  // 모든 아날로그 입력 핀의 값을 출력한다
  for (int analogChannel = 0; analogChannel < 6;
      analogChannel++){
    thisClient.print("analog input ");
    thisClient.print(analogChannel);
    thisClient.print(" is ");
    thisClient.print(analogRead(analogChannel));
    thisClient.print("<br />\n");
  }
  thisClient.println("</body></html>\n");
}
```

» 페이지를 새로고침 하면 아날로그 입력 값이 페이지에 표시된다. 페이지를 지속적으로 업데이트하기 위해서는 3장의 고양이 캠에서 썼던 방법을 사용한다. 오른쪽과 같이 HTML 헤드를 출력하는 makeResponse()의 행을 수정한다.

```
thisClient.print("Content-Type: text/html\n\n");
thisClient.print(
    "<html><head><meta http-equiv=\"refresh\"
    content=\"3\">");
```

» 여러분은 클라이언트의 요청에 대한 응답으로 무엇이든 제시할 수 있다. 이제 아날로그 입력 핀에 연결한 세 개의 포토셀을 활용해서 클라이언트의 요청에 응답해 보자. 포토셀 세 개로부터 획득한 데이터에 따라 웹 페이지의 배경 색깔이 바뀌도록 makeResponse() 함수를 수정한다.

이제 주변 환경의 조명 색을 감지해서 웹 페이지의 배경 색에 반영하는 서버가 완성됐다. 진열하기에 적당한 곳을 찾아서 페이지의 색깔이 바뀌는지 확인해 보자.

```
thisClient.print("Content-Type: text/html\n\n");
thisClient.print(
    "<html><head><meta http-equiv=\"refresh\"
    content=\"3\">");
thisClient.print("<title>Hello from Arduino</title>
              </head>");
// body 태그의 배경 색깔 속성을 설정한다:
thisClient.print("<body bgcolor=#");
// 세 개의 아날로그 센서 값을 읽는다:
int red = analogRead(A0)/4;
int green = analogRead(A1)/4;
int blue = analogRead(A2)/4;
// 색깔들의 값을 하나의 16진수 문자열로 출력한다:
thisClient.print(red, HEX);
thisClient.print(green, HEX);
thisClient.print(blue, HEX);
// 태그를 닫음:
thisClient.print(">");
// 이제 HTML 페이지의 배경 색깔을 출력한다:
thisClient.print("The color of the light on the
              Arduino is #");
thisClient.print(red, HEX);
thisClient.print(green, HEX);
thisClient.println(blue, HEX);
// 페이지 마침:
thisClient.println("</body></html>\n");
}
```

외부에서 사설 IP 장치에 접속하는 방법

지금까지는 로컬 서브넷 안에서만 작동하거나 외부로 데이터를 전송하고 응답을 기다리는 정도의 인터넷 프로젝트들만 다뤘다. 외부의 인터넷에서 여러분의 장치에 접속하는 프로젝트는 이번이 처음이다. 여러분과 장치가 동일한 지역 네트워크에 연결되어 있을 때는 장치에 접속할 수 있다. 하지만 장치가 라우터에 연결되어 있고 사설 IP를 사용하고 있다면 외부 사람들은 물론 여러분 자신도 집 밖에서는 자신의 장치에 접속할 수 없다. 이 문제를 해결하려면 라우터의 포트 하나를 조정해서 라우터에 도착하는 메시지와 연결 요청들을 이더넷 실드로 포워딩해야 한다.

라우터의 포트를 조정하려면 라우터의 관리자 인터페이스로 들어가서 '포트 포워딩(port forwarding)'이나 '포트 매핑(port mapping)'을 설정하는 제어 항목을 찾아보자. 제조업체와 모델에 따라 설정하는 인터페이스는 다르겠지만 일반적으로 이와 유사한 명칭을 사용한다. 라우터의 포워딩 포트와 이더넷 모듈의 개방 포트를 일치시키는 것이 가장 쉽기 때문에 라우터의 포트 80이 이더넷 실드의 포트 80에 연결되도록 설정한다(단, 라우터에서 이러한 설정을 지원해야 한다). 그러면 라우터의 공인 IP 주소의 해당 포트로 들어오는 모든 접속 요청은 이더넷 모듈의 사설 IP 주소의 해당 포트로 포워딩된다. 하지만 라우터는 몇몇 포트들을 특수한 목적으로 사용하기 위해 미리 예약해 두고 있다. 예를 들어, 포트 80은 라우터 자체의 인터페이스 용도로 예약되어 있기 때문에 포워딩이 어려울 수 있다. 이 때문에 8080과 같은 상위 포트 번호를 사용하는 편이 안전하다.

웹 브라우저들이 요청을 보내는 기본 포트는 80이다. 하지만 아래와 같이 서버나 주소의 끝부분에 포트 번호를 추가하면 어떤 포트로든 요청을 보낼 수 있다.

http://www.myserver.com:8080/

이더넷 모듈의 새로운 공인 IP 주소도 위와 같은 패턴을 따른다. 예를 들어, 가정용 라우터의 공인 주소가 203.48.192.56이라면 아두이노 서버의 새로운 주소는 http://203.48.192.56:8080이 된다.

그림 4-6과 4-7은 애플의 에어포트 익스프레스 라우터와 링크시스의 무선 라우터 설정 화면을 보여준다. 링크시스 라우터의 포트 포워딩 메뉴는 Advanced 탭에 포함되어 있다.

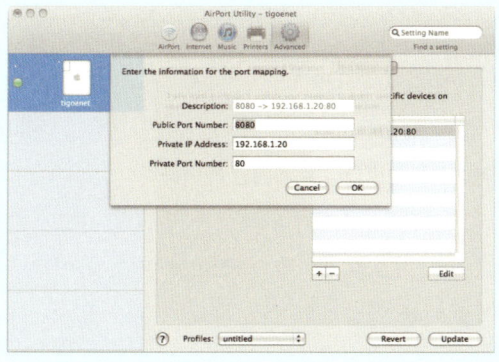

그림 4-6 애플 에어포트 익스프레스 라우터의 포트 매핑 탭. 포트 매핑은 Advanced 탭에 포함되어 있다.

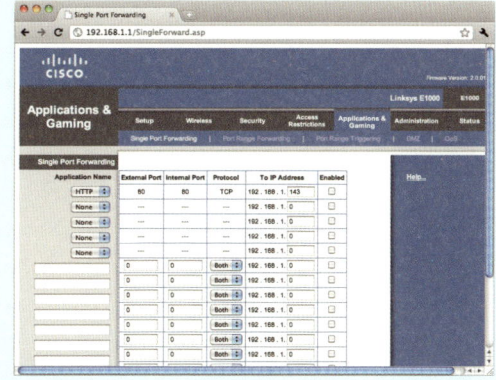

그림 4-7 링크시스 무선 라우터의 포트 포워딩.

임베디드 네트워크 클라이언트 응용프로그램

첫 서버를 만들었으니, 이제 클라이언트를 만들 차례다. 이 프로젝트에서는 임베디드 웹 스크레이퍼 장치를 만든다. 이 장치는 기존의 웹사이트에서 데이터를 긁어와서 물리적인 출력 장치에 반영한다. 개념적으로는 앰비언트 디바이즈 (http://www.ambientdevices.com/)나 나바스태그(http://www.nabaztag.com/#home) 같은 회사에서 만든 제품들과 유사하지만 여러분 맘대로 활용할 수 있다.

프로젝트 7
네트워크에 연결된 대기 환경 계기판

이번 프로젝트에서는 네트워크에 연결된 대기 환경 계기판을 만든다. 아날로그 속도계나 오디오 VU 계기판 등과 유사한 아날로그 계기판이 하나 필요하다. 책에 나오는 계기판은 벼룩시장에서 구한 것이지만 전자 부품 매장이나 중고품 매장에서도 구할 수 있다. 부품 목록에 있는 모델은 책에 나오는 계기판보다는 덜 고풍스럽지만 여러분의 기호에 맞는 계기판을 찾을 때까지는 무난하게 사용할 수 있을 것이다.

그림 4-8에 작동 방식이 표현되어 있다. 마이크로컨트롤러는 이더넷 실드를 통해 PHP 스크립트에 접속한다. PHP 스크립트는 또 다른 웹 페이지에 접속해서, 그 페이지의 숫자 하나를 읽어서 마이크로컨트롤러에 그 값을 전달한다. 마이크로컨트롤러는 전달받은 숫자를 계기판에 표시한다. 값을 읽어 올 곳은 대기 환경을 알려주는 미국환경보호국의 사이트인 에어나우(AIRNow, www.airnow.gov)의 웹 페이지이다. 이 사이트는 매 시간마다 미국 여러 도시의 대기 환경 상태를 우편번호(ZIP 코드) 순서로 보여준다. 모두 완성하고 나면 여러분이 살고 있는 도시의 대기 환경을 집이나 사무실에서 확인해 볼 수 있다.[1] (단, 이 책에서는 독자들이 미국에 살고 있다고 전제한다.)

준비물

- 아두이노 이더넷 보드 1개 혹은
- 아두이노 이더넷 실드 1개와 아두이노 마이크로컨트롤러 모듈 1개
- 인터넷에 연결된 이더넷 접속기
- 브레드보드 1개
- 전압 계기판 1개
- LED 4개
- 220옴 저항 4개

마이크로컨트롤러로 계기판 제어하기

계기판을 제어하기 위해서는 우선 마이크로컨트롤러로 전압을 제어할 수 있어야 한다. 마이크로컨트롤러는 아날로그 전압을 출력할 수 없다. 하지

---

[1] 서울시와 한국환경공단에서도 대기 환경 정보를 제공하는 사이트를 운영하고 있다.

서울시 기후대기환경정보 사이트(http://cleanair.seoul.go.kr/main.htm)
한국환경공단 사이트(http://www.airkorea.or.kr)

만, 매우 빠르게 켜지고 꺼지는 일련의 펄스들을 처리하여 평균 전압을 출력할 수 있다. 펄스에서 켜져 있는 시간이 꺼져 있는 시간에 비해 많을수록 평균 전압은 상승한다. 이러한 기법을 PWM(pulse-width modulation), 즉 펄스폭 변조 방식이라고 한다. PWM 신호를 수신하는 회로는 펄스의 속도보다 훨씬 느리게 작동해야 PWM 신호를 아날로그 전압으로 인식해서 처리할 수 있다. 예를 들어 LED에 펄스폭 변조를 가하면 LED가 깜빡이기보다는 밝기가 변하는 것처럼 보일 것이다. 이렇게 보이는 이유는 LED가 켜졌다가 꺼지는 전환 속도가 초당 약 30회보다 빨라지면 여러분의 눈이 깜빡임을 감지할 수 없기 때문이다. 아날로그 전압 계기판은 전압의 변화에 매우 느리게 반응한다. 따라서 PWM으로 제어하기에 무리가 없다. 계기판의 양극(+) 단자를 마이크로컨트롤러의 출력 핀에 연결하고 음극(-) 단자는 그라운드에 연결한 뒤 출력 핀의 펄스폭을 변조하면 계기판의 바늘을 쉽게 제어할 수 있다. 회로도는 그림 4-9에 나와 있다.

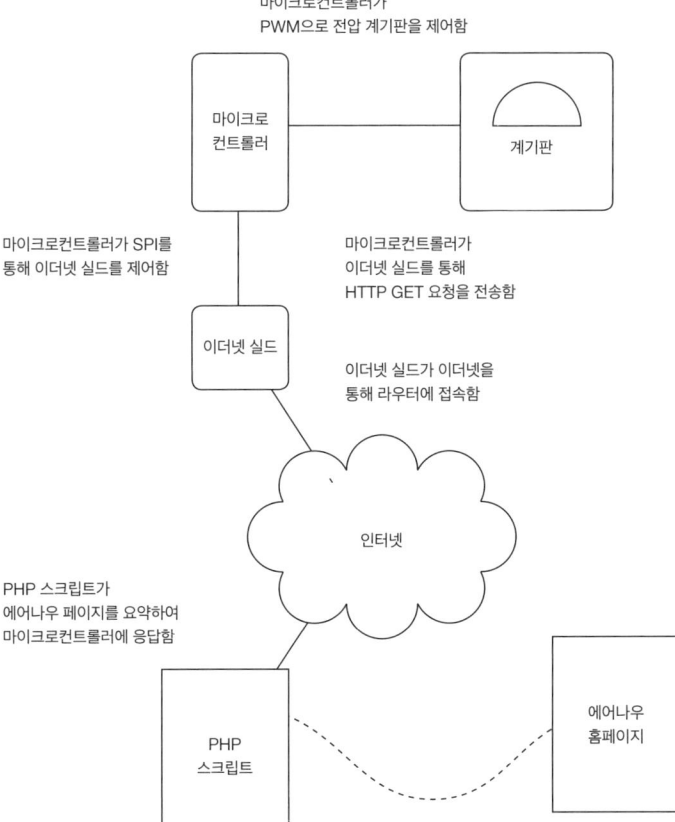

그림 4-8 네트워크에 연결된 대기 환경 계기판.

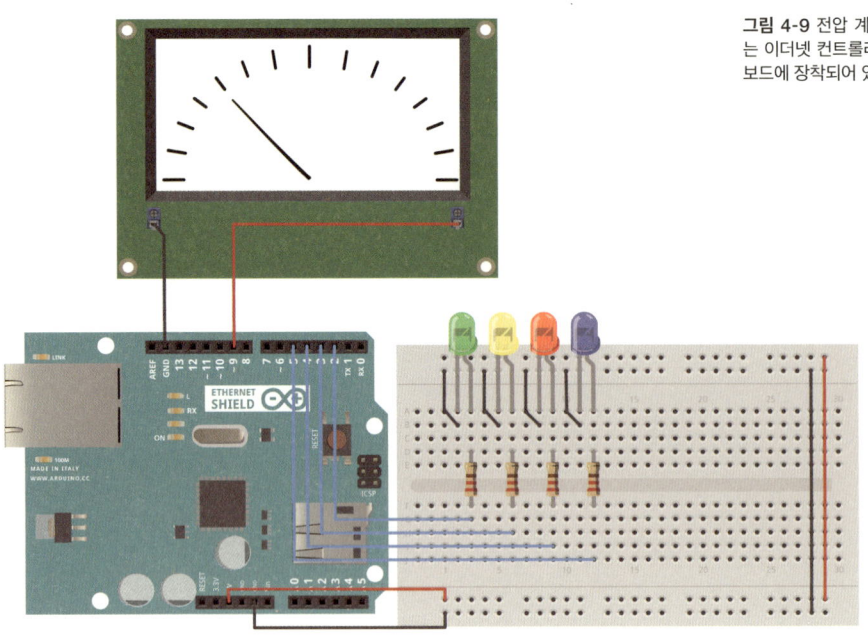

그림 4-9 전압 계기판의 회로도. 회로도에 있는 이더넷 컨트롤러는 실드나 아두이노 이더넷 보드에 장착되어 있다.

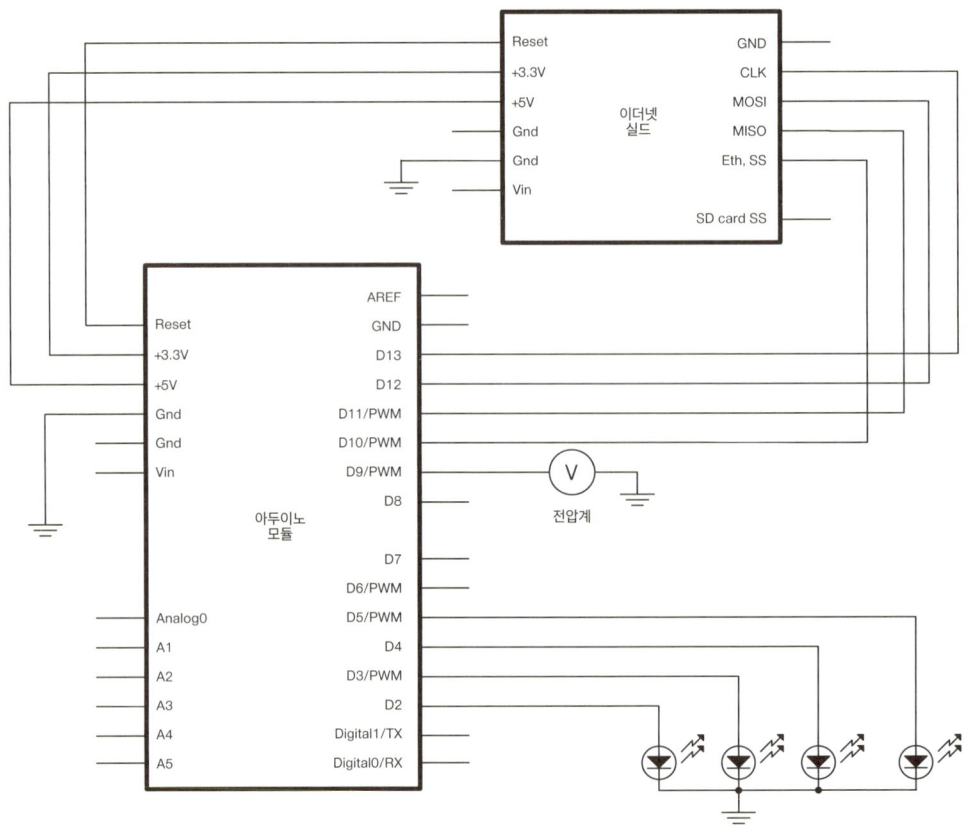

136 재잘재잘 피지컬 컴퓨팅 DIY

시험해 보자

오른쪽에 있는 프로그램은 전압 계기판을 시험적으로 제어해 보는 프로그램이다.

여러분은 계기판의 민감도에 따라 pwm Value의 범위를 조절해야 한다. 이 프로젝트를 디자인하기 위해 사용했던 여러 계기판들은 서로 다른 범위를 갖고 있었다. 부품 목록에 있는 계기판의 경우 0부터 5볼트의 범위에 반응했기 때문에 옆의 프로그램을 사용하면 최솟값에서 최댓값까지 바늘을 움직일 수 있었다. 한편, 골동품 전압계의 경우 반응하는 범위가 0부터 3볼트였기 때문에 pwmValue의 값이 165에 도달하면 바늘이 최댓값까지 이동했다. 따라서 pwmValue의 범위를 0에서 165까지로 수정해야 했다. 자신이 사용하는 계기판의 최솟값과 최댓값을 기록해 두자. 나중에 대기 환경의 값을 계기판의 범위에 맞게 변환할 때 참조해야 한다.

```
/*
    전압 계기판을 테스트하는 프로그램
    analogWrite() 함수로 전압계를 제어한다.
    환경: 아두이노
*/
const int meterPin = 9;

int pwmValue = 0;    // 계기판을 설정하는 값

void setup() {
  Serial.begin(9600);
}

void loop() {
  // 계기판의 바늘을 최솟값에서 최댓값으로 움직임:
  for (pwmValue = 0; pwmValue < 255; pwmValue ++) {
    analogWrite(meterPin, pwmValue);
    Serial.println(pwmValue);
    delay(10);
  }
  delay(1000);
  // 계기판의 바늘을 0으로 이동시킨 뒤 잠깐 멈춤:
  analogWrite(meterPin, 0);
  delay(1000);
}
```

웹 페이지를 읽는 PHP 스크립트 작성하기

다음에는 에어나우 사이트에 있는 데이터를 마이크로컨트롤러가 읽을 수 있는 형식으로 읽어와야 한다. 마이크로컨트롤러는 짧은 문자열들을 연속적으로 읽을 수 있으며 읽어 들인 ASCII 문자열을 간단하게 이진수로 바꿀 수 있다. 마이크로컨트롤러로 웹 페이지의 모든 텍스트를 분석하는 것도 가능하나 다소 복잡하다. 하지만 PHP로는 이러한 작업을 매우 수월하게 처리할 수 있다. 이어지는 프로그램은 에어나우의 페이지를 읽어서, 현재의 대기 환경 지표(AIQ, Air-Quality Index)를 추출한 뒤 마이크로컨트롤러가 읽기 쉽도록 간단한 요약 페이지를 만든다. 이더넷 컨트롤러는 마이크로컨트롤러가 인터넷으로 나아갈 수 있는 관문의 역할을 하며 여러분이 PHP 스크립트를 설치할 웹 호스트에 TCP 접속을 할 수 있게 해준다.

주의: 로컬 네트워크에 연결된 여러분의 컴퓨터에서도 이 스크립트를 실행할 수 있다. 마이크로컨트롤러가 동일한 로컬 네트워크에 연결되어 있다면 스크립트가 실행되는 컴퓨터에 접속해서 PHP 페이지를 요청할 수 있다. PHP 설치나 PHP를 지원하는 호스팅 업체에 대한 정보는 www.php.net/manual/en/tutorial.php#tutorial.requirements에서 확인할 수 있다.

그림 4-10에 보이는 것은 에어나우의 뉴욕 시 페이지다(http://airnow.gov/?action=airnow.local_city&zipcode=10003&submit=Go). 에어나우의 웹 페이지는 데이터를 추출하기 좋게끔 잘 구성되어 있다. AQI 지수는 명확하게 텍스트 형식으로 표시되어 있기 때문에 페이지에서 HTML 태그를 모두 제거하면 Current Conditions 행 아래 별도의 행에 대기 환경 지표가 표시된다.

주의: 이번 장에서 진행하는 프로젝트와 같이 기존의 웹사이트에서 데이터를 긁어오는 응용프로그램의 경우 해당 웹사이트의 디자이너들이 페이지의 서식을 바꿀 수 있기 때문에 유지에 어려움이 따른다. 서식이 바뀌면 여러분의 응용프로그램은 더 이상 정상적으로 작동하지 못하고, 코드를 다시 짜야 하기 때문이다. 사실, 이 책의 초판과 재판을 찍는 기간 동안에도 그러한 일이 발생했다. PHP 스크립트로 원격 사이트의 데이터를 긁어오는 방식은 바로 이러한 상황에서 진가를 발휘한다. 일단 모든 것이 제자리를 찾아 잘 작동하고 있었다면 마이크로컨트롤러의 프로그램을 다시 짜는 것보다는 PHP를 다시 작성하는 편이 더 수월하기 때문이다.

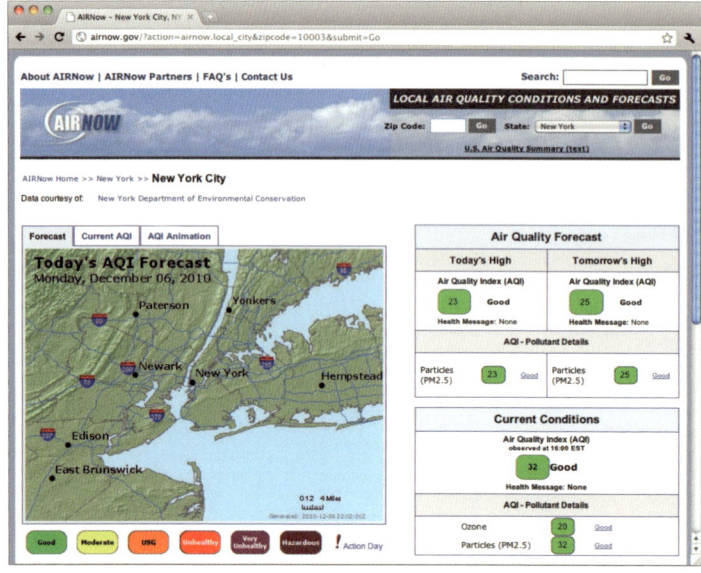

그림 4-10 에어나우의 페이지는 잘 정리되어 있기 때문에 데이터를 긁어오기 좋다. 이번 프로젝트의 PHP 프로그램에서는 오존 수치는 무시한다.

가져오자

옆의 PHP 스크립트는 에어나우의 웹 페이지를 열고 한 줄 한 줄 출력한다. fgetss() 명령어를 사용하면 HTML 태그를 제거한 텍스트를 한줄씩 읽을 수 있다.

이 파일을 여러분의 웹 서버에 저장한 뒤 브라우저로 접속하면 HTML 마크업과 이미지는 제거되고 텍스트만 남아 있는 에어나우 페이지가 보일 것이다. 브라우저 창에서는 한눈에 알아보기 쉽지 않지만 웹 브라우저에서 소스 보기 옵션을 선택해서 소스 코드를 보면 조금 보기 편하다. 다음과 비슷한 행이 나오는 곳까지 스크롤해서 내려가자.

```
Current Conditions
Air Quality Index (AQI)
observed at 17:00 EST
45
```

여러분에게 필요한 내용은 위에 있는 것이 전부다.

```php
<?php
/*
  에어나우 웹 페이지를 긁어오는 스크립트
  환경: PHP
*/
    // 변수 설정:
    // 뉴욕 시의 대기 환경 지표 데이터가 있는 페이지의 url:
    $url =
       'http://airnow.gov/?action=airnow.local_city&
       zipcode=10003&submit=Go';

    // 해당 URL의 파일을 읽기 위해 연다:
    $filePath = fopen ($url, "r");

    // 파일의 마지막 부분까지:
    while (!feof($filePath))
    {
        // 한 행씩 읽어가며
        // 모든 HTML과 PHP 태그를 제거한다:
        $line = fgetss($filePath, 4096);
        echo $line;
    }
    // 모든 작업을 마쳤으므로 해당 URL의 파일을 닫는다:
    fclose($filePath);
?>
```

긁어오기

여러 행의 텍스트에서 필요한 데이터를 추출하기 위해서는 변수를 몇 개 더 추가해야 한다. 이 코드를 fopen() 명령 앞에 추가하자.

```
// 읽고 있는 행의 값을
// 확인해야 하는지 여부:
$checkForValue = false;

// 대기 환경의 값:
$airQuality = -1;
```

» 프로그램에 있는 echo $line; 명령은 오른쪽의 코드 블록으로 교체한다.

이 블록에 있는 preg_match()는 여러분이 지정하는 패턴과 일치하는 텍스트 문자열이 있는지 검색하는 명령어다. 지금은 Current Conditions라는 패턴을 검색한다. 패턴이 있는 행을 찾아내면 그다음에 이어지는 행에는 여러분이 원하는 숫자가 나오기 때문에 $checkForValue 변수에 true를 할당한다.

```
// 현재의 행에 "Current Conditions"라는 문자열이 포함되어 있다면
// 다음에 정수가 표기된 행이 바로 대기 환경의 값이다.
if (preg_match('/Current Conditions/', $line)) {
  $checkForValue = true;
}
```

» 앞의 블록 아래에 옆의 코드 블록을 추가하자. 이 코드는 $checkForValue 변수가 true이고 행에 정수 이외에는 아무것도 없는지 확인한다. 만약 그렇다면 프로그램은 읽은 뒤 문자열을 정수 값으로 변환한다. 따라서 AQI 값이 표시되어 있는 행에 도달하면 유의미한 정수 값을 얻을 수 있다.

```
if ($checkForValue == true && (int)$line > 0){
  $airQuality = (int)$line;
  $checkForValue = false;
}
```

» 마지막으로, 옆의 코드 행들을 스크립트의 끝부분, while 루프 이후에 추가하자. 그러면 대기 환경의 값을 출력한 뒤 원격 사이트와 연결을 끊는다.

여러분의 브라우저에는 아래와 같은 결과가 나타난다.

```
echo "Air Quality:". $airQuality;
// 모든 작업을 마쳤으므로 해당 URL의 파일을 닫는다:
fclose($filePath);
```

```
Air Quality: 43
```

이제 여러분은 마이크로컨트롤러가 읽을 수 있는 짧은 텍스트를 만들 수 있게 되었다. 설령 스크립트가 아무런 값을 읽어오지 못하더라도 -1이라는 값을 출력하기 때문에 접속에 실패했다는 것을 알 수 있다.

마이크로컨트롤러로 PHP 스크립트 읽기

이제 이더넷 모듈로 네트워크에 있는 PHP 스크립트에 접속할 때가 됐다. 이번에는 서버가 아닌 클라이언트로 실드를 사용한다. 프로그래밍하기 전에 메시지를 교환하는 순서를 계획하자. 이더넷 모듈을 네트워크의 클라이언트로 사용하는 것과 프로세싱을 네트워크의 클라이언트로 사용하는 것은 매우 비슷하다. 두 경우 모두 전송해야 할 메시지의 순서와 응답 형식을 올바르게 파악해야 한다. 또한 메시지의 교환을 관리하는 프로그램도 작성해야 한다. 프로세싱에서 프로그램을 작성하든 아두이노에서 작성하든, 아니면 다른 마이크로컨트롤러에서 다른 언어로 작성하든 다음과 같은 단계를 거쳐야 한다.

1. 웹 서버에 접속한다.
2. HTTP GET 요청을 전송한다.
3. 응답을 기다린다.
4. 응답을 처리한다.
5. 적당한 시간이 경과하면 앞의 과정을 다시 반복한다.

마이크로컨트롤러의 프로그램에서 일어나는 일들이 그림 4-11의 흐름도에 정리되어 있다. 다이아몬드 모양은 코드에서 if 구문으로 처리되는 주요한 결정들을 나타내고 있다. 사각형은 처리 방법을 나타낸다. 프로그램 전체를 이와 같이 흐름도로 표현해 보면 어떤 일이 언제 처리되는지 수월하게 파악할 수 있다. 또한 특정한 조건이 참이거나 거짓일 때 어떤 조치가 취해지는지 파악하는 데도 도움이 된다.

이번 프로젝트에서도 LED로 프로그램의 상태를 알려준다. LED들은 입출력 핀에 연결되어 있으며 다양한 상태를 표시한다. 접속되었을 때를 알려

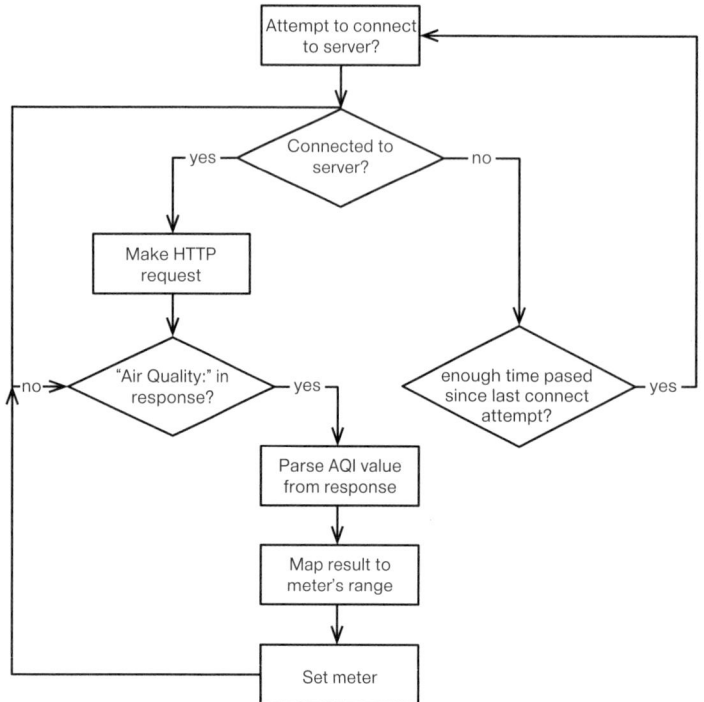

그림 4-11 HTTP GET 요청을 하고 처리하는 아두이노 프로그램의 흐름도.

주는 LED가 있고, 접속이 끊어졌을 때를 알려주는 LED도 있다. 또한 특정한 값이 들어왔을 때를 알려주는 LED와 마이크로컨트롤러가 재설정되었을 때를 알려주는 LED도 있다.

이 프로그램은 2분마다 PHP 스크립트를 확인한다. 대기 환경의 상태가 이전과 달라졌다면 새로운 값을 읽어서 계기판에 반영한다. 만약 네트워크에 연결되지 않는다면 2분 후에 다시 접속을 시도한다. 이 프로그램은 서버가 아니라 클라이언트이기 때문에 계기판 외에 별도의 웹 인터페이스는 없다.

TextFinder 라이브러리

이번 프로젝트를 진행하려면 마이클 마골레스(Michael Margolis)의 아두이노용 TextFinder 라이브러리가 필요하다. www.arduino.cc/playground/Code/TextFinder에서 다운받아 압축을 풀고 TextFinder 폴더를 아두이노 디렉터리의 libraries 폴더 안에 저장한다. 아두이노 libraries 폴더의 경로는, 맥 OS X 사용자의 경우 도큐멘트/Arduino/libraries/이고, 윈도우 7 사용자는 내 문서\Arduino\libraries\, 우분투 리눅스 사용자는 ~/Documents/Arduino/libraries/이다. 만약 해당 경로에 libraries 디렉터리가 없다면, libraries 폴더를 새로 만들고 그 안에 TextFinder 폴더를 저장한다. 아두이노는 종료했다가 다시 시작해야 한다. 그러면 아두이노 메뉴의 스케치→라이브러리 가져오기… 항목에 TextFinder 라이브러리가 나타난다. TextFinder는 바이트들의 흐름 속에서 특정한 텍스트를 찾을 때 사용한다. 이더넷은 물론 시리얼 장치들에서도 유용하게 사용할 수 있다. 아두이노의 1.0 버전에 TextFinder를 기본 라이브러리로 포함할지 논의 중이기 때문에 언젠가는 이 라이브러리를 따로 설치하지 않아도 될지 모른다. 이와 관련된 새로운 소식은 www.arduino.cc의 참조(Reference)란에서 확인하자.

연결하자

이 프로그램은 앞의 프로젝트와 마찬가지로 SPI와 이더넷 라이브러리를 먼저 불러온다. 그 다음에는 출력 핀, 계기판의 최솟값과 최댓값, 그리고 HTTP 요청 주기를 상수로 정의한다.

```
/*
    에어나우에서 데이터를 긁어오는 프로그램
    환경: 아두이노
 */
#include <SPI.h>
#include <Ethernet.h>
#include <TextFinder.h>

const int connectedLED = 2;          // TCP 연결을 알려주는 LED 핀
const int successLED = 3;            // 데이터를 읽었는지 알려주는 LED 핀
const int resetLED = 4;              // 아두이노 재설정을 알려주는 LED 핀
const int disconnectedLED = 5;       // 서버 접속 여부를 알려주는 LED
const int meterPin = 9;              // 전압계와 연결된 핀
const int meterMin = 0;              // 전압계의 최솟값
const int meterMax = 200;            // 전압계의 최댓값
const int AQIMax = 200;              // 대기 환경의 최댓값
const int requestInterval = 10000;   // 서버에 접속하는 주기
```

» 다음으로 모듈의 네트워크 설정과 관련된 배열 변수들을 초기화한다.

```
byte mac[] = { 0x00, 0xAA, 0xBB, 0xCC, 0xDE, 0x01 };
IPAddress ip(192,168,1,20);
IPAddress server(208,201,239,101 );
```

» (파란색으로 표시된 부분은) 자신의 환경에 맞게 수정한다.

» 클라이언트 클래스의 전역변수와 서버와 교신할 때 사용할 전역변수를 몇 개 더 추가한다.

```
// 이더넷 클라이언트 라이브러리를 초기화한다
EthernetClient client;

boolean requested;                    // 요구를 했는지의 여부
long lastAttemptTime = 0;             // 가장 최근에 서버에 접속한 시간
int airQuality = 0;                   // 대기 환경(AQI) 값
boolean meterIsSet = false;           // 계기판이 설정되었는지의 여부
```

» setup()에서는 시리얼과 이더넷 연결을 시작하고 LED 핀들을 출력 모드로 설정하며 재설정 LED를 점멸한다. 또한 서버에 첫 접속을 시도한다.

```
void setup() {
  // 이더넷 연결 시작:
  Ethernet.begin(mac, ip);
  // 시리얼 라이브러리 시작:
  Serial.begin(9600);
  // 상태를 알려주는 모든 LED 핀들의 모드 설정:
  pinMode(connectedLED, OUTPUT);
  pinMode(successLED, OUTPUT);
  pinMode(resetLED, OUTPUT);
  pinMode(disconnectedLED, OUTPUT);
  pinMode(meterPin, OUTPUT);

  // 이더넷 실드가 초기화할 수 있도록 잠깐 쉼:
  delay(1000);
  // 재설정 LED를 점멸:
  blink(resetLED, 3);
  // 접속 시도:
  connectToServer();
}
```

호스트의 IP 주소 알아내기

이 프로젝트에서는 도메인 이름 대신 숫자로 이루어진 IP 주소를 사용한다. 호스트의 IP 주소는 3장에서 사용했던 ping 명령으로 알아낼 수 있다. 예를 들어, 명령 프롬프트를 실행하고 ping -c 1 www.oreillynet.com(윈도 사용자는 -c를 -n으로 바꾼다)과 같이 입력하면 아래와 같이 IP 주소가 포함된 정보를 출력한다.

```
PING www.oreillynet.com (208.201.239.101):
56 data bytes
64 bytes from 208.201.239.101: icmp_seq=0
ttl=49 time=287.398 ms
```

일부 사이트는 불순한 의도로 접근하는 것을 막기 위해 ping 명령을 차단하기도 한다. 이처럼 ping 명령을 사용할 수 없다면, 대신 nslookup을 사용한다. 예를 들어, nslookup google.com과 같이 입력하면 다음과 같은 결과가 나온다.

```
Server:         8.8.8.8
Address:        8.8.8.8#53

Non-authoritative answer:
Name:    google.com
Address: 173.194.33.104
```

» nslookup은 조회하기 위해 사용한 도메인 네임 서버도 알려준다.

출력되는 주소(Address)는 모두 이름(Name)과 연결되어 있기 때문에 어떤 것을 사용해도 괜찮다.

» setup() 함수에서 blink() 함수는 재설정 LED를 깜빡여서 곧 마이크로컨트롤러의 루프가 시작된다는 것을 알려준다.

```
void blink(int thisPin, int howManyTimes) {
  //     재설정 LED를 점멸함:
  for (int blinks=0; blinks< howManyTimes; blinks++) {
    digitalWrite(thisPin, HIGH);
    delay(200);
    digitalWrite(thisPin, LOW);
    delay(200);
  }
}
```

» loop()에는 그림 4-11에서 전개한 모든 논리 구조가 포함되어 있다. 클라이언트는 서버에 연결되면 HTTP GET 요청을 전송한다. 서버가 응답하면 대기 환경의 값이 있는지 Text Finder로 검색한 뒤 계기판을 설정한다. 만약 클라이언트가 서버에 접속할 수 없다면 접속 주기가 돌아올 때까지 2분 더 기다린 뒤에 다시 접속을 시도한다.

```
void loop()
{
  // 만약 서버에 접속되었다면,
  // 도착하는 모든 바이트들을 문자열에 저장한다:
  if (client.connected()) {
    if (!requested) {
      requested = makeRequest();
    }
    else {
      // TextFinder의 인스턴스를 만들어서 응답을 검색한다:
      TextFinder response(client);
      // 서버의 답신 중에 대기 환경(Air Quality) 값이 있다면:
      if(response.find("Air Quality:"))  {
        // 남은 부분은 정수로 변환함:
        airQuality = response.getValue();
        // 계기판을 설정함:
        meterIsSet = setMeter(airQuality);
      }
    }
  }
  else if (millis() - lastAttemptTime >
      requestInterval) {
    // 연결되지 않았고, 마지막으로 연결된 이후 2분이 지났다면,
    // 다시 연결을 시도함:
    client.stop();
    connectToServer();
  }

  // 상태 표시 LED를 설정함:
  setLeds();
}
```

» setup()과 loop()에서는 모두 connectToServer() 함수를 이용해서 서버에 접속을 시도한다. 이 함수는 연결에 성공하면 requested 변수를 재설정해서 메인 루프에서 요청을 전송할 수 있도록 한다.

```
void connectToServer() {
  // 전압계의 설정을 해제함:
  meterIsSet = false;

  // 연결을 시도하고 1 밀리초 동안 기다림:
  Serial.println("connecting...");
  if (client.connect(server, 80)) {
    requested = false;
  }
  // 연결을 시도한 시간을 저장함:
  lastAttemptTime = millis();
}
```

» 클라이언트는 연결에 성공하면 HTTP GET 요청을 전송해야 한다.

여기 있는 makeRequest() 함수가 바로 그러한 작업을 수행한다. 이 함수는 메인 루프에 있는 request 변수에 true 값을 반환해서 클라이언트가 GET 요청을 중복적으로 서버에 전송하는 것도 방지해준다.

서버는 아래와 같이 makeRequest() 에 응답한다.

```
boolean makeRequest() {
  // 자신의 서버에 있는 PHP 스크립트에
  // HTTP GET 요구를 보낸다:
  client.println("GET /~myaccount/scraper.php
                  HTTP/1.1\n");
  // 자신의 서버 이름을 입력한다:
  client.println("HOST: example.com\n\n");
  // 프로그램의 상태를 업데이트함:
  client.println();
  return true;
}
```

» 자신의 서버와 경로에 맞게 파란색으로 표시한 부분을 수정해야 한다.

```
HTTP/1.1 200 OK
Date: Fri, 14 Nov 2010 21:31:37 GMT
Server: Apache/2.0.52 (Red Hat)
Content-Length: 10
Connection: close
Content-Type: text/html; charset=UTF-8

Air Quality: 65
```

» 클라이언트가 대기 환경 문자열을 찾아서 이어지는 바이트들을 정수로 바꾸고 나면 setMeter() 함수를 호출해서 전압계에 새로운 값을 반영한다. 여러분이 있는 지역의 대기 환경 최댓값에 맞도록 AQIMax 변수의 값을 바꾸는 것이 좋다.

```
boolean setMeter(int thisLevel) {
  Serial.println("setting meter...");
  boolean result = false;
  // 계기판의 범위에 맞게 result 변수의 범위를 조절함:
  int meterSetting = map(thisLevel, 0, AQIMax,
                         meterMin, meterMax);
  // 계기판을 설정:
  analogWrite(meterPin, meterSetting);
  if (meterSetting > 0) {
    result = true;
  }
  return result;
}
```

» 마지막으로, 프로그램의 진행 상태를 파악할 수 있도록 LED 표시기들을 설정해야 한다. client.connected()와 meterIsSet 변수로 각각의 LED를 설정할 수 있다.

이로써 프로그램을 모두 작성했다. 마이크로컨트롤러에서 이 프로그램을 작동시키면 컨트롤러는 10분마다 HTTP GET 요청을 하고 결과를 계기판에 반영한다.

```
void setLeds() {
  // 연결 LED와 연결 끊김 LED는
  // 클라이언트의 connected() 함수로 표시할 수 있다:
  digitalWrite(connectedLED, client.connected());
  digitalWrite(disconnectedLED, !client.connected());
  // 계기판에 대기 환경의 값이 반영되면 성공 LED를 켬:
  digitalWrite(successLED, meterIsSet);
}
```

완성된 프로젝트

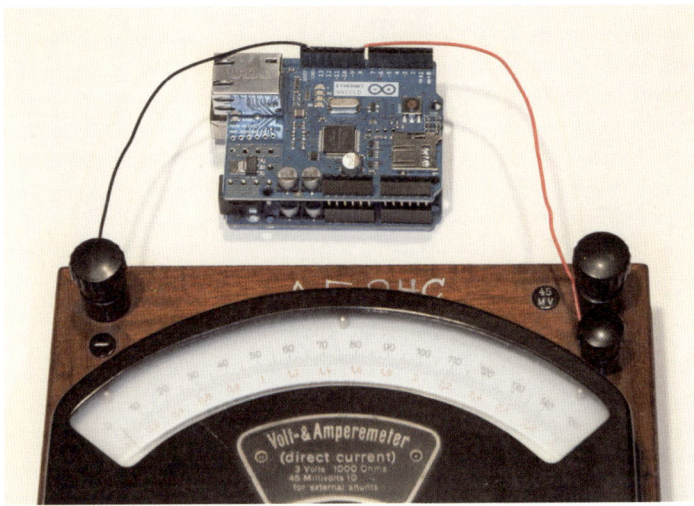

그림 4-12 네트워크에 연결된 대기 환경 계기판의 완성된 모습.

DNS와 DHCP

3장에서 여러분은 이더넷에 연결된 대부분의 장치들이 라우터로부터 DHCP(Dymanic Host Control Protocol), 즉 동적 호스트 구성 프로토콜 방식으로 IP 주소를 받는다는 것을 알았다. 또한 IP에 연결된 장치들이 DNS(Domain Name Server), 즉 도메인 이름 시스템을 통해 서버와 클라이언트의 이름을 알게 된다는 것도 보았다. 아두이노 이더넷 라이브러리에서도 DHCP와 DNS를 사용할 수 있다. 다음과 같이, MAC 주소를 Ethernet.begin() 함수의 인자로 넘기기만 하면 된다:

```
byte mac[] = {0xDE, 0xAD, 0xBE, 0xEF, 0xFE, 0xED};
Ethernet.begin(mac);
```

Ethernet.begin() 함수는 서버가 IP 주소를 승인하면 true를 반환하고 그렇지 않으면 false를 반환한다. 반환된 주소는 Ethernet.localIP()에 저장된다. Ethernet.subnetMask(), Ethernet.gatewayIP(), 그리고 Ethernet.dnsServerIP() 함수와 몇 개의 변수를 추가적으로 사용하면 DHCP를 사용할 수 있다.

DNS를 사용하는 것도 간단하다. client.connect() 명령에 서버의 주소를 숫자로 넘기는 대신 아래와 같이 텍스트 문자열 주소를 넘기면 된다.

```
client.connect("www.example.com", 80);
```

DHCP와 DNS를 사용하면 램을 너무 많이 점유한다는 단점이 생긴다. 따라서 숫자 주소를 안다면 그것을 사용하는 편이 더 유리할 때도 있다.

다음 예제는 DHCP를 사용해서 주소를 요구하는 방법을 보여준다. 요구한 주소는 Ethernet.localIP() 함수에 저장된다.

```
/* DHCP
    환경: 아두이노
*/
#include <SPI.h>
#include <Ethernet.h>

byte mac[ ] = {
  0x00, 0xAA, 0xBB, 0xCC, 0xDE, 0x01};
IPAddress ip(192, 168, 1, 20);    // DHCP가
                                  //실패할 경우 사용할 주소

void setup(){
  // 시리얼 라이브러리 시작
  Serial.begin(9600);
  // 이더넷 연결 시작
  Serial.println("Asking for an IP adress
                  using DHCP...");
  if(!Ethernet.begin(mac)){
    // 만약 DHCP가 실패하면, 여러분 자신의 주소를 사용한다:
    Ethernet.begin(mac, ip);
  }
  // IP 주소의 바이트들을 점으로 구분하여 출력한다:
  Serial.print("I got an IP address.
                It's ");
  Serial.println(Ethernet.localIP());
}
void loop(){
}
```

이더넷을 사용할 때 begin() 기법은 매우 유용하다. DHCP를 사용할 수 있는 경우에는 그렇게 하지만, 사용할 수 없을 경우에는 수동으로 IP 주소를 지정할 수 있기 때문이다. 만약 주소를 수동으로 지정하고 프로그램의 메모리를 절약하고 싶다면 if() 행과 구문을 닫는 중괄호를 주석으로 처리해서 안에 있는 명령만 실행되게 한다. 아래를 참조하자:

```
//if(!Ethernet.begin(mac)){
    // 만약 DHCP에 실패하면, 여러분 자신의 주소를 사용한다:
    Ethernet.begin(mac, ip);
// }
```

임베디드 모듈 프로그래밍과 문제 해결 도구

앞 절에서 접속을 시도했을 때 문제가 발생한 독자도 있을 것이다. 이더넷 실드나 마이크로컨트롤러는 문제가 발생해도 아무런 징후를 드러내지 않기 때문에 해결하기가 매우 까다롭다. 이러한 문제는 여러분이 직접 임베디드 모듈을 만들어서 작업할 때 흔히 마주치게 된다. 이번 절에서는 문제가 발생했을 때 항상 확인해야 할 몇 가지 사항들과 해결 도구를 소개한다. 이 원칙은 이더넷을 사용할 때뿐만 아니라 다른 네트워크 통신 모듈을 사용할 때도 동일하게 적용된다. 여러분은 이 방법들을 이 책을 다 볼 때까지 그리고 그 이후에도 계속 사용하게 될 것이다.

가장 흔히 하는 실수 세 가지

전원과 그라운드를 확인하자

항상 전원과 그라운드를 맞게 연결했는지 확인한다. 이더넷 실드와 같이 핀이 잘 정돈되어서 한 가지 방식으로만 꽂을 수 있는 플러그인(plug-in) 모듈을 사용할 때는 큰 문제가 되지 않을 수 있다. 하지만 플러그인 모듈도 핀을 한 칸씩 밀려서 꽂을 수 있다. 모듈에 정상적인 작동 여부를 알려주는 LED가 부착되어 있다면 그나마 운이 좋은 편이다. 모듈에 LED 표시기가 있든 없든 늘 전원과 그라운드 사이의 전압을 전압계로 측정하고 연결에 이상이 없는지 확인하자.

배선을 확인하자

마이크로컨트롤러와 모듈을 손수 연결할 때는 엉뚱한 핀들을 서로 연결하는 실수를 종종 하기 마련이다. 각각의 핀들을 확인하고 특히 통신을 할 경우에는 데이터를 송신하는 측의 송신 단자가 수신하는 측의 수신 단자에 연결되어 있는지 확인해야 한다. 동기식 시리얼 통신의 경우에는 클럭 핀도 서로 연결되어 있는지 확인한다.

설정을 확인하자

하드웨어를 제대로 연결했다면 장치의 설정이 올바른지 확인하자. IP 주소에 문제는 없는지, 라우터의 주소는 정확한지, 넷 마스크에는 이상이 없는지 확인해 보자.

진단 도구와 방법

장치가 정상적으로 작동하고 있다면, 응용프로그램을 주요한 요소인 일련의 메시지들을 프로그램으로 작성해야 한다. 응용프로그램의 목적에 따라 메시지는 복잡해질 수도 있다. 이런 경우 각 단계들이 정상적으로 작동하는지 확인할 수 있도록 간단한 프로그램을 준비해 두면 좋다.

만약 샘플 코드가 있다면 장치를 사용하기 전에 테스트해 보는 것이 좋다. 대부분의 통신 모듈 제조업체들은 견본 예제를 제공한다. 이 예제들로 모듈에 문제가 없는지 진단해 보고 유용하게 활용하자. 문제가 발생하면 언제든지 다시 견본 예제들을 사용해서 기본적인 통신에 이상이 없는지 확인하자.

물리적인 디버깅 방법

우리는 무엇인가 실제로 일어나도록 만들기 위해 코드를 짠다. 하지만 이 책에서 소개하는 예제들과 같이 정보를 교환하는 작업을 하다 보면 이러한 사실을 간과하기 쉽다. 따라서 물리적인 장치를 연결해서 작동을 유발해 보는 것이 좋다. 이렇게 하면 자신의 코드가 제대로 작동하는지도 확인할 수 있다. 앞의 프로젝트에서는 클라이언트가 접속되거나 접속이 끊겼을 경우 요청을 성공적으로 했을 때나 재설정되었을 때 LED가 켜졌다. 마이크로컨트롤러를 사용할 때는 LED를 작동시키는 것은 가장 기본적이고 확실한 확인 방법 중 하나이며 이는 시리얼 디버깅 메시지를 전송하는 것보다 더욱 기본적인 방법이다. 자유롭게 LED를 사용해서 코드의 각 부분이 정상적으로 작동하는지 확인하자. LED는 나중에 언제든지 제거할 수 있다.

시리얼 디버깅 방법

이더넷 실드와 아두이노 이더넷 보드는 물리적인 편의 요소 외에도 몇 가지 편의를 더 제공한다. 예를 들어 이더넷 컨트롤러는 동기식 시리얼 통신 방식으로 제어되기 때문에 여러분은 앞의 예제에서와 같이 시리얼 포트를 통해서 진행 상황을 메시지로 출력해 볼 수 있다. 이어지는 예제에서는 시리얼 메시지로 네트워크 코드를 시리얼 디버깅하는 효과적인 팁 몇 가지를 소개할 것이다.

시리얼 통신은 작동 속도에 영향을 준다. 여러분의 코드에 시리얼 구문들이 포함되면 마이크로컨트롤러의 작동 속도는 떨어진다. 마이크로컨트롤러가 수신하는 각각의 비트를 저장해야 하기 때문이다. 각각의 비트를 처리하는 시간은 극히 짧지만 수백 바이트를 처리하다 보면 처리 시간이 누적되어 속도가 떨어지는 것을 체감하게 된다. 따라서 디버깅을 마친 후에는 시리얼 전송 구문들을 지워버리도록 하자.

디버그하자

디버깅을 할 때는 옆의 코드처럼 프로그램의 작동 방식을 바꿀 수 있는 변수를 사용하는 것이 좋다. 모든 디버깅 구문을 if(DEBUG) 조건문 안에 작성하면 쉽게 디버깅 상태와 정상적인 작동 상태를 오갈 수 있기 때문이다.

```
const boolean DEBUG = true;

void setup(){
  Serial.begin(9600);
}

void loop(){
  if(DEBUG) Serial.println("this is debugging
                                    statement");
}
```

알리자

대기 환경 지표 클라이언트 프로젝트의 코드에는 많은 함수들이 포함되어 있었다. 하지만 각각의 함수들이 정상적으로 호출되고 있는지는 파악하기 쉽지 않았다. 따라서 코드의 문제를 해결할 때는 함수들이 호출될 때마다 시리얼로 '알려주도록' 하는 습관을 들이자. 그렇게 하려면 오른쪽의 코드와 같이 함수 내에 시리얼 출력 구문을 삽입한다.

```
void connectToServer(){
  if (DEBUG) Serial.print("running connectToServer()
                                    ...");
  // 기존의 함수 코드는 그대로 유지함
}
void makeRequest(){
  if (DEBUG) Serial.print("running makeRequest()...");
  //기존의 함수 코드는 그대로 유지함
}
boolean setMeter(int thisLevel){
  if (DEBUG) Serial.print("running setMeter()...");
  //기존의 함수 코드는 그대로 유지함
}
```

조건을 확인하자

일반적인 통신 응용프로그램에서는 특정한 결과로 이어지는 다중 조건이 있기 마련이다. 이렇게 여러 층을 내포하고 있는 if 구문을 작성하다 보면 실수를 하기 쉽고 원하는 구문이 실행되지 않을 수도 있다. 따라서 여기 보이는 것과 같이, 자신이 기대하고 있는 구문이 실행되고 있는지 확인할 수 있도록 알림 기능을 추가하자.

```
if (client.connected()){
  if (DEBUG) Serial.print("connected");
  if (!requested) {
    if (DEBUG) Serial.print("connected, not
                                    requested.");
    requested = makeRequest();
  }
  else {
    if (DEBUG) Serial.print("not connected");
  }
}
```

분리하자

프로그래머들은 효율성을 중시해서 종종 여러 명령 행들을 한 줄의 코드로 결합하여 압축하려는 경향이 있다. 문제는 결합할 때 발생한다. 예를 들어, 옆의 코드에서는 client.connect()로 접속을 시도하는 행이 있고 조건문에서 그 결과를 확인하고 있다. 이 경우 접속 시도와 접속 확인 코드를 분리하기 전까지는 계속 에러가 발생했다.

```
if (client.connect()) {
  // 접속했다면, 시리얼로 상태를 보고함:
  Serial.println("connected");
}
else{
  // 서버에 접속하지 못했을 경우:
  Serial.println("connection failed");
}
```

» 옆에 있는 코드는 덜 효율적이지만 정상적으로 작동한다. 접속을 시도하자마자 바로 접속 여부를 확인하는 것은 성급한 조치였던 것 같다. 접속을 시도하고 나서 잠시 기다린 뒤에 확인하는 절차를 진행하면 프로그램이 안정적으로 작동했다.

```
client.connect();       // 접속
delay(1);               // 1밀리초 동안 대기
if (client.connected()) {
  // 접속했다면, 시리얼로 상태를 보고함:
  Serial.println("connected");
}
else{
  // 서버에 접속하지 못했을 경우:
  Serial.println("connection failed");
}
```

관찰하자

때로는 복잡한 프로그램에서 한발 물러서서 무엇이 수신되는지 지켜보는 것도 도움이 될 때가 있다. 이 책의 프로그램들을 개발할 때도 이더넷 모듈이 수신하는 것들을 단순히 출력해 보는 방법을 많이 사용했고 여러 번 문제점을 확인하는 데 도움이 되었다. 때로는 코드의 논리적인 구조가 문제였고 때로는 서버가 프로토콜에 얹어 전송하는 글자들 중 일부를 무시한 것이 문제가 되기도 했다. 때로는 익숙함이 여러분의 눈을 가려서 보아야 할 것들을 못 보게 만들기도 한다. 그러니 자신이 수신하고 있다고 생각하는 것이 아니라 실제로 수신하고 있는 것을 확인할 수 있도록 주의를 기울이자.

```
// 접속되었다면, 수신하는 모든 바이트를 저장하고 출력한다:
if (client.connected()) {
  if (client.available()){
    char inChar = client.read();
    Serial.write(inChar);
  }
}
```

시험용 클라이언트 프로그램 작성하기

이벤트를 순서대로 추적할 수 있다면 프로그램을 단계별로 살펴보기 쉽다. 보다 복잡한 개발 프로그램들은 프로그램을 한 행씩 검토하는 기능도 제공한다. 하지만 아두이노는 그러한 편의를 제공하지 않는다. 대신 다른 환경으로 연결하는 기능은 제공한다. 이어지는 프로그램은 시리얼 포트를 통해 들어오는 모든 것을 이더넷 포트로 전달하고, 역으로 이더넷 포트로 들어오는 모든 것은 시리얼 포트로 전달한다. 즉 여러분의 아두이노를 시리얼과 이더넷을 잇는 관문으로 만들어 준다. 이 코드를 사용하면 시리얼 터미널이나 프로세싱, 또는 시리얼 통신을 할 수 있는 어떤 개발 환경에서도 이더넷 출력을 시험해 볼 수 있다.

시험해 보자

이 프로그램은 메시지 교환 테스트를 수동으로 할 수도 있고 데스크톱 환경에서 작동하는 프로그램을 작성해서 할 수도 있기 때문에 유용하다. 절차만 올바르게 이해한다면 아두이노 모듈용 코드로 번역할 수도 있을 것이다.

```
/*
    시리얼과 이더넷
    환경: 아두이노
*/

#include <SPI.h>
#include <Ethernet.h>

byte mac[] = { 0x00, 0xAA, 0xBB, 0xCC, 0xDE, 0x01 };
IPAddress ip(192,168,1,20);
IPAddress server(208,201,239,101 );

// 연결하고자 하는 서버의 IP 주소와 포트로
// 이더넷 클라이언트 라이브러리를 초기화한다.
// (HTTP의 기본 포트는 80이다):
EthernetClient client;

void setup() {
  // 시리얼 라이브러리 시작:
  Serial.begin(9600);
  // 이더넷 접속 시작:
  if (!Ethernet.begin(mac)) {
    Serial.println("DHCP failed. configuring
                    manually.");
        // 여러분이 지정한 IP 주소를 수동으로 지정:
        Ethernet.begin(mac, ip);
  }
  // 이더넷 실드가 초기화할 수 있도록 1초 동안 기다린다:
  delay(1000);
  Serial.println("Ready to go.");
}

void loop(){
  if (client.connected()) {
    // 접속에 성공했다면 클라이언트로부터 수신하는 바이트들을 시리얼로 송신한다:
    if (client.available()) {
      char netChar = client.read();
      Serial.write(netChar);
    }
    // 시리얼로부터 수신하는 바이트들을 클라이언트에게 송신한다:
    if (Serial.available()) {
      char serialChar = Serial.read();
      client.write(serialChar);
    }
  }
  else {
    // 접속되어 있다면 클라이언트를 종료한다:
    client.stop();
    //접속되지 않은 상태에서 시리얼을 통해 C를 수신한다면,
    //접속을 시도한다:
    if (Serial.available()) {
      char serialChar = Serial.read();
      if (serialChar == 'C') {
        connectToServer();
      }
    }
  }
}

void connectToServer() {
  // 접속을 시도하고 1밀리초 동안 기다린다:
  Serial.println("connecting...");
  delay(1);
  if (client.connect(server, 80)) {
    // 접속했다면, 시리얼로 상태를 보고함:
```

» 파란색으로 표시한 부분은 자신의 장치와 서버에 맞게 수정한다.

```
      Serial.println("connected");
    }
    else {
      // 서버에 접속하지 못했을 경우:
      Serial.println("connection failed");
      client.stop();
    }
}
```

말을 걸어 보자

여기 있는 간단한 프로세싱 스케치는 앞에서 작성한 아두이노 스케치에 시리얼 통신으로 HTTP 요청을 전송하도록 한다. 처음 타이핑을 하면 프로세싱은 아두이노에 C를 전송해서 접속을 시작하고 두 번째로 키를 치면 HTTP 요청을 전송한다.

```
/*
  시리얼-이더넷 HTTP 요청 테스트 프로그램
  환경: 프로세싱

*/
// 시리얼 라이브러리 불러오기
import processing.serial.*;

Serial myPort;           // 시리얼 객체
int step = 0;            // 진행 중인 단계
char linefeed = 10;      // ASCII 줄바꿈 글자

void setup()
{
  // 시리얼 포트 목록 출력:
  println(Serial.list());
  // 자신의 컴퓨터 환경에 맞는 시리얼 포트를 열자:
  myPort = new Serial(this, Serial.list()[0], 9600);
  // 줄바꿈 글자를 수신할 때까지 수신하는 바이트를 버퍼에 저장하도록
  // 시리얼 객체를 설정한다:
  myPort.bufferUntil(linefeed);
}

void draw()
{
  //draw 루프에서는 아무런 작동도 하지 않음
}

void serialEvent(Serial myPort) {
  // 시리얼로 들어오는 모든 문자열을 모니터 판에 출력함
  print(myPort.readString());
}

void keyReleased() {
  // 아무 키나 누르면 다음의 단계를 진행함:
  switch (step) {
  case 0:
    // 미리 지정한 서버에 접속한다:
    myPort.write("C");
    // 다시 키를 누르면 다음 단계를 실행하도록 step 변수를 1만큼 증가시킴:
    step++;
    break;
  case 1:
    // HTTP GET 요구 전송
    myPort.write("GET /~myaccount/index.html
                 HTTP/1.1\n");
    myPort.write("HOST:myserver.com\n\n");
    step++;
    break;
  }
}
```

» 자신의 서버에 맞게 파란색 부분을 수정하자.

이 스케치들을 토대로 여러분은 HTTP 교환 논리 전체를 프로세싱으로 작성할 수 있을 것이고 그 다음에는 아두이노 스케치로 변환할 수도 있을 것이다.

이러한 접근 방식을 이용하면 여러분은 보다 자신에게 익숙한 환경에서 응용프로그램의 논리적 흐름을 구현할 수 있다. 복잡한 마이크로컨트롤러 환경에서 벗어나 메시지의 흐름과 메시지를 유발하는 요인들에 좀 더 집중할 수 있기 때문이다.

이렇게 작업할 때는 프로그램의 기술적인 세부사항에 너무 빠져들지 않도록 주의해야 한다. 아직 마이크로컨트롤러 프로그램을 좀 더 다듬는 일이 남아 있기 때문이다. 하지만, 서로 다른 언어의 유사점과 차이점을 비교해 보는 것은 도움이 된다. 언어의 기저에 있는 논리에 집중할 수 있도록 해주기 때문이다.

시험용 서버 프로그램 작성하기

여러분은 앞의 프로그램으로 원격 서버에 접속하고 메시지 교환도 시험해 볼 수 있었다. 하지만 원격 서버는 제어할 수 없었기 때문에, 서버가 여러분의 메시지를 수신했는지조차 확인할 수 없었다. 만약 접속에 성공하지 못했다면 모듈이 그 어떤 서버에 접속할 수 있는지조차도 알 수 없다. 이를 시험해 보기 위해서 모듈이 접속할 수 있는 서버 프로그램을 작성해 보자.

» 옆에 여러분의 PC에서 실행할 수 있는 작은 프로세싱 프로그램이 있다. 이 프로그램은 클라이언트의 접속에 귀를 기울이고 있다가 통신선을 통해 전달되는 모든 메시지를 출력한다. 또한 HTTP 요청을 보내기도 하며 간단한 웹 페이지를 띄우기도 한다.

이 프로그램을 사용하기 전에 먼저 이더넷 모듈과 PC가 동일한 네트워크에 연결되어 있는지 확인하자. 그런 다음 이 프로그램을 실행하고 브라우저의 주소창에 http://localhost:80 이라는 URL을 입력해서 프로그램에 접속한다.

정상적으로 접속되는 것을 확인한 뒤에는 아두이노 클라이언트 프로그램을 작성해서 PC의 IP 주소 포트 80에 접속한다. 통신하는 양측을 모두 볼 수 있기 때문에 문제가 발생한다면 쉽게 확인할 수 있을 것이다. 이 프로그램으로 메시지들이 올바르게 들어오는 것을 확인했다면, 마이크로컨트롤러의 코드에서 연결 대상을 다른 웹 서버의 주소로 수정한 뒤 접속을 시도해 보자. 정상적으로 접속에 성공할 것이다.

```
/*
서버 시험 프로그램
환경: 프로세싱

클라이언트가 전송하는 메시지를 출력하는 서버.
키보드에서 타이핑하는 내용은
마지막 클라이언트에게 전송된다.
*/

// 넷 라이브러리 불러오기:
import processing.net.*;

int port = 8080;          // 서버의 포트
Server myServer;          // 서버 객체
int counter = 0;
void setup()
{
  myServer = new Server(this, port); // 서버 시작
}

void draw()
{
  // 메시지를 보내오는 클라이언트를 받음:
  Client thisClient = myServer.available();
  // 수신한 메시지가 유효하다면 출력한다:

  if (thisClient != null) {
    // 클라이언트가 보내는 바이트들을 읽음:
    while(thisClient.available() > 0) {
      print(char(thisClient.read()));
    }
  }
```

만약 접속에 실패한다면 여러분이 접속하고자 하는 웹 서버에 문제가 있을 가능성이 크다. 그런 경우에는 호스팅 업체에 연락해서 서버를 진단하는 도구에 대해 문의하고 특히 서버의 에러 기록도 확인하자.

```
    // HTTP 응답을 보냄:
    thisClient.write("HTTP/1.1 200 OK\r\n");
    thisClient.write("Content-Type:
                    text/html\r\n\r\n");
    thisClient.write("<html><head><title>Hello
                    </title></head>");
    thisClient.write("<body>Hello, Client! " +
                    counter);
    thisClient.write("</body></html>\r\n\r\n");
    // 연결 끊음:
    thisClient.stop();
    counter++;
  }
}
```

> ⚠️ 이 프로그램이 작동하지 않으면 포트를 8080으로 바꿔보자. 8080 포트는 많은 웹 서버들이 사용하는 또 다른 전형적인 포트이다. 만약 PC에서 별도의 웹 서버를 구동하고 있다면 이 프로그램의 포트 번호를 따로 수정해야 할 수도 있다.

결론

이번 장에서 우리는 네트워크에 연결된 사물들의 사례를 살펴보았고 이들을 매우 유연하고 유용하게 활용할 수 있다는 사실을 알게 되었다. 이 사물들은 기본적으로 브라우저이거나 서버이며 웹에서 정보를 요청하여 필요한 정보를 추출하거나, 클라이언트에게 정보를 제공한다. 다른 프로젝트에서도 이러한 사례를 활용할 수 있다.

이러한 유형의 프로젝트들은 기존의 웹 응용프로그램을 활용하기 때문에 큰 수고를 들이지 않고도 새로운 용도에 맞도록 재목적화하기 수월하다. 기껏해야 이번 장의 앞부분에서 작성한, 웹 페이지를 읽는 PHP 스크립트를 고쳐서 또 다른 기존의 웹사이트에서 관련 정보를 긁어오도록 하면 된다. 이러한 유연성 덕분에 웹 개발 경험이 많지 않은 마이크로컨트롤러 애호가들도 쉽게 웹 프로그래머들과 협업할 수 있으며 반대의 경우도 마찬가지다. 그뿐만 아니라 적절한 협업자를 찾지 못했을 경우에는 다른 사람들의 작업을 쉽게 재활용할 수도 있다.

그렇다고 한계가 없는 것은 아니다. 5장에서는 또 다른 방법을 도입하여 이러한 한계를 우회하는 방법을 알아본다. 한편, 이 장에서 다룬 사례들을 직접 활용하지 않는 경우에도 문제 해결 방법만은 기억하도록 하자. 데이터를 교환하는 양측의 프로그램을 간단하게 만들어 두면 작업을 훨씬 수월하게 진행할 수 있다. 이 프로그램들을 사용하면 기대하는 기능들을 확인할 수 있고 그에 부합하도록 현재의 문제점들을 고쳐 나갈 수 있기 때문이다.

MAKE: PROJECTS   5

(거의) 실시간으로 통신하기

지금까지 여러분이 경험한 대부분의 네트워크 통신은 웹 브라우저를 통해 이루어졌다. 여러분의 사물은 원격 서버에 서비스를 요청했고, 서버는 프로그램을 실행한 뒤 응답했다. 이러한 트랜잭션은 웹 서버에 접속하여 정보를 교환하고 접속을 끊는 과정을 통해 이루어졌다. 이번 장에서는 접속에 대해 더 자세히 살펴본다. 또한, 접속을 끊지 않고 유지하는 서버 프로그램을 작성해서 서버와 클라이언트가 보다 빠르고 지속적으로 데이터를 교환할 수 있도록 한다.

<뮤직박스(Musicbox)> 목진요(Jin-Yo Mok), 2004
이 뮤직박스는 시리얼-이더넷 모듈을 통해 인터넷의 작곡 프로그램에 연결되어 있다. 작곡 프로그램은 뮤직박스의 빛을 바꾸고 연주할 소리도 바꾼다. 뮤직박스와 인터넷 작곡 프로그램 사이의 실시간 통신은 연주자에게 피드백을 제공한다. 사진 제공: 목진요

5장에서 사용하는 부품

판매점 기호
- **A** 아두이노 스토어(http://store.arduino.cc/ww/)
- **AF** 에이다프루트(http://adafruit.com)
- **D** 디지-키(www.digikey.com)
- **F** 파넬(www.farnell.com)
- **J** 자메코(http://jameco.com)
- **MS** 메이커 셰드(www.makershed.com)
- **P** 폴로루(www.pololu.com)
- **RS** RS(www.rs-online.com)
- **SF** 스파크 펀(www.SparkFun.com)
- **SS** 씨드 스튜디오(www.seeedstudio.com)

프로젝트 8: 네트워크 퐁
주의: 이 장에서는 두 개의 장치를 만들 수 있다. 두 개를 모두 만들려면 조이스틱, 가속도 센서, 그리고 골판지를 제외한 다른 부품은 두 배로 준비해야 한다.

» 아두이노 이더넷 보드 1개
  A A000050

아두이노 호환 보드(2장 참조)에 이더넷 실드를 장착해서 사용해도 된다.
SF DEV-09026, J 2124242, A A000056, AF 201, F 1848680

» 인터넷에 연결된 이더넷 접속기 가정에서 사용하는 라우터(공유기)의 뒷면에는 대개 이더넷 잭이 있다. 컴퓨터를 이더넷에 연결해서 인터넷에 접속한 적이 있다면 포트가 어디 있는지 알 것이다.

» 100옴 저항 1개
  D 100QBK-ND, J 690620, F 9337660, RS 707-8625

» 220옴 저항 3개
  D 220QBK-ND, J 690700, F 9337792, RS 707-8842

» 2축 조이스틱(조이스틱 클라이언트용) 1개
  J 2082855, SF COM-09032, AF 245, F 1428461

» 가속도 센서(기울기 보드 클라이언트용) 1개
  제시되는 회로에서는 ADXL330 가속도 센서를 채용했지만 다른 아날로그 가속도 센서를 사용해도 된다.
  J 28017, SF SEN-00692, AF 163, RS 726-3738, P 1247, MS MKPX7

» 만능기판 1개
  D V2018-ND, J 616673, SS STR125 C2B, F 4903213, RS 159-5420

» LED 4개 서로 의미를 구별할 수 있도록 최소한 두 가지 이상의 색을 준비한다. 가령 빨간색 하나, 녹색 하나 그리고 여러분이 선호하는 색으로 2개 더 준비한다.
  D 160-1144-ND 또는 160-1665-ND, J 34761 또는 94511, F 1015878, RS 247-1662 또는 826-830, SF COM-09592 또는 COM-09590

» 푸시버튼 1개 튼튼하고 충격에 강한 부품으로 준비한다.

» 회로 보호 상자 1개 창의력을 발휘해서 주변에 있는 사물을 선택한다.

» 삼중 골판지(밸런스 보드 클라이언트용) 1장

» 벨크로(일명 찍찍이) 1판 가까운 문구점이나 철물점에서 구입한다.

그림 5-1 이번 장에서 사용할 새로운 부품들. 1. 골판지 2. 3축 가속도 센서 3. 2축 조이스틱 4. 푸시버튼 5. 벨크로 6. 회로를 보호할 가볍고 단단한 사물로 만들었다. 7. 수납 상자 제작을 위한 견본 전개도 8. 만능기판. 핀 헤더도 충분히 준비한다.

인터랙티브 시스템과 피드백 루프

모든 인터랙티브 시스템에는 피드백 루프가 있다. 피드백 루프란 여러분이 어떤 행동을 하면 시스템이 그에 대해 반응을 하고, 여러분은 다시 시스템의 반응을 보거나 시스템으로부터 알림을 받아서 또 다른 어떤 행동을 취하는 되돌림 체계를 지칭한다. 어떤 시스템에서는 이러한 순환, 즉 루프의 시간이 상당히 느슨하고 길다. 하지만 루프 시간이 매우 긴밀하고 짧아야 하는 응용프로그램도 있다.

예를 들어, 3장에서 진행했던 고양이 침대 프로젝트의 경우 시간에 민감하게 반응할 필요가 없기 때문에 시스템이 몇 초에 한 번씩만 이미지를 업로드하면 됐다. 고양이가 침대 위에 몇 분 머물든 아니면 몇 시간을 머물든 고양이의 모습을 볼 수 있다면 만족할 수 있기 때문이다. 그에 비해 2장의 몬스키 퐁 프로젝트는 피드백 루프가 긴밀하고 짧아야 재미있다. 인형의 팔을 움직이고 나서 0.5초나 그 이후에 화면의 라켓이 반응한다면 재미가 없을 것이다. 즉, 피드백 루프의 타이밍은 참여자가 중요하다고 생각하는 시간에 따라 달라진다.

어떤 행동과 그에 대한 반응이 조직적으로 결합되어야 하는 모든 시스템에는 긴밀한 피드백 루프가 필요하다. 원격 조정 시스템의 예를 살펴보자. 네트워크 너머에서 작동하는 로봇을 만드는 경우, 빠른 네트워크가 있어야 원활한 제어 시스템을 구축할 수 있다. 또한 로봇이나 주변 공간에 장착된 센서나 카메라도 빠르게 반응해야 신속하게 정보를 획득해서 상황을 파악할 수 있다. 즉, 로봇을 신속하게 제어할 수 있어야 하고 결과도 신속하게 알 수 있어야 한다. 네트워크 액션 게임도 빠른 네트워크가 필요하다. 여러분의 게임 콘솔은 느리게 반응하는데, 다른 플레이어들은 빠른 네트워크에 연결돼서 앞질러 간다면 재미없을 것이다. 이러한 응용프로그램들에서는 HTTP와 같이 새로 접속해서 데이터를 교환하고 다시 접속을 끊는 과정을 되풀이하는 교환 프로토콜이 그다지 효과적이지 않다.

두 사물이 일대일로 연결되어 있다면 긴밀한 피드백 루프를 구축하는 것이 어렵지 않다. 하지만 연결되는 사물의 수가 늘어날수록 피드백 루프는 점점 더 어려워진다. 가장 먼저 해야 할 일은 사물들을 적절하게 연결할 수 있는 네트워크의 특성을 판단하는 일이다. 모든 사물이 중앙의 서버에 연결된 별 모양 네트워크가 좋을까? 사물들을 고리 모양으로 연결하는 네트워크가 효과적일까? 모든 사물이 다른 모든 사물들과 직접 연결되는 다대다 연결이 좋을까? 각각의 네트워크 환경은 피드백 루프 타이밍에 영향을 준다. 별 모양 네트워크에서는 가장자리의 사물들은 한가한 반면 중앙의 사물은 매우 바쁘게 작동한다. 고리 모양의 네트워크에서는 모든 사물이 비슷한 작업량을 처리하지만 반대편의 사물에 메시지를 전달할 때는 시간이 오래 걸린다. 모든 사물들이 곧장 연결된 다대다 네트워크에서는 작업량은 균등하게 배분되지만 각각의 사물들이 매우 많은 접속을 관리해야 한다.

일반적으로는 통신하는 사물의 수가 어느 정도 제한되어 있다면, 중앙 서버를 통해 메시지 교환을 관리하는 것이 가장 쉽다. 이러한 방식의 가장 대표적인 프로그램은 IRC(Internet Relay Chat)나 AOL(아메리카 온라인)[1]의 AIM(AOL Instant Messenger)과

---

[1] 인터넷 서비스를 제공하는 미국의 미디어 기업.

같은 텍스트 기반의 채팅 서버들이다. 클라이언트의 접속을 허가하고 클라이언트들이 실시간으로 텍스트 메시지를 교환할 수 있도록 관리하는 프로그램이다. 여러분이 이번 장에서 작성할 프로세싱 프로그램은 채팅 서버를 약간 변형한 것이다. 이 서버는 새로 접속해 오는 클라이언트가 있는지 지속적으로 확인하며 또한 접속 중인 모든 클라이언트들과 메시지를 교환한다. 메시지가 인터넷 너머에 도달할 때까지 걸리는 시간은 누구도 보장할 수 없기 때문에 데이터는 실시간으로 교환되지 않을 수도 있다. 하지만 클라이언트와 서버를 연결한 네트워크의 속도가 어느 정도 빠르다면, 인간의 반응시간보다 피드백 루프의 시간이 더 짧을 것이다.

전송 제어 프로토콜: 소켓과 세션

전송 제어 프로토콜, 즉 TCP(Transmission Control Protocol)는 클라이언트가 웹 서버에 접속할 때 사용하는 프로토콜이다. 인터넷의 사물들은 접속, 연결 유지 그리고 연결을 종료할 때 많은 메시지를 교환한다. TCP는 이러한 절차를 특정해서 전반적인 연결 과정이 원활하게 진행될 수 있도록 규정한 프로토콜이다. 소켓이란 TCP를 통해 연결된 두 사물의 이음매를 지칭한다. 소켓은 마치 파이프와 같이 두 사물을 연결하고, 연결이 유지되는 한 서로 데이터를 주고받을 수 있게 한다. 이 상태를 유지하려면, 양쪽 모두 연결을 유지하고 있어야 한다.

예를 들어, 앞의 두 장에서 웹 클라이언트와 서버가 데이터를 교환했던 예제들을 상기해 보자. 클라이언트가 접속해 오면 서버는 파이프를 열고, 파일을 모두 전송할 때까지 연결 상태를 유지한다. 만약 웹 페이지에 이미지나 스타일 시트 등과 같이 여러 파일이 포함되어 있다면 소켓도 여러 개가 연결되었다가 닫힌다.

소켓 연결의 이면에서는 많은 일이 일어난다. 작게는 몇 바이트부터, 많게는 몇 테라바이트 이상의 데이터가 TCP 접속을 통해 교환된다. 모든 데이터는 패킷들로 분리되어 발송되고 최선의 경로를 통해 목적지에 도달하게 된다.

주의: 의도적으로 '최선'이라는 모호한 표현을 선택했다. 네트워크의 하드웨어들이 최선의 경로를 산출할 때는 서로 다른 측정 기준을 따르기 때문이다. 측정 기준은 두 지점을 잇는 경유 지점의 수가 될 수도 있고 대역폭이나 경로의 신뢰성이 되는 경우도 있다.

세션이란 소켓이 성공적으로 연결된 이후부터 닫힐 때까지의 시간이다. 세션 동안 소켓을 관리하는 프로그램은 연결 상태(소켓이 열렸는지 닫혔는지)와 포트의 번호를 추적하고, 송신하고 수신한 패킷의 수를 계산하며, 패킷이 순서대로 도착하지 않더라도 원래의 순서에 따라 잘 구성되고 있는지 확인한다. 또한 누락된 패킷이 있다면 재전송 요청을 한다. 이 모든 과정은 4장에서처럼, 프로세싱의 넷 라이브러리나 아두이노 이더넷 실드의 펌웨어와 같은 TCP/IP 스택이 여러분을 대신해서 처리해 준다.

TCP는 복잡하지만 여러분이 중요한 데이터를 교환할 때 진가를 발휘한다. 예를 들어 이메일의 경우, 각각의 바이트는 메시지를 이루고 있는 글자에 해당한다. 만약 바이트를 두세 개 누락한다면 중요한 정보를 잃어버릴 수 있다. 한편, TCP의 이러한 에러 확인 기능은 통신 속도를 다소 떨어뜨리며, 다수의 수신자에게 메시지를 보낼 때는 수신자마다 별도의 소켓을 열어야 한다.

UDP(User Datagram Protocol), 즉 사용자 데이터그램 프로토콜이라고 하는 좀 더 단순한 전송 프로토콜도 있다. TCP 통신이 소켓과 세션에 기반을 두고 있는 것에 비해 UDP는 오로지 패킷의 교환에만 중점을 둔다. 이에 대해서는 7장에서 더 자세히 다룰 것이다.

프로젝트 8
네트워크 퐁

실시간 연결을 학습할 때 네트워크 게임만큼 좋은 소재도 드물다. 이 프로젝트에서는 네트워크 탁구 게임을 만든다. 네트워크의 상태를 확인할 때 일반적으로 많이 사용하는 명령어인 ping을 기리기 위해 게임의 이름을 핑퐁(ping pong)이라고 하겠다. 서버는 프로세싱으로 작성한 프로그램이며, 클라이언트는 이더넷으로 연결된 아두이노의 물리적 인터페이스이다. 모두가 화면을 볼 수 있도록 클라이언트와 서버의 화면은 물리적으로 가까워야 한다. 이번 프로젝트에서는 멀리 떨어진 곳에 접속하기 위해 네트워크를 사용하는 것이 아니라 다중 접속을 유연하게 관리하기 위해 사용한다.

2장의 몬스키 퐁에서 여러분은 라켓과 공을 움직이는 방법을 배웠다. 따라서 코드의 일부분은 이미 낯익을 것이다. 이번에 작성하는 프로그램은 더 복잡하기 때문에 전체 시스템을 잘 서술할 필요가 있다. 시스템은 다음과 같이 작동한다.

- 게임에는 두 팀이 있으며 다수의 플레이어가 참여할 수 있다.
- 각각의 플레이어는 라켓을 좌우로 움직일 수 있다. 라켓은 화면의 위쪽과 아래쪽에 배치되어 있고 공은 위아래를 왕복한다.
- 플레이어들은 TCP 연결 방식으로 게임 서버에 접속한다. 플레이어가 접속하면 또 다른 라켓이 화면에 추가된다. 새로 접속하는 클라이언트는 위쪽이나 아래쪽 팀에 번갈아 배치된다. 플레이어가 접속하면 서버는 'hi'라는 인사말을 전송한다. 인사말 뒤에는 복귀(\r)와 줄바꿈(\n) 글자가 붙는다.
- 클라이언트는 다음의 명령을 전송할 수 있다.

  - l (ASCII 값 108): 왼쪽으로 이동
  - r (ASCII 값 114): 오른쪽으로 이동
  - x (ACSII 값 120): 접속 종료
- 클라이언트가 x를 전송하면 서버는 아래와 같이 응답하고 소켓 연결을 종료한다.

  bye\r\n

게임에서 사용하는 통신 프로토콜은 이것이 전부다. 프로토콜은 클라이언트 사물의 물리적인 형태에 대해서는 아무것도 정의하지 않는다는 점을 명심하자. 클라이언트는 서버에 TCP 접속을 해서 적절한 ASCII 메시지를 송수신할 수만 있으면 정상적으로 사용할 수 있다. 여러분은 어떤 물리적 장치라도 클라이언트에 부착하여 사용할 수 있다. 심지어는 물리적 입력장치가 없더라도 자동적으로 메시지를 전송하게 할 수도 있다. 물론, 그렇게 한다면 게임이 지루해질 것이다. 이 장의 후반부에서는 서버에 연결해서 게임을 할 수 있는 클라이언트들을 몇 개 살펴본다.

시험용 채팅 서버

우선 시험용 서버가 필요하다. 퐁 게임을 제어하고 화면에 출력하기 위해서는 많은 코드가 필요하지만 지금 당장은 클라이언트가 시험적으로 접속할 수 있는 서버라면 충분하다. 아래에 있는 서버 프로그램은 네트워크 접속을 처리하는 기본적인 요소들을 갖추고 있다. 프로그램을 실행하면 서버는 새로운 클라이언트가 접속하는지 추적하고, 서버 스케치의 애플릿 창에서 입력하는 메시지를 연결되어 있는 클라이언트들에게 전송한다. 서버를 실행하고 텔넷으로 접속한다. 포트 번호는 8080이므로 서버(컴퓨터)의 IP 주소가 192.168.1.45이라면 telnet 192.168.1.45:8080과 같이 접속한다. 만약 서버가 작동하는 컴퓨터 자체에서 텔넷 접속을 한다면 telnet localhost:8080 또는 telnet 127.0.0.1:8080과 같이 접속해도 된다.

텔넷 창에서 입력하는 것은 모두 서버의 디버그 판에 출력되고 서버의 애플릿 창에서 입력하는 것은 모두 클라이언트의 명령 행에 출력된다. 접속 설정에 따라 글자를 입력하고 엔터 키를 쳐야만 서버에 데이터가 전송되는 경우도 있다.

맥 OS X나 리눅스 사용자는 텔넷에서 나가는 조합 키(Ctrl-])를 입력한 뒤, 아래의 명령 행을 입력하고, 리턴을 친다.

```
mode character
```

윈도우 사용자의 경우 텔넷에서 특별한 설정을 할 것은 없지만, 만약 그렇지 않다면 Ctrl-]을 입력하고 아래의 명령 행을 입력한 뒤 리턴 키를 두 번 친다.

```
set mode stream
```

이제 여러분이 입력하는 모든 글자가 서버에 바로 나타날 것이다.

시도해 보자

먼저 변수를 선언하고 정의한다. 주요 변수는 Server 클래스의 인스턴스, 포트 번호, 그리고 클라이언트를 추적하는 ArrayList 변수이다.

```
/*
 시험용 서버 프로그램
 환경: 프로세싱

 클라이언트의 접속을 추적하고 클라이언트가 전송하는 내용을 출력하는 서버를 만든다.
 또한 서버에서 키보드로 입력한 것을 모두 클라이언트들에게 전송한다.
*/

// 넷 라이브러리 불러오기:
import processing.net.*;

int port = 8080;                              // 서버가 추적하는 포트
Server myServer;                              // 서버 객체
ArrayList clients = new ArrayList();          // 클라이언트 목록
```

» 이 프로그램에서는 ArrayList라고 하는 데이터 유형을 처음 사용하고 있다. ArrayList는 매우 편리한 배열이라고 생각하면 된다. ArrayList는 처음에 초기화할 때 요소의 크기를 고정하지 않아도 되며, 프로그램이 실행되는 동안에도 새로운 요소를 쉽게 추가할 수 있다. 덕분에 배열의 크기를 특정할 수 없을 때 매우 요긴하게 사용할 수 있다. 이번 프로젝트에서는 몇 명의 클라이언트가 접속할지 알 수 없다. 따라서 클라이언트를 ArrayList에 저장하고 새로운 클라이언트가 접속할 때마다 목록에 추가한다. ArrayList에는 이 외에도 다른 유용한 함수들이 있다. 프로세싱의 웹사이트(www.processing.org)에 ArrayList에 대한 자세한 소개가 있으니 참조하자.

» setup() 함수에서 서버를 초기화한다.

```
void setup()
{
  myServer = new Server(this, port);
}
```

» draw() 함수에서는 클라이언트가 전송하는 새로운 메시지를 출력한다. 클라이언트가 "exit"라는 문자열을 전송하면 서버는 해당 클라이언트와 연결을 끊고 클라이언트 목록에서 삭제한다.

```
void draw()
{
  // 메시지를 보내고 있는 클라이언트를 변수에 할당함:
  Client speakingClient = myServer.available();

  if (speakingClient !=null) {
    String message = trim(speakingClient.readString());
    // 클라이언트의 ip와 메시지를 출력함
    println(speakingClient.ip() + "\t" + message);

    if (message.equals("exit")) {
      myServer.disconnect(speakingClient);
      clients.remove(speakingClient);
    }
  }
}
```

» 새로운 클라이언트가 접속하면 서버에서는 serverEvent() 메시지가 발생한다. serverEvent()는 새로운 클라이언트가 접속했음을 알리고 클라이언트 목록에 추가한다.

```
void serverEvent(Server myServer, Client thisClient) {
  println("We have a new client: " + thisClient.ip());
  clients.add(thisClient);
}
```

» 마지막으로, keyReleased() 함수는 서버에서 타이핑하는 모든 글자를 연결된 클라이언트들에게 전송한다.

```
void keyReleased() {
    myServer.write(key);
}
```

클라이언트

게임의 클라이언트는 지역 입력과 원격 입력을 추적한다. 지역 입력은 여러분, 즉 사용자가 입력하는 데이터다. 원격 입력은 서버가 전송해 오는 데이터다. 클라이언트는 여러분이 입력하는 데이터에는 늘 귀를 기울이고 있지만 서버에는 연결되었을 때만 귀를 기울인다.

클라이언트가 여러분에게 귀를 기울이게 하려면 다음의 기능을 갖추고 있어야 한다.

- 접속 메시지를 서버에 전송하는 입력 장치. 동일한 입력 장치로 접속 종료 메시지도 전송한다.
- 왼쪽으로 이동하라는 메시지를 서버에 전송하는

입력 장치
- 오른쪽으로 이동하라는 메시지를 서버에 전송하는 입력 장치

사용자가 클라이언트 기기의 작동 상태를 알 수 있도록 다음의 기능을 추가한다.

- 클라이언트가 서버에 연결되어 있는지 알려주는 출력 장치
- 접속 및 접속 종료 버튼을 눌렀는지 알려주는 출력 장치
- 왼쪽 메시지 전송을 알려주는 출력 장치
- 오른쪽 메시지 전송을 알려주는 출력 장치

클라이언트 기기에 출력 장치가 있어서 사용자가 무엇인가를 입력했을 때 지역 피드백을 해주는 것이 좋다. 서버에 연결되지 않더라도 사용자에게 지역 피드백을 해서 클라이언트 기기가 반응을 하고 있다는 것을 알려야 한다. 예를 들어, 클라이언트의 접속 및 접속 종료 버튼을 누른다고 반드시 서버에 성공적으로 접속할 수 있는 것은 아니다. 따라서 버튼 누름을 알리는 출력 장치와 접속 성공을 알리는 출력 장치는 분리할 필요가 있다. 그러면 문제가 발생했을 때 사용자가 서버와의 연결이 문제인지 아니면 클라이언트 장치가 문제인지 판단하는 데 도움이 된다.

클라이언트의 상태도 출력 장치에 표시한다. 이어지는 코드는 센서의 상태는 물론 클라이언트의 접속 상태도 출력한다. 만약 클라이언트의 기능이 지금보다 더 복잡하다면 보다 많은 상태 표시기가 필요할 것이다.

이번 프로젝트에서는 두 개의 클라이언트를 만든다. 서로 물리적인 인터랙션이 다르고 사용하는 입

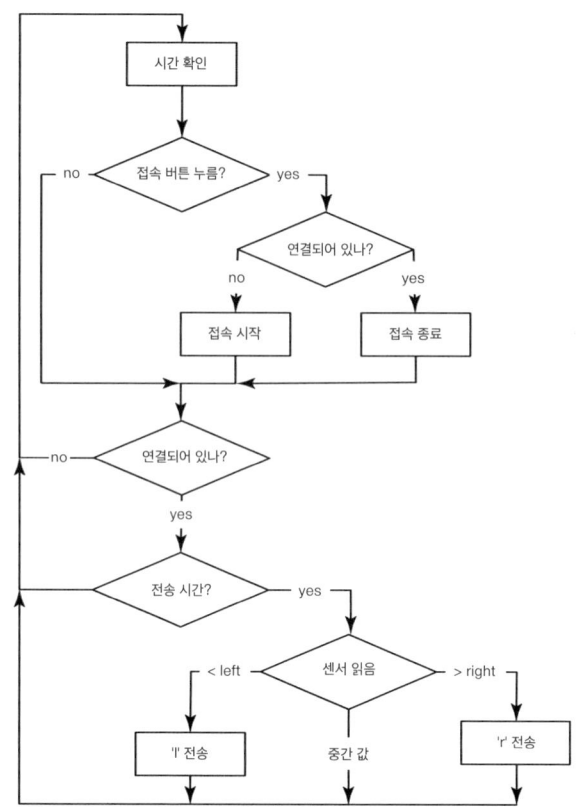

그림 5-2 퐁 클라이언트의 논리적 흐름도.

력 센서도 다르지만 서버의 입장에서는 동일한 방식으로 작동하는 클라이언트들이다. 하나만 만들어도 되고, 둘 다 만들어도 되며, 동일한 원칙을 준수한다면 여러분 자신의 클라이언트를 만들어도 된다. 두 개의 클라이언트를 만들어서 서로 비교해 보면 어떻게 동일한 프로토콜이 사뭇 다른 동작들과 연결될 수 있는지 쉽게 알 수 있을 것이다. 클라이언트 중 하나는 다른 클라이언트에 비해 훨씬 더 민감하게 반응한다. 하지만 반응성은 통신 프로토콜과는 아무런 관련이 없다. 반응성은 플레이어의 행위와 이를 감지하는 센서의 문제일 뿐이다. 두 클라이언트 모두 그림 5-2의 논리적 흐름을 따른다.

클라이언트 #1: 조이스틱 클라이언트

첫 번째 클라이언트는 그림 5-3에서 볼 수 있듯이 상당히 전통적인 모습의 게임 조종기이다. 조이스틱으로 게임 속의 라켓을 왼쪽이나 오른쪽으로 움직이고 푸시버튼으로 서버에 로그인하거나 로그아웃한다. 조종기의 상태를 표시하는 LED도 네 개 있다. 로그인을 하면 흰색 LED가 켜진다. 왼쪽으로 이동하라는 명령을 보내면 빨간색 LED가 켜지며, 오른쪽으로 이동하라는 명령을 보내면 녹색 LED가 켜진다. 접속 및 접속 종료 버튼을 누르면 노란색 LED가 켜진다.

이 클라이언트는 2축 조이스틱에서 하나의 축만 주로 사용한다. 이 조이스틱에는 두 개의 가변저항이 있다. 하나는 위/아래 움직임을 감지하고 다른 하나는 왼쪽/오른쪽 움직임을 감지한다. 여러분은 왼쪽/오른쪽 움직임만 사용한다. L/R+ 라고 표시된 핀은 +5V에 연결하고 GND라고 표시된 핀은 그라운드에 연결한다. L/R이라고 표시된 핀은 아두이노의 아날로그 입력 0번 핀에 연결한다. 회로 전반은 그림 5-4부터 5-8까지를 참조하여 구성한다. 핀들을 연결한 다음에는 조이스틱이 출력하는 값을 analogRead() 함수로 읽을 수 있도록 간단한 프로그램을 작성한다. 2장의 몬스키 퐁과 3장의 고양이 침대 프로젝트에서 센서의 값을 읽었던 것과 유사하다. 작동하는 것을 확인한 뒤에는 클라이언트 프로그램에서 사용할 수 있도록 조이스틱을 왼쪽과 오른쪽으로 움직였을 때의 센서 값을 각각 기록해 둔다.

서버에 접속하는 스위치는 일반적인 스위치와 다른 방식으로 배선되어 있다. 10k옴 풀다운 저항을 사용하는 대신 100옴 저항과 LED를 거쳐 그라운드에 연결되어 있다. 이렇게 하면 코드를 아무것도 추가하지 않아도 푸시버튼을 눌렀을 때 LED가 켜진다. 푸시버튼을 누르면 저절로 LED에 전류가 흐르기 때문이다. 따라서 버튼을 누르면 지역 피드백을 받을 수 있다.

클라이언트들의 회로는 프로토타입용 인쇄 회로기판, 일명 만능기판에 배치되어 있다. 만능기판을 사용하면 회로를 약간 더 작고 물리적으로 더욱 튼튼하게 만들 수 있다. 하지만 브레드보드에 비하면 조립하는 것이 조금 더 어렵다.

클라이언트의 부품들

- 아두이노 이더넷 보드 1개 혹은 아두이노 보드와 이더넷 실드
- 인터넷에 연결된 이더넷 접속기
- 100옴 저항 1개
- 220옴 저항 3개
- 2축 조이스틱(조이스틱 클라이언트용) 1개
- 가속도 센서(밸런스 보드 클라이언트용) 1개
- 만능기판 1개
- LED 4개
- 푸시버튼 1개
- 회로 보호 상자 1개
- 삼중 골판지(밸런스 보드 클라이언트용) 1장

여러분의 상황과 방식에 따라 선택할 수 있도록 만능기판 회로와 브레드보드 회로를 모두 그려 두었다.

회로를 수납할 상자도 필요하다. 전자 부품 판매점에서 적당한 물건을 살 수도 있지만, 조금 더 창의력을 발휘할 수도 있다. 예를 들어, 문구점에서 파는 필통도 훌륭한 수납 상자가 될 수 있다. 스위치와 LED를 빼낼 수 있도록 뚜껑에 자그마한 구멍을 뚫고 조이스틱을 장착할 위치에도 구멍을 뚫자. 측면

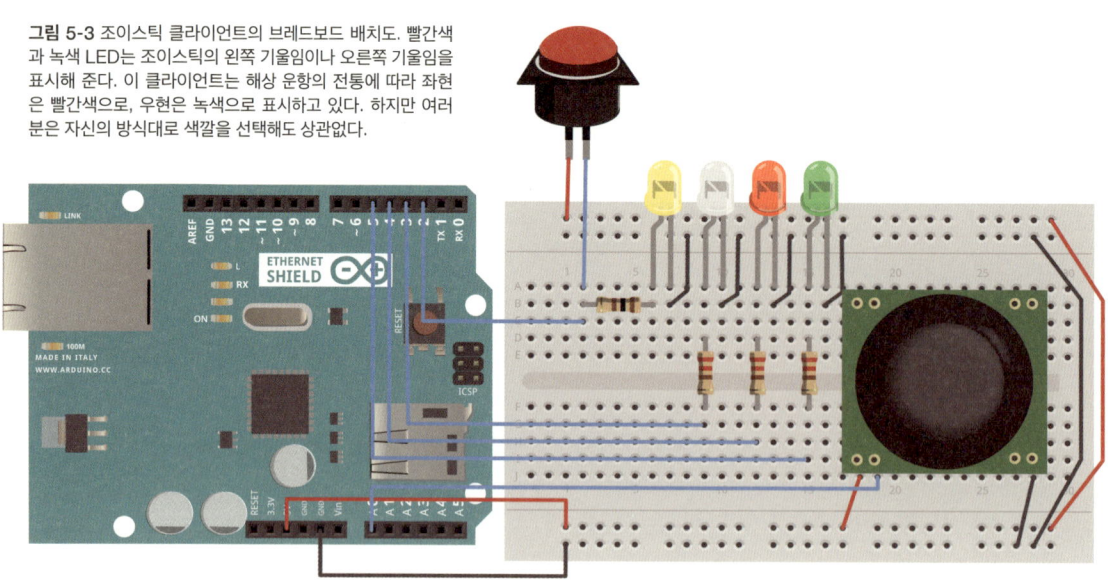

그림 5-3 조이스틱 클라이언트의 브레드보드 배치도. 빨간색과 녹색 LED는 조이스틱의 왼쪽 기울임이나 오른쪽 기울임을 표시해 준다. 이 클라이언트는 해상 운항의 전통에 따라 좌현은 빨간색으로, 우현은 녹색으로 표시하고 있다. 하지만 여러분은 자신의 방식대로 색깔을 선택해도 상관없다.

그림 5-4 조이스틱 클라이언트의 회로도. 다음 페이지에는 만능기판에 회로를 배치한 그림이 나온다.

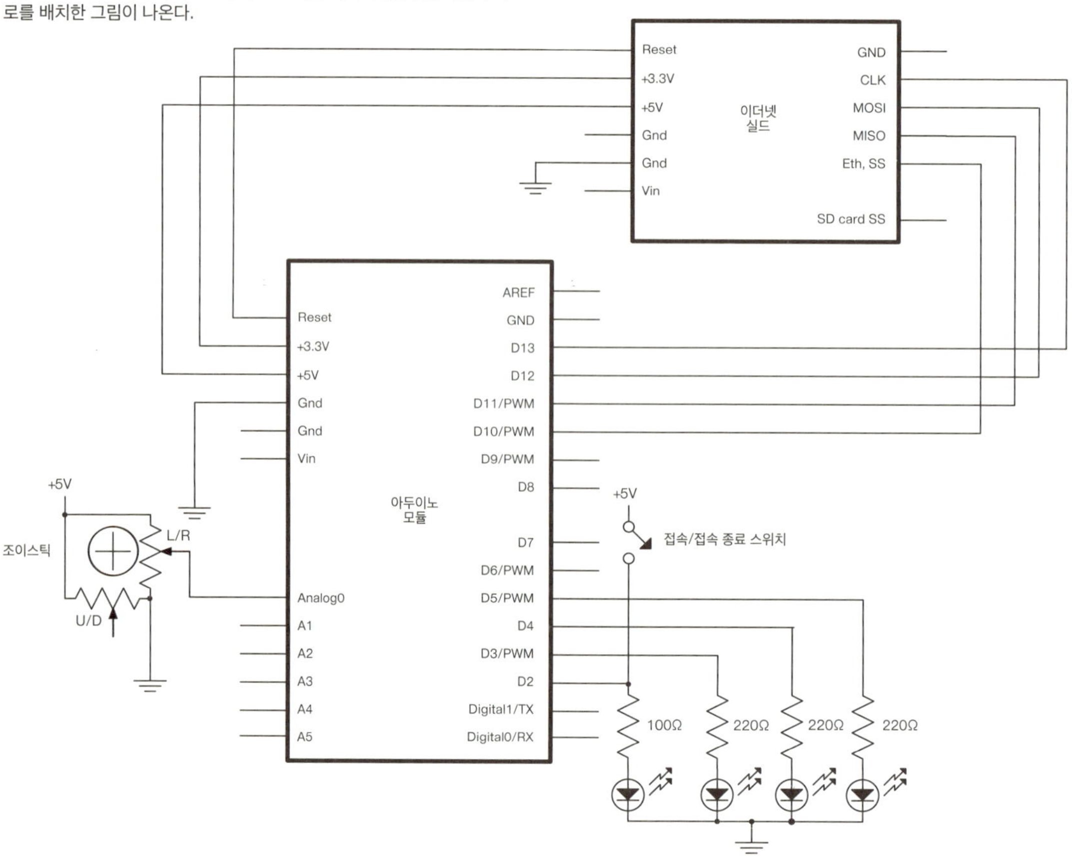

에도 아두이노와 이더넷 선을 연결할 수 있는 구멍을 뚫어야 한다. 작업용 칼을 잘 다룰 수 있다면 마분지를 잘라 수납함을 만들 수도 있다. 그림 5-7에 수작업으로 만든 마분지 상자가 소개되어 있다. 그림 5-9에는 상자의 전개도 견본이 있다. 레이저 절단기를 사용할 수 있는 사람은 견본대로 절단해서 사용해도 되지만, 작업 칼로 조심스럽게 만드는 것도 좋다.

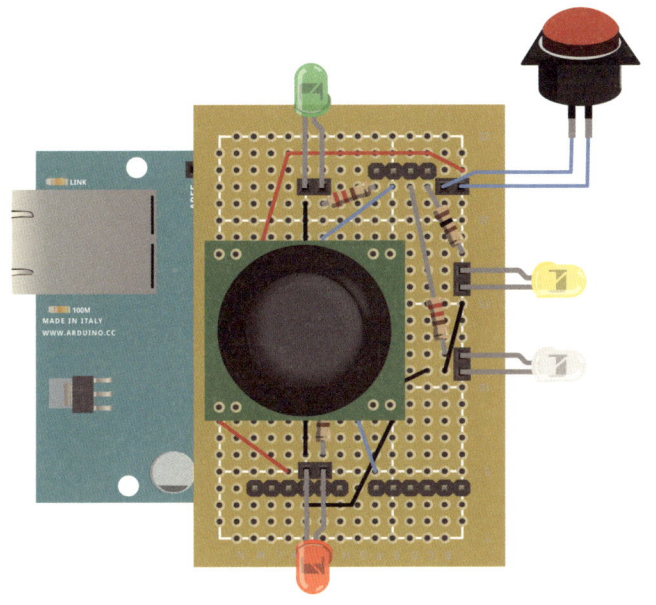

그림 5-5 만능기판에 회로를 배치한 모습. 핀 헤더는 아두이노의 아날로그 핀, 전원과 그라운드 핀, 그리고 디지털 2번부터 5번 핀까지만 연결되어 있다. 그 외의 핀에는 연결하지 않아도 된다.

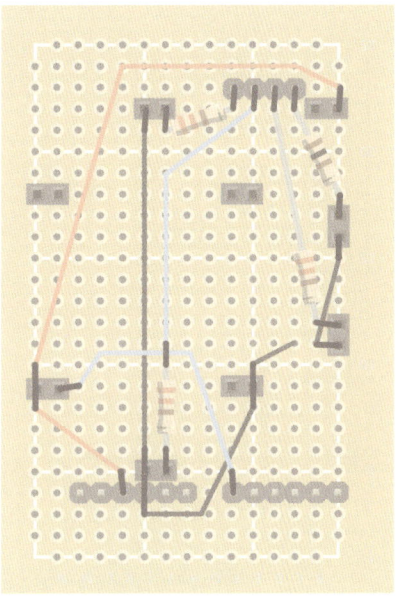

그림 5-6 만능기판의 밑면에 부품들을 납땜해서 연결하는 자리를 보여주는 그림.

그림 5-7 완성된 조이스틱 조종기. 덮개 위로 LED와 조이스틱이 나올 수 있도록 상자 안의 조이스틱 회로 높이를 적절하게 설계했다. 회로를 먼저 조립한 뒤 상자의 크기를 적당하게 조절한다. 덮개에 고정된 푸시버튼은 부드러운 연선과 핀 헤더로 연결하면 상자를 여닫을 때도 편하다. 전화기 안에 있는 부드러운 전선들을 활용하면 좋다.

그림 5-8 아두이노, 이더넷 실드, 조이스틱 회로판의 세부 모습. LED와 스위치를 연결할 수 있도록 헤더 소켓을 사용한다. 이렇게 하면 LED의 높이를 조절하기 쉽다. LED의 다리를 조금씩 잘라서 높이가 맞으면 헤더 소켓에 꽂는다.

5장 (거의) 실시간으로 통신하기   165

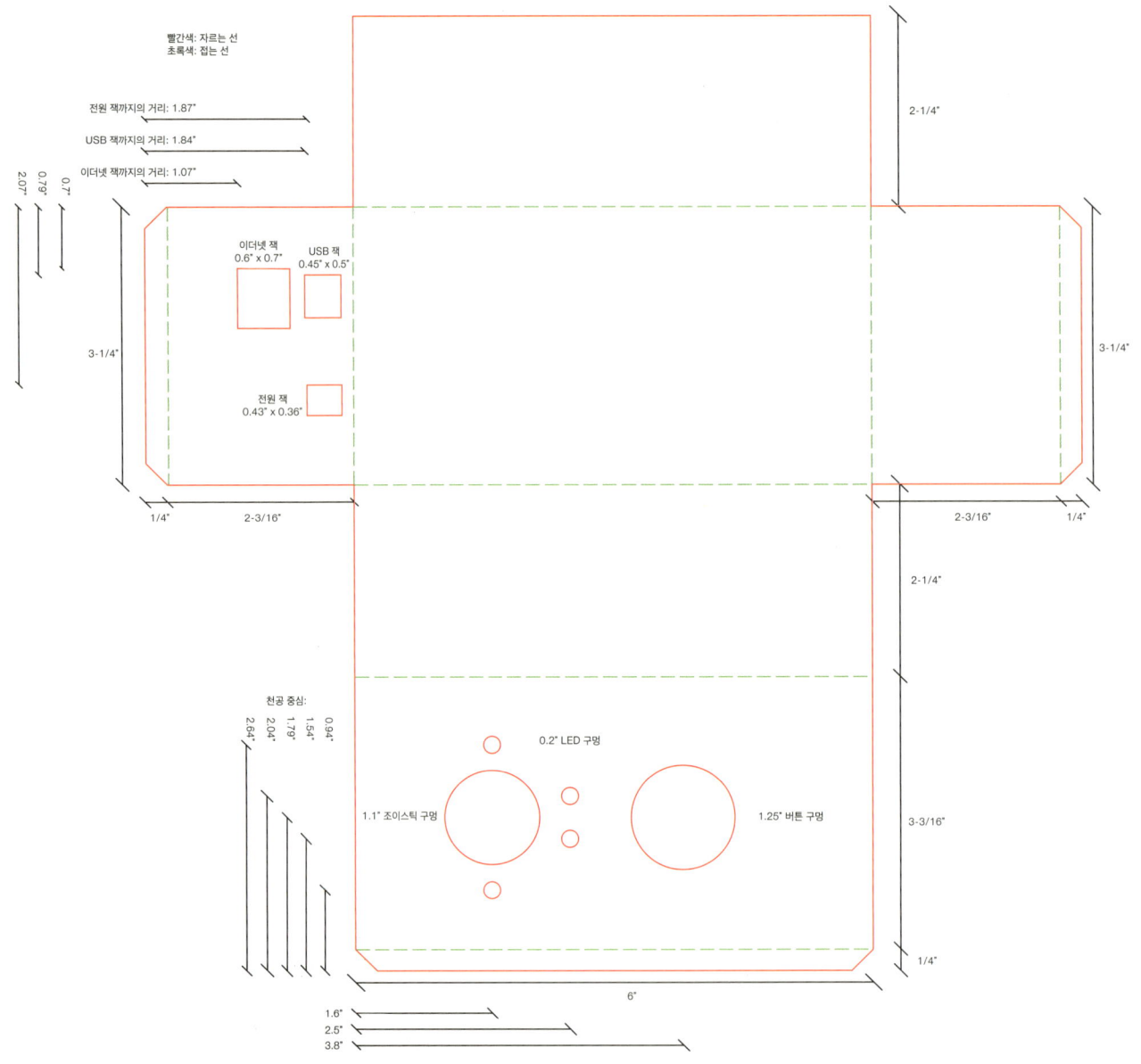

그림 5-9 조이스틱 덮개의 전개도. 전개도에 맞춰 마분지를 자르고 접어서 조이스틱 조종기의 덮개를 만들 수 있다. 치수는 여러분이 조립하는 회로의 크기에 따라 조절해야 한다. 보기에는 정확해 보이지만 덮개를 제작한 후에 캘리퍼스로 측정한 수치이다. 처음에 제작한 두 개의 프로토타입은 손으로 그려서 종이로 만들었고 그 다음에는 판지 조각으로 만들었다. 옆면의 크기를 모두 맞춰본 다음 최종적으로 두꺼운 마분지를 잘라서 덮개를 만들었다. 접히는 부분의 뒷면에 칼집을 내면 접기 쉬워진다.

시도해 보자

우선 필요한 라이브러리들을 불러오고 클라이언트가 접속할 수 있도록 네트워크 연결 환경을 설정한다. 이 과정은 4장의 대기 환경 계기판에서 거쳤던 과정과 유사하지만 이번에는 서버의 주소에 여러분의 컴퓨터 주소를 넣는다.

```
/*
    조이스틱 클라이언트
    환경: 아두이노

    이 프로그램은 아두이노로 네트워크 퐁 게임의 라켓을
    조종할 수 있게 해준다.
*/

#include <SPI.h>
#include <Ethernet.h>

byte mac[] = { 0x00, 0xAA, 0xBB, 0xCC, 0xDE, 0x01 };
IPAddress ip(192,168,1,20);

// 퐁 서버를 실행할 컴퓨터의
// IP 주소를 입력한다:
IPAddress server(192,168,1,100);
```

» 파란색으로 표시한 부분은 여러분의 장치와 네트워크에 맞게 수정해야 한다.

» 입력 핀과 출력 핀의 번호, 조이스틱의 왼쪽과 오른쪽 한계치, 그리고 서버로 메시지를 전송하는 최소 시간의 값을 저장할 상수를 몇 개 만들어야 한다. 또한 접속 클라이언트, 접속 버튼의 이전 상태, 그리고 가장 최근에 서버에 메시지를 전송한 시간을 저장할 전역변수도 필요하다.

조이스틱의 왼쪽과 오른쪽 한계치는 앞서 테스트해서 기록해 두었던 값으로 대치해야 한다.

```
const   int   connectButton = 2;       // 접속하기/접속 끊기 푸시버튼
const   int   connectionLED = 3;       // 연결 상태를 알려주는 LED
const   int   leftLED = 4;             // 왼쪽 이동을 표시하는 LED
const   int   rightLED = 5;            // 오른쪽 이동을 표시하는 LED
const   int   left = 200;              // 조이스틱의 왼쪽 한계치
const   int   right = 800;             // 조이스틱의 오른쪽 한계치
const   int   sendInterval = 20;       // 메시지를 서버에 보내는 시간 간격의
                                       // 최솟값
const   int   debounceInterval = 15;   // 푸시버튼의 디바운스 딜레이

EthernetClient client;                 // 접속에 사용할 EthernetClient
                                       // 클래스의 인스턴스

int    lastButtonState = 0;            // 푸시버튼의 이전 상태
long   lastTimeSent = 0;               // 가장 최근의 서버 메시지 시간 기록
```

» setup() 함수는 시리얼 및 이더넷 연결을 개방하고 디지털 입출력 핀들을 초기화한다.

```
void setup()
{
  // 시리얼 및 이더넷 포트 초기화:
  Ethernet.begin(mac, ip);
  Serial.begin(9600);
  // 디지털 입력 및 출력 핀 초기화:
  pinMode(connectButton, INPUT);
  pinMode(connectionLED, OUTPUT);
  pinMode(leftLED, OUTPUT);
  pinMode(rightLED, OUTPUT);

  delay(1000);        // 이더넷 실드가 시작할 수 있도록 시간을 줌
  Serial.println("Starting");
}
```

» 메인 루프에서는 먼저 현재 시간부터 업데이트한다. 이 시간 값은 얼마나 자주 서버에 전송하는지 파악할 때 사용한다. 그 다음에는 접속 버튼을 눌렀는지 확인한다. 만약 버튼을 눌렀고 클라이언트가 이미 접속된 상태라면 아두이노

```
void loop()
{
  // 현재의 시간을 밀리초로 기록한다:
  long currentTime = millis();
  // 푸시버튼을 눌렀는지 확인한다:
  boolean buttonPushed = buttonRead(connectButton);
```

5장 (거의) 실시간으로 통신하기 167

는 접속을 끊는다. 만약 접속되어 있지 않다면 접속을 시도한다.

```
// 버튼을 눌렀다면:
if (buttonPushed) {
  // 클라이언트가 접속되어 있다면 접속을 끊는다:
  if (client.connected()) {
    Serial.println("disconnecting");
    client.print("x");
    client.stop();
  } // 클라이언트가 접속되어 있지 않다면, 접속을 시도한다:
  else {
    Serial.println("connecting");
    client.connect(server, 8080);
  }
}
```

» 다음으로는 클라이언트가 서버에 접속되어 있는지, 그리고 최근에 서버에 전송한 이후 충분한 시간이 지났는지 확인한다. 만약 그렇다면 조이스틱의 값을 읽어서 왼쪽이나 오른쪽으로 기울어져 있다면 서버에 메시지를 보내고 적절한 LED를 켠다. 만약 조이스틱이 중앙에 위치해 있다면 LED들을 끈다. 그리고 메시지를 발송한 최근 시간에 현재 시간을 할당한다.

서버의 반응성과 센서의 감도에 따라 sendInterval 변수의 값을 조정해야 할 수도 있다. 20밀리초 정도면 적당한 값이지만, 접속한 클라이언트가 많아져서 서버가 느려진다면 값을 높이는 것이 좋다.

마지막으로, 접속 LED에 클라이언트의 접속 상태를 반영한다.

```
// 만약 클라이언트가 접속되어 있고, 전송 시간 간격을 경과했다면:
if (client.connected() &&
    (currentTime - lastTimeSent > sendInterval)) {
  // 조이스틱을 읽고 적당한 메시지를 전송한다:
  int sensorValue = analogRead(A0);
  if (sensorValue < left) {      // 왼쪽으로 이동
    client.print("l");
    digitalWrite(leftLED, HIGH);
  }

  if (sensorValue > right) {     // 오른쪽으로 이동
    client.print("r");
    digitalWrite(rightLED, HIGH);
  }
  // 조이스틱이 중앙에 있다면, LED를 모두 끈다:
  if (left < sensorValue && sensorValue < right) {
    digitalWrite(rightLED, LOW);
    digitalWrite(leftLED, LOW);
  }
  // 메시지를 발송한 최근 시간에 현재 시간을 할당한다:
  lastTimeSent = currentTime;
}

// 접속 LED를 접속 상태에 기반하여 설정한다:
digitalWrite(connectionLED, client.connected());
}
```

» 최종적으로, 접속 버튼의 전압이 높다고 계속 접속하거나 접속을 끊으면 안 된다. 플레이어가 막 버튼을 눌러서 버튼의 값이 낮은 상태에서 높은 상태로 바뀔 때만 메시지를 보내야 한다. 이 함수는 버튼의 현재 상태와 이전 상태를 비교해서 전압이 낮음에서 높음으로 변하는 순간을 추적한다. 메인 루프에서 호출된다.

또한 이 함수는 버튼을 디바운스(debounce)한다. 즉, 버튼의 값을 읽은 뒤에 수 밀리초 동안 버튼의 값에 변화가 있는지 추적한다. 푸시버튼을 누르면 전기적 접촉이 안정 상태에 이를 때까지 가끔 몇 밀리초 동안 잘못된 값을 전달하

```
// 이 함수는 버튼의 값을 읽은 뒤
// 전압이 낮은 상태에서 높은 상태로 바뀌었는지 확인하고,
// 전기적 잡음을 줄이기 위해 버튼을 디바운스한다:
boolean buttonRead(int thisButton) {
  boolean result = false;
  // 버튼의 현재 상태:
  int currentState = digitalRead(thisButton);
  // 버튼의 이전 상태:
  int buttonState = lastButtonState;
  // 디바운스 시간을 맞추기 위해 현재 시간을 확인함:
  long lastDebounceTime = millis();

  while ((millis() - lastDebounceTime) <
         debounceInterval) {
    // 버튼의 상태를 지역 변수에 저장함:
    currentState = digitalRead(thisButton);
```

는 경우가 있다. 값이 싼 버튼일수록 이러한 현상이 잘 일어난다. 푸시버튼을 눌렀을 때 값이 불안정하다면 debounceInterval 변수의 값을 수 밀리초 늘려본다.

```
    // 전기적 잡음 때문에 푸시버튼의 값이 바뀌었다면:
    if (currentState != buttonState) {
      // 디바운스 타이머를 재설정함
      lastDebounceTime = millis();
    }

    // 버튼의 현재 값이 디바운스 시간보다 오래 유지되고 있으므로
    // 실질적인 현재의 상태로 인정함:
    buttonState = currentState;
  }
  // 버튼의 값이 바뀌었고 버튼의 값이 HIGH라면:
  if(buttonState != lastButtonState &&
     buttonState == HIGH) {
    result = true;
  }

  // 다음에 사용할 수 있도록 현재의 상태를 저장함:
  lastButtonState = buttonState;
  return result;
}
```

클라이언트 #2: 밸런스 보드 클라이언트

두 번째 클라이언트는 밸런스 보드이다. 보드에 올라가서 왼쪽이나 오른쪽으로 몸을 기울이며 조종한다. 중심을 유지하기 위해서는 보드 위에서 균형을 잘 잡아야 한다. 보드 한가운데 있는 가속도 센서가 기울기를 감지한다. 앞의 조종기에 비하면 물리적인 상호작용은 어려운 편이다. 원활하게 다루기 위해서는 더 민첩하고 더 많이 움직여야 한다. 하지만 서버의 관점에서 봤을 때, 이 클라이언트의 작동 방식은 앞에서 다룬 조종기와 다를 바가 없다.

밸런스 보드는 어댑티브 디자인 협회(http://adaptivedesign.org)를 참조해서 디자인했다. 이 협회는 뉴욕 시에서 활동하고 있는 단체로서, 장애 아동들을 위해 안전하고 알맞은 가구와 장비를 만들 수 있도록 가족들과 자원봉사자들의 참여를 유도하고 있다. 밸런스 보드는 균형 감각을 기르는 데 도움이 될 뿐만 아니라 재미도 있다.

밸런스 보드 클라이언트의 회로 보호 상자는 조이스틱 클라이언트와 유사한 방식으로 만들 수 있다. 앞에서 사용한 조이스틱 덮개의 전개도와 LED 구멍 배치를 그대로 사용해도 된다. 다만, 조이스틱 구멍은 푸시버튼에 맞도록 약간 작게 뚫고 두 번째 구멍은 뚫지 않는다.

보드를 만들기 위해서는 몸무게를 감당할 수 있는 튼튼한 삼중 골판지가 필요하다. 골판지는 포장재를 판매하는 곳에서 구할 수 있다. 삼중 골판지를 구할 수 없다면 일반 골판지 세 장을 목공용 본드로 붙여 사용한다. 접착할 때 각 층마다 마분지의 결이 서로 직각이 되도록 배치하면 조금 더 튼튼해진다.

골판지를 잘라서 지름 15인치(38.1센티미터) 정도의 원 모양을 두 개 만든다. 그중 한 장에 길이 약 12인치(30.48센티미터), 너비는 삼중 골판지의 두께가 되도록 구멍을 두 개 뚫는다. 그림 5-12에 나와 있는 보드의 경우 구멍의 너비는 약 1인치(2.54 센티미터)다. 구멍의 위치는 그림 5-11과 같이 원의 중앙에서 약 2인치(5.08 센티미터) 떨어져 있다. 원 모양 골판지 두 장의 결이 서로 직각이 되도록 접착한다.

다음에는 그림 5-10과 같이 길이 12인치의 호를

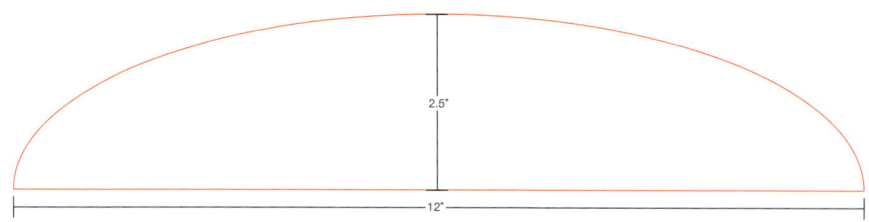

그림 5-10 밸런스 보드가 흔들리도록 해주는 로커. 두 개를 만들어야 한다. 어댑티브 디자인 협회가 제공한 디자인이다.

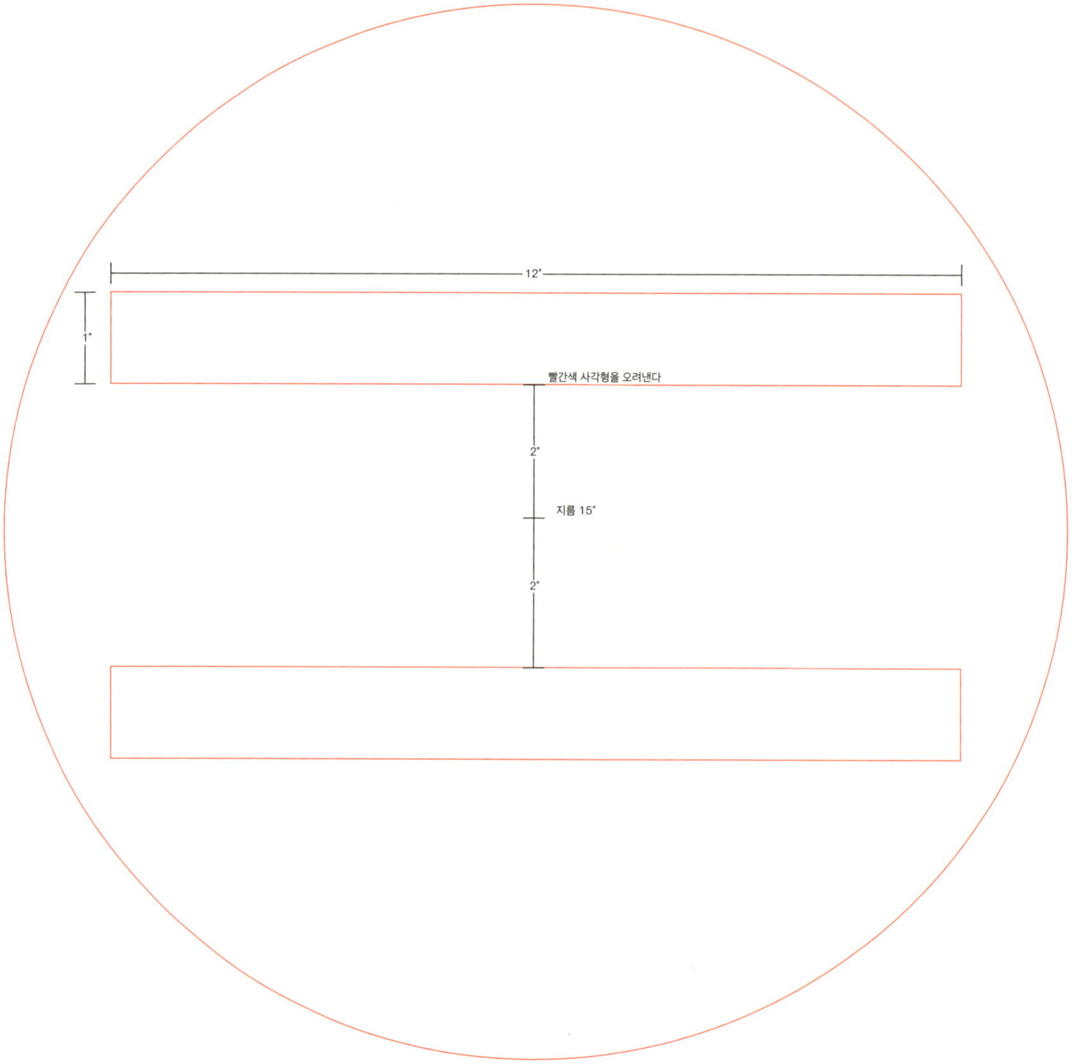

그림 5-11 밸런스 보드의 발판. 이 치수에 맞도록 두 개의 원을 자르고 그 중 하나에 로커들을 끼울 수 있도록 구멍을 뚫는다. 그런 다음 두 개의 원판을 접착한다. 어댑티브 디자인 협회가 제공한 디자인이다.

두 개 자른다. 앞에서 만든 원의 구멍들에 호를 삽입하여 접착한 뒤 마를 때까지 기다린다. 올라가기 전에 단단히 굳었는지 반드시 확인한다.

밸런스 보드의 회로 상자는 조이스틱 클라이언트의 덮개를 보완해서 사용한다. 조이스틱 대신 '연결/연결 종료' 버튼을 장착하기 때문에 두 번째 구멍이 필요 없고, 그에 따라 상자가 전체적으로 조금 더 짧아졌다. 그림 5-12와 같이 밸런스 보드의 가운데에 상자를 부착한다.

밸런스 보드 클라이언트의 코드도 조이스틱 클라이언트와 매우 비슷하다. 왼쪽과 오른쪽의 한계치 값만 수정하면 된다. 조이스틱을 만들 때와 같이 왼쪽과 오른쪽 한계치를 확인해 보자. 밸런스 보드에 가속도 센서를 올려놓고 아두이노가 아날로그 입력값을 출력할 수 있도록 프로그램한 다음 보드를 양 방향으로 기울이며 각 방향의 최댓값을 확인한다. 각 방향의 최댓값은 왼쪽과 오른쪽의 한계치 값에 기입한다. 다른 부분은 수정하지 않아도 된다. 이것이 명확하고 간결한 프로토콜의 장점이다. 센서가 바뀌어서 왼쪽-오른쪽 값이 변하더라도 새로운 한계치만 적용하면 물리적인 입력장치가 무엇이든 문제 되지 않으며 마이크로컨트롤러는 적절한 메시지를 전송할 수 있다.

두 클라이언트를 모두 만들어 보는 것이 좋다. 또는 자신만의 클라이언트를 만들어 보는 것도 좋다. 그러면 물리적인 어포던스의 차이가 클라이언트의 퍼포먼스에 어떤 영향을 주는지 명확하게 확인할 수 있을 것이다. 물론, 서버의 입장에서는 프로토콜이 동일한 또 하나의 클라이언트일 뿐이다.

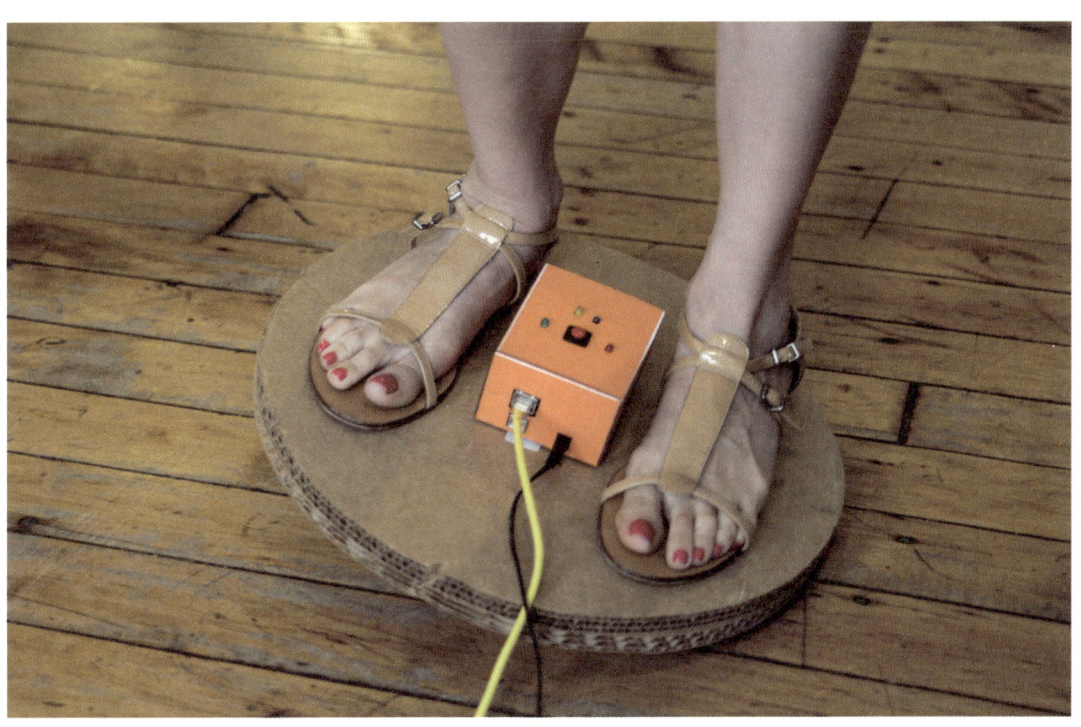

그림 5-12 사용 중인 밸런스 보드. 삼중 골판지의 물결 모양 결이 서로 직각이 되도록 두 겹을 접착했다. 그러면 보드가 더욱 안정된다. 조종기 상자는 벨크로 조각들로 고정했다.

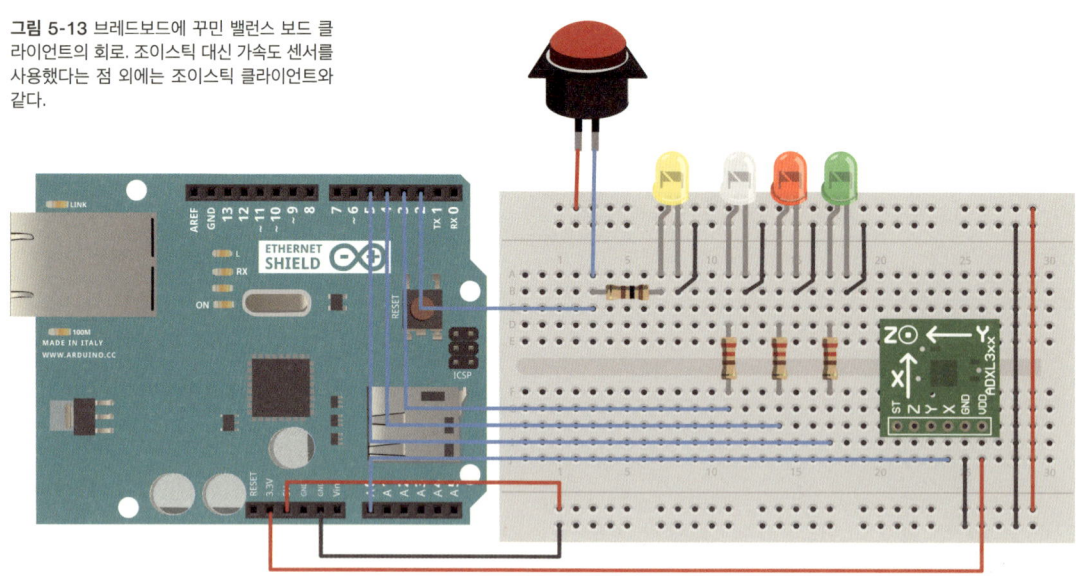

그림 5-13 브레드보드에 꾸민 밸런스 보드 클라이언트의 회로. 조이스틱 대신 가속도 센서를 사용했다는 점 외에는 조이스틱 클라이언트와 같다.

그림 5-14 밸런스 보드의 회로도.

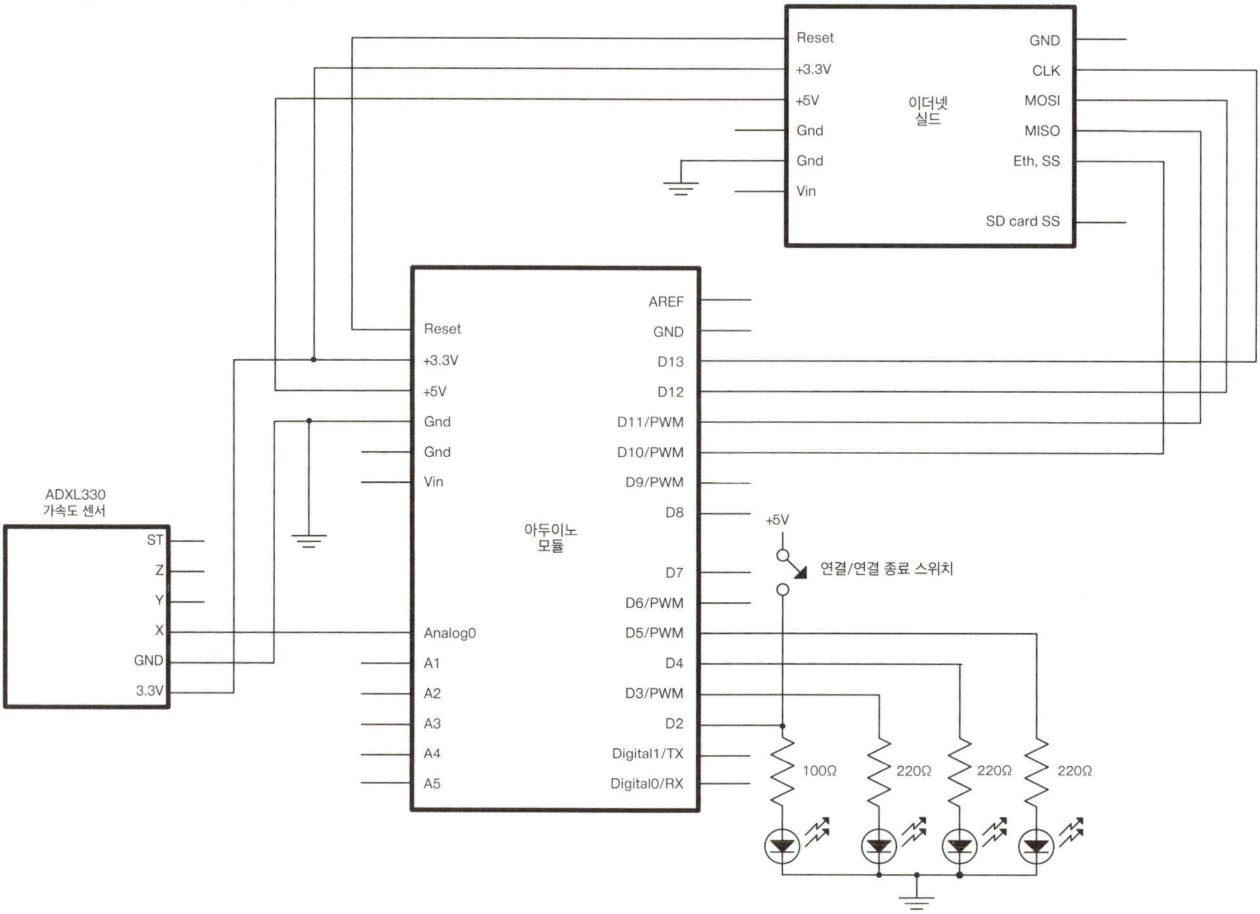

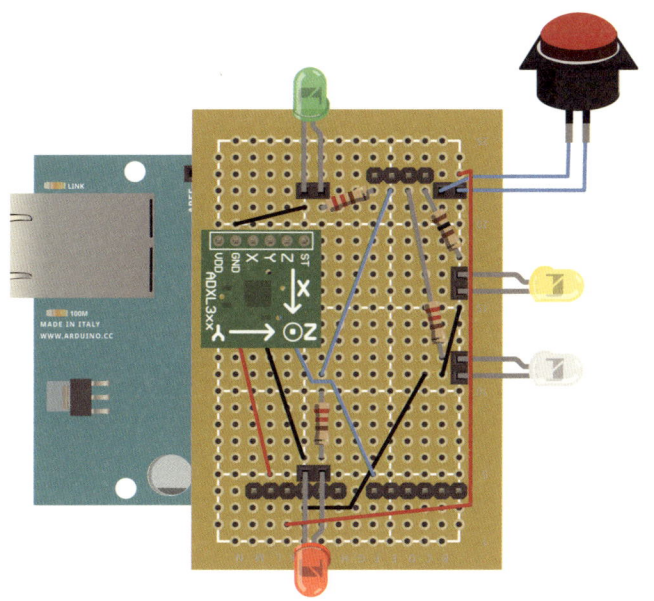
그림 5-15 만능기판에 꾸민 밸런스 보드 클라이언트 회로.

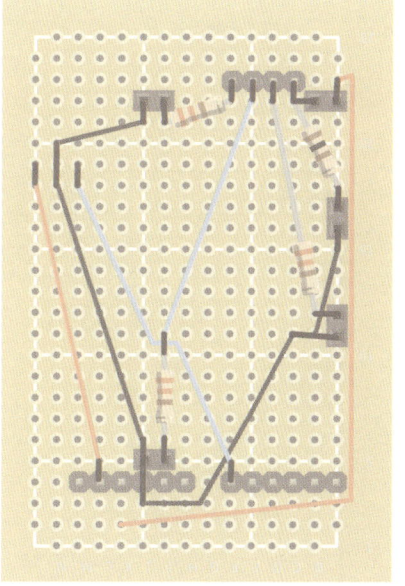
그림 5-16 기판의 밑면에 납땜으로 연결한 부분을 표시한 회로 배치도.

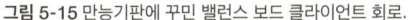

서버

서버는 두 종류의 일을 한다. 하나는 게임과 관련된 기능으로, 라켓과 공을 움직이고 점수를 표시하는 것 등이 여기에 속한다. 다른 하나는 새로운 클라이언트를 파악하는 것과 관련된 것이다. 이 모든 일을 효과적으로 수행하기 위해서 여러분은 객체지향적인 프로그래밍 방법으로 접근할 것이다. 이 방법이 생소하다면 미리 알아두어야 할 것들이 있다.

Player 객체 살펴보기

객체들은 정의된 속성과 행위를 갖고 있다. 이 점을 이해하는 것이 가장 중요하다. 객체의 속성은 물리적인 물체의 속성과 비슷한 개념이라고 생각하면 된다. 예를 들어, 탁구 게임의 라켓에는 너비와 높이 그리고 위치 속성이 있다. 위치는 수평 위치와 수직 위치로 표현되는 속성이다. 게임의 라켓은 또 하나의 중요한 속성을 지닌다. 바로 클라이언트와의 연동성이다. 물론, 클라이언트도 자신만의 속성을 지니고 있으며, 라켓은 클라이언트로부터 IP 주소를 상속 받는다. 라켓을 객체로 정의하는 코드에서 이와 관련된 내용을 모두 확인할 수 있을 것이다.

라켓은 또한 특유의 행위도 지니고 있다. 즉, 왼쪽이나 오른쪽으로 이동하는 행위를 한다. 이 행위는 movePaddle()이라는 함수로 구현되어 라켓에 내포되어 있으며, 라켓의 위치를 특정하는 속성을 업데이트 한다. 두 번째 행위인 showPaddle()은 현재의 위치에 라켓을 그려서 화면에 출력하는 기능을 수행한다. 이 행위들을 분리해서 관리하는 이유는 나중에 이해하게 될 것이다.

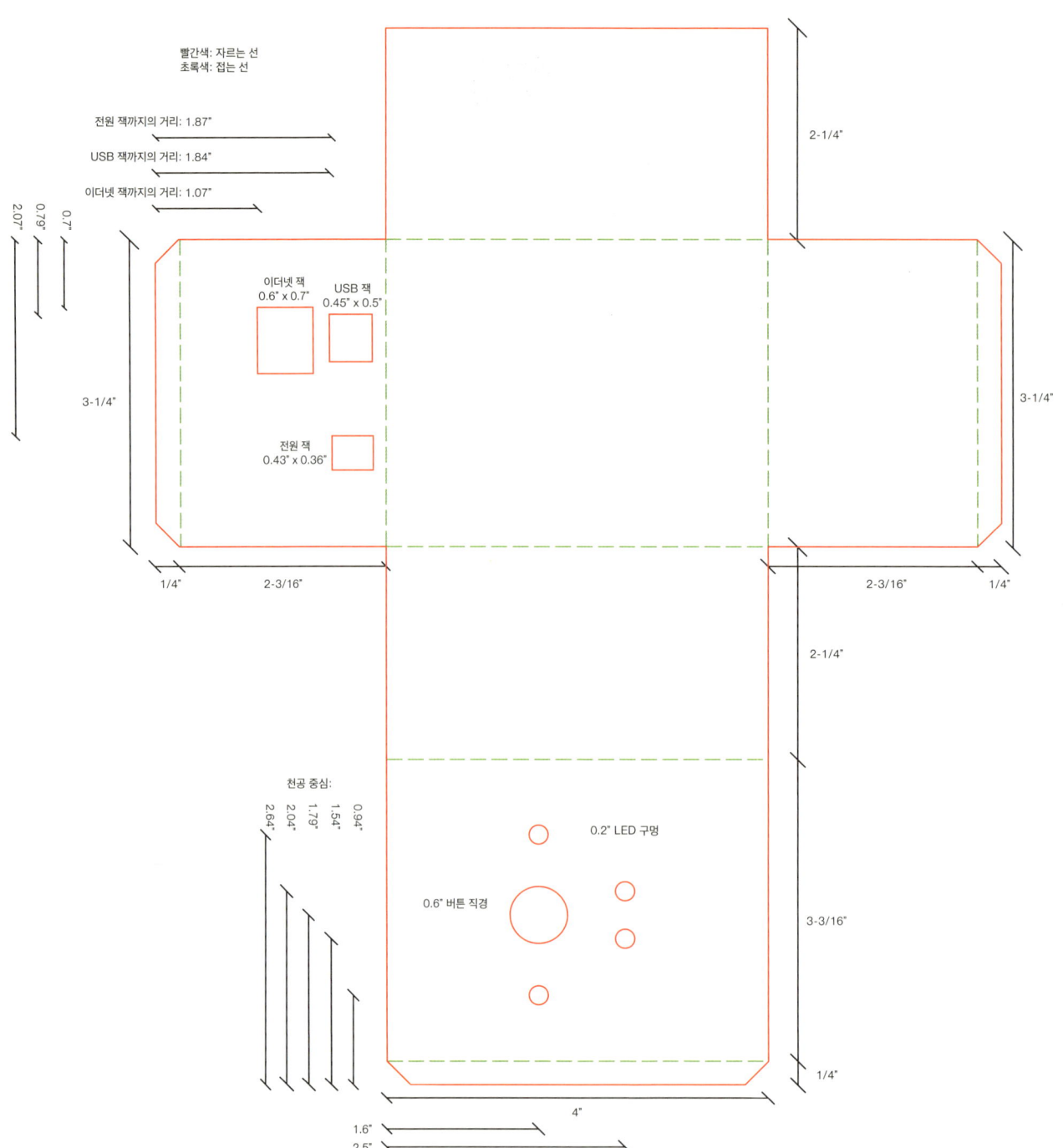

그림 5-17 밸런스 보드 덮개의 전개도. 조이스틱 클라이언트와 마찬가지로 약 1/16인치(1.58밀리미터) 두께의 마분지로 만들면 된다. 회로가 약간 작아졌기 때문에 치수가 달라졌다.

코드를 작성하자

프로세싱(또는 자바)에서 객체를 정의할 때는 클래스라고 하는 코드의 블록, 즉 특정한 단위를 이루는 집합적인 코드를 만들어야 한다. 옆에 있는 코드는 퐁 게임의 서버에서 플레이어를 정의하는 클래스의 앞부분이다.

```
public class Player {
    // 객체에 속한 변수들을 선언한다:
    float paddleH, paddleV;
    Client  client;
```

예제와 같이, 클래스의 첫머리에 선언하는 변수들을 인스턴스 변수라고 한다. 클래스로부터 새로 생성하는 모든 인스턴스는 이러한 변수들도 복제해서 지니게 된다. 모든 클래스는 객체를 생성할 때 호출하는 생성자 함수를 갖고 있다. 여러분은 이미 생성자를 사용한 적이 있다. 프로세싱에서 새로운 시리얼 포트를 만들 때, myPort = new Serial(this, portNum, dataRate)과 비슷한 방식으로 시리얼 클래스의 생성자 함수를 호출했다.

» 옆의 코드는 Player 클래스의 생성자이다. 앞에서 작성한 코드의 인스턴스 변수들 바로 다음에 작성한다. 이 생성자는 new Player를 호출할 때 여러분이 넘기는 인자들을 클래스의 인스턴스(각각의 플레이어) 변수들에 그대로 전달한다.

```
public Player (int hpos, int vpos, Client someClient) {
    // 지역 인스턴스 변수들을 초기화함:
    paddleH = hpos;
    paddleV = vpos;
    client = someClient;
}
```

» 다음에는 앞서 언급한 두 개의 함수, 즉 movePaddle()과 showPaddle()이 이어진다. 이 함수들은 객체의 인스턴스 변수들(paddleH와 paddleV 그리고 client)을 이용해서 라켓의 위치를 기록하고 화면에 라켓을 그린다.

```
public void movePaddle(float howMuch) {
    float newPosition = paddleH + howMuch;
    // 라켓의 위치가 화면의 폭을 벗어나지 않도록 제한한다:
    paddleH = constrain(newPosition, 0, width);
}
public void showPaddle() {
    rect(paddleH, paddleV, paddleWidth, paddleHeight);
    // 라켓 근처에 플레이어의 주소를 표시한다
    textSize(12);
    text(client.ip(), paddleH, paddleV - paddleWidth/8 );
}
}
```
» 이중괄호는 클래스를 닫는다.

Player 클래스를 정의하는 코드가 완성됐다. 이 코드는 다른 함수들과 함께 프로그램의 끝부분(다음 페이지 참조)에 둔다. 새로운 Player 객체를 생성하려면 Player newPlayer = new Player (xPosition, yPosition, thisClient)와 같은 식으로 코드를 작성한다.

이렇게 하면 newPlayer 변수를 통해 Player의 새로운 인스턴스 및 그 인스턴스의 모든 변수들과 함수에 접근할 수 있다(사실 Player의 새로운 인스턴스가 newPlayer 변수에 저장되는 것은 아니다. Player의 인스턴스는 메모리에 저장되고 newPlayer 변수를 통해 메모리에 저장된 위치에 접근할 수 있는 것뿐이다). 이 부분에 대해서는 주의 깊게 살펴보도록 하자.

퐁 서버 프로그램

전체적인 서버 코드를 작성하기 전에 먼저 흐름도를 만들어서 서버 프로그램이 어떤 일을 수행하는지 정리하는 것이 좋다. 그림 5-18에는 서버의 주요 과제와 함수들이 표현되어 있다. 보다 명료하게 표현하기 위해 세부적인 것은 일부 생략했지만, 프로그램을 실행하는 함수들(setup(), draw(), serial Event())와 Player 객체들의 사이의 주요 관계는 잘 드러나 있다. 다른 프로그램들과 마찬가지로, setup() 함수가 프로그램을 시작하고 draw() 함수가 이어받는다. draw() 함수는 화면을 업데이트하고 클라이언트들에게 귀를 기울인다. 만약 새로운 클라이언트가 접속하면 serverEvent() 메시지가 생성되어 함수가 실행된다. 이 함수는 새로운 Player 객체들을 생성한다. draw() 함수는 Player 객체들의 행위를 통해 라켓을 움직이고 화면에 그린다.

» 서버 프로그램에서 먼저 해야 할 일은 변수들을 정의하는 것이다. 클라이언트를 추적하는 데 필요한 변수들과 게임 그래픽을 관리하는 데 필요한 변수들을 나누어 두었다.

```
// 넷 라이브러리를 불러옴:
import processing.net.*;

// 클라이언트를 추적하는 데 필요한 변수들:
int port = 8080;                              // 서버가 귀를 기울이는 포트
Server myServer;                              // 서버 객체
ArrayList playerList = new ArrayList();       // 클라이언트의 목록

// 게임 진행과 그래픽을 관리하는 데 필요한 변수들:
int ballSize = 10;                            // 공의 크기
int ballDirectionV = 2;                       // 공의 수평 이동 방향
                                              // 왼쪽 방향은 음수, 오른쪽 방향은 양수
int ballDirectionH = 2;                       // 공의 수직 이동 방향.
                                              // 위쪽 방향은 음수, 아래쪽 방향은 양수
int ballPosV, ballPosH;                       // 공의 수직, 수평 위치
boolean ballInMotion = false;                 // 공이 움직여야 하는지의 여부
int topScore, bottomScore;                    // 위 팀과 아래 팀의 점수
int paddleHeight = 10;                        // 라켓의 수직 치수
int paddleWidth = 80;                         // 라켓의 수평 치수
int nextTopPaddleV;                           // 다음에 생성될 플레이어에게 지정할
                                              // 라켓의 위치
int nextBottomPaddleV;

boolean gameOver = false;                     // 게임이 진행 중인지 아닌지의 여부
long delayCounter;                            // 게임이 끝나면 대기하는 시간을
                                              // 셈하는 변수
long gameOverDelay = 4000;                    // 게임이 끝나면 대기하는 시간
long pointDelay = 2000;                       // 득점하면 대기하는 시간
```

» setup() 함수는 게임의 초기 상태를 모두 설정하고 서버를 시작한다.

```
void setup() {
    // 창의 크기를 설정함:
    size(480, 640);
    // 프레임의 속도를 설정함:
    frameRate(90);
    // 폰트의 초기 정렬 방식을 설정함
    textAlign(CENTER);

    // 도형의 외곽선을 그리지 않도록 함:
    noStroke();
```

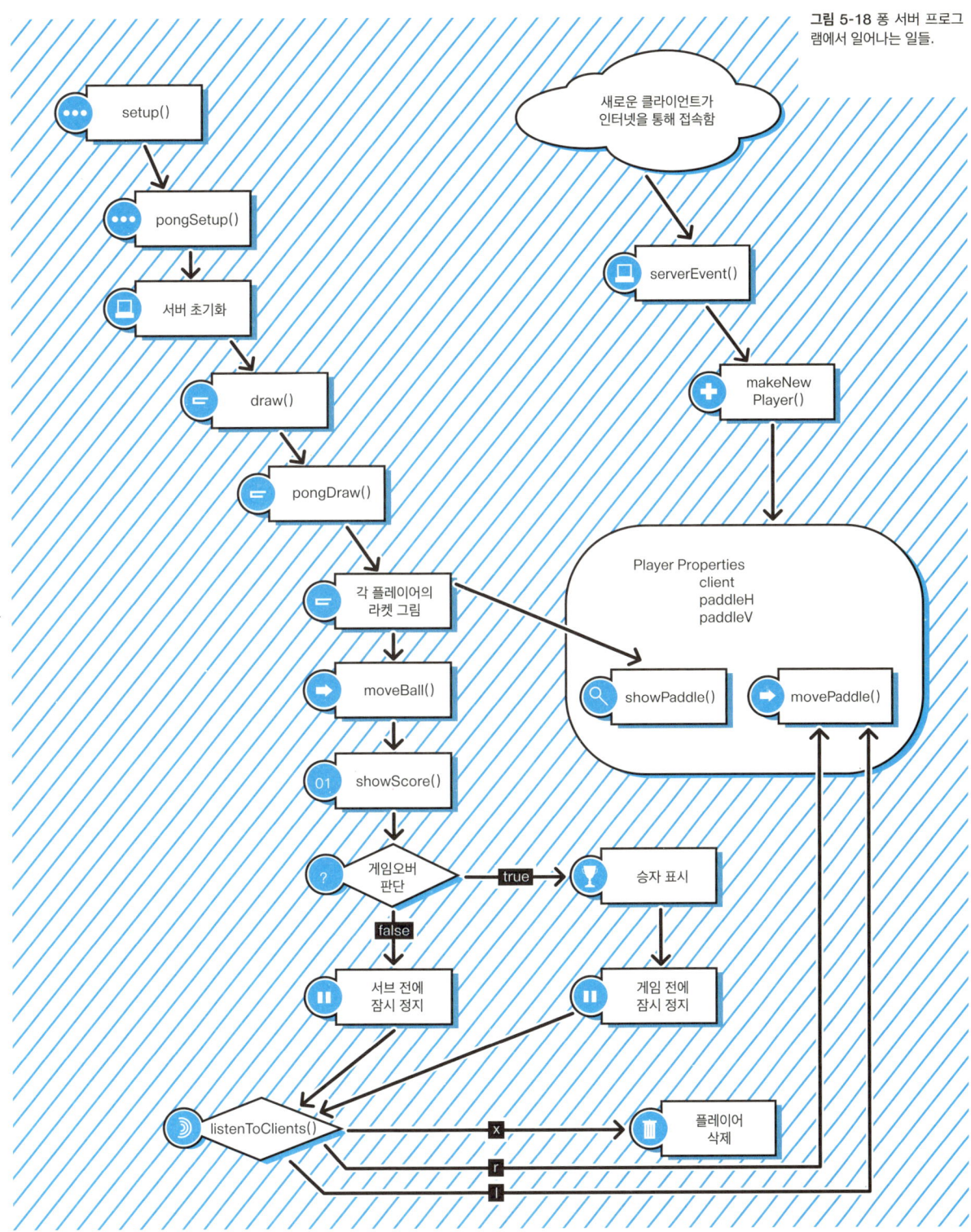

그림 5-18 퐁 서버 프로그램에서 일어나는 일들.

5장 (거의) 실시간으로 통신하기

```
// 모든 사각형 치수가 사각형 도형의 중앙을 기준으로 삼을 수 있도록
// rectMode를 설정함 (자세한 내용은 프로세싱 참조문을 확인한다):
rectMode(CENTER);
// 퐁 게임의 모든 세부적인 내용을 설정함:
// 대기하는 시간을 셈하는 변수들을 초기화함:
delayCounter = millis();
// 첫 번째 플레이어의 라켓 위치를 초기화함.
// 새로운 플레이어마다 위치가 바뀜:
nextTopPaddleV = 50;
nextBottomPaddleV = height - 50;

// 공이 화면의 중앙에 있도록 초기화함:
ballPosV = height / 2;
ballPosH = width / 2;

// 서버를 시작함:
myServer = new Server(this, port);
}
```

» draw() 함수에서는 drawGame() 함수를 호출해서 화면을 업데이트하고, listenToClients() 함수를 호출해서 접속 중인 클라이언트들의 메시지에 귀를 기울인다.

```
void draw() {
  drawGame();
  listenToClients();
}
```

» 클라이언트가 서버에 접속하면, 넷 라이브러리의 serverEvent() 함수가 자동적으로 호출된다. 즉 클라이언트가 접속하는 이벤트에 대응하기 위해서는 이 함수를 프로세싱 스케치에 포함시켜야만 한다. serverEvent() 함수는 새로운 클라이언트에 대응하여 makeNewPlayer() 함수를 호출해서 새로운 Player 객체를 생성한다. 오른쪽에 있는 것이 serverEvent() 함수의 코드이다.

```
// 새로운 클라이언트가 서버에 접속하면
// serverEvent 메시지가 생성됨.
void serverEvent(Server thisServer, Client thisClient) {
  if (thisClient != null) {
    // playerList에 있는 요소들을 확인함
    for (int p = 0; p < playerList.size(); p++) {
      // Arraylist에 있는 객체를 불러와서
      // Player 인스턴스로 변환함:
      Player newPlayer = (Player)playerList.get(p);

      // 만약 newPlayer의 클라이언트가
      // 서버 이벤트를 생성한 클라이언트와 일치한다면
      // 그 클라이언트는 기존의 플레이어이므로 함수를 종료하고 되돌아감:
      if (newPlayer.client == thisClient) {
        return;
      }
    }

    // 만약 새로운 클라이언트가 기존의 플레이어가 아니라면
    // 새로운 Player를 만들어서 playerList에 추가함:
    makeNewPlayer(thisClient);
  }
}
```

» draw()와 serverEvent() 함수를 살펴봤으니, 이들이 호출하는 함수들을 살펴보자. 새로운 Player를 생성하는 makeNewPlayer() 함수부터 살펴본다.

마지막으로 추가된 플레이어가 위 팀에 있다

```
void makeNewPlayer(Client thisClient) {
  // 새로운 Player의 라켓 위치:
  int x = width/2;
  // 플레이어가 하나도 없다면 위 팀에 추가함:
  int y = nextTopPaddleV;
  /*
```

면 새로운 Player를 아래 팀에 추가하고 그렇지 않다면 위 팀에 추가한다.

nextTopPaddleV와 nextBottomPaddleV 변수들로 다음에 추가할 플레이어의 위치를 산출한다.

```
목록의 마지막에 있는 플레이어의 위치를 확인함.
마지막 플레이어가 위 팀이라면 새로운 플레이어는 아래 팀에 추가하고,
아래 팀이라면 위 팀에 추가함.
목록에 플레이어가 하나도 없다면 새로운 플레이어는 위 팀에 추가함.
*/
// 목록의 크기를 구함:
int listSize = playerList.size() - 1;
// 플레이어가 한 명이라도 있다면:
if (listSize >= 0) {
  // 목록의 마지막에 있는 플레이어를 불러옴:
  Player lastPlayerAdded = (Player)playerList.
                                    get(listSize);
  // 마지막 플레이어가 위 팀이라면, 새로운 플레이어는 아래 팀에 추가함:
  if (lastPlayerAdded.paddleV == nextTopPaddleV) {
    nextBottomPaddleV = nextBottomPaddleV -
                        paddleHeight * 2;
    y = nextBottomPaddleV;
  }
  // 마지막 플레이어가 아래 팀이라면, 새로운 플레이어는 위 팀에 추가함:
  else if (lastPlayerAdded.paddleV ==
           nextBottomPaddleV) {
    nextTopPaddleV = nextTopPaddleV + paddleHeight * 2;
    y = nextTopPaddleV;
  }
}

// 앞에서 구한 위치와 serverEvent를 생성한 Client 객체를 이용해서
// 새로운 Player 객체를 만든다:
Player newPlayer = new Player(x, y, thisClient);
// playerList에 새로운 Player를 추가함:
playerList.add(newPlayer);
// 새로운 Player가 생성되었음을 알림:
println("We have a new player: " + newPlayer.client.ip
        ());
newPlayer.client.write("hi\r\n");
}
```

» 새로운 플레이어를 생성한 뒤에는 그 플레이어의 클라이언트가 어떤 메시지를 보내는지 지속적으로 확인해야 한다. 메시지를 자주 확인할수록 센서와 액션 사이의 인터랙션은 더욱 긴밀해진다.

draw() 함수에서 지속적으로 호출하는 listenToClients() 함수는 클라이언트가 전송해 오는 메시지에 귀를 기울인다. 그래서 만약 클라이언트가 보낸 데이터가 있다면 조치를 취한다. 우선, Player 목록에 있는 어떤 클라이언트가 메시지를 보내고 있는지 확인한다. 그 다음에는, 그 클라이언트가 게임 메시지, 즉 왼쪽으로 이동하라는 l, 오른쪽으로 이동하라는 r, 혹은 퇴장한다는 x를 보냈는지 확인한다. 만약 게임 메시지가 도착했다면 메시지에 해당하는 조치를 취한다.

```
void listenToClients() {
  // 메시지를 보내는 클라이언트를 불러옴:
  Client speakingClient = myServer.available();
  Player speakingPlayer = null;

  // playerList에 있는 요소들 중에서
  // 메시지를 전송한 클라이언트를 가려냄:
  for (int p = 0; p < playerList.size(); p++) {
    // ArrayList에 있는 객체를 불러와서
    // Player로 변환함:
    Player thisPlayer = (Player)playerList.get(p);
    // thisPlayer의 클라이언트와 메시지를 보낸 클라이언트를 비교함.
    // 클라이언트가 일치한다면 우리가 찾는 Player임:
    if (thisPlayer.client == speakingClient) {
      speakingPlayer = thisPlayer;
      break;
    }
  }

  // 클라이언트가 전송한 메시지를 읽음:
  if (speakingPlayer != null) {
    int whatClientSaid = speakingPlayer.client.read();
```

```
/*
클라이언트가 아래와 같은 메시지를 보냈는지 확인해야 함:
  x = 퇴장
  l = 왼쪽으로 이동
  r = 오른쪽으로 이동
*/
switch (whatClientSaid) {
    // 만약 클라이언트가 "퇴장" 메시지를 보냈다면 연결을 끊는다
    case 'x':
      // 클라이언트에게 작별 인사를 함:
      speakingPlayer.client.write("bye\r\n");
      // 클라이언트의 서버 접속을 끊음:
      println(speakingPlayer.client.ip() +
          "\t logged out");
      myServer.disconnect(speakingPlayer.client);
      // playerList에서 해당 클라이언트의 Player를 제거함:
      playerList.remove(speakingPlayer);
      break;
    case 'l':
      // 클라이언트가 'l'을 전송했다면 라켓을 왼쪽으로 이동함
      speakingPlayer.movePaddle(-10);
      break;
    case 'r':
      // 클라이언트가 'r'을 전송했다면 라켓을 오른쪽으로 이동함
      speakingPlayer.movePaddle(10);
      break;
}
}
```

지금까지 여러분은 서버가 어떻게 새로 접속하는 클라이언트들을 받아들이고(serverEvent() 사용), 새로운 클라이언트들로부터 새로운 Player들을 만들고(makeNewPlayer() 사용), 메시지를 청취(listenToClients() 사용)하는지 살펴보았다. 여기까지는 서버와 클라이언트의 인터랙션을 처리한다. 또한 여러분은 Player 클래스에 새로운 플레이어와 결부된 모든 속성과 함수들을 정의하는 방법도 살펴보았다. 이제 마지막으로, 게임을 화면에 그리는 함수들을 살펴보자. draw() 함수에서 호출하는 drawGame()이 그래픽 처리를 담당한다. 이 함수는 네 가지 일을 수행한다.

- playerList에 있는 모든 요소들의 라켓을 최신 위치에 그린다.
- 공과 점수를 화면에 표시한다.
- 게임이 종료되면 "Game Over" 메시지를 보여주고 잠시 멈춘다.
- 득점을 하면 잠시 멈추었다가 다시 공을 서브한다.

화면에 보여주자

drawGame() 함수를 살펴보자. 앞서 listenToClients() 함수가 Player 객체의 movePaddle() 함수를 이용해서 라켓의 위치를 실질적으로 업데이트하는 것을 보았다. 하지만 listenToClients() 함수는 화면에 라켓을 그리지는 않는다. 화면에 라켓을 그리는 것은 drawGame() 함수이다. 이 함수는 Player의 showPaddle() 함수를 호출해서 라켓을 그린다. 이 때문에 객체의 두 함수들이 서로 나누어져 있다.

```
void drawGame() {
  background(0);
  // 모든 라켓을 그림
  for (int p = 0; p < playerList.size(); p++) {
    Player thisPlayer = (Player)playerList.get(p);
    // 이 플레이어의 라켓을 화면에 표시함:
    thisPlayer.showPaddle();
  }
```

» 이전의 퐁 예제들과 마찬가지로 여기서 호출하는 moveBall() 함수는 공이 라켓이나 벽에 부딪쳤는지 확인하고 부딪쳤다면 그 지점에서 공의 새로운 위치를 산출해 내지만 공을 직접 그리지는 않는다. 공이 움직이지 않더라도 화면에는 그려져야 하기 때문이다.

　게임이 종료되면 프로그램은 진행을 멈추고 승자를 4초 동안 화면에 표시한다.

```
  // 공의 위치를 산출함:
  if (ballInMotion) {
    moveBall();
  }
  // 공을 그림:
  rect(ballPosH, ballPosV, ballSize, ballSize);

  // 점수를 표시함:
  showScore();
  // 게임이 종료되면 승자를 표시한다:
  if (gameOver) {
    textSize(24);
    gameOver = true;
    text("Game Over", width/2, height/2 - 30);
    if (topScore > bottomScore) {
      text("Top Team Wins!", width/2, height/2);
    }
    else {
      text("Bottom Team Wins!", width/2, height/2);
    }
  }
  // 게임이 끝나면 잠시 멈춘다:
  if (gameOver && (millis() > delayCounter +
    gameOverDelay)) {
    gameOver = false;
    newGame();
  }
```

» 득점을 기록할 때마다 프로그램이 2초 동안 멈춘다. 2초가 지난 뒤에 최소한 두 명 이상의 플레이어가 없으면 공을 서브하지 않는다. 이러한 구조는 아무도 게임을 하는 사람이 없을 때 게임이 실행되는 것을 방지해 준다.

　여기까지가 drawGame() 함수이다. drawGame() 함수에서는 공의 궤도를 계산하는 moveBall(), 점수를 표시하는 showScore(), 그리고 게임을 재설정하는 newGame() 함수를 호출한다. 이제 이 함수들에 대해 알아보자

```
  // 득점을 하면 잠깐 멈춤:
  if (!gameOver && !ballInMotion && (millis() >
    delayCounter + pointDelay)) {

    // 최소한 두 명 이상의 플레이어가 있는지 확인함:
    if (playerList.size() >=2) {
      ballInMotion = true;
    }
    else {
      ballInMotion = false;
      textSize(24);
      text("Waiting for two players", width/2,
        height/2 - 30);
      // 점수를 재설정함:
      newGame();
    }
  }
}
```

» 먼저, moveBall() 함수는 공의 위치가 Player의 라켓과 겹치는지 추적한다. 그러기 위해서는 playerList의 모든 요소들을 하나씩 Player의 인스턴스로 불러내서 공의 위치가 사각형 라켓 안에 들어가 있는지 확인해야 한다. 만약 공이 특정한 인스턴스의 라켓과 겹친다면, 수직 이동 방향을 반대로 바꾼다.

```
void moveBall() {
  // 공이 라켓에 접촉하는지 확인한다.
  for (int p = 0; p < playerList.size(); p++) {
    // 확인할 플레이어를 불러옴:
    Player thisPlayer = (Player)playerList.get(p);
    
    // 라켓의 왼쪽과 오른쪽 가장자리를 산출함:
    float paddleRight = thisPlayer.paddleH +
                        paddleWidth/2;
    float paddleLeft = thisPlayer.paddleH -
                       paddleWidth/2;
    // 공이 라켓의 왼쪽과 오른쪽 가장자리 사이에 들어가 있는지 확인함:
    if ((ballPosH >= paddleLeft) && (ballPosH <=
        paddleRight)) {
      // 라켓의 위쪽과 아래쪽 가장자리를 산출함:
      float paddleTop = thisPlayer.paddleV -
                        paddleHeight/2;
      float paddleBottom = thisPlayer.paddleV +
                           paddleHeight/2;
      
      // 공이 위쪽과 아래쪽 가장자리 사이에 들어가 있는지 확인함:
      if ((ballPosV >= paddleTop) && (ballPosV <=
          paddleBottom)) {
        // 공의 수직 이동 방향을 바꿈:
        ballDirectionV = -ballDirectionV;
      }
    }
  }
}
```

» 만약 공이 화면의 위쪽이나 아래쪽 경계를 벗어나면 어떤 한 팀이 득점을 한 것이다. 어떤 팀이든 5점을 먼저 획득하면 게임이 끝난다.

```
// 공이 화면의 위쪽을 벗어나면:
if (ballPosV < 0) {
  bottomScore++;
  ballDirectionV = int(random(2) + 1) * -1;
  resetBall();
}
// 공이 화면의 아래쪽을 벗어나면:
if (ballPosV > height) {
  topScore++;
  ballDirectionV = int(random(2) + 1);
  resetBall();
}

// 5점을 먼저 얻는 팀이 승리함:
if ((topScore > 5) || (bottomScore > 5)) {
  delayCounter = millis();
  gameOver = true;
}
```

» 마지막으로, moveBall() 함수는 공이 화면의 왼쪽이나 오른쪽 가장자리에 부딪치는지도 확인한다. 만약 부딪쳤다면, 수평 이동 방향을 바꾼다.

```
// 공이 화면의 왼쪽이나 오른쪽 경계를 벗어나지 않도록 함:
if ((ballPosH - ballSize/2 <= 0) ||
    (ballPosH +ballSize/2 >=width)) {
  // 공의 y 축으로의 이동 방향 x 축으로의 이동 방향을 뒤집음:
  ballDirectionH = -ballDirectionH;
}
// 공의 위치를 업데이트함:
ballPosV = ballPosV + ballDirectionV;
ballPosH = ballPosH + ballDirectionH;
}
```

» newGame() 함수는 게임을 다시 시작하고 점수를 재설정한다.

```
void newGame() {
  gameOver = false;
  topScore = 0;
  bottomScore = 0;
}
```

» showScore() 함수는 화면에 점수를 표시한다.

```
public void showScore() {
  textSize(24);
  text(topScore, 20, 40);
  text(bottomScore, 20, height - 20);
}
```

» 마지막으로, resetBall() 함수는 득점이 발생할 때마다 호출되어 공을 재설정한다.

```
void resetBall() {
  // 공을 화면의 중앙으로 이동함
  ballPosV = height/2;
  ballPosH = width/2;
  ballInMotion = false;
  delayCounter = millis();
}
```

이 서버는 아무리 많은 클라이언트가 접속해도 끄떡없이 모두가 핑퐁 게임을 할 수 있다. 또한 서버 프로그램에는 클라이언트의 반응 시간을 제한하는 그 어떤 요소도 없다. 서버는 모든 클라이언트들이 지연 없이 최선의 서비스를 받을 수 있도록 설계되어 있다. 이는 적절한 접근 방법이다. 설령 반응시간을 제한할 필요가 있는 경우라도 클라이언트 측에서 데이터 전송 속도를 조절하도록 해야 하며 네트워크의 서버가 반응시간을 제한해서는 안된다. 가능하면 네트워크와 서버는 항상 과묵하고 빠르고 신뢰할 수 있는 상태를 유지해야 한다. 그림 5-19에 두 명의 클라이언트가 접속한 서버의 스크린샷이 보인다.

클라이언트가 서버에 접속하는 데 성공했다면, 이제 여러분 자신만의 클라이언트를 디자인해 보자. 그래서 자신만의 궁극의 핑퐁 라켓을 만들어 보자.

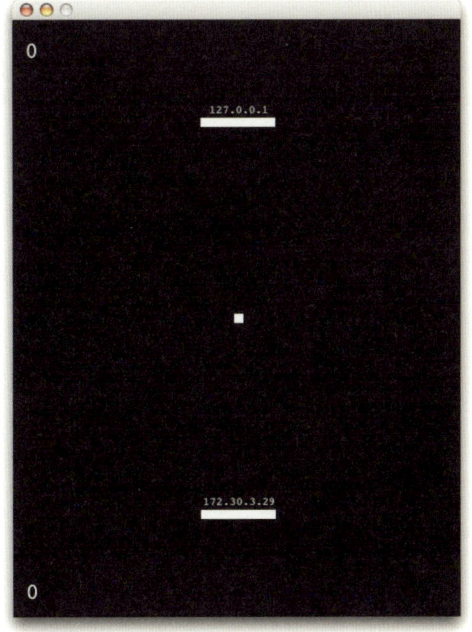

그림 5-19 핑퐁 서버의 스케치를 실행한 모습.

결론

이 장에서 다룬 클라이언트와 서버의 기본 구조는 네트워크에 있는 여러 사물들의 동시 접속을 관리하는 시스템을 만들고자 할 때 언제든지 사용할 수 있다. 서버의 주된 임무는 새로 접속하는 클라이언트가 있는지 확인하고, 접속 중인 클라이언트들을 추적하며 적절한 메시지가 적절한 클라이언트에게 전달되도록 관리하는 일이다. 특히 클라이언트의 메시지는 항상 놓치지 말고 듣고 있어야 한다.

클라이언트도 서버의 메시지를 놓치면 안되지만, 서버에 귀를 기울이는 일과 물리적인 입력장치에 귀를 기울이는 일 사이에서 균형을 잘 유지해야 한다. 지역적인 입력 사항에 대해서는 언제나 명확하고 즉각적인 반응을 보여야 하며, 또한 네트워크 접속 상태도 항상 알려줘야 한다.

이번 시스템에서 사물들이 서로 대화하기 위해 사용하는 프로토콜은 최대한 간단하고 유연해야 한다. 더 많은 명령을 추가할 수 있는 여지를 남겨두어서 언제, 무엇을 추가하더라도 충분히 대응할 수 있도록 한다. 서버의 "hi"나 "bye" 메시지처럼, 적절한 대응 메시지들도 준비하는 것이 좋다. 메시지는 최대한 명확하고 짧게 만든다.

시스템을 시험할 신뢰할 만한 방법도 준비한다. 텔넷 클라이언트나 테스트 서버 같은 간단한 도구들을 준비해 두면 다중 플레이어 서버를 만들 때 많은 시간을 절약할 수 있어서 좀 더 빨리 프로젝트를 완성할 수 있다.

이제 여러분은 클라이언트와 서버 사이의 비동기식 통신(4장의 HTTP 시스템)과 동기식 통신(160페이지의 시험용 채팅 서버) 예제를 모두 살펴보았다. 이 두 가지 방식을 적절히 활용하면 중앙 서버에 다수의 클라이언트가 접속하는 응용프로그램은 대부분 만들 수 있다. 다음 장에서는 인터넷은 잠시 접어두고 다양한 형식의 무선통신을 살펴본다.

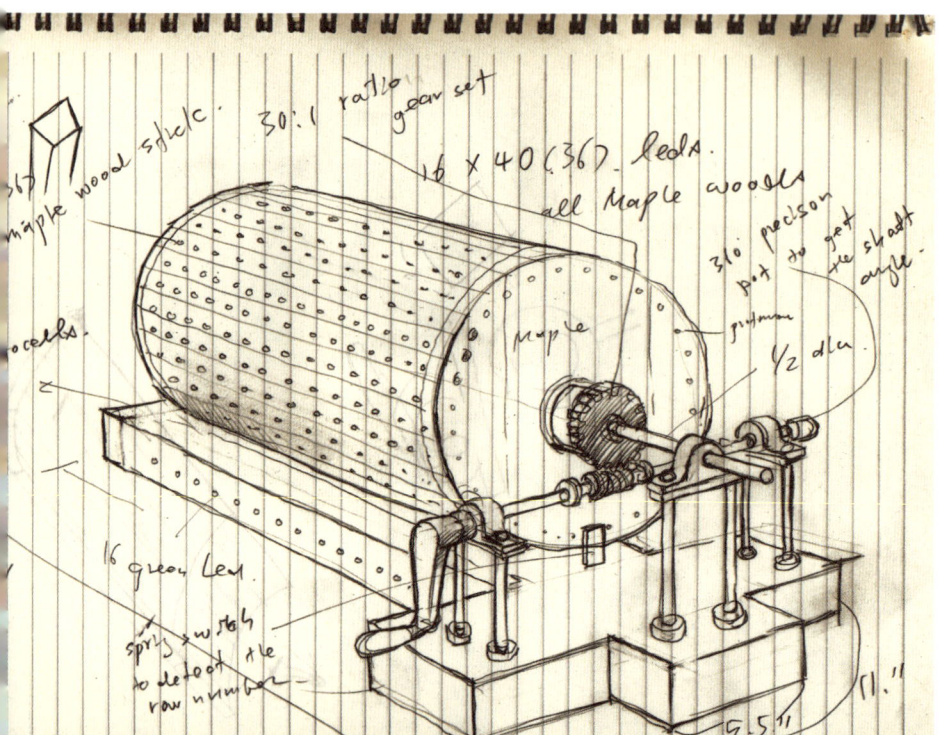

◀◀ 왼쪽
목진요의 <뮤직박스> 원본 스케치.

▶▶ 오른쪽
<뮤직박스>의 작곡 인터페이스.

MAKE: PROJECTS　　　**6**

무선통신

앞의 장들을 읽으면서 여러분은 '무선통신은 어떻게 사용할까?' 라는 궁금증을 가졌을 것이다. 어쩌면 무선통신을 사용하고 싶은 마음이 너무 간절해서 앞 장들을 건너뛰고 바로 이 장부터 읽고 있을지도 모르겠다. 만약 그렇다면, 부디 앞의 장들부터 차근차근 읽어 오기 바란다. 특히, 컴퓨터와 마이크로컨트롤러의 시리얼 통신에 대해 잘 알지 못한다면, 이 장을 읽기 전에 반드시 2장을 읽도록 한다. 이번 장에서는 사물들 사이의 무선통신에 대한 기본적인 사항들을 설명한다. 여러분은 두 가지 유형의 무선통신에 대해 배우고, 몇 개의 유용한 예제들을 실습하게 된다.

<접합체 Zygotes> 알렉스 베임(Alex Beim)
Zygotes(www.tangibleinteraction.com)는 가볍고, 공기를 주입할 수 있는 고무 공들로서 안에 있는 LED로 빛을 낸다. 표면의 압력이 변하면 색깔이 바뀌며, 지그비 장치로 중앙 컴퓨터와 무선으로 통신한다. 청중들은 콘서트에 사용된 접합체들의 네트워크를 통해 공 자체뿐만 아니라 네트워크에 연결된 음악과 비디오 프로젝션에도 영향을 줄 수 있다. 사진 제공: 알렉스 베임

6장에서 사용하는 부품

판매점 기호

- **A** 아두이노 스토어(http://store.arduino.cc/ww/)
- **AF** 에이다프루트(http://adafruit.com)
- **D** 디지-키(www.digikey.com)
- **F** 파넬(www.farnell.com)
- **J** 자메코(http://jameco.com)
- **MS** 메이커 셰드(www.makershed.com)
- **RS** RS(www.rs-online.com)
- **SF** 스파크 펀(www.SparkFun.com)
- **SS** 씨드 스튜디오(www.seeedstudio.com)

프로젝트 9: 적외선으로 디지털카메라 제어하기

» 아두이노 모듈 1개 아두이노 우노를 권장한다. 하지만 다른 아두이노나 아두이노 호환 보드에서도 프로젝트는 정상적으로 작동한다.
D 1050-1019-ND, J 2121105, SF DEV-09950, A A000046, AF 50, F 1848687, RS 715-4081, SS ARD132D2P, MS MKSP4

» 적외선 LED 1개
J 106526, SF COM-09469, F 1716710, RS 577-538, SS MTR102A2B

» 푸시버튼 1개 아무 버튼이나 사용해도 된다.
D GH1344-ND, J 315432, SF COM-10302, F 1634684, RS 718-2213

» 220옴 저항1개
D 220QBK-ND, J 690700, F 9337792, RS 707-8842

» 10k 옴저항 1개
D 10KQBK-ND, J 29911, F 9337687, RS 707-8906

» 브레드보드 1개
D 438-1045-ND, J 20723 또는 20601, SF PRT-00137, F 4692810, AF 64, SS STR101C2M 또는 STR102C2M, MS MKKN2

프로젝트 10: 양방향 전파 통신

» 브레드보드 2개
D 438-1045-ND, J 20723 또는 20601, SF PRT-00137, F 4692810, AF 64, SS STR101C2M 또는 STR102C2M

» 아두이노 모듈 2개 아두이노 피오 모델이 Xbee와 사용하기에 좋지만 아두이노 호환 보드에서도 정상적으로 작동한다.
SF DEV-10116

» Digi Xbee 802.15.4 무선 모듈
J 2113375, SF WRL-08664, AF 128, F 1546394, SS WLS113A4M, MS MKAD14

» 아두이노 무선 실드 2개 실드를 사용하거나 아니면 아래의 부품들을 대신 사용해도 된다.
A A000064 또는 A000065.

호환 실드:
SF WRL-09976, AF 126, F 1848697, RS 696-1670, SSWLS114A0P

» 퍼텐쇼미터 2개

그림 6-1. 이번 장에서 사용할 새로운 부품들. 1. 아두이노 무선 실드 2. 스파크 펀 Xbee 연결용 보드 3.2mm 헤더 소켓 4. 아두이노 와이파이 실드 5. Digi Xbee 802.15.4 OEM 모듈 6. 에이다프루트 Xbee-USB 어댑터 7. 스파크 펀 Xbee 익스플로러 8. 적외선 LED 9. 아두이노 피오. 핀 헤더도 충분히 준비한다.

J 29082, SF COM-09939, F 350072, RS 522-0625

» **USB-Xbee 어댑터 1개**
무선 실드를 사용하지 않을 경우에는 아래의 부품들을 준비한다.
J 32400, SF WRL-08687, AF 247

» **3.3V 전압 레귤레이터 2개**
J 242115, D 576-1134-ND, SF COM-00526, F 1703357, RS 534-3021

» **1μF 커패시터 2개**
J 94161, D P10312-ND, F 8126933, RS 475-9009

» **10μF커패시터 2개**
J 29891, D P11212-ND, F 1144605, RS 715-1638

» **Xbee 연결용 보드**
J 32403, SF BOB-08276, AF 127

» **0.1인치 헤더 핀 4 줄**
J 103377, D A26509-20ND, SF PRT-00116, F 1593411

» **2mm 헤더 소켓 4 줄**
J 2037747, D 3M9406-ND, F 1776193

» **LED 6개**
D 160-1144-ND 또는 160-1665-ND, J 34761 또는 94511, F 1015878, RS 247-1662 또는 826-830, SF COM-09592 또는 COM-09590

프로젝트 11: 블루투스 송수신기

» **아두이노 모듈 2개** 아두이노 우노를 권장한다. 하지만 다른 아두이노나 아두이노 호환 보드에 서도 프로젝트는 정상적으로 작동한다.
D 1050-1019-ND, J 2121105, SF DEV-09950, A A000046, AF 50, F 1848687, RS 715-4081, SS ARD132D2P, MS MKSP4

» **브레드보드 2개**
D 438-1045-ND, J 20723 또는 20601, SF PRT-00137, F 4692810, AF 64, SS STR101C2M 또는 STR102C2M

» **LED 2개**
D 160-1144-ND 또는 160-1665-ND, J 34761 또는 94511, F 1015878, RS 247-1662 또는 826-830, SF COM-09592 또는 COM-09590

» **퍼텐쇼미터 2개** 아날로그 센서를 사용해도 된다.
J 29082, SF COM-09939, F 350072, RS 522-0625

» **푸시버튼 2개** 아무거나 사용해도 된다.
D GH1344-ND, J 315432, SF COM-10302, F 1634684, RS 718-2213

» **220옴 저항 2개**
D 220QBK-ND, J 690700, F 9337792, RS 707-8842

» **10k옴 저항 2개**
D 10KQBK-ND, J 29911, F 9337687, RS 707-8906

» **FTDI 방식의 USB-시리얼 어댑터 1개** 5V용이나 3.3V용 모두 사용할 수 있다. 케이블 방식이나 독립 모듈 형식으로 판매된다.
SF DEV-09718 또는 DEV-09716, AF70 또는 284, A A000059, MS MKAD22, D TTL-232R-3V3 또는 TTL-232R-5V

» **블루투스 메이트 모듈 2개**
SF WRL-09358 또는 WRL-10393

프로젝트 12: 헬로 와이파이!

» **아두이노 와이파이 실드 1 개**
A A000058

» **아두이노 모듈 1개** 아두이노 우노를 권장한다. 하지만 다른 아두이노나 아두이노 호환 보드에서도 프로젝트는 정상적으로 작동한다.
D 1050-1019-ND, J 2121105, SF DEV-09950, A A000046, AF 50, F 1848687, RS 715-4081, SS ARD132D2P, MS MKSP4

» **와이파이 이더넷으로 연결된 인터넷**

» **10k옴 저항 3개**
D 10KQBK-ND, J 29911, F 9337687, RS 707-8906

» **포토셀(LDR: 광저항) 3개**
D PDV- P9200-ND, J 202403, SF SEN-09088, F 7482280, RS 234-1050

» **브레드보드 1개**
D 438-1045-ND, J 20723 또는 20601, SF PRT-00137, F 4692810, AF 64, SS STR101C2M 또는 STR102C2M, MS MKKN2

» **광 필터 3개** 빨간색, 초록색, 파란색 원색으로 1개씩. 조명기구 매장이나 광학 장비 매장에서 구입할 수 있다.

이 장의 앞부분에서는 무선통신의 작동 방식과 작동을 방해하는 요소들을 살펴본다. 이를 통해 여러분은 무선통신에 대한 배경 지식과 발생 가능한 문제들에 대처하는 방법을 배우게 된다. 중반 이후부터는 예제들을 다룬다. 무선통신은 매우 광범위한 분야이기 때문에 여러 장치들을 다룬다고 해도 그것은 빙산의 일각일 뿐이다. 때문에 이 장의 예제들은 앞장의 예제들에 비해 덜 발전시켰다. 대신, 다양한 유형의 무선통신 장치들을 사용하는 기본적인 방법을 소개할 것이다.

무선통신의 한계

무선통신의 장점은 너무나도 명백하다. 선이 없다는 것이다. 덕분에, 장치를 이동해 가며 통신을 해야 하는 어떤 프로젝트라도 물리적인 디자인이 훨씬 단순해질 수 있다. 착용 가능한 센서 시스템, 디지털 악기, 원격제어 차량 들은 무선통신 덕분에 물리적인 단순성에 도달할 수 있었다. 하지만, 무선통신에도 한계가 있기 때문에 사용하기 전에 고려해야 할 사항이 있다.

무선통신은 유선통신에 비해 신뢰도가 낮다

무선통신은 방해 전파를 차단하기 어렵다. 데이터를 전송하는 유선 통신선은 절연하고 장비를 사용해서 보호할 수 있지만 전파나 적외선을 이용하는 무선 연결은 외부의 잡음을 완전무결하게 차단할 수 없다. 이렇게 무선통신에는 늘 방해 요소가 개입할 수 있기 때문에 상대편이 보낸 메시지를 알아들을 수 없거나, 또는 아무런 메시지도 들어오지 않을 경우에 대처할 수 있도록 시스템의 모든 장치들에 대비책을 마련해 두어야 한다.

무선통신은 절대로 일대일 통신이 아니다

전파와 적외선을 이용하는 무선통신 장치들은 누구나 신호를 들을 수 있게끔 방송한다. 이는 곧 다른 장치들과 서로 끼어들어 통신 교란을 일으킬 수 있다는 의미이다. 예를 들어 블루투스, 와이파이(802.11b, g, n) 무선통신 장치들의 대다수 그리고 지그비(802.15.4) 무선통신 장치들은 모두 동일한 주파수 대역, 즉 2.4기가헤르츠의 주파수 대역을 사용한다(802.11n 규격은 5GHz에서도 작동한다). 비록 서로 방해를 최소화하도록 설계되었지만, 만약 다량의 데이터를 쉴 틈 없이 교환하는 와이파이 네트워크 장치들이 있는 공간에서 매우 많은 지그비 무선통신 장치들을 사용한다면 서로 방해하게 된다.

무선통신이 무선 전원을 의미하는 것은 아니다

무선통신 장치에도 전원은 공급해야 한다. 이동하고 있을 때라면 전지를 사용해야 한다는 의미이다. 전지는 무거울 뿐만 아니라 장시간 사용할 수도 없다. 또한 전지가 정상적인 상태가 아닌 경우에는 장치들이 이상 작동을 할 수 있어서 프로젝트를 테스트하는 상황이라면 원인을 파악할 수 없는 혼란으로 이어지기도 한다. 고전적인 사례가 바로 '무선통신의 불가사의한 오류'이다. 대부분의 무선통신 장치는 전송할 때 전력을 더 많이 소비한다. 이때 가끔 전원의 전압이 약간 떨어지는 현상이 일어나는데, 만약 무선통신 장치가 전원과 그라운드 선을 연결한 커패시터를 통해 확실하게 감결합(decouple)되어 있지 않으면 전압이 떨어질 때 무선통신 장치가 재설정되는 경우도 발생한다. 시리얼 메시지상으로는 무선통신 장치가 정상적으로 작동하는 것처럼 보일 수도 있다. 하지만 실제로 전송을 못하고 있기 때문에 사용자는 문제의 원인을 이해할 수 없어 어리둥절해지기 쉽다. 무선통신 프로젝트를 진행하는 초기 단계에는 벽에 연결된 전원 공급 소켓 등에서 안정적으로 전력을 공급받을 수 있도록 하고, 그 이후에는 정상적인 상태의 전지를 연결해서 사용하도록 해야 한다.

무선통신은 전자기파를 만든다

간과하기 쉽지만, 여러분이 사용하는 모든 무선통신 장치는 전자기 에너지를 방출한다. 전자레인지에서 음식을 데울 때 사용하는 바로 그 에너지와 똑같은 에너지가 여러분의 mp3 파일을 인터넷 너머로 전송하는 것이다. 비록 이 책에서 사용하는 장치들처럼 작동 수준이 낮은 무선통신 기기들은 안전하다는 연구 결과가 보고되고 있지만, 굳이 불필요한 전자기파가 발생하는 환경을 만들 필요는 없다.

유선통신을 먼저 개발하라

우리가 사용할 전파 및 적외선 송수신 장치들은 앞의 장들에서 유선으로 연결해서 사용했던 통신선들의 대체품이다. 어떤 응용프로그램을 개발하더라도 무선통신으로 전환하기 전에 유선통신 환경을 구축해서 기본적인 메시지가 교환되는지 확인해 보도록 하자.

무선통신의 양대 산맥: 적외선과 전자파

여러분이 일상에서 경험하는 무선통신 환경은 크게 두 가지 유형으로 나뉜다. 바로 적외선 통신과 전파 통신이다. 사용자나 개발자의 입장에서 볼 때, 이 둘의 가장 중요한 차이점은 지향성이다.

텔레비전 리모컨은 일반적으로 적외선(IR) 통신을 사용한다. 전파와는 다르게, 적외선은 송신기와 수신기의 방향에 영향을 받는다. 둘 사이에는 장애물 없이 명확한 조준선이 형성되어야 한다. 가끔 적외선의 빛줄기가 다른 물체나 벽의 표면에 반사되어 작동하는 경우도 있지만 신뢰할 만한 수준은 아니다. 수신기는 결국 하나의 광학 장치라서 송신기가 보내는 광신호를 '보아야' 데이터를 수신할 수 있다. 한편, 자동차의 문을 여는 송신기나 이동전화기, 차고 문을 여는 리모컨, 그리고 다른 많은 장치들은 전파를 이용한다. 이런 장치들은 송신기와 수신기가 서로 마주 보고 있지 않아도 잘 작동한다. 심지어 벽과 같은 장애물이 있어도 작동하는 경우가 있다. 즉, 전파 송신기는 지향성이 없다. 일반적으로 IR은 가까운 거리에서 가시선을 유지할 수 있는 장비들에 많이 사용되며, 그렇지 않은 경우에는 전파가 사용된다. 그림 6-2는 이들의 차이점을 보여준다.

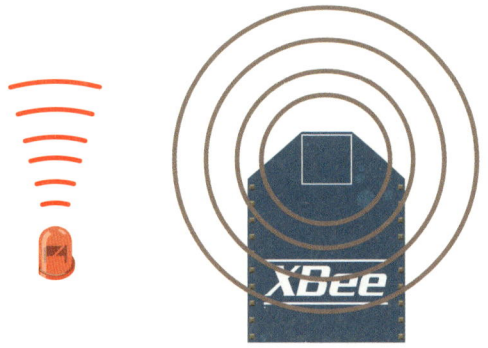

그림 6-2 왼쪽에 있는 LED의 신호는 LED에서 방출되는 빛줄기에 의존하기 때문에 지향적이지만, 오른쪽의 XBee 장치와 같이 전파 안테나에서 방출되는 신호는 무지향적이다.

송신기, 수신기, 송수신기

IR 장치와 RF 장치는 송신기, 수신기, 송수신기로 구분할 수 있다. 먼저, 송신기는 신호를 보낼 수는 있지만 받을 수는 없으며, 수신기는 신호를 받을 수는 있지만 보낼 수는 없다. 마지막으로 송수신기는 신호를 보내고 받을 수 있다. 왜 모든 장치를 송수신기로 만들지 않는지 의아할 수도 있다. 송신기나 수신기를 만드는 것보다 송수신기를 만드는 것이 더 복잡하다. 송수신기는 무엇보다도 자신의 송신부가 송신하는 신호를 자신의 수신부가 수신하지 못하도록 해야 한다. 그러지 않으면 송신부와 수신부가 서로를 교란해서 다른 장치의 신호를 들을 수 없기 때문이다. 송수신기보다는 한 쌍의 송신기와 수신기를 사용하는 편이 비용 면에서 더욱 저렴하기 때문에 많은 장치들은 수신기가 메시지를 수신할 때까지 여러 번 송신을 반복해서 통신상의 오류를 극복한다. TV 리모컨이 바로 이러한 방식으로 작동하며 부품의 값을 현저하게 낮출 수 있었다.

한편, 근래에는 전파 통신 장치 안에 송수신기를 장착하는 경향이 커지고 있으며, 마이크로컨트롤러를 장착하여 송수신을 필터링하고 있다. 모든 블루투스, 지그비 그리고 와이파이 전파 장치들이 이러한 방식을 채택하고 있다. 하지만, 시중에는 여전히 송신기와 수신기가 분리된 장치들이 있으며 송수신기보다는 가격이 저렴하다.

프로젝트를 기획하거나 부품을 주문할 때는 송신기-수신기 쌍과 송수신기의 차이를 유념해야 한다. 프로젝트에 양방향 통신이 필요한지, 또는 단방향 통신만 사용해도 되는지 검토한다. 단방향 통신일 경우에는 통신에 실패했을 때에 대한 대비책도 준비해야 한다. 수신자가 송신자에게 메시지를 재확인하지 않고 작동해도 되는지, 아니면 수신자가 메시지를 수신할 때까지 송신자가 무한적 반복해서 송신하면 문제를 해결할 수 있는지 자문해야 한다. 만약 그렇다면, 송신기-수신기 쌍을 사용해서 비용을 절감해도 된다.

적외선 통신의 작동 방식

IR 통신은 특정한 속도로 IR LED를 깜빡여서 펄스를 발생시키고, IR 포토다이오드로 펄스를 수신한다. 즉, 적외선으로 데이터가 전송되는 시리얼 통신이라고 할 수 있다. 우리 주위에는 수많은 적외선 광원이 있다. 태양, 백열등, 전열기 등은 적외선을 발산한다. 그래서 IR 데이터 신호를 다른 IR 에너지와 구분할 필요가 있다. 그렇게 하기 위해서는 전송하고자 하는 시리얼 데이터를 LED로 출력하기 전에 발진기, 즉 오실레이터로 보낸다. 오실레이터는 들어오는 데이터 신호의 펄스에 기반하여 일반 펄스를 변조한 파동을 생성하는데, 이를 반송파(carrier wave)라고 한다. 반송파는 송신기의 LED를 통해 방출된다. 수신기는 모든 적외선을 검출하지만 반송파의 주파수와 일치하지 않으면 걸러낸다. 그런 다음 데이터 신호만 남도록 반송파도 걸러낸다. 이렇게 하면 다른 적외선 광원들의 간섭을 받지 않고 데이터를 적외선으로 전송할 수 있다. 하지만, 다른 적외선 광원이 반송파와 동일한 주파수를 갖고 있다면 간섭이 일어날 수 있다.

적외선의 본성인 지향성은 더욱 제한적인 요인으로 작용하지만, 전파 장치보다는 가격이 싸고 전력 소비도 적다. 최근에는 전파 장치들이 점점 저렴해지고, 전력 효율이 높아지고, 또 강력해짐에 따라 컴퓨터의 IR 포트가 점차 사라져 가고 있다. 하지만, 비용 절감과 전력 효율의 측면에서 장점이 있기 때문에 조준하는 방식의 리모컨 장치들은 여전히 적외선 통신을 많이 사용한다.

가전제품에 사용하는 일반적인 IR 리모컨의 데이터 프로토콜은 제조업체마다 다르다. 이 프로토콜을 해석하기 위해서는 반송 주파수와 메시지 구조를 알고 있어야 한다. 대부분의 상용 IR 리모컨은 30kHz에서 40kHZ 사이의 반송파를 사용한다. 데이터를 전송하는 속도는 반송파의 주파수에 의해 제한되므로 IR 전송은 비교적 낮은 속도인 초당 500에서 2,000비트를 전송할 수 있다. 고대역폭의 데이터 전송에 비하면 별것 아니지만, 리모컨의 푸시버튼 몇 개 정도의 데이터를 전송하기에는 충분하다. 이 책에서 본 다른 시리얼 프로토콜들과는 다르게 IR 프로토콜이 모두 8비트 데이터 형식을 사용하는 것은 아니다. 예를 들어, 소니의 Control-S 프로토콜에는 세 가지 형식, 즉 12비트, 15비트 그리고 20비트 형식이 있다. 대부분의 리모컨에서 사용하는 필립스의 RC5 프로토콜은 14비트 형식이다.

리모컨 신호를 송신하거나 수신해야 하는 경우, 직접 프로토콜을 개조하는 대신, IR 전용 변조 칩을 사용하면 개발 시간을 훨씬 단축할 수 있다. 다행히도 웹에는 프로토콜을 설명하는 많은 사이트가 있다. 레이놀즈 일렉트로닉스(www.renton.com)

는 유용한 IR 변조기들과 복조기를 판매할 뿐만 아니라 유익한 지침서들도 갖추고 있다. 이파노라마(www.epanorama.net/links/irremote.html)에는 일반적인 IR 프로토콜을 기술하는 수많은 링크가 있다. 한편, 아두이노에서 다양한 프로토콜의 IR 신호를 송신하고 수신할 수 있도록 해주는 라이브러리들도 다수 있다. 대부분의 라이브러리는 아두이노 플레이그라운드(http://arduino.cc/playground/Main/InterfacingWithHardware)에 링크되어 있다. 다음 프로젝트에서는 그중 하나를 사용할 것이다.

송신기와 수신기를 만드는 일은 비교적 간단하다. 시리얼 데이터를 적외선 LED로 보내기 전에 신

적외선 보기

카메라와 오실로스코프는 IR 송신기 작업을 할 때 매우 유용한 도구들이다.

적외선은 우리 눈에는 보이지 않지만, 카메라를 통해서는 볼 수 있다. IR LED가 작동하고 있는지 의심스러울 때는, LED를 카메라로 향하고 카메라의 이미지를 보는 방법을 사용하면 빠르게 확인할 수 있다. 만약 정상적으로 작동한다면 LED가 켜지는 것을 볼 수 있다. 그림 6-3은 컴퓨터에 연결된 웹캠을 통

해 본 가정용 리모컨의 IR LED다. 이러한 결과는 디지털카메라의 LCD 뷰파인더를 통해서도 확인할 수 있다. 실내의 조명을 끄거나 커튼을 치면 여러분의 IR LED에서도 이러한 결과를 보다 잘 볼 수 있다. 일부 웹캠은 IR 필터를 장착하고 있기 때문에 적외선을 확인하기 어려운 경우도 있다. 그럴 때는 프로젝트에 사용하기에 앞서 리모컨과 같이 정상적으로 작동하는 장치로 먼저 확인하는 것이 좋다.

그림 6-3 IR 프로젝트의 문제를 해결할 때 카메라를 사용하면 도움이 된다.

호를 변조하는 오실레이터와 반송파를 수신해서 데이터 신호를 복조하는 수신기가 있으면 된다. 555 타이머 IC로 IR 변조기를 직접 만들 수도 있지만, 시중에는 IR 신호를 복조하거나 변조하는 저렴한 모듈이 많이 있다.

적외선 신호 감지하기

IR 신호를 해독할 때는 오실로스코프도 매우 유용하다(그림 6-4). 수신기의 프로토콜을 모를 때는 수신기가 수신한 신호를 보면 알아낼 수 있다. 적외선 포토트랜지스터, 저항 그리고 일반적인 LED를 그림 6-5와 같이 직렬로 연결하면, 리모컨을 포토트랜지스터를 향하고 작동시켰을 때 LED가 켜질 것이다.

오실로스코프로 리모컨의 신호를 확인하려면 스코프의 탐침, 즉 프로브를 그라운드와 포토트랜지스터의 애미터에 각각 연결하고 리모컨을 포토트랜지스터를 향해서 작동시킨다. 오실로스코프에 신호가 잡히면 스코프의 전압 수준과 시분할을 조절해서 신호를 보다 상세하게 볼 수 있도록 하자. 대부분의 스코프는 신호의 주파수를 자동적으로 알려줄 것이다. 스코프를 단안정 트리거 모드(single-shot trigger mode)에 놓으면 실제의 신호를 갈무리할 수 있다. 각 신호의 펄스 타이밍을 확인한 뒤에는, IR LED에 여러분 자신의 펄스를 생성해서 신호를 복제할 수도 있다. 보다 자세한 내용은 아두이노에서 IR 리모컨을 사용하는 방법을 다루고 있는 훌륭한 블로그들을 참고하자. 가령, 켄 시리프(Ken Shirriff)의 블로그(www.arcfn.com)에도 좋은 내용이 많이 올라와 있다.

준비물

- 브레드보드 1개
- 220옴 저항 1개
- 포토트랜지스터 1개. 디지-키 부품 번호 365-1068-ND.
- LED 1개
- 전지나 전원 1개. 5V 혹은 그 이하를 사용한다.
- 오실로스코프 1대. 여기에 나와 있는 기종은 DSO 나노이다.

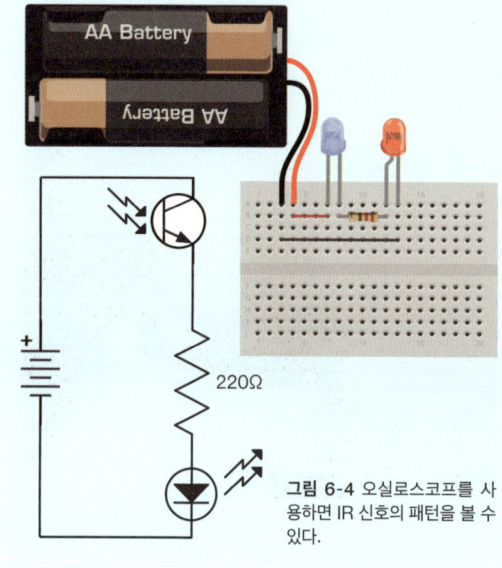

그림 6-4 오실로스코프를 사용하면 IR 신호의 패턴을 볼 수 있다.

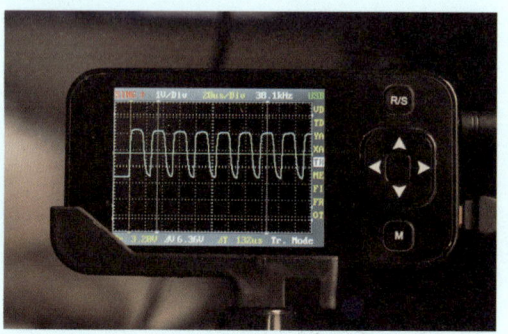

그림 6-5 IR 포토트랜지스터와 LED를 직렬로 연결하면 IR 수신을 시험하기 좋다.

프로젝트 9

적외선으로 디지털카메라 제어하기

이 예제에서는 적외선 LED와 아두이노로 디지털카메라를 제어한다. 이는 가장 간단한 IR 제어 프로젝트 중의 하나이다.

요즘 시중에서 판매하는 대부분의 디지털 SLR 카메라는 적외선으로 원격 제어를 할 수 있다. 브랜드마다 프로토콜이 약간씩 다르기는 하지만 촬영, 타이머, 자동초점 등과 같은 기본적인 명령은 대부분 지원하고 있다. 세바스찬 세츠(Sebastian Setz)가 작성한 아두이노 라이브러리를 사용하면 대부분의 카메라에 명령을 전송할 수 있다. 캐논, 니콘, 올림푸스, 펜탁스 그리고 소니 기종에서 테스트를 완료했다. 따라서 이들 브랜드의 SLR 카메라를 갖고 있다면, 이 라이브러리로 제어할 수 있다.

이번 프로젝트의 회로는 간단하다. 그림 6-6과 같이 푸시버튼 4개를 마이크로컨트롤러에 연결하고(10k옴의 풀다운 저항도 연결해야 한다), 적외선 LED를 마이크로컨트롤러의 3번 핀에 연결한다.

멀티 카메라 IR 컨트롤 라이브러리를 http://sebastian.setz.name/arduino/my-libraries/multi-

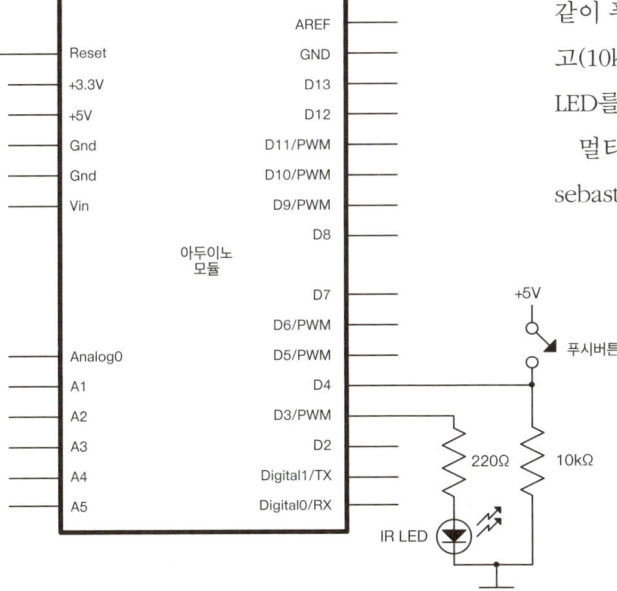

그림 6-6 IR LED와 푸시버튼이 연결된 마이크로컨트롤러.

6장 무선통신　195

camera-ir-control에서 다운받아 아두이노의 스케치 디렉터리에 있는 libraries 폴더에 복사한다. 라이브러리를 처음 설치하는 사람은 이 폴더를 새로 만들어야 할 수도 있다. 폴더에 복사한 다음에는 아두이노 프로그램을 종료한 뒤 다시 시작한다. 라이브러리가 정상적으로 설치되었다면, 스케치 메뉴의 라이브러리 가져오기… 항목 아래 multiCamera Control이라는 이름의 하위 메뉴가 나타날 것이다. 이제 라이브러리를 설치했으니, 다음 단계로 진행하자.

준비물

- 아두이노 모듈 1개
- 적외선 LED 1개
- 푸시버튼 1개
- 220옴 저항 1개
- 10k옴 저항 1개
- 브레드보드나 프로토타이핑 실드 1개

시도해 보자

먼저 스케치에 MultiCameraIrControl 라이브러리를 불러온다. LED가 연결된 3번 핀에서 신호를 보낼 수 있도록 초기화한다. 그 다음에는 푸시버튼의 상태를 추적하기 위한 변수를 몇 개 설정한다.

```
/*
   IR 카메라 제어하기
   환경: 아두이노

  이 스케치는 적외선 LED로 디지털카메라를 제어한다.
*/

// 카메라를 제어하기 위해 라이브러리를 불러온다:
#include <multiCameraIrControl.h>

const int pushButtonPin = 4;
// 3번 핀을 설정해서 IR LED를 제어한다.
// 자신의 카메라에 맞게 기종을 수정한다:
Nikon camera(3);

// 변수의 값이 바뀐다:
int buttonState = 0;          // 버튼의 현재 상태
int lastButtonState = 0;      // 버튼의 이전 상태
```

» setup 함수에서 푸시버튼을 입력 모드로 초기화한다.

```
void setup(){
    // 푸시버튼을 입력 모드로 초기화한다:
    pinMode(pushButtonPin, INPUT);
}
```

» 메인 루프에서는 푸시버튼의 상태가 변하는지 추적한다. 푸시버튼의 상태가 OFF에서 ON으로 바뀔 때만 촬영하도록 해서, 지속적으로 촬영되는 사태를 방지해야 한다. 그렇게 하려면, 버튼의 상태를 이전의 상태와 비교해야 하는데, 루프의 마지막에 버튼의 현재 상태 값을 버튼의 이전 상태 변수에 저장해서 다음 루프에서 비교할 수 있도록 한다.

```
void loop(){
    // 푸시버튼이 연결된 입력 핀에서 값을 읽는다:
    buttonState = digitalRead(pushButtonPin);

    // 버튼의 상태를 이전의 상태와 비교한다
    // 만약 서로 다르고, 현재 HIGH라면 지금 막 버튼을 누른 것이다:
    if (buttonState != lastButtonState && buttonState ==
        HIGH) {
        // 신호를 보내서 셔터를 개방한다:
        camera.shutterNow();
    }
    // 다음 루프에서 비교할 수 있도록, 현재 상태의 값을 이전 상태 변수에 저장한다.
    lastButtonState = buttonState;
}
```

그림 6-7 이 자동노출계도 앞에서와 같은 방법으로 만들었다. 상자 안에 있는 아두이노가 PIR 센서의 변화를 감지하면 카메라에 IR 신호를 보내서 사진을 찍도록 만든다.

전파 통신의 작동 방식

전파는 전기적 특징인 유도(induction) 작용을 기반으로 한다. 전선을 흐르는 전류에 변화를 주면 전선에서는 이에 상응하는 자기장이 발생한다. 이렇게 변하는 자기장은 범위 내에 있는 다른 전선에 전류를 유도한다. 자기장의 주파수는 원 전선을 흐르는 전류의 주파수와 동일하다. 그러므로 무선으로 신호를 보내려면, 하나의 전선에 특정한 주파수에 따라 바뀌는 전류를 흐르게 하고, 다른 선에서는 특정한 주파수에 따라 바뀌는 전류를 파악할 수 있는 회로를 부착하면 된다. 전파를 이용한 통신은 이와 같은 방식으로 작동한다.

전파 신호의 전송 거리는 신호의 강도, 수신기의 감도, 안테나의 유형, 신호를 방해하는 장애물에 따라 달라진다. 원 전류가 셀수록 그리고 수신기가 민감할수록 송신기와 수신기는 더욱 멀리 떨어져 있어도 신호를 주고받을 수 있다. 안테나 기능을 하는 선이 두 개 있어야 한다. 어떠한 전도체라도 안테나로 사용할 수 있지만 차이는 있다. 안테나의 길이와 모양 그리고 신호의 주파수는 결국 전송에 영향을 준다. 안테나의 디자인은 그 자체로 하나의 연구 분야를 이루고 있기 때문에 여기에서 다 언급할 수는 없다. 하지만 직선 안테나의 길이는 대략 다음과 같은 규칙에 따른다.

안테나 길이 = 5,616인치/주파수(MHz) = 14,266.06cm/주파수(MHz)[1]

---

1 가령, 주파수가 2.4GHz일 경우 안테나의 길이는 14,266.06cm/2,400 = 약 5.944cm가 된다. 안테나의 길이는 주파수에 반비례하므로, 낮은 주파수를 잡기 위해서는 안테나의 길이가 길어져야 한다.

더 상세한 내용은 여러분이 사용하고 있는 전파 장치의 기술적 사양을 참조하면 된다. 전파 장치 설명서에는 일반적으로 유효한 안테나를 만드는 방법이 수록되어 있다.

전파 송신: 디지털과 아날로그

마이크로컨트롤러의 세계에서 사용하는 다른 모든 것들과 마찬가지로, 디지털과 아날로그 전파 송신의 차이를 이해하는 것은 매우 중요하다. 아날로그 전파는 오디오 신호와 같은 아날로그 전기 신호를 단순히 주파수에 얹어서 전송한다. 전파의 주파수가 반송파와 같은 기능을 수행하며 오디오 신호를 운반한다. 디지털 전파는 디지털 신호를 반송파에 얹기 때문에 송신자와 수신자 양측에는 신호를 부호화하거나 복호할 수 있는 디지털 장치가 있어야 한다. 다시 말하면, 디지털 전파는 기본적으로 디지털 데이터를 전파 신호로 변환하고 다시 전파 신호를 디지털 데이터로 변환하는 모뎀이다.

전파의 간섭

여러분은 이 장에서 무지향성 안테나를 사용하지만, 전파는 장애물을 만나면 차단될 수 있으며, 특히 금속은 전파를 더욱 잘 차단한다. 예를 들어, 전파 신호가 이동 중에 커다란 금속 막을 만나면 통과하지 못하고 반사되어 튕겨 나간다. 이러한 원리는 안테나 디자인에 활용되기도 하지만, 전자파 차폐 장치(radio frequency shields)를 디자인할 때도 이용된다. 컴퓨터의 케이블을 잘라보면 내부에 전선을 감싸고 있는 얇은 금속 막을 볼 수 있는데, 이것이 바로 전자파 차폐막이다. 차폐막은 임의의 전파 신호가 전선을 오가는 데이터 신호를 방해하지 않도록 해준다. 차폐막을 반드시 금속 막으로 만들 필요는 없다. 촘촘하게 짜인 전도성의 금속 그물망을 사용해도 전파 신호를 차단할 수 있다. 주파수에 따라 금속 망의 차단 효과는 달라진다. 특정한 공간을 적절한 차폐막으로 감싸고 차폐막을 그라운드에 연결하면 외부의 어떤 전파 신호로부터도 특정한 공간을 보호할 수 있다. 이렇게 차폐막으로 둘러싸인 구조를 패러데이 새장(Faraday Cage)이라고 한다. 처음으로 이 효과를 시범 보이고 기록을 남긴 물리학자 마이클 패러데이의 이름에서 따왔다.

때로는 예상하지 못한 차폐막 때문에 전파 전송이 차단되기도 한다. 만약 전파 신호가 들어오지 않는다면 신호를 차단하고 있을 수도 있는 금속 물체를 찾아보자. 자동차 안에서는 외부로 전송이 잘 안 될 수 있다. 자동차 자체가 패러데이의 새장과 같은 효과를 갖기 때문이다. 이럴 때는 차 밖으로 안테나를 내밀면 수신율이 높아진다. 물도 전파를 효과적으로 차단한다. 이는 전파 장치의 덮개에 일반적으로 적용되는 현상이다.

모든 전자 장치는 작동할 때 전파를 방출한다. 모든 교류는 전파를 생성하며, 여러분의 집이나 사무실의 교류 전원도 마찬가지이다. 스피커의 연결선을 전기선과 나란히 놓으면 웅웅 소리가 나는 것은 이 때문이다. 교류 신호가 스피커의 연결선에 전류를 유도하고 스피커는 전류의 변화를 소리로 재생산하고 있기 때문이다. 마찬가지 이유로, 전자레인지 가까이에서 무선 데이터 네트워크를 작동시키면 문제가 생길 수 있다. 와이파이는 일반적으로 극초단파 또는 마이크로파라고 부르는 기가헤르츠 단위의 주파수로 작동하는데, 이 주파수는 일반적인 저주파 대역의 신호에 비해서도 훨씬 짧다. 전자레인지도 음식을 조리할 때 극초단파의 에너지를 방출해서 음식에 있는 물 분자를 자극해서 데운다. 가끔 레인지에서는 이 에너지가 낮은 출력으로 새어나올 때가 있다.

모터와 발전기는 특히 전파 잡음을 은근히 발생시키는 원천이다. 모터는 전기 유도로 작동한다. 구체적으로 말하면, 전선으로 이루어진 코일의 가운데에 있는 축에 부착된 한 쌍의 자석을 돌리는 방식으로 작동한다. 전선에 전류를 흐르게 하면 자기장이 발생하여 자석을 당기거나 밀어내는 방식으로 회전력을 만들어 낸다. 또한, 기계적인 힘으로 자석을 돌리면 전선에서 전류가 발생한다. 따라서, 모터나 발전기는 기본적으로 전파를 발생시키는 장치이며 이들이 발생키시는 전파의 주파수는 모터의 회전 속도와 같다.

전파 잡음의 원천은 너무나도 많기 때문에 다양한 방식으로 전파 신호를 방해한다. 전파 장치를 사용할 때는 잡음의 잠재적인 원천들을 염두에 두는 것이 좋다. 전파 문제를 해결할 때는 일반적인 방해 요소들과 이들을 차단하는 방법에 대한 지식이 유용한 도구가 된다.

다중화와 프로토콜

전파로 송신하는 신호는 호환 수신기가 있는 사람이라면 누구든지 수신할 수 있다. 신호를 전하는 선이 없기 때문에 만약 두 개의 송신기가 동시에 송신하면 서로 간섭하게 된다. 이것이 전파의 가장 취약한 점이다. 수신자는 누가 신호를 보냈는지 알 수 없기 때문이다. 이와는 대조적으로, 유선으로 연결된 시리얼 통신의 경우 시리얼 케이블로 전기 펄스가 들어오면 그 선에 연결된 다른 장치가 신호를 보냈다고 확신할 수 있을 것이다. 전파에서는 이렇게 확신할 수 없다. 이는 마치 파티에서 당신이 눈을 가린 채 누군가를 찾는 술래가 되었는데, 모든 사람의 목소리가 서로 똑같은 상황과 마찬가지이다. 이런 상황에서는 사람들이 말을 하기 전과 말을 마친 후에 자신이 누구인지를 밝히고, 또한 다른 사람이 그 사이에 끼어들지 않아야 누가 말을 하고 있는지 알 수 있다. 즉, 이는 프로토콜의 문제이다.

파티의 예를 생각해 보면, 우선 누가 언제 말을 해야 하는지 정해야 한다. 그러면 각자 잠시 동안 술래의 주의를 끌 수 있다. 이와 같이 여러 사용자가 독립적으로 말을 하는 분할 방식을 전파 통신에서는 다중화(multiplexing)라고 하며, 특히 앞의 예와 같이 순서를 정하는 분할 방식을 시분할 다중 방식(TDM, Time-Division Multiplexing)이라고 한다. 각각의 송신기는 송신할 수 있는 시간, 즉 타임슬롯을 부여 받는다.

물론, 이는 모든 송신기가 동기화된 상황에서만 가능하다. 동기화되지 않았을 경우에는 송신기들이 말하는 시간보다는 귀 기울이고 있는 시간이 훨씬 많아야 시분할 다중 방식이 유효하다.(1장 '조금 말하고 많이 듣자'에서 언급한 사랑과 네트워킹의 첫 번째 규칙을 상기하자.) 만약 송신기가 초당 수밀리초만 송신하고, 송신기의 수가 제한되어 있다면 두 메시지가 겹치거나 충돌할 확률은 매우 낮을 것이다. 이 지침과 재확인 요청(세 번째 규칙)을 병행하면 확연히 향상된 RF 통신이 가능해진다.

다시 파티의 예로 돌아가 보자. 만약 사람들이 각자 다른 목소리로 말을 한다면, 술래는 목소리로 사람들을 구분할 수 있을 것이다. 전파 통신에서는 이를 주파수 분할 다중 방식(FDM, Frequency-Division Multiplexing)이라고 한다. 이는 수신기가 몇 개의 다른 주파수를 동시에 수신할 수 있어야 한다는 의미가 된다. 만약 송신자와 수신자 양측에게 주파수를 배분하는 조정자가 있다면 상당히 효과적인 방식이다.

일상의 디지털 전파 전송 시스템들은 시분할 다중 방식과 주파수 분할 다중 방식을 다양하게 조합해서 사용하고 있다. 다행인 것은 이러한 조합들에 대해 여러분은 거의 신경을 쓰지 않아도 된다는 점이다. 전파 장치들이 여러분 대신 작업을 처리해 줄 것이다.

다중화는 송신기들이 차례를 지키도록 정리해 주고 주파수에 기반하여 서로 식별할 수 있도록 해서 송신을 지원하지만 주고받는 내용에는 관여하지 않는다. 데이터 프로토콜은 바로 이럴 때 필요하다. 여러분이 이미 데이터 프로토콜을 통해 유선 네트워크를 구축하는 것을 보았듯이 이번에도 프로토콜은 중요한 역할을 한다. 메시지를 명확하게 하기 위해서 일반적으로 데이터 프로토콜을 다중화 위에 얹어서 사용한다. 예를 들어 블루투스, 지그비, 와이파이는 단지 전파 신호 위에 데이터 네트워킹 프로토콜을 얹어 놓은 것뿐이다. 이들 세 프로토콜은 간단하게 유선 네트워크에서 구현할 수도 있다. 사실, 어떤 측면에서 와이파이는 이더넷과 똑같은 TCP/IP 계층을 사용하고 있기도 하다. 이들 무선 프로토콜의 원리는 유선 네트워크의 원리와 차이가 없다. 때문에 전파 엔지니어가 아니더라도 어렵지 않게 무선 데이터 전송에 대해 이해할 수 있을 것이다. 유선 네트워크를 다룰 때 사용했던 원칙과 문제 해결 방법을 상기하자. 무선 프로젝트에서도 같은 원칙과 방법을 사용하게 된다. 여기서는 새로운 문제 해결 방법만 언급한다. 이어지는 프로젝트에서 유용하게 사용될 것이다.

전파 송신기, 수신기, 송수신기

송신기와 수신기 쌍은 어떨 때 사용하는 것이 좋고 송수신기 쌍은 또 어느 경우에 사용하는 것이 좋을까? 여러분이 전송한 데이터를 수신한 장치가 피드백을 해야 한다면 송수신기를 써야 한다. 대부분의 경우에는 송수신기를 사용하는 편이 간편하다. 사실, 송수신기의 제조 비용이 낮아지고 있기 때문에 송신기와 수신기 쌍을 찾기가 더욱 어려워지고 있다.

시중에 다양한 데이터 송수신기가 나와 있다. 여러분이 사용하는 마이크로컨트롤러의 시리얼 송신 핀과 수신 핀에 직접 연결할 수 있는 디지털 전파 송수신기들도 있다. 이런 제품은 여러분이 송신선으로 전송하는 모든 시리얼 데이터를 곧장 전파 신호로 내보낸다. 또한 송수신기가 수신하는 모든 펄스는 마이크로컨트롤러의 수신선으로 전달된다. 연결해서 사용하기는 간편하지만, 대신 모든 대화 과정은 여러분이 관리해야 한다. 만약 수신자 측의 송수신기가 데이터에서 비트를 하나라도 누락하면, 메시지는 왜곡된다. 근처에 같은 주파수 대역을 사용하는 전파 장치라도 있다면 수신율에 영향을 미칠 수 있다. 여타의 방해 장치 없이 두 개의 전파 장치만 사용한다면, 이러한 송수신기도 쓸 만하다. 하지만, 그런 경우는 드물다.

요즘은 시중에 나와 있는 대부분의 송수신기가 네트워킹 프로토콜을 구현하고 있기 때문에 사용자 대신 대화를 관리해 줄 수 있다. 2장에서 사용한 블루투스 모뎀은 페어링되지 않은 장치들이 보내는 신호를 무시해서 여러분 대신 오류를 억제해 준다. 다음 프로젝트에서 사용할 XBee 장치도 같은 기능을 수행하며, 7장에서는 그 이상의 기능을 수행한다. XBee를 다루기 위해서는 네트워킹 프로토콜에 대해 조금 더 배워야 하지만, 그 결과 여러분이 얻게 될 결실은 훨씬 크다.

네트워크 무선 장치들이 단순한 송수신기와 다른 점은 무엇보다도 네트워크에 연결된 각 장치들마다 고유한 주소를 갖고 있다는 점이다. 이는 여러분이 특정 상대를 지정해서 말을 해야 할지, 아니면 네트워크에 있는 모든 장치들에게 말을 해야 할지 결정해야 한다는 의미이기도 하다.

네트워크 관리는 복잡하기 때문에 모든 네트워크 전파 장치들은 일반적으로 두 가지 작동 모드, 즉 명령 모드와 데이터 모드를 제공한다(이에 대해서는 2장에서 기술했다). 네트워크 전파 장치의 통신 프로토콜을 살펴보면, 맨 처음에 배우는 것 중 하나가 바로 명령 모드에서 데이터 모드로 진입하고 다시 명령 모드로 돌아가는 것이다.

프로젝트 10

양방향 전파 통신

이번 예제에서는 RF 송수신기와 퍼텐쇼미터를 마이크로컨트롤러에 연결한다. 각각의 마이크로컨트롤러는 가변저항의 값이 10포인트 이상 차이 나면 상대방에게 신호를 전송한다. 메시지를 수신한 마이크로컨트롤러는 LED를 켜서 메시지를 수신했다고 표시한다. 또한 각각의 장치에는 메시지를 전송할 때마다 피드백을 준다.

이번 프로젝트에서 사용하는 RF 송수신기는 지그비가 기반하고 있는 802.15.4 무선 네트워킹 프로토콜의 요건을 충족하는 장치이다. 하지만 사실 이번 예제에서는 지그비나 802.15.4 프로토콜의 특장점을 활용하지는 않는다. 802.15.4와 지그비는 다수의 서로 다른 사물들이 유연한 네트워크 체계에서 통신할 수 있도록 설계되었다. 각각의 통신기는 주소를 갖고 있으며 메시지를 보낼 때는 수신자의 주소를 지정해야 한다. 또한 범위 안에 있는 모든 통신기들에게 동보 메시지(broadcast message)를 보낼 수도 있다. 이에 대해서는 7장에서 더 자세히 설명한다. 우선은 두 통신기에 각각 상대방의 주소를 지정해서 메시지를 주고받을 수 있도록 한다.

무선으로 전송할 때는 여러 가지 문제가 발생할 수 있다. 그리고 전파 전송은 정상적으로 작동하는 통신기가 없으면 확인할 수 없기 때문에 문제를 해결하기가 어려울 수 있다. 그 때문에, 이번 프로젝트는 단계별로 진행한다. 처음에는 통신기 모듈 자체와 시리얼 통신을 해서 통신기의 지역 주소와 수신지를 설정한다. 다음으로는 퍼텐쇼미터의 값이 변하면 메시지를 전송하는 마이크로컨트롤러 프로그램과 컴퓨터에 연결된 두 번째 통신기가 수신하는 메시지를 확인하는 프로그램을 작성한다. 마지막 단계에서는 두 마이크로컨트롤러가 통신기를 통해 서로 대화할 수 있도록 만든다.

준비물

- 브레드보드 2개
- USB-XBee 어댑터 1개
- 아두이노 2개. XBee와 사용하기에는 아두이노 피오 모델이 편하다.
- 디지 XBee 802.15.4 RF 모듈 2개
- 아두이노 무선 실드 2개. 무선 실드나 아두이노 피오를 사용하지 않는다면, 아래의 부품들을 준비해서 XBee와 아두이노를 연결한다.
- 3.3V 전압조정기
- 1μF 커패시터 2개
- 10μF 커패시터 2개
- Xbee 연결용 보드 2개
- 0.1인치 핀 헤더 4 줄
- 2mm 헤더 소켓 4개
- LED 6개
- 가변저항 2개

➔ 1단계: 시리얼로 XBee 모듈 설정하기

XBee를 컴퓨터에 연결하는 가장 쉬운 방법은 XBee-USB 시리얼 어댑터를 사용하는 것이다. 이 책의 초판이 출간된 이후 XBee의 인기는 급상승했으며 다양한 버전이 출시되었다. 대부분의 전자 부품 판매점들은 XBee를 취급하고 있다. 대부분의 XBee-USB 시리얼 어댑터는 사실 USB-시리얼 어댑터의 한 종류이며, XBee 통신기의 핀 간격에 맞는 소켓을 장착하고 있다. 그림 6-12의 첫 번째 도판은 에이다프루트의 XBee USB 어댑터 보드와 스파크 펀의 XBee 익스플로러를 보여준다. 둘 다 LED가 탑재되어 있어서 시리얼 송신과 수신 상태를 표시한다. 에이다프루트의 모델은 통신기가 네트워크에 연결되어 있는지, 또한 슬립(sleep) 상태인지 표시

그림 6-8 다양한 상태의 XBee 연결용 보드를 볼 수 있다. 아래: 납땜하지 않은 보드와 헤더 핀 및 소켓. 오른쪽 위: 완성된 보드. 왼쪽 위: 완성된 보드에 Xbee를 꽂은 모습.

🔌 XBee 통신기를 연결용 보드에 꽂는 이유

XBee 통신기의 핀 간격은 2mm이기 때문에 브레드보드에 직접 꽂기에는 너무 좁다. 따라서 각각의 핀에 전선을 납땜해서 다리를 연장하거나 아니면 모듈을 연결용 보드에 얹는 방법을 사용해야 한다. 스파크 펀은 XBee 모듈용 연결용 보드를 판매하고 있다(부품번호 BOB-08276). 연결용 보드를 구입하면 핀 헤더를 보드의 안쪽에 있는 줄에 납땜한다. 핀 헤더는 브레드보드에 꽂을 것이다. 다음으로는 2mm 소켓을 바깥 줄에 납땜한다. 여기에는 XBee 통신기를 꽂는다. 이렇게 하면 XBee를 연결용 보드에 꽂고, 연결용 보드는 브레드보드에 꽂을 수 있기 때문에 XBee 모듈의 브레드보드의 핀 간격 차이를 해결할 수 있다.

하는 LED도 갖추고 있다. 슬립 모드 표시 LED는 13번 핀에 연결되어 있으며 통신기가 슬립 모드일 때는 저전압으로 바뀌고 동작 중일 때는 고전압으로 바뀐다. 연결 표시 LED는 15번 핀에 연결되어 있다. 통신기가 네트워크에 연결되면 이 LED가 깜빡인다.

XBee를 어댑터에 꽂고 어댑터를 컴퓨터의 USB 포트에 연결한다. 그 다음 자주 사용하는 시리얼 터미널 프로그램을 실행한다.

XBee의 명령 프로토콜에서는 각각의 명령 행이 복귀 문자(\r 또는 ASCII 13)로 끝나야 한다. 대부분의 터미널 프로그램은 엔터(리턴)키를 쳤을 때 전송할 문자를 사용자가 선택할 수 있도록 되어 있다.

그림 6-10과 같이 OS X나 윈도우용 CoolTerm 프로그램에서 Option 버튼을 클릭한 뒤 Terminal 옵션에서 Enter Key Emulation을 CR로 바꾼다. 윈도우나 우분투 리눅스용 PuTTY에서는 Terminal Configuration 탭을 선택한 뒤 'Implicit LF in every CR'에 체크한다. (그림 6-11)

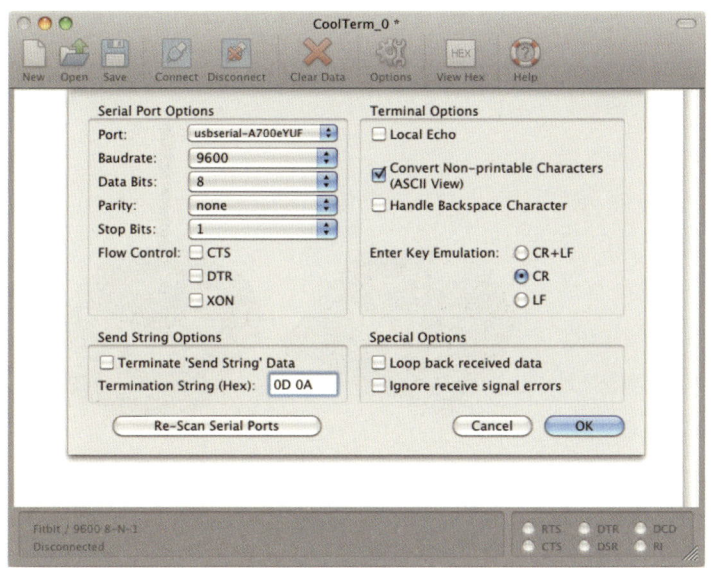

그림 6-10 CoolTerm의 Options 메뉴. Enter Key Emulation에서 CR 라디오 버튼을 선택해야 CoolTerm으로 Digi 통신기들(XBee 등)을 설정할 수 있다.

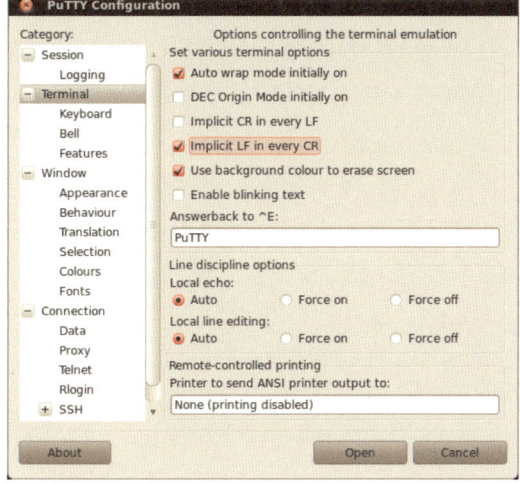

그림 6-11 PuTTY 터미널 설정 메뉴. Implicit LF in every CR 체크 박스에 체크해야 PuTTY로 Digi 통신기들(XBee 등)을 설정할 수 있다.

XBee 선택하기

Digi는 다양한 유형의 XBee 모듈을 생산하기 때문에 적합한 모델을 고르는 것이 쉽지 않을 수도 있다. 가장 기본이 되는 모듈은 지점 대 다지점 통신 모듈이다. 이 모듈은 네트워크에 있는 특정한 수신자에게만 메시지를 보낼 수도 있고 모든 모듈들에게 방송 메시지를 보낼 수도 있다. 이 모듈들은 3장에서 알아본 별 모양 네트워크를 구축할 수 있으며 설정하기도 쉽다. 한편, 메시 모듈들을 사용하면 다중 단계의 그물망 네트워크를 구축할 수 있다. 하지만 설정하고 작동하는 것이 훨씬 복잡하다. 로버트 팔루디의 훌륭한 저서인 『Building Wireless Sensor Networks』(오라일리 출판사)는 그물망 네트워크 통신기를 심도 있게 다루고 있다. 하지만, 대부분의 취미 프로젝트들은 그물망 네트워크까지 필요하지는 않기 때문에 여러분은 지점 대 다지점 통신기를 선택하는 편이 좋다.

기본 모델인 XBee 802.15.4 저전력 모듈은 가장 저렴하며 전송 거리는 약 300m에 이른다.[2] XBee-PRO 802.15.4 모듈은 약 1.6km까지 전송할 수 있지만(필자도 실제로는 400m 이상의 거리에서는 사용해본 적이 없다), 전력을 더 많이 소비한다. 이 책의 예제들에서는 저전력 모델을 사용해도 되고 PRO 모델을 사용해도 된다.

Digi 통신기들은 다양한 안테나 옵션을 선보이고 있다. 와이어 안테나나 칩 안테나를 장착한 모델들을 선택하면 안테나를 따로 준비하지 않아도 된다.

모델 번호는 아래와 같다.

Digi XBee 802.15.4 저전력 모듈: XB24-AWI-001 또는 XB24-ACI-001

Digi XBee-PRO 802.15.4 원거리 통신 모듈: XBP24-AWI-001 또는 XBP24-ACI-001

그림 6-9 왼쪽 것은 칩 안테나를 장착한 XBee 802.15.4 저전력 모듈이며, 오른쪽에 있는 것은 와이어 안테나를 장착한 XBee-PRO 원거리 통신 모듈이다. 사진 제공: Digi 인터내셔널

시리얼 터미널 프로그램의 설정을 마쳤다면, 포트를 열고 다음과 같이 입력한다.

+++

리턴 키나 다른 어떤 키도 1초 동안은 입력하지 않는다. 그러면 XBee가 아래와 같이 응답한다.

OK

이 단계는 2장에서 $$$를 입력해서 블루투스 모뎀의 명령 모드로 진입하는 과정과 유사하다. XBee는 AT 방식의 명령어 세트를 사용하며, +++는 명령 모드로 진입할 때 사용하는 명령어다. +++를 입력한 다음 1초 동안 기다리는 시간을 보호 시간(guard time)이라고 한다. 명령 모드에 진입하고 난 뒤 아무것도 입력하지 않은 상태로 10초가 경과하면 모듈은 명령 모드를 벗어나게 된다. 따라서 여러분이

---

[2] 규격상으로는 최대 통신 거리가 약 100미터 이상이라고 하지만, 실질적인 최대 통신 거리는 그보다 짧다.

+++를 입력한 뒤 이 책을 계속 읽고 있다면 다음 단계로 진행하기 전에 다시 +++를 입력해서 명령 모드로 진입해야 한다.

OK 응답을 받으면, XBee의 주소를 설정한다. XBee 프로토콜은 16비트나 64비트로 이루어진 워드(word) 데이터 유형의 긴 주소를 사용하며 주소는 다시 워드의 높은 비트들로 이루어진 주소와 낮은 비트들로 이루어진 주소로 나뉜다(하나의 값을 저장하기 위해 두 개 이상의 바이트를 사용하는 데이터 유형을 컴퓨터 메모리에서는 워드라고 한다). 이번 프로젝트에서는 16비트 주소를 사용하며 직접 주소들을 지정한다. 주소는 낮은 워드들만 설정하면 된다. 아래와 같이 입력하자.

ATMY1234\r

(\r은 엔터 혹은 리턴 키를 치라는 의미다.) 주소를 확인하려면 아래와 같이 입력한다.

ATMY\r

그러면 모듈이 아래와 같이 응답할 것이다.

1234

그 다음에는, XBee의 수신지 주소(여러분의 메시지를 수신하는 통신기의 주소)를 설정한다. 명령 모드에 있는지 확인하고(+++), ATDL\r을 입력한다.
아래와 같이 출력될 것이다.

0

이 모듈의 초기 수신지 주소는 0이다. 수신지 주소의 길이는 2 워드이기 때문에, 높은 워드를 출력하려면 아래와 같이 입력한다.

ATDH\r

동일한 명령어들로 수신지 주소를 설정할 수 있다.

ATDL5678\r
ATDH0\r

이 통신기들은 그룹, 혹은 PAN(Personal Area Network)이라고 하는 개인 지역 네트워크 ID도 가질 수 있다. 동일한 PAN ID를 가진 통신기들은 서로 통신할 수 있지만, 다른 PAN ID를 가진 통신기들이 보내는 메시지는 무시한다. 통신기의 PAN ID를 다음과 같이 설정하자.

ATID1111\r

XBee는 예와 같이 아래의 응답을 출력한다.

OK

마지막 명령에는 잊지 말고 WR를 추가해서 통신기의 메모리에 속성들을 기록할 수 있도록 한다. 그러면 통신기의 전원을 차단해도 여러분이 설정한 사항들이 지워지지 않는다. 예를 들어 다음과 같이 작성한다.

ATID1111,WR\r

통신기를 설정했다면, 시리얼 터미널 프로그램의 연결을 끊고 보드를 컴퓨터에서 분리한다. 그 다음 XBee를 회로에서 분리한 뒤 두 번째 XBee를 꽂고 앞에서 진행한 것과 같은 방식으로 설정한다. 단, 통신기의 수신지 주소와 자신의 주소는 다르게 설정하자. 그러지 않으면 자기 자신과 통신하게 된다! 통신기의 주소는 16비트 주소로 설정하면 어떤 주소든 상관없다. 아래 표에 서로 통신하는 두 통신기의 설정 값이 나와 있다. 마지막 명령에는 WR를 추가하여 메모리에 저장하자.

	ATMY	ATDL	ATDH	ATID
1번 통신기	1234	5678	0	1111
2번 통신기	5678	1234	0	1111

XBee 주변 부품 선택하기

시중에 수많은 XBee 주변 부품들이 출시되어 있기 때문에 적절한 것을 선택하기 어려울 때가 있다. 이 책의 프로젝트에서는 세 가지 방식으로 XBee를 사용한다.

USB-XBee 어댑터로 XBee를 컴퓨터와 연결하기 수많은 어댑터가 있지만, 그중 두 개가 그림 6-12에 나와 있다. 빨간색은 스파크 펀 XBee 익스플로러이고, 파란색은 에이다프루트와 패럴랙스에서 구입할 수 있는 XBee USB 어댑터 보드이다.

XBee와 마이크로 컨트롤러 연결하기 XBee를 얹을 수 있는 연결용 보드나 무선 실드를 사용하면 XBee를 마이크로컨트롤러와 연결할 수 있다. 또는 XBee 마운트가 장착된 아두이노 피오를 사용해도 된다.

독립형 XBee 독립형으로 사용할 때는 XBee 릴리패드 보드는 물론, XBee 연결용 보드도 잘 작동한다. XBee 릴리패드, XBee 익스플로러 레귤레이티드(스파크 펀 부품 번호 WRL-09132), 그리고 에이다프루트 XBee 어댑터 키트(에이다프루트 부품 번호 126)는 모두 전압 조정기를 내장하고 있기 때문에 XBee를 보다 유연한 전원 환경에서 사용할 수 있다.

그림 6-12 XBee 주변 주품들. (왼쪽 위부터 시계 방향으로) XBee USB 어댑터와 XBee 익스플로러, 아두이노 피오, 아두이노 무선 실드, XBee 릴리패드.

그림 6-13 통신기를 구별하기 쉽도록 테이프에 번호를 써서 붙여 놓자. USB-시리얼 어댑터와 마이크로컨트롤러에 번갈아 가며 꽂아야 하기 때문에 표시를 해 두지 않으면 혼동하기 쉽다.

서로 다른 명령어를 쉼표로 구분해서 한 행에 작성할 수 있다. 예를 들어, 모듈의 수신지 주소를 모두 출력하려면 아래와 같이 작성한다.

ATDL, DH\r

그러면 모듈이 한 번에 두 개의 주소를 표시한다. 마찬가지로, 수신지 주소 두 개를 지정한 뒤 전원을 차단해도 주소를 저장할 수 있도록 메모리에 기록하려면 다음과 같이 작성한다.

ATDL5678, DH0, WR\r

그러면 모듈은 세 개의 명령에 동시에 응답한다.

OK OK OK

A. 시리얼 스위치가 Micro 방향(왼쪽)으로 설정되어 있다.

아두이노 무선 실드

이번 프로젝트에서 사용할 수 있는 아두이노용 무선 실드는 몇몇 업체에서 생산하고 있다. 이 책의 초판에서 사용한 원래의 XBee 아두이노 실드는 이후 상당 부분 재설계되었다. 지금의 아두이노 무선 실드(규격이 같은 다른 통신기기를 이 실드에 꽂아서 사용할 수 있다)에는 몇몇 근사한 기능들이 추가되었다. 프로토타이핑 구역이나 마이크로 SD 카드 슬롯(SD 카드 예제는 나중에 이 책에서도 다룬다)이 추가되었으며, XBee의 시리얼 핀 연결을 바꿀 수 있도록 시리얼 선택 스위치가 부착되어 있다.

무선 실드의 시리얼 선택 스위치가 'Micro'로 설정되어 있으면 XBee가 아두이노에 장착된 ATMega328 마이크로컨트롤러와 통신할 수 있도록 연결된다. 만약 'USB'로 설정되어 있으면, XBee는 마이크로컨트롤러를 우회해서 곧장 아두이노의 USB-시리얼 프로세서와 통신할 수 있다. 이 설정에서는 아두이노를 USB-시리얼 변환기처럼 사용해서 XBee를 설정할 수 있다.

아두이노를 프로그래밍할 때는 XBee를 제거해서 통신기의 시리얼 통신핀들이 프로그램 업로드를 간섭하지 않도록 하는 것이 좋다.

아두이노 보드를 USB-시리얼 변환기로 사용해서 XBee 통신기를 설정하려면, 아두이노에 아래와 같은 빈 스케치를 업로드한다.

```
void setup(){
}
void loop(){
}
```

그런 다음 무선 실드의 시리얼 선택 스위치를 USB로 설정한다. 시리얼 터미널 프로그램에서 아두이노 보드의 시리얼 포트에 접속한 다음, '1단계: 시리얼로 XBee 모듈 설정하기'와 같이 명령들을 전송한다. 통신기를 설정했다면, XBee를 실드에서 뽑고, 시리얼 선택 스위치를 'Micro'로 설정한 뒤 평상시처럼 아두이노를 프로그래밍하면 된다.

➜ 2단계: XBee를 사용할 수 있도록 마이크로컨트롤러 프로그래밍하기

이제 두 개의 마이크로컨트롤러가 XBee 통신기를 통해 서로 무선으로 대화할 준비가 끝났다. 먼저, XBee 하나를 USB 어댑터에 꽂아서 컴퓨터에 연결한다. 이 상태에서 잘 작동하는지 확인한 뒤에는 컴퓨터 대신 두 번째 아두이노에 연결해서 사용할 것이다. 그림 6-14는 이번 단계에서 어떤 장치들이 서로 연결되어 있는지 보여주는 도표이다. 3단계에서는 컴퓨터 대신 두 번째 아두이노를 사용한다.

그림 6-15는 아두이노 무선 실드를 사용해서 XBee 모듈과 일반적인 아두이노를 연결한 모습이다. 그림 6-16은 실드 대신 XBee 연결용 보드를 사용할 때 어떻게 회로를 구성해야 하는지 보여준다. XBee가 3.3V 전압 조정기에 연결되어 있다는 점에 유의하자. XBee의 시리얼 I/O 연결은 5볼트를 용납할 수 있기 때문에 5볼트의 데이터 신호를 받을 수 있지만 모듈의 작동전압은 3.3 볼트이다. 아두이노 우노를 비롯한 최신 모델들은 더 강력한 3.3V 전압 조정기를 내장하고 있어서 XBee에 전원을 공급할 수 있지만, 그림에서와 같이 전용 전압 조정기를 사용해도 된다.

모듈을 연결한 뒤에는 XBee를 통해 데이터를 송신하도록 한다. 이 프로그램은 마이크로컨트롤러가 작동을 시작할 때 XBee의 수신지 주소를 설정하고, 아날로그 0번 핀의 전압이 유의미하게 바뀌면 아날로그 값을 송신한다.

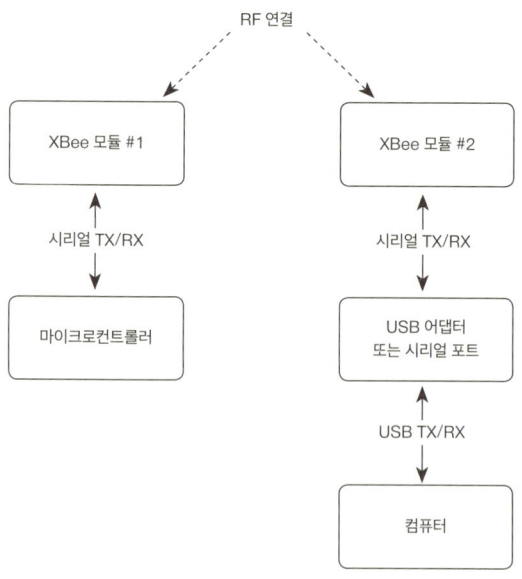

그림 6-14 XBee #1이 마이크로컨트롤러에 연결되어 있다. XBee #2는 컴퓨터에 USB나 시리얼로 연결되어 있다. 이렇게 하면 컴퓨터와 마이크로컨트롤러를 무선으로 연결할 수 있다.

그림 6-15 아날로그 0번 핀에 가변저항이 연결된 무선 실드와 아두이노. 이 회로는 LED가 9번 핀에 연결되어 있지 않은 것 외에는 그림 6-16의 회로와 같다. 실드에 장착된 LED들은 XBee와 연결되어 있다.

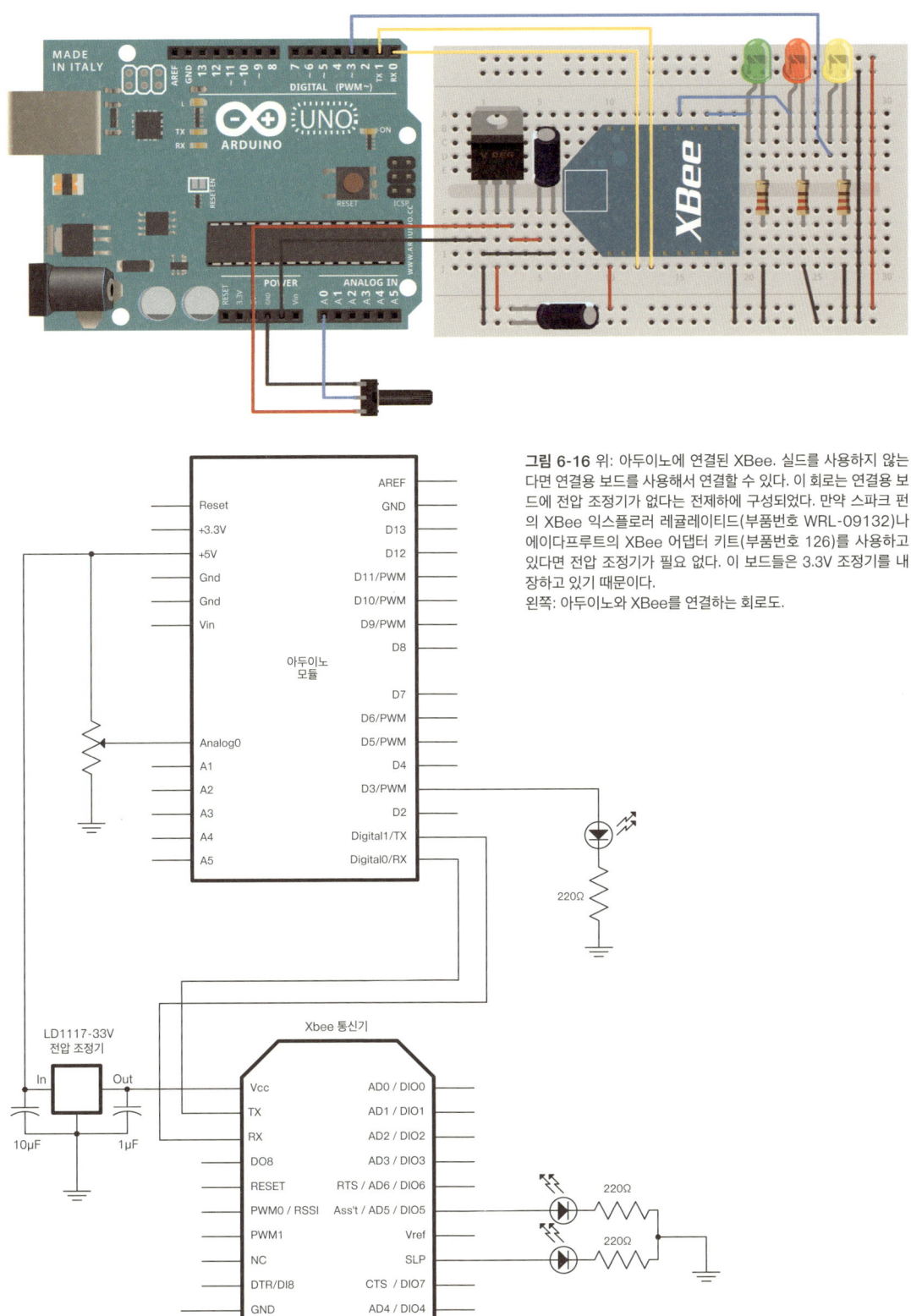

그림 6-16 위: 아두이노에 연결된 XBee. 실드를 사용하지 않는다면 연결용 보드를 사용해서 연결할 수 있다. 이 회로는 연결용 보드에 전압 조정기가 없다는 전제하에 구성되었다. 만약 스파크 펀의 XBee 익스플로러 레귤레이티드(부품번호 WRL-09132)나 에이다프루트의 XBee 어댑터 키트(부품번호 126)를 사용하고 있다면 전압 조정기가 필요 없다. 이 보드들은 3.3V 조정기를 내장하고 있기 때문이다.
왼쪽: 아두이노와 XBee를 연결하는 회로도.

6장 무선통신 209

만들자

먼저, I/O 핀에 이름을 부여하고 가변저항의 변화를 추적할 수 있도록 변수를 몇 개 초기화한다.

```
const int sensorPin = A0;         // 입력 센서
const int analogLed = 3;          // 입력되는 값에 따라 밝기가 변하는 LED 핀
const int threshold = 10;         // 센서 값 변화의 한계치

int lastSensorReading = 0;        // 센서의 이전 상태

String inputString = "";
```

» 그 다음에는 setup() 함수에서 시리얼 통신 환경과 I/O 핀의 모드를 설정한 뒤 XBee의 수신지 주소를 설정한다.

```
void setup() {
  // 시리얼 통신 환경 설정:
  Serial.begin(9600);

  // 출력 핀 환경 설정:
  pinMode (analogLed, OUTPUT);

  // XBee의 수신지 주소 설정:
  setDestination();
  // TX LED를 깜빡여서 곧 메인 프로그램이 시작된다고 알림:
  blink(analogLed, 3);
}
```

» XBee의 환경 설정은 setDestination() 함수에서 처리하며, 앞서 여러분이 처리했던 과정과 별다른 차이는 없다. 단, 마이크로컨트롤러가 처리할 수 있도록 프로그래밍 되었다는 점만 다르다.

```
void setDestination() {
  // 통신기를 명령 모드로 바꾼다:
  Serial.print("+++");
  // 통신기가 "OK\r"라고 응답할 때까지 기다린다
  char thisByte = 0;
  while (thisByte != '\r') {
    if (Serial.available() > 0) {
      thisByte = Serial.read();
    }
  }

  // 수신지의 주소를 16비트 주소로 설정한다.
  // 통신기를 두 개 사용하고 있다면, 한 통신기의 수신지 주소는
  // 다른 통신기의 MY 주소로 설정해야 한다. 그 반대도 마찬가지다:
  Serial.print("ATDH0, DL5678\r");
  // 자신의 주소를 16비트 주소로 설정한다:
  Serial.print("ATMY1234\r");
  // PAN ID를 설정한다. 만약 여러분이 작업하는 공간에서
  // 다른 사람들도 XBee를 사용하고 있다면
  // PAN ID가 서로 중복되지 않도록 해야 한다.
  Serial.print("ATID1111\r");
  // 통신기를 데이터 모드로 전환한다:
  Serial.print("ATCN\r");
}
```

» 수신지 주소는 여러분의 마이크로컨트롤러에 연결된 통신기가 아니라 컴퓨터에 연결된 통신기의 주소로 바꿔야 한다.

» blink() 함수는 앞서 이 책에서 본 것과 같다. 이 함수는 LED를 깜빡여서 설정이 완료되었다는 것을 알려준다.

```
void blink(int thisPin, int howManyTimes) {
  // LED를 깜빡인다:
  for (int blinks=0; blinks< howManyTimes; blinks++) {
    digitalWrite(thisPin, HIGH);
    delay(200);
    digitalWrite(thisPin, LOW);
    delay(200);
  }
}
```

» 메인 루프에서는 들어오는 시리얼 데이터를 처리해서 퍼텐쇼머터의 값에 변화가 있는지 여부를 판단한다. 만약 유의미한 변화가 있다면 데이터를 전송한다.

```
void loop() {
  // 들어오는 시리얼 데이터에 귀를 기울인다:
  if (Serial.available() > 0) {
    handleSerial();
  }

  // 가변저항의 값을 읽는다:
  int sensorValue = readSensor();

  // 전송해야 할 데이터가 있다면 전송한다:
  if (sensorValue > 0) {
    Serial.println(sensorValue, DEC);
  }
}
```

» 루프에서는 두 개의 함수를 호출하고 있다. 그중 하나인 handleSerial() 함수는 시리얼에서 ASCII 수들로 이루어진 문자열을 읽어서 바이트로 변환한 뒤 PWM 출력 핀에 연결된 LED의 밝기에 반영한다. readSensor() 함수는 퍼텐쇼미터의 값을 읽고, 충분한 변화가 발생했다면 통신기를 통해 새로운 가변저항의 값을 전송한다. 이 함수들의 코드는 옆과 같다.

주의: 프로그래밍 할 때는 마이크로컨트롤러의 송신핀과 수신핀을 XBee에 연결하면 안된다(아두이노 무선 실드들 사용하고 있다면 시리얼 선택 스위치를 바꿔야 한다). 아두이노에 프로그래밍하는 컴퓨터와의 시리얼 통신을 XBee와의 시리얼 통신이 방해할 수 있기 때문이다. 마이크로컨트롤러의 프로그래밍이 끝나면 다시 송신선과 수신선을 연결해도 된다.

```
void handleSerial() {
  char inByte = Serial.read();

  // ASCII에서 숫자를 표현하는 글자만 저장한다 (ASCII 0 - 9):
  if (isDigit(inByte)){
    inputString = inputString + inByte;
  }

  // ASCII의 개행 문자가 나오면:
  if (inByte == '\n') {
    // 문자열을 숫자로 바꾼다:
    int brightness = inputString.toInt();
    // 아날로그 출력 핀의 LED를 설정한다:
    analogWrite(analogLed, brightness);
    // 다음에 새로운 값을 저장할 수 있도록
    // 입력 문자열을 비운다:
    inputString = "";
    Serial.print(brightness);
  }
}

int readSensor() {
  int result = analogRead(sensorPin);
  // 이전의 값과 비교해서
  // 한계치를 넘어서는 변화가 발생했는지 확인한다:
  if (abs(result - lastSensorReading) > threshold) {
    result = result/4;
    lastSensorReading = result;
  } else {
    // 변화가 충분하지 않다면, 0을 반환한다:
    result = 0;
  }
  return result;
}
```

메인 루프에서는 AT 명령어를 사용하지 않고 있다는 점을 주목하자. 이는 setDestination() 함수에서 ATCN 명령을 내리면 XBee가 자동으로 데이터 모드(XBee의 사용자 지침서에는 유휴 모드 *idle mode* 라고 표현되어 있다)로 되돌아가기 때문이다.

데이터 모드에서는 아무리 AT 표현식을 보내더라도 통신기를 그대로 통과해서 빠져나간다. 유일한 예외는 +++ 문자열을 보냈을 때뿐이며, 이때는

6장 무선통신   211

모뎀이 명령 모드로 전환된다. 2장의 블루투스 모듈도 같은 방식으로 작동했으며, 이러한 유형의 프로토콜을 도입한 거의 모든 장치들은 유사한 방식으로 작동한다. 덕분에 데이터 모드에서는 여러분 대신 통신기가 모든 에러 관리를 하며 별다른 명령어 없이도 데이터를 전송할 수 있다.

마이크로컨트롤러에 프로그램을 올렸다면, 컴퓨터에 연결된 XBee의 수신지 주소를 마이크로컨트롤러에 연결된 통신기의 주소로 설정한다.(앞의 단계에서 이미 설정했다면 다시 하지 않아도 된다.) 그 다음, 마이크로컨트롤러에 연결된 가변저항을 돌려 보자. 시리얼 터미널 창에 아래와 같은 메시지가 출력될 것이다.

120

실제 값은 가변저항을 돌리면 바뀐다. 여러분은 개행 문자를 보내고 있지 않기 때문에 시리얼 터미널 프로그램에 따라서는 이전에 출력된 값을 덮어 쓰는 경우도 있을 것이다. 축하한다! 여러분은 지금 첫 무선 송수신기 연결에 성공한 것이다. 싫증날 때까지 가변저항을 돌려본 다음 3단계로 넘어가자.

➜ 3단계: 마이크로컨트롤러끼리의 양방향 무선통신

이 단계는 간단하다. 앞 단계에서 사용한 컴퓨터 대신 두 번째 마이크로컨트롤러를 사용하기만 하면 된다. 그림 6-16과 같이 아두이노와 두 번째 XBee 모듈을 연결하거나 무선 실드를 사용한다. XBee 통신기의 수신지 주소를 제외하면 두 마이크로컨트롤러의 프로그램은 동일하다. 이 프로그램은 모듈을 통해 데이터를 보내기도 하고 받을 수도 있다. 마이크로컨트롤러에 연결된 퍼텐쇼미터를 돌리면 다른 마이크로컨트롤러에게 숫자 데이터를 전송한다. 마이크로컨트롤러가 시리얼 포트를 통해 숫자를 수신하면 3번 핀에 연결된 LED의 밝기를 조절한다.

먼저, 두 번째 XBee 모듈을 두 번째 마이크로컨트롤러와 연결하자. 그 다음, 앞에서 작성한 프로그램을 두 마이크로컨트롤러에 업로드한다. 이때, 잊지 말고 수신지의 주소를 상대편의 주소로 설정한다.

두 개의 모듈에 모두 프로그램을 올렸다면 전원을 켜고 퍼텐쇼미터를 몇 번 돌려보자. 퍼텐쇼미터를 돌리면 다른 모듈의 3번 핀에 연결된 LED가 밝아지거나 어두워질 것이다. 이제 여러분은 두 마이크로컨트롤러 사이의 양방향 통신을 구현할 수 있게 되었다. 그리고 갖가지 인터랙션을 구현할 수 있는 가능성도 활짝 열리게 되었다.

> #### 무선통신과 모바일
>
> 여러분은 이제 무선으로 통신할 수 있게 되었다. 따라서, 이제 이동하며 마이크로컨트롤러를 사용하고 싶어 할 수도 있다. 전지로 전력을 공급하기만 하면 그렇게 할 수 있다. 전지를 표준 아두이노 보드의 전원으로 사용하는 방법은 간단하며, 일

부 아두이노와 파생 모델들은 아예 전지의 전력을 공급받아 이동하며 사용하는 데 적합하도록 설계되었다.

아두이노에 전지의 전력을 공급하는 가장 간단한 방법은 그림 6-17과 같이 전지를 전원 입력 단자에 연결하는 것이다. Vin(전압 입력) 핀에는 6~15V를 입력할 수 있다.(아두이노 우노는 낮은 전압, 가령 3.7V에서 작동하는 경우도 있으나 안정적인 수준은 아니다.) Vin 핀과 그라운드에 전지를 연결하거나 플러그 어댑터를 만들어서 전원 잭에 연결해도 된다.

XBee 프로젝트를 진행할 때는 아두이노 피오(Fio) 보드가 편하다. Fio 보드는 그림 6-18과 같이 XBee 소켓과 3.7V 리튬폴리머 전지를 연결할 수 있는 단자를 갖추고 있다. Fio에 장착된 미니 USB 잭은 마이크로컨트롤러와 통신할 때 사용하는 것이 아니라 충전지를 충전할 때 사용한다. 따라서 Fio에 프로그램을 업로드하기 위해서는 2장에서 설명한 것과 같이 FTDI 방식의 USB 어댑터를 사용하거나 XBee를 이용한 무선 업로드 방식을 활용해야 한다. 무선으로 Fio에 프로그램을 업로드하기 위해서는 XBee에 대한 심층적인 이해가 필요하므로 우선은 유선 방식으로 프로그래밍하는 것이 좋다. Fio 프로그래밍에 대한 보다 자세한 정보는 http://arduino.cc/en/Main/ArduinoBoardFioProgramming를 참조한다.

릴리패드 아두이노는 의류나 부드러운 제품에 사용할 수 있도록 만들어졌다. 마찬가지로 FTDI 방식의 시리얼 어댑터로 프로그래밍해야 한다. 리튬폴리머 전지를 사용하는 릴리패드 전원 어댑터도 몇 종류 나와 있다. 릴리패드 아두이노 심플형은 그림 6-19에서 볼 수 있듯이 리튬폴리머 전지를 곧바로 연결할 수 있는 단자를 갖추고 있다.

프로그래밍하고 디버깅하는 동안에는 마이크로컨트롤러 모듈을 전원 어댑터나 USB 전원에 연결해서 사용하는 편이 좋다. 전지가 약해지면 모듈이 비정상적으로 작동하기 때문에 디버깅이 불가능해진다.

그림 6-17 9V 건전지를 사용하는 아두이노.

그림 6-18 Fio 보드의 세부적인 모습. 전지 연결 단자와 USB-시리얼 어댑터가 보인다.

그림 6-19 리튬폴리머 전지의 연결 단자가 있는 릴리패드 아두이노 심플형. 사진 제공: 스파크 펀

프로젝트 11

블루투스 송수신기

2장에서는 블루투스 통신기를 사용해서 마이크로컨트롤러를 컴퓨터와 연결하는 방법을 알아보았다. 이번 예제에서는 유사한 방식으로 블루투스를 사용해서 두 개의 마이크로컨트롤러를 연결하는 방법을 알아본다.

준비물
- 브레드보드 2개
- USB-TTL 시리얼 어댑터 1개
- 아두이노 모듈 2개
- 블루투스 메이트 모듈 2개
- 가변저항 또는 아날로그 센서 2개
- LED 2개
- 220옴 저항 2개
- 10k옴 저항 2개
- 푸시버튼 2개

2장에서 언급했듯이, 블루투스는 원래 두 장치를 연결하는 통신선을 대체하기 위한 프로토콜로 개발되었다. 따라서 블루투스 장치들은 앞에서 살펴본 XBee 프로젝트보다 더욱 긴밀하게 서로 연결된다. XBee 프로젝트에서는 통신기가 신호를 보내더라도 수신기가 메시지를 수신했는지 알 수 없고, 수신지 주소만 바꾸면 다른 수신기에 데이터를 전송할 수 있었다. 그에 비해 블루투스 통신기는 특정한 채널로 데이터를 보내기 전에 반드시 연결을 성립(페어링)해야 하고, 동일한 채널을 통해 다른 통신기와 통신하기 위해서는 반드시 기존에 성립된 연결을 끊어야 한다. 요즘은 많은 상용 장치들이 블루투스를 장착하고 있어서 마이크로컨트롤러 프로젝트에 블루투스를 장착하면 이들 장치, 즉 컴퓨터, 전화기 등과 수월하게 통신할 수 있다. 사용하기는 복잡하지만 블루투스는 데이터 전송의 신뢰성을 보장한다.

이번에 사용하는 모듈은 로빙 네트워크 사의 통신기를 장착한 스파크 펀의 블루투스 메이트이다. 명령어도 로빙 네트워크 사에서 정의했다. 다른 제조사의 블루투스 모듈들도 유사한 양식의 명령어 세트를 사용하고 유사한 기능을 실행할 수 있지만, 명령어의 구문들은 다소 다를 수 있다. 안타깝게도 블루투스 통신기 제조사들은 표준 구문을 제시하지 않는다.

➡ 1단계: 회로

2장에서는 블루투스 통신기를 컴퓨터의 블루투스 통신기와 페어링했지만, 이번에는 마이크로컨트롤러에 연결된 두 개의 통신기를 페어링한다. 이 과정을 마치면 더 이상 컴퓨터는 필요 없다.

블루투스를 연결해서 사용하려면 많은 단계를 거쳐야 한다. 이러한 연결 단계들을 배우고 이해해서 코드를 작성하려면 먼저 시리얼 터미널 프로그램으로 각 단계를 경험해 보는 것이 좋다. 프로그래밍을 하는 동안에도 시리얼 터미널 프로그램은 유용한 진단 도구로 사용된다. 2장의 프로젝트 4 블루투스 다루기에 나왔던 USB-시리얼 모듈을 사용해도 되지만 이번 프로젝트의 목표는 컴퓨터를 거치지 않고 두 개의 마이크로컨트롤러가 블루투스로 통신하는 것이다. 따라서, USB-시리얼 어댑터를 사용하는 대신, 아두이노 보드가 컴퓨터의 시리얼 데이터를 블루투스 통신기에 전달할 수 있도록 설정한다. 그런 다음, 3단계에서 컴퓨터를 제거할 준비가 되면, 스케치의 일부를 수정하고 회로도 약간 변경하여 컴퓨터를 제거한다.

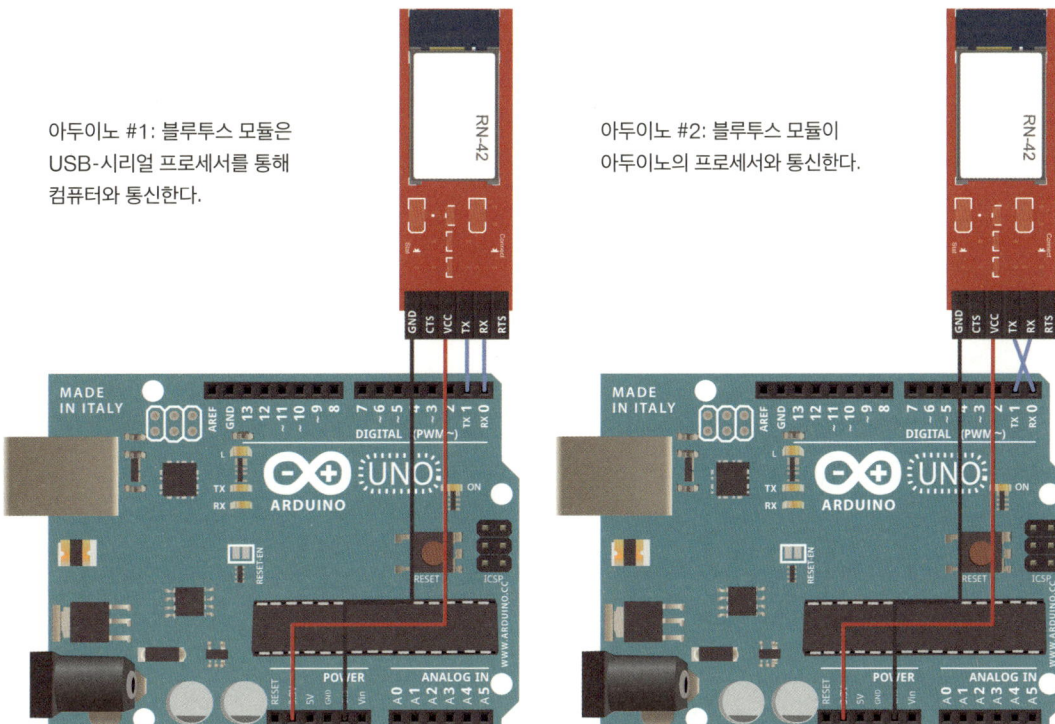

그림 6-20 왼쪽의 아두이노 모듈은 블루투스 메이트 모듈의 USB-시리얼 어댑터로 사용하게 된다. RX는 RX로, TX는 TX로 연결되어 있다는 점을 주목하자. 이는 블루투스 메이트가 아두이노의 메인 프로세서가 아니라 USB-시리얼 어댑터를 통해 컴퓨터와 통신해야 하기 때문이다. 따라서 시리얼 연결이 오른쪽 그림과 다르다. 블루투스 모듈과 아두이노의 메인 프로세서가 서로 통신하게 하려면 오른쪽과 같이 이 연결을 바꿔야 한다.

아두이노를 USB-시리얼 어댑터로 사용하려면 우선 아두이노에 빈 스케치를 업로드해야 한다. 빈 스케치는 Basic 예제에 있는 BareMinimum 스케치를 사용하면 된다. 스케치의 코드는 다음과 같다.

```
void setup(){
}
void loop(){
}
```

이 스케치를 업로드하면 마이크로컨트롤러는 아무것도 안 하기 때문에 마이크로컨트롤러의 USB-시리얼 프로세서 연결부와 블루투스 통신기가 직접 통신할 수 있다. 그림 6-20의 왼쪽과 같이 통신기를 연결하자. 이를 아두이노 #1과 통신기 #1이라고 부를 것이다. 그 다음에는 컴퓨터에 연결해서 시리얼 터미널 프로그램의 전송 속도를 초당 115200비트로 설정한 뒤 시리얼 연결을 개방한다.

정상적으로 작동하는지 확인할 수 있도록 두 번째 아두이노는 간단한 메시지만 전송하도록 임시로 프로그램을 업로드한다. 그림 6-20의 오른쪽과 같이 두 번째 블루투스 메이트와 아두이노를 연결한다. 이들은 각각 아두이노 #2와 통신기 #2라고 부르기로 한다. 마지막에는 아두이노 #1과 통신기 #1도 오른쪽과 같은 방식으로 연결한다.

아두이노 #2에는 다음과 같이 기본적인 시리얼 스케치를 업로드한다.

```
void setup(){
  Serial.begin(115200);
}
```

```
void loop(){
  Serial.println("Hello Bluetooth!");
}
```

블루투스 통신기끼리 연결되면 아래와 같은 메시지를 반복적으로 수신하게 된다.

```
Hello Bluetooth!
Hello Bluetooth!
Hello Bluetooth!
```

➡ 2단계: 명령어 익히기

블루투스 메이트 통신기는 XBee 통신기와 마찬가지로 명령 모드와 데이터 모드가 있는 시리얼 명령어 세트로 명령을 하거나 설정을 수정한다. 블루투스 메이트는 전원을 공급하면 기본적으로는 데이터 모드 상태로 작동한다. 시리얼 인터페이스를 통해 모듈에 접속(그림 6-20의 아두이노 #1)하고 정상적으로 작동하는지 확인할 수 있도록 $$$를 입력해서 명령 모드로 진입한다. 그러면 아래와 같이 응답할 것이다.

```
CMD\r
```

통신기의 모든 응답어 뒤에는 위와 같이 복귀 문자가 붙는다. 여러분이 입력하는 모든 명령어에도 복귀 문자가 붙어야 한다(엔터나 리턴 키를 친다).

명령 모드에 진입하면 2장에서 한 것처럼 D를 입력해서 통신기의 기본적인 정보를 출력해 볼 수 있다. 통신기의 주소는 물론 기본적인 상태를 확인할 수 있다.

```
***Settings***
BTA=000666112233
BTName=FireFly-7256
Baudrt(SW4)=115K
Parity=None
Mode=Slav
Authen=0
Encryp=0
PinCod=1234
Bonded=0
Rem=NONE SET
```

BTA=로 시작하는 첫 번째 행은 16진수로 표현된 통신기의 주소이다. 곧 이 주소를 사용하게 되므로 종이에 적거나 텍스트 편집기에 복사해 두자. 다음에는 GK\r을 입력해서 연결 상태를 확인한다. 통신기는 아래와 같이 응답할 것이다.

```
0
```

만약 연결된 상태라면 1을 출력한다.

이제 주변에 있는 다른 통신기를 확인해 보자. 아래와 같이 입력한다.(명령어는 대문자 I 임)

```
I\r
```

2장에서와 마찬가지로, 통신기는 주변의 통신기 목록을 출력한다.

```
Found 2
442A60F61837, Tom Igoe...s MacBook Air, 38010C
000666481ADF, RN42-1FDF, 1F00
Inquiry Done
```

장치마다 주소, 이름, 그리고 장치 코드가 다르다는 것을 알 수 있다. 아래와 같이 입력하면 특정한 주소 코드를 가진 장치들만 출력해 볼 수 있다.

```
IN 0,001F00\r
```

이렇게 하면 주변에 있는 다른 블루투스 메이트 장치들만 출력해 볼 수 있다. 이미 짐작했겠지만, 001F00는 장치의 코드이다. IN 명령어는 텍스트 이름은 제거하기 때문에 주소와 장치의 코드만 확인할 수 있다.

다른 블루투스 통신기의 주소를 알았으니(다른 블루투스 통신기를 아두이노에 연결했다면, 앞의 목록에 출력되었을 것이다), 아래와 같이 명령어를 입력해서 연결해 보자.

```
C, 000666481ADF\r
```

여러분은 000666481ADF 대신 각자 자신의 아두이노 #2에 연결된 블루투스 통신기의 주소를 입력해야 한다. 그러면 통신기 #1이 아래와 같이 응답할 것이다.

```
TRYING
```

성공적으로 연결되면 잠시 후에 양쪽 블루투스 메이트에 녹색의 연결 LED가 켜지고, 통신기들은 자동으로 데이터 모드로 전환한다. 그러면 다음과 같이 아두이노 #2가 보내는 메시지를 볼 수 있을 것이다.

```
Hello Bluetooth!
Hello Bluetooth!
Hello Bluetooth!
```

물론, 통신은 양방향으로 이루어진다. 시리얼 터미널 창에 입력하는 것은 모두 아두이노 #2에 전송된다. 하지만 아직 아두이노 #2가 응답하도록 프로그래밍하지 않았기 때문에 아무런 반응도 일어나지 않을 것이다. 연결을 끊고 싶다면, 먼저 아래와 같이 입력해서 명령 모드로 진입해야 한다.

```
$$$\r
```

통신기가 CMD라고 응답하면, 아래와 같이 입력한다.

```
K,
```

그러면 연결이 끊어지고, 아래와 같이 출력된다.

```
KILL
```

이 외에 다른 명령어도 많지만 지금은 여기 있는 명령어들이 가장 중요하다.

➔3단계: 두 개의 블루투스 통신기 연결하기

앞에서 여러분은 연결을 성립하거나 끊는 기본적인 방법을 알아보았다. 이제는 마이크로컨트롤러가 연결을 성립하거나 끊도록 프로그램을 만들어 보자.

이번 단계에서는 앞의 단계와 동일한 물리적 구성을 사용하되, 일부 부품을 몇 개 추가할 것이다. 여러분은 아두이노 #1 대신 아두이노 #2를 다룰 것이다. 아두이노 #1은 이전과 같이 블루투스 통신기의 USB-시리얼 변환기로 남겨둔다. 또한 아두이노 #1의 시리얼 터미널은 개방해 두어서 상황을 확인할 수 있도록 한다.

먼저, 통신기들의 블루투스 주소를 모두 알아야 한다. 시리얼-USB 회로의 블루투스(통신기 #1) 주소는 이미 알고 있으므로 이 통신기를 두 번째 통신기로 교체하고, 앞의 단계를 다시 반복하여 통신기의 주소를 출력한다. 통신기들의 주소를 확인하는 것 외에도 아래와 같은 설정을 각각의 통신기에 추가한다.

```
SO, BT\r
```

이는 BT에 상태 문자열을 설정하는 것으로, 통신기가 연결되거나 연결이 끊기면 아래와 같은 문자열을 출력해 준다.

```
BTCONNECT\r
```

또는

```
BTDISCONNECT\r
```

그 다음에는 그림 6-21과 같이 퍼텐쇼미터와 푸시버튼을 추가한다. XBee 예제와 같이 아날로그 핀에 연결된 퍼텐쇼미터의 값을 전송하도록 한다. 어떤 아날로그 센서를 A0에 연결해도 된다. 푸시버튼은 두 통신기를 연결하거나 끊는다. XBee와 블루투스 통신기의 확연한 차이점이 바로 이 부분이다. 블루투스는 통신하기 전에 반드시 페어링을 해야 한다.

주의: 다른 시리얼 장치들과 마찬가지로, 아두이노 보드에 프로그램을 업로드할 때는 블루투스 메이트 모듈을 분리해야 한다.

아래의 프로그램은 푸시버튼을 한 번 누르면 설정된 주소와 일치하는 다른 블루투스 메이트와의 연결을 성립시킨다. 연결이 성립되면 퍼텐쇼미터의 값을 ASCII 문자열로 전송한다. 문자열의 끝에는 복귀 문자가 추가된다.

XBee 예제와 마찬가지로, 이 프로그램은 들어오는 ASCII 문자열을 PWM 값으로 변환해서 3번 핀에 연결된 LED의 밝기에 반영한다. 4장에서 사용한 TextFinder 라이브러리도 사용하게 된다. 아직 라이브러리를 설치하지 않았다면, 4장의 안내에 따라 지금 설치하도록 한다.

» 먼저, 이 프로그램에서 사용할 상수와 변수들을 정의한다.

» 파란색으로 표시한 부분에는 상대편 통신기의 주소를 기입한다.

```
/*
   블루투스 아날로그 양방향 송신기
   환경: 아두이노
*/
#include <TextFinder.h>

const int sensorPin = A0;              // 아날로그 입력 센서
const int analogLed = 3;               // 밝기가 변하는 LED
const int threshold = 20;              // 센서 값의 한계치
const int debounceInterval = 15;       // 디바운스 시간
const int connectButton = 2;           // 연결을 담당하는 푸시버튼
int lastButtonState = 0;               // 푸시버튼의 이전 상태
int lastSensorReading = 0;             // 센서의 이전 상태
long lastReadingTime = 0;              // 센서를 마지막으로 읽은 시간

// 상대편 블루투스 통신기의 주소
// 상대편 통신기 주소에 맞게 수정한다
String remoteAddress = "112233445566";
String messageString = "";             // 시리얼 포트로 들어오는 메시지

boolean connected = false;             // 연결되어 있는지의 여부
boolean commandMode = false;           // 명령 모드에 있는지의 여부

TextFinder finder(Serial);             // 시리얼 입력 데이터에서 검색할 때 사용함
```

» setup() 함수에서는 핀들의 모드를 설정하고 시리얼을 초기화하며 LED를 깜빡인다.

```
void setup() {
  // 시리얼의 통신 환경을 설정함:
  Serial.begin(115200);

  // 출력 핀들을 설정함:
  pinMode (analogLed, OUTPUT);

  // 메인 프로그램이 곧 시작된다는 것을 표시하기 위해
  // TX LED를 깜빡임:
  blink(analogLed, 3);
}
```

» 메인 루프에서는 도착하는 시리얼 데이터에 귀를 기울이고 또한 버튼이 눌렸는지 확인한다. 만약 버튼이 눌렸다면, 적절하게 연결을 성립시키거나 연결을 끊는다. 만약 통신기끼리 연결된 상태라면 아날로그 값을 읽고, 아날로그 값에 충분한 변화가 있었다면 그 값을 송신한다.

```
void loop() {
  // 도착하는 시리얼 데이터를 읽고 구문을 분석한다:
  handleSerial();

  // 푸시버튼이 눌렸는지 확인한다:
  boolean buttonPushed = buttonRead(connectButton);

  // 방금 버튼을 눌렸다면:
  if (buttonPushed) {
```

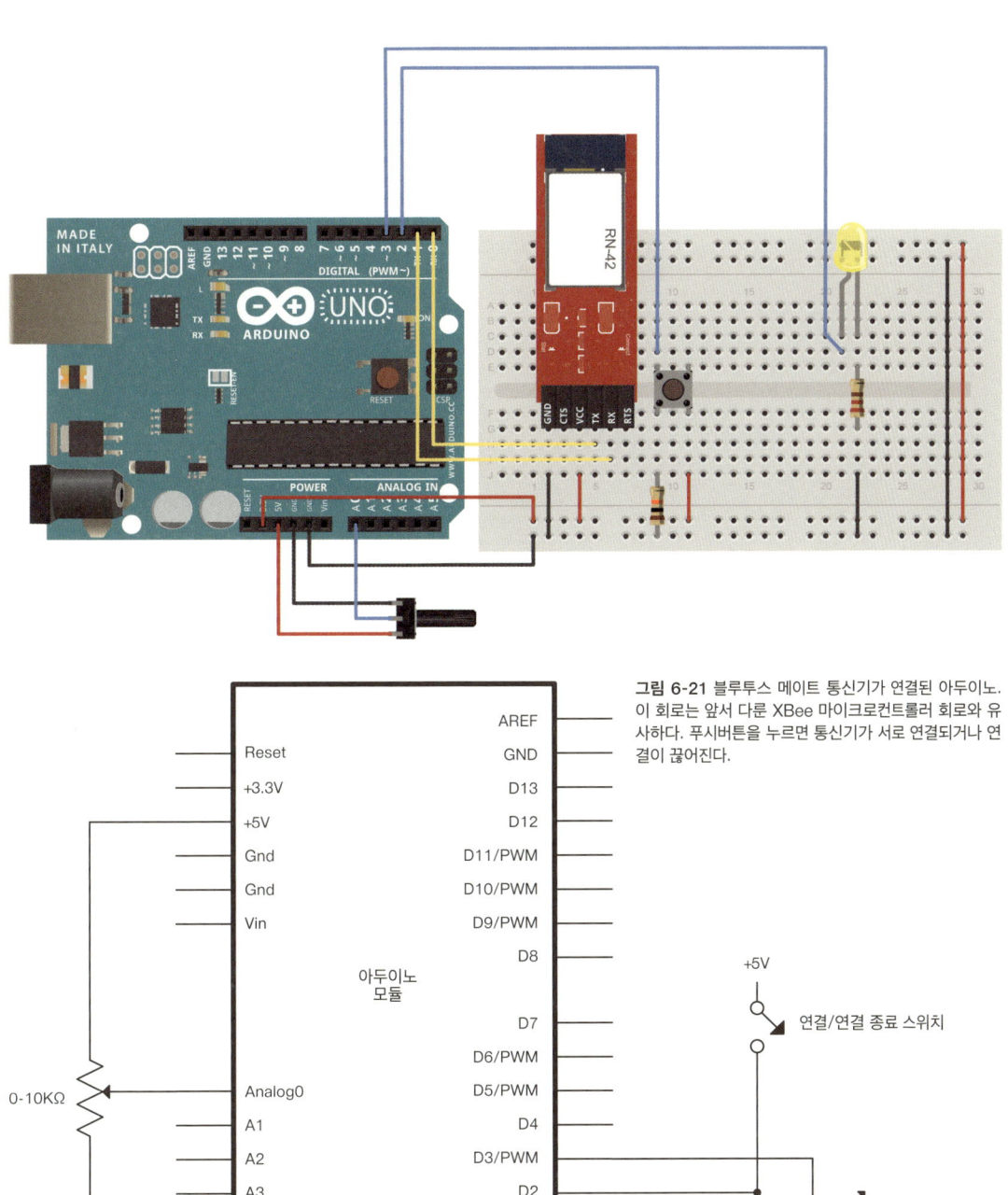

그림 6-21 블루투스 메이트 통신기가 연결된 아두이노. 이 회로는 앞서 다룬 XBee 마이크로컨트롤러 회로와 유사하다. 푸시버튼을 누르면 통신기가 서로 연결되거나 연결이 끊어진다.

6장 무선통신 219

```
      // 클라이언트가 연결되어 있다면 연결을 끊는다:
      if (connected) {
        BTDisconnect();
      } // 클라이언트가 연결되어 있지 않다면 연결을 시도한다:
      else {
        BTConnect();
      }
    }
    // 만약 연결되었다면, 센서의 값을 읽는다:
    if (connected) {
      // 현재 시간을 밀리초 단위로 기록한다:
      long currentTime = millis();
      // 마지막으로 센서를 읽은 후 충분한 시간이 경과했다면:
      if (currentTime - lastReadingTime >
          debounceInterval) {
        // 아날로그 센서의 값을 읽은 뒤, 4로 나눠서 0-255의 범위로 변환한다:
        int sensorValue = analogRead(A0)/4;
        // 현재의 센서 값과 이전 값의 차이가 현저하다면
        // 현재의 센서 값을 전송한다:
        if (abs(sensorValue - lastSensorReading) >
            threshold) {
          Serial.println(sensorValue, DEC);
        }
        // 최근에 센서를 읽은 시간과
        // 센서의 값을 업데이트한다:
        lastReadingTime = currentTime;
        lastSensorReading = sensorValue;
      }
    }
}
```

» blink() 함수는 XBee 예제와 같다.

```
void blink(int thisPin, int howManyTimes) {
  for (int blinks=0; blinks< howManyTimes; blinks++) {
    digitalWrite(thisPin, HIGH);
    delay(200);
    digitalWrite(thisPin, LOW);
    delay(200);
  }
}
```

» buttonRead() 함수도 낯익을 것이다. 5장의 퐁 클라이언트에서 사용한 함수와 같다.

```
// 이 함수는 버튼의 값을 읽은 뒤
// 전압이 낮은 상태에서 높은 상태로 바뀌었는지 확인하고,
// 전기적 잡음을 줄이기 위해 버튼을 디바운스한다:

boolean buttonRead(int thisButton) {
  boolean result = false;
  // 버튼의 현재 상태:
  int currentState = digitalRead(thisButton);
  // 버튼의 이전 상태:
  int buttonState = lastButtonState;
  // 디바운스 시간을 맞추기 위해 현재 시간을 확인함:
  long lastDebounceTime = millis();

  while ((millis() - lastDebounceTime) <
          debounceInterval) {
    // 버튼의 상태를 지역 변수에 저장함:
    currentState = digitalRead(thisButton);

    // 전기적 잡음 때문에 푸시버튼의 값이 바뀌었다면:
```

```
      if (currentState != buttonState) {
        // 디바운스 타이머를 재설정함
        lastDebounceTime = millis();
      }

      // 버튼의 현재 값이 디바운스 시간보다 오래 유지되고 있으므로
      // 버튼의 실질적인 값으로 인정함:
      buttonState = currentState;
    }
    // 버튼의 값이 바뀌었고 버튼의 값이 HIGH라면:
    if(buttonState != lastButtonState && buttonState ==
        HIGH) {
      result = true;
    }

    // 다음에 사용할 수 있도록 현재의 상태를 저장함:
    lastButtonState = buttonState;
    return result;
}
```

두 통신기는 상호 전용 연결을 구축하며 여러분은 통신기끼리의 연결 상태를 추적할 필요가 있다. 앞에서 환경을 새롭게 수정한 덕분에, 블루투스 메이트는 새로 연결이 성립되면 데이터 모드로 전환하기 전에 시리얼 메시지를 전송한다. 시리얼 메시지는 아래와 같다.

BTCONNECT\r

연결이 끊기면, 아래의 메시지를 전송하고 명령 모드를 유지한다.

BTDISCONNECT\r

연결을 시도할 때 블루투스 메이트는 다음의 메시지를 출력한다.

TRYING\r

TRYING 메시지는 무시해도 된다. 왜냐하면 언제나 CONNECT 또는 아래와 같은 메시지가 따라 오기 때문이다(아래의 메시지는 연결에 실패했을 때 출력된다).

CONNECT failed\r

이러한 메시지들을 확인하면 통신기들의 연결 상태를 추적할 수 있다. 블루투스 메이트는 연결 성공 또는 연결 실패 메시지 중 하나를 전송한 뒤 바로 데이터 모드로 전환한다. 따라서 모드를 추적하는 일도 쉽게 할 수 있다. BTConnect(), BTDisconnect(), handleSerial() 함수는 이러한 문자열을 이용해서 작업을 처리한다. 코드는 다음과 같다.

» BTConnect() 함수는 현재 모드가 명령 모드인지 확인한 뒤 연결을 시도한다. 만약 연결 시도가 실패로 돌아가면 명령 모드를 유지한다.

```
void BTConnect() {
  // 만약 데이터 모드라면, $$$를 전송한다
  if (!commandMode) {
    Serial.print("$$$");
    // 응답을 기다린다:
    if (finder.find("CMD")) {
      commandMode = true;
```

```
      }
    }
    // 명령 모드에 진입하면, 연결 명령을 전달한다:
    if (commandMode) {
      Serial.print("C," + remoteAddress + "\r");
      // 응답을 기다린다:
      finder.find("CONNECT");
      // 만약 메시지가 "CONNECT failed"라면:
      if (finder.find("failed")) {
        connected = false;
      }
      else {
        connected = true;
        // 연결이 성립되면
        // 통신기는 자동으로 데이터 모드로 전환한다:
        commandMode = false;
      }
    }
  }
}
```

» BTDisconnect()는 BTConnect()와 유사하지만, 처리하는 일은 반대이다. 명령 모드로 전환해서 연결을 끊는 메시지를 전송한다.

```
void BTDisconnect() {
  // 데이터 모드라면, $$$를 전송한다
  if (!commandMode) {
    Serial.print("$$$");
    // 응답을 기다린다:
    if (finder.find("CMD")) {
      commandMode = true;
    }
  }
  // 명령 모드에 진입하면,
  // 연결 끊음 명령을 전달한다:
  if (commandMode) {
    // 연결을 끊는다
    Serial.print("K,\r");
    // 연결이 성공적으로 끊겼다는 메시지를 기다린다:
    if (finder.find("BTDISCONNECT")) {
      connected = false;
      // 연결이 끊어지면
      // 통신기는 자동으로 데이터 모드로 전환한다:
      commandMode = false;
    }
  }
}
```

» handleSerial()도 텍스트 메시지를 검색하지만, TextFinder를 사용하지는 않는다. 세 가지 선택 사항 중 하나를 찾아야 하기 때문이다. TextFinder는 시리얼 스트림을 한 번만 훑어보기 때문에, 첫 문자열을 찾지 못하면 두 번째 문자열도 찾을 수 없다.

만약 유의미한 숫자를 찾는다면, 3번 핀에 연결된 LED의 밝기를 설정한다.

```
void handleSerial() {
  // 메시지 문자열을 찾는다
  // 만약 BTCONNECT라면, connected 변수에 true 할당;
  // 만약 BTDISCONNECT라면, connected 변수에 false 할당;
  // 만약 CONNECT failed라면, connected 변수에 false 할당;
  // 만약 숫자라면, LED를 설정한다
  char inByte = Serial.read();

  // 메시지 문자열에
  // ASCII 문자 숫자 글자를 추가한다:
  if (isAscii(inByte)) {
    messageString = messageString + inByte;
  }

  // CONNECT와 DISCONNECT 메시지를 처리한다:
```

```
    if (messageString == "BTDISCONNECT") {
      connected = false;
    }
    if (messageString == "BTCONNECT") {
      connected = true;
    }

    if (connected) {
      // 문자열을 숫자로 바꾼다:
      int brightness = messageString.toInt();
      // LED의 아날로그 출력을 설정한다:
      if (brightness > 0) {
        analogWrite(analogLed, brightness);
      }
    }

    // ASCII 복귀 문자가 있다면:
    if (inByte == '\r') {
      // 다음 값을 저장하기 위해
      // 입력 문자열을 비운다:
      messageString = "";
    }
  }
}
```

» 마지막으로, handleSerial()은 복귀 문자를 찾으면 messageString을 비워서 다음 메시지를 받을 준비를 한다.

이제 프로그램을 다 작성했다. remoteAddress 배열에 아두이노 #2에 연결된 통신기의 주소를 기입한 뒤 여러분의 마이크로컨트롤러에 프로그램을 올린다. 첫 번째 마이크로컨트롤러의 버튼을 누르면, 두 번째 컨트롤러에 접속을 시도하고 센서 값을 전송하기 시작한다. 시리얼 터미널에 출력되는 첫 메시지는 다음과 비슷할 것이다.

BTCONNECT
121
132
83

연결이 이루어지면 여러분은 직접 메시지를 입력해서 마치 센서가 마이크로컨트롤러에 직접 연결된 것처럼 다른 아두이노의 3번 핀에 연결된 LED를 제어할 수 있다. 아래와 같이 입력해 보자.

12\r
120\r
255\r
1*

각각의 메시지에 따라 LED는 어두워지고, 조금 밝아지고, 최대로 밝아지고, 마지막에는 희미해진다. 마이크로컨트롤러는 센서 값 네 개를 출력한다. 다시 버튼을 누르면 아래와 같은 메시지를 확인할 수 있다.

BTDISCONNECT

연결했다가 연결을 끊는 과정을 몇 번 반복해 본 뒤에 마지막 단계로 넘어간다.

➡ 4단계: 두 개의 마이크로컨트롤러 연결하기

이번 예제와 이전의 XBee 예제가 유사하다는 점을 인식하고 있었다면 다음 순서가 무엇인지도 짐작할 것이다. 두 번째 마이크로컨트롤러에 두 번째 통신기를 연결하고 스위치와 퍼텐쇼미터를 연결해서 회로를 구성한다. 이때 TX와 RX는 교차 연결해야 한다. 그런 다음 앞의 스케치에 있는 블루투스의 주소를 첫 번째 통신기의 주소로 바꾸고, 두 번째 마이크로컨트롤러에 프로그램을 올린다. 그 다음에는 두 마이크로컨트롤러를 모두 리셋한다. 어느 한쪽의 버튼을 누르면, 그 마이크로컨트롤러는 상대편 컨트롤러에 접속을 시도하고 데이터를 교환하기 시작한다. 다시 어느 한쪽의 버튼을 누르면, 연결이 끊어진다.

이제 기본은 끝났다. 이번 예제를 응용하면 다양한 상황에서 블루투스 통신기를 사용할 수 있을 것이다.

통신기를 선택하는 요령

이번 장에서는 몇몇 종류의 무선 모듈들을 살펴보았다. 모두 유용한 장치지만, 시중에는 다른 종류의 장치들도 있다. 물론 여러분은 그중에서 자신의 필요에 부합하는 모듈을 찾아 구입해야 할 것이다. 통신기를 선택할 때는 몇 가지 사항을 염두에 두어야 한다.

통신기는 세트로 구입하는 것이 현명하다. 한 제조사의 송신기가 다른 제조사의 수신기에 데이터를 전송할 수 있도록 설정하는 것은 때로는 매우 어려운 작업이 될 수 있다. 비록 동일한 주파수 범위에서 작동한다고 하더라도 통신이 보장되는 것은 아니다. 마찬가지로 아날로그 통신기(베이비 모니터나 워키토키에서 사용하는 통신기 등)를 해킹하는 것이 저렴하고 쉬운 방법 같아 보일 수도 있지만, 결국에는 많은 시간과 노력을 소모하게 된다. 통신기를 고를 때는 마이크로컨트롤러의 시리얼 출력을 받아들일 수 있는 종류를 선택하자. 대부분의 마이크로컨트롤러는 TTL 수준의 시리얼 데이터를 전송한다. 0V는 논리 0에 해당하고 3.3V 또는 5V는 논리 1에 해당한다. 출력을 RS-232 수준으로 변환하는 것도 매우 간단하다. 따라서 이러한 신호를 수용할 수 있는 통신기가 여러분에게 적합하다.

응용프로그램에 적합한 데이터 전송 속도도 고려해야 한다. 더 구체적으로 말하면, 무선 데이터 전송 속도를 고려해야 한다. 많은 경우 전송 속도가 빠른 무선통신기가 꼭 필요한 것은 아니다. 가령 퍼포먼스의 세계에서는 일반적으로 무선통신기로 퍼포머들의 신체 데이터를 수신해서 샘플러나 조광기 같은 MIDI 퍼포먼스 장치들을 제어한다. 여러분은 MIDI의 데이터 전송 속도와 비슷한 전송 속도가 나오는 통신기를 사용해야 한다고 생각할 수도 있지만 사실 그럴 필요는 없다. 퍼포머들의 몸에 부착된 센서들의 데이터는 낮은 무선통신 속도로 수신자 측의 마이크로컨트롤러에 보내면 되고, 마이크로컨트롤러가 보다 높은 데이터 전송 속도로 MIDI 신호를 보내면 된다.

장치의 프로토콜이 여러분이 이미 사용하고 있거나 쉽게 사용할 수 있는 프로토콜에 맞는지도 확인한다. 예를 들어, 휴대전화나 노트북과 통신할 수 있는 어떤 물건을 만드는데, 오직 그 물건만 통신과 관련된 기능이 필요하다면 블루투스를 고려하는 것이 좋다. 대부분의 노트북과 많은 휴대전화는 블루투스 통신기를 장착하고 있기 때문에 하나의 통신기만 추가로 준비하면 되기 때문이다. 여러분이 만든 물건과 기존의 장치들이 서로 통신할 수 있도록 만들기 위해서는 다소 노력이 필요하겠지만, 너무 낯선 RF 통신기들을 선택해서 통신 자체를 안정화하기 위해 노력하는 것에 비하면 오히려 시간을 절약할 수 있을 것이다.

와이파이

지금까지 여러분은 송신기와 수신기가 분리된 매우 기본적인 시리얼 통신기를 사용해서 프로젝트를 진행했고 또한 보다 향상된 송수신기를 이용한 프로젝트도 살펴보았다. 그런데 만약 여러분이 마이크로컨트롤러로 네트워크를 구축할 생각이 있다면 와이파이를 이용해서 인터넷에 접속하거나 컨트롤러들을 연결하는 방법이 가능한지 궁금할 것이다. 물론, 가능하다. 하지만 고려해야 할 사항들도 있다.

와이파이는 최근까지도 비용과 전력의 문제 때문에 마이크로컨트롤러 프로젝트에서 많이 사용되는 통신 모듈이 아니었다. 마이크로컨트롤러와 와이파이를 연동하는 모듈들은 다른 프로토콜을 구현하는 동급의 송수신기에 비해 고가의 장비였다. 하지만 이제는 점점 가격이 낮아지고 있다. 또한 초기의 와이파이 모듈들은 대부분 전력 소모가 컸지만 이 문제도 점차 개선되고 있다.

시중에 몇몇 와이파이 제품이 출시되어 있다. 스파크 펀의 와이플라이 실드를 비롯해 Digi에서도 XBee 모듈의 와이파이 버전을 발표했다. 또한 최소한의 코드만 수정하면 바로 기존의 이더넷 프로젝트에 사용 가능한 아두이노 와이파이 실드도 판매되고 있다. 다음 프로젝트에서는 아두이노 와이파이 실드에 대해 조금 알아본다.

프로젝트 12

헬로 와이파이!

프로젝트 6에서 주변의 조명에 따라 사이트의 배경 색깔이 달라지는 서버를 이더넷 실드로 만들었다. 이번 프로젝트는 아두이노 와이파이 실드를 사용해서 다시 서버를 만들어 본다. 대부분의 코드와 회로는 이전의 프로젝트와 동일하다. 달라지는 것은 물리적인 통신 계층뿐이다.

준비물

- 아두이노 와이파이 실드 1개
- 아두이노 마이크로컨트롤러 1개
- 와이파이 실드가 인터넷에 연결할 수 있는 환경
- 10k옴 저항 3개
- 포토셀(LDR) 3개
- 브레드보드 1개
- 광필터 3개

주의: 와이파이 실드는 아두이노 이더넷이나 아두이노 이더넷 실드와 함께 사용할 수 없다. 셋 모두 동일한 SPI 칩 선택 핀을 사용하기 때문이다.

연결하기

와이파이 실드는 이더넷 실드와 마찬가지로 SPI 방식으로 아두이노와 통신한다. 따라서 그림 4-4와 똑같은 회로를 구성하되, 이더넷 실드 대신 와이파이 실드를 사용한다.

네트워크에 연결하려면, 와이파이 네트워크의 이름(SSID라고도 한다)과 인증 방식을 알아야 한다.

다른 무선 장치들을 와이파이 라우터에 연결할 때도 마찬가지의 정보가 필요하다. 와이파이 실드는 개방된 네트워크나 WEP(40비트나 128비트), WPA 또는 WPA2 방식으로 암호화된 네트워크에 접속할 수 있다. WPA와 WPA2 방식을 사용하려면 암호가 필요하다. WEP 방식을 사용할 때는 키와 키 인덱스가 필요하다. WEP 키는 16진수로 이루어진 긴 문자열을 암호처럼 사용한다. 40비트의 WEP 키는 ASCII 문자 10개로 이루어지며, 128비트의 WEP 키는 26개의 문자로 이루어진다. WEP 라우터는 키를 네 개까지 저장할 수 있으며, 키 인덱스로 사용 중인 키를 특정한다. 대부분의 경우 키 인덱스는 0이다. WEP와 WPA를 조합하는 일반적인 사례가 아래에 소개되어 있다.

그림 6-22 아두이노 와이파이 실드.

WPA network name: noodleNet

WPA password: m30ws3rs!

WEP network name: sandbox

WEP key index: 0

WEP 40-bit key: 1234567890

WEP network name: sandbox

WEP key index: 0

WEP 128-bit key: 1A2B3C4D5E6FDADADEED
　　　　　　　　FACE10

 그림 6-22에 보이는 아두이노 와이파이 실드는 새로운 제품이며, 개발이 진행됨에 따라 프로그래밍 인터페이스가 바뀔 수도 있다. 와이파이 실드, 와이파이 라이브러리, 예제들에 대한 최신 정보와 자료는 http://ardiono.cc의 하드웨어 섹션을 참조하자.

가정용 라우터의 경우 대부분 여러분이나 가족이 무선 라우터를 설정했기 때문에 정보를 쉽게 알 수 있다. 하지만 학교나 기관의 라우터에 접속하고 있다면, 네트워크 관리자에게 세부적인 내용을 물어봐야 한다. 이 정보를 알아야 프로그래밍을 시작할 수 있다.

설정하자(WPA)

인터넷에 연결하기 위해 가장 먼저 해야 할 일은, 앞에서 설명한 대로 네트워크 정보를 확인해서 변수에 할당하는 것이다. 이전의 서버 스케치와 마찬가지로 server와 lineLength 전역변수는 그대로 사용한다.

```
/*
와이파이 RGB 웹 서버
환경: 아두이노
*/

#include <SPI.h>
#include <WiFi.h>

// use these settings for WPA:
char ssid[] = "myNetwork";         // 네트워크의 이름
char password[] = "secretpassword"; // 연결에 사용할 비밀번호
```

» 이 부분(파란색)은 자신의 네트워크에 맞게 수정해야 한다.

```
int status = WL_IDLE_STATUS;        // 와이파이 통신기의 상태

WiFiServer server(80);
int lineLength = 0;    // 도착하는 텍스트 행의 길이
```

설정하자(WEP)

만약 WPA 암호화 방식을 사용한다면, 오른쪽과 같이 변수들을 설정해야 한다.(파란색 부분이 수정된 것이다.)

```
char ssid[] = "myNetwork";  // 네트워크의 이름
char keyIndex = 0;          // WEP 네트워크에는 키가 여러 개일 수 있다.
// 연결에 사용할 128비트 WEP 키:
char key[] = "FACEDEEDDADA01234567890ABC";
int status = WL_IDLE_STATUS;    // 와이파이 통신기의 상태
```

» 이 부분(파란색)은 자신의 네트워크에 맞게 수정해야 한다. 여러분의 라우터에 키 인덱스가 두 개 이상 있다면, 키 인덱스를 0으로 한다.

» setup()은 이전의 스케치와 사뭇 다르다. 유선 이더넷 접속 대신 와이파이 접속을 사용하기 때문이다. 연결이 이루어지면 네트워크의 이름을 출력한다. 연결에 실패했다면 프로그램을 멈추고 더 이상 진행하지 않는다. 와이파이 실드는 기본적으로 DHCP를 사용하도록 되어 있다. 따라서 DHCP를 통해 주소를 할당 받기 위한 코드를 작성할 필요는 없다.

스케치의 나머지 부분은 프로젝트 6에서 사용했던 것과 동일하다. 그 스케치를 그대로 복사해서 사용해도 된다. 와이파이는 이더넷이기도 해서, 클라이언트와 서버의 라이브러리 인터페이스도 동일하다. 따라서 여러분은 쉽게 이더넷과 와이파이를 오갈 수 있다.

```
void setup() {
  // 시리얼 초기화:
  Serial.begin(9600);

  Serial.println("Attempting to connect to network..");
  // WPA 암호와 방식으로 접속을 시도한다:
  status = WiFi.begin(ssid, password);

  // WEP 128비트 암호화 방식으로 접속하려면 아래의 코드를 사용한다:
  // status = WiFi.begin(ssid, keyIndex, key);

  Serial.print("SSID: ");
  Serial.println(ssid);

  // 연결이 되지 않으면 더 이상 진행하지 않고 멈춘다:
  if ( status != WL_CONNECTED) {
    Serial.println("Couldn't get a wifi connection");
    while(true);
  }
}
```

와이파이 진단

와이파이 실드를 사용하면 네트워크 프로젝트를 무선으로 구축할 수 있을 뿐만 아니라, 연결 상태를 양호하게 유지할 수 있도록 도와주는 유용한 진단 도구도 몇몇 제공 받을 수 있다. 와이파이 프로젝트를 시작하기 전에 먼저 진단 도구를 사용해서 연결 상태가 양호한지 확인한다. 와이파이는 다른 무선통신들과 마찬가지로 눈으로는 연결 상태를 확인할 수 없다. 따라서 연결에 문제가 발생했을 때 바로 인식하지 못하고 엉뚱한 곳에서 문제를 해결하느라 헤맬 수 있다.

어떤 와이파이 모듈을 사용하더라도, 마이크로컨트롤러와 연결할 때 애를 먹을 수 있다. 몇 가지 주의해야 할 사항을 알아보자.

와이파이 라우터를 제어할 수 없는 학교나 직장 같은 곳에서 작업할 때는 사전에 라우터의 환경 설정과 관련된 정보를 모두 확보해야 하고, 사용하고자 하는 모듈에 적합한 환경인지 확인해야 한다. 기업 프로토콜인 WPA2 엔터프라이즈는 마이크로컨트롤러 기반의 모듈에서 사용할 수 없다.

일부 공중 통신망은 종속 포털(captive portal)을 사용한다. 비록 개방형 와이파이 통신망이긴 하지만, 웹 페이지에서 아이디나 비밀번호 등을 입력하고 로그인을 해야 비로소 정상적으로 인터넷을 사용할 수 있다. 이들 통신망은 로그인 정보와 함께 종속 포털을 HTTP로 호출하도록 마이크로컨트롤러 프로그램을 작성해야 하기 때문에 처리하기가 어렵다. 만약 종속 포털을 사용하지 않는 네트워크를 쓸 수 있다면 작업은 보다 수월해진다.

아두이노 와이파이 실드를 포함한 일부 와이파이 모듈들은 SSID가 숨겨진 네트워크를 찾아내지 못한다. 보안이 설정되어 있더라도 가급적 여러분의 네트워크가 공개적으로 검색될 수 있도록 한다.

오류에 대한 피드백 인터페이스가 없기 때문에, 이미 연결에 성공한 노트북, 휴대전화 또는 다른 장치들과 여러분이 설정한 사항들을 비교해 보자.

아두이노 와이파이 실드에서 유용하게 사용할 수 있는 간단한 진단 코드 두 개를 소개한다. 하나는 가용한 네트워크를 검색하는 코드이고, 다른 하나는 연결된 네트워크의 신호 강도를 감지하는 코드이다.

가용한 네트워크를 검색하는 코드는 다음과 같다.

```
// 근처의 네트워크를 검색한다.
byte numSsid = WiFi.scanNetworks();

// 검색된 네트워크의 목록을 출력한다
Serial.print("SSID List:");
Serial.print(numSsid);
// 검색한 각각의 네트워크 번호와 이름을
// 출력한다
for (int thisNet=0; thisNet<numSsid;
    thisNet++){
  Serial.print(thisNet);
  Serial.print(") Network: ");
  Serial.println(Wifi.SSID(thisNet));
}
```

연결된 네트워크의 신호 강도를 감지하는 코드는 아래와 같다.

```
// 수신된 신호 강도를 출력한다.
long rssi = WiFi.RSSI();
Serial.print("RSSI:");
Serial.println(rssi);
```

이 둘은 모두 유용한 진단 도구이다. 여러분의 환경과 네트워크 설정에 따라 무선 네트워크는 가끔 불안정해질 수 있다. 따라서 아래와 같이 메인 loop()의 코드를 네트워크의 연결 상태를 확인하는 if 구문 안에 넣어서 사용하는 것도 좋은 방법이다.

```
void loop(){
  if(status == WL_CONNECTED){
    // 정상적인 연결 상태에서 실행할 코드들
  } else {
    // 연결이 끊어졌을 때 사용자에게 알리는 코드들
  }
}
```

결론

무선통신은 유선통신과 구분되는 분명한 차이가 있다. 유선통신과는 다른 복잡성 때문에 도착하는 메시지를 전적으로 신뢰할 수 없다. 따라서 여러분은 이에 대한 대책을 준비해야 한다.

비용을 최소화하는 해결 방법을 찾고 있다면, 송신기와 수신기를 한 쌍으로 갖춘 단방향 무선 연결을 구축해서 메시지가 수신되기를 기대하며 반복적으로 전송한다. 조금 더 비용을 들인다면, 양방향 연결을 구축해서 양측이 상대방에게 확인을 요청하고 이에 대한 응답을 할 수 있도록 해야 한다. 요즘은 양방향 통신이 표준으로 자리 잡고 있다. 가격 차이가 적어지고 송신기와 수신기 쌍이 점점 줄어들고 있기 때문이다. 어떠한 방법을 선택하든지, 무선통신에서는 불가피한 잡음에 대비해야 한다. 적외선의 경우, 백열등과 열원이 잡음을 만들어낸다. 전파의 경우 전자레인지부터 발전기, 무선 전화기에 이르는 온갖 전자기 장치들이 잡음을 만들어낸다. 여러분이 직접 오류를 주기적으로 확인하는 코드를 작성할 수도 있지만 블루투스와 지그비 같은 무선 프로토콜들은 자체적으로 오류를 바로잡는 기능을 갖추고 있기 때문에 부담을 덜 수 있다.

2장에서 간단한 일대일 네트워크를 구축해 보며 네트워크에 대해 살펴봤듯이 이번 장에서는 간단한 송신자 및 수신자를 구축하며 무선통신에 대해 살펴보았다. 다음 장에서는 피어 투 피어(peer-to-peer, P2P) 네트워크에 대해 살펴볼 것이다. 이 네트워크는 중앙 제어기가 없으며, 네트워크를 구축하는 각각의 사물들이 다른 사물들과 통신할 수 있다. 이와 관련된 이더넷과 무선 예제들을 함께 다룰 것이다.

▶▶ <도시의 초음파 탐지기(Urban Sonar)> 케이트 하트만(Kate Hartman), 카티 런던(Kati London), 사이 스리스칸다라자(Sai Sriskandarajah)
재킷에는 네 개의 초음파 센서와 두 개의 펄스 센서가 장착되어 있다. 재킷 안에 있는 마이크로컨트롤러는 블루투스를 통해 모바일 폰과 통신한다. 초음파 센서의 값에 따라 개인 공간이 부풀고 개인 공간의 변화에 기인한 심작 박동의 변화는 여러분의 모습을 반영한다. 이는 모바일 폰을 통해 인터넷의 가시화 프로그램으로 전송된다.

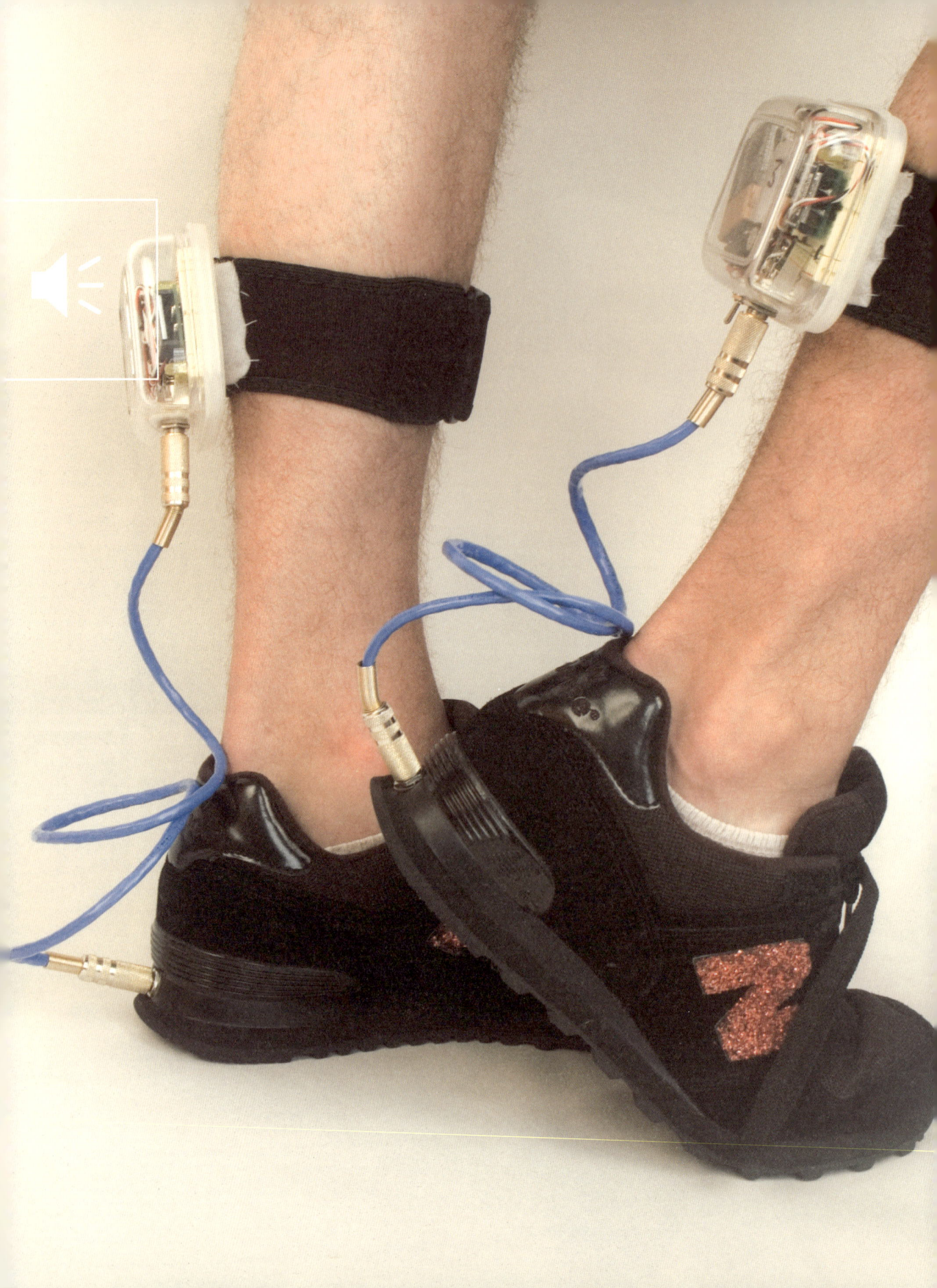

MAKE: PROJECTS   **7**

세션을 사용하지 않는 네트워크

지금까지 이 책에서 살펴본 대부분의 네트워크 연결은 두 사물을 서로 연결하기 위해서 만들어진 것들이다. 직렬통신은 시리얼 포트에 대한 제어를 포함하며, 메일, 웹, 텔넷 연결은 네트워크 포트에 대한 제어를 포함하고 있다. 이 모든 경우에는 포트를 사용할 수 있도록 만들어 주는 장치(보통 서버라 부름)가 있고, 포트에 대한 접근을 요청하는 장치(보통 클라이언트라 부름)가 있다. 5장의 '프로젝트 8: 네트워크 퐁'은 이런 형식의 통신을 사용하는 전형적인 예제라 할 수 있으며, 이런 응용 서버는 다른 장치와의 사이에서 일어나는 모든 통신을 처리한다. 이 장에서는 어떻게 하면 네트워크상에 있는 여러 장치들이 직접적으로 각각 통신하거나, 모든 장치에 한꺼번에 통신을 할 수 있는지 알아본다.

◂◂   **<공연하는 신발(Perform-o-shoes)> 앤드류 슈나이더(Andrew Schneider)**
XBee 무선통신을 통해서 멀티미디어 컴퓨터로 메시지를 교환하는 신발. 신발을 신고 문워크를 하면, 걸음의 속도와 리듬을 이용해서 컴퓨터에서 재생되는 음악을 제어할 수 있다.

7장에서 사용하는 부품

판매점 기호

- **A** 아두이노 스토어(http://store.arduino.cc/ww/)
- **AF** 에이다프루트(http://adafruit.com)
- **D** 디지-키(www.digikey.com)
- **F** 파넬(www.farnell.com)
- **J** 자메코(http://jameco.com)
- **MS** 메이커 셰드(www.makershed.com)
- **RS** RS(www.rs-online.com)
- **SF** 스파크 펀(www.SparkFun.com)
- **SS** 씨드 스튜디오(www.seeedstudio.com)

기본적인 XBee 브레드보드 회로

이 장의 몇몇 프로젝트에서는 XBee 무선통신을 사용할 것이다. 각 프로젝트에서는 아두이노 무선 실드(wireless shield), 스파크 펀의 XBee Explorer Regulated 혹은 릴리패드 XBee 중에서 편한 모듈을 선택해서 사용하면 된다. 이런 모듈을 사용하지 않고, 기본적인 XBee 브레드보드 회로를 직접 만들어 사용할 수도 있다. 그림 7-5, 7-6, 7-8, 7-14는 이 회로의 다양한 변형을 보여준다. 제작에 필요한 기본적인 부품은 다음과 같다.

» 납땜이 필요 없는 브레드보드 1개

D 438-1045-ND, J 20723 또는 20601, SF PRT-00137, F 4692810, AF 64, SS STR101C2M 또는 STR102C2M, MS MKKN2

» Digi XBee 802.15.4 RF 모듈 1개

J 2113375, SF WRL-08664, AF 128, F 1546394, SS WLS113A4M, MS MKAD14

» 3.3V 전압조정기 1개

J 242115, D 576-1134-ND, SF COM-00526, F 1703357, RS 534-3021

» XBee 연결용 보드 1개(breakout board)[1]

J 32403, SF BOB-08276, AF 127

» 0.1인치 헤더 핀 2줄

J 103377, D A26509-20ND, SF PRT-00116, F 1593411

» 2mm 헤더 소켓(암놈) 2줄

J 2037747, D 3M9406-ND, F 1776193

» 1µF 커패시터 1개

J 94161, D P10312-ND, F 8126933, RS 475-9009

» 10µF 커패시터 1개

J 29891, D P11212-ND, F 1144605, RS 715-1638

» LED 2개

D 160-1144-ND 또는 160-1665-ND, J 34761 또는 94511, F 1015878, RS 247-1662 또는 826-830, SF COM-09592 또는 COM-09590

» 220옴 저항 2개

D 220QBK-ND, J 690700, F 9337792, RS 707-8842

프로젝트 13: 작업실에 유해 화학물질이 있는지 보고하기

» 앞에서 설명한 기본적인 XBee 브레드보드 2개

» 5V 전압조정기 1개

J 51262, D LM7805CT-ND, SF COM 00107, F 1860277, RS 298-8514

» 9-12V DC 전원 공급기 9볼트 전지나 플러그를 꼽는 어댑터 모두 가능.

J 170245, SF TOL-00298, AF 63, F 636363, P 1463

» Hanwei 가스 센서 1개 Hanwei에서는 다양한 가스 센서를 만들고 있으며, 이 책에 언급된 많은 부품상에서 판매한다.[2]

MQ-7 일산화탄소 검출용/ MQ-3 알코올 검출용/ MQ-6 프로판과 유사 가스 검출용/ MG811 이산화탄소 검출용

위에 언급된 대부분의 센서는 비슷한 동작을 하므로, 가장 관심 있는 것을 하나 골라서 사용하면 된다.

SF SEN-08880, SEN-09404, 또는 SEN-09405, P 1480, 1634, 1633, 1481, 1482, 또는 1483

» 가스 센서 연결용 보드 1개 Hanwei 센서들은 브레드보드에 적합하지 않은 핀 배치를 가지고 있으므로, 이를 수정할 목적으로 이용한다. 폴로루와 스파크 펀에 이런 모델이 있다.

SF BOB-08891, P 1479 또는 1639

» 10k옴 저항 1개

D 10KQBK-ND, J 29911, F 9337687, RS 707-8906

» 아두이노 이더넷 보드 1개

A A000050

대신 2장에서 설명했던 아두이노 우노 호환 보드와 이더넷 실드를 같이 사용해도 된다.

SF DEV-09026, J 2124242, A 139, AF 201, F 1848680

» 아두이노 무선 실드 1개 앞에서 설명한 XBee 브레드보드 회로를 써도 된다.

A A000064 또는 A000065, SF WRL-09976, AF 126, F 1848697, RS 696-1670, SS WLS114A0P

» 심벌즈 치는 원숭이 인형 1개 여기서는 찰리 침프(Charlie Chimp) 인형을 사용했으며, 어보이드 사(Aboyd Company; www.aboyd.com)에서 주문할 수 있다. (부품번호: ABC 40-1006)

주의: 원숭이 인형이 3볼트 전원을 사용할 경우(D형 전지 같은 것 2개를 사용하는 경우), 3.3V 전압조정기는 필요 없다. 송신기 부분으로 충분한 전류가 공급될 수 있는지도 확인해야 한다. 회로와 송신기를 여기에서와 같이 연결하면 원숭이 인형의 모터에서 모든 전원을 소모하는 경우가 있어서 송신기가 불안정하게 동작할 수 있다. 이런 일이 발생하면 송신기 회로에 별도의 전원을 사용해야 한다.

» 퍼텐쇼미터 1개

J 29082, SF COM-09939, F 350072, RS 522-0625

» TIP120 달링턴 NPN 트랜지스터 1개

D TIP120-ND, J 32993, F 9804005

» 1N4004 전력 다이오드 1개

D 1N4004-E3 또는 23GI-ND, J 35992,

---

[1] 아마도 '쪽보드'라는 용어가 더 익숙한 사람도 있을 것이다. 다른 보드와 연결해서 사용할 목적으로 만든 특정 부품으로 구성된 작은 보드를 의미한다.

[2] 한국에서는 Hanwei 가스 센서는 구하기 어렵다. 구할 수 있는 아날로그 가스 센서를 사용하면 된다.

F 9556109, RS 628-9029

» **1k옴 저항 1개**
D 1.0KQBK-ND, J 29663, F 1735061, RS 707-8669

» **100μF 커패시터 1개**
J 158394, D P10269-ND, F 1144642, RS 715-1657

프로젝트 14: 태양전지 데이터 무선으로 중계하기

» **USB-XBee 어댑터 1개**
J 32400, SF WRL-08687, AF 247, PX 32400

» **XBee 브레드보드 회로 1개** 앞에서 설명한 것과 같다. 태양전지 쪽 회로의 기반이 된다.

» **5V 전압조정기 1개**
J 51262, D LM7805CT-ND, SF COM 00107, F 1860277, RS 298-8514

» **4700μF 전해 커패시터 3개**
J 199006, D P10237-ND, F 1144683, RS 711-1526

» **MAX8212 전압 감지기[3] 1개** Maxim사의 홈페이지(www.maxim-ic.com)에서 무료 샘플을 요청할 수 있다.
D MAX8212CPA+-ND, F 1610130

» **10k옴 저항 1개**
D 10KQBK-ND, J 29911, F 9337687, RS 707-8906

» **100k옴 저항 3개**
D 100KQBK-ND, J 29997, F 9337695, RS 707-8940

» **4.7k옴 저항 1개**
D CF14JT4K70CT-ND, J 691024, F 735033, RS 707-8693

» **1k옴 저항 1개**
D 1.0KQBK-ND, J 29663, F 1735061, RS 707-8669

» **2N3906 PNP형 트랜지스터 1개**
J 178618, D 2N3906D26ZCT-ND, SF COM-00522, F 1459017, RS 294-328

» **태양전지 1개**
SF PRT-07840, P 1691

» **아두이노 이더넷 보드 1개**
A A000050

대신 2장에서 설명한 아두이노 우노 호환 보드와 이더넷 실드를 같이 사용해도 된다.
SF DEV-09026, J 2124242, A 139, AF 201, F 1848680

» **아두이노 무선 실드 1개** 대신 앞에서 설명한 XBee 브레드보드 회로를 써도 된다.
A A000064 또는 A000065. SF WRL-09976, AF 126, F 1848697, RS 696-1670, SS WLS114A0P

» **9V 전지 연결 단자 1개**
D 2238K-ND, J 101470, SF PRT-09518, F 1650675

» **9V 전지 1개** 실제로는 5~12V 정도의 전압을 만들 수 있으면 크게 문제 없으므로, 전지 홀더가 있다면 AA 전지 3~4개를 사용해도 된다.

» **XBee 릴리패드** 이 모듈을 무선 중계기로 사용할 것이다. 대신 XBee나 앞에서 설명한 기본적인 XBee 브레드보드를 사용해도 된다.
SF DEV-08937

» **XBee 익스플로러 레귤레이티드** XBee 릴리패드 대신 사용할 수 있다.
SF WRL-09132

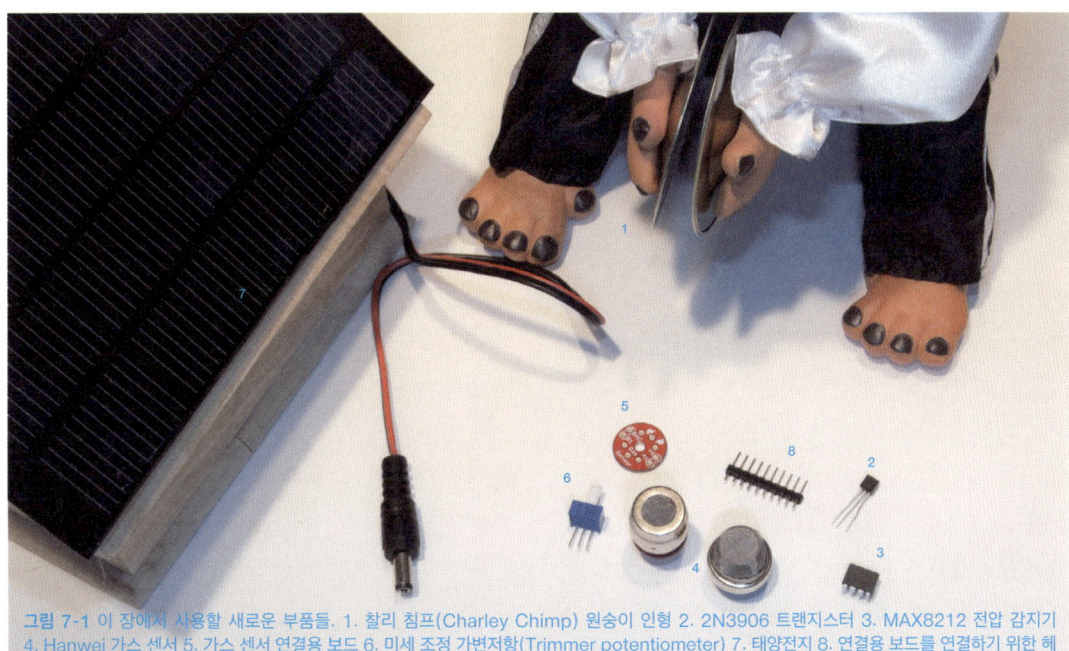

그림 7-1 이 장에서 사용할 새로운 부품들. 1. 찰리 침프(Charley Chimp) 원숭이 인형 2. 2N3906 트랜지스터 3. MAX8212 전압 감지기 4. Hanwei 가스 센서 5. 가스 센서 연결용 보드 6. 미세 조정 가변저항(Trimmer potentiometer) 7. 태양전지 8. 연결용 보드를 연결하기 위한 헤더 핀이 많이 필요하다는 것을 잊으면 안 된다.

---

3 전압감지기(voltage monitor)는 공급되는 전압 수준이 지정된 값 이하로 떨어지면 경고 신호를 전달해 주는 반도체이다.

세션 vs. 메시지

지금까지 이 책에서 다룬 대부분의 통신에서는 두 지점 간의 통신을 위한 전용 연결을 구성하는 부분을 포함하고 있었는데, 이런 방식을 세션 기반의 통신(session-based communication)이라고 한다. 가끔은 좀 더 자유롭게 통신 도중에 상대를 바꾸거나, 자주 일어나지 않는다는 보장만 있다면 전체 그룹을 지정해서 통신할 수 있는 네트워크를 만들 필요가 있을 수 있다. 이런 동작을 위해서는 좀 더 메시지 기반에 가까운 통신이 필요하다.

세션과 메시지

5장에서 우리는 인터넷 통신에서 가장 널리 사용되는 전송 제어 프로토콜(TCP; Transmission Control Protocol)에 대해서 배웠다. TCP를 사용하기 위해서는 사용하는 장치에서 다른 장치로 연결을 요청해야 하며, 다른 장치에서는 네트워크 포트를 열고 연결을 구성해야 한다. 연결이 구성된 이후에 정보를 교환할 수 있고, 그 후에 연결을 닫는다. 하나의 세션은 이처럼 요청-연결-통신-연결 끊기라는 일련의 과정으로 이루어진다. 만일 다수의 장치와 대화하려면 다수의 세션을 열고, 유지해야 한다. 세션은 TCP 통신의 특징이라 할 수 있다.

모든 통신이 세션 기반인 것은 아니다. 인터넷에서는 사용자 데이터그램 프로토콜(UDP; User Datagram Protocol)이라 부르는 다른 프로토콜도 있다. UDP를 사용하면 메시지를 작성하고, 주소를 부여해서 전송한 후 전송에 대해서는 잊어버리면 된다.

세션 기반인 TCP와는 다르게 UDP 통신은 메시지로 이루어지며, UDP 메시지는 데이터그램이라 부른다. 각각의 데이터그램에는 목적 주소가 주어진 후 그 결과를 판단하지 않고 전송하는데, 이 과정에서 전송자와 수신자 간의 양방향 소켓 연결이 만들어지지 않는다. 어떤 데이터그램 패킷이 수신되지 않았거나 잘못된 순서로 도착했을 때 어떻게 처리해야 하는지는 수신자의 책임이다.

UDP는 전송자와 수신자 간에 일대일 전용 연결을 만들지 않으므로, 서브넷(subnet)에 있는 모든 대상에게 UDP 메시지를 전송하는 것이 가능하다. 예를 들어, 전송자의 주소가 192.168.1.45인 경우, UDP 메시지를 192.168.1.255로 전송하면 서브넷에 있는 모든 장치에서 해당 메시지를 수신할 수 있다. 모든 장치로 메시지를 방송(broadcast)하는 것은 매우 유용하므로, 이를 위해서 255.255.255.255라는 특별한 주소가 할당되어 있다. 이 주소는 같은 LAN 상에 있는 주소에만 전달되는 제한된 방송용 주소로서, 서브넷의 주소를 모르더라도 사용할 수 있다. 이 주소는 서브넷 내에 어떤 장치가 존재하는지 찾아내는 등의 일을 하는 데 매우 유용하다.

에러 확인 과정이 없으므로 데이터가 빠르게 전달된다는 점도 UDP의 장점으로 꼽을 수 있으며, 주소를 바꿔서 통신 중간에 데이터를 보낼 장치를 쉽게 변경할 수도 있다. 단점은 사라진 패킷에 대한 재전송이 일어나지 않아 바이트 단위의 신뢰성이 약간 떨어진다는 것이다. UDP는 비디오나 오디오와 같이 여분의 정보가 많은 데이터 스트림을 전송할 때 매우 유용하다. 비디오나 오디오 스트림에서 패킷을 잃을 경우 일시적으로 잡음을 느낄 수 있지만, 영상이나 음향에서는 받아들일 만하다.

TCP와 UDP의 관계는 블루투스와 802.15.4의 관계와 비슷하다. 블루투스 장치는 각각 통신을 위해서 세션을 생성하지만, 802.15.4(6장의 XBee 무선과 같은)는 간단하게 메시지에 주소를 붙여서 전송한 후 결과를 기다리지 않는 방식으로 통신한다.

TCP와 마찬가지로 블루투스 역시 데이터가 사라지면 안 되는 응용 분야에서 신뢰를 줄 수 있다는 장점이 있지만, 802.15.4보다 페어링이 유연하지 못하다.

거기 누구 있어요? 방송 메시지

UDP나 802.15.4와 같이 세션을 사용하지 않는 통신의 가장 큰 장점은 한 번에 네트워크 내의 모든 장치에 메시지를 방송할 수 있다는 것이다. 물론 항상 모든 장치에 메시지를 전달할 필요가 있는 것은 아니므로, 메시지로 네트워크가 넘치지 않게 하기 위해서 방송 메시지를 항상 사용하는 것은 아니다. 따라서 간단히 "거기 누구 있어요?"라는 방송 메시지를 전달하고 대답을 기다린다.

UDP를 사용하는 다른 장치에 문의하기

아두이노의 이더넷 라이브러리는 UDP 패킷을 전송하고 수신할 수 있는 기능을 포함하고 있으므로, 방송 메시지를 듣고 반응할 수 있는 스케치를 작성할 때 이 라이브러리를 이용할 수 있다. 이는 네트워크에 연결된 많은 장치들에 한꺼번에 반응을 보낼 때 유용하다. 프로세싱 언어를 이용해서 방송으로 반응을 요청하는 메시지를 전송할 수 있다.

프로세싱 네트워크 라이브러리를 사용할 때는 UDP 메시지를 보낼 수 있는 방법이 없지만, 스테판 쿠조(Stephane Cousot)가 만든 UDP 라이브러리를 Processing.org의 라이브러리 페이지(http://processing.org/reference/libraries/#data_protocols)에서 무료로 다운받을 수 있다. 라이브러리를 사용하려면 다운로드 받아서 압축을 푼 다음, 프로세싱 스케치 디렉터리 밑의 libraries에 udp라는 이름의 새 디렉터리로 옮겨 놓으면 된다. 이후에 프로세싱을 다시 시작하면 UDP 라이브러리를 사용할 준비가 된 것이다.

네트워크에 연결된 이더넷 실드를 가진 아두이노라면 종류에 관계 없이 이번 예제에 사용할 수 있다. 실드 이외에 다른 하드웨어는 필요없다.

시도해 보자

이 프로세싱 스케치는 UDP 메시지를 43770 포트를 통해 방송 형태로 전송하는 것이다. 포트 번호는 다른 일반적인 응용프로그램에서 사용하지 않을 정도로 충분히 큰 값 중에 아무 값이나 선택한 것이다.

서브넷 방송을 위한 특수한 주소인 255.255.255.255를 사용할 것이므로, 스케치를 구동시킬 장치에 연결된 라우터나 IP 주소는 중요하지 않다.

시리얼 통신처럼 하나의 스트림에서 데이터

```
/*
    UDP 방송 질의 송신 및 수신 프로그램
    환경: 프로세싱
 */
// UDP 라이브러리 포함
import hypermedia.net.*;

UDP udp;            // UDP 객체 초기화

void setup() {
  udp = new UDP( this, 43770 );      // UDP 포트를 연다.
  udp.listen( true );                // 들어오는 메시지 확인
}

void draw()
```

를 읽고 쓰는 세션 기반의 메시지 전달 방식과는 달리, UDP 메시지는 전송을 위한 주소와 포트를 포함시키는 udp.send() 명령어로 별개의 메시지를 한 번씩 각각 전송한다.

응답은 data[ ]라 불리는 배열에 저장되며, UDP 라이브러리의 receive() 함수는 한 번에 한 문자씩 출력한다.

```
{
}

void keyPressed() {
  String ip = "255.255.255.255";      // 목적지 IP 주소
  int port = 43770;                    // 목적지 포트
  udp.send("Hello!\n", ip, port );    // 전송할 메시지
}

void receive( byte[] data ) {
  // 들어오는 데이터를 아스키 문자로 출력한다.
  For (int thisChar=0; thisChar < data.length;
      thisChar++) {
    print(char(data[thisChar]));
  }
  println();
}
```

응답하기

다음 스케치는 UDP 메시지를 듣다가 같은 포트로 동일한 응답을 보낸다. 네트워크에 연결된 이더넷 실드를 사용하는 아두이노에 프로그램을 올리자.

» 이 부분은 자신이 사용하는 기기와 네트워크에 맞도록 수정한다.

```
/*
    UDP 질의에 응답
    환경: 아두이노
 */

#include <SPI.h>
#include <Ethernet.h>
#include <Udp.h>

// 아래에 제어기에 맞는 MAC 주소와 IP 주소를 넣는다.
// IP 주소는 네트워크에 따라 달라져야 한다.
byte mac[] = {
  0x00, 0xAA, 0xBB, 0xCC, 0xDE, 0x01 };
IPAddress myIp(192,168,1,20);
unsigned int myPort = 43770;     // 사용할 로컬 포트 번호

// UDP상으로 패킷을 송신하고 수신하기 위한 UDP 인스턴스
UDP query;

void setup() {
  // Serial 라이브러리 시작
  Serial.begin(9600);

  // 이더넷 접속 시작
  Ethernet.begin(mac, myIp);
  // 주소 출력
  for (int thisByte = 0; thisByte < 4; thisByte++) {
    Serial.print(Ethernet.localIP()[thisByte], DEC);
    Serial.print(".");
  }
  Serial.println();

  query.begin(myPort);
  // 이더넷 실드의 초기화를 위해 1초 동안 기다린다.
  delay(1000);
}
```

» loop()는 프로세싱 스케치에서 방송 메시지에서 사용된 것과 동일한 포트로 들어오는 UDP 패킷을 듣는 listen() 메서드만 호출한다.

UDP 패킷을 수신하는 것은 TCP 패킷을 수신하는 것과 약간 다르다. 각각의 패킷은 누가

```
void loop()
{
  listen(query, myPort);
}

void listen(UDP thisUDP, unsigned int thisPort) {
  // 들어오는 패킷이 있는지 확인해서 헤더를 분석한다.
```

보냈고 어떤 포트를 사용했는지를 나타내는 헤더를 포함하고 있는데, 이는 편지봉투와 비슷하다고 생각할 수 있다. 패킷을 수신하면 이 정보를 분석해야 한다. 아두이노 UDP 라이브러리의 parsePacket() 함수가 이 작업에 사용된다. 여기서 실제 어떻게 사용되는지 살펴보자.

먼저 parsePacket()을 이용해서 메시지 부분과 헤더 부분을 분리한다. 그런 다음 TCP 소켓과 시리얼 포트에서 이미 했던 것처럼 메시지 부분을 바이트 단위로 읽는다.

» 먼저 패킷을 분석해서 헤더 부분을 얻는다.

```
int messageSize = thisUDP.parsePacket();
// 패킷에 페이로드(payload)4부분이 있으면 모두 분석해서 저장한다.
if (messageSize > 0) {
  Serial.print("message received from: ");
  // 송신 주소와 포트를 얻어낸다.
  IPAddress yourIp = thisUDP.remoteIP();
  unsigned int yourPort = thisUDP.remotePort();
  for (int thisByte = 0; thisByte < 4; thisByte++) {
    Serial.print(yourIp[thisByte], DEC);
    Serial.print(".");
  }
  Serial.println(" on port: " + String(thisPort));
  // 페이로드 부분을 시리얼 포트로 보낸다.
  while (thisUDP.available() > 0) {
    // packetBuffer로부터 패킷을 읽는다.
    int udpByte = thisUDP.read();
    Serial.write(udpByte);
  }
  sendPacket(thisUDP, Ethernet.localIP(), yourIp,
             yourPort);
}
}
```

» 남은 메시지 부분을 읽는다.

» sendPacket() 메서드는 메시지를 보낸 주소와 포트로 응답 패킷을 전송한다. 응답 패킷의 메시지 부분에는 패킷을 받은 장치의 IP 주소가 ASCII 문자열 형태로 포함되어 있다.

UDP 메시지 전송 방식이 TCP를 통한 소켓 기반의 메시지 전송 방식과 어떻게 다른지 확인할 수 있을 것이다. 즉, 각각의 메시지 패킷마다 통신을 시작하고 끝내야 한다. beginPacket()을 호출하면 전송할 데이터를 이더넷 컨트롤러의 내부 메모리에 저장하기 시작하며, endPacket()을 호출하면 저장된 데이터를 전송한다.

```
void sendPacket(UDP thisUDP, IPAddress thisAddress,
    IPAddress destAddress, unsigned int destPort) {
  // 전송할 패킷을 만든다.
  thisUDP.beginPacket(destAddress, destPort);
  for (int thisByte = 0; thisByte < 4; thisByte++) {
    // 바이트 단위로 전송
    thisUDP.print(thisAddress[thisByte], DEC);
    thisUDP.print(".");
  }
  thisUDP.println("Hi there!");
  thisUDP.endPacket();
}
```

프로그램된 아두이노와 시리얼 모니터를 이용해서 직렬 연결을 연다. 아두이노가 IP 주소를 얻으면 아두이노 시리얼 모니터에 다음과 같은 메시지가 출력되는 것을 볼 수 있을 것이다.

```
192.168.1.20.
```

그 이후 프로세싱 스케치를 수행시키고 아무 키나 누르자. 아두이노 시리얼 모니터에서 다음과 같은 메시지를 볼 수 있을 것이다.

```
message received from: 192.168.1.1. on port: 43770
Hello!
```

이 주소는 여러분 컴퓨터의 IP 주소가 될 것이다. 프로세싱 모니터 부분에서 아래와 같은 값을 볼 수 있을 것이다.

```
Hello!
192.168.1.20.Hi there!
```

---

4 패킷에서 헤더 정보를 제외한 실제 정보.

첫 번째 Hello! 메시지는 프로세싱 자체에서 나온 것이다. 방송 메시지를 전송하면, 동일한 메시지가 전송자에게도 돌아온다. 두 번째 줄은 아두이노로부터 출력된 것이다. 만일 이 스케치를 수행하고 있는 아두이노 장치가 네트워크상에 여러 개 연결되어 있다면, 각각에 대해서 하나씩 응답 메시지를 얻을 수 있다.

이 루틴은 어떤 이더넷 기반의 프로젝트에서도 간편하게 사용할 수 있다. 패킷을 받을 수 있는 UDP 인스턴스와 포트 번호는 각각 제공해야 하지만, 장치에서 전송한 방송 질의에 대한 응답을 보내도록 할 때는 어떤 프로그램에서든 sendPacket() 함수를 사용할 수 있다.

802.15.4 방송 메시지를 통해 XBee 송신기 조회하기

UDP를 사용해서 서브넷에 있는 장치들을 확인했던 것과 같은 방식으로 XBee PAN(Personal Area Network: 개인 영역 통신망)에서도 확인해 볼 수 있다. XBee 무선망은 사용 가능한 무선 장치가 존재하는지 여부를 확인할 수 있는 노드 발견(node discovery)을 위한 명령을 가지고 있다.

AT 명령어 ATND\r를 내리면, XBee 무선 송신기는 동일한 PAN에 있는 다른 모든 무선 송신기들에 자기 자신을 식별해 달라는 요청이 담긴 방송 메시지를 전송한다. 송신기가 이 메시지를 받으면, 소스 주소, 일련 번호, 수신된 신호의 강도, 노드 식별자(node identifier)가 포함된 응답을 보낸다.

주의: 노드를 발견하려면, 송신기는 10A1 버전 이상의 XBee 펌웨어를 탑재하고 있어야 한다. 좀 더 자세한 것은 241페이지 'XBee 송신기의 펌웨어를 업그레이드하는 방법'을 읽어보자.

이 작업을 위해서는 컴퓨터에 시리얼 포트로 연결된 XBee 송신기가 최소한 두 개 이상 있어야 한다. 이런 일을 하는 가장 쉬운 방법은 XBee Explorer와 같은 USB-XBee 시리얼 변환기를 사용하는 것이다.

송신기들이 연결되어 동작되면, 둘 중 하나의 송신기로 직렬 터미널을 연결하고 +++라는 명령을 보낸 후, 송신기에서 OK 응답을 보낼 때까지 기다린다. 응답이 오면 ATND\r이라고 입력한다. (이때 \r은 캐리지 리턴을 의미하는 것이므로, 엔터 키나 리턴 키를 누른다.)

PAN의 범위 내에 다른 XBee 송신기가 있다면, 해당 송신기는 몇 초 내에 아래와 같은 형태의 문자열을 응답한다.

```
1234
13A200
400842A7
28
TIGOE1

5678
13A200
400842A9
1E
TIGOE3
```

문자열 묶음은 각각 서로 다른 송신기를 나타낸다. 첫 번째 숫자는 송신기의 소스 주소이다. (소스 주소는 ATMY 명령을 보냈을 때 얻을 수 있다.) 두 번째 숫자는 송신기 일련 번호의 상위 부분이고, 세 번째 숫자는 하위 부분이다. 네 번째 숫자는 수신된 신호의 강도를 표현하는 것으로서, 조회 메시지가 송신기에 도달했을 때 무선 신호가 얼마나 강했는지를 나타낸다. 마지막 줄은 송신기의 노드 식별자로, 사용자가 송신기의 이름으로 입력한 20자 이하의 문자열이다. 6장에서는 이 기능을 사용하지 않았으므로, 여러분이 사용하는 송신기에는 노드 식별자 문자열이 없을 수도 있다. 나중에 사용하기 위해서 노드 식별자를 설정하려면 ANTI myname WR\r를 입력하면 되고, 여기서 myname 부분은 원하는 이름으로 바꿔서 넣으면 된다.

방송 메시지는 여러 면에서 매우 유용하지만, 필요 이상의 무선 트래픽이 발생할 수 있으므로 꼭 필요할 때만 사용해야 한다. 다음 프로젝트에서는 작고 폐쇄된 네트워크상의 모든 송신기에 전송되는 방송 메시지를 사용해 볼 것이다.

XBee 통신기의 펌웨어를 업그레이드하는 방법

이 장에서 사용할 XBee AT 명령어 중 몇 개와 노드 발견 기능, 노드 식별자 등을 사용하려면 XBee 송신기의 펌웨어가 최소한 10A1 버전 이상으로 업그레이드되어 있어야 한다. 무선 송신기의 펌웨어 버전을 확인하려면 ATVR\r 명령을 전송하면 된다. 송신기에서 10A2라는 응답을 보냈을 수 있다. 숫자의 16진수 값이 10A1 혹은 그 이상인 경우 바로 사용할 수 있다. 하지만 값이 이보다 낮은 경우에는 http://www.digi.com/support/productdetail?pid=3352[5]에서 X-CTU 소프트웨어를 다운로드 한다. 이 소프트웨어가 윈도우 환경에서만 구동된다는 점은 Mac OS-X나 리눅스 사용자에게는 좋지 않은 소식일 것이다. 따라서 VirtualBox(무료), Parallels, VMWare를 사용하거나, Bootcamp (Mac 사용자), 듀얼 부팅(리눅스 사용자)을 통해서 윈도우로 부팅해서 이 소프트웨어를 구동시킬 수 있다.

소프트웨어를 설치한 후 구동시킨다. PC Setting 탭에서 XBee 송신기와 연결된 시리얼 포트를 선택할 수 있는데, 포트만 선택하고 나머지 설정은 원래 지정된 대로 놔두면 된다. 펌웨어를 업데이트할 수 있는 모뎀 설정(Modem Configuration) 탭을 클릭하고, Read 버튼을 클릭해서 송신기에 있는 현재 펌웨어를 읽으면, 그림 7-2와 같이 송신기의 설정이 매우 복잡하게 표시된다. 펌웨어의 버전은 화면의 우측 상단 구석에 나타난다. 이 풀다운 메뉴를 끌어내려서 사용할 수 있

는 가장 최신 버전의 펌웨어를 확인할 수 있다. 여기서 가장 최신 버전을 선택하고, "Always update firmware" 체크 박스를 선택한다. Function Set 메뉴는 XBEE 802.15.4로 선택된 상태로 둔 다음 Write 버튼을 클릭하면, 소프트웨어에서 새로운 펌웨어를 송신기로 다운로드하고, 사용할 준비가 된다. X-CTU 소프트웨어는 AT 명령어들을 사용하지 않고도 송신기의 설정을 변경하고 기록할 수 있으므로, 자주 사용할 만하다.

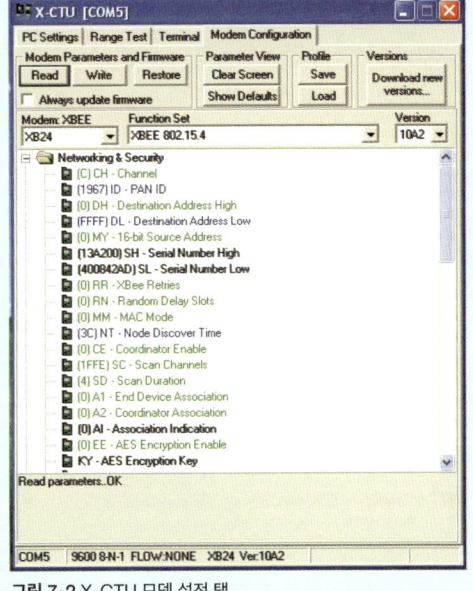

그림 7-2 X-CTU 모뎀 설정 탭.

---

[5] 혹은 http://www.digi.com/support/supporttype?type=utilities에서 XCTU 선택.

프로젝트 13
작업실에 유해 화학물질이 있는지 보고하기

만일 작업실을 이용하고 있다면 이번 프로젝트에 감사하게 될 것이다. 휘발성 가스 센서에 XBee 무선 송신기를 붙여서 작업실 공기 중의 솔벤트 농도를 측정하는 데 이용할 수 있다. 작업실에서 혼자 작업을 할 때는 사용하는 화학물질의 냄새에 둔감해질 수 있는데, 이 프로젝트는 이런 문제를 해결할 수 있는 방법이 될 것이다.

센서의 값은 두 개의 서로 다른 무선 송신기로 전송된다. 하나는 웹서버로 사용되는 인터넷으로 연결된 이더넷 실드가 붙어 있는 아두이노 송신기이고, 다른 하나는 심벌즈를 치는 장난감 원숭이와 연결된 송신기로서, 집 안 어디에든 둘 수 있고 작업실의 유기 솔벤트 농도가 어느 수준 이상 넘어가면 시끄러운 소리를 발생시킨다. 이 방식으로 작업실에 독성 물질이 있는 경우 다른 가족들도 이 사실을 즉시 알 수 있다. 원숭이가 마음에 들지 않으면, 트랜지스터로 스위치를 켤 수 있는 것이라면 어떤 것이든 사용해도 된다.

그림 7-3은 이 프로젝트의 모든 요소들을 보여주며, 그림 7-4는 이 프로젝트의 네트워크를 보여준다.

그림 7-3 독성 물질 감지 시스템의 완성된 모습. 센서, 원숭이 인형, 네트워크 연결.

> ⚠️ 이 프로젝트는 시연용으로 만든 것이다. 센서 회로가 제대로 조정되어 있지 않으므로 생명을 구하지 못할 수 있으며, 단지 주변 환경에 솔벤트가 약간 더 많다는 것을 알려줄 수 있다. 유기화합물의 농도를 정밀하게 측정해야 할 경우에는 이 회로를 신뢰하지 말라. 센서 회로를 정확히 조정하는 방법을 알려면 센서 제조사의 문서를 참조할 것.

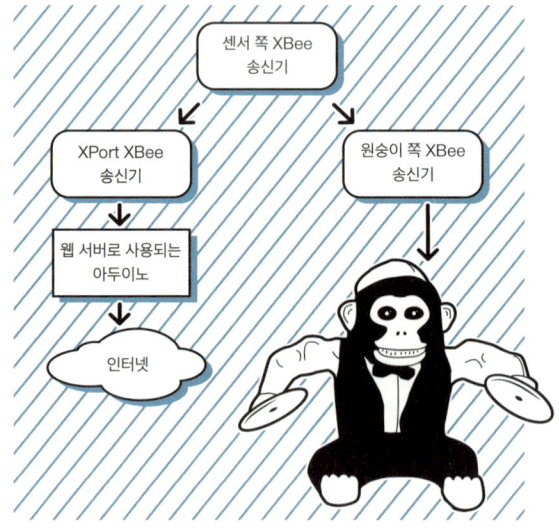

그림 7-4 독성 화학물질 센서 프로젝트의 네트워크 다이어그램.

준비물

- USB-XBee 시리얼 변환기 1개

센서부 회로
- 납땜이 필요 없는 브레드보드 1개
- Digi XBee OEM RF 모듈 1개
- 5V 전압조정기 1개
- 3.3V 전압조정기 1개
- 9-12V DC 전원 1개. 9V 전지나 플러그를 꼽는 어댑터도 된다.
- XBee 연결용 보드 1개
- 0.1인치 헤더 핀 2줄
- 2mm 헤더 소켓(암놈) 2줄
- 1μF 커패시터 1개
- 10μF 커패시터 1개
- Hanwei 가스 센서 1개
- 가스 센서 연결용 보드 1개
- LED 2개
- 220옴 저항 2개
- 10k옴 저항 1개

인터넷 연결부 회로
- 아두이노 마이크로컨트롤러 모듈 1개
- 아두이노 이더넷 실드 1개
- Digi XBee OEM RF 모듈 1개
- 아두이노 무선 실드 1개. 이 실드를 사용하는 경우에는 아래에 있는 것은 필요 없다. 아래 부품들은 XBee를 아두이노에 연결하기 위한 것들이다.
- 납땜이 필요없는 브레드보드 1개
- 3.3V 전압조정기 1개
- 1μF 커패시터 1개
- 10μF 커패시터 1개
- XBee 연결용 보드 1개
- 0.1인치 헤더핀(암놈) 2줄
- 2mm 헤더 핀 2줄
- LED 2개
- 220옴 저항 2개

심벌즈 치는 원숭이 회로
- 납땜이 필요 없는 브레드보드 1개
- Digi XBee OEM RF 모듈 1개
- 심벌즈 치는 원숭이 인형 1개

주의: 원숭이 인형이 3V 전원을 사용하는 경우(예를 들어 D형 전지 2개를 사용해서), 3.3V 전압조정기는 없어도 된다. 물론 송신기에 충분한 전류를 보낼 수 있어야 한다. 지시한 대로 회로를 연결한 후 송신기가 불안정하게 동작한다면, 원숭이 쪽의 모터가 대부분의 전력을 소모하는 것이다. 이럴 때는 송신기를 위한 전원을 따로 분리해야 한다.

- 3.3V 전압조정기 1개
- XBee 연결용 보드 1개
- 0.1인치 헤더 핀 2줄
- 2mm 헤더 핀(암놈) 2줄
- LED 2개
- 220옴 저항 2개
- 10K 미세조정 가변저항 1개
- TIP120 달링턴 NPN 트랜지스터 1개
- 1N4004 전력 다이오드 1개
- 1k옴 저항 1개
- 100μF 커패시터 1개

이 프로젝트에서는 세 개의 회로를 각각 만들어야 하므로, 부품 목록도 따로 설명했다. 대부분의 부품은 이 책의 판매점 목록에 있는 소매점뿐 아니라 다른 곳에서도 쉽게 구할 수 있을 것이다.

송신기 설정

USB-XBee 시리얼 변환기를 송신기 중 하나에 연결한다. 이 장치는 송신기를 설정하는 데만 사용할 것이다. 여기서는 세 개의 송신기(센서 쪽 송신기, 원숭이 인형 쪽 송신기, 아두이노의 송신기)를 사용한다. 6장에서 송신기의 주소, 목적지 주소, PAN ID 등을 어떻게 설정하는지 알아보았는데, 이 프로젝트에서는 I/O 핀의 동작을 설정하는 방법을 살펴볼 것이다.

예를 들어, 디지털과 아날로그 I/O 핀들은 입력 혹은 출력으로 동작하거나, 동작하지 않도록 설정할 수 있다. 또한 해당 핀을 디지털 입력이나 아날로그 입력으로 사용할지, 혹은 디지털 출력이나 펄스 폭 변조(PWM; pulse-width modulation) 출력으로 설정할 수도 있다. 출력 핀의 동작을 다른 송신기에서 발신한 신호와 연결시키는 것도 가능하다.(XBee를 어떻게 설정해야 하는지 기억나지 않는다면 프로젝트 10의 1단계를 살펴볼 것.)

이 프로젝트의 핵심은 센서 쪽의 송신기 부분이다. 첫 번째 아날로그 입력 핀(AD0, 20번 핀)에 걸린 아날로그 전압을 읽어서, 그 값을 동일한 PAN에 있는 송신기로 방송하도록 설정해야 한다. 다음과 같이 설정하면 된다.

- ATMY01: 센서 송신기의 소스 주소 설정.
- ATDLFFFF: 목적지 주소는 PAN 전체로 방송하기 위한 주소로 설정.
- ATID1111: PAN 설정.
- ATD02: 0번 I/O핀(D0)이 아날로그 입력으로 동작하도록 설정.
- ATIR64: 아날로그 입력의 샘플링 주기를 100밀리초로 설정(0x64 hex).
- ATTT5: 송신기에서 전송 전에 5개의 샘플을 모아 전송할 수 있도록, 전송 주기를 500밀리초로 설정. (5 샘플×100밀리초의 샘플링 주기=500밀리초)

원숭이 쪽 수신기는 PAN의 메시지를 받아들이도록 설정하며, 어떤 송신기에서라도 아날로그 센서에서 읽은 값을 서로 약속된 포맷으로 전송하면, 첫 번째 펄스폭 조정기 출력(PMW0)으로 받은 값을 출력한다. 달리 말하면, 원숭이 쪽 수신기의 PWM0 출력은 센서 쪽 송신기의 아날로그 입력과 연결되어 있다고 할 수 있다. 설정은 다음과 같다.

- ATMY02: 원숭이 쪽 송신기의 소스 주소 설정.
- ATDL01: 센서 쪽 송신기(주소 01)로만 전송할 수 있도록 목적지 주소 설정. 실제로 전송하지는 않을 것이므로 어떤 것이든 관계없다.
- ATID1111: PAN 설정.
- ATP02: PWM 0번 핀(P0)을 PWM 출력으로 동작하도록 설정.
- ATIU1: 어떤 I/O 데이터 패킷이라도 시리얼 포트로 전송되도록 송신기를 설정. 이는 디버깅 용도로만 사용할 것이므로, 최종 프로젝트에서는 송신기의 시리얼 포트에 아무것도 연결하지 않아도 된다.
- ATIA01 또는 ATIAFFFF: 01번지(센서 쪽 송신기의 주소)에서 받은 I/O 데이터 패킷을 이용해서 송신기의 PWM 출력을 만들도록 설정한다. 만일 이 값을 FFFF로 설정하면, PAN 내의 어떤 송신기에서 수신한 데이터라도 PWM 출력으로 사용될 것이다.

아두이노의 송신기는 PAN의 메시지를 수신한 후, 수신된 메시지를 시리얼 포트를 통해서 XBee로 보낸다. 작업이 가장 적기 때문에 이 송신기의 설정이 가장 간단하다. 다음과 같이 설정하자.

- ATMY03: 송신기의 소스 주소를 설정.
- ATDL01: 센서 쪽 송신기(주소 01)로만 메시지를 보낼 수 있도록 설정. 실제로는 송신할 일이 없으므로 큰 문제는 아니다.
- ATID1111: PAN 설정.
- ATIU1: I/O 데이터 패킷은 모두 직렬 출력으로 보내도록 설정. 이 데이터는 연결된 아두이노로 전달된다.

주의: 프로젝트를 시작하기 전에 XBee 송신기를 초기 상태로 리셋하려면 ATRE\r 명령을 보내면 된다.

다음은 모든 설정에 대한 요약이다.

센서 쪽 송신기	원숭이 쪽 송신기	XPort 송신기
MY = 01	MY = 02	MY = 03
DL = FFFF	DL = 01	DL = 01
ID = 1111	ID = 1111	ID = 1111
D0 = 2	P0 = 2	IU = 1
IR = 64	IU = 1	
IT = 5	IA = 01(또는 FFFF)	

모든 설정은 WR 명령어를 이용해서 각 송신기의 메모리에 저장해야 한다. 모든 설정은 한 줄씩 입력할 수도 있고, 한 번에 입력할 수도 있다. 예를 들어, 센서 쪽 송신기에 다음과 같이 입력하고, 송신기로부터 OK라는 응답이 올 때까지 기다리자.

+++

그 후에 다음과 같이 입력한다.(D02에서 0은 숫자 0 이다.)

```
ATMY1, DLFFFF\r
ATID1111, D02, IR64\r
ATIT5, WR\r
```

원숭이 쪽 송신기의 설정은 다음과 같다.

```
ATMY2, DL1\r
ATID1111, P02\r
ATIU1, IA1, WR\r
```

다음은 아두이노 쪽 송신기의 설정이다.

```
ATMY3, DL1\r
ATID1111, IU1, WR\r
```

회로

송신기를 설정했으면 이제 센서, 원숭이, 아두이노의 회로를 만들 차례다. XBee 송신기는 전원부에 디커플링 커패시터가 없으면 신뢰성이 떨어지는 경향이 있으므로, 모든 회로에서 전압조정기의 양쪽 단자에 이를 모두 붙여야 한다.

센서 회로

가스 센서는 5V 전원을 공급 받으므로, 5V 전압조정기와 XBee를 위한 3.3V 전압조정기를 달아야 하며, 이를 위해서 최소한 9V 전압을 공급해 줄 수 있는 전원 공급기가 있어야 한다. 전원 공급기로는 9V 건전지나 9-12V DC 전원 어댑터를 사용할 수 있다. 그림 7-5는 이 회로를 보여준다. 가스 센서는 일반적인 상태에서 3.3V 이하의 출력 전압을 보여야 하지만, XBee에 연결하기 전에 점검해볼 필요가 있다.

XBee의 아날로그 입력과 연결될 센서의 출력 부분을 아직 연결하지 않은 상태에서 회로에 전원을 연결한 후, 전원을 넣고 센서 부분에 들어 있는 히터에 충분히 열이 가해질 때까지 1~2분 기다리자. 그 후에 그라운드와 센서 출력 간에 걸리는 전압 차이를 측정한다. 공기 중에 휘발성 유기 화합물(VOCs: volatile organic compounds)이 없다면 대략 0.1볼트가 측정될 것이다.

센서에 전원이 연결된 상태에서 유기 용제가 들어 있는 병(예를 들면 알코올이 많이 들어 있는 손소독제 같은 것)을 들고 와서 센서 쪽으로 냄새가 퍼지도록 가볍게 불어보자. 이때 숨을 들이마시지 않도록 주의해야 한다. 아마도 3볼트를 초과하는 전압이 측정될 것이다. 만일 전압이 3.3V를 넘으면, 저항을 변경해서 용제의 냄새가 아무리 짙어지더라도 결과가 3.3V를 넘지 않도록 만들어야 한다. 센서의 출력 전압이 허용 범위 안에 있도록 조정했다면, 이제 XBee의 아날로그 입력인 20번 핀에 연결하자. XBee의 전압 참조 핀(14번 핀)에 3.3V를 연결하는 것도 잊으면 안 된다.

주의: 센서를 점검하고 난 후에는 작업 공간을 즉시 환기하자. 유독물 감지 센서를 만들기 위해서 중독될 필요는 없다.

XBee가 센서 값을 제대로 읽었는지 확인하기 위해서 TX 핀과 RX 핀을 USB-XBee 시리얼 변환기의 TX 핀과 RX 핀에 각각 연결하고, 그라운드선을 같이 연결한다. 이 작업을 할 때는 소켓에 XBee가 들어 있으면 안 된다. 즉, 이 변환기는 단지 회로 연결을 위해서만 사용하는 것이다.

이제 변환기를 컴퓨터에 연결하고 직렬 연결을 연다. +++를 입력하고 OK가 나타날 때까지 기다린 후, ATIS\r을 입력하자. 이 명령은 XBee가 아날로그 입력을 읽어서 시리얼 포트로 그 값을 전달하도록 한다. 다음과 같은 응답을 얻을 수 있을 것이다.

```
1
200
3FF
```

그림 7-5 XBee 송신기가 가스 센서와 연결되어 있다. 여기서는 MQ-6을 사용했지만, 이 회로는 수많은 Hanwei 센서와 잘 동작한다. 센서의 출력 전압 범위를 조정하기 위해서 10K 저항을 바꾸어야 할 수도 있다. 브레드보드 아래쪽에 있는 연결용 보드에 XBee가 붙어 있다. XBee의 핀은 브레드보드에 맞는 형태가 아니므로 연결용 보드가 필요하다.

» 이 장의 여러 프로젝트에서 LD1117-33V 3.3V 전압조정기를 사용하는데, 이 전압조정기의 핀 배치는 이 책에서 사용되는 다른 전압조정기의 핀 배치와 다르다. 따라서 데이터 시트를 참조해서 핀을 제대로 사용하고 있는지 확인해야 한다. 항상 데이터 시트를 확인하는 습관을 길러야 하는데, 칩을 잘못 사용할 경우 전압 조정기뿐 아니라 회로의 다른 부품들까지 손상될 수 있기 때문이다.

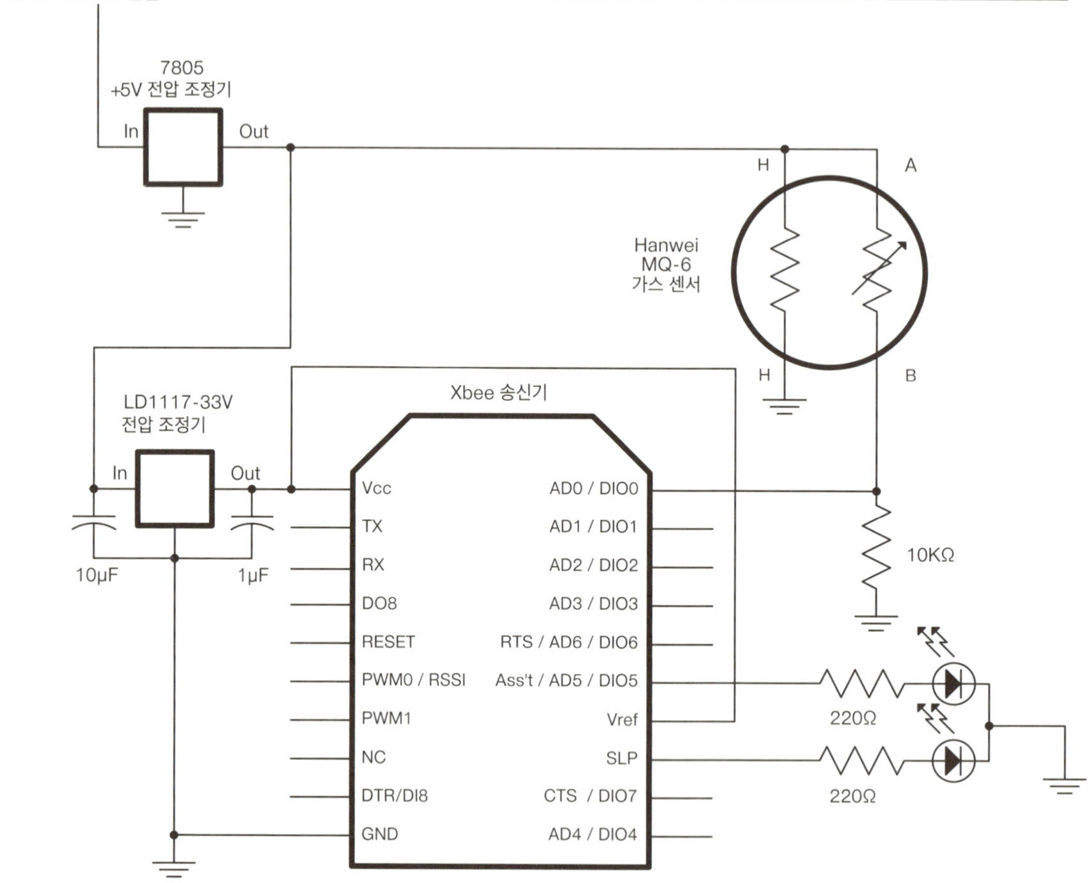

어떤 값이 나왔더라도 단지 어떤 것을 감지했음을 알려주는 것이므로 아직 걱정할 필요는 없다. 이 프로젝트를 완성해 가면서 실제 값을 얻을 수 있을 것이다.

원숭이 회로

원숭이 인형을 제어하기 위해서 원숭이의 모터와 스위치에 있는 연결을 끊고, 그림 7-6에 있는 회로에 모터를 직접 연결하자. 원숭이 쪽의 배터리 팩은 3V를 공급하는데, 이는 XBee 송수신기에도 충분한 전압이므로 원숭이 쪽 회로로부터 송수신기의 전원을 공급받도록 한다. 배터리 팩의 전원과 그라운드 단자를 보드에 연결하자. 만일 원숭이가 다른 전압에서 동작한다면 송수신기 회로가 최소한 3V를 받을 수 있도록 회로를 조작해야 한다. 그림 7-7은 원숭이의 내부 구조를 변경한 것을 보여준다. 여기서는 원숭이와 보드를 연결할 때 구식 전화 코드를 사용했다.

심벌즈 치는 원숭이 회로는 송수신기가 수신하

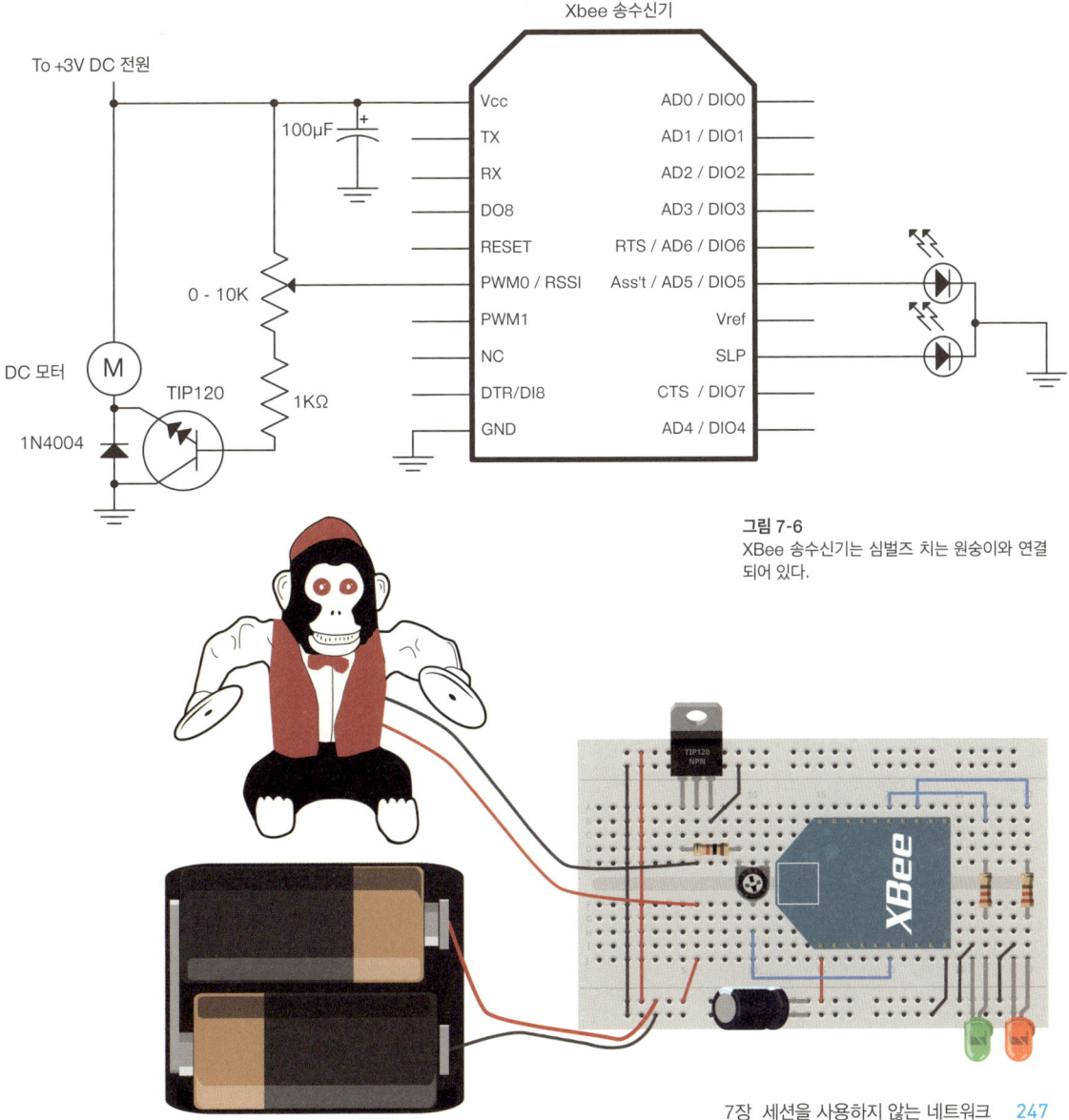

그림 7-6
XBee 송수신기는 심벌즈 치는 원숭이와 연결되어 있다.

7장 세션을 사용하지 않는 네트워크 247

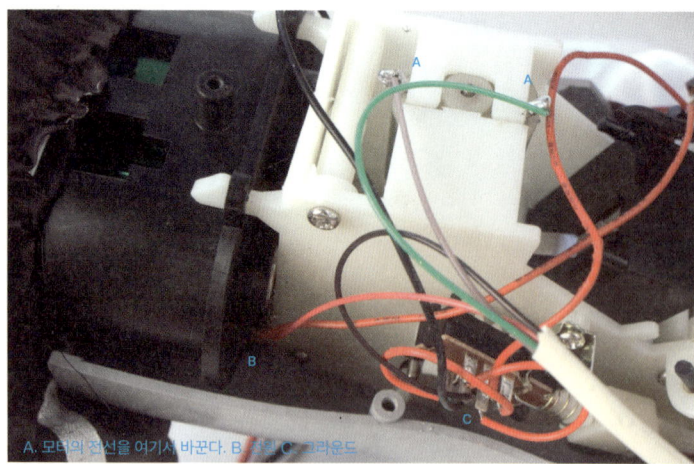

그림 **7-7** 배선이 변경되어 있는 원숭이의 내부를 보여준다. 배터리의 양극 단자와 브레드보드의 전원 부분을 납땜하고, 그라운드 부분은 전원의 그라운드 단자와 납땜한다. 현재 있는 모터 쪽 단자와 연결을 끊어서 브레드보드로 새롭게 연결한다.

A. 모터의 전선을 여기서 바꾼다. B. 전원 C. 그라운드

여 출력한 변수 값을 받아서 on-off 스위치를 제어할 때 사용한다. XBee 송신에서 나온 PWM 출력은 TIP120 트랜지스터의 베이스 단자를 제어하며, 원숭이는 회로의 TIP120 달링턴 트랜지스터(Darlington transistor)에 의해서 제어되는 모터를 내장하고 있다. 트랜지스터의 베이스 단자 전압이 높아지면 모터가 켜지고, 베이스 단자의 전압이 낮아지면 모터가 꺼진다. 모터는 물리적 관성을 가지고 있으므로 펄스의 길이가 짧고 펄스 간의 시간이 길면 모터가 회전하지 않는다. 펄스 폭에서 펄스와 정지 기간의 비율을 나타내는 듀티 사이클(duty cycle)[6]이 충분히 크다면 모터가 회전하기 시작한다.

회로를 점검하기 위해서는 센서 쪽 송신기가 정상적으로 동작해야 하고, 켜져 있어야 한다. 센서의 값이 낮으면 모터는 정지할 것이고, 휘발성 유기 화합물의 농도가 높다는 것을 센서가 읽어내면 모터가 동작해서 원숭이가 심벌즈를 울려서 경보를 알린다.

일단 가변저항의 값을 높여둔 상태로 시작해서, 모터가 꺼질 때까지 천천히 돌린다. 이 시점에서 센서를 알코올에 노출시키면 모터가 다시 켜지고, 센서 주변의 공기를 환기하면 다시 모터가 멈출 것이다. 모터의 회로가 제대로 동작하는지 확신이 없다면, 모터 대신 트랜지스터의 컬렉터 부분과 3V 전원 부분 사이에 LED와 220옴 저항을 직렬로 연결하자. 센서가 높은 값을 읽으면 LED는 점차 밝아질 것이고, 읽은 값이 낮은 경우 LED가 어두워질 것이다. LED에는 모터와 같은 물리적인 관성이 없으며 전류를 더 적게 소모하므로, 훨씬 작은 듀티 사이클에서도 불이 들어온다.

아두이노 회로

이 프로젝트에서 아두이노 무선 실드를 사용하는 사람은 이더넷 실드나 아두이노 이더넷 보드 위에 이 실드를 올리고, 두 보드를 모두 마이크로컨트롤러와 연결하기만 하면 된다. 이 회로를 직접 만든다면, 그림 7-8과 같은 형태가 될 것이다.

아두이노 이더넷과 XBee 회로는 6장의 이중 무선 전송 프로젝트에서 사용했던 회로와 매우 비슷하다. 뭔가 다르게 해야 하는 것은 이더넷 실드 부분뿐이다. 물론 아두이노는 XBee 쪽으로 메시지를 전달하지 않고 단지 듣기만 할 것이므로, XBee의 수신

---

[6] 사용률이라고도 한다.

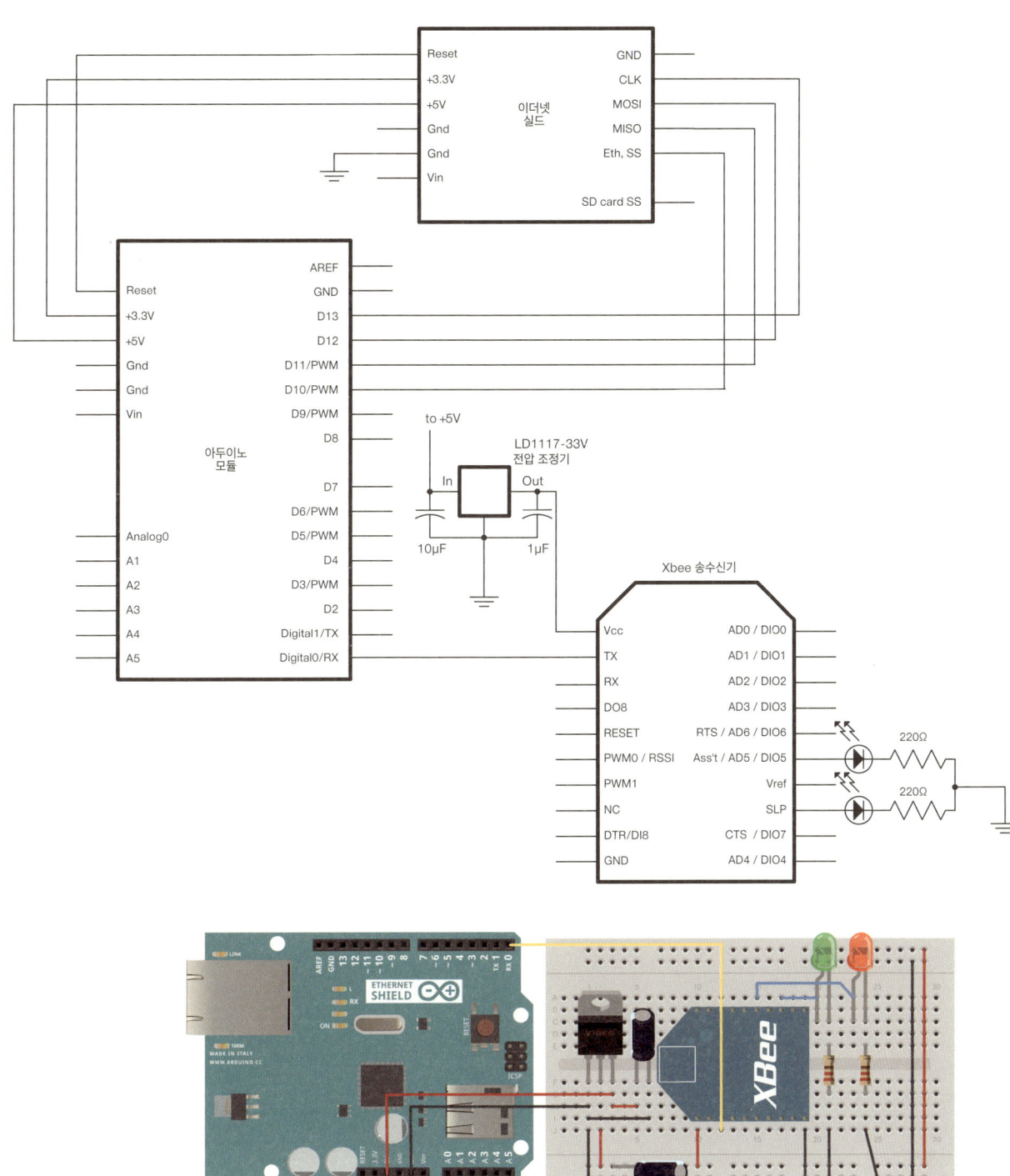

그림 7-8

쪽과 아두이노의 송신 쪽을 연결할 필요는 없으며, 앞의 프로젝트에서 사용했던 LED나 가변저항도 필요하지 않다.

아두이노가 가스 센서 XBee로부터 메시지를 받아들이면, 메시지를 분석해서 센서 값을 추출하고, 이를 전압으로 바꾼다. 또한 아두이노는 웹 서버로 동작할 것이므로 센서의 값은 웹을 통해서 확인할 수 있다. 이런 작업을 할 때 가장 좋은 방법은 일단 작업을 두 부분으로 나누는 것이다. 즉, XBee의 메시지를 읽어서 분석하는 부분을 구성한 후에 웹 서버 부분을 추가하는 방식이다.

XBee 프로토콜 읽기

지금까지 메시지 프로토콜에 대해서 깊이 이해하지 않은 채로 XBee 무선통신을 사용해 왔다. 이제 프로토콜을 해석해 보자. XBee 송신기는 전송 전에 아날로그-디지털 변환기로부터 읽은 값을 패킷으로 변환한다. 패킷의 포맷은 Digi XBee 802.15.4 사용자 매뉴얼에 설명되어 있다. 이는 다음과 같이 동작한다.

- Byte 1: 0x7E, 시작 바이트 값
- Byte 2-3: 패킷의 크기(2바이트). 이 값은 다른 설정에 따라서 달라진다.
- Byte 4: API 구분 값으로어떤 것에 대한 응답인지 나타낸다.
- Byte 5-6: XBee 송신자의 주소
- Byte 7: 수신된 신호의 강도 표시자(RSSI; Received Signal Strength Indicator)
- Byte 8: 방송 옵션(여기서는 사용하지 않음)
- Byte 9: 패킷에 있는 샘플의 수(앞에서 IT 명령어를 이용해서 5로 설정했다.)
- Byte 10-11: 현재 어떤 I/O 채널이 사용되고 있는지 나타낸다. 이 예에서는 하나의 아날로그 채널(AD0)만 사용하며, 디지털 채널은 사용하지 않는다고 가정한다.
- Byte 12-21: 10비트짜리 값으로서 전송단에서 보내는 ADC 샘플 값이다. 각각의 10비트 샘플은 0볼트에서 XBee의 최대 전압인 3.3V까지를 표시하게 되므로, 0은 0V를, 1023은 3.3V를 의미한다. 따라서 센서 값의 정밀도는 3.3/1024, 즉 0.003볼트가 된다.

모든 패킷은 0x7E(10진수로 126)라는 상수 값으로 시작하므로 이 값을 확인해서 패킷의 시작 시점을 알 수 있다.

읽어 보자

다음 스케치는 여러 바이트를 읽어서 0x7E 값을 만나기 전까지 그 값을 배열에 넣는 동작을 하는 것이다. 이후에 센서의 값을 찾아내기 위해서 배열을 해석한다. 이런 작업을 시작하려면 메시지의 길이(혹은 패킷의 길이), 배열, 배열에서 어디까지 처리했는지 나타내는 카운터 등이 있어야 한다. 그런 다음 시리얼 통신을 설정해야 한다.

```
/*
    XBee 메시지 읽기
    환경: 아두이노
 */
const int packetLength = 22;        // XBee 데이터 메시지는 22바이트 길이
int dataPacket[packetLength];       // XBee 데이터를 가지기 위한 배열
int byteCounter = 0;                // XBee에서 수신된 데이터를 위한 카운터

void setup() {
  // 시리얼 통신 시작
  Serial.begin(9600);
}
```

» 이 스케치에서 메인 루프는 별로 하는 일이 없이, 그저 바이트 단위로 작업을 수행하는 listenToSerial() 함수를 호출할 뿐이다.

```
void loop() {
  // 들어오는 직렬 데이터를 받음:
  if (Serial.available() > 0) {
    listenToSerial();
  }
}
```

» 처음에는 바이트 단위의 데이터를 읽으면서 0x7E 값을 찾고, 이 값을 찾으면 개행 문자를 출력한다. 어떤 값이든지 각 바이트들은 공백 문자로 구분된다.

주의: 이 회로에서는 일부러 아두이노의 송신 핀과 XBee의 수신 핀을 서로 연결하지 않았다. 이 방식을 통해서 직렬 연결을 XBee로부터의 수신과 디버깅 정보를 시리얼 모니터로 전송하는 두 가지 목적에 모두 사용할 수 있다.

```
void listenToSerial() {
  // 들어오는 바이트를 읽는다.
  int inByte = Serial.read();
  // 0x7E부터 새로운 패킷이 시작된다.
  if (inByte == 0x7E ) {
    Serial.println();
  }
  // 바이트를 출력한다.
  Serial.print(inByte, DEC);
  Serial.print(" ");
}
```

» 이 스케치를 구동시키면, 오른쪽과 같은 결과를 얻을 수 있을 것이다.

126(16진수로는 0x7E)으로 시작하는 줄은 각각 하나의 XBee 메시지다. 대부분은 앞에서 설명한 패킷 포맷과 같이 22바이트로 구성되어 있다. 이쯤에서 왜 출력된 첫 번째 줄은 완전하게 한 줄을 이루지 못했는지 궁금할 것이다. 이는 아두이노가 켜져서 처음 데이터를 수신하기 시작할 때 XBee가 어떤 바이트를 보내고 있었는지 알아낼 방법이 없기 때문이다. 그렇지만 완전하지 않은 패킷은 다음 코드를 통해서 배제되므로 문제될 것이 없다.

```
201 1 201 1 200 1 197 91
126 0 18 131 0 1 43 0 5 2 0 1 197 1 196 1 198 1 198 1 197 106
126 0 18 131 0 1 43 0 5 2 0 1 197 1 193 1 193 1 192 1 192 125
126 0 18 131 0 1 44 0 5 2 0 1 194 1 194 1 193 1 190 1 190 130
126 0 18 131 0 1 43 0 5 2 0 1 189 1 189 1 191 1 190 1 190 143
126 0 18 131 0 1 43 0 5 2 0 1 190 1 186 1 186 1 186 1 188 156
126 0 18 131 0 1 43 0 5 2 0 1 187 1 187 1 186 1 183 1 183 166
126 0 18 131 0 1 43 0 5 2 0 1 182 1 182 1 184 1 183 1 183 178
126 0 18 131 0 1 43 0 5 2 0 1 181 1 180 1 179 1 179 1 182 191
126 0 18 131 0 1 43 0 5 2 0 1 181 1 181 1 180 1 178 1 177 195
126
```

프로그램을 다듬자

각각의 패킷이 특정 배열에 저장되어 있다면 다루기 편할 것이다. 앞의 코드에서는 이를 위해서 설정 부분 앞에서 전역변수를 선언해서 사용했다.

다음으로 listenToSerial() 함수를 변경해서 dataPacket 배열을 해석하는 코드를 넣고, 이후에 새로운 데이터를 수신하기 위해서 빈 배열을 하나 준비한다. if 문에서 파란색으로 표시된 코드는 완전히 변경된 부분이며, 바이트와 공백을 출력하는 두 줄은 제거했다.

이 함수는 중간에 패킷의 12번째 바이트에

```
void listenToSerial() {
  // 입력되는 바이트를 읽는다.
  int inByte = Serial.read();
  // 새로운 패킷은 0x7E로 시작한다
  if (inByte == 0x7E ) {
    // 이전의 패킷을 해석하고, 읽어낸다.
    int thisReading = parseData();
    // 읽어낸 값을 출력한다.
    Serial.println(thisReading);
    // 데이터 배열을 비운다.
    for (int thisByte = 0; thisByte < packetLength;
        thisByte++) {
      dataPacket[thisByte] = 0;
    }
    // 수신 바이트 카운터를 초기화한다.
    byteCounter = 0;
  }
}
```

서 21번째 바이트에 걸쳐 존재하는 센서 값을 추출하고 평균을 내는 parseData() 함수를 호출한다.

```
// 만일 바이트 카운터가 데이터 패킷 길이보다 짧다면,
// 이 바이트를 데이터 배열에 추가한다.
if (byteCounter < packetLength) {
  dataPacket[byteCounter] = inByte;
  // 바이트 카운트를 증가시킨다.
  byteCounter++;
  }
}
```

해석하자

이 함수는 전체 메시지를 바이트 단위로 검색하면서 여러 바이트로부터 관련 있는 값을 조합한다. 이 작업이 끝나면 패킷 안에 있는 샘플 5개의 평균값을 반환한다.

```
int parseData() {
  int adcStart = 11;         // ADC가 읽은 값은 12번째 바이트부터 있다.
  int numSamples = dataPacket[8];  // 패킷 안에 있는 샘플의 수
  int total = 0;             // ADC가 읽은 값의 합

  // 주소를 읽는다. 이는 2바이트짜리 값이므로
  // 다음과 같은 방법으로 합할 수 있다.
  int address = dataPacket[5] + dataPacket[4] * 256;

  // <numSamples> 수만큼 10비트 아날로그 값을 읽는다.
  // 이 값은 2바이트 길이이므로 두 번 읽어야 한다.
  for (int thisByte = 0; thisByte < numSamples * 2;
      thisByte=thisByte+2) {
    // 10비트 값 = 상위 바이트 * 256 + 하위 바이트;
    int thisSample = (dataPacket[thisByte + adcStart] *
      256) + dataPacket[(thisByte + 1) + adcStart];
    // 나중에 평균을 내기 위해서 결과를 총합에 더한다.
    total = total + thisSample;
  }
  // 결과 값을 평균 낸다.
  int average = total / numSamples;
  return average;
}
```

이 스케치를 실행시키면 센서 쪽 XBee 송신기로부터 메시지를 받을 때마다 0에서 1023 사이의 값을 얻을 수 있다. 다음 단계로 진행하기 전에 반드시 제대로 된 값을 얻어야 한다. 그렇지 않으면 각 바이트의 값을 출력했던 첫 버전의 스케치를 사용하는 것이 문제를 확인하는 데 도움이 된다. 어떤 작업을 처리하기 전에 실제로 수신된 모든 바이트를 확인하는 것이 문제를 해결하는 가장 좋은 방법이다. 다음에 일반적으로 겪을 수 있는 문제점을 나열했다.

- 데이터를 받았는가? 받지 못했다면 센서 쪽 XBee에서 데이터를 전송하고 있는가?

- 각각의 송신기는 정확히 설정되었는가? 각 송신기를 USB-XBee 시리얼 변환기에 연결해서 직렬 터미널 프로그램으로 확인해 보자.

- 수신 측 송신기에 적절한 전원이 공급되고 있는가? 수신 측 XBee의 1번 핀과 10번 핀 사이에 걸리는 전압을 확인해 보자. 만일 구형 아두이노를 사용하고 있다면 전압조정기 없이 3.3V 출력을 전달하고 있을 수도 있는데, 이 경우 송신기에 충분한 전원이 공급되지 않을 수 있다. 초기 버전의 아두이노(우노 이전의 것들)는 3.3V 출력 부분에서 많은 전류를 공급할 수 없다.

그림 7-9에 있는 조언을 따르면 문제 해결이 좀 더 쉬워질 수 있다. 제대로 수신하고 있다는 것을 확인하면 이제 웹 서버 코드를 추가할 차례다.

그림 7-9 문제 해결이 끝날 때까지 XBee 송신기에 번호표를 붙여서 두 송신기의 설정을 반복해서 확인하지 않도록 구분하는 것이 좋다.

서버로 만들자

이제 XBee 메시지를 읽을 수 있게 되었으니, 웹 서버를 만들 수 있는 코드를 추가하자. 이 스케치에서 추가할 부분은 4장의 RGB 서버와 아주 비슷하다.

우선 이더넷과 SPI 라이브러리를 포함시키고, 스케치의 맨 윗부분에 사용할 전역변수 몇 개를 더 추가한다. 새로 추가된 줄은 파란색으로 표시되어 있다.

```
// SPI와 이더넷 라이브러리를 include
#include <SPI.h>
#include <Ethernet.h>

// 웹서버 인스턴스 초기화
Server server(80);

// 서버를 위한 이더넷 MAC 주소와 IP 주소 설정:
byte mac[] = {
  0x00, 0xAA, 0xBB, 0xCC, 0xDE, 0x01 };
IPAddress ip(192,168,1,20);

String requestLine = "";        // 클라이언트로부터 들어오는 HTTP 요청

const int packetLength = 22;    // XBee 데이터 메시지는 22바이트 길이
int dataPacket[packetLength];   // XBee 데이터를 보관할 배열
int byteCounter = 0;            // XBee에서 받은 바이트 카운터

// 센서의 평균값을 계산하기 위한 변수
const int averageInterval = 10 * 1000;  // 평균 간의 초 단위 시간
long sensorTotal = 0;           // 센서 값을 평균 내기 위해 사용
float averageVoltage = 0.0;     // 볼트 단위의 평균
long lastAverageTime = 0;       // 마지막 평균을 언제 얻었는가
int readingCount = 0;           // 마지막 평균을 읽은 후 얼마나 걸렸나
```

» 이 부분은 자신의 장치와 네트워크에 맞게 바꿔야 한다.

» 메인 루프 부분에 새로운 클라이언트에 대한 요청을 받아서 처리하고, 매 10초마다 입력되는 XBee 패킷의 값을 평균 내는 코드를 추가한다. 새로 추가된 부분은 파란색으로 표시되어 있다.

```
void loop() {
  // 입력되는 시리얼 데이터를 받음
  if (Serial.available() > 0) {
    listenToSerial();
  }

  // 들어오는 클라이언트 요청을 받음
  Client client = server.available();
  if (client) {
    listenToClient(client);
  }

  // <averageInterval> 초가 지나면 읽은 값의 평균을 계산한다.
  long now = millis();
  if (now - lastAverageTime > averageInterval) {
    averageVoltage = getAverageReading();
    Serial.println(averageVoltage);
  }
}
```

» 이전에 직렬 데이터를 수신했던 것과 마찬가지로 HTTP 클라이언트의 요청을 받을 수 있는 함수를 하나 만들자. 이 함수는 개행 문자를 만날 때까지 바이트를 읽어서 문자열에 저장한다. 이 부분에서는 개행 문자나 캐리지 리턴을 찾는 것 이외에는 데이터를 해석하는 부분이 없다. 두 개의 개행 문자가 연속되는 경우 HTTP의 요청이 끝난 것으로 판단하고, makeRespone() 루틴을 호출함으로써 요청에 대해서 응답한다.

```
// 이 함수는 HTTP 클라이언트가 보낸 요청을 받음
void listenToClient( Client thisClient) {
  while (thisClient.connected()) {
    if (thisClient.available()) {
      // 한 바이트를 읽음
      char thisChar = thisClient.read();
      // 어떤 값이 오든지 일단 줄의 길이를 하나 증가
      requestLine = requestLine + thisChar;
      // 새로 갱신된 줄에 바로 개행 문자가 들어오면
      // HTTP 요청이 끝난 것으로 판단
      if (thisChar == '\n' && requestLine.length() < 2) {
        // HTTP 응답을 전송:
        makeResponse(thisClient);
        break;
      }
      // 개행 문자나 캐리지 리턴이 들어오면
      // 한 줄이 끝났다고 봄:
      if (thisChar == '\n' || thisChar == '\r') {
        // 마지막 줄을 지움:
        requestLine = "";
      }
    }
  }
  // 웹 브라우저가 데이터를 받을 수 있는 시간을 준다
  delay(1);
  // 연결을 끊음:
  thisClient.stop();
}
```

» makeResponse() 함수는 HTTP 헤더와 HTML 응답을 클라이언트에게 전달하고 연결을 끊는다. 이 함수에서는 getAverageReading()를 호출하기 이전 10초 동안 전송된 모든 메시지의 평균을 구하고, 이를 전압 값으로 변환한다.

```
void makeResponse(Client thisClient) {
  // 현재의 평균 전압을 읽음:
  float thisVoltage = getAverageReading();

  // HTTP 헤더 출력:
  thisClient.print("HTTP/1.1 200 OK\n");
  thisClient.print("Content-Type: text/html\n\n");
  // HTML 문서 부분 출력:
  thisClient.print("<html><head><meta http-equiv=\"refresh\"
      content=\"3\">");
  thisClient.println("</head>");
  // 만일 잘 읽었으면, 이를 출력:
  if (thisVoltage > 0.0) {
    thisClient.print("<h1>reading = ");
    thisClient.print(thisVoltage);
    thisClient.print(" volts</h1>");
  } // 제대로 읽히지 않았으면, 상황을 출력:
  else {
    thisClient.print("<h1>No reading</h1>");
  }
  thisClient.println("</html>\n\n");
}
```

» getAverageReading()는 main 루프에서 매 10초마다 호출되며, 클라이언트가 요청할 때도 호출된다. 이 함수는 오른쪽에서처럼 XBee 메시지로부터 숫자를 읽어내고, 이 값들의 평균을 구한다.

```
float getAverageReading() {
  int thisAverage = sensorTotal / readingCount;
  // 전압으로 변환:
  float voltage = 3.3 * (thisAverage / 1024.0);
  // 다음을 위해 읽은 횟수와 합계를 초기화:
  readingCount = 0;
```

스케치 전체를 보여준다. 스케치를 아두이노에 업로드한 후에 웹 브라우저에서 아두이노의 주소를 열면 그림 7-10과 같은 화면을 볼 수 있다.

이제 당신이 작업실에서 일하고 있을 때, 당신의 가족이나 친구들은 웹사이트 또는 원숭이 인형이 치는 심벌즈 소리를 통해서 작업장의 공기가 오염되었는지 여부를 확인할 수 있다.

주의: 이 코드에서 출력하는 전압은 실제로 가스의 농도로 변환된 것이 아니다. 이 계산을 하기 위해서는 여러분이 선택한 센서의 데이터 시트를 읽어서 확인해야 있다.

```
sensorTotal = 0;
// 이 평균값을 얻은 시간을 저장:
lastAverageTime = millis();
// 결과를 반환:
return voltage;
}
```

그림 7-10 XBee 가스 서버의 결과.

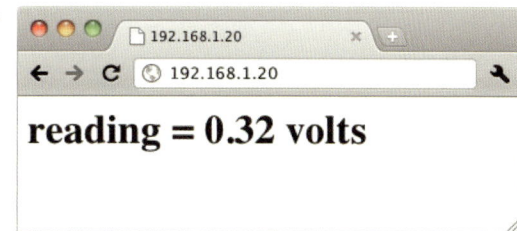

서브넷에 머무를 때 서브넷에서는 어떤 일이 일어나는가

'대단하군. 하지만 UDP를 이용해서 인터넷으로 메시지를 보내지 못할 이유가 있을까? 이것 역시 XBee 무선통신의 메시지 기반 프로토콜과 비슷한 거잖아.'라고 생각할 수 있을 것이다.

기본적으로는 맞다. 그렇지만, UDP를 이용해서 서브넷 밖으로 메시지를 보낼 때는 신중을 기하는 것이 좋다. 만일 서브넷을 넘어 모든 망에 대해서 메시지를 방송한다면, 불필요한 트래픽으로 네트워크에 과부하가 걸리기 때문이다. UDP와 메시지 기반의 프로토콜은 좀 더 범위가 넓은 망에 사용되지만, 일반적으로 방송 메시지의 형태로 사용하기보다는 직접 전송 방식을 이용할 때 사용한다. 예를 들어 인터넷을 통해서 비디오나 오디오를 전송할 때는 보통 목적지가 지정된 UDP 스트림을 사용한다. 클라이언트는 일단 HTTP 요청이나 비슷한 TCP 기반의 요청을 통하여 서버에 연결한다. 서버는 클라이언트에게서 UDP 메시지를 받을 포트를 열도록 알려주고, 클라이언트의 포트가 열리면 서버는 UDP 메시지 스트림을 전송하기 시작한다. 넓은 범위에서 사용하는 인터넷에서는 UDP를 사용할 때 이 방식을 이용한다.

다음 프로젝트에서는 목적지가 지정된 XBee 메시지처럼 한 장치에서 다른 장치로 메시지를 보낼 때 목적지가 지정된 UDP 메시지를 사용할 것이다.

목적지가 지정된 메시지

세션을 사용하지 않는 프로토콜을 이용하는 좀 더 보편적인 방식은 통신 대상에게 목적지가 지정된 메시지를 전송하는 것이다. 이런 동작은 6장에서 XBee 무선통신을 이용해 마이크로컨트롤러 간에 메시지를 주고받을 수 있도록 프로그램을 만들 때 이미 살펴본 적이 있다. 각각의 송신기는 소스 주소(ATMY 명령어를 이용해서 값을 읽고 설정할 수 있다)와 목적 주소(ATDL 명령어를 이용해서 값을 읽고 설정할 수 있다)를 가지고 있다. 한 송신기의 목적지 주소는 다른 송신기의 소스 주소이다. 이 예제에서는 2개의 송신기만 있는 경우를 설명했지만, 좀 더 많은 송신기를 사용할 수 있으며, 목적 주소를 바로바로 바꿔 가면서 전송 주소를 결정하도록 만들 수 있다.

목적지가 지정된 UDP 데이터그램 전송하기

이 장의 시작 부분에 나온 예제에서 프로세싱과 아두이노 간에 UDP 데이터그램을 전송했다. 이 프로세싱 스케치에서는 방송 패킷을 전송했으며, 아두이노는 전송자의 주소를 패킷에서 추출해서 응답으로 목적지가 지정된 패킷을 전송했다. 어떤 주소로 데이터그램을 보낼지 목적지의 주소만 안다면, 이 과정은 매우 간단하다.

이더넷에 연결된 장치를 (개인용 컴퓨터를 제외하고) 한 개 이상 가지고 있으면, 아래의 프로세싱 스케치를 시도해 볼 수 있다. 이는 방송을 했던 스케치를 확장시킨 것으로, 방송 메시지와 목적지가 지정된 메시지를 모두 보낼 수 있도록 만든 것이다. 아두이노 UDP 질의에 대한 응답을 이전과 동일하게 사용함으로써 이더넷이 연결된 모든 아두이노 장치에서 수신할 수 있도록 만들 수 있다. a를 입력하면 메시지를 모든 장치에서 받아서 응답할 것이며, b나 c를 입력하면 주소에 해당하는 한 개의 장치로 전송하고 응답할 것이다.

보내자
이 스케치는 아두이노 UDP 질의에 응답하는 스케치와 더불어 네트워크에 연결된 장치들이 제대로 동작하는지 확인하는 데 사용할 수 있다. 여기 나온 것처럼 복잡한 스케치를 시작하기 전에 네트워크 연결 같은 간단한 작업을 해보는 것이 좋다.

```
/*
    방송 및 목적지가 지정된 UDP 질의 요청 전송/수신
    환경: 프로세싱
 */

// UDP 라이브러리를 불러옴
import hypermedia.net.*;

UDP udp;                              // UDP 객체 초기화

void setup() {
  udp = new UDP( this, 43770 );       // UDP 포트를 연다
  udp.listen( true );                 // 입력되는 메시지를 받음
}

void draw()
{
}

void keyPressed() {
  int port = 43770;                                      // 목적 포트 번호
  String message = ", I'm talking to YOU!";              // 전송할 메시지
  String ip = "255.255.255.255";                         // 목적지 IP 주소

  // 어떤 키가 입력되었는지에 따라 서로 다른 주소로 보낸다.
  switch (key) {
    case 'a':                                            // 방송 메시지로 질의
      message = "Calling all ducks!\n";
      break;
    case 'b': // 목적지가 있는 질의
      ip = "192.168.1.20";                               // 목적지 IP 주소
      message = ip + message;                            // 보낼 메시지
      break;
    case 'c': // 목적지가 있는 질의
      ip = "192.168.1.30";                               // 목적지 IP 주소
```

» 이 숫자들은 자신에게 맞게 바꿔야 한다.

```
        message = ip + message;        // 보낼 메시지
        break;
    }

    // 선택된 주소로 메시지 전송
    udp.send(message, ip, port );
}

void receive( byte[] data ) {
    // 입력되는 데이터는 ASCII 문자 형식으로 출력:
    for(int thisChar=0; thisChar < data.length;
        thisChar++) {print(char(data[thisChar]));
    }
    println();
}
```

프로젝트 14

태양전지 데이터 무선으로 중계하기

이번 프로젝트에서는 두 개의 XBee 송신기를 이용해서 태양전지의 데이터를 중계하고 아두이노에서 프로세싱 스케치를 이용해서 그 결과를 그래프로 그릴 것이다. 이 프로젝트는 하드웨어 측면에서는 이전과 거의 비슷하지만 방송 메시지를 사용하는 대신 직접 메시지 전달 방식을 통해 첫 번째 데이터를 두 번째 송신기로, 두 번째 데이터를 세 번째 송신기로 전달할 것이다. 또한, 아두이노는 메시지를 프로세싱 프로그램으로 전달하기 위해서 직접 전송되는 UDP 데이터그램을 사용한다.

이 프로젝트는 뉴욕대학 ITP(Interactive Telecommunications Program)의 학생이었던 길라드 로튼(Gilad Lotan)과 안젤라 파블로(Angela Pablo)의 작품에서 가져온 것이다. ITP는 맨해튼에 있는 12층 건물의 4층에 있으며, 지붕에 80와트짜리 태양열 전지판을 달아놓았다. 이 태양열 전지판은 12볼트 전지를 충전할 때 사용되었으므로 전원의 출력이 12볼트 이상인 경우에만 쓸모가 있다. 따라서 학생들은 태양전지에서 매일 사용 가능한 에너지를 얼마나 생산하고 있는지 확인하고 싶어 했다.

태양전지의 출력 전압을 4층에서 확인하기 위해서 길라드와 안젤라는 빌딩의 계단을 통해서 옥상에서 4층까지 세 개의 XBee 무선 송신기로 신호를 중계하는 방식을 이용했다.(그들 외에도 로버트 팔루디 *Robert Faludi*라는 조언을 해주는 학생이 있었는데, 그는 나중에 오라일리에서 출판된 『Building Wireless Sensor Networks』라는 XBee 무선 송신에 대한 책을 썼다.) 여기서부터 데이터는 이더넷 프로세서를 통해서 LAN으로 전달되며, SQL 데이터베이스로 들어간다. 예를 들어 이 작업을 기반으로 스파크 펀의 작은 태양전지를 사용하고, SQL 데이터베이스의 데이터를 보여주는 대신 프로세싱 프로그램으로 그래프를 보여주도록 하자.

이 프로젝트에는 태양전지 쪽에 하나, 중계를 하기 위한 무선 송신기 하나, 아두이노에 연결된 송신기 하나, 총 세 개의 송신기가 사용된다. 그림 7-12는 네트워크 그림을 보여준다.

송신기 설정

송신기 설정은 목적지 주소 부분을 제외하면 이전 프로젝트에서와 같다. 이번에는 방송 주소를 사용하지 않을 것이다. 그 대신 태양전지 쪽 송신기(주소 1)는 중계 송신기(주소 2)로 데이터를 보내고, 이 송신기는 다시 아두이노 쪽 송신기(주소 3)로 데이터를 보낸다. 방송 네트워크의 형태가 아니라, 메시지의 전달 거리를 확장할 수 있도록 연쇄적으로 데이터를 전송하는 방식을 이용할 것이다.

센서 송신기	중계 송신기	XPort 송신기
MY = 01 DL = 02 ID = 1111 D0 = 2 IR = 0x64 IT = 5	MY = 02 DL = 03 ID = 1111	MY = 03 DL = 01 ID = 1111

송신기들의 설정은 위의 표에 있는 것과 같다. 아래에 이를 설정하기 위한 명령어 문자열들이 있다. 태양전지 쪽 송신기에는 다음과 같은 명령을 내린다.

```
ATMY1, DL02\r
ATID1111, D02, IR64\r
ATIT5, WR\r
```

중계 송신기 명령은 다음과 같다.

```
ATMY2, DL03, ID1111, WR\r
```

아두이노 송신기를 위한 명령은 다음과 같다.

```
ATMY3, DL01, ID1111, WR\r
```

회로

태양전지는 낮 시간 동안 송신기에 전원을 공급할 수 있을 정도의 전압과 전류를 생산해 낼 수 있으므로, 태양전지 부분 회로는 태양전지로부터 전원을 공급받도록 한다. LD1117-33V 전압조정기는 전압을 15V까지 입력 받을 수 있는데, 태양열 전지판은 최대 12V의 출력을 생산하므로 안전하게 사용할 수 있다.

MAX8212 IC는 전압 트리거이다. 회로에 붙어 있는 저항에 의해서 결정된 전압 값보다 문턱 전압 핀에 입력되는 전압이 높아지는 경우, 출력 핀은 높은 상태 전압에서 낮은 상태 전압으로 변경된다. 이런 변화에 의해서 2N3906 트랜지스터가 켜진다. 즉, 트랜지스터는 이 과정에서 태양전지에서 나오는 전압과 전류가 전압조정기에 공급되도록 만든다. 태양전지가 충분한 전압을 발생시키지 못하면, 송신기가 꺼진다. 밤에는 그다지 보고해야 할 것이 없으므로, 밤에 송신기가 전송을 하지 않는 것은 문제가 되지 않는다.

XBee의 AD0 핀에 붙어 있는 두 개의 저항은 일종의 전압 분배기(voltage divider)의 역할을 해서 태양전지에서 나오는 전압 강하를 비율적으로 동일한 상태에서 송신기에 있는 아날로그-디지털 변환기의 3.3V 범위 안에 들어오게 만들어 준다. 4700μF 커패시터는 태양전지에서 나오는 전하를 전지와 같이 저장해서 송신기에 공급되는 전원이 일정하도록 해 준다. 그림 7-13은 회로를 보여준다.

아두이노 송신기 회로는 이전에 사용했던 것과 동일하다. 만들어진 모습은 그림 7-8에 나와 있다.

중계용 송신기 회로는 매우 간단하다. 배터리에 송신기가 붙어 있고, 송신 핀과 수신 핀이 연결된 형태이기만 하면 된다. 이는 메시지가 어떻게 중계되는지 보여준다. 들어오는 모든 메시지를 직렬 전송 핀으로 출력해 내보내고, 이를 다시 수신 핀으로 입력 받아서 무선으로 전송하는 것이다. 회로는 7-14에 있다. 릴리패드 XBee 혹은 XBee Explorer Regulated를 사용하거나 USB-XBee 시리얼 변환기(형태는 관계없음)를 사용해도 된다. 간단하게 송신 핀과 수신 핀을 연결해 놓고, 배터리를 전압조정기의 입력에 연결하기만 하면 된다.

그림 7-11 ITP 학생인 길라드 로튼과 안젤라 파블로가 태양전지 팩과 전압 감시용 XBee 송신기를 살펴보고 있다.

메시 네트워킹

XBee 송신기는 지그비(ZigBee) 프로토콜을 이용해서 메시 네트워크(mesh network) 형태로 구성될 수도 있다. 메시 네트워크에서 일부 송신기는 이 프로젝트에서 중계기의 역할과 비슷한 라우터처럼 동작한다. 라우터는 메시지를 중계하는 역할뿐 아니라, 말단에 있는 장치가 켜지지 않았을 때 메시지를 저장했다가 전달하는 역할도 한다. 이런 기능은 말단에 있는 장치들은 대부분의 시간 동안 꺼져 있어도 되므로, 전체 네트워크의 관점에서 전력을 절약할 수 있다는 장점이 있다. 이런 작업을 하려면 Digi XBee나 XBee-PRO 지그비 모듈처럼 다른 종류의 송신기가 있어야 한다. 어떻게 사용하는지 좀 더 자세히 알고 싶다면 오라일리에서 나온 로버트 팔루디(Robert Faludi)의 책 『Building Wireless Sensor Networks』를 읽어보자.

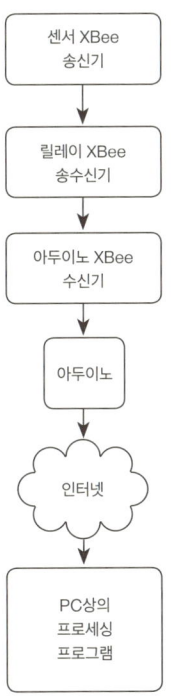

그림 7-12 태양전지 프로젝트의 네트워크 다이어그램.

준비물

- USB-XBee 시리얼 변환기 1개

태양전지 회로
- 납땜이 필요 없는 브레드보드 1개
- Digi XBee OEM RF 모듈 1개
- 3.3V 전압조정기 1개
- XBee 연결용 보드 1개
- 0.1인치 헤더 핀 2줄
- 2mm 헤더 핀(암놈) 2줄
- 1µF 커패시터 1개
- 10µF 커패시터 1개
- 4700µF 전해 커패시터 3개
- MAX8212 전압 모니터 1개
- 10k옴 저항 1개
- 100k옴 저항 3개
- 4.7k옴 저항 1개
- 1k옴 저항 1개
- 2N3906 PNP형 트랜지스터 1개
- LED 2개
- 220옴 저항 2개
- 태양전지 1개

아두이노 송신기 회로
이 회로는 이전 프로젝트에서 사용했던 아두이노 송신기 회로와 같다.
- 아두이노 마이크로컨트롤러 모듈 1개
- 아두이노 이더넷 실드 1개
- Digi XBee OEM RF 모듈 1개
- 아두이노 무선 실드 1개. 아래 부품들은 XBee와 아두이노를 연결하기 위한 것으로, 이 실드를 사용하는 경우 아래의 부품들은 필요 없다.
- 납땜이 필요 없는 브레드보드 1개
- 3.3V 전압조정기 1개
- 1µF 커패시터 1개
- 10µF 커패시터 1개
- XBee 연결용 보드 1개
- 0.1인치 헤더 핀 2줄
- 2mm 헤더 핀(암놈) 2줄
- LED 2개
- 220옴 저항 2개

중계 송신기 회로
이 회로는 전지로부터 전원을 공급받는 XBee 송신기만으로 이루어져 있다. 원한다면 다음의 3가지 물품 대신 USB-XBee 시리얼 변환기를 사용해도 된다.
- Digi XBee OEM RF 모듈 1개
- 9V 전지 클립 1개
- 9V 전지 1개

주의: 위의 것 중에 어떤 것을 사용하더라도 XBee와 배터리, TX와 RX 간을 연결할 점퍼선만 있으면 된다.

옵션 1
- XBee Explorer Regulated 1개

옵션 2
- XBee 릴리패드

옵션 3
- 납땜이 필요 없는 브레드보드 1개
- 3.3V 전압조정기 1개
- XBee 연결용 보드 1개
- 0.1인치 헤더 핀 2줄
- 2mm 헤더 핀(암놈) 2줄
- LED 2개
- 220옴 저항 2개
- 10µF 커패시터 1개
- 100µF 커패시터 1개

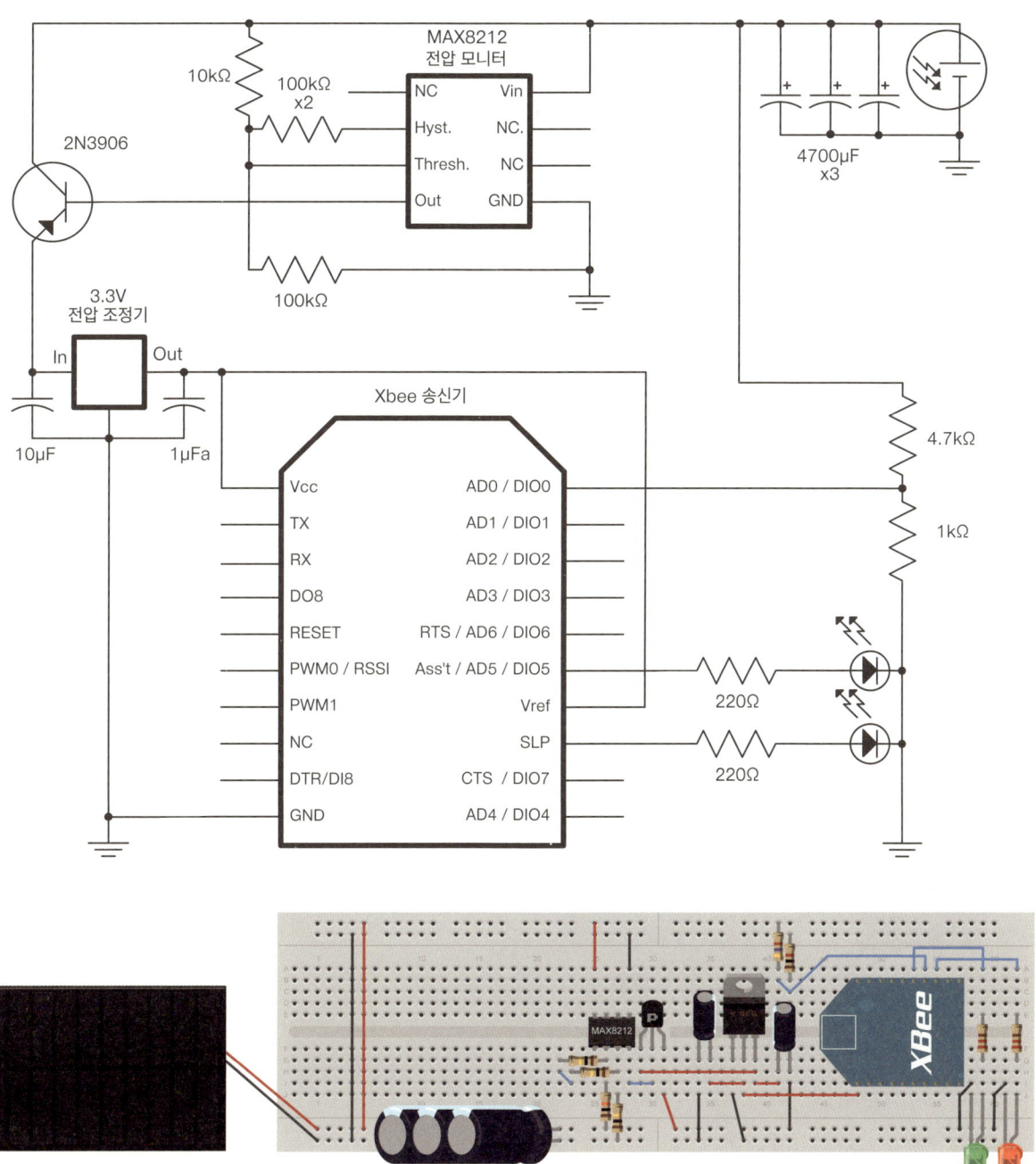

그림 7-13 XBee 송신기가 태양열 전지에 연결되어 있다. 부품과 밑 부분에 있는 전선을 명확히 드러내기 위해서, 자세한 사진에서는 4700μF 커패시터와 XBee가 없는 회로를 보여주고 있다.

7장 세션을 사용하지 않는 네트워크   261

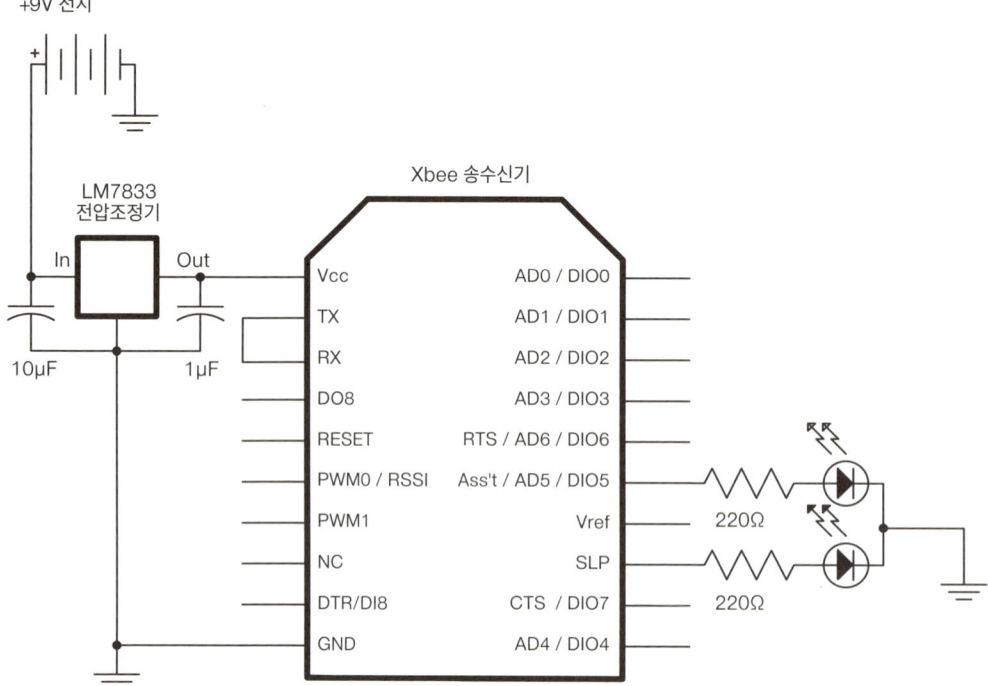

그림 7-14 XBee 송신기 중계 회로.

그림 7-15 중계 회로의 대안: 전송 핀이 수신 핀에 연결된 XBee 릴리패드.

무선 송신기가 제대로 설정되어 정상적으로 동작한다면, 입력되는 XBee 패킷을 읽어서 프로세싱 쪽으로 중계할 수 있도록 아두이노를 프로그래밍해야 한다. 이런 작업을 하려면 목적지가 지정된 UDP 데이터그램을 사용할 수 있어야 한다.

전송하기

목적지가 지정된 UDP 데이터그램을 읽고 전송하는 아두이노 스케치는 매우 간단하다.

우선 다른 경우와 마찬가지로 관련된 라이브러리를 포함시키고, 필요한 전역변수를 설정한다. 특정한 원격 IP 주소와 포트(프로세싱 스케치를 구동시킬 컴퓨터의 것이 될 것임)를 설정해야 한다는 점을 알고 있을 것이다.

```
/*
    XBee에서 UDP로
    환경: 아두이노
 */

#include <SPI.h>
#include <Ethernet.h>
#include <Udp.h>

// 컨트롤러를 위한 MAC 주소와 IP 주소를 아래에 설정할 것
// IP 주소는 LAN의 설정에 따라 달라진다:
byte mac[] = {
  0x00, 0xAA, 0xBB, 0xCC, 0xDE, 0x02 };
IPAddress myIp(192,168,1,20);
IPAddress yourIp(192,168,1,21);

unsigned int myPort = 43770;      // 데이터를 받을 때 사용하는 포트
unsigned int yourPort = 43770;    // 전송하기 위한 포트

// UDP를 통해 패킷을 전송하고 받기 위한 UDP 인스턴스
UDP udp;
```

» 이 숫자들은 바꿔야 한다.

» setup() 함수는 이더넷 연결을 시작하고, 시리얼 통신을 초기화하며, UDP 포트를 열고, UDP 패킷을 전송할 수 있도록 초기화를 시작한다. loop() 함수는 직렬 입력을 받아들이면서 새로운 XBee 메시지의 시작을 나타내는 값인 0x7E 바이트를 인식하면, endPacket() 함수를 호출해서 이전에 받은 데이터그램을 전송하고 새로운 패킷을 시작한다. 마지막으로 새로 추가된 바이트들은 현재 패킷에 포함된다.

```
void setup() {
  // 직렬 라이브러리 시작:
  Serial.begin(9600);
  // 이더넷 연결 시작:
  Ethernet.begin(mac, myIp);
  // UDP 시작:
  udp.begin(myPort);
  // 이더넷 실드가 초기화할 수 있도록 1초간 기다림 :
  delay(1000);
  // 전송할 패킷을 설정:
  udp.beginPacket(yourIp, yourPort);
}

void loop() {
  if (Serial.available()) {
    int serialByte = Serial.read();
    // 0x7E를 받았으면 패킷을 전송하고, 새로운 패킷 시작
    if (serialByte == 0x7E) {
      udp.endPacket();
      // 전송할 패킷 설정:
      udp.beginPacket(yourIp, yourPort);
    }
    // 읽은 바이트 전송:
    udp.write(serialByte);
  }
}
```

결과를 그래프로 만들기

모든 하드웨어가 준비되었으면, 이제 데이터를 이용하여 그래프를 그려낼 프로세싱 스케치를 작성할 차례다. 이 스케치는 아두이노로부터 UDP 패킷을 받아서 그 안에 들어 있는 XBee 패킷을 해석한 후 그 결과를 그래프로 그리는 것이다. 패킷을 해석해내는 루틴이 이전 프로젝트에서 아두이노를 위해서 작성했던 해석 루틴과 아주 비슷하다는 것을 알아챘을 것이다. 이 부분은 두 개의 서로 다른 프로그래밍 언어에서 같은 알고리즘이 어떻게 변형되는지 비교하는 데 유용하다.

» 먼저, UDP 라이브러리를 불러오고 초기화한 후 입력되는 데이터그램을 받을 수 있는 함수를 작성해야 한다.

이 프로그램은 초기의 가스 센서 프로젝트에서 사용한 아두이노 스케치와 거의 비슷하게 숫자를 문자열 형태로 출력한다. 이는 프로그램에서 받아들이는 데이터그램이 읽어낸 아날로그 값을 보내기 위해서 사용했던 XBee 프로토콜과 같기 때문이다.

```
/* XBee 패킷을 읽고 그래프를 그리는 프로그램
   XBee 송신기를 통해서 UDP 패킷을 읽고 해석하고,
   그 결과를 시간에 따라 그래프로 그린다.
   환경: 프로세싱
*/

import hypermedia.net.*;
import processing.serial.*;

UDP udp;                        // UDP 객체 정의
int queryPort = 43770;          // 장치에 질의를 위한 포트 번호

void setup() {
  // 질의를 위한 포트를 이용해서
  // UDP 데이터그램을 받을 수 있는 새로운 연결을 만든다:
  udp = new UDP(this, queryPort);
  // 입력되는 패킷을 받음:
  udp.listen( true );
}

void draw() {
  // 여기서는 할 일이 없다.
}

/*
   UDP 응답을 받음
*/
void receive( byte[] data, String ip, int port ) {
  int[] inString = int(data);   // 입력되는 데이터를 문자열로 변환
  print(inString);
  println();
}
```

» 그 다음으로 프로토콜을 해석할 수 있는 함수를 만든다. 이 함수가 이전 프로젝트의 아두이노 스케치인 parsePacket() 함수와 아주 흡사하다는 것은 놀랄 일도 아니다. 이 함수는 프로그램의 끝부분에 추가될 것이다.

이 함수를 부를 때는 receive() 함수의 print()와 println() 문을 다음 함수로 바꿔야 한다.

`parseData(inString);`

```
void parseData(int[] thisPacket) {
  // 패킷은 일단 22바이트 길이를 가져야 함:
  if (thisPacket.length >= 22) {
    int adcStart = 11;                          // 12번째 바이트부터 ADC 값을 읽음
    int numSamples = thisPacket[8];             // 패킷에 있는 샘플의 수
    int[] adcValues = new int[numSamples];      // 읽은 값을 저장하기
                                                // 위한 배열
    int total = 0;                              // 읽은 ADC 값의 합
    // 2바이트 길이의 주소를 읽음
    // 2바이트는 다음과 같은 형식으로 더해서 읽음:
    int address = thisPacket[5] + thisPacket[4] * 256;

    // 수신한 신호의 세기를 읽음
    int signalStrength = thisPacket[6];

    // <numSamples>개의 10비트 아날로그 값이 두 바이트에 걸쳐 존재하므로
```

```
// 두 번에 걸쳐 읽음
for (int i = 0; i < numSamples * 2; i=i+2) {
    // 10비트 값 = 상위 바이트 * 256 + 하위 바이트:
    int thisSample = (thisPacket[i + adcStart] * 256) +
        thisPacket[(i + 1) + adcStart];
    // 결과를 5바이트 중의 하나에 넣는다.
    adcValues[i/2] = thisSample;
    // 나중에 평균을 취하기 위해서 값을 총합에 더한다.
    total = total + thisSample;
    }
    // 결과를 평균 낸다.
    int average = total / numSamples;
    }
}
```

» 읽어 들인 값의 평균을 내서 출력하게 되었으므로, 이제 결과를 이용해서 그래프를 그리기 위한 코드를 추가해야 한다. 이를 위해서 setup() 함수 전에 그래프의 수직 위치를 따라갈 수 있도록 새로운 전역 변수를 추가한다.

```
int hPos = 0;          // 그래프의 수직 위치
```

» 첫 부분에 윈도우의 크기를 설정하기 위해서 setup() 함수를 추가한다.

```
// 윈도우 크기 설정:
size(400,300);
```

» 이제 프로그램의 마지막 부분에 drawGraph()라는 새로운 함수를 추가한다.

이 함수는 parseData() 함수에서 호출되며, 최종적인 평균값을 출력하기 위한 println() 함수 대신 사용하면 된다.

```
// 그래프에 선을 그린다.
drawGraph(average);
```

이제 프로그램을 구동시키면 새로운 데이터그램을 받아서 센서의 값이 갱신될 때마다 센서 값에 대해서 그래프를 그려준다.

```
void drawGraph(int thisValue) {
    // 선을 그림:
    stroke(#4F9FE1);
    // 주어진 값을 이용해서 윈도우의 어느 정도 높이에 해당되는지 결정
    float graphValue = map(thisValue, 0, 1023, 0,
height);
    // 그래프의 선 높이 결정
    float graphLineHeight = height - (graphValue);
    // 선을 그림
    line(hPos, height, hPos, graphLineHeight);
    // 화면의 끝부분에 도달하면 첫 부분으로 이동
    if (hPos >= width) {
        hPos = 0;
        // 화면을 지움
        background(0);
    }
    else {
        // 다음 줄에 그리기 위해서 수평 위치 증가
        hPos++;
    }
}
```

» 이제 시간을 표시하기 위한 코드를 추가할 차례다. 일단 문자열의 높이를 결정하기 위한 전역변수를 하나 추가한다.

```
int lineHeight = 14;        // 문자열의 높이를 지정하기 위한 변수
```

» drawReading() 함수를 프로그램의 끝부분에 추가한다. 이 함수는 날짜, 시간, 읽혀진 전압, 수신된 신호의 세기를 표시한다. 프로그램의 여러 부분에서 이 함수를 호출하는데, 일단 setup() 함수의 마지막 부분에서 호출한다.

```
// 읽어들인 문자열을 보여준다.
drawReadings(0,0);
```

다음으로 최근에 읽은 것을 표시하기 위해서, parseData() 함수의 마지막 부분에서 위의 함수를 호출한다.

```
// 그래프에 선을 그리고, 읽은 값을 그린다.
drawGraph(average);
drawReadings(average, signal
            Strength);
```

» 이것이 전체 프로그램이다. 구동되면 그림 7-16과 같이 보일 것이다.

```
void drawReadings(int thisReading,
                  int thisSignalStrength) {
  // 숫자 값에서 각 월의 이름을 나타내는 문자열을 얻을 수 있는 배열을 만든다.
  String[] months = {
    "Jan", "Feb", "Mar", "Apr", "May", "Jun", "Jul",
    "Aug", "Sep", "Oct", "Nov", "Dec"
  };

  // 날짜 문자열의 형태를 만든다.
  String date = day() + " " + months[month() -1] +
    " " + year();

  // 시간 문자열의 형태를 만든다.
  // 모든 숫자는 두 자리 숫자 형태로 만든다.
  String time = nf(hour(), 2) + ":" + nf(minute(), 2)
    + ":" + nf(second(), 2);

  // 읽어들인 값으로 전압을 계산한다.
  float voltage = thisReading * 3.3 / 1024;

  // 문자열의 위치를 선택한다.
  int xPos = 20;
  int yPos = 20;
  // 이전에 읽은 값을 지운다.
  noStroke();
  fill(0);
  rect(xPos,yPos, 180, 80);
  // 문자열을 위해서 색을 바꾼다.
  fill(#4F9FE1);
  // 읽은 값들을 출력한다.
  text(date, xPos, yPos + lineHeight);
  text(time, xPos, yPos + (2 * lineHeight));
  text("Voltage: " + voltage + "V", xPos, yPos +
      (3 * lineHeight));
  text("Signal Strength: -" + thisSignalStrength +
      " dBm", xPos, yPos + (4 * lineHeight));
}
```

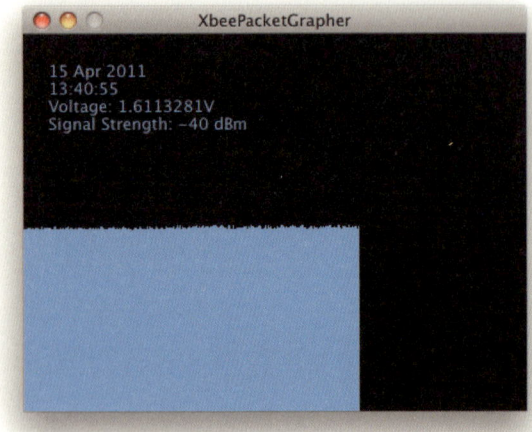

그림 7-16 태양전지 출력을 그래프로 그리는 프로그램. 이 센서 값은 플래시를 이용해서 한 번 테스트해본 값이므로, 실제 값은 다를 수 있다.

결론

세션을 사용하지 않는 네트워크는 짧은 메시지를 보낸 후에 응답을 많이 받지 않아도 되는 경우에 매우 편리할 수 있다. 이 방식은 연결을 유지해야 할 필요가 없으므로 이전 것에 비해서 작업이 상당히 적다. 또한 수많은 기기에 한 번에 접근하고자 할 때 좀 더 자유롭게 접근할 수 있다.

이 장의 두 프로젝트를 비교해 보면 세션이 없는 네트워크를 사용하는 경우 목적지가 지정된 메시지와 방송 메시지를 변경할 때 별다른 작업이 필요하지 않다는 것을 확인할 수 있다. 되도록 전반적인 통신 트래픽을 줄일 수 있도록 모든 장치에서 메시지를 받지 않아도 되는, 목적지가 지정된 메시지를 사용하는 것이 좋다.

이제 세션 기반의 네트워크와 세션을 사용하지 않는 네트워크에 대해서 잘 이해했을 것이다. 다음 장에서는 약간 방향을 틀어서 실생활에서 네트워크 연결 동작의 다른 두 동작인 위치 판단과 신원 인증에 대해서 살펴본다.

길라드 로턴(Gilad Lotan)과 안젤라 파블로(Angela Pablo)의 태양열에너지 표시 장치.

이 태양열 전지판은 뉴욕대학교(NYU) 티시(Tisch) 미술대학 건물 지붕의 표시 장치에 전원을 공급한다.

위치 찾기

지금까지 어떻게 하면 네트워크를 통해 서로 통신이 가능하도록 만들 수 있는지 이해했을 것이고, 이 과정에서 패킷, 소켓, 데이터그램, 클라이언트, 서버와 많은 종류의 프로토콜에 대해 배웠다.

어떻게 통신할 수 있는지 알았으니, 이 장과 다음 장에서는 "내가 어디 있지?"와 "내가 누구와 이야기하고 있지?"라는 두 가지 일반적인 질문에 대해서 다루도록 하자. 위치 찾기와 대상 인식 기술은 몇 가지 중요한 속성을 공통적으로 가지고 있다. 결과적으로 두 가지를 혼동하는 경우가 종종 있으며, 위치 인식 기술은 사람이나 물체의 인식에 사용되는 일이 있으며, 그 반대의 경우도 있다. 실제 생활과 마찬가지로 네트워크에서도 이 두 작업은 서로 다른 별개의 것이다. 따라서, 위치를 매우 잘 판단하는 시스템이라도 물체 인식은 잘하지 못할 수 있고, 인식을 잘해내는 시스템이라도 위치는 잘 찾지 못할 수도 있다.

<주소 2007(Address 2007)> 모나 안드레오스(Mouna Andraos), 소날리 스리드하(Sonali Sridhar)
이 목걸이에는 GPS 모듈이 들어 있어서, 켜져 있을 때 목걸이와 집 사이의 거리를 표시한다. 사진 제공: J. 노드버그(J. Nordberg)

8장에서 사용하는 부품

이 장은 위치를 감지하는 작업에 대해서 다룰 것이므로 새롭게 나오는 부품들은 대부분 센서다. 6장과 7장에서 사용했던 무선 부분을 재사용할 수도 있다.

판매점 기호

- **A** 아두이노 스토어(http://store.arduino.cc/ww/)
- **AF** 에이다프루트(http://adafruit.com)
- **D** 디지-키(www.digikey.com)
- **F** 파넬(www.farnell.com)
- **J** 자메코(http://www.jameco.com)
- **MS** 메이커 셰드(www.makershed.com)
- **P** 폴롤루(www.pololu.com)
- **PX** 패럴랙스(www.parallax.com)
- **RS** RS(www.rs-online.com)
- **SF** 스파크 펀(www.SparkFun.com)
- **SS** 씨드 스튜디오(www.seeedstudio.com)

프로젝트 15: 적외선 거리측정기 예제

» **아두이노 모듈 1개** 아두이노 우노나 이에 기반한 것이면 되지만, 다른 아두이노나 아두이노 호환 보드에서도 잘 동작할 것이다.
D 1050-1019-ND, J 2121105, SF DEV-09950, A A000046, AF 50, F 1848687, RS 715-4081, SS ARD132D2P, MS MKSP4

» **샤프 GP2Y0A21 적외선 거리측정기 1개** 거리 측정 센서는 5볼트 전압을 받아서 동작하고, 물체가 10~80센티미터 거리로 떨어져 있는 것을 감지해서 0~5볼트를 출력한다. 이 센서는 샤프(Sharp)에서 나온 적외선 거리 센서 중 하나로, 비교적 저렴하고 사용하기 간편하며 구입하기도 쉽다.
D 425-2063-ND, SF SEN-00242, RS 666-6570, P 136

» **3-wire JST형 접속용 커넥터(connector pigtail)** 이 케이블이 있으면 센서와 마이크로컨트롤러를 쉽게 연결할 수 있다.
SF SEN-08733

» **10μF 커패시터 1개**
J 29891, D P11212-ND, F 1144605, RS 715-1638

» **0.1인치 헤더 핀(암놈) 3개**
J 103377, D A2650920ND, SF PRT-00116, F 1593411

프로젝트 16: 초음파 거리측정기 예제

» **아두이노 모듈 1개** 프로젝트 15의 설명 참조.
D 1050-1019-ND, J 2121105, SF DEV-

그림 8-1 이 장에서 사용할 새로운 부품들. 1. Sharp GP20Y0A21 IR 거리측정기 2. IR 거리측정기를 위한 JST 커넥터 3. Maxbotix LV-EZ1 초음파 거리측정기 4. EM-406A GPS 수신기 5. EM-406A용 인터페이스 케이블 6. LMS303DLH 디지털 나침반 7. LED 텍타일 버튼 8. 버튼 연결용 보드 9. ADXL335 가속도 센서. 연결용 보드를 위해서는 수놈형 헤더가 많이 필요하다는 것도 잊지 말자.

09950, **A** A000046, **AF** 50, **F** 1848687, **RS** 715-4081, **SS** ARD132D2P, **MS** MKSP4

» **MaxBotix LV-EZ1 초음파 거리측정기 1개**
다른 형태의 거리 측정 센서로서, 초음파를 사용하며 0~6.4m 범위의 좀 더 넓은 거리를 측정한다.
SF SEN-00639, **AF** 172, **P** 726, **SS** SEN136B5B

» **0.1인치 헤더 핀(암놈) 3줄**
J 103377, **D** A2650920ND, **SF** PRT-00116, **F** 1593411

프로젝트 17: XBee 무선 통신기를 이용해서 수신된 신호 세기 읽기

» **Digi XBee 802.15.4 RF 모듈 2개**
J 2113375, **SF** WRL-08664, **AF** 128, **F** 1546394, **SS** WLS113A4M, **MS** MKAD14

» **USB-XBee 시리얼 변환기 1개**
J 32400, **SF** WRL-08687, **AF** 247

» **XBee 연결용 보드** 7장 XBee 태양전지나 가스 검출기에서 사용했던 회로를 다시 사용하면 된다.
J 32403, **SF** BOB-08276, **AF** 127

프로젝트 18: 블루투스 무선을 이용해서 수신된 신호 세기 읽기

» **블루투스 메이트 모듈 1개** 2장과 6장에서 사용했던 것이면 된다.
SF WRL-09358 또는 WRL-10393

» **USB-시리얼 변환기 1개**
SF DEV-09718 또는 DEV-09716, **AF** 70, **A** A000059, **M** MKAD22, **SS** PRO101D2P, **D** TTL232R-3V3 또는 TTL-232R-5V

» **블루투스를 연결할 수 있는 개인용 컴퓨터 1대** 컴퓨터에서 블루투스를 지원하지 않으면 USB 블루투스 동글을 사용하면 된다.
SF WRL-09434, **F** 1814756

프로젝트 19: GPS 직렬 프로토콜 읽기

» **납땜이 필요 없는 브레드보드 1개** 이전 프로젝트에서 사용했던 것이면 된다.
D 438-1045-ND, **J** 20723 또는 20601, **SF** PRT-00137, **F** 4692810, **AF** 64, **SS** STR101C2M 또는 STR102C2M, **MS** MKKN2

» **EM-406A GPS 수신기 모듈 1개**
S GPS-00465, **PX** 28146, **AF** 99

» **GPS 모듈을 위한 인터페이스 케이블 1개**
SF GPS-09123, **PX** 805-00013

» **블루투스 메이트 모듈 1개** 2장과 6장에서 사용했던 것과 같은 것.
SF WRL-09358 또는 WRL-10393

» **0.1인치 헤더 핀(수놈) 12줄**
J 103377, **D** A2650920ND, **SF** PRT-00116, **F** 1593411

» **5V 전압조정기 1개**
J 51262, **D** LM7805CT-ND, **SF** COM-00107, **F** 1860277, **RS** 298-8514

프로젝트 20: 디지털 나침반을 이용해서 방향 알아내기

» **납땜이 필요 없는 브레드보드 혹은 프로토타입 실드 1개** 이전 프로젝트에서 사용한 것과 같다.
D 438-1045-ND, **J** 20723 또는 20601, **SF** PRT-00137, **F** 4692810, **AF** 64, **SS** STR101C2M 또는 STR102C2M, **MS** MKKN2

» **아두이노 모듈 1개** 프로젝트 15의 설명 참조.
D 1050-1019-ND, **J** 2121105, **SF** DEV-09950, **A** A000046, **AF** 50, **F** 1848687, **RS** 715-4081, **SS** ARD132D2P, **MS** MKSP4

» **ST 마이크로닉스 LSM303DLH 디지털 나침반 1개** 폴롤루와 스파크 펀 모두 이 나침반을 사용한 모듈을 판매한다. 이 글을 쓸 때까지만 해도 폴롤루 모듈은 외부 부품 없이 5V에서 동작시킬 수 있었으나 스파크 펀 것은 그렇지 않았다.
SF SEN-09810, **RS** 717-3723, **P** 1250

» **LED 텍타일 버튼 1개** 이 예에서는 스파크 펀에서 나온 LED가 붙어 있는 텍타일 버튼과 연결용 보드를 사용했지만, LED와 푸시버튼 아무것이나 사용해도 된다.
SF COM-10443과 **SF** BOB-10467

» **220옴 저항 1개**
D 220QBK-ND, **J** 690700, **F** 9337792, **RS** 707-8842

» **10k옴 저항 1개**
D 10KQBK-ND, **J** 29911, **F** 9337687, **RS** 707-8906

» **LED 1개** 스파크 펀의 LED 텍타일 스위치를 사용하는 경우에는 필요 없다.
D 160-1144-ND 또는 160-1665-ND, **J** 34761 또는 94511, **F** 1015878, **RS** 247-1662 또는 826-830, **SF** COM-09592 또는 COM-09590

» **0.1인치 헤더 핀(수놈) 13줄**
J 103377, **D** A2650920ND, **SF** PRT-00116, **F** 1593411

프로젝트 21: 가속도 센서를 이용해서 자세 판단하기

» **납땜이 필요 없는 브레드보드 혹은 프로토타입 실드 1개** 이전 프로젝트에서 사용한 것과 같은 것.
D 438-1045-ND, **J** 20723 또는 20601, **SF** PRT-00137, **F** 4692810, **AF** 64, **SS** STR101C2M 또는 STR102C2M, **MS** MKKN2

» **아두이노 모듈 1개** 프로젝트 15의 설명 참조.
D 1050-1019-ND, **J** 2121105, **SF** DEV-09950, **A** A000046, **AF** 50, **F** 1848687, **RS** 715-4081, **SS** ARD132D2P, **MS** MKSP4

» **Analog Devices ADXL320 가속도 센서 1개** 3축 아날로그 가속도 센서로서, 5장의 밸런스 보드 클라이언트 프로젝트(169페이지)에서 사용한 것과 같다. 가속도 센서 대신 이전 프로젝트에서 사용했던 LSM303DLH 디지털 나침반을 사용할 수도 있다.
J 28017, **SF** SEN-00692, **AF** 163, **RS** 726-3738, **P** 1247, **MS** MKPX7

네트워크 위치와 실제 위치

사람들이 센서 시스템을 이용해서 뭔가를 만들 때 가장 일반적인 작업 중의 하나는 사물의 위치를 찾는 것이다. 센서로 감지할 수 있는 것이 매우 광범위하다는 것을 이해하면, 아주 다양한 작업을 자유롭게 할 수 있다는 점에서 흥분하게 될 것이다. 이제는 컴퓨터와 상호작용을 하기 위해서 의자에 앉아 있을 필요가 없게 된 것이다. 자유롭게 춤추고, 달리고, 점프하더라도 여전히 컴퓨터가 동작을 감지해서 어떤 방식으로 응답을 줄 수 있다.

이러한 자유로움의 단점은 여러분은 어디든 존재할 수 있는 반면, 인식은 네트워크와 연결된 공간에서만 가능하다는 것이다. 어디에나 존재하는 감시 카메라나 휴대폰 네트워크의 위치 감지 시스템을 사용하는 무선 E911[1]의 경우 사람이나 사물, 시간과 위치를 가리지 않고, 원하든 원하지 않든 간에 위치를 파악할 수 있다. 실제 위치 인식 시스템은 앞서 이야기한 두 가지 극단적인 경우 사이에 존재한다.

네트워크상의 위치를 파악하는 것과 사물의 실제 위치를 알아내는 것은 다르다. 장치가 네트워크에 연결되는 순간부터 주소를 확인하는 방법부터 신호의 세기를 사용하는 방법까지 다양한 방식을 통해서 네트워크의 위치를 찾아낼 수 있지만, 이것이 실제 위치를 알아내는 것을 의미하지는 않는다. 단지 네트워크에서 다른 노드(node)[2]와의 관계를 알게 되는 것이다. 즉, 휴대폰이 어떤 기지국에서 가장 가까운지, 컴퓨터가 어떤 와이파이 액세스 포인트에 연결되어 있는지 알 수 있을 뿐이다. 따라서, 장치를 이용하면서 다른 데이터들에 부가적으로 따라오는 이러한 정보를 이용해서 구체적인 정보를 추정해 나가는 과정이 필요하다.

만일 휴대폰으로 대화하는 상대가 접속한 기지국이 여러분과 지리적으로 멀지 않다면 이 휴대폰을 사용하는 사람을 금방 만날 수 있을 것이라는 점을 알고 적절한 반응을 보일 수 있을 것이다. 대부분의 네트워크 응용 분야에서는 실제 위치를 아는 것보다는 네트워크 노드 간의 관계를 알아내는 것이 더 중요하다.

➔ 1단계: 사람에게 물어보기

사람은 사물의 위치를 정말 잘 찾아낸다. 신체적으로 이 문제를 파악할 수 있는 다양한 감각기관을 지니고 있을 뿐 아니라, 물체의 형태를 찾아내고 여러 가지 감각적 단서로부터 거리를 판단하는 데 탁월한 기능을 하는 두뇌가 있다. 행동 수준에서는 왜 어떤 것을 찾고 있는지 판단하기 쉽게 만들어주는 수많은 패턴을 이미 알고 있다. 컴퓨터 시스템으로는 이런 장점들을 활용할 수 없으므로, 사물이나 사람의 위치를 판단하는 대화형 시스템을 만들 때 가장 먼저 고려해야 할 부분이면서 가장 좋은 인식 도구로 활용할 수 있는 것은 여러분이 만들 시스템을 활용하게 될 사용자들이다.

장소를 알아내는 것은 문화적, 행동적 단서로부터 출발한다. 내가 어디에 있는지 알려면 주변 사람들에게 물어보는 것이 가장 좋다. 일례로, 이 질문을 받은 사람은 이 질문에 대해서 합리적이고 정확하며 전후 사정상 가장 합당한 답을 주기 위해서 질문자의 생김새, 행동, 같이 있는 곳, 하고자 하는 일 등

---

1 일종의 긴급 구난 서비스.

2 통신망에서 망에 접속되는 부분.

을 종합적으로 고려할 것이다.

질문을 통해서 여러분이 있는 실제 위치와 어떤 위치를 알고자 하는지에 대한 관계가 명확히 드러나는 일이 거의 없으므로, 이 관계를 정확하게 처리할 수 있는 기술은 없다. 결과적으로 위치를 찾아낼 수 있는 시스템을 설계할 때 가장 좋은 방법은, 사용하는 사람이 가지고 있는 '관계를 알아내는 능력'을 이용하는 것이다. 어떤 일을 해야 할 때 자신이 어디에 있고, 어떤 일을 하려고 하는지를 알려주면 좀 더 효과적인 시스템을 만들어낼 수 있다.

예를 들어, 관람객의 움직임에 반응하는 공간을 만드는 장치를 가정해 보자. 이런 장치는 신체를 일종의 커서로 간주해서, 관람객이 미술관 안의 공간을 이동하는 것처럼 만들어 주는 프로젝트를 하는 예술가들 사이에서 매우 흔한 작업이다. 사람의 위치를 감지해서 2차원 공간인 컴퓨터 화면의 커서 위치처럼 연결해 주려면, 다양한 추적 시스템이 필요하다.

여기서 빠트린 것은 초기에 관람객이 움직여야 할 이유를 부여하는 부분이다. 관람객이 어떤 것을 하고 있으며, 각 단계에서 어떤 일을 할 것인지 알려줄 단서를 정의해 줄 수 있다면, 사람을 추적할 공간을 줄일 수 있다. 예를 들어, 어떤 조각 작품이 관람객의 동작에 응답할 수 있도록 만들려면, 관람객이 공간 안에 있는 여러 개의 조각 중 하나에 접근한다는 정보를 알아야 한다. 조각을 네트워크에 있는 하나의 노드로 생각하면 이 작업은 조금 쉬워진다. 관람객을 정의되지 않은 2차원 공간에서 추적하는 대신, 이제 방 안에 있는 몇 개 지점 중의 하나에 사람이 접근하는지 확인하면 된다. 따라서, 추적 시스템을 만드는 대신 각 물체에 접근 센서를 부착하고, 사람이 다가오는 것과 얼마나 다가왔는지를 확인하면 된다. 공간적인 구성과 기술을 조합해서 작업을 단순화할 수 있다. 적절히 상호작용할 수 있도록 영상, 음성, 움직임 신호를 이용하면 작업을 더욱 쉽게 만들 수 있다. 이렇게 하면 관람객 역시 더 이상 수동적인 존재가 아니라 능동적인 참가자가 된다.

다른 예를 들어 보자. 가까운 휴대폰 송신탑 간의 상대적인 거리를 통해서 휴대폰의 위치를 알아내고, 이 위치를 이용하는 여행자를 위한 휴대폰용 도시 여행 가이드 프로그램을 만들고 있다고 가정해 보자. 만일 휴대폰 송신탑에서 신뢰할 만한 신호를 얻지 못하는 경우에는 어떻게 해야 할까? 아마도 여행자가 있는 곳의 주소나 우편번호, 혹은 주변에 있는 단서를 물어봐야 할 것이다. 그런 다음 프로그램에서 이런 데이터와 가장 마지막으로 신뢰성 있는 신호를 수신한 위치 정보를 조합하면 더 나은 결과를 얻을 수 있을 것이다. 이런 경우와 모든 위치 기반 시스템에서, 시스템상에서 사람의 능력을 같이 활용함으로써 결과를 좋게 만드는 것이 중요하다.

➔ 2단계: 환경 알기

어디에 있는지 판단하려면 그 전에 주변 환경에 대해서 판단해야 한다. 어떤 위치에서든지 이를 설명할 수 있는 다양한 방법이 있다. 예를 들어 거리의 골목을 주소, 위도와 경도, 주변에 있는 상점의 이름 등으로 설명할 수 있을 것이다. 어떤 좌표를 선택해서 이용할 것인지는 위치 판단을 위해서 사용할 수 있는 기술에 따라 달라질 수 있다. 만일 앞에서 예로 든 것처럼 휴대폰용 도시 안내 프로그램을 만드는 경우, 위치를 판단하기 위해서 무선 전송국 ID, 거리의 주소, 주변에 어떤 상점들이 있는지와 같은 다양한 방법을 사용할 것이다. 이때 의미 있는 정보를 얻기 위해서 하나의 좌표계를 다른 좌표계로 어떻게 연관시켜야 하는지 판단하는 것이 주된 작업이 된다.

좌표 시스템으로 지도상의 위치를 나타내기 위해서는 많은 작업이 필요하므로, 대부분의 지도 데이터베이스는 불완전하다. 지오코딩(Geocoding)은 미국의 거리 주소 정보 대부분을 위도와 경도로 변환한다. 이 시스템은 필요한 정보가 충분히 수집되어 공개되어 있는 것은 아니므로, 미국 외에서는 거의 동작하지 않으며, 미국 내에서도 모든 곳에서 동작하는 것은 아니다.[3]

지오코딩은 지도상의 이름을 위치로 변환시켜주는 데이터베이스의 정확도에 큰 영향을 받는다. 또한 이름을 다르게 입력하는 경우 결과를 찾을 수 없을 것이다. Virtual Terrain Project(www.vterrain.org)는 www.vterrain.org/Culture/geocoding.html에 미국과 전 세계의 지오코딩 정보를 많이 보유하고 있다. Geocoder.net에서는 www.geocoder.us에서 미국 내의 지리 검색 정보를 제공하며, Worldkit는 전 세계 도시들의 지리 검색 정보를 제공하는 확장된 버전을 www.worldkit.org/geocoder에서 제공한다.

거리 주소는 가장 일반적인 좌표 표현 방식인 위도와 경도로 변환시킬 수도 있지만, 이 밖에도 실제 좌표를 표현할 수 있는 유용한 시스템들이 있다. 예를 들어, 휴대폰 송신기는 모두 실제 위치 정보를 가지고 있다. 이런 송신탑들의 실제 위치 정보를 가진 데이터베이스를 이용하면 매우 쉽다. 그러나 이동통신 송신탑은 이동통신 송신 사업자가 소유하고 있으므로, 송신탑에 대한 정확한 데이터 역시 통신 사업자의 소유이며, 이 데이터는 외부에 알려져 있지 않다. OpenCellID(www.opencellid.org)와 같은 프로젝트를 통해 GPS가 달린 휴대폰에 전용 소프트웨어를 구동시켜 송신탑의 위치를 알아내려는 시도가 있다. 다양한 휴대폰 운영체제가 존재하므로, 이런 소프트웨어를 개발하는 것 자체가 대단한 도전이다.

컴퓨터는 이동할 수 있으므로 IP 주소를 실제 위치와 정확히 일치시킬 수는 없다. 그럼에도 IP 주소에 대한 몇몇 지오코딩 데이터베이스가 존재한다. 이런 시도는 라우터는 거의 움직이지 않으므로, 라우터의 물리적 주소를 알면 해당 라우터를 통해서 네트워크에 접근하는 장치 역시 그다지 멀리 떨어지지 않았을 것이라는 가정하에 작업을 한 것이다. IP 지오코딩의 정밀도가 제한적이라 가끔은 인터넷에 접속한 장치의 위치가 이웃 도시 혹은 옆 블록으로 표시되는 경우도 있지만, 세계의 대략적인 지역을 판단하는 데 도움이 된다. 다음 장에서는 네트워크 식별과 지오코딩을 조합하는 예를 살펴볼 것이다.

요구되는 정보가 많지 않고, 같이 작업할 수 있는 사람이 많다면, 물리적인 주소에 연계된 문화적 혹은 네트워크의 위치와 같은 자신만의 데이터베이스를 개발할 수 있을 것이다. 하지만 보통은 이런 작업을 할 때는 이미 만들어져 있는 자료를 활용하는 것이 더 낫다.

➔3단계: 얻어내고 정밀하게 만들기

어디를 볼 것인지 결정된 경우에는 새로운 위치를 얻어내고, 위치의 정밀도를 높여 나가는 두 가지 작업이 끊임없이 이루어져야 한다. 처음 위치를 얻을 때는 일반적으로 활동이 있는 네트워크의 중심에 어떤 장치가 있는지 알아내는 것부터 시작하기 때문에 대략의 위치만 알 수 있다. 앞에서 설명한 상호작용이 가능한 설치예술의 예에서는 전시관 안의 여러 물체에 부착한 센서로 관람객이 접근하는지 여부를 판단함으로써 관람객의 위치를 알아낼 수 있다. 사람이 어디 있는지 대충 알게 되면, 물체에

---

3 현재는 전 세계적으로 많은 곳에서 이용할 수 있다.

붙어 있는 근접 센서에서 거리를 측정함으로써 위치를 좀 더 정밀하게 만들 수 있다.

정밀하게 만드는 것은 좀 더 정확한 물리적 위치를 알아내는 것을 의미하는 것이 아니다. 이 작업은 보통 사용자의 상황이나 취하고자 하는 동작을 알아내는 작업이지, 위치를 알아내는 작업이 아니다. 어떤 일이 일어난 위치를 대략적으로 알게 되었으면, 적절한 반응을 보이기 위해서 그 장소에서 어떤 일이 일어났는지 알아야 한다. 상호작용이 가능한 전시실의 예에서도 관람객의 정확한 위치를 피트나 인치(혹은 미터나 센티미터) 단위로 알 필요까지는 없다.

관람객이 방 안에 있는 어떤 물체에 관여된 것으로 판단할 수 있을 만큼 충분히 다가간 경우에 해당 물체가 반응하도록 만들 수 있다. 관람객이 가까이 걸어왔을 때 화면에 표시되는 그래픽을 바꾸거나, 걸어가는 동작에 따라 주변에 있는 조각들이 움직이게 만들 수도 있다. 이 두 경우 관람객의 정확한 거리를 알 필요는 없으며, 단지 관람객이 주의를 끌 만큼 충분히 가깝게 다가왔는지 여부만 알면 된

위치를 찾아내는 35가지 방법

2004년 오라일리 엔지니어링 테크놀러지 학회(O'Reilly Emerging Technology Conference: ETech)에서 상호작용 설계자이자 작가인 크리스 히스코트(Chris Heathcote)는 물체를 찾아내는 문화와 기술적 해결 방법을 설명한 '위치를 찾아내는 35가지 방법'이란 제목의 뛰어난 발표를 했다.

그는 이런 작업을 위한 도구를 선택할 때 고려해야 할 많은 중요한 요소들을 나열했다. 또한 기술적 방법과 더불어 문화적, 동작에 관한 단서를 같이 해석하는 방법을 이용해서 어떤 사람이나 사물의 위치를 알아내는 가장 좋은 방법에 대해서도 언급했다. 그가 만든 목록은 위치를 찾아내는 시스템을 개발할 때 이를 해결하는 데 영감을 줄 수 있는 간단한 도구들을 나열했다. 크리스 히스코트가 나열한 것 중에서 좀 더 인기 있는 기술 몇 가지를 보면 다음와 같다.

- 가정: 지구 혹은 좀 더 작은 지역에 대해서라도 볼 수 있는 가장 큰 범위를 가정하라.
- 시간을 이용할 것.
- 누군가에게 물어볼 것.
- 관계: 근처에 누구 혹은 어떤 것이 있는가?
- 공중전화, 대중교통 정류소, 혹은 공공사업의 주요 지점에서 가까운가?
- 지도를 활용하라.
- 어떤 휴대폰 사용자를 이용할 수 있는가?
- 공중전화 사업자는?
- 전화번호의 형태는?
- 신문을 볼 수 있나?
- 사용하는 언어는?
- 우편번호
- 거리의 이름
- 교차로의 이름
- 거리 번호
- 사업자 이름
- 삼각 측량 혹은 삼변 측량을 통한 휴대폰의 위치
- TV, 라디오, 공공 와이파이 등 다른 무선 장치를 통한 삼각 측량 혹은 삼변 측량
- GPS, aGPS, WAAS 혹은 다른 GPS 확장 장치
- 주요 지형지물(landmarks)과 작은 지형지물(littlemarks)
- 추측 항법(Dead reckoning)

다. 종종 거리를 측정하는 것보다는 전반적인 공간의 움직임을 판단하기 위해서 거리 측정 센서를 움직임 감지기로 사용하는 일도 있다.

얼마나 접근했는지 판단하는 것만으로 동작을 취하기에 항상 충분한 정보를 주는 것은 아니다. 결과를 정확히 하는 과정에는 어떤 물체가 다른 물체와 비교해서 어떤 방향으로 향하고 있는지를 판단하는 것도 포함된다. 예를 들어, 방향을 알 수 있다면 어느 쪽을 향해 가고 있는지 알 수 있다. 두 사람 혹은 물체가 서로 얼마나 근접해 있는지 아는 것도 중요한 정보다. 관람객이 작품의 뒤쪽을 지나고 있을 때 조각을 움직이고 싶지는 않을 것이다.

거리 측정하기

처음 볼 때는 GPS, 휴대폰 위치 추적, 음파 추적 시스템과 같은 전자식 위치 탐지 시스템이 어떻게 동작하는지 눈으로 확인할 수 있는 방법이 없으므로 마치 마술처럼 보인다. 그러나, 이 작업을 각각의 부분으로 나누다 보면 점차 직관적으로 알 수 있게 된다. 물리 위치 시스템은 대부분 알고 있는 위치에서 전달되는 신호가 걸린 시간을 이용하거나, 수신단에서의 신호 세기를 측정하는 방법 중 하나를 사용한다. 두 경우 모두 다수의 신호원에서 신호들을 통해서 이차원 혹은 삼차원에서의 위치를 찾기 위해서 삼변 측량 기법을 다양하게 활용한다.

예를 들어, GPS 수신기는 몇 개의 위치 추적용 인공위성에서 오는 신호를 수신할 때 그 지연 시간을 측정함으로써 지상에서의 위치를 판단한다. 휴대폰 위치 추적 시스템의 기능 역시 주변에 있는 무선 송신탑에서 오는 신호를 이용해서 휴대폰의 위치를 판단한다는 점에서 비슷하다. Skyhook(www.skyhookwireless.com)는 위치의 정밀도를 높이기 위해서 다수의 시스템(WiFi, GPS, 무선 송신탑 등)을 사용한다. 음파 혹은 적외선 거리 측정 센서는 음파 신호 혹은 적외선 신호를 보내고, 물체에 반사되어 오는 신호의 세기를 측정함으로써 거리를 측정한다.

거리 측정 기법은 능동형과 수동형으로 나뉜다. 능동형 시스템에서 목표는 무선, 빛, 음파를 발산할 수 있는 것이 되며, 수신기는 목표에서 직접 보내는 신호를 수신한다. 이에 반해, 수동형 시스템의 목표는 어떤 기술을 탑재하고 있을 필요가 없으며, 수신기에서 신호를 만들어 보낸 이후에 목표에 반사되어 돌아오는 신호를 다시 수신하는 방식이다. 휴대폰 위치 추적의 경우 전화와 송신탑 간에 양방향 전송이 일어나므로 능동형 시스템이라 할 수 있다. GPS는 신호가 단방향으로 전송되지만 신호를 반사시켜 수신하는 것이 아니라 직접 수신하는 방식이므로 역시 능동형이라 할 수 있다. 이때 목표는 무선 수신기가 된다. 음파와 적외선 거리 측정 시스템은 신호가 목표에 의해서 생성되는 것이 아니라 반사되는 것을 이용하므로 수동형이라 할 수 있다.

거리 측정은 종종 위치를 얻기 위해서 사용되고, 그 이외에도 위치의 정밀도를 높이기 위해서 사용된다. 다음 예제에서 수동형 거리 측정은 실제 거리 측정 방식을 제공한다.

수동형 거리 측정

거리측정기에는 그림 8-2에 있는 MaxBotix LV-EZ1

과 같은 초음파 거리측정기와 Sharp GP2Y0A21YK와 같은 적외선 거리측정기 등이 있다. MaxBotix의 센서는 초음파 신호를 내보내고 그 반향을 듣는 방식이고, Sharp의 센서는 적외선을 쏘아 반사된 빛을 감지하는 방식이다. 이러한 센서들은 짧은 거리에서만 사용할 수 있다. Sharp 센서는 10~80cm 범위를 읽을 수 있고, MaxBotix 센서는 0~7.5m 정도 거리를 읽을 수 있다. 이러한 센서들은 제한된 공간에서 사람의 거리를 측정하고자 할 때나, 사람에게 어떤 하드웨어도 부착하고 싶지 않을 때 아주 유용하게 사용할 수 있다. 또 물체가 움직여서 같은 공간에 있는 다른 물체에 접근하는 것을 알고자 할 때도 유용하다.

프로젝트 15

적외선 거리측정기 예제

샤프 GP2xx 적외선 거리 측정 센서들은 목표에 적외선을 보내고, 이것이 반사되어 나오는 적외선의 세기를 측정함으로써 짧은 거리에서 비교적 정확하게 거리를 측정할 수 있으며, 사용하기도 편하다. 그림 8-2는 10cm에서 80cm 내외의 거리에 있는 물체를 감지할 수 있는 샤프 GP2Y0A21 적외선 거리측정기의 회로를 보여준다. 센서에는 5V 전원이 필요하며, 감지 범위에서 가장 가까운 곳에 있는 물체의 거리에 따라서 0~5V의 출력을 만들어낸다.

준비물

- 아두이노 모듈 1개
- Sharp GP2Y0A21 IR 거리측정기 1개
- 10μF 커패시터 1개
- 헤더 핀(수놈) 3줄

샤프 센서의 출력은 선형적[4]이 아니므로, 거리와 전압에 대한 그래프를 그리고 약간 계산하는 작업이 필요하다. 다행히, 아크로네임 로보틱스(Acroname Robotics)에 있는 착한 친구들이 벌써 여러분을 위해서 이런 계산을 모두 끝내 두었다. 그 내용을 보려면 www.acroname.com/robotics/info/articles/irlinear/irlinear.html을 방문하면 된다. http://www.sharpsma.com/webfm_send/1208에 있는 센서 데이터 시트에는 거리의 역수에 대한 전압 그래프가 포함되어 있다. 이 그래프는 10~80cm 구간에서 매우 선형적인 관계를 보여주며, 대략 27V/cm의 기울기를 가지고 있다. 이를 이용해서 비교적 정확한 거리 예측이 가능하다.

» 이 스케치는 센서를 읽어서 결과를 전압으로 변환하는 것이다. 그리고 나서 앞에서 설명한 결과를 이용해서 전압을 센티미터 단위의 거리로 변환한다.

변환식은 단지 추정일 뿐이지만, 일반적으로 사용하기에 문제없을 정도의 정밀성은 확보하

```
/*
   Sharp GP2xx IR 거리측정기 읽기
   환경: 아두이노
 */
void setup() {
   // 9600bps로 시리얼 포트를 초기화
   Serial.begin(9600);
}
```

[4] 입력에 비례해서 출력이 증가하는 특징을 의미한다.

고 있다.

사실 많은 응용에서는 절대적인 거리가 아닌 상대 거리가 필요하다. 어떤 사람이 가깝게 있는지 멀리 있는지, 어떤 반응을 일으킬 만큼 임계값을 넘어 충분히 다가왔는지 등의 예가 그렇다. 이 경우 analogRead() 명령의 출력을 이용하고, 실험을 통해서 임계값을 결정하면 된다.

```
void loop() {
  int sensorValue = analogRead(A0);
  // 전압으로 변환
  float voltage = map(sensorValue, 0, 5, 0, 1023);

  // 센서가 주는 실제 값은 선형적이지 않다.
  // 이 수식은 데이터 시트에 있는 '1/거리'에 대한 전압 관계를 그린
  // 그래프에서 유도된 것이다.
  // 선의 기울기는 대략 27이다.
  float distance = 27.0 /voltage;

  // 센서 값 출력
  Serial.print(distance);
  Serial.println(" cm");
  // 다음 값을 읽기 전에 10밀리초 동안 기다린다.
  delay(10);
}
```

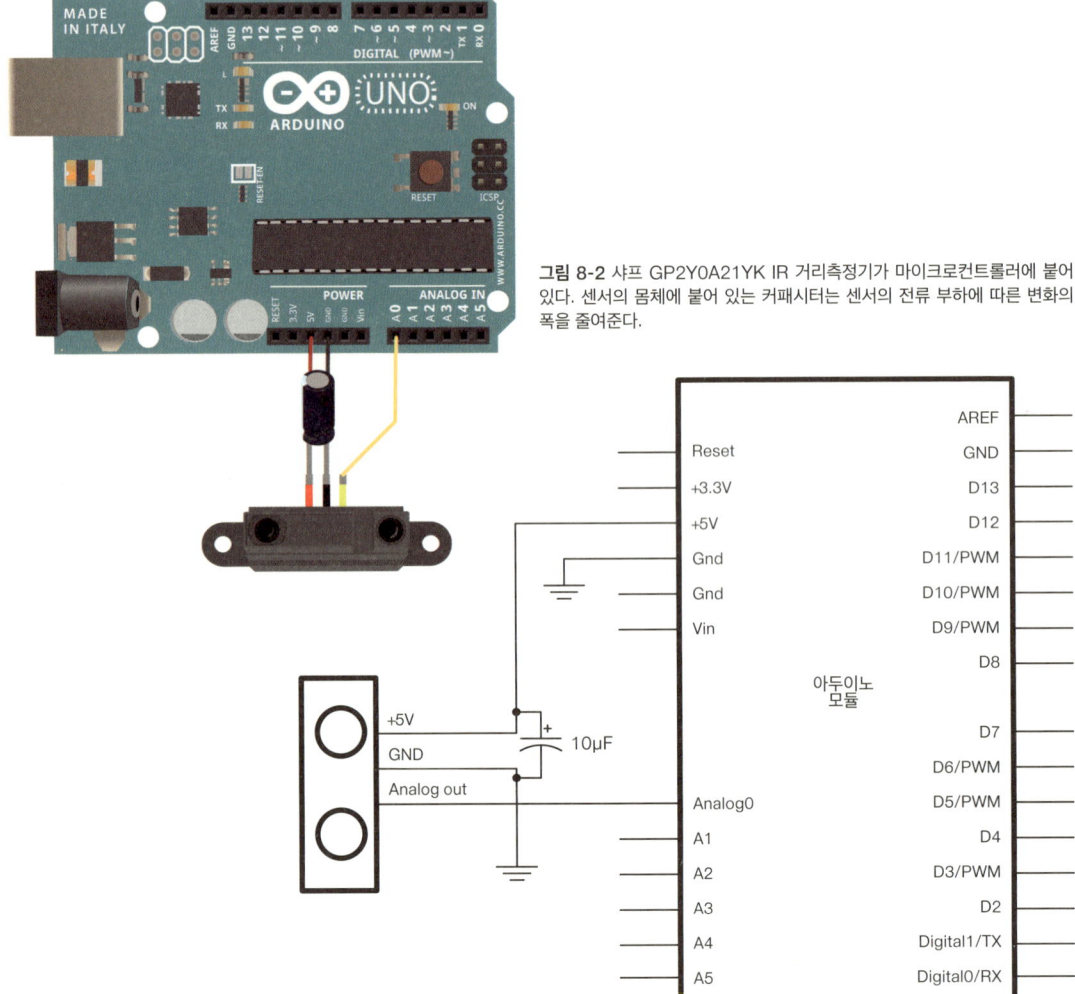

그림 8-2 샤프 GP2Y0A21YK IR 거리측정기가 마이크로컨트롤러에 붙어 있다. 센서의 몸체에 붙어 있는 커패시터는 센서의 전류 부하에 따른 변화의 폭을 줄여준다.

프로젝트 16
초음파 거리측정기 예제

MaxBotix(www.maxbotix.com)의 초음파 센서는 샤프 센서와 비슷한 방식으로 거리를 측정하지만, 좀 더 멀리까지 거리를 측정할 수 있다. 적외선 대신 초음파 신호를 방출한 다음 반사되어 되돌아오는 신호를 기다린 이후에, 반사된 신호가 돌아올 때까지 걸린 시간을 이용해서 거리를 측정한다. 이러한 센서는 5V 전원을 요구하며(LV 시리즈는 2.5~5V 정도에서 동작할 수 있다.), 결과를 아날로그, 펄스폭, 비동기 직렬 인터페이스를 통해서 반환할 수 있다. 이 센서는 MaxBotix, 스파크 펀, 에이다프루트, 폴롤루와 이 책에 실려 있는 많은 부품점에서 구입할 수 있다.

준비물
- 아두이노 모듈 1개
- MaxBotix LV-EZ1 초음파 거리측정기 1개
- 헤더 핀 또는 점퍼선 3개

거리측정기는 직선 거리를 측정하는 데는 매우 뛰어나지만, 측정의 범위가 제한되어 있으므로 넓은 평면 공간에서 물체의 거리를 측정하기에는 썩 좋지 못하다. 예를 들어, MaxBotix LV-EZ1 센서는 측정 범위가 80도 정도 각도를 지니는 원뿔 형태(물론 가장자리 부분에서는 측정 감도가 많이 떨어진다.)이며, 센서에서 약 6.4미터 거리까지 인식할 수 있다. 이 센서로 방 전체를 측정하려면, 몇 개를 적절하게 배치해야 한다. 그림 8-3은 5개의 센서를 이용해서 4×4m 크기의 방 전체를 측정할 수 있도록 만든 방법을 보여주고 있다.

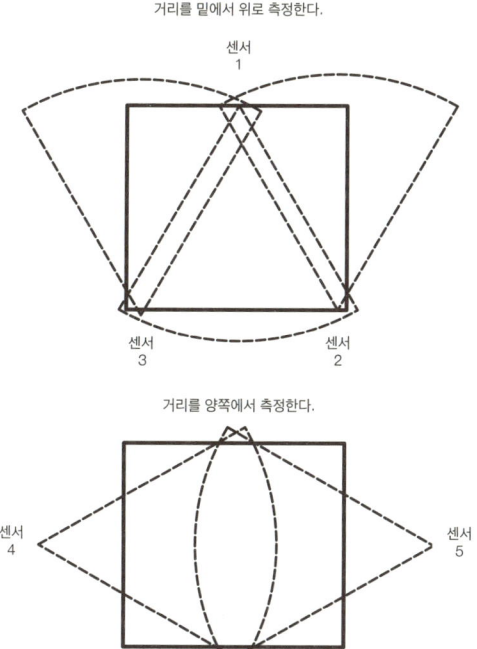

그림 8-3 초음파 거리측정기를 이용해서 이차원 공간의 거리 측정하기. 각각의 사각형은 4×4m 크기의 방에 대한 센서 배치를 보여준다. 사각형 공간을 모두 측정하기 위해서는 방의 측면을 둘러가면서 여러 개의 센서를 배치해야 한다.

그림 8-4 MaxBotix LV-EZ1 초음파 센서가 아두이노 모듈에 연결되어 있다.

두 센서가 동시에 동작하면 신호 간에 상호 간섭이 발생할 수 있으므로, 센서들이 동시에 작동하지 않도록 만들어야 한다. 즉, 센서가 순서대로 하나씩 켜지도록 만들어야 한다.

하나의 센서가 결과를 얻는 데 최대 50밀리초가 소요될 수 있으므로, 모든 영역을 확인하기 위해서는 250밀리초가 필요하다.

» 이 스케치는 '프로젝트 15: 적외선 거리측정기 예제'에서 사용한 스케치와 비슷하다. 센서의 값을 읽고, 그 값을 전압으로 변환한 후 이를 센티미터 단위의 거리로 환산한다. 다시 말하지만 변환식은 단지 추정치일 뿐이다.

MaxBotix 센서는 50밀리초마다 값을 읽을 수 있으므로, 매번 값을 읽은 다음에는 다음 값을 읽기 전에 센서가 다시 안정될 수 있도록 약간 지연시간을 줄 필요가 있다.

```
/*
    MaxBotix LV-EZ1 초음파 거리 측정 센서 읽기
    환경: 아두이노
 */
void setup() {
  // 시리얼 통신을 9600bps로 초기화
  Serial.begin(9600);
}

void loop() {
  // 센서의 값을 읽어 전압으로 변환
  int sensorValue = analogRead(A0);
  float voltage = map(sensorValue, 0, 5, 0, 1023);

  // 센서의 출력은 1인치당 약 9.8mV씩 변하므로,
  // 출력 값에 2.54를 곱하면 센티미터 단위의 거리를 구할 수 있다.
  float distance = voltage * 2.54 / 0.0098;

  // 센서의 값을 출력한다.
  Serial.print(distance);
  Serial.println(" cm");
  // 센서가 안정화되도록 읽기 전에 50밀리초만큼 기다린다.
  delay(50);
}
```

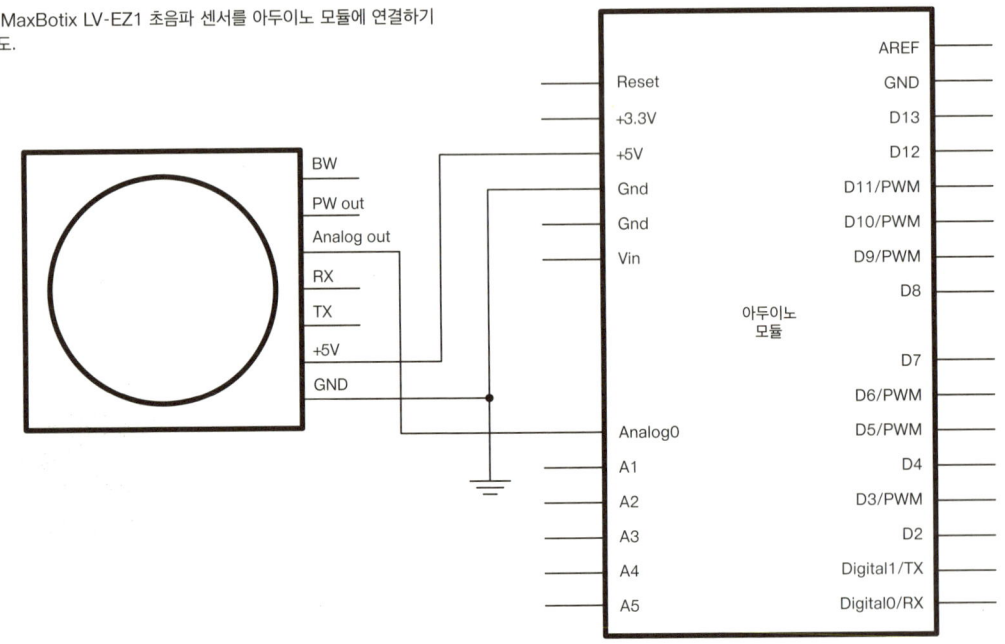

그림 8-5 MaxBotix LV-EZ1 초음파 센서를 아두이노 모듈에 연결하기 위한 회로도.

능동형 거리 측정

앞에서 살펴본 초음파와 적외선 거리 측정 센서는 수동 거리 측정 시스템이다. 휴대폰이나 GPS를 이용하면 좀 더 먼 거리를 측정할 수 있다. 이런 시스템은 무선 송신탑(무선 기지국 또는 GPS 위성)과 무선 수신기(휴대폰이나 GPS 수신기)를 포함하고 있다. 수신기는 송신탑에서 송신한 신호를 수신한 후 이를 기초로 거리를 판별해 낸다. 이런 시스템은 도시나 전 세계 규모로 거리를 측정할 수도 있다. 이와 같은 능동 거리 측정 시스템의 단점은 거리 측정의 대상이 되는 두 장치 모두 전원을 공급 받아야 한다는 점이다. 즉, 어떤 사람이 수신기를 가지고 있지 않으면, 능동 거리 측정 시스템을 이용해서 사람의 거리를 측정할 수 없다.

GPS와 휴대폰 네트워크를 통한 거리 측정 시스템은 실제로 무선 송신기에서 장치까지의 거리를 보내주는 것이 아니라, 무선 신호의 상대적인 세기만을 알려줄 뿐이다. 블루투스, 802.15.4, ZigBee, 와이파이 무선 신호 역시 신호의 세기에 대한 정보를 모두 전달해 준다. 이를 거리와 연관시키기 위해서는 신호의 세기와 거리의 관계를 계산할 수 있어야 한다. GPS 수신기의 주요 기능은 신호의 세기에 따라 GPS 위성까지의 거리를 계산하고, 이 거리를 취합해서 위치를 판단하는 것이다. 여기서 언급된 다른 무선 장치들은 여러분을 위해서 위와 같은 계산을 해주지 않는다.

하지만 많은 응용에서 거리를 알 필요는 없으며, 단지 다른 것보다 어떤 사람이나 사물에 가깝게 있

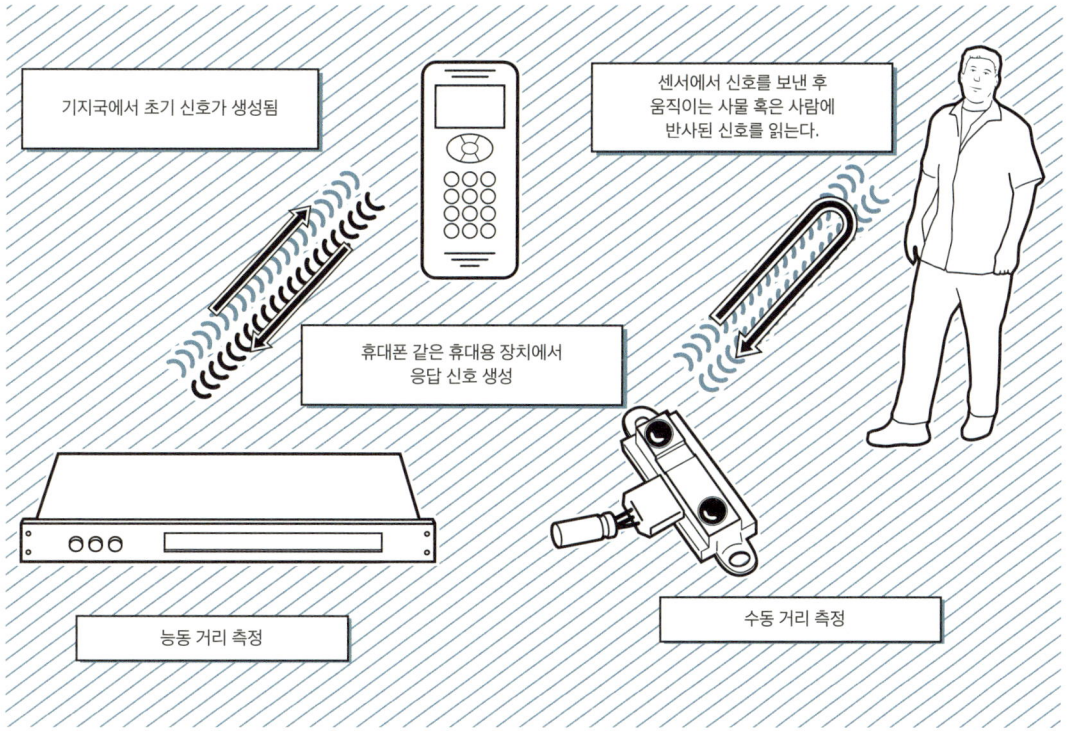

그림 8-6 능동적 거리측정기와 수동적 거리측정기.

는지 멀리 있는지만 확인하면 될 때가 있다. 예를 들어, 애완동물이 다가올 때 문이 열리는 애완동물용 통행문을 만들려는 경우, 블루투스 발신기를 동물의 목걸이에 붙여두고 자물쇠 부분에 수신기를 두는 것을 생각할 수 있다. 애완동물의 목걸이에서 전달되는 신호의 세기가 충분히 강해지면, 문의 자물쇠가 열리는 것이다.

다른 경우에도 마찬가지겠지만, 이때에도 실제 거리를 알 필요는 없다.

프로젝트 17
XBee 무선 통신기를 이용해서 수신된 신호 세기 읽기

앞 장에서 우리는 수신된 신호의 강도를 보았지만 이를 이용해서 어떤 것도 하지 않았다. 태양전지의 출력 전압을 읽어내는 프로세싱 코드는 XBee 패킷에서 수신된 신호의 강도(RSSI; received signal strength)를 해석하는 기능이 있었다. 여기서는 신호의 강도만을 읽기 위해서 좀 더 간단하게 변경한다. 이를 테스트하기 위하여 '프로젝트 14: 태양전지 데이터 무선으로 중계하기'에서 쓴 것과 동일한 무선 설정을 이용할 수 있다. 이를 실험하기 위해서 수신용 회로로 USB-XBee 시리얼 변환기를 사용하고, 송신기에서 보내준 대로 회로가 제대로 동작하는지 확인하기 위해서 그림 7-5(가스 센서 회로)나 그림 7-13(태양전지 회로)을 확인하자.

» USB-XBee 시리얼 변환기를 통해서 수신기 쪽 무선에 접속하려면 이 프로세싱 스케치를 수행시키자. 이 프로그램을 실행하면 그림 8-7에 보이는 것과 같은 막대그래프를 얻을 수 있다.

```
/*
    XBee 신호 강도 읽어내기
    환경: 프로세싱

    XBee 무선으로 패킷을 읽어서 해석한다.
    패킷은 22바이트 길이이며, 다음과 같은 형태를 가지고 있다.
    byte 1:      0x7E, 시작 바이트 값
    byte 2-3:    2바이트로 표현된 패킷의 크기(여기서 사용되지 않음)
    byte 4:      API 식별자 값. 이 코드는 어떤 것이 응답했는지 나타낸다.
                 (여기서 사용되지 않음)
    byte 5-6:    전송자의 주소
    byte 7:      RSSI, 수신 신호 강도 표지(여기서 사용되지 않음)
    byte 8:      방송 옵션(여기서 사용되지 않음)
    byte 9:      뒤에 나오는 샘플의 수
    byte 10-11:  활성화 채널 식별자(여기서 사용되지 않음)
    byte 12-21:  전송자에서 보내주는 5개의 10비트 ADC 샘플 값
*/
import processing.serial.*;         // XBee 무선에서 오는 직렬 입력
Serial XBee;                         // 5개의 샘플을 가지면 XBee 패킷은
int[] packet = new int[22];          // 22바이트 길이가 됨.

int byteCounter;                     // 패킷에서 몇 번째 바이트를 읽고 있는지
int rssi = 0;                        // 수신된 신호의 세기
int address = 0;                     // 전송된 XBee 주소
int lastReading = 0;                 // 이전에 입력된 바이트의 값

void setup () {
  size(320, 480);                    // 윈도우의 크기

  // 시리얼 포트의 목록을 얻어옴
  println(Serial.list());
  // XBee에 연결된 시리얼 포트를 연다.
```

```
    XBee = new Serial(this, Serial.list()[0], 9600);
}

void draw() {
  // 새로운 데이터가 있으며, 그 값이 0보다 크면 그림을 그린다.
  if ((rssi > 0 ) && (rssi != lastReading)) {
    // 배경을 지정
    background(0);
    // 막대의 높이와 폭을 정한다.
    int rectHeight = rssi;
    int rectWidth = 50;
    // 사각형을 그린다.
    stroke(23, 127, 255);
    fill (23, 127, 255);
    rect(width/2 - rectWidth, height-rectHeight,
         rectWidth, height);
    // 숫자를 적는다.
    text("XBee Radio Signal Strength test", 10, 20);
    text("Received from XBee with address: " +
         hex(address), 10, 40);

    text ("Received signal strength: -" + rssi +
          " dBm", 10, 60);
    // 다음 값을 읽기 위해서 현재 바이트를 저장한다.
    lastReading = rssi;
  }
}

void serialEvent(Serial XBee ) {
  // 포트에서 한 바이트를 읽는다.
  int thisByte = XBee.read();
  // 바이트 값이 0x7E, 이 값은 시작 바이트이므로, 새로운 패킷을 받은 것임
  if (thisByte == 0x7E) { // 시작 바이트
    // 이전 패킷에 데이터가 있으면, 이전 패킷을 해석한다.
    if (packet[2] > 0) {
      rssi = parseData(packet);
    }
    // 바이트 카운트를 초기화한다.
    byteCounter = 0;
  }
  // 현재 바이트를 패킷의 현재 위치에 넣는다.
  packet[byteCounter] = thisByte;
  // 바이트 카운터를 증가시킴
  byteCounter++;
}

/*
  패킷을 받고 나면, 유용한 데이터를 추출해낼 필요가 있다.
  이 방식은 전송자의 주소와 RSSI를 얻는 것이다.
 */
int parseData(int[ ] thisPacket) {
  int result = -1;   // 결과가 없으면 이를 나타내기 위해서 -1을 반환

  // 데이터를 읽기에 충분한 패킷을 받았는지 확인해야 한다.
  if (thisPacket.length > 6) {

    // 주소를 읽는다. 주소는 2바이트이므로, 다음과 같이 2바이트를 더해야 한다.
    address = thisPacket[5] + thisPacket[4] * 256;
    // RSSI를 얻는다.
    result = thisPacket[6];
  }
  return result;
}
```

무선 신호의 강도는 데시벨밀리와트(decibelmilliwatts; dBm) 단위로 측정한다. 아마도 왜 신호의 값이 -65dBm로 읽히는지 궁금할 것이다. 어떻게 신호의 강도가 음수가 될 수 있을까? 전력의 밀리와트와 dBm는 로그 관계를 가진다. dBm를 얻기 위해서는 밀리와트에 로그를 취해야 한다. 예를 들어, 1밀리와트 신호를 수신했다면, log 1dBm 값을 얻을 수 있다. Log 1 = 0이므로 1mW = 0dBm이 된다. 전력이 1mW 밑으로 떨어지면 dBm는 0 아래로 떨어지게 된다.

예를 들어 0.5mW = (log 0.0005)dBm, 즉 -3.01 dBm이 되며, 0.25mW = (log 0.00025)dBm, 즉 -6.02 dBm가 되는 것이다.

로그 연산이 혼란스럽다면, 0dBm이 가장 강력한 전송 전력이라는 것만 기억하자. 이 말은 달리 이야기하면, 신호의 강도는 0dBm에서 출발해서 그 밑으로 감소할 뿐이라는 의미이다. 여기서 여러분이 수신할 수 있는 XBee 무선의 최소 신호 강도는 -92dBm이다. 블루투스 무선과 와이파이 무선도 일반적으로 이와 비슷한 강도 범위를 가진다.

완전한 세상에서라면 에러 같은 것을 만들어낼

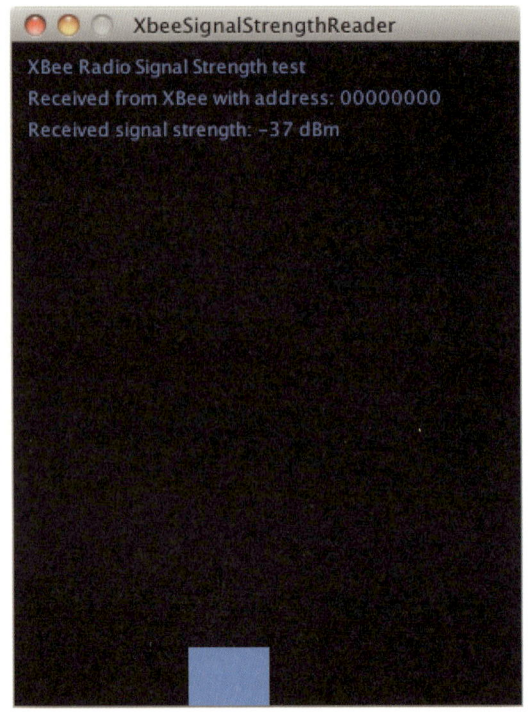

그림 8-7 XBee RSSI 테스트 프로그램의 출력.

장애물이 없을 것이므로, 신호의 강도와 거리를 나타내는 그래프는 로그 곡선의 형태가 될 것이다.

프로젝트 18

블루투스 무선 통신기를 이용해서 수신된 신호 세기 읽기

2장과 6장에서 이용했던 블루투스 모듈 역시 RSSI를 읽어낼 수 있다. 이 값을 보려면 무선 모듈이 다른 블루투스 무선 모듈과 연결되어 있어야 한다. 연결시키는 가장 간편한 방법은 프로젝트 4에서 보았던 것과 같이 여러분의 컴퓨터와 페어링을 하는 것이다.

페어링한 이후에는 블루투스를 통해서 무선 장치에 직렬 연결을 열 수 있다. 접속된 이후에는 다음의 명령을 통해서 데이터 모드에서 명령 모드로 전환할 수 있다.

$$$

무선 장치로부터 CMD 프롬프트를 얻을 수 있다. 그 다음 L을 입력하고 리턴을 치면, 무선 장치에서는

다음과 같은 응답을 보낼 것이다.

```
RSSI=ff,ff
RSSI=ff,ff
```

이 값은 연결의 신호 강도를 나타내는 값을 16진수로 나타낸 것이다. FF는 표현할 수 있는 값 중에서 가장 강력한 값이며, 00은 가장 약한 값이다. 두 값 중 첫 번째 부분은 현재 링크의 질을 나타내고, 두 번째 부분은 그동안 기록된 값 중 가장 낮은 값을 나타낸다. 컴퓨터에서 송신기를 가깝게 혹은 멀게 위치를 이동하면 프로젝트 17 XBee의 예에서와 같이 그 값이 변할 것이다. 커맨드 모드를 끄고 데이터 전송 모드로 전환하려면 L을 입력하고 리턴을 친 후, ---를 입력하고 리턴을 입력하면 된다.

다중 경로 효과

거리 측정에서 오류가 발생하는 가장 큰 원인은 소위 이야기하는 다중 경로 효과(multipath effect; 그림 8-8 참조)이다. 방출되는 전자기파는 물체에 의해 반사된다. 예를 들어, 빌딩과 같은 거대한 장애물이 근처에 있는 경우, 주변에 있는 기지국으로부터 다수의 신호를 수신하게 되는데, 이는 빌딩에 의해서 반사된 전자기파가 수신기에서 봤을 때는 원래 신호와 동일하다고 판단되는 '유령(phantom)' 신호를 만들기 때문이다.

이 문제는 휴대폰이 수신한 신호의 질을 떨어뜨리기 때문에 수신기에서 송신탑까지의 거리를 정확하게 계산하지 못하게 만들어서, 휴대폰의 위치를 찾는 데 오류를 발생시킨다. GPS 수신기는 다중 경로가 발생하는 경우 위치를 정확하게 계산하지 못함으로써 발생하는 에러로 인해서 가능한 위치의 범위가 매우 커지는 문제가 발생한다. 반사된 신호를 걸러줄 수 있는 필터를 사용할 수 있으나, 모든 무선 장치에서 필터링을 할 수 있는 것은 아니다.

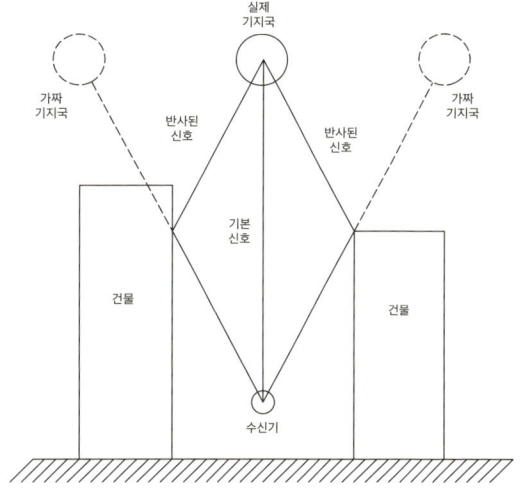

그림 8-8 다중 경로 효과. 반사된 무선 신호는 실제 송신기로부터 받은 것인지 판단할 수 없는 유령 송신기를 만들어서 신호의 강도를 기초로 거리 계산을 하는 데서 오류를 만들어낸다.

삼변 측량법으로 위치 판단하기

거리 측정은 어떤 물체가 측정 지점에서 일차원적으로 얼마나 떨어져 있는지를 나타내는 것이지, 그 자체로 위치를 정의하는 것이 아니다. 여러분의 위치에서 어떤 물체까지의 거리는 여러분의 위치에서 원형(3차원인 경우 구형)으로 생각할 수 있다. 즉, 해당 물체는 원의 어디에나 존재할 수 있다.

2차원 혹은 3차원 공간에서 위치를 찾아내기 위해서는 거리 이상의 것을 알아야 한다. 이때 가장 일반적으로 사용되는 것이 최소한 세 위치 이상에서 거리를 측정하는 것이다. 이를 삼변 측량법이라 부른다.

두 지점에서 물체의 거리를 측정하는 경우, 이를 평면에 그려보면 그림 8-9에 보이는 것처럼 가능한 지점이 두 곳 나온다. 여기에 세 번째 원을 추가하면 평면상에서 물체가 존재할 수 있는 위치가 하나 남게 된다. 이와 비슷한 방법인 삼각 측량법은, 알고 있는 두 지점을 이용하여, 이 지점들과의 거리를 계산한 다음 이 지점들과 알고자 하는 위치가 만들어내는 삼각형이 이루는 각도를 계산해서 알고 싶은 지점의 위치를 찾아내는 방식이다.

위치 파악 시스템(GPS: Global Positioning System)은 삼변 측량법을 이용해서 사물의 위치를 확인한다. GPS는 지구 궤도상에 있는 위성 네트워크를 사용한다. 각 위성의 위치는 위성의 비행 경로와 현재 시각을 통해서 알아낼 수 있다. 각각의 위성은 시각 정보 신호를 방송하고 있으며, GPS 수신기는 이 방송 신호를 골라낸다. 수신기가 최소한 세 개 이상의 위성신호를 수신하면 송신단과 수신단이 보이는 시간 차이를 이용해서 대략의 위치를 판단할 수 있다. 대부분의 수신기는 위치를 계산하고, 오류가 발생했을 때 이를 교정하기 위해서 적어도 6개의 위성 신호를 사용한다. 휴대폰의 무선 E911과 같은 위치 판단 시스템에서도 다수의 무선 기지국에서 보내는 신호의 도착 시간 차이(TDOA: time difference of arrival)를 이용해서 거리를 측정한 후, 앞에서 설명한 것과 비슷한 방법으로 대략의 위치를 계산해낸다.

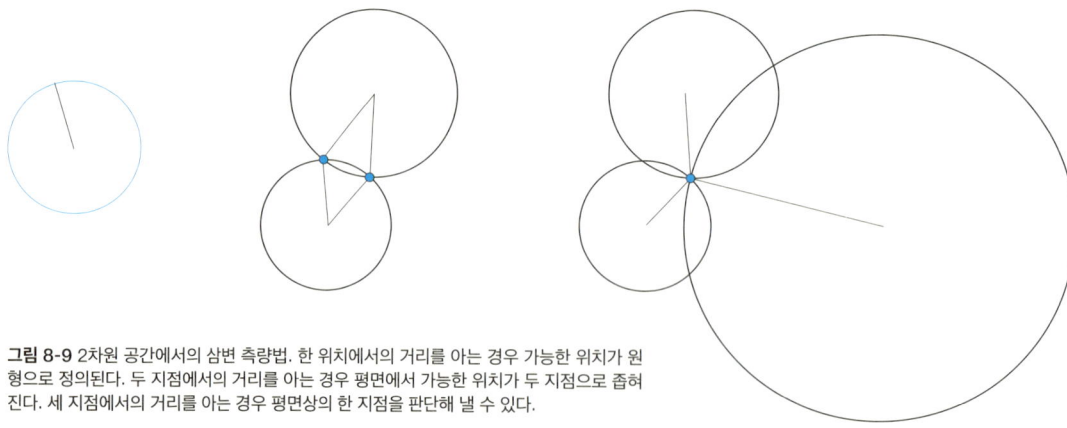

그림 8-9 2차원 공간에서의 삼변 측량법. 한 위치에서의 거리를 아는 경우 가능한 위치가 원형으로 정의된다. 두 지점에서의 거리를 아는 경우 평면에서 가능한 위치가 두 지점으로 좁혀진다. 세 지점에서의 거리를 아는 경우 평면상의 한 지점을 판단해 낼 수 있다.

프로젝트 19

GPS 직렬 프로토콜 읽기

GPS를 사용할 때 좋은 점은 GPS 수신기 자체에서 삼변 측량법을 이용한 계산을 수행하므로, 여러분이 따로 이런 계산을 할 필요가 없다는 것이다. 수신기에서는 위치를 위도와 경도로 알려준다. GPS 수신기에는 여러 가지 데이터 프로토콜이 있는데, 미국의 국가해양전자협회(NMEA: National Marine Electronics Association)에서 만든 NMEA 0183 프로토콜이 가장 일반적으로 사용된다. 시장에 나와 있는 거의 대부분의 수신기에서 NMEA 0183을 출력하고, 이 외에 한두 가지 정도의 프로토콜을 같이 지원한다.

NMEA 0183은 4800bps 속도, 패리티 없는 8비트 데이터와 1비트 정지 비트를 가진(4800-8N-1) 직렬 프로토콜이다. 대부분의 수신기는 이 데이터를 RS-232나 TTL 직렬 전압으로 전송할 수 있다. 이 예제에서 사용한 것은 US GlobalSat EM-406a 수신기로, NMEA 데이터를 5V TTL 전압으로 전송한다.

준비물

- 브레드보드 1개
- EM-406A GPS 수신기 1개
- GPS 수신기용 연결선 1개
- 헤더 핀(수놈) 12개
- 블루투스 메이트 1개
- 5V 전압조정기 1개

이 프로젝트에서는 GPS 수신기와 블루투스 메이트를 연결할 것이다. 하지만, 이 작업을 하기 전에 데이터 속도를 맞추기 위해서 블루투스 메이트의 속도를 4800bps로 재설정해야 한다. 이 작업을 하기 위해서는 메이트를 USB-시리얼 변환기에 연결하고, (CoolTerm이나 PuTTY 같은) 직렬 터미널 프로그램을 통해서 115200bps 속도의 연결을 연다.(좀 더 자세한 것은 2장의 프로젝트 4를 참조할 것.)

먼저 $$$를 입력한다. 이 명령은 무선 송신기가 데이터 모드에서 나와서 명령 모드로 전환되도록 만든다. 이 경우 무선 송신기는 CMD라는 응답을 보낼 것이다.

이후에 다음과 같이 입력하자.

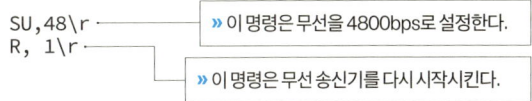

```
SU,48\r      » 이 명령은 무선을 4800bps로 설정한다.
R,1\r        » 이 명령은 무선 송신기를 다시 시작시킨다.
```

무선 송신기는 4800bps로 된 새로운 설정이 저장되고 재시작할 것이다. 이제 GPS 모듈에 접속할 수 있게 되었다.

그림 8-10은 GPS 모듈과 블루투스 메이트가 연결된 모습을 보여준다. GPS 데이터는 블루투스를 통해서 프로세싱 프로그램이 동작하고 있는 컴퓨터로 전송될 것이다. 만약 페어링을 해두지 않은 상태라면, 2장 프로젝트 3의 설명과 같이 블루투스 메이트와 컴퓨터를 페어링할 수 있다. 페어링된 이후에는 앞의 프로젝트에서 포트 목록에서 블루투스 시리얼 포트를 찾을 수 있을 것이다. 직렬 터미널 응용에서 이 포트에 접속해서 포트를 열면, 다음과 같은 NMEA 프로토콜 데이터를 볼 수 있다.

```
$GPGGA,180226.000,4040.6559,N,07358.1789,W,1,04,6.6,75.4,M,-34.3,M,,0000*5B
$GPGSA,A,3,12,25,09,18,,,,,,,,6.7,6.6,1.0*36
$GPGSV,3,1,10,22,72,171,,14,67,338,,25,39,126,39,18,39,146,35*70
$GPGSV,3,2,10,31,35,228,20,12,35,073,37,09,15,047,29,11,09,302,20*7D
$GPGSV,3,3,10,32,04,314,17,27,02,049,15*73
$GPRMC,180226.000,A,4040.6559,N,07358.1789,W,0.29,290.90,220411,,*12
$GPGGA,180227.000,4040.6559,N,07358.1789,W,1,04,6.6,75.4,M,-34.3,M,,0000*5A
$GPGSA,A,3,12,25,09,18,,,,,,,,6.7,6.6,1.0*36
$GPRMC,180227.000,A,4040.6559,N,07358.1789,W,0.30,289.06,220411,,*1C
```

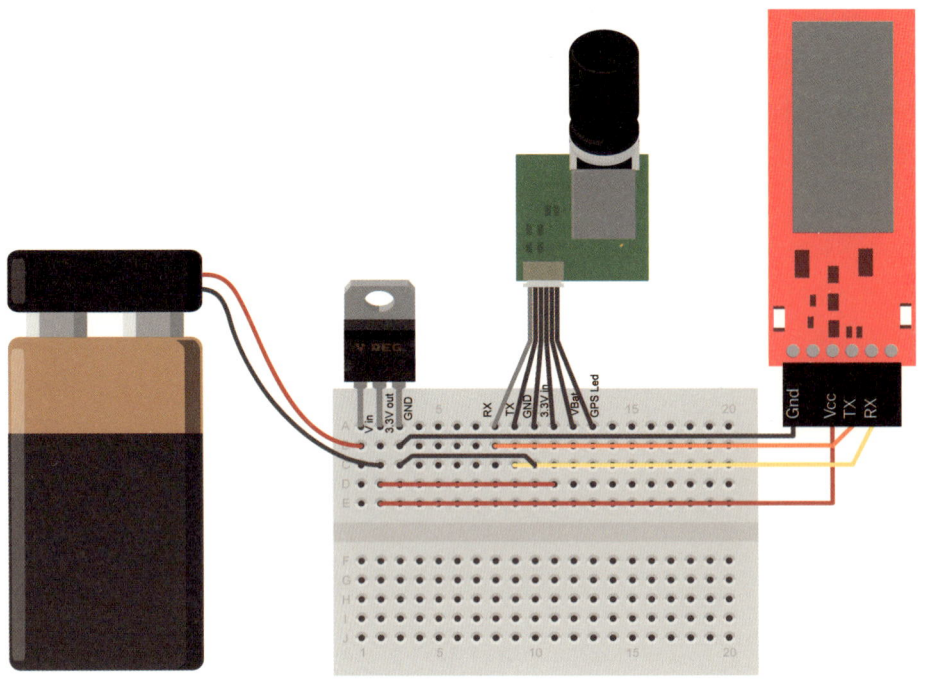

그림 8-10
블루투스 무선 송신기에 붙어 있는 EM-406a GPS 수신기. 실제 GPS 신호를 얻기 위해서는 실외에서 실험을 해야 하므로 무선 데이터와 건전지 전원을 가지고 다니기 편해야 한다.

주의: 만일 전원이 안정적이지 않다면, 다른 프로젝트에서 이 조정기를 사용할 때 했던 것처럼 디커플링 커패시터(decoupling capacitors)를 전압조정기의 입력과 출력 부분에 추가하자.

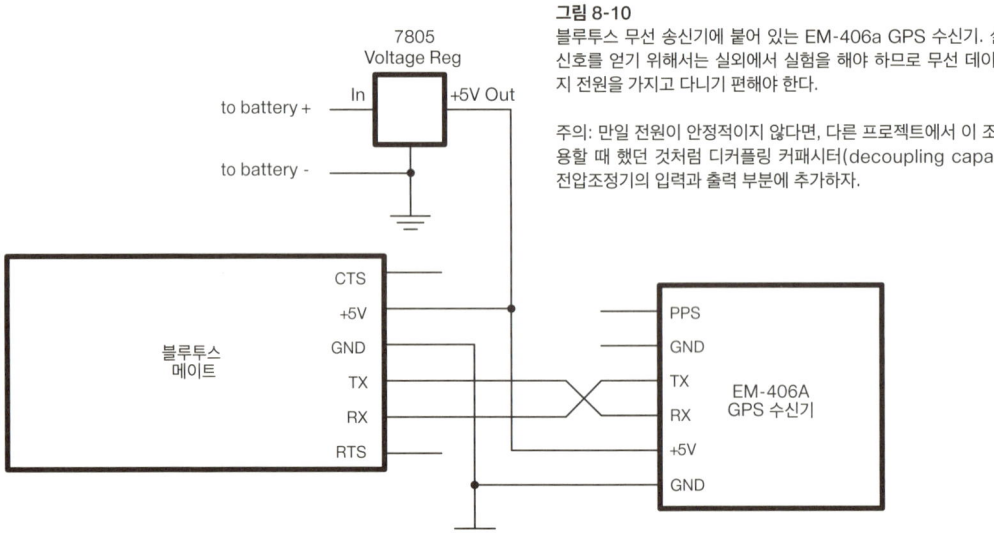

NMEA 프로토콜에는 몇 가지 형태의 문(sentences)이 존재하며, 각각은 서로 다른 기능을 제공한다. 일부는 위치 정보를 알려주고, 일부는 수신기에서 수신할 수 있는 위성에 대한 정보를 알려주고, 일부는 방향에 대한 정보 등을 알려준다. 각각의 문은 모두 달러($) 표시로 시작되며, 그 뒤로 문의 종류를 나타내는 5개의 문자가 있다. 그 뒤로 각 문에 대한 인자(parameter)가 쉼표로 구분되어 전달되며, 인자 뒤에 별표(*)가 나타난 다음에 체크섬(checksum), 캐리지 리턴과 줄바꿈이 따라 나온다.

» 예로 $GPRMC 문을 살펴보자.　　　　$GPRMC,155125.000,A,4043.8432,N,07359.7654,W,0.10,11.88,
200407,,*20

RMC는 전 세계 위성 내비게이션 시스템의 권장 최소 데이터(Recommended Minimum specifiC global navigation system satellite data)를 의미한다. 이 정보는 어떤 응용프로그램에서든 필요한 가장 기초적인 정보를 제공한다. 이 문은 오른쪽 표에 있는 것과 같은 정보를 포함하고 있다.

프로그램에서 NMEA 프로토콜을 사용하는 것은 간단히 어떤 문에 여러분이 필요로 하는 정보가 들어 있는지 판단하고, 순차적으로 데이터를 읽어서, 데이터를 여러분이 사용할 수 있는 값으로 변환하는지에 대한 문제일 뿐이다. 대부분의 경우 RMC는 위치를 찾는 데 필요한 모든 데이터를 제공한다.

다음 페이지 프로세싱 스케치는 시리얼 포트로 입력되는 NMEA 데이터를 읽고 해석해서 시간, 날짜, 위도, 경도, 방향을 출력한다. 이 프로그램은 기본적인 정보를 얻기 위해서 $GPRMC 문을 사용하고, 보이는 위성 정보를 얻기 위하여 $GPGSV를, 위치를 찾는 데 사용할 수 있는 위성의 수를 얻기 위해서 $GPGGA 문을 사용한다. 화면상에서 방향을 표시하기 위해서 화살표를 그릴 것이다. 출력은 그림 8-11과 같은 모양이 된다.(블루투스 시리얼 포트를 사용할 때는 반드시 시리얼 포트를 열어야 한다.)

주의: 추가 과제. 이 책을 쓸 당시 필자가 어디에 있었는지 알아내 보라. 초판의 독자인 데릭 오브라이언(Derrick O'Brien)은 필자의 계산이 잘못되었다는 것을 지적해 주었으며, 그랜 머피(Glen Murphy)가 작성한 훌륭한 GPS 프로세싱 예제(http://bodytag.org/p5gps/p5gps.pde)를 알려주었다. 그 덕분에 이 판을 읽는 독자들은 이 장에서 변경된 부분을 통해서 필자의 위치를 좀 더 쉽게 알아낼 수 있을 것이다.

메시지 구분자	$GPRMC
시간	155125.000 또는 15:51:25 GMT
데이터의 상태 (유효성)	A = 유효함 (V = 유효하지 않음)
위도	4043.8432 또는 40°43.8432'
북위, 남위 표지자	N = 북위 (S = 남위)
경도	07359.7654 또는 73°59.7654'
동경/서경 표지자	W = 서경 (E = 동경)
지표 기준 이동속도	0.10 킬로노트
지표면 기준 이동각	북극 기준 11.88°
날짜	200407 또는 April 20, 2007
자장 변화	none
모드	none
체크섬(체크섬 이전에는 쉼표가 없다. 자장 변화는 마지막 쉼표 왼쪽에 있으며, 모드는 쉼표 오른쪽에 나타난다.)	*20

그림 8-11 GPS 값을 해석하기 위한 프로세싱 프로그램의 출력.

찾아보자

먼저 평소와 같이 전역변수들을 설정한다.

```
/*
   GPS 해석기
   환경: 프로세싱

   이 프로그램은 NMEA 0183 직렬 데이터를 받아서 해석한 후
   GPRMC 문을 이용해서 날짜, 시간, 위도, 경도를 출력한다.
*/
// 직렬 라이브러리를 불러온다.
import processing.serial.*;

Serial myPort;                        // 시리얼 포트
float latitude = 0.0;                 // 위도
String northSouth = "N";              // 북위인지, 남위인지
float longitude = 0.0;                // 경도
String eastWest = "W";                // 동경인지, 서경인지
float heading = 0.0;                  // 방향을 각도로

int hrs, mins, secs;                  // 시간 단위
int currentDay, currentMonth, currentYear;

int satellitesInView = 0;             // 보이는 위성의 수
int satellitesToFix = 0;              // 위치 계산에 사용되는 위성의 수

float textX = 50;                     // 화면에서 문자가 출력될 위치
float textY = 30;
```

» setup() 함수는 윈도우 크기를 설정하고, 그림의 인자를 정의하고, 시리얼 포트를 연다.

```
void setup() {
  size(400, 400);       // 윈도우 크기

  // 그림을 그리기 위한 설정
  noStroke();
  smooth();

  // 사용 가능한 시리얼 포트를 나열한다.
  println(Serial.list());

  // 블루투스 장치에서 사용하는 포트를 열자.
  // 이 시리얼 포트는 리스트 아랫부분에 있을 것이다.
  String portName = Serial.list()[6];
  myPort = new Serial(this, portName, 9600);

  // 캐리지 리턴 문자(ASCII 코드 13)를 만날 때까지 버퍼에서 바이트를 읽음.
  myPort.bufferUntil('\r');
}
```

» Serial.list()의 출력 결과를 살펴보고, 블루투스 장치에서 사용하는 시리얼 포트 번호에 맞게 이 부분의 숫자를 바꿔주어야 한다.

» draw() 함수는 읽은 값을 윈도우에 출력하고, 화살표와 원을 그리는 drawArrow() 함수를 호출한다.

```
void draw() {
  // 배경색으로 진한 파란색 사용
  background(#0D1133);

  // 연한 파란색으로 문자 출력
  fill(#A3B5CF);

  // 모든 문자를 크기가 큰 하나의 문자열로 만든다.

  // GPS 문에서 추출한 날짜와 시간을 MM/DD/YYYY, HH:MM:SS GMT 형태로
  // 모든 숫자는 nf() 함수를 이용해서 2자 혹은 4자로 만든다.
  String displayString = nf(currentMonth, 2)+ "/"
    + nf(currentDay, 2)+ "/"+ nf(currentYear, 4) + ", "
    + nf(hrs, 2)+ ":"+ nf(mins, 2)+ ":"+ nf(secs, 2)
    + " GMT\n";
```

```
  // GPS 문에서 추출한 위치를 표시
  displayString = displayString + latitude + " "
    + northSouth + ", " + longitude + " " + eastWest
    + "\n";

  // 방향 표시
  displayString = displayString + "heading " + heading
    + " degrees\n";

  // 사용하고 있는 위성에 대한 정보 출력:
  displayString = displayString
    + "satellites in view: " + satellitesInView + "\n";
  displayString = displayString
    + "satellites used to calculate position: "
    + satellitesToFix;
  text(displayString, textX, textY);

  // 방향에 맞도록 화살표를 그린다.
  drawArrow(heading);
}
```

» drawArrow() 함수는 화살표와 원을 그리는 함수로 draw()에 의해 호출된다.

```
void drawArrow(float angle) {
  // 이전에 어떤 것을 그렸든지 (0,0)이 화면의 중심이 되도록 설정
  translate(width/2, height/2);

  // 연파란색의 원을 그린다.:
  fill(80,200,230);
  ellipse(0,0,50,50);
  // 화살표는 검은색
  fill(0);
  // 방향에 따라 회전
  rotate(radians(angle));

  // 화살표를 그림, 화살표의 중심은 (0,0) 위치
  triangle(-10, 0, 0, -20, 10, 0);
  rect(-2,0, 4,20);
}
```

» serialEvent() 함수는 평상시와 다름없이 입력되는 데이터를 가지고 오며, parseString()으로 값을 전달한다. 이 함수들은 입력되는 문자열을 GPS 문의 각 부분으로 분리하며, 이를 적절하게 처리할 수 있도록 입력된 문장을 getRMC(), getGGA(), getGSV() 등 몇몇 함수로 전달한다. 좀 더 범용으로 사용할 수 있는 해석기(parser)를 만들고자 할 때는 각 형태의 문을 해석할 수 있는 비슷한 함수를 만들어야 한다.

```
void serialEvent(Serial myPort) {
  // 직렬 버퍼를 읽음
  String myString = myPort.readStringUntil('\n');

  // 줄바꿈 이외의 다른 바이트를 받으면, 이를 해석.
  if (myString != null) {
    print(myString);
    parseString(myString);
  }
}

void parseString (String serialString) {
  // 쉼표를 이용해서 문자열을 나눈다.
  String items[] = (split(serialString, ','));

  // 문에 있는 첫 번째 부분이 구분자라면, 나머지 부분을 해석한다.
  if (items[0].equals("$GPRMC")) {
    // $GPRMC는 시간, 날짜, 위치, 방향, 속도를 알려준다.
    getRMC(items);
  }
```

```
    if (items[0].equals("$GPGGA")) {
      // $GPGGA 시간, 날짜, 위치, 사용하는 위성을 알려준다.
      getGGA(items);
    }

    if (items[0].equals("$GPGSV")) {
      // $GPGSV는 보이는 위성들을 알려준다.
      satellitesInView = getGSV(items);
    }
}
```

» getRMC() 함수는 위도와 경도, 그리고 문에 있는 다른 숫자의 문자열 부분을 숫자로 변환한다.

```
void getRMC(String[] data) {
  // 문자열을 숫자 변수로 바꾼다. :
  int time = int(data[1]);
  // 첫 번째 두 숫자는 시를 나타낸다.
  hrs = time/10000;
  // 두 번째 두 숫자는 분을 나타낸다.
  mins = (time % 10000)/100;
  // 마지막 두 숫자는 초를 나타낸다.
  secs = (time%100);

  // 유효한 값을 읽었다면, 나머지 부분을 해석한다.
  if (data[2].equals("A")) {
    latitude = minutesToDegrees(float(data[3]));

    northSouth = data[4];
    longitude = minutesToDegrees(float(data[5]));
    eastWest = data[6];
    heading = float(data[8]);
    int date = int(data[9]);
    // 마지막 두 숫자는 연도를 나타낸다. 여기에 세기 부분을 추가함
    currentYear = date % 100 + 2000;
    // 두 번째 두 숫자는 월 부분
    currentMonth = (date % 10000)/100;
    // 첫 번째 두 숫자는 날짜 부분
    currentDay = date/10000;
  }
}
```

» getGGA() 함수는 $GPGGA 문 부분을 해석한다. 일부분은 $GPRMC 문과 중복되는 곳이 있지만, 위치를 확인하기 위해서 사용된 위성의 수를 나타내는 부분은 새롭게 추가된 것이다.

```
void getGGA(String[ ] data) {
  // 문자열에서 변수로 데이터를 이동
  int time = int(data[1]);
  // 처음의 두 숫자는 시 부분
  hrs = time/10000;
  // 두 번째 두 숫자는 분 부분
  mins = (time % 10000)/100;
  // 마지막 두 숫자는 초 부분:
  secs = (time % 100);

  // 유효한 값을 읽었으면, 나머지 부분을 해석한다.
  if (data[6].equals("1")) {
    latitude = minutesToDegrees(float(data[2]));
    northSouth = data[3];
    longitude = minutesToDegrees(float(data[4]));
    eastWest = data[5];
    satellitesToFix = int(data[7]);
  }
}
```

» etGSV() 함수는 $GPGSV 문 부분을 해석한다. 이 함수는 보이는 위성의 수를 정수 값으로 반환한다.

```
int getGSV(String[ ] data) {
  int satellites = int(data[3]);
  return satellites;
}
```

» 마지막으로 getRMC()와 getGGA() 함수 모두에서 사용되는 minutesToDegrees() 함수가 있다. NMEA 프로토콜은 위도와 경도를 다음과 같은 형태로 전송한다.

ddmm.mmmm

dd는 각도 부분이며, mm.mmm은 분 부분이다. 이 함수는 분 부분을 각도의 십진 실수로 변환하는 동작을 수행한다.

```
float minutesToDegrees(float thisValue) {
  // 각도 측정의 정수 부분을 얻음
  int wholeNumber = (int)(thisValue / 100);
  // 각도에서 소수 부분을 얻어서 이를 십진 실수로 변환한다.
  float fraction = (thisValue - ( wholeNumber ) * 100)
                   / 60;
  // 두 값을 조합해서 반환
  float result = wholeNumber + fraction;
  return result;
}
```

이 스케치를 동작시킨 후에 위치를 찾기까지는 몇 분 정도가 필요하다. 수신기의 종류에 따라 구동시킨 후 처음 출발할 때 초기 위치를 찾아낼 때까지 걸리는 시간이나 다른 위치로 이동할 때 위치를 찾는 시간이 다르다. 따라서 하늘이 잘 보이는 위치를 골라서 자리 잡고 잠시 기다려야 한다. 물론 보이는 위성의 숫자에도 주의를 기울여야 한다. 만일 위성의 수가 4개보다 적을 경우에는 수신기에서 위치를 제대로 찾아낼 수 없을 것이다. 위성 역시 움직이므로 위성을 하나도 찾을 수 없다면 30분 정도 지난 후에 다시 한 번 시도해보자.

최근 시판되는 대부분의 휴대폰에는 GPS 수신기가 달려 있는데, 여기서는 거의 항상 위성 신호를 받을 수 있다는 점과 비교해보면, 여러분이 가지고 있는 수신기가 휴대폰처럼 신호를 빨리 찾지 못하는 이유가 궁금할 것이다. 휴대폰은 GPS와 무선 송신국의 위치 추적 시스템을 모두 이용한다는 점을 기억해야 한다. 위성 신호를 충분히 얻지 못하는 때라도 비교적 가까운 무선 송신국의 위치를 이용해서 상대적인 위치를 판단함으로써, 위치를 거의 근접하게 추정할 수 있다.

NMEA 0183은 GPS 데이터를 매핑할 때 사용하는 여러 프로토콜 중 하나이다. 11장에서는 이 외에 경로와 위치를 설정할 때 사용하는 몇 가지 다른 프로토콜과 도구들에 대해서 살펴볼 것이다. NMEA의 가장 큰 장점은 거의 모든 수신기에서 NMEA 프로토콜을 옵션으로 지원하므로, 대부분의 GPS 수신기에서 사용 가능하다는 점이다. 따라서, 어떤 종류의 GPS 도구를 사용할 것인지에 관계없이 알아둘 만하다.

어떤 GPS 액세서리를 살 것인지 선택하기

시중에 다양한 GPS 수신기가 나와 있으므로, 어떤 작업을 위해서 하나를 선택하려고 할 때 매우 혼란스러울 것이다. 고려해야 할 점 몇 가지를 살펴보자.

일반적인 GPS 수신기는 대부분 TTL 직렬 전압 수준으로 NMEA 0183 프로토콜을 이용해서 마이크로컨트롤러와 통신하므로, 어떤 GPS 수신기를 사용하더라도 마이크로컨트롤러에 연결해서 데이터를 읽어내는 데 어려움이 없다. 따라서, 수신기 간의 차이는 GPS 신호를 얼마나 잘 수신하는지에 따라 달라지는데, 이는 얼마나 많은 채널의 신호를 수신할 수 있는지(채널이 많을수록 좋다), 어떤 안테나를 사용하는지(안테나가 클수록 좋다), 얼마나 전력을 많이 소모하는지에 영향을 받는다

필자는 이 프로젝트에서 언급된 EM-406a 수신기를 선호하는데 수신율이 좋고, 위치를 빨리 찾아내고, 사용해본 다른 수신기보다 비교적 신뢰성이 높기 때문이다. 물론 다른 좋은 것들도 있다. 스파크 펀 홈페이지에 GPS 수신기 구매 가이드가 있다.

GPS 수신기를 연결할 때는 전원과 그라운드, 직렬 전송 부분만 연결하면 된다. 아주 쉽게 수신기를 아두이노에 연결할 수 있도록 만들어주는 실드도 있지만, 꼭 필요한 것은 아니다. 연결에는 3개의 전선만 있으면 된다.

사진은 스파크 펀의 허락하에 게재한다. 실험을 확인해 준 2011년 야생동물 트래킹(Wildlife Tracking) 교실 학생들에게 감사 드린다.

EM-406a GPS 수신기. 20채널, 좋은 수신율. 다른 것에 비해서 저렴한 가격이 장점.

D2523T GPS 수신기. 50채널, 수신율은 훌륭하지만 비교적 비싸다.

LS20126 수신기. 안테나가 매우 작지만 열린 공간에서는 상당히 잘 동작한다.

GR10/MN1010 수신기가 달려 있는 GPS MiniMod. 찾을 수 있는 가장 작은 수신기. 신호를 잡아내는 데 상당히 시간이 오래 걸린다.

방향 알아내기

사람들은 선천적으로 자신이 있는 곳에서 상대적으로 어떤 방향을 향하고 있는지 알아내는 능력이 있지만, 사물은 그렇지 않다. 따라서 방향 센서는 사람보다는 물체의 위치를 좀 더 정확히 나타내기 위해서 사용된다. 여기서는 지구의 지자기를 이용해서 방향을 판단하는 디지털 나침반과 지구의 중력장을 이용해서 방향을 판단하는 가속도 센서라는 두 가지 방향 센서를 살펴볼 것이다. 이 두 가지 센서를 이용해서 어떤 방향이 북쪽인지, 어느 쪽이 위쪽인지 알 수 있다.

프로젝트 20
디지털 나침반을 이용해서 방향 알아내기

측정하는 위치에서 자기의 간섭을 많이 받지 않는다면 나침반을 이용해서 방향을 계산해 낼 수 있다. 시중에 수많은 디지털 나침반이 나와 있다. 이러한 장치들은 아날로그 나침반과 동일하게 평면의 두 축을 따라 지자기가 변하는 것을 측정함으로써 방향을 알아낸다. 아날로그 나침반처럼 이 장치도 강력한 전자 유도에 의해 발생하는 자기장을 포함해서 여러 자기장에 간섭을 받는다.

준비물
- 브레드보드 혹은 프로토타입 실드 1개
- 아두이노 모듈 1개
- ST 마이크로일렉트로닉스 LSM303DLH 디지털 나침반 1개
- LED 텍타일 푸시버튼 1개. 이 예제에서는 LED가 버튼에 들어 있는 형태인 스파크 펀의 LED 텍타일 버튼을 사용했다. 실제로는 LED와 푸시버튼을 아무것이나 사용해도 된다.
- 220옴 저항 1개
- 10k옴 저항 1개
- 헤더 핀(수놈) 13개

이 예제에서는 ST 마이크로일렉트로닉스 사의 LSM303DLH 디지털 나침반을 사용했다. 스파크 펀과 폴롤루에서 이 나침반을 이용하는 연결용 보드를 제공한다. 이 예제에서는 5V에서 잘 동작하고, 전압 변환기가 내장되어 있는 폴롤루의 것을 사용했다. 이 장치는 3축을 따라 자기장의 변화를 측정하며, 3축에 대한 가속도 센서가 내장되어 기울기의 정밀도를 보완할 수 있다. 또한 이 장치는 Wire 라이브러리를 통해서 I2C 연결을 사용하는 동기식 직렬 데이터 전송 방식으로 결과를 전송한다.

그림 8-12는 아두이노에 연결된 나침반을 보여준다. 나침반은 초기에 조정하는 과정이 필요하므로 이 프로젝트에서는 푸시버튼으로 나침반의 조정 모드와 일반 동작 모드를 전환시키며, LED는 조정 모드에 있음을 나타낸다.

나침반은 5V에서 동작한다. 이 칩의 핀은 다음과 같다.

1. 1V8: 1.8V 출력. 여기서는 이 핀을 사용할 필요가 없다.
2. 3V: 3V 출력. 이 핀을 사용할 필요가 없다.
3. Vin: 5V 출력. 마이크로컨트롤러의 5V 부분과 연결한다.
4. GND: 그라운드. 마이크로컨트롤러의 그라운드 단자와 연결한다.
5. SCL: 직렬 클럭. 마이크로컨트롤러의 SCL 핀(아날로그 5번 핀)과 연결한다.
6. SDA: 직렬 데이터. 마이크로컨트롤러의 SDA 핀(아날로그 4번 핀)과 연결한다.
7. DRDY: 데이터 준비 식별자. 나침반의 데이터가 준비되었을 때 1.8V를 출력. 이 핀을 사용할 필요는 없다.
8. INT1: 인터럽트 1번. 이 핀을 사용할 필요는 없다.
9. INT2: 인터럽트 2번. 이 핀을 사용할 필요는 없다.

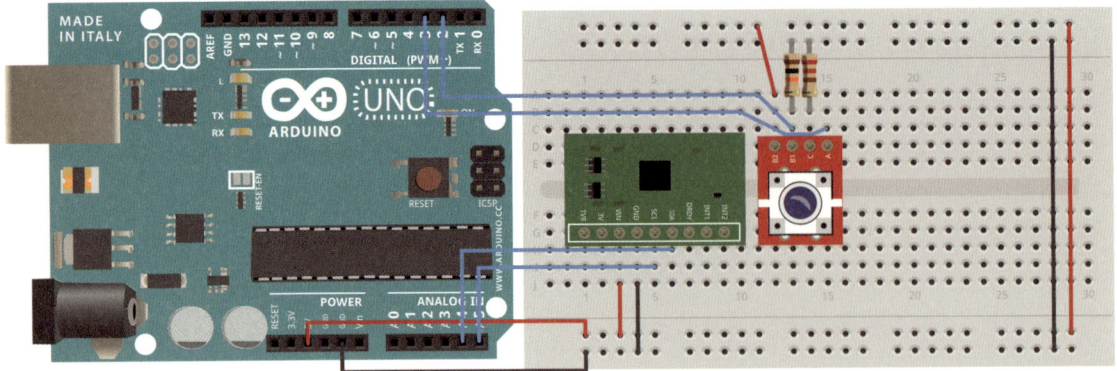

그림 8-12 ST 마이크로일렉트로닉스 LSM303DLH 나침반이 아두이노에 연결되어 있다.

주의: 나침반을 조정하기 위해서는 조정 모드에 있는 동안에 평평한 곳에서 천천히 한 바퀴 돌려주자. 나침반이 조정되는 동안에는 기본적인 방향을 정확히 알고 있어야 한다. 자침 나침반을 이용해서 정확히 확인하자. 또한 나침반을 조정하는 동안에는 지자기 이외의 자기장을 만들어 낼 수 있는 전자 장치들을 되도록 멀리 두어야 한다. 예를 들어, 필자의 사무실에서 자침 나침반은 서남서 방향을 가리키는 경향이 있으므로, 아두이노가 전지에서 전원을 공급받도록 하여 전체를 들고 밖으로 나가서 나침반을 조정했다. 가속도 센서를 조정하려면 해당 모듈이 모든 방향을 통과하도록 돌려야 한다.

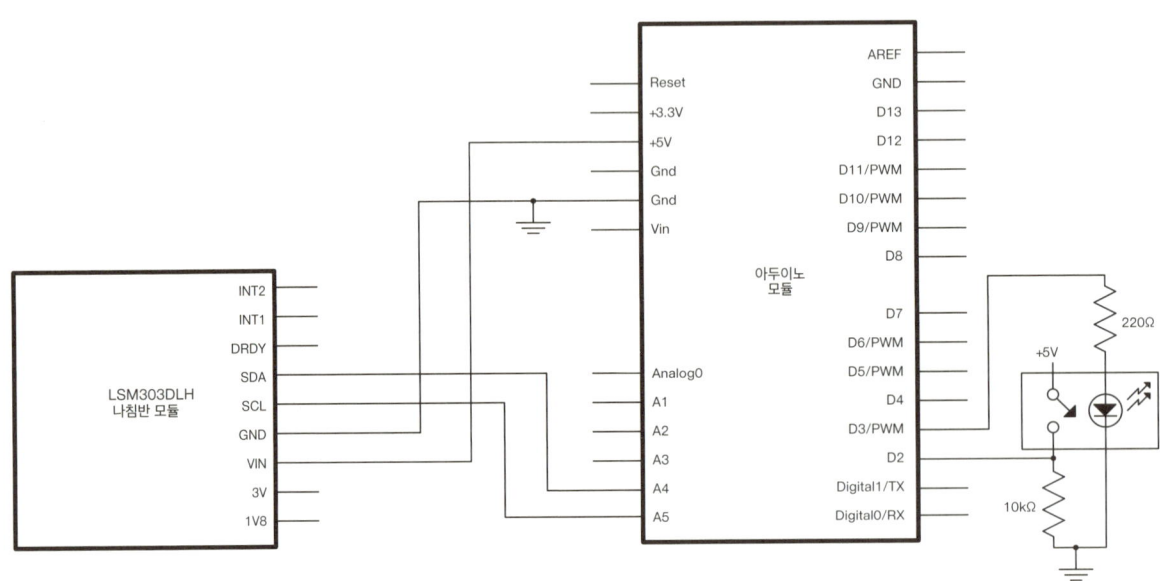

이 스케치는 나침반과 I2C를 통해 통신하기 위해서 Wire 라이브러리를 사용한다. Wire 라이브러리는 폴롤루사의 라이언 멀리건(Ryan Mulligan)이 만든 LSM303DLH 라이브러리에 포함되어 있다. http://github.com/tigoe/LSM303DLH에 이 라이브러리를 기반으로 필자가 약간 변형시킨 라이브러리가 있다. 이 책을 쓸 당시의 가장 최신 버전인 1.1.0을 다운 받아서, 아두이노 스케치 디렉터리에 있는 라이브러리 폴더 밑에 LSM303DLH 폴더를 만들어 여기에 넣자. 다운로드 받은 폴더 밑에 LSM303DLH 폴더가 있을 것이다. 이것이 우리가 사용할 폴더이다.

이 스케치에서는 알렉산더 브리빅(Alexander Brevig)의 Button 라이브러리도 사용한다. 최신 Wiring용 버전은 http://wiring.uniandes.edu.co/source/trunk/wiring/firmware/libraries/Button에서 찾을 수 있으며, 아두이노용 버전은 http://github.com/tigoe/Button에 나와 있다. 그런 다음 아두이노를 재시작하면 다시 시작할 준비가 끝난다.

시도해 보자

여기서는 전역변수를 사용하지 않지만 setup() 함수 이전에 라이브러리와 몇 개의 상수 정의를 포함시켜야 한다.

```
// 필요한 라이브러리들을 포함시킨다.
#include <Wire.h>
#include <LSM303DLH.h>
#include <Button.h>

const int modeButton = 2;    // 조정 모드를 위한 푸시버튼
const int buttonLed = 3;     // 버튼을 위한 LED

// 나침반 라이브러리를 초기화
LSM303DLH compass;
// 2번 핀에 있는 버튼을 초기화
Button button = Button(modeButton,BUTTON_PULLDOWN);
boolean calibrating = false; // 조정 상태를 추적하는 변수
```

» setup() 함수는 Wire와 Serial 라이브러리를 초기화하고, 나침반을 사용할 수 있도록 만든다.

```
void setup() {
  // 시리얼 통신을 초기화
  Serial.begin(9600);
  // 푸시버튼의 LED를 설정:
  pinMode(buttonLed,OUTPUT);
  // Wire 라이브러리를 시작하고, 나침반을 사용할 수 있도록 만든다.
  Wire.begin();
  compass.enable();
}
```

» 메인 루프는 버튼을 확인하는 것으로 시작된다. 만일 버튼이 눌려 있는 상태이고, 이전에 확인했을 때와 비교해서 상태가 변경되었으면 스케치는 일반 모드와 조정 모드 간을 전환시킨다. 이는 또한 LED를 변경한다. LED가 켜져 있으면 조정 중임을 나타내고, 꺼져 있으면 일반 모드임을 의미한다.

```
void loop() {
  // 만일 버튼의 상태가 바뀌면 조정 상태를 바꾸고, 상태를 나타내는 LED를 바꿈.
  if(button.isPressed() && button.stateChanged()){
    calibrating = !calibrating;
    digitalWrite(buttonLed, calibrating);
  }
```

» 만일 스케치가 조정 모드에서 동작 중이면 나침반의 calibrate() 함수를 지속적으로 호출하고, 일반 모드에서는 나침반을 읽어서 방향을 보고한다. 이후에는 다시 값을 읽기 전에 나침반이 안정되도록 약 100밀리초 기다린다.

이 스케치를 구동시키고 Serial Monitor를 연 다음, 버튼을 눌러 나침반이 조정 모드에 들어가도록 만든다. 평평한 곳에서 1, 2초에 걸쳐 360도 회전시킨 후, 몇 초 동안에 3개 축을 모두 통과하도록 회전시키자. 이후에 다시 버튼을 눌러서 일반 모드로 변경하면 방향 값을 확인할 수 있을 것이다. 0도는 북쪽을 의미하고, 180도는 남쪽, 90도는 동쪽, 270도는 서쪽을 나타낸다.

```
// 조정 모드에서는 조정한다.
if (calibrating) {
  compass.calibrate();
}
else {  // 일반 모드에서는 방향을 읽는다.
  compass.read();
  int heading = compass.heading();
  Serial.println("Heading: " + String(heading) +
                 " degrees");
}
delay(100);
}
```

I2C 인터페이스

LSM303DLH 나침반은 반도체 간 통신(Inter-Integrated Circuit), 짧게 I2C라 칭하는 동기식 시리얼 통신 형식을 사용한다. 이 인터페이스는 간혹 2선 인터페이스(Two-Wire Interface; TWI)라 부르기도 하며, 4장에서 배운 SPI 인터페이스를 제외하면 가장 널리 사용되는 동기식 직렬 프로토콜이다.

I2C는 마스터 장치의 클럭을 사용해서 통신하려는 장치를 조정한다는 점에서 SPI와 비슷하다. 모든 I2C 장치는 데이터를 주고받기 위해서 두 개의 전선을 사용한다. 하나는 SCL 핀이라 불리는 직렬 클럭 핀으로서 마이크로프로세서에서는 정해진 간격마다 펄스를 만들어낸다. 또 다른 하나는 SDA 핀이라 불리는 직렬 데이터 핀으로서 데이터가 전송된다. 각각의 직렬 클럭 펄스마다 한 비트의 데이터가 전달되거나 수신된다. 클럭이 낮은 전압 상태에서 높은 전압 상태로 바뀔 때(보통 클럭의 상승 에지(rising edge)라 말한다.), 마이크로컨트롤러에서 I2C 장치로 한 비트의 데이터가 전송된다. 클럭이 높은 전압 상태에서 낮은 전압 상태로 바뀔 때(보통 클럭의 하강 에지(falling edge)라 말한다.), I2C 장치는 한 비트의 데이터를 마이크로컨트롤러로 전송한다.

SPI와 달리 I2C 장치에는 칩 선택 핀이 없다. 각 장치는 고유의 주소를 가지고 있어서 마스터 장치에서 데이터 전송을 시작할 때마다 어떤 장치와 통신할 것인지 나타내는 주소를 같이 보낸다.

I2C 연결에는 제어하는 장치(혹은 마스터 장치)와 주변 장치(혹은 슬레이브) 간에 다음과 같은 두 개의 연결만 존재한다.

- 클럭(SCK): 마스터 장치가 일정한 간격으로 펄스를 전달
- 데이터(SDA): 양방향으로 데이터를 전달

I2C 버스에 있는 모든 장치는 이 두 전선을 공유한다. 아두이노의 Wire 라이브러리는 I2C를 위한 것이다. 대부분의 아두이노 보드에서 SDA 핀은 아날로그 입력 4번 핀이며, SCL 핀은 아날로그 입력 5번 핀이다. 아두이노 메가 보드의 경우 SDA 핀은 디지털 20번 핀이며, SCL은 21번 핀이다.

프로젝트 21
가속도 센서를 이용해서 자세 판단하기

평평한 땅에서는 나침반을 이용해서 매우 정확하게 방향을 판단할 수 있다. 기존에 보통의 나침반을 사용해 본 적이 있다면, 값을 정확하게 읽기 위해서 나침반의 수평을 맞추는 것이 중요하다는 것을 알 것이다. 지표면과의 상대적인 기울기를 항해술에서 사용하는 용어로는 자세(attitude)라 칭하며, 자세는 롤(roll)과 피치(pitch) 두 가지 요소로 이루어진다. 롤은 움직임 방향을 기준으로 좌우로 회전하는 움직임을 의미한다. 피치는 움직임 방향을 기준으로 위아래로 움직이는 것을 의미한다.

롤과 피치는 움직임을 나타내는 6가지 항해술 관련 용어 중 2개에 불과하다. 피치[5], 롤[6], 요(yaw)[7]는 각각 X, Y, Z 축의 각운동(angular motion)을 나타낸다.

이 움직임들은 축을 기준으로 한 회전(rotation)이라 부른다. 앞뒤 흔들림(surge), 좌우 흔들림(sway), 위아래 흔들림(heave)은 X, Y, Z 축에 대한 직선 운동을 의미한다. 이런 움직임들을 이동(translation)이라 한다. 그림 8-14는 이 6가지 움직임을 그림으로 나타낸 것이다.

가속도 센서를 이용해서 롤과 피치를 측정하는 것은 비교적 쉽다. 이 중의 하나는 5장에서 네트워크 탁구 게임을 위한 밸런스 보드 장치를 만들 때 이미 한 번 사용했다. 가속도 센서는 가속도가 변경되는 것을 측정한다. 가속도 센서의 중앙에는 한 방향, 두 방향, 세 방향 등으로 자유롭게 흔들릴 수 있는 아주 작은 추가 있다. 가속도 센서가 지표면과 비교해서 기울어짐에 따라 추에 가해지는 중력이 변한다.

힘은 무게와 가속도의 곱이 되며, 가속도 센서에 있는 추의 무게는 일정하기 때문에 힘의 변화는 가속도의 변화를 의미한다. 이 프로젝트에서는 프로세싱 프로그램이 화면에 표시하는 원판의 피치와 롤을 제어하기 위해서 가속도 센서를 사용할 것이

다. 센서에서 받은 수치는 가속도 센서가 기울어져 있는 만큼 기울어진 것처럼 표현된 원판 위에 글자로 표시된다.

준비물

- 브레드보드 혹은 프로토타입 실드 1개
- 아두이노 모듈 1개
- 아날로그 디바이스 사의 ADXL320 가속도 센서 1개. LSM303DLH 디지털 나침반에 있는 가속도 센서를 사용해도 된다. 이 센서를 위한 다른 스케치는 아래쪽에 있다.
- 헤더 핀(수놈) 6개

ADXL335(에이다프루트 버전은 그림 8-13에 있다. 혹은 다른 아날로그 가속도 센서를 사용해도 된다.)이나 앞의 프로젝트에서 사용했던 LSM303DLH 나침반 모듈에 내장된 가속도 센서를 사용할 수 있다.

가속도 센서에서 지원하는 인터페이스는 다양하다. 나침반 모듈에 있는 가속도 센서는 자기력 센서(magnetometer)와 I2C 인터페이스를 공유한다. 다른 것들은 펄스폭(pulse-width) 인터페이스를 사용한다. 이후 살펴볼 ADXL 가속도 센서를 비롯한 많은 장치의 경우 간단하게 각 축에 대한 아날

---

[5] 위아래의 회전
[6] 진행 방향을 중심으로 좌우 회전
[7] 진행 방향 자체의 회전

로그 출력을 가진다. 가속도 센서에 따라 해상도는 다양하다. 인체의 동작은 대부분 3~6g, 즉 중력가속도(초당 9.8미터의 움직임)의 6배 정도의 가속도를 가지고 있다. 닌텐도 Wii나 여러 휴대폰처럼 가속도 센서를 사용하는 대부분의 상용 제품은 이 정도의 정밀도를 가진 가속도 센서를 사용하고 있다. ADXL335는 3g 가속도 센서이다. 사람들의 일반적인 동작이 아닌 경우 좀 더 높은 범위가 요구된다. 예를 들어, 권투 선수가 주먹을 어딘가에 적중시켰을 때는 최대 100g까지 속도가 감속된다.

이 프로젝트에서 LSM303DLH 나침반에 있는 가속도 센서를 사용하는 경우에는 그림 8-12의 회로에서 LED와 푸시버튼을 제거한 형태로 사용하면 된다. 304페이지에 있는 첫 번째 스케치는 모든 2, 3축 아날로그 가속도 센서와 잘 동작할 것이며, 두 번째 스케치는 나침반 모듈에 포함된 가속도 센서와 잘 동작할 것이다. 두 경우 모두 이후에 보여줄 프로세싱 스케치와 통신할 것이다.

그림 8-13 ADXL335 가속도 센서가 아두이노와 연결되어 있다. 여기서는 ADXL335를 위한 에이다프루트 연결용 보드를 보여준다. 이 가속도 센서는 3.3V에서 동작하므로 전압 출력의 범위 역시 0~3.3V가 된다. 마이크로컨트롤러의 아날로그 참조 핀은 3.3V에 연결되어 있으므로, 아날로그 입력의 최대 범위가 0~3.3V임을 알 수 있다.

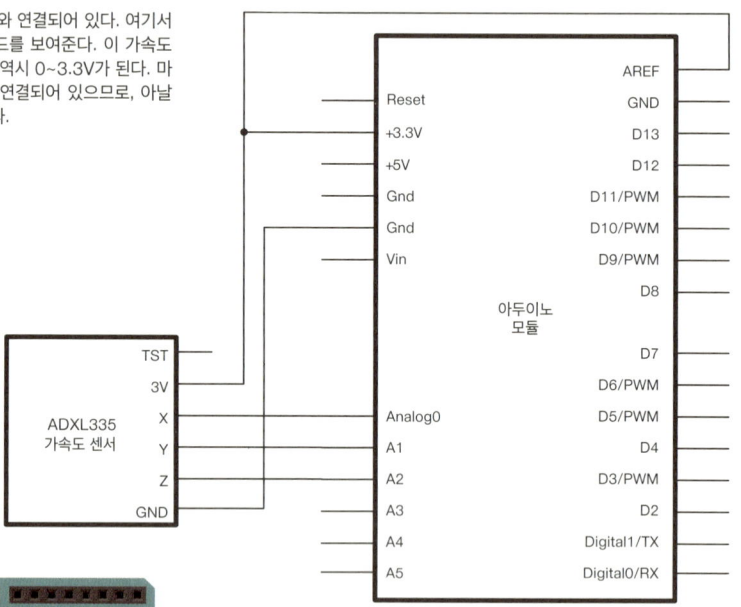

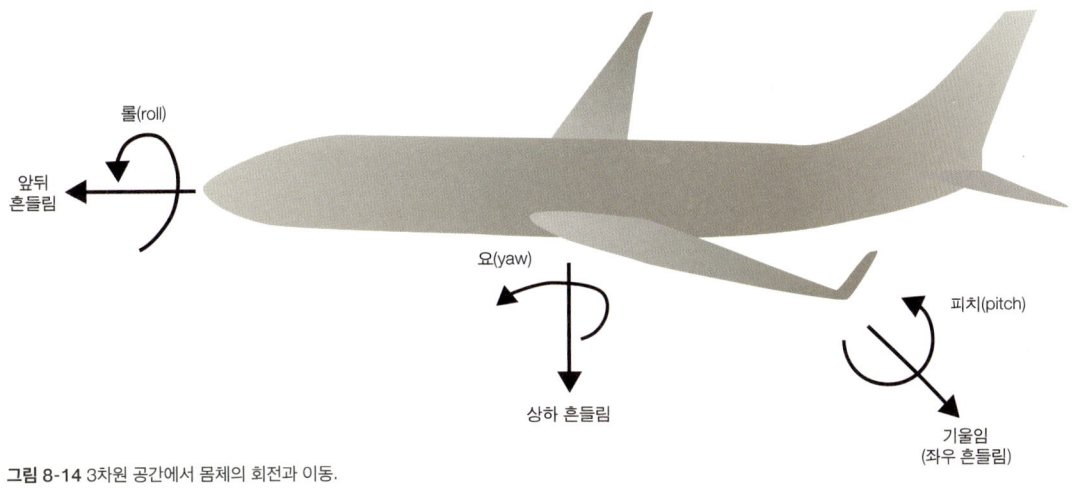

그림 8-14 3차원 공간에서 몸체의 회전과 이동.

가속도 센서로 피치와 롤 판단하기

3축 가속도 센서는 몸체의 각 축에 대한 선형적인 가속을 측정한다. 다른 말로, 몸체의 앞뒤 흔들림, 좌우 흔들림, 위아래 흔들림을 측정하는 것이다. 이 센서들이 롤, 피치, 요를 알려주지는 않는다. 그럼에도 각 축에 대한 가속을 알면 롤과 피치를 계산해 낼 수 있다. 이러한 계산은 일종의 교묘한 삼각함수를 통해서 이루어진다. 제대로 된 설명을 보려면, http://cache.freescale.com/files/sensors/doc/app_note/AN3461.pdf에 있는 프리스케일 반도체의 가속도 센서 응용 노트를 참고하자. 여기서는 중요한 내용만 살펴볼 것이다.

중력은 항상 지표면과 수직으로 작용하므로, 물체가 어떤 각도(theta, 혹은 θ)로 기울어진 경우 추는 물체의 X 혹은 Y 축을 따라 움직인다(그림 8-15 참조). X축에 가해지는 가속도와 Y축에 가해지는 가속도에 피타고라스 정리 $x^2 + y^2 = z^2$을 적용하면 가해진 중력의 합을 구할 수 있다.

중력의 합을 알았으면, 사인과 코사인 함수를 이

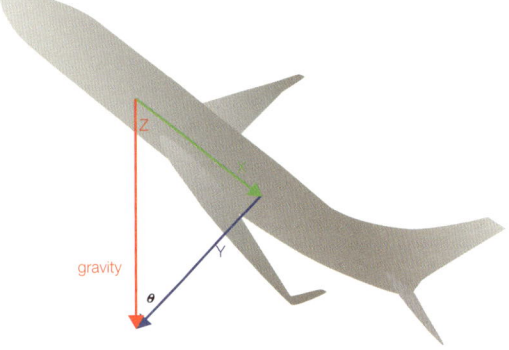

그림 8-15 기울어진 각도에 의해서 어느 정도의 중력이 가해졌는지 계산하기.

용해서 어느 정도의 가속도가 발생했는지 알 수 있다. X축 가속도는 '중력 * $\sin(\theta)$'를 이용해서, Y축 가속도는 '중력 * $\cos(\theta)$'이다. (사인 = 직각 선분의 길이 / 빗변의 길이'이며, '코사인 = 밑변의 길이 / 빗변의 길이'임을 기억하자.)

여기서 세 축에 대한 부분을 한꺼번에 구해야 한다. 다음 수식을 통해서 계산할 수 있다.

$$\text{롤} = \arctan\left(\frac{\text{x축}}{\sqrt{\text{y축}^2 + \text{z축}^2}}\right)$$

$$\text{피치} = \arctan\left(\frac{\text{y축}}{\sqrt{\text{x축}^2 + \text{z축}^2}}\right)$$

각 축에 대한 가속도를 계산하기 위해서는 일단 analogRead() 명령을 이용해서 읽은 값을 변환해야 한다. 이것은 크게 어렵지 않다. (가속도 센서가 3.3V에서 동작하고 있기 때문에) 가속도 센서의 출력이 0~3.3V라는 것은 이미 알고 있으므로, 이 범위를 0~1023의 범위로 변환하는 것이다. 따라서 다음과 같은 관계가 성립한다.

전압(voltage) = analogRead(axis) * 3.3 / 1024;

각 축에 대해서 가속도가 전혀 없는 경우, 위의 범위의 중간 값인 1.65V가 된다. 따라서, 읽은 값에서 이 값을 빼서 음수가 나오면 반대 방향으로 이동했다는 것을 의미한다.

가속도 센서의 데이터 시트를 보면, 가속도 센서의 민감도는 1g당 300밀리볼트라는 것을 알 수 있으며, 여기서 1g은 중력에 의한 가속도의 합으로 중력 가속도를 의미한다.

어떤 축이든지 지표면에 수직으로 있는 경우 1g의 중력을 받게 되며 이때 300Mv, 즉 0.3v가 측정된다. 따라서 각 축에 대한 가속도는 축에서 읽힌 전압을 민감도로 나눠서 구할 수 있다.

가속도 = 전압 / 0.3;

각 축에 대한 가속도를 읽어냈으면, 앞에서 나온 삼각함수 수식으로 피치와 롤을 구할 수 있다.

다음 스케치는 아날로그 가속도 센서에서 X, Y축의 값을 읽어서 피치와 롤을 -90도에서 90도 각도로 계산한 후, 결과를 직렬 출력으로 보내는 것이다.

Adafruit ADXL335 모듈 이외의 아날로그 가속도 센서에 이 스케치를 사용할 때는, 사용하는 가속도 센서의 핀에 맞게 스케치를 바꿔야 한다. 만일 5V 가속도 센서를 사용하는 경우에는 이에 맞도록 전압 계산을 바꿔야 한다.

들어 보자(아날로그)

setup() 함수는 시리얼 통신을 초기화시키고, 아날로그-디지털 변환기가 외부 아날로그 참조 핀으로부터 참조 전압을 얻도록 설정한다.

주의: 이 스케치는 Analog Devices사의 ADXL320 가속도 센서에 맞게 작성되었다.

```
/*
   가속도 센서 값 읽기
   환경: Arduino
   가속도 센서에서 두 축의 값을 읽어 피치와 롤을 계산한 후
   결과를 시리얼 포트로 전송
 */

void setup() {
   // 시리얼 통신 초기화
   Serial.begin(9600);
   // 마이크로컨트롤러에서 외부 아날로그 참조 전압을 읽도록 만든다.
   analogReference(EXTERNAL);
}
```

» loop() 함수는 아날로그 값을 읽어서 가속도 값으로 변환하는 함수를 호출한다. 그후, 이 값을 앞에서 설명한 삼각함수 공식에 넣어서 계산한 다음 결과를 출력한다.

```
void loop() {
   // 가속도 센서에서 각 축의 값을 읽어서 가속도 값으로 변환
   float xAxis = readAcceleration(analogRead(A0));
   delay(10);
   float yAxis= readAcceleration(analogRead(A1));
   delay(10);
   float zAxis = readAcceleration(analogRead(A2));

   // 삼각함수를 적용해서 피치와 롤을 구한다.
   float pitch = atan(xAxis/sqrt(pow(yAxis,2) +
```

```
                                pow(zAxis,2)));
    float roll = atan(yAxis/sqrt(pow(xAxis,2) +
                                pow(zAxis,2)));
    pitch = pitch * (180.0/PI);
    roll = roll * (180.0/PI) ;

    // 결과를 출력한다.
    Serial.print(pitch);
    Serial.print(",");
    Serial.println(roll);
}
```

» readAcceleration() 함수는 전달된 아날로그 값을 읽어서 0에서 1g 범위의 가속도 값으로 변환해서 결과를 반환한다.8

```
float readAcceleration(int thisAxis) {
    // 전압이 중간 값을 나타내면 가속도 센서에서 가속도가 측정되지 않은 것이다.
    float zeroPoint = 1.65;
    // 읽은 값을 전압으로 변환:
    float voltage = (thisAxis * 3.3 / 1024.0) -
                    zeroPoint;
    // 가속도 센서의 민감도로 나눈다.
    float acceleration = voltage / 0.3;
    // 가속도를 g(중력가속도) 단위로 반환
    return acceleration;
}
```

어떤 종류의 가속도 센서를 사용하더라도, 가속도 센서에서 읽은 각도 값이 항상 정확하지는 않다는 것을 알 수 있을 것이며, 이 부분이 상당히 귀찮을 수 있다. 앞에서 설명한 계산에서는 가속도 센서에는 중력 이외의 다른 힘이 가해지지 않는다고 가정했지만, 이런 경우는 거의 없다. 가속도 센서를 가지고 움직일 때 여러분의 동작에 따라 가속 혹은 감속이 이루어지므로, 계산에 사용되는 세 축 모두에 더 많은 힘이 가해진다.

일반적으로 가속도 센서의 데이터는 이런 힘에 대한 요소들을 보정할 수 있도록 자이로미터(gyrometers)의 데이터를 같이 사용한다.

만일 앞의 프로젝트에서 사용한 LSM303DLH 나침반에 있는 가속도 센서를 쓰고 있다면 운이 좋은 것이다. 가속도 센서를 위한 아두이노 라이브러리에서 피치와 롤을 계산해주기 때문에, 사용자는 단순히 반환된 피치와 롤 값을 사용하면 된다. 다음에 나오는 스케치는 이 값들을 읽어서 앞에서 보았던 아날로그 가속도 센서에서 했던 것과 마찬가지로 -90도에서 90도 각도의 값으로 반환한다.

들어 보자(I2C)

이 스케치는 LSM303DLH 가속도 센서의 X, Y 축 값을 읽고 그 결과를 직렬 출력으로 보내준다. 앞의 프로젝트에서와 마찬가지로 LSM303DLH 라이브러리를 사용하므로, 잊

```
/*
    I2C 가속도기
    환경: 아두이노
    ST Microelectronics LSM303DLH 디지털 나침반의 값을 읽어
    X, Y 축의 가속도 값을 출력한다.
*/
```

---

8 여기서는 가속도 센서를 통해서 자세를 확인하는 것이므로, 중력가속도 이상의 값이 나올 수 없다.

지 말고 이 라이브러리를 설치해 두어야 한다.

주의: 이 스케치는 LSM303DLH 디지털 나침반에 있는 가속도 센서를 이용한다.

```
// 필요한 라이브러리를 포함시킨다.
#include <LSM303DLH.h>
#include <Wire.h>

// 나침반을 초기화한다.
LSM303DLH compass;

void setup() {
  // 시리얼 통신과 Wire 라이브러리를 초기화하고, 나침반을 켠다:
  Serial.begin(9600);
  Wire.begin();
  compass.enable();

  // 켜진 다음 처음 5초 동안 조정 작업을 수행한다.
  while (millis() < 5000) {
    compass.calibrate();
  }
}

void loop() {
  // X, Y 축의 나침반을 읽어서 가속도를 출력한다.
  compass.read();
  Serial.print(compass.pitch());      // X축 각도
  Serial.print(",");
  Serial.println(compass.roll());     // Y축 각도
  delay(100);
}
```

연결하자

이 프로세싱 스케치는 마이크로컨트롤러에서 들어오는 데이터를 읽어서, 그 값을 이용해서 화면상에 있는 삼차원 원반의 자세를 변경한다.

앞에서 설명한 두 개의 스케치 모두 같은 데이터와 같은 형태를 출력하므로 이 스케치는 어떤 것과 연결해도 잘 동작한다.

스케치에서 여는 시리얼 포트는 마이크로컨트롤러와 연결한 포트와 같아야 한다는 점을 잊지 말자.

```
/*
    가속도 센서의 기울기 측정
    환경: 프로세싱

    마이크로컨트롤러에 붙어 있는 가속도 센서에서 직렬 값을 읽어서,
    화면상에 있는 원반의 자세를 변경한다.
 */

import processing.serial.*;        // 시리얼 포트 라이브러리를 사용

float pitch, roll;                 // 피치와 롤
float position;                    // 이동한 위치

Serial myPort;                     // 시리얼 포트
```

» setup() 함수는 윈도우와 시리얼 통신을 초기화하고, 그래픽이 부드럽게 나타날 수 있도록 조정한다.

```
void setup() {
  // 윈도우를 그린다.
  size(400, 400, P3D);
  // 디스크가 이동한 위치를 계산
  position = width/2;

  // 사용 가능한 모든 시리얼 포트를 나타냄
  println(Serial.list());

  // 사용할 포트를 하나 골라서 연다.
  myPort = new Serial(this, Serial.list()[2], 9600);
  // 줄바꿈 할 때만 시리얼 포트로 데이터가 전송되도록 설정
  myPort.bufferUntil('\n');
  // 3D 그래픽이 부드럽게 처리되도록 설정:
  hint(ENABLE_OPENGL_4X_SMOOTH);
}
```

» Serial.list()의 출력 값을 확인하고, 자신이 사용하는 마이크로컨트롤러의 시리얼 포트와 같도록 번호를 바꾸어야 할 수 있다.

» draw() 함수는 평소와 같이 화면을 갱신시 킨다. 이 함수는 평면의 기울기를 구하기 위해서 setAttitude() 함수를 호출한 후, 평면을 실제로 기울이기 위해서 tilt() 함수를 호출한다.

```
void draw () {
  // 아마존 열대우림 테마를 기준으로 색을 정함:
  background(#20542E);
  fill(#79BF3D);
  // 원반을 그린다.
  tilt();
}
```

» 프로세싱에서 사용하는 3D 시스템은 0에서 2*PI까지 회전시킬 수 있다. tilt() 함수는 가속도 센서에서 나온 각도를 이 범위에 들어가도록 만든다. 또한, 가속도 센서의 움직임에 따라 프로세싱의 translate()와 rotate() 함수를 이용해서 원판의 평면을 이동시키고 회전시킨다.

```
void tilt() {
  // 원점에서 중심점으로 이동시킨다.
  translate(position, position, position);

  // X는 앞뒤로 움직이는 것이다.
  rotateX(radians(roll + 90));
  // Y는 좌우로 움직이는 것이다.
  rotateY(radians(pitch) );

  // 원반의 색을 정한다.
  fill(#79BF3D);
  // 원반을 그린다.
  ellipse(0, 0, width/4, width/4);
  // 글자 색을 정한다.
  fill(#20542E);
  // 변화된 부분을 알려주기 위해서 문자열을 출력한다.
  text(pitch + "," + roll, -40, 10, 1);
}
```

» serialEvent() 함수는 2장에서 했던 몬스키퐁 프로젝트에서와 마찬가지로 시리얼 포트로 입력되는 모든 바이트를 읽어서, 쉼표로 구분된 아스키 값으로 해석한다.

```
void serialEvent(Serial myPort) {
  // 직렬 버퍼를 읽는다.
  String myString = myPort.readStringUntil('\n');

  // 개행 문자 이외의 바이트를 읽은 경우:
  if (myString != null) {
    myString = trim(myString);
    // 문자열을 쉼표 단위로 끊는다
    String items[ ] = split(myString, ',');
    if (items.length > 1) {
      pitch = float(items[0]);
      roll = float(items[1]);
    }
  }
}
```

가속도 센서에서 나오는 가공되지 않은 출력을 그림 8-16의 형태로 만들기까지 상당히 많은 일이 남은 것처럼 보이지만, 과정을 이해하는 데 도움이 된다. 3축에 걸리는 가속도를 아날로그 전압으로 변환하는 것부터 시작해서, analogRead() 함수를 이용해서 전압을 디지털 값으로 바꿔서 마이크로컨트롤러의 메모리로 저장했다.

그 후 디지털 값을 읽어낸 전압 값으로 바꾸고, 이 값을 다시 중력에 대한 가속도의 측정값으로 변환한 다음, 이 값을 각도 값으로 변환하기 위해서 삼각 함수를 일부 사용했다.

결과를 각도로 받는 것의 장점은, 잘 알려진 표준

그림 8-16 프로세싱 가속도 센서 스케치의 출력.

측정법이므로 프로세싱으로 값을 보낼 때 값을 다시 변환시키기 위해서 큰 노력이 필요하지 않다는 것이다. 대신 프로세싱은 피치와 롤 값을 각도로 제공하는 가속도 센서로부터 출력을 받아야 한다.

물론 항상 이 정도로 표준을 맞춰야 하는 것은 아니다. 응용프로그램을 만들 때는 가속도 센서에서 읽히는 값이 계속 변한다는 점에 주의해야 한다. 여하튼, 이 값들을 변환해서 지표면 기준의 자세를 측정하려는 경우에는, 지금까지 언급한 과정을 거쳐야 한다.

결론

위치 확인 시스템을 이용하는 프로젝트의 개발을 시작할 때, 시스템을 적게 사용하는 것이 더 좋은 것이라는 점을 깨달을 수 있을 것이다. 위치, 거리, 방향을 알아야 하는 프로젝트를 시작해야 한다는 것 자체가 그다지 일반적이지 않으므로, 프로젝트가 개발됨에 따라서 시스템에서 해당 부분이 점점 줄어들 것이다. 여러분이 만드는 것들의 물리적인 제약이나 공간적인 제약은 많은 부분 해결되고 있다.

이런 노력은 사용자가 본래 가지고 있는 위치와 방향감각과 어우러져 작업을 좀 더 쉽게 만들어줄 것이다. 프로그램이나 장치를 이용해서 이런 문제들을 모두 해결하려 하기 전에 여러분이 만들고 있는 장소에 실제로 가보고, 여러분의 사용자가 할 것이라 여겨지는 것들을 실제로 해보자. 이를 통해서 자신의 프로젝트에 대해서 더 많이 알게 되어, 시간, 작업 중 받는 스트레스, 돈을 절약할 수 있을 것이다.

이 장의 예제들은 다른 것과 같이 있지 않은 사물이나 사람에 초점이 맞춰져 있다. 다수의 물체를 소개함에 따라 위치와 신원 인증은 생각보다 훨씬 더 긴밀히 연결되어 있다. 어떤 신호가 어떤 위치에서 오는지 혹은 말하는 사람이 어떤 위치에 있는지 알아야 하기 때문이다. 다음 장에서는 물리적인 신원 인증에서 네트워크의 신원을 인증하는 방법에 대해서 알아본다.

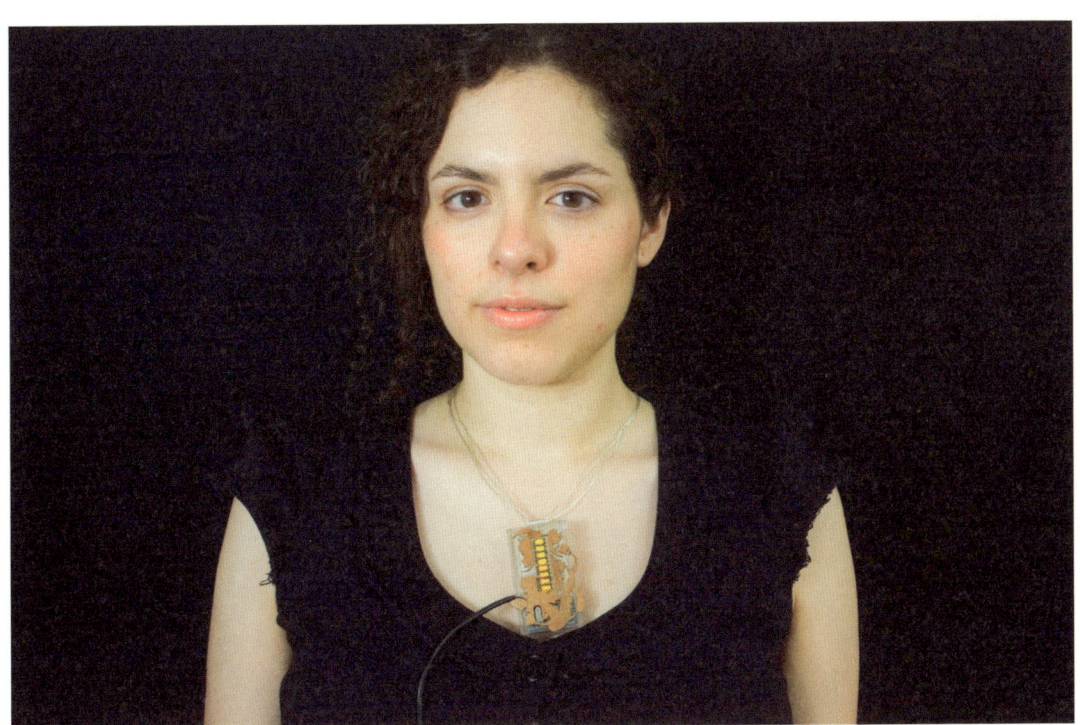

<주소 2007(Address 2007)> 모나 안드레오스(Mouna Andraos), 소날리 스리드하(Sonali Sridhar)
Address는 위치 확인 기술이 공공의 목적으로만 사용되는 것은 아니라는 사실을 보여준다.
사진 제공: J. 노드버그(J.Nordberg)

MAKE: PROJECTS   9

인증하기

앞 장에서 신원(identity)이란 곧 주소를 의미한다고 가정했다. 네트워크에서는 장치의 주소를 알아내면 통신을 시작할 수 있다. 이런 공식이 모든 일상생활에 적용될 경우 삶에 얼마나 큰 재앙이 될 것인지 생각해보자. 전화기를 들어 전화를 걸고 이야기를 시작하는 것을 예로 들었을 때, 잘못된 번호로 전화했다면 어떻게 될 것이며, 원하는 사람이 아닌 다른 사람이 전화를 받으면 어떻게 될까?

네트워크상의 사물은 네트워크의 범위를 표시하고 있으며, 범위를 넘어서 통신할 수는 없다. 다른 사람에게 메시지를 전달하기 위해서 이런 장치를 사용하지만, 장치가 가지고 있는 네트워크상의 신원과 사람의 물리적 실제 신원은 서로 다른 것이다. 실제 신원은 일반적으로 존재(어떤 것이 내 주변에 있는가?) 혹은 주소(어디에 있는가?)를 나타내는 것이지만, 네트워크상의 신원은 장치가 네트워크와 통신할 수 있는지, 사용자가 언제 접속할 수 있는지도 고려해야 한다. 이 장에서는 주어진 실제 사물(physical object)의 네트워크 신원을 찾아내는 방법을 살펴본다. 또한 네트워크에 있는 장치에서 보내는 메시지와 사용되는 프로토콜을 통해서 각 장치의 능력을 알아내는 방법도 배울 것이다.

◀◀   **<스니프(Sniff)> 시력이 약한 어린이를 위한 냄새 맡는 장난감, 사라 요한슨(Sara Johansson)**
강아지 인형의 코 부분에 RFID 리더가 들어 있어서, RFID 태그가 있는 물체를 발견하면 그 물체에 해당하는 독특한 소리를 내고 촉감을 느낄 수 있다. 오슬로 건축 디자인 학교 촉감 상호작용 과목의 학생으로 티모 아날(Timo Arnall)과 모제 사스타드(Mosse Sjaastad)의 지도를 받은 사라 조너선이 만들었다. 사진 제공: 사라 조너선

9장에서 사용하는 부품

이 장에서 새롭게 필요한 부품은 카메라와 RFID 리더(Reader)로, 색상, 얼굴, 태그, 표식 등을 구분하기 위해서 사용할 것이다.

판매점 기호

- A 아두이노 스토어(http://store.arduino.cc/ww/)
- AF 에이다프루트(http://adafruit.com)
- CR CoreRFID(www.rfidshop.com)
- D 디지-키(www.digikey.com)
- F 파넬(www.farnell.com)
- J 자메코(http://jameco.com)
- MS 메이커 셰드(www.makershed.com)
- RSH Radio Shack(www.radioshack.com)
- RS RS(www.rs-online.com)
- SF 스파크 펀(www.sparkfun.com)
- SH 스마트홈(www.smarthome.com)
- SS 씨드 스튜디오(www.seeedstudio.com)
- ST 삼텍(www.samtec.com)

프로젝트 22: 웹캠을 이용한 색상 인식

» USB나 Firewire 포트가 달려 있는 PC
» USB 혹은 Firewire용 웹캠
» 색상이 있는 물체

프로젝트 23: 웹캠을 이용한 얼굴 인식

» USB나 Firewire 포트가 달려 있는 PC
» USB 혹은 Firewire용 웹캠
» 얼굴

프로젝트 24: 웹캠을 이용한 2차원 바코드 인식

» USB나 Firewire 포트가 있는 PC
» USB 혹은 Firewire용 웹캠
» 프린터

프로젝트 25: 프로세싱에서 RFID 태그 읽기

» RFID 리더 ID Innovations사의 ID-12 혹은 ID-20을 사용할 것이다. ID-20은 ID-12보다 약간 넓은 범위를 가지고 있지만, 다른 동작은 동일하다.
» RFID 연결용 보드 ID Innovations사의 리더에서 사용할 수 있어야 한다.
» 0.1인치 헤더 핀(수놈)
  J 103377, D A26509-20ND, SF PRT-00116, F 1593411
» RFID 태그 RFID 리더에 적합한 태그를 선택하자. 태그를 파는 곳에서는 다양한 형태의 패키지를 가진 리더에 적합한 태그를 판매하므로, 가장 적합하다고 생각되는 것을 선택하면 된다. 이 예제에서는 EM4102 태그와 호환되는 EM4001 태그를 사용한다.

그림 9-1 이 장에서 사용되는 새로운 부품들. 1. 프로토타이핑 실드 2. X10 인터페이스 모듈 3. X10 전구 모듈 혹은 4. X10 가정용 설비 모듈 5. 전화 케이블(RJ-11) 6. 만능기판 7. 이더넷 케이블 8. EM4001 RFID 태그 9. Mifare RFID 태그 10. ID Innovations사의 ID-12 혹은 ID-20 125kHz RFID 리더 11. 스파크 펀의 13.56 MHz RFID 보드 혹은 12. TinkerKit의 RFID 실드 13. SM130 RFID 리더를 위한 안테나 14. 다리가 긴 암 헤더 핀 15. 2x16 LCD 스크린. 보드 연결을 위해서 다수의 헤더 핀(수놈)이 필요하다는 것을 잊지 말자.

» **FTDI 방식의 USB-시리얼 어댑터** 앞에 나온 RFID 연결용 보드와 사용할 수 있는 것을 이 책에서 계속 사용할 수 있다. 리더 연결용으로만 사용하려면 스파크 편에서 나온 RFID USB 리더가 있다.

SF DEV-09718 또는 DEV-09716, AF 70, A A000059, M MKAD22, SS PRO101D2P, D TTL-232R-3V3 또는 TTL232R-5V

프로젝트 26: RFID가 가정 자동화를 만났을 때

» **아두이노 모듈 1개** 아두이노 우노나 아두이노 우노에 기반한 보드면 되지만, 프로젝트 자체는 아두이노나 아두이노 호환 보드에서 동작한다.

D 1050-1019-ND, J 2121105, SF DEV-09950, A A000046, AF 50, F 1848687, RS 715-4081, SS ARD132D2P, MS MKSP4

» **프로토타이핑 실드 1개**

J 2124314, SF DEV-07914, AF 51, F 1848696, SS STR104B2P, MS MSMS01

» **RFID 리더** ID Innovations사의 ID-12나 ID-20이 이 프로젝트에 적합하다. ID-20이 ID-12보다 전송 거리가 약간 더 길지만, 동작은 동일하다.

CR IDI003 또는 IDI004, SF SEN-08419

» **RFID 리더 연결용 보드 혹은 아래의 부품들**

SF SEN-08423

» **2mm 10핀 헤더 핀(암놈) 2개** 연결용 보드가 있다면 필요 없다. 이 부품의 경우 많은 부품 공급업자들이 몇 개 안 되는 샘플은 대체로 무료로 제공한다.

ST MMS-110-01-L-SV, J 164822, SF PRT-08272, F 1109732

» **0.1인치 간격의 20핀(수놈) 헤더 핀 2개**

D A26509-20ND, J 103377, SF PRT-00116, F 1593411

» **2mm 5핀 소켓** SF PRT-10519
» **2mm 7핀 소켓** SF PRT-10518
» **RFID 태그** 리더에 맞는 태그를 선택하자. 리더를 판매하는 부품상에서는 거기에 맞는 다양한 형태의 태그를 같이 판매하므로, 가장 좋은 형태를 고르면 된다.

EM4102 태그는 EM4001 태그와 호환된다.
CR WON002, SF COM-10169

» **LED 1개**

D 160-1144-ND 또는 160-1665-ND, J 34761 또는 94511, F 1015878, RS 247-1662 또는 826-830, SF COM-09592 또는 COM-09590

» **220옴 저항 1개**

D 220QBK-ND, J 690700, F 9337792, RS 707-8842

» **인터페이스 모듈: X10 단방향 인터페이스 모듈** SH 1134B

» **X10 모듈 2개** 스마트홈의 가정용 연결 모듈 2개 혹은 스마트홈에서 나온 Powerhouse X10 전구 모듈 2개. 사용 목적에 맞춰서 원하는 대로 구입해도 되지만, 합해서 2개를 사용해야 한다. 백열 전구만 제어하려면 전구 모듈을 구입하고, 그 이외의 것을 하려면 가정용 모듈을 구입하자.

» **RJ-11 커넥터가 달린 4개의 전선이 있는 전화선** 버려진 전화기나 전파상에서 쉽게 구할 수 있다.

D A1642R-07-ND, J 115617, F 1335141

프로젝트 27: RFID로 트윗 하기

» **SonMicro의 SM130 RFID 읽기/쓰기 모듈 1개**

SF SEN-10126

» **Mifare RFID 읽기/쓰기 태그 3개**

SF SEN-10127

» **아두이노 이더넷 보드 1개**

A A000050

대신에 2장에서 사용했던 아두이노 우노 호환 보드에 이더넷 실드를 붙여서 사용해도 된다.

SF DEV-09026, J 2124242, A A000056, AF 201, F 1848680

» **RFID 실드 1개**

SF DEV-10406, A T040030 또는 T040031

» **13.56MHz 안테나** 리더에 안테나가 붙어 있지 않은 경우.

A C000027

» **퍼텐쇼미터 2개**

J 29082, SF COM-09939, F 350072, RS 522-0625

» **만능기판 1개**

RSH 276-150, D V2018-ND, J 616673, SS STR125C2B, F 4903213, RS 1595420

» **얇은 매트 보드**

» **16핀 헤더 핀(암놈)**

ST MMS-110-01-L-SV, J 164822, SF PRT-08272, F 1109732

» **6핀 적층 헤더**

SF PRT-09280, AF 85

» **8핀 리본 케이블 혹은 이더넷 케이블**

D AE08A-5-ND, F 1301013

» **16x2 캐릭터 LCD**

SF LCD-00709

다음은 실드를 사용하지 않고 리더 회로를 직접 만들려고 할 때 필요한 부품들이다.

» **4.7kΩ 저항 2개**

J 691024, D CF14JT4K70CT-ND, F 735033, RS 707-8693

» **납땜이 필요 없는 브레드보드 1개**

D 438-1045-ND, J 20723 또는 20601, SF PRT-00137, F 4692810, AF 64, SS STR101C2M 또는 STR102C2M, M MKKN2 ð# 물리적 인식

어떻게 이루어지는지 거의 인지하지 못하지만, 사물을 인식하는 과정은 우리의 경험에서 항상 일어나는 매우 기본적인 부분이다. 이때 이전의 경험을 참고하여 해당 사물이 어떤 것인지 판단할 수 있을 때까지 보고, 느끼고, 손으로 들어 보고, 흔들고 소리를 듣고, 냄새를 맡고, 맛을 보는 등 다양한 감각을 이용한다. 전반적인 과정은 두뇌와 신체의 매우 복잡한 동작에 의해서 이루어지므로, 컴퓨터 비전이나 인공지능을 해본 사람이라면 컴퓨터가 물체를 인식하도록 만드는 것이 보통 일이 아니라는 것을 알 것이다. 사람이 위치를 어느 정도 한정함으로써 좀 더 위치 파악을 쉽게 만들었던 것처럼, 인식의 경우에도 영역을 제한하고 주요 물체들을 알려준다면, 물체를 구분하는 과정이 훨씬 더 쉬워질 수 있다.

컴퓨터도 우리가 감각기관의 정보를 이용해서 사물을 인식하는 것과 같은 일을 할 수 있다. 즉 센서로부터 입력된 정보만을 이용해서 물체를 인식할 수 있는 것이다. 가장 잘 알려진 디지털 인증 기술로는 광학 인식(optical recognition)과 라디오 주파수 인증(radio frequency identification: RFID) 두 가지를 꼽을 수 있다. 광학 인식은 광학 색상 추적과 형상 인식에서부터 흔히 볼 수 있는 바코드에 이르기까지 다양한 형태가 있다. 일단 물체가 컴퓨터에 인식되면 컴퓨터는 물체에 네트워크 주소를 부여할 수 있다.

물체의 네트워크 인식은 한곳에서 할당되어 모든 곳에서 사용할 수 있도록 하는 경우도 있으며, 임시 할당 방식을 사용할 수도 있다. 앞의 방식은 거대한 네트워크상의 일부에서 사용되는 장치에서 이용되며, 뒤의 방식은 짧은 시간에 잠시 사용하는 경우에 쓴다. 이런 점에서 RFID는 매우 흥미로운 예이다. 책에 붙어 있는 RFID 태그는 어디서든 사용할 수 있는 표식이지만, 태그를 읽는 사람에 따라서 그 의미가 바뀐다. 서점 주인의 경우 창고 내에서의 위치를 나타내기 위해서 태그 번호를 할당하지만, 책을 구입하는 소비자들에게는 RFID 태그를 읽는 도구와 그 값을 분류할 수 있는 데이터베이스가 없으면 아무 쓸모가 없다.

즉, 상점 주인의 데이터베이스에 접근할 수 없다면 소비자는 그 숫자들이 상점 주인에게 어떤 의미가 있는지 알 방법이 없다.

서점 주인이 ID 태그 번호를 책 제목이나 책이 도착한 시간 등의 정보와 연결시켰다 하더라도, 책이 판매된 뒤에는 더 이상 의미가 없으므로 데이터베이스에서 해당 데이터를 삭제했을 수도 있다. 반면에 소비자 입장에서는 완전히 다른 자신만의 데이터베이스와 연결하거나, 무시해 버리거나, 혹은 이를 다른 의미로 인식할 수 있다. 다르게 설명하자면 RFID의 경우 중앙에서 관리되는 데이터베이스와 연결되지 않으며, RFID를 붙인 사람이나 가진 사람의 데이터베이스와 연결된다.

위치와 마찬가지로 인증 역시 표현하고자 하는 내용이 많아짐에 따라 점차 더 독특하게 표현되고 있다. 예를 들어 필자의 이름이 톰(Tom)이라는 것을 아는 것은 큰 의미가 없다. 성까지 알면 물론 좀 더 구체적으로 알게 된 것이지만, 어떤 것을 찾고자 하는지에 따라서 얼마나 효과적인지가 결정된다. 미국에는 수많은 톰 아이고가 산다. 뉴욕에만도 최소한 세 명이 있다. 각각을 따로 구분하기 위해서는 사회보장번호와 같이 조금 더 널리 사용되는 인식

그림 9-2 프로젝트 22의 프로세싱 코드를 이용한 영상 색상 인식. 이 간단한 예제는 움직이는 분홍색 원숭이 인형을 잘 인식한다.

표가 있거나 필자를 "프랭크의 아들 톰"으로 부르는 것과 같이 임시적인 이름을 사용해야 한다. 이는 주어진 상황에 맞게 사용하면 된다. 이와 비슷하게 네트워크에서 물체를 인식하도록 하는 것 역시 주어진 상황에 맞게 널리 사용되는 이름을 이용할지, 임시이름을 사용할지 결정하게 된다.

식별자(identifier)에 어떤 능력을 할당할 것인지도 매우 유연하다. RFID 예제를 다시 한 번 살펴보면, 주어진 태그 번호로 상점 출입구의 경보를 울리게 하거나, 계산대에서 구입한 물건 가격을 더해 합을 낼 수 있도록 만들 수 있다. 같은 태그를 사용하거나 같은 프로토콜을 다른 태그에 대해서 사용하고 있더라도, 다른 상점에서는 해당 태그에 아무런 기능을 할당하지 않을 수도 있다.

비슷한 식별자에 서로 다른 내용이 사용됨으로써 혼동이 발생할 수 있다. 점원이 구입한 물건의 태그를 비활성화시키는 것을 잊어버려서 물건을 사서 나올 때 경보가 울린 경험이 있는가? 갭(Gap)에서 막 구입한 청바지를 들고, 반스 앤 노블[1]에 들어가 보자. 두 회사가 같은 RFID 태그를 사용하므로 경보가 울릴수 있지만, 재고 목록에 없는 물건에 대해서는 경보를 울리지 않도록 되어 있으므로 항상 경보가 울리는 건 아니다.

영상 인증

모든 영상 인증은 컴퓨터가 카메라의 영상을 읽어서 2차원 픽셀 배열로 저장하는 동일한 기본 기능들을 이용한다. 각각의 픽셀은 밝기와 색상 정보로 특성을 표현할 수 있는데, 이는 다양한 팔레트 중의 하나로 측정되며, 적색-녹색-청색(RGB) 팔레트는 색조-색도(saturation)-밝기 방식과 더불어 영상과 화면 기반의 응용에서 가장 일반적으로 사용되는 방식이다. 사이언-마젠타-노란색(CMYK)의 조합은 프린터에서 많이 사용된다. 각 픽셀의 속성은 색상, 밝기, 형태의 패턴으로 묶어서 처리될 수 있는데, 이런 패턴이 컴퓨터의 메모리에 저장된 패턴과 비슷하다면, 어떤 패턴을 해당 물체로 인식하게 된다. 그림 9-2는 밝은 분홍색 원숭이를 사용한 예제를 보여준다.

---

1 미국의 서점 체인.

다음에 나오는 세 개의 프로젝트에서는 개인용 컴퓨터의 카메라와 웹캠으로 영상을 읽고 분석하기 위해서 OpenCV라 불리는 컴퓨터 영상 처리용 라이브러리를 사용할 것이다. 우선, 가장 간단하게 색상을 찾는 것부터 해보자. 두 번째로는 얼굴이 비슷한 것을 찾아내고, 세 번째로는 QR(Quick Response) 코드라 불리는 2D 바코드를 찾아볼 것이다.

OpenCV는 인텔에서 개발해 오픈 소스 라이선스로 공개한 컴퓨터 영상 처리 라이브러리다. 이 라이브러리는 프로세싱을 포함한 수많은 프로그래밍 환경을 지원한다. 프로세싱 버전의 라이브러리는 프로세싱 페이지의 링크 http://processing.org/reference/libraries/에서 찾을 수 있다. 이 페이지에 있는 OpenCV 링크를 따라가면, 여러분의 플랫폼에 OpenCV를 설치할 수 있는 지침을 찾을 수 있다. 프로세싱용 OpenCV 라이브러리를 다운로드해서 프로세싱 스케치북 디렉터리(프로세싱 설정 부분에서 찾을 수 있을 것이다)에 있는 라이브러리 디렉터리에 복사하자. 이제 다음에 나올 모든 예제를 실행할 준비가 끝난 것이다.

주의: 프로세싱을 위한 OpenCV의 홈페이지는 이 글을 쓰는 시점에서 http://ubaa.net/shared/processing/opencv이다. 새로운 버전이 나와 있으니, 프로세싱 사이트에서 가장 최신의 것이 있는지 확인해 보자.

색상 인식

찾고자 하는 물체가 독특한 색을 띠고 있다면, 카메라 영상에서 특정 색상을 찾아냄으로써 물체를 인식해낼 수 있으므로 비교적 간단하다. 이런 기법은 영화나 텔레비전에서 슈퍼 영웅들이 하늘을 날아가도록 만드는 데 사용된다. 연기자는 인간의 피부에는 없는 독특한 색(일반적으로 녹색)의 배경 앞에서 연기를 하고, 이후에 해당 색을 제거하고 배경 영상을 혼합하는 방법을 사용하는 것이다.

색상 인식은 제한된 환경에서 물체를 추적하는 데 효과적인 방법 중의 하나다. 카메라의 시점에서 제한된 숫자의 물체가 있는 경우, 각 물체가 특정한 색상을 가지고 있으며 조명이 변하지 않는다면 각각의 물체를 비교적 잘 찾을 수 있다. 조명이 약간만 변해도 픽셀의 색이 변할 수 있으므로 다음 프로젝트에서는 조명을 철저하게 통제해야 한다.

프로젝트 22
웹캠을 이용한 색상 인식

이번 프로젝트에서는 컴퓨터 영상 인식이 어떻게 동작하는지 대략적으로 살펴본다. 여기서 사용하는 프로세싱 스케치는 비디오 카메라를 이용해서 디지털 영상을 얻고, 특정한 색상의 픽셀을 찾아서 화면을 출력할 때 이 부분을 표시해 준다. 프로세싱을 위한 OpenCV 라이브러리는 컴퓨터에 붙어 있는 웹캠에서 이미지를 캡처하고, 픽셀을 분석할 수 있게 해준다.

준비물
- USB나 FireWire 포트가 있는 PC
- USB나 FireWire 웹캠
- 색깔이 있는 물체

다음 프로세싱 스케치는 OpenCV 라이브러리를 이용해서 색상을 추적하는 예제이다. 이 예제를 하려면 컴퓨터에 연결된 카메라가 있어야 하며, 드라이버가 설치되어 있어야 한다.

3장에서 사용했던 고양이 촬영용 카메라를 활용해도 된다. 또한 스티커나 장난감 공 같은 색상이 있는 작은 물체가 필요하다.

» setup() 이전에 OpenCV 라이브러리를 포함시키고, 픽셀의 색상 값을 보관할 배열과 추적할 색상 값을 저장할 변수 등의 전역변수를 설정한다.

　setup() 함수는 평소와 마찬가지로 초기 조건을 설정한다. 이번 예제에서는 컴퓨터에서 사용할 수 있는 첫 번째 카메라를 이용해서 OpenCV를 초기화하고, 윈도우의 크기를 정하고, 그래픽의 품질을 설정한다.

주의: OpenCV 프로그램은 사용 가능한 카메라 중 첫 번째 카메라를 사용하므로, 노트북에 내장된 카메라와 외장 카메라가 모두 있는 경우 문제가 발생할 수 있다. 이를 해결하기 위한 방법 중의 하나는 OpenCV에서 사용하지 않을 카메라를 미리 다른 프로그램에서 사용해버리는 것이다. 조금 이상한 방법이지만, 어쨌든 원하는 결과를 얻을 수 있다.

```
/*
    OpenCV를 이용한 색상 추적
    환경: 프로세싱
    Daniel Shiffman의 예제를 기반으로 했다
*/

// opencv 라이브러리를 import:
import hypermedia.video.*;

OpenCV opencv;          // opencv 인스턴스
int[] pixelArray;       // 픽셀을 저장할 배열
color trackColor;       // 찾고자 하는 색상

void setup() {
    // 윈도우 초기화
    size( 640, 480 );
    
    // opencv 초기화
    opencv = new OpenCV( this );
    opencv.capture( width, height );
    // 찾을 색을 빨간색으로 초기화
    trackColor = color(255, 0, 0);
    // 가장자리를 부드럽게 그리도록 설정
    smooth();
}
```

» draw() 함수의 첫 부분에서는 찾으려는 색상에 가까운 값을 찾았음을 나타내는 값, 색상의 허용치, 가장 가까운 색상의 X, Y 좌표 변수를 설정한다. 그리고 카메라를 읽어서 결과 이미지를 픽셀 배열에 저장한다.

```
void draw() {
    float closestMatch = 500;    // 가까운 색상이 맞았음을 나타내는 값
    float colorThreshold = 10;   // 색상 유사성 허용 범위
    int closestX = 0;            // 가까운 색상의 수평 위치
    int closestY = 0;            // 가까운 색상의 수직 위치
    
    // 카메라를 읽음
    opencv.read();
    // 카메라 이미지를 윈도우에 그림
    image(opencv.image(), 0, 0);
    // 카메라 픽셀 배열을 복사
    pixelArray = opencv.pixels();
```

» 그 다음으로 픽셀의 행과 열을 각각 반복적으로 확인하는 중첩된 한 쌍의 루프가 있다. 이 방법은 영상의 모든 픽셀을 검사하는 일반적인 방식이다. 각각의 픽셀에 대해서 다음 수식(뒤에서 자주 보게 될 것이다)을 이용해서 배열에서 특정 픽셀의 위치를 찾아낸다.

배열 위치 = x + (y * 가로길이);

픽셀의 위치를 얻으면, 추적하려는 색의 값을 찾기 위해서 적색, 녹색, 청색 값을 추출해야 한다.

```
    // 모든 픽셀을 검사하는 루프 시작
    for (int x = 0; x < opencv.width; x++ ) {
      for (int y = 0; y < opencv.height; y++ ) {
        // 영상의 폭과 높이를 이용해서 배열에서 픽셀의 위치를 계산
        int loc = x + y*opencv.width;
        // 현재 픽셀의 색을 구한다.
        color currentColor = pixelArray[loc];
        float r1 = red(currentColor);
        float g1 = green(currentColor);
        float b1 = blue(currentColor);
        float r2 = red(trackColor);
        float g2 = green(trackColor);
        float b2 = blue(trackColor);
```

» 다음으로 두 색의 차이를 계산한다. 각 색의

```
        // 현재 픽셀의 집합적 색상을 계산할 때 dist() 함수를 사용한다.
        // 이 함수는 현재 픽셀의 적색, 녹색, 청색을 3차원 공간의 좌표로 가정하고,
```

적색, 녹색, 청색의 값을 삼차원 공간에서의 위치로 생각하면, 두 색의 차이는 유클리드 거리(Euclidean distance)[2]를 계산해서 얻을 수 있다. 프로세싱에서는 이를 dist() 함수로 처리할 수 있다.

차이를 알고 나면, 지금까지 중에서 가장 일치하는 것과 비교할 수 있다.(첫 값을 일치시키기 위해서 앞에서는 임의의 높은 값을 설정했다.) 만일 현재 비교한 차이가 이전에 가장 일치했던 것보다 차이가 적다면, 현재 픽셀이 가장 일치하는 새로운 픽셀로 설정된다.

가장 비슷한 값을 찾아내면, 중첩된 루프가 끝난다. draw() 함수에서 남은 부분은, 찾아낸 가장 비슷한 값이 찾아냈다고 판단하기 위해서 설정한 허용 범위보다 작은지 확인하는 것이다. 만일 그렇다면 그 위치에 원을 그린다.

```
      // 현재 픽셀과 목적 색상의 유클리드 거리를 계산한다.
      // 아래 수식에서 가장 거리가 가까운 것이 색상의 유사성이 높다는 것을 의미함.
      float d = dist(r1, g1, b1, r2, g2, b2);

      // 만일 현재 색상이 이전에 추적했던 가장 비슷한 색상보다 비슷하다면,
      // 현재 위치와 차이를 저장한다.
      if (d < closestMatch) {
        closestMatch = d;
        closestX = x;
        closestY = y;
      }
    }
  }

  // 찾아낸 색상의 거리가 색상의 허용 범위보다 작은 경우만 고려한다.
  // 색상의 정확도를 높이려면 허용 값을 작게 만들고,
  // 색상 비교의 일치도를 낮추려면 이 값을 높게 만들자.
  if (closestMatch < colorThreshold) {
    // 찾아낸 픽셀에 원을 그림
    fill(trackColor);
    strokeWeight(2.0);
    stroke(0);
    ellipse(closestX, closestY, 16, 16);
  }
}
```

» 이제 마우스를 클릭했을 때의 처리를 위한 핸들러를 추가한다. 이 핸들러에서는 마우스 위치에 있는 색이 어떤 것이든 관계없이 추적된 색상을 변경한다.

```
void mousePressed() {
  // trackColor 변수에 마우스가 클릭된 위치의 색상을 저장
  int loc = mouseX + mouseY*opencv.width;
  trackColor = pixelArray[loc];
}
```

색상 추적과 조명

구동시켜 보면 알 수 있듯, 이 스케치가 가장 좋은 색상 추적기는 아니다. 가장 가까운 색상을 찾은 지점이 이쪽저쪽으로 튀는 경우가 있고, colorThreshold 값을 바꾸면 약간 낫지만 크게 도움이 되지는 않는다. 영상과 조명을 세심하게 조절하면 정확도를 높일 수 있다. 다음은 조명을 잘 조절할 수 있는 팁이다.

- 자외선 형광등 조명에서 형광색을 추적하는 것이 가장 쉽지만, 아주 특정한 경우에만 사용할 수 있다.
- 빛을 내는 물체는 비교적 추적하기 쉬우며, 특히 카메라에 반사광을 차단할 수 있는 필터가 붙어 있는 상태에서는 더욱 추적하기 쉽다. 아직까지 35mm 필름을 찾을 수 있다면 35mm 필름 음화의 검은색 부분은 적외선 이외의 대부분의 빛을 막아주므로, 가시광선 차단용 필터로 적합하다. 두 개의 편광 필터를 서로 수직으로 위치시키는 것도 효과적이다. 고온의 백열등과 마찬가지로 적외선 LED는 이런 종류의 필터를 잘 통과한다.
- 일반적인 LED는 비교적 어두운 상태가 아니면

---

2 두 점의 거리를 구하기 위해서 각 요소의 차의 제곱을 모두 더한 다음 제곱근을 취한 것.

📎 물리적 표식(Physical Tokens) 확인하기

디자이너 더렐 비숍(Durrell Bishop)의 구슬을 이용한 전화 자동응답기는 물리적 표식을 이용하려는 시도의 좋은 예다. 이 장치는 새로운 메시지가 도착할 때마다 앞의 접시에 구슬을 떨어트린다. 이 구슬을 '재생' 접시 위에 올려두면, 구슬이 떨어질 때 수신된 메시지를 들을 수 있도록 재생시켜준다. 구슬을 장치의 구멍에 다시 넣으면 메시지는 지워지고, 구슬을 재사용할 수 있게 되는 방식이다. 구슬은 메시지를 나타내는 물리적 표식이 되는 것이며, 아주 편리하게 얼마나 많은 메시지가 도착했는지 알 수 있도록 해준다.

비숍은 메시지를 나타내는 물리적 표식을 분류하고, 이를 신뢰성 있게 구분하기 위한 다양한 방법을 시도했다.

> 나는 동작하는 첫 번째 모델을 만들 때 스크루 뒤쪽에 서로 다른 회색조(gray level)의 종이 티켓 조각을 걸어두고, 모터와 커다란 스크루로 물건을 밀어내는 방식(자동판매기처럼)을 이용했다. 이 장치는 새로운 메시지를 받으면 스크루를 회전시켜 티켓을 떨어트리는데, 떨어트리기 직전에 다음 회색을 읽어냈다. 이 부분이 약간 어렵기 때문에 끈끈이 구리 테이프를 붙여둔 구멍으로 구슬과 안이 채워져 있는 저항을 구멍에 넣는 방법을 사용했다. 애플에서 조나단 코헨(Jonathan Cohen)과 같이 일하게 되었을 때 네트워크에 연결된 바코드를 이용해서 Mac에서 정상적으로 동작하는 버전을 만들 수 있었다.
>
> 나중에 Interval Research에서 다시 조나단과 같이 일하면서 또 다시 바꿨을 때는 Dallas ID 칩을 사용했다.

대부분의 경우 색깔 자체로는 어떤 것을 판별하기에 부족하지만, 물체 인식을 위한 표식으로 색을 이용하는 시스템을 설계하는 방법은 가능하다. 그럼에도 이런 방식은 그 자체로 제한이 있다. 구슬을 떼어놓고 이야기하면, 비숍은 구슬을 읽기 위해서 색상 인식을 사용한 것이지만, 두 가지 점에서 제약이 있었을 것이다.

첫째로, 같은 색상을 지닌 여러 개의 구슬이 어떻게 다른지 구분할 방법이 없다. 예를 들어 자동응답기로 메시지를 보낸 사람에 따라 구슬의 색을 구분하려는 경우에 각각의 사람들에게서 온 여러 메시지를 구분할 수 있는 방법이 없다. 둘째로, 시스템의 색상 인식에 있어서 신뢰성을 가지고 구분할 수 있는 색의 숫자가 제한될 것이다.

색상 추적이 잘되지 않는다. 밝은 LED는 카메라 센서에서 받을 수 있는 휘도를 넘어가기 때문에 대부분 흰색으로 보인다.

- 색상 인식은 카메라만으로 이루어지는 것은 아니며, 컬러 센서도 같은 작업을 할 수 있다.

Texas Advanced Optoelectronic Solutions(www.taosinc.com)사에서는 TAOS TCS230을 비롯한 몇 가지 종류의 컬러 센서를 만든다. 이 센서에는 4개의 광센서가 장착되어 있는데, 3개는 컬러 필터로 덮여 있어서 각각 적색, 녹색, 청색을 읽을 수 있으며, 나머지 하나는 컬러 필터가 없으므로 백색광을 감지한다. 4개 채널에서 감지된 밝기는 펄스폭으로 전환되어 출력된다. 좀 더 저렴한 TAOS TSL230R의 경우 LED가 없으므로, 주변의 빛으로 색을 감지한다. 다른 컬러 센서도 사용할 수 있다. 이런 컬러 센서의 단점은 비교적 가까운(보통 몇 센티미터 이내) 색상만 감지할 수 있고, 센서에 밀착된 영상을 확인하는 능력은 없는 것이다. 이 센서들은 기본적으로 1픽셀짜리 카메라 센서라 할 수 있다.

모양과 패턴 인식

색깔을 인식하는 것은 계산이 비교적 간단하지만 물체를 인식하는 것은 더 어렵다. 이를 위해서는 물체를 어떤 각도에서 보더라도 비교할 수 있도록 다양한 각도에서 본 물체의 2차원 형태를 알아야 한다.

컴퓨터는 실제로 카메라 한 대를 이용해서 3차원을 볼 수 없다. 어떤 물체든지 2차원으로 만들어진 그림자를 보는 것이다. 게다가 비교할 영상이 없는 상태에서는 카메라에서 물체들을 구분할 방법이 없다. 컴퓨터에는 물체에 대한 개념이 없으며, 단지 패턴을 일치시켜 비교해 보는 것뿐이다. 픽셀 배열에 대해서 시점을 회전시키고, 물체를 늘리는 등 모든 종류의 수학적 변환을 취할 수 있지만, 컴퓨터는 인간이 하는 것과 동일한 방법으로 별도의 물체를 이해하지는 못한다.

얼굴 인식

최근 5년 내에 개발된 디지털카메라를 사용하고 있다면, 그 카메라에는 얼굴 탐지 알고리즘이 내장되어 있을 것이다. 이 알고리즘은 얼굴의 각 부분마다 사각형을 표시하고, 해당 부분에 초점을 맞추도록 시도한다. 얼굴 탐지는 영상 패턴 인식의 좋은 예라 할 수 있다. 카메라는 얼굴과 같이 미리 기술된 패턴들을 찾아낸다. 얼굴 패턴은 특정한 가로 세로 비율을 가지며, 위에서 1/3 지점에 두 개의 검은 점이 있고, 아래로 2/3 지점에 두 번째 검은 점이 있는 등 여러 특징이 기술되어 있다. 얼굴 탐지(face detection)는 얼굴 인식(face recognition)을 의미하는 것이 아니며, 얼굴 탐지 알고리즘은 어떤 사람인지 확인할 수 있는 정도로 인식하는 것이 아니라 어떤 것이 얼굴의 형태와 닮았는지 찾아내는 것이다.

OpenCV에는 얼굴 탐지를 위한 패턴이 준비되어 있어 간편하게 사용할 수 있다. 다음 프로젝트에서는 어떻게 얼굴을 탐지할 수 있는지 보여줄 것이다.

프로젝트 23

웹캠을 이용한 얼굴 인식

앞의 색상 추적 프로젝트를 통해서 광학 인식이 어떻게 동작하는지 이해했을 것이므로, 이제 간단한 패턴 인식을 시도해 볼 차례다. 이 프로젝트에서는 카메라 이미지에서 얼굴을 찾아내기 위해서 OpenCV의 얼굴 인식 방법을 사용한다.

OpenCV의 패턴 인식은 특정한 패턴의 특성들을 기술해둔 cascade라 불리는 패턴 기술 파일을 이용한다. cascade는 주어진 패턴의 각 부분을 상대적인 크기, 모양, 대비 비율 등으로 기술한다. 패턴은 일부 편차를 허용할 수 있도록 일반화시키지만, 다른 패턴과의 차이를 구분할 수는 있을 정도로 설계되어야 한다. 프로세싱의 OpenCV 라이브러리는 다음과 같은 사람의 특징들이 기술된 패턴을 포함하고 있다.

- 얼굴의 전면 형태(네 가지 변형)
- 증명 사진의 얼굴 형태
- 전신 형태
- 하반신 형태
- 상반신 형태

준비물
· USB 혹은 FireWire 포트가 있는 PC
· USB 혹은 FireWire 웹캠
· 얼굴

스케치에서는 기본적인 얼굴 인식을 시도한다. 어떤 경우에 잘못 인식되도록 할 수 있는지도 알아보자.

» 평소와 같이 setup() 함수 앞에 전역변수를 설정한다. 이 부분은 이전 프로젝트와 거의 비슷하지만, Java의 Rectangle 객체도 필요하다는 점이 다르다. 이 부분은 OpenCV 감지 함수에서 얼굴이 있다고 판단되는 부분을 Rectangles 객체 배열로 반환하기 때문에 필요하다.

setup() 함수는 비슷하지만 이번에는 특정 패턴을 감지하고 찾아내기 위해서 OpenCV 라이브러리의 cascade() 함수를 사용할 것이다. 프로세싱 OpenCV 웹사이트(http://ubaa.net/shared/processing/opencv/opencv_cascade.html)를 보면 사용할 수 있는 패턴들에 대해서 기술되어 있다.

얼굴을 찾으면 원을 그릴 것이므로 setup()은 마지막으로 타원을 그릴 조건을 설정한다.

```
/*
    openCV를 이용한 얼굴 인식
    환경: 프로세싱
*/
// opencv와 Rectangle 라이브러리를 import:
import hypermedia.video.*;
import java.awt.Rectangle;

OpenCV opencv;  // openCV 라이브러리의 새 인스턴스

void setup() {
  // 윈도우 초기화
  size( 320,240 );
  // opencv 초기화
  opencv = new OpenCV( this );
  opencv.capture( width, height );
  // 사용할 감지 패턴을 선택
  opencv.cascade( OpenCV.CASCADE_FRONTALFACE_DEFAULT );
  // 모서리를 부드럽게 그림
  smooth();
  // 좌측 상단에서부터 타원을 그리도록 설정
  ellipseMode(CORNER);
}
```

» 이번에는 모든 픽셀을 살펴볼 것이 아니므로, draw() 함수는 이전 프로젝트의 것보다 훨씬 간단하다. 여기서는 선택한 패턴을 사각형 모양 단위로 같은 형태인지 확인한 후, 그 결과를 배열로 전달하기 위해서 OpenCV detect() 함수를 이용한 다음, 반복해서 발견된 배열을 확인하고 얼굴마다 타원을 그린다.

이 프로그램을 구동시키고 카메라에 얼굴을 비추면 그림 9-3에 보이는 것처럼 자홍색의 타원이 씌워진 것을 볼 수 있다.

프로그램을 구동시킨 상태에서 다양한 각도와 조건의 얼굴을 비춰보자. 또한, 프로세싱을 위한 OpenCV 페이지에 있는 다양한 얼굴 인식 패턴을 사용해 보자.

```
void draw() {
  // 새로운 프레임을 캡처
  opencv.read();

  // 얼굴을 찾음
  Rectangle[ ] faces = opencv.detect();

  // 화면 표시
  image( opencv.image(), 0, 0 );

  // 얼굴 주변에 원을 그림
  fill(0xFF, 0x00, 0x84, 0x3F);   // 자홍색으로
  noStroke();                      // 테두리 없이

  for ( int thisFace=0; thisFace<faces.length;
      thisFace++ ) {
    ellipse( faces[thisFace].x, faces[thisFace].y,
            faces[thisFace].width,
            faces[thisFace].height );
  }
}
```

그림 9-3
얼굴 인식이 상당히 잘 동작한다.
얼굴을 돌리면 인식되지 않는다.
얼굴이 찍혀 있는 사진이나 티셔츠에 대충 그려져 있는 그림도 잘 찾는다. 머리카락이나 다른 것으로 얼굴을 가리면 감지하지 못한다.
이 알고리즘으로는 동물을 찾지 못한다. 필자의 고양이인 누들도 감지되지 않는다. (그래서인지 별로 기분이 좋아 보이지 않는다.)

바코드 인식

바코드는 검은색과 밝은 색 선 혹은 사각형으로 숫자와 영어로 이루어진 문자열을 표현한 것이다. 컴퓨터는 영상을 스캔해서 바코드를 읽고, 밝은 색과 검은색 선의 두께를 이용해서 0 또는 1로 해석한다. 스캐닝은 카메라를 이용할 수도 있고, 바코드가 일정한 속도로 광센서를 지나가는 경우에는 하나의 광센서만 있어도 된다. 대부분의 휴대용 바코드 스캐너는 막대기 형태로 바코드에 대는 끝 쪽에 광센서와 LED가 붙어 있어서, 광센서가 바코드의 밝고 어두운 색 선의 패턴을 읽는 방식을 이용한다.

그림 9-4 1차원 바코드. 책에 찍혀 있는 ISBN 바코드이다.

바코드의 응용 분야 중 가장 잘 알려진 것은 거의 모든 제조사에서 상품의 레이블에 인쇄하는 UPC(Universal Product Code: 통일 상품 코드)다. 응용 분야가 광범위한 만큼 바코드의 상징 방법 역시 다양하다. 예를 들면, 미국 우체국은 우편물 자동 분류를 위해서 POSTNET을 이용한다.

EAN(European Article Numbering: 유럽 물품 숫자 표기법)과 JAN(Japanese Article Numbering: 일

본 물품 숫자 표기법)은 국제적으로 제품을 사고팔 때 사용할 수 있도록 UPC를 기반으로 추가적인 값을 지정한 것이다. 바코드에 들어가는 값은 호환성이 없으므로, EAN 해석기를 사용해서는 POSTNET 바코드를 정상적으로 해석할 수 없다. 이는 다양한 형태의 바코드를 모두 해석할 수 있는 복잡한 프로그램을 작성하거나 읽어내기 전에 어떤 것을 읽고 있는지 알아야 한다는 것을 의미한다. 바코드를 생성하는 소프트웨어 라이브러리가 다수 있으며, 자주 사용되는 형태의 바코드를 출력할 수 있는 바코드 폰트도 있다.

그림 9-4에서 볼 수 있는 바코드는 한 축으로만 카메라나 스캐너를 움직여서 이미지를 읽을 수 있으므로 1차원 바코드라 한다. 좀 더 많은 정보를 포함시키기 위해서 2차원 행렬의 형태로 데이터를 넣어둔 2차원 바코드도 있다.

1차원 바코드와 마찬가지로 여기에도 많은 표현 형식이 있다. 그림 9-5(326페이지)는 일반적인 2차원 바코드를 보여준다. 이런 형식의 코드를 QR(Quick Response) 코드라 하며, 일본에서 자동차 부품을 추적하기 위해서 처음 만들어진 이후 다양한 상품에 활용되고 있다. 일본에서 생산된 카메라폰에 이런 태그를 읽을 수 있는 소프트웨어가 내장된 경우가 많아서 좀 더 대중적으로 사용되게 되었다. 다음 프로젝트에서는 QR 코드를 프로세싱에서 읽기 위해서 오픈 소스 Java 라이브러리를 사용할 것이다.

<컨퀘스트(ConQwest)>, 퀘스트 통신사(Qwest Wireless)를 위한 디자인, 에리어/코드(Area/Code), 2003
폰카메라로 읽을 수 있는 초기 형태의 2D 바코드의 초기형태인 세마코드(Semacode)를 사용했다.
이 행사는 고등학생들을 대상으로 시내에서 열린 보물 찾기 게임으로써, 게임 참가자들은 시내를 돌면서 Qwest폰 카메라를 이용해서 보물을 찍고 각 지역을 차지하기 위해서 토템 인형을 가지고 가는 게임이다.
웹사이트를 통해서 게임 참가자의 위치와 게임의 진행사항을 확인할 수 있도록 함으로써, 관객들이 좀 더 극적으로 참여할 수 있도록 만들었다.
사진은 Area/Code와 케빈 슬레빈(Kevin Slavin)의 허가하에 게재한다.

프로젝트 24

웹캠을 이용한 2차원 바코드 인식

이번 프로젝트에서는 온라인 QR 코드 생성기를 이용해서 문장을 2차원 바코드로 생성하는 작업을 해볼 것이다. 그 후에 카메라와 컴퓨터를 이용해서 해당 태그를 해석해 본다. 이 작업을 하고 난 뒤 이 책에 있는 QR 코드를 해석해 보기 바란다.

이 스케치는 PC에 장착된 카메라를 이용해서 QR 코드를 읽는다. 영상 취득 부분은 앞의 색상 추적 예제에서 사용했던 것과 거의 비슷하다. 스케치를 시작하기 전에 읽어 들일 QR 코드가 필요한데, 다행히 인터넷에는 다양한 QR 코드 생성기가 있다. 인터넷 검색 엔진에서 'QR code generator'를 검색하면 상당히 많은 것이 검색될 것이다. URL, 전화번호, 텍스트를 QR 코드로 만들어주는 http://qrcode.kaywa.com도 괜찮다. 문자를 많이 입력하면 좀 더 커다란 코드가 만들어진다. 만들어진 코드는 추후에 사용하기 위해서 출력해 두고, 아래의 스케치에서 사용해야 하므로, .png 파일로도 저장해 두자.

준비물

- USB나 FireWire 포트가 있는 PC
- 웹에 접근 가능해야 함
- USB 혹은 FireWire 기반의 웹캠
- 프린터

이 스케치를 구동시키려면 다니엘 시프만(Daniel Shiffman)이 만든 프로세싱용 pqrcode 라이브러리를 다운로드 받아야 한다. 이 라이브러리는 http://qrcode.sourceforge.jp에 있는 qrcode 라이브러리에 기반을 두고 있다. 프로세싱용 pqrcode 라이브러리는 www.shiffman.net/p5/pqrcode에서 다운받을 수 있다. 압축을 해제하면 pqrcode라는 이름의 디렉터리가 나온다.

프로세싱 애플리케이션 디렉터리 밑에 해당 디렉터리를 복사하고, 프로세싱을 다시 시작한다. 새로운 스케치 작성을 선택한 후 해당 스케치 디렉터리 밑으로 data라는 이름의 서브 디렉터리를 만들어 앞에서 만들었던 QR 코드를 .jpg 혹은 .png 파일로 넣어두자. 이제 스케치를 작성할 준비가 되었다.

» 이 스케치의 setup() 함수에서는 pqrcode와 OpenCV 라이브러리를 포함시키고, 몇몇 전역변수를 초기화할 것이다.

```
/*
    QRCode 리더
    환경: 프로세싱
 */

import hypermedia.video.*;
import pqrcode.*;

OpenCV opencv;          // opencv 라이브러리 인스턴스
Decoder decoder;        // pqrcode 라이브러리 인스턴스

// 반환할 메시지 문자열
String statusMsg = "Waiting for an image";

void setup() {
```

```
  // 윈도우 초기화
  size(400, 320);

  // opencv 초기화
  opencv = new OpenCV( this );
  opencv.capture( width, height );

  // 디코더 초기화
  decoder = new Decoder(this);
}
```

» draw() 함수에서는 카메라에 찍힌 영상을 그린 후, 화면에 상태 메시지를 출력한다. 디코더 라이브러리가 영상을 읽고 있는 중이면, 해당 영상을 왼쪽 상단에 출력하고 상태 메시지를 변경한다.

```
void draw() {
  // 카메라를 읽는다
  opencv.read();
  // 카메라 영상을 보여준다.
  image( opencv.image(), 0, 0 );

  // 상태 메시지를 출력한다.
  text(statusMsg, 10, height-4);

  // 영상을 해석 중이라면
  if (decoder.decoding()) {
    // 해석할 영상을 보여준다.
    PImage show = decoder.getImage();
    image(show, 0, 0, show.width/4, show.height/4);
    // 상태 메시지를 갱신
    statusMsg = "Decoding image";
    // 10프레임마다 점을 하나씩 찍는다
    for (int dotCount = 0; dotCount < (frameCount) %
    10; dotCount++) {
      statusMsg += ".";
    }
  }
}
```

» pqrcode 라이브러리는 decodeImage()라는 함수를 가지고 있다. 이를 사용하려면 keyReleased() 함수 내에서 하나의 영상을 이 함수로 보내야 한다. switch 문에서는 어떤 키가 눌렸는지 확인한다. f키를 누르면 data 서브 디렉터리에서 qrcode.png라는 파일을 디코더로 전달한다.

스페이스 바를 누르면 카메라 영상을 전달하고, s를 누르면 카메라 설정 창을 띄운다.

```
void keyReleased() {
  String code = "";
  // 입력한 키에 따라서 다른 일을 수행한다.
  switch (key) {
  case ' ':        // 스페이스 바는 그림을 읽어 확인한다.
    // 영상을 해석한다.
    decoder.decodeImage(opencv.image());
    break;
  case 'f':        // f는 파일로부터 확인한다.
    PImage preservedFrame = loadImage("qrcode.png");
    // 영상을 해석한다.
    decoder.decodeImage(preservedFrame);
    break;
  }
}
```

» 디코더가 영상을 얻은 후에는 기다려야 한다. 영상 해석이 끝나면 decoderEvent()를 생성하고, 이후 getDecodedString() 함수를 이용해서 태그 ID를 읽을 수 있다.

```
// 디코더 객체가 끝나면 이 함수가 불려진다.
void decoderEvent(Decoder decoder) {
  statusMsg = decoder.getDecodedString();
}
```

이 함수를 수행시키면, .jpg나 .png 영상이 카메라 영상보다 얼마나 더 신뢰성이 있는지 알게 될 것이다. 카메라에 있는 아날로그-디지털 변환 부분에서 발생하는 왜곡이 많은 에러를 만들어낸다. 휴대폰이나 웹캠에서 별로 좋지 않은 렌즈를 사용하거나 저가형 카메라 영상 칩을 사용하는 경우 이런 에러가 더욱 심하다.

좋은 렌즈를 사용하더라도 코드가 렌즈 가운뎃부분에서 판독되지 않은 경우 영상 주변에서 왜곡이 일어나면서 패턴 인식의 성능을 떨어트릴 수 있다. 즉, 영상을 얻기 전에 태그를 카메라의 중심에 위치시키라고 안내함으로써 판독의 신뢰성을 높일 수 있다. 그림 9-5에 보이는 것처럼 태그 주변에 있는 잘림 표시와 같이 아주 간단한 힌트라도 큰 도움이 될 수 있다.

이런 작업을 할 때 잘림 표시가 있으면 사용자는 되도록 태그를 잘림 표시 안에 두기 위해서 노력하는 경향이 있으므로, 코드 주변으로 더 많은 여백을 확보할 수 있게 되어 판독을 좀 더 잘할 수 있다. 이런 방법은 일차원이나 이차원 바코드 혹은 그 외의 다양한 패턴을 가리지 않고 카메라를 이용해서 광학 패턴 인식을 할 때 도움이 된다.

광학 인식은 앞에서 언급한 것들 외에 바코드를 반드시 볼 수 있어야만 한다는 제약이 있다. 요즘에

그림 9-5 주변에 잘림 표시가 둘러져 있는 2차원 바코드(특정한 QR 코드). 영상 해석기는 잘림 표시를 읽지 않지만, 영상을 얻으려고 할 때 사용자가 태그를 중앙부에 위치시키도록 하는 데 도움을 준다.

는 전 세계에서 구입할 수 있는 대부분의 물건에 바코드가 붙어 있으므로, 바코드에 매우 익숙해져 있다. 이는 미학적인 이유 때문이 아니다. 바코드를 인식시키기 위해서 상자를 이리저리 돌려본 경험이 있다면, 이것 역시 기능상의 제약이라는 점을 깨달을 것이다. 물체를 위한 인식 태그가 시야에 없더라도 물체를 인식할 수 있는 시스템이 있다면 이런 제약은 개선될 것이다. 이는 RFID가 물류 제어와 다른 인식 응용 분야에서 바코드를 급격하게 대체해 나가기 시작한 중요한 이유이다.

라디오파 인식(RFID: Radio Frequency Identification)

바코드 인식과 마찬가지로 RFID는 물체를 인식하기 위해서 물체에 붙여놓는 것이다. 하지만 RFID는 보이지 않아도 읽을 수 있다는 점에서 바코드 인식과 다르다. RFID 리더는 RFID 태그에서 받을 수 있는 단거리 라디오파 신호를 방출한다. 태그는 이 신호를 받은 후 짧은 문자열을 다시 전송해 준다. 리더에 있는 안테나의 크기와 감도, 전송 강도에 따라 차이는 있지만, 리더는 책, 상자, 의류 등에 태그가 가려져 있더라도 수십 센티미터 이상의 거리까지 읽을 수 있다. 사실 일부 의류 제조업체는 RFID 태그를 제품에 붙여서, 고객들이 구매 이후에 이를 떼어낼 수 있도록 만들고 있다.

RFID 시스템은 거리 측정 시스템과 마찬가지로 수동형과 능동형 두 가지 종류가 있다. 수동형 RFID

그림 9-6 티모 아날(Timo Arnall)이 만든 RFID 리더 인식 범위 사진. 이 스톱모션 사진은 RFID 리더가 가진 필드의 모양과 유효 범위를 보여준다. 사진에 있는 리더는 ID 이노베이션스사의 ID-20으로 다음 프로젝트에서 사용할 모델이다.

태그는 매우 작은 비휘발성 메모리와 기본적인 무선 수신기가 붙어 있는 집적회로를 내장하고 있다. 이 형태의 태그는 리더가 보내는 신호를 안테나에서 유도전류로 바꿔서 전력을 공급받는다. 이때 공급받은 에너지는 태그를 동작시켜 데이터를 한 번 정도 전송할 정도가 되며, 전송 신호의 강도는 비교적 약하다. 대부분의 수동형 리더는 상당히 근거리(수 센티미터에서 수십 센티미터 정도)의 태그만 읽을 수 있다.

능동형 RFID 시스템에서 태그는 자체적으로 전원과 무선 송신기를 가지고 있으며, 리더에서 전송된 메시지에 반응하여 신호를 전송한다. 능동형 시스템은 수동형 시스템보다 훨씬 멀리까지 데이터를 전송할 수 있으며 에러도 적게 발생하지만, 수동형보다 훨씬 비싸다. 자동차를 운전해 통근하고, 통근길에 톨게이트를 지나다니는 사람이라면 분명 능동형 RFID를 사용하고 있을 것이다.

E-ZPass[3]와 같은 시스템은 능동형 RFID 태그를 채택하고 있으므로, 수 미터 정도 거리가 떨어진 상태에서도 리더가 태그를 읽을 수 있다.

RFID가 라디오파 기반이므로 라디오파 거리 측정에 이용할 수 있지 않을까 생각할 수 있지만, 이 경우는 해당 사항이 없다. 일반적으로 수동형뿐 아니라 능동형 시스템도 태그로부터 받은 신호의 강도를 보고하도록 되어 있지 않다. 이런 정보가 없으면 RFID 시스템에서 태그의 실제 위치를 판단하는 것은 불가능하다. 모든 리더는 태그가 읽힐 수 있는 범위 안에 있는지 알려줄 수 있다. 신호의 강도를 보

---

[3] 우리나라의 하이패스 역시 능동형 RFID를 사용한다.

고할 수 있는 일부 고성능 시스템 역시 중요한 작업은 인증이지 위치를 확인하는 것이 아니다.

RFID는 비용이 천차만별이다. 능동형 시스템은 구입하고 설치하는 데 수만 달러 이상이 든다. 상용 수동형 시스템 역시 비싸다. 안테나에서 1미터 떨어진 태그를 읽을 수 있는 일반적인 수동형 리더의 경우는 수천 달러 정도 한다. 저가형인 단거리 수동형 리더는 대략 30달러 이하로 저렴하다. 이 글을 쓸 당시에는 수 센티미터 떨어진 거리의 태그를 읽을 수 있는 리더를 약 30달러에서 100달러에 살 수 있었다. 좀 더 먼 거리의 태그를 읽을 수 있는 제품일수록 더 비싸다.

바코드와 마찬가지로 RFID 역시 수많은 프로토콜이 존재한다. 단거리 수동형 리더는 일반적으로 저주파 대역에서 125kHz와 134.2kHz, 고주파 대역에서 13.56MHz 세 가지 주파수를 지원한다. 이보다 높은 주파수의 리더는 데이터를 더 먼 거리에서 더 빠르게 읽을 수 있다. 주파수뿐 아니라 프로토콜 역시 다양하다.

예를 들어, 13.56MHz 주파수 대역은 ISO 15693, ISO 14443과 1443-A 등의 표준이 존재한다. ISO 15693 표준의 경우 제조사에 따라 필립스 사의 I-Code, 텍사스 인스투르먼트 사의 Tag-IT HF, Pico-tag 등의 구현이 있으며, 그 외에도 인피니언, ST마이크로일렉트로닉스 등 다수의 회사에서 구현되어 있다. ISO 14443 표준은 필립스의 Mifare와 Mifare UL, ST 마이크로의 SR176 등이 있다. 따라서 여러분의 리더가 모든 태그를 읽을 수 있을 것이라 예상하기 어려울 뿐 아니라, 주어진 한 가지 주파수에 대해서만이라도 모든 태그를 읽을 수 있을 것이라 믿기

그림 9-7 다양한 형태와 크기의 RFID 태그. 모두 RFID 태그를 내장하고 있다.
사진 제공: 티모 아날(Timo Arnall)
더 자세한 내용은 www.nearfield.org에 있는 티모 아날과 그의 동료들이 만든 RFID 디자인에 대한 연구를 참조하자.

도 쉽지 않다. 태그에 맞는 리더가 있어야 한다.

시장에는 다양한 주파수와 프로토콜을 가진 저렴하고 간단한 리더가 많다. ID 이노베이션스는 직렬 출력 부분을 가지는 작고, 저렴하고 사용하기 쉬운 125kHz 리더를 만들고 있다. 가장 작은 것은 한쪽 면이 채 1.5인치도 안 되며, EM4001 프로토콜의 태그를 읽을 수 있다. 스파크 펀과 CoreRFID 모두 이런 리더들과 여기에 적합한 태그를 판매한다. 다음 프로젝트에서는 이 중의 하나를 사용할 것이다.

패럴렉스(Parallax) 역시 EM4001과 같은 EM 마이크로 일렉트로닉스 사의 태그를 읽을 수 있는 125kHz 리더를 판매한다. 이 제품은 안테나를 내장하고 있으며, 모듈 전체가 폭 2.5인치, 길이 3.5인치 정도 되는 평판형 기판 위에 장착되어 있다. ID 이노베이션스 사의 리더와 패럴렉스 사의 리더는 같은 태그를 읽을 수 있다. EM4001 프로토콜은 일반적인 응용에서 13.56MHz 주파수 대역을 사용하는 ISO 14443 표준에 기반을 둔 Mifare 프로토콜보다 많이 사용되지는 않는다. Mifare는 런던 지하철을 포함한 많은 대중교통에서 사용된다. SonMicro는 이런 형식의 태그로 읽고 쓸 수 있는 장치를 만드는데, 다음 프로젝트에서 볼 수 있을 것이다.

그림 9-7에서 볼 수 있듯이 RFID 태그는 스티커 모양, 동전 모양, 키홀더 모양, 신용카드 모양, 카드 모양, 심지어 피부 밑에 주사할 수 있는 캡슐 모양 등 다양한 형태가 있다. 주사용 태그는 동물을 추적하기 위해서 만들어진 것으로, 인간을 위한 것이 아니지만 도전 정신이 강한 해커들은 이런 형태의 태그를 자신의 피부에 삽입하기도 했다. 다른 라디오파 신호들처럼 RFID는 다양한 물질을 통과해서 읽을 수 있지만, 전선 망이나 전도성 직물, 금속 포일, 법랑질의 뼈와 같이 RF 신호를 차폐시킬 수 있는 물질에 의해서 신호가 차단된다. 이러한 기능은 다양한 종류의 프로젝트에서 리더가 물질을 통과할 수 있을 정도의 신호 강도를 가졌다면, 해당 물질을 이용해서 케이스를 만들 수 있다는 것을 의미한다.

리더를 선택하기 전에 어디서 사용할 것이며, 그 곳의 환경이 태그와 읽기 모두에 어떤 영향을 줄 것인지 생각해야 한다. 해당 환경에서 RF 노이즈가 발생하는 경우, 어느 정도 범위로 발생하는지 확인하고 그 범위의 밖에 리더를 둔다. 비교적 먼 거리에서 태그를 읽어야 하는 경우 고주파 리더를 찾아보자. 만일 직접 구입한 태그가 아닌 이미 존재하는 태그를 읽으려는 계획이 있다면, 모든 리더가 모든 태그를 읽을 수 있는 것이 아니므로 미리 확인과 연구를 거쳐야 한다. 애완동물용 태그가 가장 방심할 수 없는 것인데, 대부분 134.2kHz 대역에서 동작하지만 이를 위한 리더는 그리 많지 않다.

태그가 범위 내에 있을 때 어떻게 동작시킬 것인지도 고려해야 한다. 예를 들어 패럴렉스 리더와 ID 이노베이션스의 리더가 같은 태그를 읽을 수 있다 하더라도 태그가 범위 내에 있을 때 수행하는 동작은 다르다. ID 이노베이션스 사의 리더는 태그 ID를 한 번만 보고하는 반면, 패럴렉스 사의 리더는 태그가 범위를 벗어날 때까지 반복적으로 보고한다. 리더의 동작은 뒤에서 살펴보겠지만, 여러분의 프로젝트를 설계할 때 영향을 끼친다.

 대부분의 RFID 캡슐은 (사람을 포함해서) 동물에게 내장용으로 사용할 수 있을 정도로 안전성이 검증되지 않았으며, 의학적 지식이 있는 관리자의 허가 없이는 이를 삽입하도록 허용되지 않는다. 그 외에 삽입 과정에서 상처가 날 수 있다. 여러분 자신이나 친구들에게 RFID를 붙이지 마라. 애완동물에게도 직접 RFID를 붙이지 말고, 수의사에게 맡겨라. 만일 정말로 RFID 태그를 직접 붙이고 싶다면, RFID 태그 귀고리를 만들어라.

여기서 언급한 리더들은 TTL 직렬 인터페이스를 가지고 있으므로, 마이크로컨트롤러나 USB-시리얼 모듈을 이용해서 매우 쉽게 연결할 수 있다. ID 이노베이션스와 패럴렉스 리더는 비슷한 직렬 동작을 하므로, 프로그램에서 코드만 약간 수정하면 모듈을 바꿔 쓸 수 있다.

프로젝트 25

프로세싱에서 RFID 태그 읽기

이번 프로젝트에서는 몇몇 RFID 태그를 읽어서 리더가 어떻게 동작하는지 대충 감을 잡아보자. 또한, 태그가 리더에서 얼마나 떨어져 있어도 읽을 수 있는지 확인해 보자. 이런 작업은 프로젝트상에서 매우 간단한 프로그램에 RFID를 사용해서 언제든지 할 수 있다.

ID 이노베이션스 사의 리더는 5볼트에서 동작하고 TTL 직렬 출력을 가지고 있으므로 회로가 매우 간단하다.

리더에는 버저 핀이 있어서 태그가 읽혔을 때 높은 상태의 전압이 출력되므로, 리더가 제대로 동작하고 있는지 알 수 있다. 버저 대신 LED를 사용할 수도 있다. 그림 9-8은 ID 이노베이션스 리더가 USB-시리얼 변환기에 연결되어 있는 회로를 보여준다. 패럴렉스 리더 역시 이 프로젝트에 사용할 수 있지만, 프로토콜에 맞게 코드를 수정해야 한다.

준비물

- ID 이노베이션스 ID-12 혹은 ID-20 RFID 리더
- EM4001 RFID 태그
- RFID 연결용 보드
- 헤더 핀(수놈)
- USB-TTL 시리얼 변환기 1개

ID 이노베이션스 사의 리더는 모두 같은 프로토콜을 사용하며 9600bps로 동작한다. 직렬 전송은 전송 시작 바이트(start-of-transmission: STX, ASCII로 02)로 시작하며, 전송 종료 바이트(end-of-transmission: ETX, ASCII로 03)로 끝난다. STX 뒤에는 10바이트 태그 ID가 따라온다.

시도해 보자

이 프로세싱 스케치는 ID 이노베이션스 리더로 ID를 읽는 것이다. setup() 함수는 지금까지 많이 보아온 것이므로 익숙할 텐데, 시리얼 포트를 열고 입력되는 데이터를 문자열로 넣을 준비를 하는 것이다. ID 이노베이션스사의 직렬 데이터는 03 값으로 끝나므로, 03 값을 지닌 바이트를 볼 때까지 입력되는 데이터를 버퍼에 넣으면 된다.

```
/*
    ID 이노베이션스 RFID 리더
    환경: 프로세싱

    ID 이노베이션스사의 ID-12 RFID 리더에서 직렬 입력되는 값을 읽는다.
*/
// 직렬 라이브러리를 import
import processing.serial.*;

Serial myPort;              // 사용할 시리얼 포트
String tagID = "";          // 태그 ID를 위한 문자열
```

```
void setup() {
  size(150,150);
  // 모든 시리얼 포트를 나열
  println(Serial.list());

  // 사용하는 포트에 맞게 아래 번호를 변경할 것
  String portnum = Serial.list()[2];
  // 시리얼 포트 초기화
  myPort = new Serial(this, portnum, 9600);
  // 입력되는 문자열은 0x03으로 끝날 것임.
  myPort.bufferUntil(0x03);
}
```

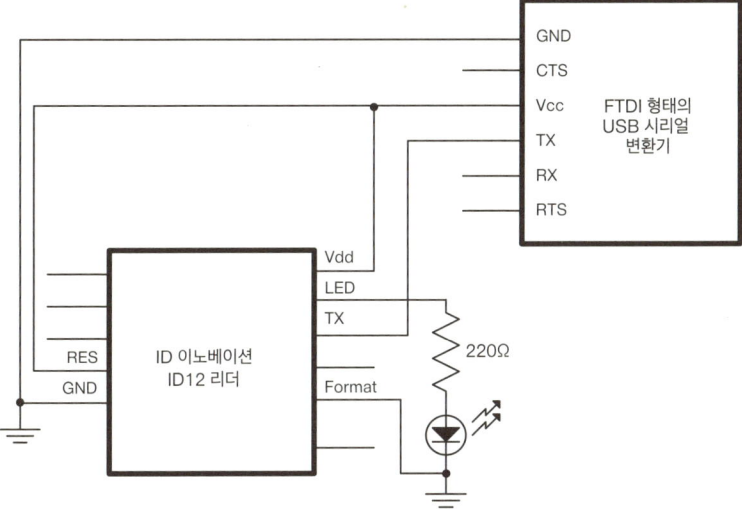

그림 9-8 FTDI USB-시리얼 변환기가 붙어 있는 ID 이노베이션스사의 ID-12 RFID 리더. ID-12는 2mm 간격으로 핀이 떨어져 있다. 스파크 펀의 연결용 보드는 일반적인 간격을 지닌 브레드보드에 연결할 수 있도록 되어 있다.

만일 ID 이노베이션스사의 리더를 많이 사용할 예정이라면, 이 회로 대신 리더와 FTDI 어댑터가 같이 붙어 있는 스파크 펀의 USB 리더(부품 번호 SEN-09963)를 사용하는 것을 고려해 보자.

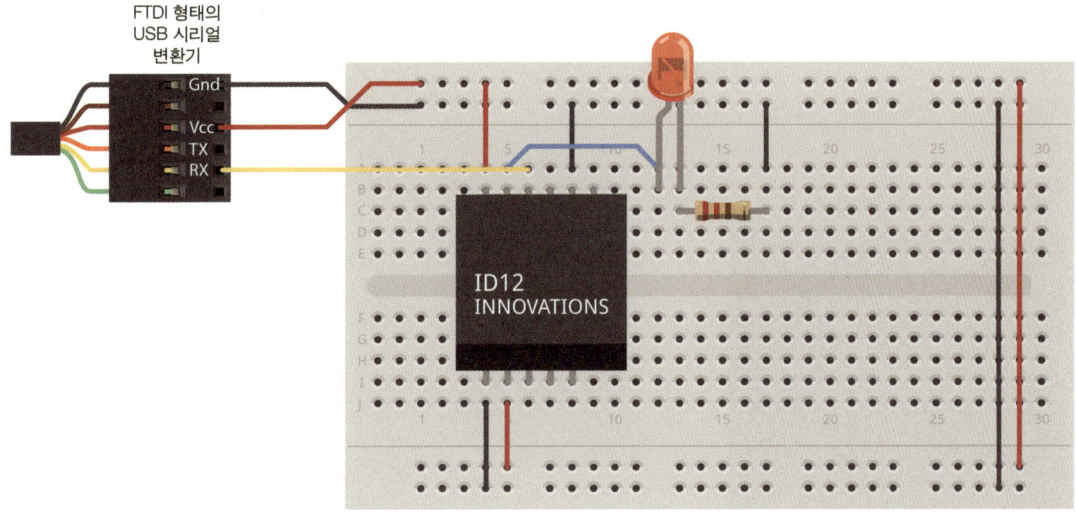

» draw() 함수는 태그 ID를 화면에 그려준다.

```
void draw() {
  // 화면을 지우고, 바다 풍경에서 영감을 받은 즐거운 색상을 고른다.
  background(#022E61);
  fill(#D9EADD);
  // 문자열을 화면에 출력
  text(tagID, width/4, height/2);
}
```

» 실제로는 serialEvent() 함수가 발생하는데, 이 함수는 시리얼 포트에서 03의 바이트 값이 입력될때마다 호출된다. 이 함수에서는 문자열에서 바이트 값이 02로 시작하고, 03으로 끝나는지 확인한다. 이 조건을 만족시키면 02 다음에 있는 10바이트를 태그 ID로 취한다.

ID 이노베이션스사의 리더를 붙이고 이 스케치를 구동시킨 다음, 리더 앞으로 태그를 몇 개 움직여 보자. 각각의 태그에서 그림 9-9의 화면과 비슷한 결과를 얻을 수 있을 것이다.

```
void serialEvent(Serial myPort) {
  // 직렬 입력 버퍼에 있는 문자열을 얻어낸다.
  String inputString = myPort.readString();

  // 문자열에서 태그 ID를 추출한다.
  // 입력의 첫 번째 문자
  char firstChar = inputString.charAt(0);

  // 입력의 마지막 문자
  char lastChar = inputString.charAt(inputString.length()
                                       -1);
  // 만일 첫 번째 문자가 STX (0x02)이고, 마지막 문자가 ETX (0x03)이면,
  // 태그 ID 문자열로 그 다음 10바이트를 넣는다.

  if ((firstChar == 0x02) && (lastChar == 0x03)) {
    tagID = inputString.substring(1, 11);
  }
}
```

이 스케치를 구동시키고 있는 동안, 태그가 얼마나 멀리 떨어져 있는 상태에서 리더가 읽어낼 수 있는지 작동 범위를 확인해 볼 수 있다. 태그가 다시 읽혀지기 위해서는 우선 리더에서 읽혀지는 범위 밖으로 나갔다가 다시 들어와야 한다는 것을 확인할 수 있을 것이다. 화면 출력에서는 이 부분을 알려주지 않기 때문에 확인할 수 없지만, 태그가 범위를 벗어나면 LED가 꺼지고, 범위 내로 들어오면 LED가 켜지기 때문에 이 부분을 확인할 수 있다.

대부분의 리더가 비슷한 동작을 한다. 하나의 리더는 한 번에 한 개 이상의 태그를 읽을 수 없는데, 이는 일반적으로 여기서 언급한 모든 리더에 적용된다.

그림 9-9 ID 이노베이션스사의 리더를 위한 스케치 출력.

프로젝트 26
RFID가 가정 자동화와 만났을 때

필자와 회사 동료의 사이에는 몇 대의 컴퓨터, 두 개의 모니터, 너덧 개의 전등, 몇 개의 하드 드라이브, 납땜 인두, 이더넷 허브, 스피커 등등 전원을 사용하는 수많은 장치들이 있다. 우리가 없는 동안에도 사무실에서는 많은 전력을 소모한다. 우리가 자리에 있거나 어떤 작업을 하는지에 따라 전원이 켜지는 장치가 있으면 좋을 것이다. 이 프로젝트는 우리가 자리에 없는 동안에 전력 소모를 줄이기 위한 시스템을 만드는 것이다. 사무실로 들어갈 때, 열쇠로 문에 있는 자물쇠 부분에 대기만 하면 방에서 일상적으로 사용하는 장치들이 켜지거나 꺼지도록 할 것이다. 직원들은 키 홀더 부분에 RFID 태그를 달면 된다. 자물쇠 부분에는 RFID 리더가 있어서 태그를 읽도록 만들 것이다.

리더는 마이크로컨트롤러 모듈에 연결되어 있으며, 이는 X10 프로토콜을 사용해서 AC 전원선을 통해 통신을 수행한다. 각각의 다양한 전원 콘센트는 X10 장치 모듈에 끼워져 있다. 어떤 태그가 읽혀졌는지에 따라 마이크로컨트롤러는 어떤 모듈이 켜지거나 꺼져야 하는지 알 수 있다. 그림 9-10은 시스템을 보여준다.

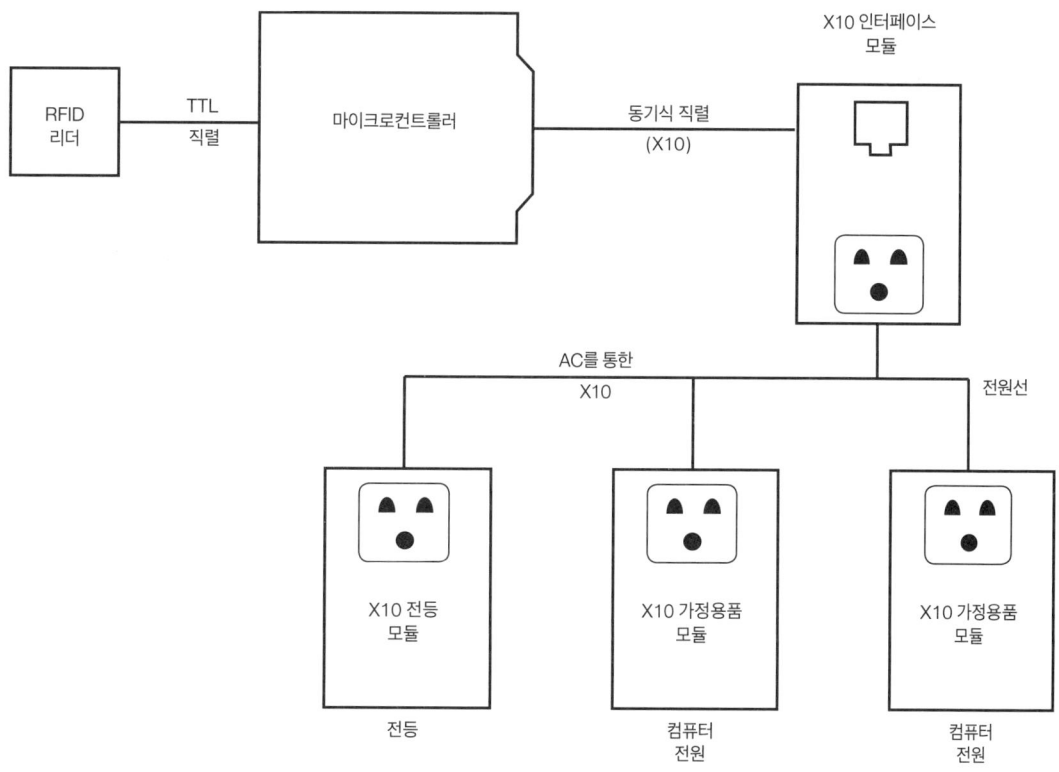

그림 9-10 RFID로 제어되는 X10을 이용한 가정(혹은 사무실) 자동화 시스템.

회로

X10 인터페이스 모듈은 4핀짜리 전화선을 통해서 마이크로컨트롤러에 연결되어 있다. 케이블의 한쪽 끝에는 클립이 있으며 4개의 전선이 헤더에 납땜되어 있다. 그림 9-11에 보이는 것과 같이 마이크로컨트롤러에 연결하자. 회로도 아래쪽에는 인터페이스 모듈 부분의 전화 잭(RJ-11 잭)이 보인다. 헤더의 끝부분에 있는 전선들이 잭에서는 오른쪽에서 왼쪽으로 배열되어 있다는 점을 확인해야 한다.

주의: 그림 9-11의 전화 잭에 있는 전선 4개의 색깔은 미국의 전화선에서 일반적으로 사용하는 것과 같지만, 이 책에 있는 다른 다이어그램들에서 볼 수 있는 색과는 다르다. 따라서, 회로를 연결할 때는 여기 나타나 있는 것과 완전히 같게 연결하도록 주의를 기울여야 한다.

준비물

- 브레드보드 1개
- 아두이노 모듈 1개
- ID 이노베이션스사의 ID-12 혹은 ID-20 RFID 리더
- EM4001 RFID 태그 2개
- RFID 연결용 보드 1개
- 헤더 핀(수놈)
- 인터페이스 모듈: X10 단방향 인터페이스 모듈
- X10 모듈 2개
- RJ-11 커넥터가 달려 있는 4선 전화선

마이크로컨트롤러가 리셋될 때 RFID 역시 리셋될 수 있도록 RFID 리더의 리셋 핀과 마이크로컨트롤러의 리셋 핀은 같이 연결되어 있다.

RFID 리더는 예상과는 다르게 마이크로컨트롤러에 연결되어 있다. RFID의 직렬 전송 핀이 7번 핀에 연결되어 있다. 이번에는 아두이노에서 외부로 직렬 연결을 추가하기 위하여 SoftwareSerial 라이브러리를 사용할 예정이다. SoftwareSerial 라이브러리는 일반적인 아두이노 다운로드에 포함되어 있으므로, 이 라이브러리를 사용하기 위해서 추가적으로 다운로드할 필요는 없다.

X10 명령어를 전송하기 위해서 아두이노를 위한 X10 라이브러리를 사용하며, 이 라이브러리는 https://github.com/tigoe/x10에서 다운로드 받을 수 있다. 파일의 압축을 풀어서 나오는 디렉터리를 아두이노 스케치 디렉터리의 라이브러리 서브 디렉터리 밑으로 복사한 후, 아두이노 환경을 다시 시작하자.

이번 프로젝트에서는 X10 데이터를 수신하지 않으며, 마이크로컨트롤러에서 X10 모듈들로 전송한다. 하지만, 이 회로 자체는 양방향 인터페이스 모듈과 호환된다. 양방향으로 데이터를 전송하도록 만든 것은 아니지만, 라이브러리 역시 데이터를 전송하는 것과 마찬가지로 수신할 수 있다.

지금은 단지 껍데기 부분만 작성하지만, 라이브러리에 여러분 자신의 전송 함수를 추가할 필요가 있다. 라이브러리는 50Hz와 60Hz 교류 시스템 모두와 호환되어야 한다. 라이브러리 소스 코드에 수신 함수의 껍데기 부분이 있으므로, 경험이 많은 프로그래머들은 각자의 판단에 따라 편안하게 해당 부분을 적용할 수 있을 것이다. 좀 더 좋은 X10 라이브러리를 찾는다면, http://load-8-1.blogspot.com/2010_06_01_archive.html을 확인해 보자. 링크를 알려준 독자 톰 크라이티스에게 감사한다.

X10 장치의 주소는 2단계 구조로 되어 있다. A에서 P까지의 이름을 가진 16개의 주택 구분 코드 (house code)가 있으며, 각각의 주택 코드는 16개까지 장치를 가질 수 있다. 장치에 대해서는 각각 장치 코드(unit code)가 부여된다. 이 프로젝트에서는

그림 9-11 RFID-X10 프로젝트를 위한 회로. ID 이노베이션스사 리더 회로의 리셋은 마이크로컨트롤러의 리셋과 같이 연결되어 두 모듈이 함께 리셋될 수 있도록 되어 있다.

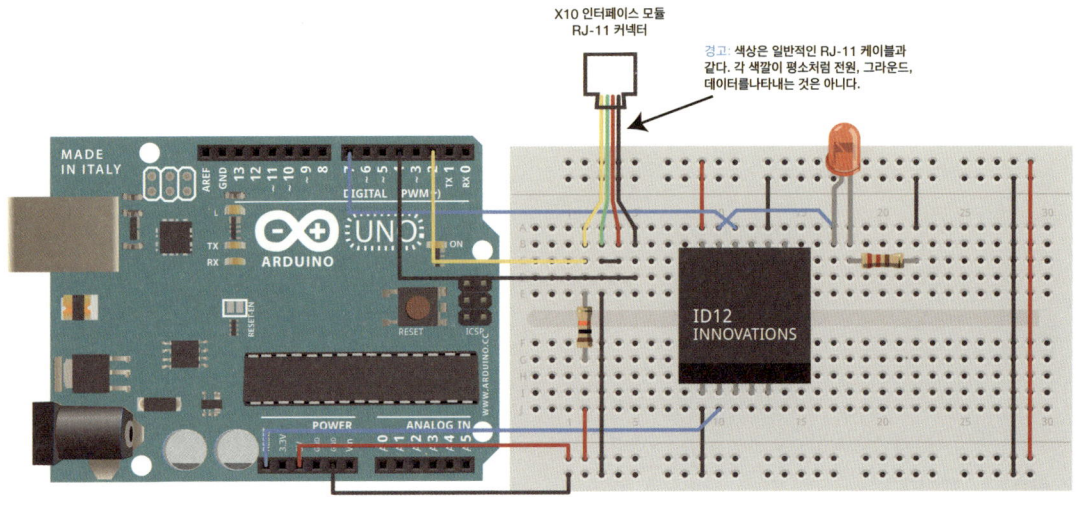

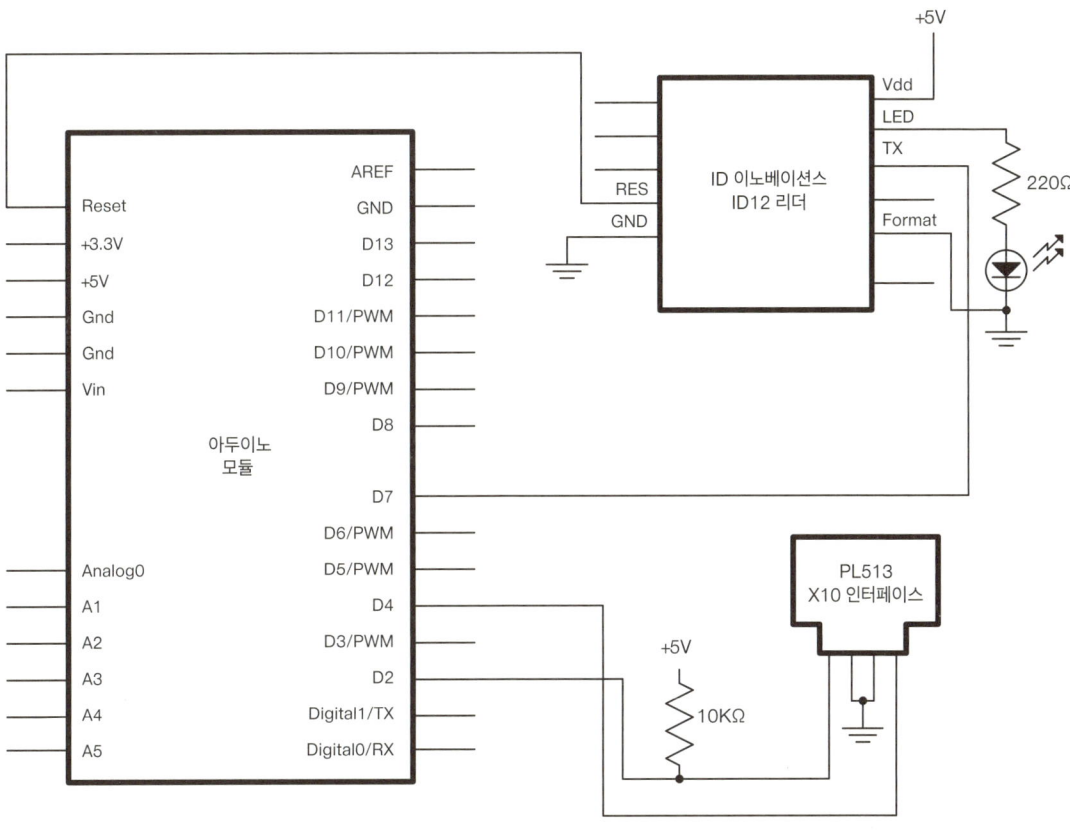

9장 인증하기 335

적어도 2개의 가정용품 혹은 전구를 사용할 것이다. 첫 번째 모듈은 주택 구분 코드를 A, 장치 코드를 1로 하고, 두 번째 모듈은 주택 구분 코드를 A, 장치 코드를 2로 설정하자.

구성하기

이 프로젝트를 위한 박스는 5장에서 퐁 클라이언트를 위해 만들었던 것과 비슷하다. 사실 이 프로젝트의 박스는 같은 틀에서 만든 것이며, 측면의 높이와 넓이만 약간 바꾼 것이다. 이 박스에는 LED를 위한 구멍이 하나 있으며, 이더넷 잭용 구멍은 없다(이전에는 하나가 아니었다). 그 대신 X10 케이블이 통과할 수 있는 구멍이 있다. 그림 9-12는 최종 프로토타입과 시중에서 구입할 수 있는 RFID 자물쇠를 보여준다.

X10은 무엇인가?

교류 전원선 통신에 사용되는 통신 프로토콜인 X10은 가정 자동화를 위해서 설계되었다. 스마트홈(www.smarthome.com)과 X10.com(www.x10.com) 같은 회사에서 X10 기반의 전력선 통신을 사용하는 카메라, 동작 센서, 스위치 제어 패널을 비롯한 다양한 장치를 판매하고 있다. X10은 느리고 제한적인 프로토콜이지만, 장치가 비교적 저렴하고 구하기 쉽기 때문에 가정 자동화 신봉자들 사이에서 유명해졌다.

X10은 기본적으로 I2C나 SPI와 마찬가지로 동기식 직렬 프로토콜이다. 마스터 클럭 신호가 바뀔 때마다 한 비트를 전송하는 대신, X10 프로토콜을 사용하는 장치들은 AC 전원선의 전압이 0볼트가 될 때마다 한 비트를 전송한다. 한 번의 주기마다 두 번씩 0볼트가 되며, 미국의 AC 전원은 60Hz의 주파수를 가지고 있으므로, X10의 최대 전송률은 초당 120비트가 된다. 이 프로토콜을 위한 프로그램을 작성하려면 기술이 필요하지만, 많은 마이크로컨트롤러 개발 시스템은 X10 신호를 전송할 수 있는 라이브러리를 포함하고 있다.

X10 프로젝트를 편리하게 개발할 수 있도록 인터페이스 모듈, 가정용 제어 모듈, 전등 제어 모듈, 제어 패널 모듈 네 가지 종류의 장치가 있다.

제어기를 직접 만들 수 있지만, 제어 패널 모듈은 이미 동작하고 있는 상태이므로 상태 진단용 도구로도 유용하다. 프로젝트에서 응답할 수 있는 가정용품이나 전구 모듈이 없는 경우, 적어도 제어 패널에서의 응답을 확인함으로써 전력선을 통해서 데이터가 전송되는지 확인할 수 있다. 스마트홈 사이트에서는 다음 네 가지 모듈을 모두 구입할 수 있다.

- 인터페이스 모듈: X10 단방향 인터페이스 모듈(부품번호 1134B). 가장 일반적인 두 가지 버전은 PL513과 TW523이다. 두 가지 모두 기본적으로는 동일하게 동작한다. TW523은 양방향 모듈로서 X10 신호의 송수신이 가능하지만, PL513은 송신만 가능하다.
- 가정용 제어 모듈: X10 3핀 가정용 모듈(부품번호 2002). AC 콘센트에 끼울 수 있는 것이라면 어떤 것이라도 15암페어를 넘지 않는 한도 내에서 제어할 수 있다.
- 전등 제어 모듈: Powerhouse X10 전등 모듈(부품번호 2000). 형광등이나 네온등이 아닌 백열등만 제어할 수 있다.
- 제어 패널 모듈: X10 미니 제어기(부품번호 4030)

더 많은 시리얼 포트: 소프트웨어 직렬 연결

아두이노의 하드웨어 직렬 연결(RX와 TX로 이름표가 붙어 있는 디지털 핀 0과 1)은 프로세서에서 언제든지 데이터를 받을 수 있는 전용 UART(Universal Asynchronous Receiver-Transmitter; 범용 비동기화 송수신기) 모듈이 있으므로, 소프트웨어를 어떻게 작성했는지에 관계없이 데이터를 신뢰성 있게 주고받을 수 있다. 아두이노에 하나 이상의 비동기 직렬 장치를 붙이려면 어떻게 해야 할까?

아두이노 Mega 2560은 UART가 4개 붙어 있지만, 단지 시리얼 포트가 더 필요하다고 해서 Mega를 사용할 필요는 없다. 이런 경우에 SoftwareSerial 라이브러리가 유용하다.

SoftwareSerial은 두 개의 디지털 핀을 '가짜' UART로 사용할 수 있도록 만들어준다. 이 라이브러리는 이런 핀으로 입력되는 직렬 데이터를 받아들이고, 전송할 수 있도록 해준다.

SoftwareSerial은 하드웨어 UART가 아니므로 데이터 전송 속도가 매우 빠르거나 느린 경우 하드웨어 직렬만큼 신뢰성을 가지지 못하지만, 대략 4800bps에서 57.6kbps 정도까지는 사용할 수 있다. 이 라이브러리는 추가적인 포트가 필요하거나 이 프로젝트에서와 같이 하드웨어 시리얼 포트를 진단에 사용할 필요가 있을 때 매우 유용하다.

RFID 테스트하기

첫 번째 해야 할 일은 만든 회로의 두 부분을 모두 테스트해 보는 것이다. 이 스케치는 RFID 리더에서 소프트웨어 시리얼 포트를 통해서 데이터를 읽고, 하드웨어 시리얼 포트에서 얻어진 값을 적는다. Serial Monitor를 열고 RFID 태그를 흔들면 태그의 번호가 Serial Monitor에 보일 것이다. 이 태그 ID는 나중에 사용할 것이므로 적어두자.

```
/*
  RFID 리더
  환경: 아두이노
 */
#include <SoftwareSerial.h>
SoftwareSerial rfid(7,8);        // 7번 핀은 rx, 8번 핀은 tx

void setup() {
  // 시리얼 포트 시작:
  Serial.begin(9600);
  rfid.begin(9600);
}
void loop() {
  // 리더에서 값을 읽어서 Serial Monitor로 값을 적음
  if (rfid.available()) {
    char thisChar = rfid.read();
    Serial.write(thisChar);
  }
}
```

X10 테스트하기

RFID 리더가 동작하는 것을 알았으면, X10의 출력을 점검할 차례다. 이 스케치는 주택 A의 장치 1을 0.5초 동안 켰다가 끈다. 점검을 위해서 X10 인터페이스 모듈과 전등이 연결된 전등 모듈을 벽에 끼우고, 집에 있는 전원을 올리자. 이후 이 스케치를 구동시키면 전구가 깜박일 것이다.

```
/*
    X10 깜박임
    환경: 아두이노
 */
#include <x10.h>

const int rxPin = 3;  // 데이터 수신 핀
const int txPin = 4;  // 데이터 전송 핀
const int zcPin = 2;  // 0값 교차 핀

void setup() {
  // 시리얼 포트와 X10 포트 초기화
  Serial.begin(9600);
```

```
    x10.begin(rxPin, txPin, zcPin);
}
void loop() {
    // 주택 구분 코드 A에 전송 포트를 연다.
    x10.beginTransmission(A);
    Serial.println("Lights on:");
    // 전등 켜기 명령 전송
    x10.write(ON);

    delay(500);
    Serial.println("Lights off:");
    // 전등 끄기 명령 전송
    x10.write(OFF);
    x10.endTransmission();
    delay(500);
}
```

처음에는 제대로 동작하지 않을 수 있다. X10은 하드웨어와 펌웨어를 개발하는 과정에서 동기화 문제를 안고 있는 것으로 악명이 높다. 일례로, 전송단과 수신단이 같은 옥내 회로에 존재하지 않으면 제대로 동작하지 않으므로, 배전반에서 가정용 회로 차단기에서 회로의 형태를 확인해야 한다. 일부 서지 보호기(surge protector)와 멀티탭 역시 X10 신호를 차단시키는 경우가 있으므로, X10 모듈을 반드시 벽 전원에 끼워서 서지 보호기와 연결되지 않도록 한다. X10 가정용 모듈(appliance module)에는 서지 보호기를 끼워도 되지만, 전등 제어 모듈(lamp module)에는 서지 보호기에 백열 전구만 끼워진 경우 외에는 서지 보호기를 끼울 수 없다.

X10 전등 모듈은 백열등을 어둡게 만들 수 있지만, 이는 저항성 부하만 조절하는 것이므로 헤어 드라이어나 믹서 혹은 모터를 사용하는 것들을 제어할 수는 없다. 작은 형광 전구는 일반적으로 어둡게 만들 수 없지만, 전등 제어 모듈에 끼울 수 있는 형태가 아니므로 크게 문제가 되지 않는다. 만일 확신이 없다면 전등 제어 모듈 대신 가정용 모듈을 사용하자.

만일 전등이 제대로 켜지지 않는다면, 일단 모든 코드를 뽑은 다음에 주소를 설정하고, 모든 코드를 꼽은 다음 아두이노를 리셋시키자. 이 방법을 써도 실패하면 X10 유닛들이 같은 회로에 있는지 다시 한 번 확인하고, (여전히 사용 중이었다면) 서지 보호기를 제거해야 한다. 이번에는 제어 패널 모듈을 이용해서 해당 모듈을 켜 보자. 제어 패널은 아두이노처럼 한꺼번에 모든 장치를 끄는 신호를 보낼 수 없다는 점을 확인하자. 필요하다면 전등 제어 모듈이 반응하는지 확인한 뒤에는 제어 패널을 뽑아 두자. 모듈을 제어할 수 있게 되었으면 이제 RFID와 X10 프로그램을 같이 사용해 볼 차례다.

더 좋게 만들기

이 스케치는 접근하는 태그를 읽은 다음 메모리에 있는 태그의 목록에서 확인해 본다. 해당 태그가 이미 목록에 있는 것이라면, 그 태그에 해당하는 X10 전등 혹은 가정 기기 모듈의 상태를 확인한 후 상태를 바꾼다.

```
/*
    RFID 태그 확인
    환경: 아두이노
 */
// X10과 softwareSerial 라이브러리 파일을 포함시킴
#include <x10.h>
#include <SoftwareSerial.h>
```

전역변수들은 X10 핀과 SoftwareSerial에서 사용하는 핀 번호, 사용하게 될 태그의 숫자, 태그 ID와 유닛 이름, 유닛 상태를 저장할 배열들이다.

   setup() 함수는 시리얼 포트, 소프트웨어 직렬, X10을 초기화시키고, 모든 원격지의 X10 유닛을 리셋시키기 위해서 "모든 전등 소등" 명령을 전송한다.

```
const int x10ZeroCrossing = 2;   // x10 0값 교차 핀
const int x10Tx = 3;             // x10 전송 핀
const int x10Rx = 4;             // x10 수신 핀(사용하지 않음)
const int rfidRx = 7;            // RFID 수신 핀
const int rfidTx = 8;            // RFID 전송 핀(사용하지 않음)
int numTags = 2;                 // 목록에 얼마나 많은 태그가 있나

String currentTag;               // 읽을 태그의 문자열이 들어 있음
// 태그의 목록, 유닛 이름, 유닛 상태
String tag[] = {
  "10000CDFF7","0F00AD72B5"};
int unit[] = {
  UNIT_1, UNIT_2};
int unitState[] = {
  OFF, OFF};

SoftwareSerial rfid(rfidRx, rfidTx);

void setup() {
  // 시리얼 통신 시작
  Serial.begin(9600);
  rfid.begin(9600);
  // x10 시작
  x10.begin(x10Tx, x10Rx,x10ZeroCrossing);
  // 모든 전등을 끈다
  x10.beginTransmission(A);
  x10.write(ALL_LIGHTS_OFF);
  x10.endTransmission();
}
```

» loop() 함수에서는 RFID 리더의 시리얼 포트에서 새로운 데이터가 들어왔는지만 확인한다. 실제적인 작업은 몇몇 다른 함수에서 처리된다.

```
void loop() {
  // 직렬 입력 데이터를 읽어서 해석한다.
  if (rfid.available()) {
    readByte();
  }
}
```

» readByte() 함수는 RFID 리더로부터 새로운 바이트가 들어올 때마다 호출된다. 만일 들어온 데이터 바이트의 값이 02라면, 현재 태그의 문자열이 새롭게 시작되었음을 의미한다. 만일 들어온 데이터 바이트의 값이 03이면, checkTags() 함수를 호출해서 현재 태그가 알려진 태그의 목록에 있는지 확인한다. 만일 그 이외의 데이터 값이 들어오면, 현재 태그의 문자열이 충분히 긴지 확인하고, 아직 충분히 길지 않은 상태라면 문자열에 새로 들어온 바이트 값을 추가한다.

```
void readByte() {
  char thisChar = rfid.read();

  // 바이트의 값에 따라서 서로 다른 동작을 취한다.
  switch(thisChar) {
      // 바이트 값이 02라면, 새로운 태그가 시작하는 것임
    case 0x02:
      currentTag = "";
      break;
      // 바이트 값이 03이면, 태그 읽기를 끝낸다.
    case 0x03:
      checkTags();
      break;
      // 바이트 값이 다른 값이며,
      // 현재 태그가 10바이트 이하인 경우 아직 태그를 더 읽어야 한다.
    default:
      if (currentTag.length() < 10) {
        currentTag += thisChar;
      }
  }
}
```

9장 인증하기

» checkTags() 함수는 현재 태그의 문자열이 알려진 목록에 있는지 확인한다. 태그를 찾았으면, 해당하는 X10 장치의 상태를 확인하기 위해서 목록에서 유닛의 상태를 가져온다. 그 후에 해당 유닛에 메시지를 보내서 상태를 ON에서 OFF로 혹은 그 반대로 변경한다.

```
void checkTags() {
  // 태그 목록을 반복해서 확인
  for (int thisTag = 0; thisTag < numTags; thisTag++) {
    // 현재 태그가 현재 목록과 같은 경우
    if (currentTag.equals(tag[thisTag])) {
      // 유닛 번호는 1부터 시작하지만, 목록은 0부터 시작한다.
      Serial.print("unit " + String(thisTag +1));
      // 유닛에 전송 시작
      x10.beginTransmission(A);
      x10.write(unit[thisTag]);
      // 해당 유닛의 상태 변경
      if (unitState[thisTag] == ON) {
        unitState[thisTag] = OFF;
        Serial.println(" turning OFF");
      }
      else {
        unitState[thisTag] = ON;
        Serial.println("turning ON");
      }
      // 새로운 상태 전송
      x10.write(unitState[thisTag]);
      // 유닛으로의 전송을 끝냄
      x10.endTransmission();
    }
  }
}
```

이 코드를 수행시키면, 새로운 태그가 감지할 수 있는 범위로 들어올 때만 RFID에서 읽을 수 있다는 것을 알 수 있다. ID 이노베이션스 사의 리더는 다수의 태그가 감지 범위 안에 들어온 경우에는 여러 개의 태그를 읽는 능력이 없다. 이는 매우 중요한 제약이다. 사용자가 한 번에 하나의 태그만 사용할 수 있으므로, 첫 번째 태그를 읽고 나서 태그가 제거된 이후에 다음 태그를 사용하도록 사용자 상호작용 부분을 만들어야 한다. 이것은 사실상 두 사람이 동시에 키 태그를 리더에 위치시킬 수 없다는 것을 의미한다. 시스템이 존재하는 것만으로는 충분하지 않으며, 시스템 사용자들에게 어떤 동작이 일어날 수 있는 명

그림 9-12 왼쪽은 완성된 RFID 리더 박스이며, 오른쪽은 판매되는 RFID 아파트 현관 자물쇠이다. 문에 붙여서 사용하는 것으로, 사용자가 태그를 제거할 수밖에 없도록 만들어져 있다. 그 덕분에 리더가 한 번에 하나의 태그만 읽을 수 있다는 제약을 피할 수 있다. 두 번째 전선을 사용하지 않기 위해서 왼쪽에 있는 프로토타입은 배터리를 사용한다.

확한 행위를 요구하도록 만들어져야 한다.

　가장 간단한 해결 방법은 그림 9-12에 나타나 있는 것처럼 사용자가 리더 앞에 태그를 댄 다음에 멜 수밖에 없는 형태로 프로젝트를 설계하는 것이다. 이런 형태는 대부분의 상용 솔루션에서 채택하는 방법이기도 하다. 예를 들어, 아파트 현관의 RFID 자물쇠 역시 이런 방식을 사용한다.

　리더가 세로로 설치되어 있으므로 리더 위에 키를 올려둘 수 없고, 안쪽 문의 자물쇠는 일반적인 열쇠이므로 현관을 열고 난 후 내부의 문을 열기 위해서는 열쇠 꾸러미를 제거할 수밖에 없도록 되어 있다.

프로젝트 27
RFID로 트윗 하기

지금까지 RFID 리더만 사용했지만, RFID 태그 중에는 데이터를 쓸 수 있는 것도 있다. 이 프로젝트의 첫 번째 부분에서는 널리 사용되고 있는 읽고 쓸 수 있는 Mifare 표준의 RFID 태그와 태그에 트윗 핸들 데이터를 적을 수 있는 SonMicro의 고주파 리더를 사용할 것이다. 두 번째 부분에서는 태그에 있는 데이터를 읽을 수 있는 마이크로컨트롤러 기반의 리더를 만들고 이 데이터를 2x16 캐릭터 LCD 표시장치로 출력할 것이다. 이 프로젝트는 RFID 태그의 물리적인 신원과 트위터의 네트워크 신원을 연결할 것이다.

RFID 태그에는 종종 일련번호뿐 아니라 다른 정보도 저장된다. 일부 대량 운송 체계에서는 각각의 처리 과정에서 태그를 읽어서 고객의 잔고를 확인하고, 잔액을 감소시킨 다음 다시 그 값을 카드로 적어주는 과정을 반복한다. 몇몇 회의에서는 RFID에 명함 정보를 입력하고, 참석자가 리더에 카드를 접촉시킴으로써 디지털 형식으로 정보를 교환하기도 한다. 근거리 통신(Near field communications: NFC)은 이런 형태의 정보 교환을 확장한 것이다.

　NFC는 짧은 거리에서 두 장치 간의 통신을 수행하며, 능동형 및 수동형 교환 방식을 모두 포함한다. NFC는 ISO14443A와 B 등의 RFID 표준과 Mifare와 같은 다수의 통신 표준을 수용하고 있으므로, NFC 장치는 Mifare RFID 리더 및 태그와 호환성이 있다. 이런 특성으로 인해서 휴대폰과 많은 휴대용 장치에서 널리 쓰이게 되었으며, 머지않아 수많은 NFC와 RFID 응용 분야가 만들어질 것이라 예상된다. 여기서 수행할 프로젝트와 같은 것들이 이제 비교적 평범한 일이 될 것이다.

준비물

- SonMicro SM130 RFID 읽기/쓰기 모듈 1개
- Mifare RFID 읽고/쓸 수 있는 태그 3개
- 아두이노 이더넷 모듈
- RFID 실드 1개
- 13.56MHz 안테나(리더에 안테나가 없는 경우)

다음은 실드를 사용하지 않고 리더 회로를 만들고 싶은 경우에 필요한 부품들이다.

- 4.7k옴 저항 2개
- 브레드보드 1개

회로

SonMicro SM130 RFID 리더는 5볼트에서 동작하며, 비동기 시리얼 통신과 I2C를 통한 시리얼 통신 중 한 가지를 이용해서 마이크로컨트롤러와 통신할 수 있다. 이 프로젝트에서는 두 가지 방법을 모두 사용해볼 것이다. 첫 번째 부분에서는 비동기 직렬 방식을 이용해서 프로세싱과 직접 통신하고, 두 번째 부분에서는 I2C를 이용해서 마이크로컨트롤러와 직접 통신할 것이다.

SM130을 아두이노와 연결할 수 있는 실드로는 TinkerKit RFID 실드와 스파크 펀 RFID Evaluation 실드 13.56MH 두 가지 아두이노 실드가 있다. 둘 모두 비동기 직렬 또는 I2C 연결을 통해서 접속할 수 있다. 스파크 펀의 보드는 소프트웨어 직렬 접속을 위해서 디지털 7번 핀과 8번 핀 중에 하나를 선택할 수 있도록 납땜 점퍼(solder jumpers)[4]를 제공한다. TinkerKit 실드는 직렬 접속 하드웨어를 켜거나 끌 수 있는 스위치를 제공한다. 스파크 펀에는 안테나가 내장되어 있으며, TinkerKit 실드에는 보드와는 관계없이 원하는 곳에 외장 안테나를 설치할 수 있는 연결부가 있다.

프로세싱과 통신할 때는 이전의 많은 프로젝트에서 사용했던 USB-시리얼 변환기 혹은 아두이노를 대신 사용할 수도 있다. 스파크 펀 보드의 경우 소프트웨어 직렬 데이터를 하드웨어 시리얼 포트로 주거나 받기 위해서 스케치를 구동시켜야 한다. TinkerKit 보드는 직렬 스위치를 ON에 놓고 보드에는 빈 스케치를 올리면 된다. 두 스케치는 아래에 있다.

비동기 시리얼 통신을 통해서 RFID 리더와 통신할 때 두 실드 사이에는 차이점이 하나 있는데, 통신을 하기 위해서 서로 다른 핀을 사용한다는 것이다. 뒷부분에서 I2C를 이용해서 리더와 통신할 때도 기능적인 부분은 동일하다.

실드를 사용하지 않는다면, 그림 9-13과 같이 SonMicro 리더를 USB-시리얼 변환기에 연결한다. 다음에 나오는 적절한 아두이노 스케치를 로드시키고 나면, 다음 페이지에 있는 프로세싱 스케치를 시도할 준비가 된 것이다.

통과시키기(TinkerKit)

이 프로젝트는 TinkerKit RFID 실드를 이용해서 만들어졌지만, 두 가지 실드 모두에서 동작되는 것은 이미 확인되었다. 이 스케치는 TinkerKit RFID 실드에 있는 SonMicro RFID 리더에서 아두이노의 USB-시리얼 어댑터로 데이터를 전달하며, 마이크로컨트롤러는 그냥 데이터를 전달하는 역할만 한다. 이런 방식으로 보드가 프로그램되는 경우 아두이노는 SonMicro 리더용 USB-시리얼 변환기로 동작한다.

```
/*
    TinkerKit RFID 실드 직렬 통과
    환경: 아두이노
 */
void setup() {
}
void loop() {
}
```

---

[4] 보드에서 간단히 납땜을 해 회로를 연결시킬 수 있도록 만들어둔 부분.

통과시키기(스파크 편)

이 스케치는 스파크 펀 RFID 실드에 있는 SonMicro RFID 리더와 아두이노의 하드웨어 시리얼 포트 간에 데이터를 주고받을 때 사용한다. 보드가 이런 방식으로 프로그램된 경우 아두이노는 SonMicro 리더용 USB-시리얼 변환기로 동작한다.

```
/*
    스파크 펀 RFID 실드 직렬 통과
    환경: 아두이노
 */

#include <SoftwareSerial.h>

// 7번과 8번 핀을 사용한다.(7번은 아두이노의 RX, 8번은 TX)
SoftwareSerial rfid(7,8);

void setup() {
  rfid.begin(19200);        //  소프트웨어 시리얼 포트 설정
  Serial.begin(19200);      //  시리얼 포트 설정
}

void loop() {
  // 하드웨어 시리얼 포트에서 오는 모든 데이터를 소프트웨어 시리얼 포트로 전달:
  if (Serial.available()) {
    rfid.write(Serial.read());
  }
  // 소프트웨어 시리얼 포트에서 오는 모든 데이터를 하드웨어 시리얼 포트로 전달:
  if (rfid.available()) {
    Serial.write(rfid.read());
  }
}
```

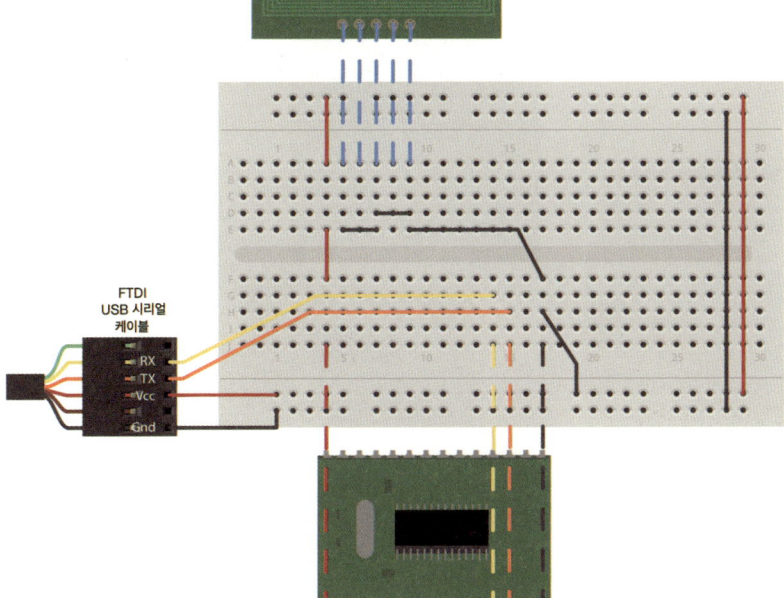

그림 9-13 USB-시리얼 변환기에 SonMicro RFID 리더가 붙어 있는 회로의 연결 모습. 리더와 안테나는 그림 9-14의 I2C 브레드보드 도면에서 볼 수 있는 위치에 놓는 것이 일반적이다.

그림 9-14 SonMicro RFID 리더가 I2C를 통해서 아두이노와 붙어 있는 회로 연결 모습으로, 브레드보드 내부 회로를 통한 모듈 간의 연결도 표현되어 있다. 이 회로는 기본적으로 TinkerKit 실드나 스파크 펀 실드나 별 차이가 없다. I2C 연결에는 2개의 4.7k옴 풀업 저항이 필요하다. 만일 RFID 실드를 사용하고 있는 경우에는 이 회로가 필요없다.

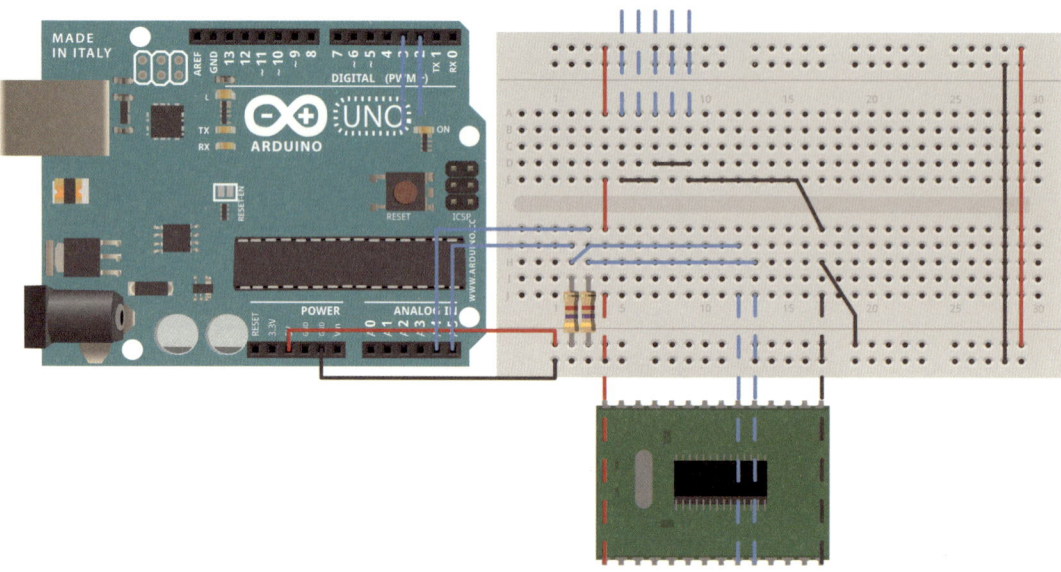

그림 9-15 SonMicro RFID 리더가 I2C를 통해서 아두이노와 붙어 있을 때 브레드보드상의 일반적인 위치. 이 모듈은 보드상에서 USB-시리얼 어댑터 회로와 같은 위치에 있다.

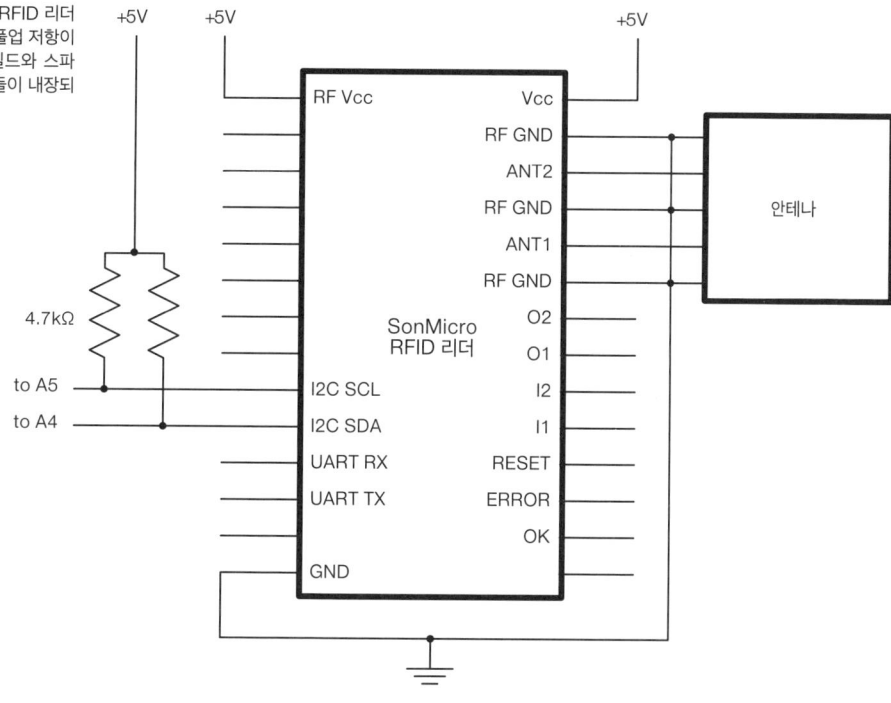

그림 9-16 SonMicro RFID 리더의 회로. I2C 연결에는 풀업 저항이 필요하다. TinkerKit 실드와 스파크 펀 실드에는 이 저항들이 내장되어 있다.

SonMicro 통신 프로토콜

SonMicro 리더는 다른 장치와 통신하기 위해서 이진 통신 프로토콜을 사용한다. 이 프로토콜은 비동기 시리얼 통신이나 I2C 중 어떤 것을 통해서 통신하는지와 관계없이 매우 비슷하다. I2C 버전에서의 형식은 다음과 같다.

거리	명령	데이터	체크섬
1바이트	1바이트	N바이트	1바이트

직렬 버전은 두 바이트의 헤더가 추가되어 아래와 같다.

헤더	예약됨	길이	명령	데이터	체크섬
1바이트	1바이트	1바이트	1바이트	N바이트	1바이트

리더를 위한 명령은 한 바이트 값을 가진다. 가장 일반적으로 사용되는 명령은 다음과 같다.

바이트값	명령
0x80	리셋
0x81	펌웨어 버전을 가져옴.
0x82	태그를 찾는다.
0x83	태그를 선택한다.
0x85	인증
0x86	메모리 블록을 읽음.
0x89	메모리 블록을 씀.
0x90	안테나 강도(안테나를 켜거나 끈다)

길이 바이트는 명령과 그 뒤에 오는 데이터의 길이를 나타낸다. 예를 들어 뒤로 데이터가 오지 않는 리

셋 명령의 경우 길이가 1이다. 읽기 명령은 읽으려는 주소를 나타내기 위해서 1바이트의 데이터가 따라 나오므로, 길이는 2가 된다.

체크섬은 에러를 확인하기 위한 값이다. 체크섬을 계산하기 위해서는 명령과 데이터 바이트를 모두 더하고, 그 값이 255보다 커지면 가장 낮은 위치의 바이트만 취하면 된다. 예를 들어 리셋 명령의 체크섬은 다음과 같다.

```
0x01(길이) + 0x80(명령) = 0x81(체크섬)
```

만일 04 번지 메모리에서 데이터를 읽는다면 체크섬은 다음과 같다.(모든 값은 16진수임을 잊지 말자.)

```
0x02(길이) + 0x86(명령) + 0x04(주소) = 0x8C(체크섬)
```

비동기 직렬 프로토콜의 헤더 바이트는 언제나 0xFF가 사용되며, 예약 바이트(reserved byte)는 항상 0이다. 이 값들은 체크섬에 더해지지 않으므로 I2C 버전과 동일한 명령과 체크섬 계산 방식을 사용하고, 처음 부분에 0xFF와 0x00만 붙이면 된다. 응답하는 쪽은 리더에서 보내준 형식과 같은 프로토콜을 이용해서 값을 돌려준다.

이 프로토콜을 다룰 수 있는 라이브러리가 프로세싱과 아두이노 모두에 존재하므로, 위의 작업을 따로 할 필요는 없지만 기본적인 부분을 이해하는 데 도움이 된다. 일단 첫 단계로 펌웨어 버전을 얻을 수 있는 명령을 전송하고, 응답을 읽어내는 간단한 프로세싱 스케치를 만들어 보자. 리더가 서로 다른 펌웨어 버전이 있는 경우 문제 해결을 위해서 많은 시간을 소모하지 않도록 직접 펌웨어를 바꿔서 같은 버전으로 맞춰주는 것이 필요하다.(348페이지 박스 참조)

이 스케치를 구동시키면 그림 9-17과 같이 윗부분에는 응답을 16진수로 보여주고, 아랫부분에는 ASCII로 보여준다. 펌웨어 명령은 이진 프로토콜을 사용하므로, 어떤 ASCII 코드로 오든지 정상적으로 응답을 받을 수 있는 명령 중 하나다. 태그 선택 명령은 명령 프로토콜과 비슷한 이진 문자열을 반환한다. 이 프로토콜은 헤더와 예약 바이트(0xFF, 0x00)로 시작하며, 이 뒤로 데이터 길이(태그가 있는 경우 0x06, 없는 경우 0x02)와 태그 형식(0x02는 Mifare classic을 의미), 태그 번호를 나타내는 4바이트(이 경우에는 0x0A, 0xD4, 0xF0, 0x28), 체크섬(0x81)이 뒤따라 나온다. 반면 ASCII 표현으로 보면 마치 쓰레기 값이 나온 것처럼 보인다.

통신해 보자

이 프로세싱 스케치는 SM130 모듈로 명령을 내리고, 결과를 읽는다. SM130의 기본적인 데이터 전송률은 19200bps이다. 인식 범위 안에 있는 태그를 선택하려면 s를 입력하고, 펌웨어 버전을 읽어내려면 아무 키나 누르면 된다.

```
/*
   SonMicro 펌웨어 버전 읽기
   환경: 프로세싱
 */
import processing.serial.*;
Serial myPort; // 시리얼 포트
String binaryString = "";
String asciiString = "";

void setup() {
  size(500, 200); // 윈도우 크기
  // 사용 가능한 모든 시리얼 포트를 나열한다.
  println(Serial.list());
  // 사용하는 포트를 연다
  myPort = new Serial(this, Serial.list()[2], 19200);
}
```

```
void draw() {
  // arem1144가 만든 Dystopian waterscape 색상 구성 선택
  // http://kuler.adobe.com/ 에서 다운받을 수 있다.
  background(#7B9B9D);
  fill(#59462E);
  // 반응을 16진수와 ASCII로 적는다.
  text(binaryString, 10, height/3);
  text(asciiString, 10, 2*height/3);
}

void keyReleased() {
  int command = 0x81;        // 펌웨어를 읽어내는 명령을 기본으로 한다
  int dataLength = 1;        // 두 명령어 모두 데이터 길이가 1
  if (key == 's') {          // "태그 선택" 명령
    command = 0x83;
  }
  // 명령어 전송
  myPort.write(0xFF);
  myPort.write(0x00);
  myPort.write(dataLength);
  myPort.write(command);
  myPort.write(command + dataLength);
  // 반응 문자열을 초기화
  binaryString = "";
  asciiString = "";
}

void serialEvent(Serial myPort) {
  // 들어오는 다음 바이트를 얻는다
  char thisChar = (char)myPort.read();
  // 반응 문자열에 해당 바이트를 추가
  binaryString += hex(thisChar, 2) + " ";
  asciiString += thisChar;
}
```

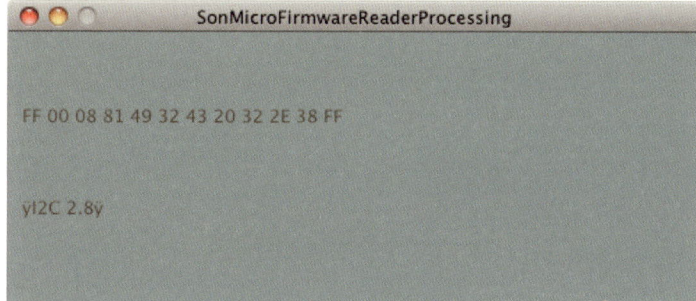

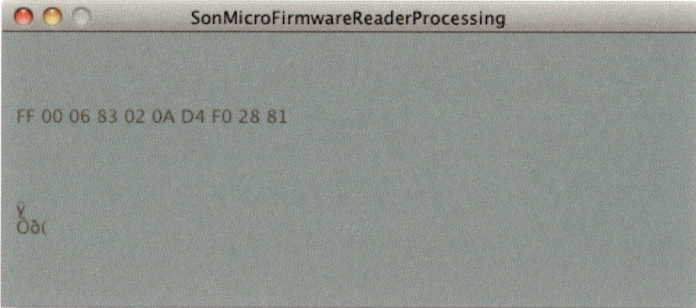

그림 9-17 SonMicro 펌웨어를 읽는 프로세싱 스케치 화면으로, 펌웨어 읽기 명령의 결과(상단)와 태그 선택 명령의 결과(하단)를 보여준다.

Mifare 태그에 쓰기

이제 SonMicro 프로토콜에 대해서 어느 정도 알게 되었으므로, 데이터를 태그에 써 볼 시간이 되었다. 이를 위해서는 https://github.com/tigoe/SonMicro Reader-for-Processing에서 다운받을 수 있는 프로세싱용 SonMicroReader 라이브러리를 사용할 수 있다. 라이브러리를 다운받아 압축을 푼 다음, 결과 폴더를 프로세싱 스케치 폴더의 라이브러리 폴더로 옮긴 후 프로세싱을 재시작한다. File→Examples 메뉴에서 Contributed Libraries 항목 밑으로 SonMicroReader라는 항목이 새로 생긴 것을 확인할 수 있을 것이다. 뒤에서는 SonMicroWriter0002.pde라는 예제를 보자.

이 스케치는 많은 일반적인 명령어들을 위한 버튼이 있는 그래픽 사용자 인터페이스를 가지고 있으며, 일반적인 언어에서 문자로 반응하는 것처럼 리더의 반응은 16진수로 표현된다. 여기서 나온 것처럼 기능이 다양한 장치를 이용해서 작업할 때 가끔은 모든 혹은 대부분의 기능을 사용할 수 있는 도구를 만들면 도움이 된다.

이 스케치를 구동시키면, 그림 9-18에 나오는 인터페이스를 볼 수 있다. 펌웨어 버전을 얻기 위해서 Firmware Version 버튼을 클릭하면, 리더와 제대로 통신이 되는지 확인할 수 있다. 이후에 Select Tag 버튼을 눌러서 몇 개의 태그를 읽고, 태그가 없을 때 리더의 응답도 얻는다. Seek Tag를 선택하면 명령이 진행됨에 따라 명령의 초기 응답을 얻을 수 있다. 이후에 태그를 리더의 판독 범위 내로 가지고 오면 다른 명령어를 전달하지 않아도 자동적으로 태그를 읽어낸다.

태그 ID와 같이 값이 변하지 않는 부분 이외에 Mifare 태그는 읽고 쓸 수 있는 작은 RAM을 가지고 있다. Mifare 표준을 따르는 태그는 1킬로바이트, Mifare classic 표준을 따르는 태그는 4킬로바이트, Mifare Ultralight 표준을 따르는 태그는 512비트의 메모리를 가진다. 앞의 두 가지 태그는 데이터를 읽고 쓸 때 암호화 통신 방식을 취하므로, 태그를 읽고 쓰기 전에 인증을 해야 한다. 인증 이후에는 한 번에 16바이트 블록 하나에 접근할 수 있는 권한을 얻게 된다.

하나의 메모리 블록에 읽고 쓰기 위해서는 항상 다음과 같은 순서를 지켜야 한다.

- 태그 선택
- 인증
- 블록 읽기(혹은 쓰기)

이 작업을 위한 스케치 코드는 350페이지에 나와 있다.

SonMicro 리더의 펌웨어 변경하기

SonMicro SM130 리더는 어떤 리더를 샀는지에 따라 여러 버전의 펌웨어가 있을 수 있다. 서로 다른 판매자는 약간씩 다른 모델을 판매할 수 있으므로, 펌웨어 버전을 즉시 확인할 필요가 있다. 모든 펌웨어 버전은 직렬로 통신되므로 앞에 있는 스케치 역시 펌웨어 버전 체크에 사용할 수 있다. 펌웨어 버전에 대한 자세한 정보는 SonMicro 홈페이지(www.sonmicro.com)에서 Products→13.56MHz RFID - MIFARE →OEM Modules & Readers 메뉴를 찾아보면 된다. 만일 펌웨어 버전이 UM1.3 혹은 UM1.3c라면 I2C를 이용해서 모듈을 제어하기 위해서 펌웨어를 바꿀 필요가 있다. 펌웨어 버전이 I2C 2.9 혹은 이외의 I2C 버전이라면 I2C와 비동기 시리얼 통신을 모두 사용할 수 있으므로, 나머지 부분을 보지 않아도 된다.

펌웨어를 업그레이드하려면, 윈도우 PC와 SonMicro 홈 페이지에 있는 SM13X FU 펌웨어 업그레이드 도구(Software 탭의 13.56MHz RFID Mifare Support 페이지에서 다운로드 받을 수 있다.)와 SMRFID Mifare v1.2 진단 도구가 필요하다.

두 개를 모두 다운로드한 후에 압축을 풀고 설치하자. I2C 펌웨어도 필요한데, 이를 받기 위해서는 SonMicro에 이메일을 보내야 한다. SonMicro는 매우 빠르고 친절하게 대응하는데, Support 페이지의 기술 정보 요청을 위한 링크에서 연락 정보를 얻을 수 있다.

윈도우 PC에서 USB-시리얼 변환기를 이용해서 리더에 접속한다. SM13X FU 프로그램을 띄운 다음에 "..." 버튼을 클릭해서, 업로드할 펌웨어 파일을 찾아보자. 파일 이름은 'i2c_28_b1.rme' 혹은 버전에 따라 비슷한 이름을 가지고 있다. 파일 선택 후 Auto Upgrade 버튼을 누르면 창 아래쪽에 나타나는 메시지를 통해서 업그레이드가 성공적으로 끝났다는 것을 볼 수 있을 것이다.

하지만 아직 끝난 것이 아니니 잠시 기다리자. 펌웨어 업그레이드 도구를 닫고, SMRFID Mifare v1.2 프로그램을 띄운 다음, ComPort를 열고 Hardware Commands 메뉴에서 Read I2C Address를 선택한다. 만약 응답이 0x42가 아닌 경우 이 값을 바꿔야 한다. 이를 위해서 Set I2C Address 메뉴를 선택하여 42를 입력한 후 OK를 클릭한다. 리더의 I2C 주소가 기본값인 0x42로 바뀔 것이고, 이 값은 다음에 나오는 아두이노 예제에서 사용할 값이다.

이후에 이 프로젝트에서 이 프로그램을 사용할 일은 없지만, SMRFID Mifare 프로그램을 좀 더 살펴볼 필요는 있다. 이 프로그램은 태그를 읽고, 쓰고, SM130 리더 모듈의 기능을 점검하는 데 매우 유용한 도구이다.

SM Firmware Uploader(오른쪽)와 SMRFID 점검 프로그램(아래쪽). 제대로 끝냈다면 SMRFID 프로그램은 여기에 있는 것과 같은 결과를 보여줄 것이다.

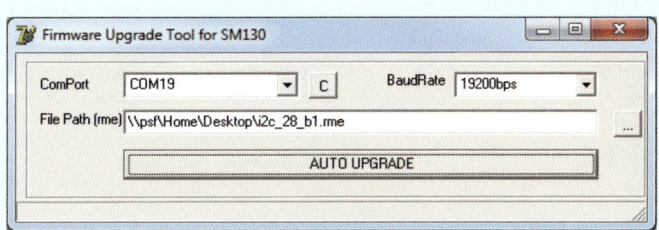

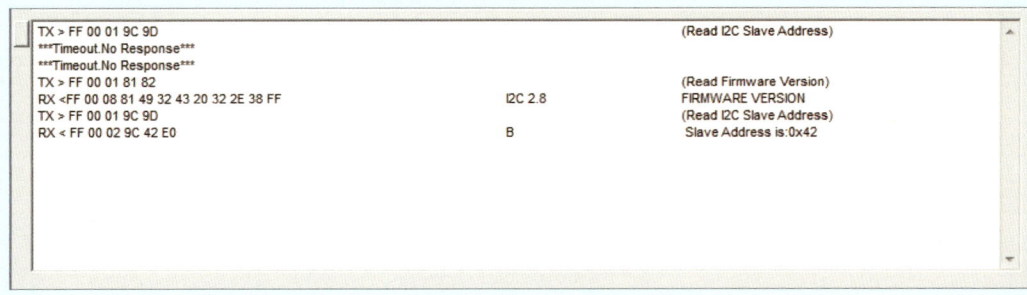

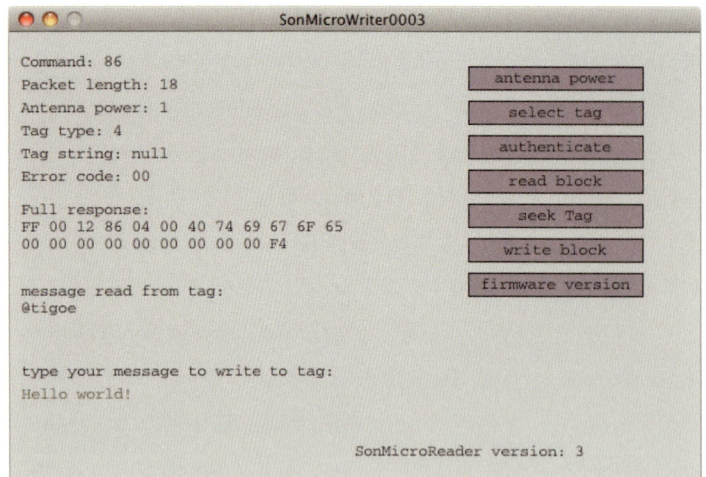

그림 9-18 SonMicroWriter 프로세싱 스케치의 화면으로, Read Block 요청이 성공적으로 이루어졌을 때의 반응을 보여준다.

써 보자

이 프로세싱 스케치는 SM130 RFID 리더를 이용해서 Mifare 태그에 있는 메모리에 읽고, 쓸 수 있도록 만들어준다. 이 스케치는 프로세싱을 위한 SonMicroReader 라이브러리를 사용한다.

이 스케치를 위한 전역변수는 직전에 읽은 태그의 속성들 중에서 많은 부분을 저장한다. 화면에 있는 버튼 상태를 추적하기 위해서 버튼 이름의 목록 크기의 ArrayList가 존재한다.

```
/*
    SonMicro RFID Writer 예제
    환경: 프로세싱
*/

// 라이브러리 import:
import processing.serial.*;
import sonMicroReader.*;

String tagID = "";              // 태그 ID를 위한 문자열
Serial myPort;                  // 시리얼 포트 인스턴스
SonMicroReader myReader;        // SonMicroreader 인스턴스

int lastCommand = 0;            // 마지막으로 전송된 명령
int lastTagType = 0;            // 마지막으로 수신한 태그 형식
int lastPacketLength = 0;       // 마지막으로 수신한 패킷의 길이
String lastTag = null;          // 마지막으로 수신한 태그 ID
int lastErrorCode = 0;          // 마지막으로 수신한 에러 코드
int[] lastResponse = null;      // 리더의 마지막 응답(raw data)
int lastAntennaPower = 0;       // 마지막으로 수신한 안테나 강도
int lastChecksum = 0;           // 마지막으로 수신한 체크섬

int fontHeight = 14;            // 화면에 나오는 문자의 폰트 높이
String message = null;          // 태그에서 읽은 메시지
String outputString = "Hello world!";  // 태그로 적을 문자열

// 컬러 테마: 벤시 프라임이 만든 Ghostly Music 테마
// http://kuler.adobe.com에서 찾을 수 있음
color currentcolor = #CBD0D4;   // 현재 버튼 색상
color highlight = #745370;
color buttoncolor = #968195;
color userText = #444929;
color buttonText = #ACB0B9;

ArrayList buttons = new ArrayList();  // 버튼의 목록
// 버튼들
String[] buttonNames = {
  "antenna power", "select tag", "authenticate",
  "read block", "seek Tag", "write block",
  "firmware version"
};
```

» setup()은 직렬 연결을 초기화시키고, Son MicroReader 라이브러리 인스턴스를 만든다. 그 후 화면에 표현할 폰트를 만들고, 화면에 버튼을 만들기 위해서 makeButtons() 함수를 호출한다. 버튼 생성과 제어 함수는 뒷부분, 스케치의 마지막 부분에 존재한다.

```
void setup() {
  // 윈도우 크기를 설정한다.
  size(600, 400);
  // 모든 시리얼 포트를 나열한다.
  println(Serial.list());

  // 앞의 명령에 의해서 출력된 시리얼 포트 목록을 기반으로
  // 0번을 자신의 포트 번호로 변경
  String portnum = Serial.list()[0];
  // 시리얼 포트를 초기화하고, SM130 리더의 기본 전송률을 19200으로 한다.
  myPort = new Serial(this, portnum, 19200);
  // 리더 인스턴스 초기화
  myReader = new SonMicroReader(this, myPort);
  myReader.start();

  // 시스템에서 사용할 수 있는 두 번째 폰트를 만듦
  PFont myFont = createFont(PFont.list()[2], fontHeight);
  textFont(myFont);
  // 명령 버튼을 만듦
  makeButtons();
}
```

» draw() 함수는 화면에 버튼과 문자를 그린다.

```
void draw() {
  background(currentcolor);
  // 명령 버튼을 그림
  drawButtons();
  // 결과 출력 부분을 그림
  textAlign(LEFT);
  text("Command: " + hex(lastCommand, 2), 10, 30);
  text("Packet length: " +lastPacketLength, 10, 50);
  text("Antenna power: " + lastAntennaPower, 10, 70);
  text("Tag type: " + lastTagType, 10, 90);
  text("Tag string: " + lastTag, 10, 110);
  text("Error code: " + hex(lastErrorCode, 2), 10, 130);

  // 응답으로 오는 모든 바이트를 16진수 값으로 출력
  String responseString = "";
  if (lastResponse != null) {
    for (int b = 0; b < lastResponse.length; b++) {
      responseString += hex(lastResponse[b], 2);
      responseString += " ";
    }
    // 버튼에 문자가 넘쳐서 화면이 이상해지지 않도록 문자열의 줄을 바꾼다.
    text("Full response:\n" + responseString, 10, 150,
        300, 200);
  }
  // 리더에서 오는 에러 메시지는 모두 출력
  text(myReader.getErrorMessage(), 10, 210);
  // 태그에서 읽은 마지막 메시지를 출력
  text("last message read from tag:\n" + message, 10,
      230);

  // 적을 메시지 출력:
  text("type your message to write to tag:\n", 10, 300);
  fill(userText);
  text(outputString, 10, 320);

  // 라이브러리 버전을 보여줌:
  fill(0);
  text("SonMicroReader version: " + myReader.version(),
      width - 300, height - 30);
}
```

» SonMicroReader 라이브러리는 새로운 데이터를 사용할 수 있을 때 이벤트를 만들어주는 리더(Serial 라이브러리와 마찬가지 동작이다)와 통신하기 위해서 Serial 라이브러리를 사용한다.

리더에서 응답이 있을 때마다 sonMicroEvent()가 발생한다. 이 스케치는 sonMicroEvent() 함수에서 오는 태그 번호, 태그 형태, 메모리 블록에서 읽어온 데이터, 안테나 상태 등 모든 응답을 읽어낸다.

```
/*
    이 함수는 리더에서 유효한 데이터를 가진 패킷이 올 때마다 자동적으로 호출된다
 */
void sonMicroEvent(SonMicroReader myReader) {
  // 마지막 데이터 패킷에서 온 모든 관련된 데이터를 받는다:
  lastCommand = myReader.getCommand();
  lastTagType = myReader.getTagType();
  lastPacketLength = myReader.getPacketLength();
  lastTag = myReader.getTagString();
  lastErrorCode = myReader.getErrorCode();
  lastAntennaPower = myReader.getAntennaPower();
  lastResponse = myReader.getSonMicroreading();
  lastChecksum = myReader.getCheckSum();

  // 마지막으로 보낸 명령어가 블록을 읽는 명령이었다면,
  if (lastCommand == 0x86) {
    int[ ] inputString = myReader.getPayload();
    message = "";
    for (int c = 0; c < inputString.length; c++) {
      message += char(inputString[c]);
    }
  }
}
```

» 스케치 창에서 어떤 것을 입력하면, 해당 부분이 문자열에 추가된다. SM130에 태그로 데이터를 적도록 명령을 내리면, 이 데이터가 RFID 태그로 전송된다. keyTyped() 함수는 보내는 문자열에 키 입력을 추가한다.

```
}
/*
    키 입력이 일어나면 보내는 문자열에 이를 추가하고,
    백스페이스가 입력되면 문자를 지운다.
 */
void keyTyped() {
  switch (key) {
  case BACKSPACE: // 지움
    outputString = "\0";
    break;
  default:

    if (outputString.length() < 16) {
      outputString += key;
    }
    else {
      outputString = "output string can't be more than 16
                      characters";
    }
  }
}
```

» 버튼 기능은 스케치에서 별도의 자바 클래스인 Button 클래스를 통해서 처리된다. 여기는 초기에 버튼을 만들어내는 makeButtons() 함수와 버튼을 그리고 갱신하는 drawButtons() 함수를 포함한 버튼의 목록을 관리하는 몇몇 함수가 있다.

```
}
/*
    모든 버튼을 초기화
 */
void makeButtons() {
  // 사각형 버튼을 정의하고 만듦
  for (int b = 0; b < buttonNames.length; b++) {
    // 목록에 있는 이름으로 새로운 버튼 생성
    Button thisButton = new Button(400, 30 +b*30,
                                   150, 20,
                                   buttoncolor, high-
light, buttonNames[b]);
    buttons.add(thisButton);
  }
}
```

```
/*
   모든 버튼을 그림
 */
void drawButtons() {
  for (int b = 0; b < buttons.size(); b++) {
    // 배열에서 현재 버튼을 얻음
    Button thisButton = (Button)buttons.get(b);
    // 키가 눌린 상태를 갱신
    thisButton.update();
    // 버튼을 그림:
    thisButton.display();
  }
}
```

» mousePressed() 함수는 버튼 중의 하나가 눌렸는지 확인한다. 만일 눌렸다면 각 버튼에 해당하는 명령을 SM130으로 전달하는 doButtonAction() 함수를 호출한다.

```
void mousePressed() {
  // 버튼에 대해서 반복하며, 눌린 버튼을 활성화시킴
  for (int b = 0; b < buttons.size(); b++) {
    Button thisButton = (Button)buttons.get(b);
    if (thisButton.containsMouse()) {
      doButtonAction(thisButton);
    }
  }
}

/*
   명령어 버튼 중 하나가 눌렸으면,
   어떤 것이 눌렸는지 확인해서 적절한 동작을 취한다.
 */
void doButtonAction(Button thisButton) {
  // ArrayList 상에 있는 버튼 중 어떤 버튼이 눌렸는지 확인
  int buttonNumber = buttons.indexOf(thisButton);

  // 적절한 동작을 수행
  switch (buttonNumber) {
  case 0: // 안테나 강도 설정
    if (myReader.getAntennaPower() < 1) {
      myReader.setAntennaPower(0x01);
    }
    else {
      myReader.setAntennaPower(0x00);
    }
    break;
  case 1: // 태그 선택
    myReader.selectTag();
    break;
  case 2: // 인증
    myReader.authenticate(0x04, 0xFF);
    break;
  case 3: // 블록 읽기
    myReader.readBlock(0x04);
    break;
  case 4: // 태그 찾기
    myReader.seekTag();
    break;
  case 5: // 태그 쓰기 - 16바이트 이하로 적어야 함
    myReader.writeBlock(0x04, outputString);
    outputString = "";
    break;
  case 6: // 리더의 펌웨어 버전을 가져옴
    myReader.getFirmwareVersion();
    break;
  }
```

» 마지막으로 Button 클래스는 버튼 자체의 속성과 동작을 정의한다.

이 스케치가 SM130의 모든 기능을 포함하고 있는 것은 아니다. 예제에서는 Mifare 태그의 메모리 중 4번 블록에만 데이터를 적으며 기본적인 인증 방식만 사용한다. 여하튼, 태그로부터 데이터를 읽고 쓸 수 있으며, SM130의 기능을 어떻게 사용할 수 있는지 이해하는 데 도움을 주는 구조로 되어 있다.

```
}
class Button {
  int x, y, w, h;                                   // 버튼의 위치
  color currentcolor;                               // 색상과 강조색
  color basecolor, highlightcolor;                  // 버튼의 현재 색상
  String name;

  // 생성자: 버튼 클래스 각 인스턴스의 모든 변수를 초기화
  Button(int thisX, int thisY, int thisW, int thisH,
         color thisColor, color thisHighlight,
         String thisName) {
    x = thisX;
    y = thisY;
    h = thisH;
    w = thisW;
    basecolor = thisColor;
    highlightcolor = thisHighlight;
    currentcolor = basecolor;
    name = thisName;
  }

  // 만일 마우스가 버튼 위에 있으면 버튼의 색을 바꿈
  void update() {
    if (containsMouse()) {
      currentcolor = highlightcolor;
    }
    else {
      currentcolor = basecolor;
    }
  }

  // 버튼과 버튼의 문자를 그림
  void display() {
    fill(currentcolor);
    rect(x, y, w, h);
    // 버튼 중앙에 이름을 붙인다.
    fill(0);
    textAlign(CENTER, CENTER);
    text(name, x+w/2, y+h/2);
  }

  // 마우스의 위치가 버튼 사각형 안쪽인지 확인
  boolean containsMouse() {
    if (mouseX >= x && mouseX <= x+w &&
        mouseY >= y && mouseY <= y+h) {
      return true;
    }
    else {
      return false;
    }
  }
}
```

Mifare 태그로부터 읽기

이 프로젝트의 다음 단계를 하기 전의 준비 과정으로, 앞의 프로세싱 스케치를 이용해서 몇몇 태그에 다음과 같은 트위터(Twitter) 핸들 형식으로 데이터를 써 두어야 한다.

@moleitau
@Kurt_Vonnegut
@pomeranian99

이런 작업을 위해서는 이번 실험을 시작할 때 언급했던 절차를 이용해야 한다.

- 태그를 리더의 판독 범위 안에 둔다
- Select Tag 클릭
- Authenticate 클릭
- Write Block 클릭

이후 검증을 위해서는 다음 절차를 따른다.

- 태그를 리더의 판독 범위 안에 둔다
- Select Tag 클릭
- Authenticate 클릭
- Write Block 클릭

트위터 핸들이 들어 있는 태그를 몇 개 이상 만들었다면, 다음 프로젝트인 아두이노 트윗 리더(Arduino tweet reader)를 만들 준비가 된 것이다.

회로 추가

회로는 그림 9-14, 그림 9-15의 것과 같지만, 이더넷 연결과 2×16 LCD가 붙어 있다는 점이 다르다. 아두이노 이더넷을 사용하지 않는 경우에는 이더넷 실드를 붙여야 하며, 만일 사용하고 있다면 별다른 준비가 필요 없다.

두 경우 모두 그림 9-19에 있는 것처럼 LCD를 붙여야 한다. LCD가 정상적으로 동작하는지 확인하려면, 아두이노 소프트웨어에 포함되어 있는 Liquid Crystal 라이브러리 예제에서 핀 번호를 사용하고 있는 보드에 맞게 바꾸고 동작시켜 보면 된다. 예제에서 사용할 핀 번호는 이더넷 컨트롤러와 SD카드가 사용하는 핀과 겹치지 않도록 골라야 한다.

아날로그 입력 1번에 붙어 있는 가변저항은 LCD의 스크롤 속도를 제어하기 위해서 사용된다. A0와 A2 핀은 이 가변저항의 전원과 그라운드로서 디지털 출력으로 사용할 것이다. 다음은 LCD를 점검하기 위한 간단한 예제다.

화면을 출력해 보자

이 스케치는 아두이노에 붙어 있는 2x16-LCD 화면에 스케치가 구동된 이후로 몇 초가 지났는지 표시한다.

```
/*
    LCD 예제
    환경: 아두이노
 */
// 라이브러리 포함
#include <LiquidCrystal.h>

// 인터페이스 핀의 번호로 라이브러리 초기화
LiquidCrystal lcd(9,8, 7, 6,5, 3);

void setup() {
    // LCD에서 표시될 문자열의 행과 열을 지정
    lcd.begin(16, 2);
    // LCD에 메시지 출력
    lcd.print("I've been running for:");
}

void loop() {
    // 커서 위치를 1행 0열로 바꿈
    // (주의: 0행이 존재하므로, 1행은 실제로는 두 번째 줄이다.)
    lcd.setCursor(0, 1);
    // 리셋 이후 시간을 출력
    lcd.print(millis()/1000);
}
```

그림 9-19 2x16 LCD를 아두이노에 연결한 회로도와 브레드보드 도면. 이더넷 실드와 SM130의 연결은 표시되어 있지 않다. 아두이노 위에 이 실드들을 올리면, LCD 회로에서 사용하지 않는 핀들을 통해서 정상적으로 연결될 것이다. A1 핀에 있는 두 번째 가변저항은 스크롤 속도를 제어하는 데 사용된다.

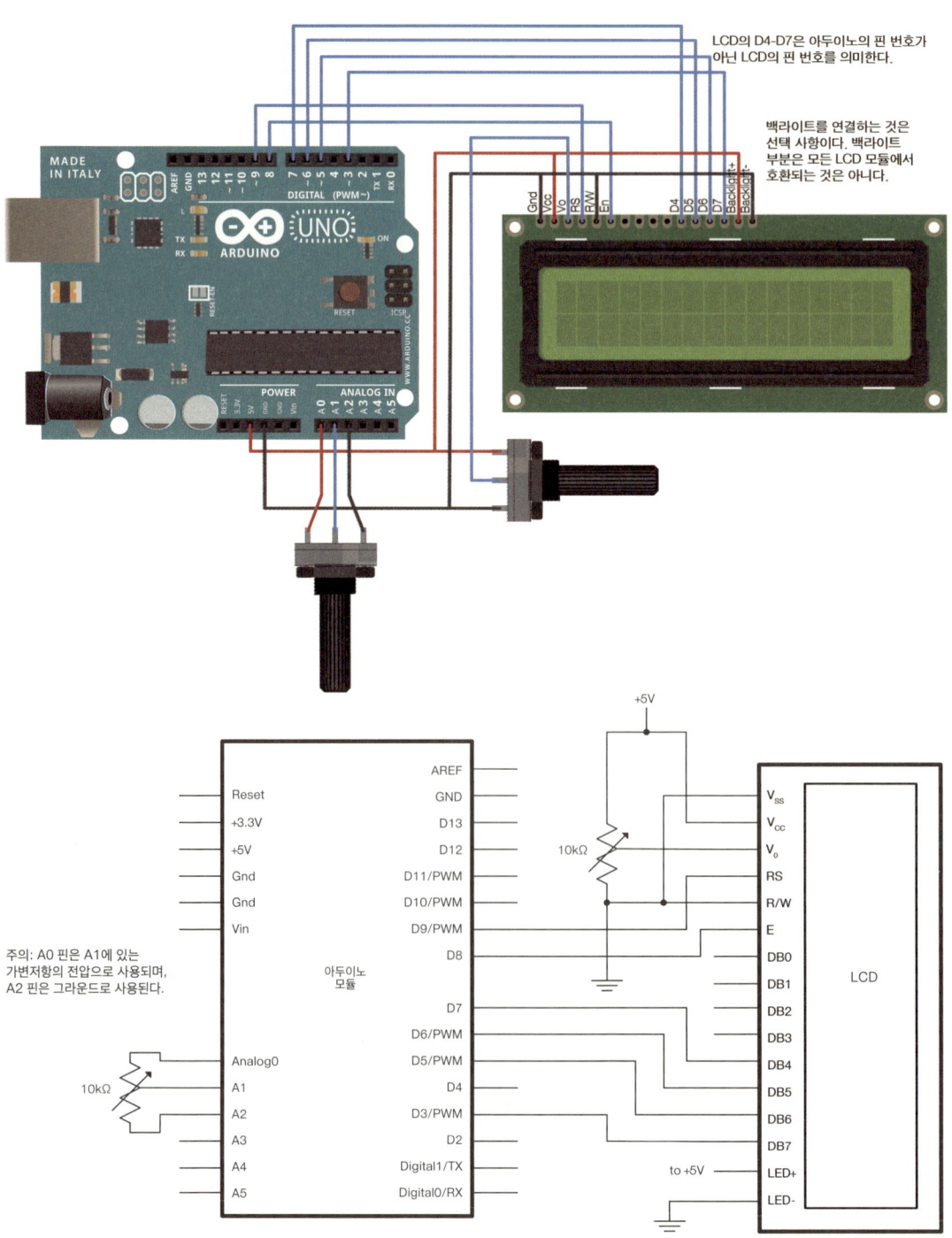

> ⚠️ 아두이노 이더넷 보드가 아닌 이더넷 실드를 사용하는 경우에는 회로에 따라 추가적인 전원을 공급해야 한다. RFID 리더가 태그를 읽을 때 이더넷 실드와 RFID 실드, LCD 화면 표시장치, 아두이노에서는 USB가 공급할 수 있는 것보다 많은 전류를 사용하므로, 전압이 떨어지면서 시스템이 꺼질 수 있다. 몇몇 경우에는 220uF 커패시터를 RFID 실드의 전원과 그라운드 사이에 넣어주면 도움이 되지만, 그렇지 않은 경우 이더넷 전원 부분에 전원을 가져가거나 아두이노 우노와 이더넷 실드의 조합을 사용하는 대신 아두이노 이더넷 보드를 사용해야 한다.

지금까지 아두이노 보드를 이용해서 직렬 데이터를 단순히 통과시키기만 했지만, 프로젝트의 이번 단계에서는 RFID 리더를 I2C 프로토콜로 제어할 것이다. 아두이노 패키지에 같이 있는 Wire 라이브러리를 사용해서 I2C 장치를 제어할 수 있다. 우리가 만들 스케치에서는 Wire 라이브러리의 명령들이 RFID 리더를 위한 라이브러리 안에서 호출되는 형식을 취할 것이다. 하지만 일단 아래의 스케치를 통해서 I2C가 제대로 동작하는지 확인해 보자. 이 스케치는 리더에 펌웨어 버전 확인을 위한 명령을 전송하고, 그 결과를 Serial Monitor에 출력한다. SonMicro의 일부는 이 스케치에 있는 프로토콜로 통신한다는 것을 알게 될 것이다.

펌웨어 읽어보기
이 스케치는 SM130 모듈의 펌웨어를 읽는다.

```
/*
    SM130 펌웨어 리더
    환경: 아두이노
*/
#include <Wire.h>

void setup() {
  // 시리얼 포트와 I2C 초기화
  Serial.begin(9600);
  Wire.begin();
  // 리더 타이머 초기화
  delay(2000);

  Serial.println("asking for firmware");
  // I2C 연결을 연다.
  // 리더를 위한 I2C 주소는 0x42로 한다:
  Wire.beginTransmission(0x42);
  Wire.write(0x01); // length
  Wire.write(0x81); // command
  Wire.write(0x82); // checksum
  Wire.endTransmission();

  // 리더는 응답 간에 50ms 지연이 필요
  delay(50);
  Serial.print("getting reply: ");
  // I2C를 통해 10바이트를 쓰기 위해 기다림
  Wire.requestFrom(0x42,10);
  // 새로운 데이터가 올 때까지 기다림
  while(!Wire.available()) {
    delay(50);
  }
  // I2C 버스로 새로운 데이터가 오면, 읽어낸다
  while(Wire.available()) {
    Serial.write(Wire.read());
  }
```

```
    // 줄바꿈
    Serial.println();
}
void loop() {
}
```

펌웨어 리더 스케치를 구동시키면, Serial Monitor에서 아래와 같은 응답을 볼 수 있을 것이다.

```
asking for firmware
getting reply: I2C 2.8ÿ
```

마지막 바이트는 리더가 응답으로 보낸 바이트 문자열의 체크섬이다. 만일 제대로 된 응답을 얻었다면 다음 단계로 넘어갈 준비가 된 것이며, 그렇지 않다면 357페이지의 내용을 다시 보자.

각 명령어의 숫자 값을 기억하는 대신 위의 프로세싱 라이브러리처럼 명령의 이름으로 호출할 수 있다면 훨씬 편할 것이다. 아두이노 SonMicro 라이브러리를 사용하면 위와 같이 할 수 있다. 사실 이 라이브러리에 있는 대부분의 함수는 프로세싱 라이브러리와 같은 이름을 사용한다. 최근 버전은 https://github.com/tigoe/SonMicroReader-for-Arduino에서 다운로드할 수 있다.

아두이노 스케치 디렉터리 밑에 있는 libraries 디렉터리 아래에 SonMicroReader 디렉터리를 만든 후 다운로드 받은 패키지의 내용을 복사해 놓는다. 이후에 아두이노 프로그램을 재구동시키면, 다른 때와 마찬가지로 File 메뉴 밑에 있는 Examples 메뉴에 새로운 라이브러리가 나타날 것이다. 이 작업이 완료되면 다음의 스케치를 사용해보자.

이 스케치는 RFID 태그를 찾은 후 태그가 발견되며 4번 블록을 읽어낸다. 읽어낸 곳에서 트위터 핸들을 발견하면, 트위터 사용자의 최신 트윗을 가져오기 위해서 트위터의 XML API로 HTTP 호출을 만들어, 그 결과를 LCD 화면에 나타낸다.

프로그램 메모리 절약하기

이번 프로젝트를 위한 스케치는 복잡하므로, 아두이노 프로그램 메모리의 매우 많은 부분을 차지할 것이다. Serial 출력문에서 아래와 같은 새로운 문법을 사용하고 있다는 것을 알 수 있을 것이다.

```
Serial.println(F("Hello"));
```

F() 표시는 print와 println 문에서 출력할 문장을 프로그램 메모리가 아닌 플래시 메모리에 저장하라는 표시이다. print 문은 디버깅 용도로만 사용되며, 변경되지 않을 것이므로 메모리의 변경은 프로그램을 위한 메모리를 절약하는 데 도움을 준다.

트윗 얻기

이 스케치에서는 많은 라이브러리를 사용할 것이다. 또한 현재 태그, 마지막으로 읽은 태그, 태그에서 읽어낸 블록의 주소 등 각각에 연관된 전역변수 들이 존재한다.

main loop()는 간단한 상태 머신(state

```
/*
    트위터 RFID 웹 클라이언트
    환경: 아두이노
*/
#include <SPI.h>
#include <Ethernet.h>
#include <TextFinder.h>
#include <Wire.h>
#include <LiquidCrystal.h>
```

machine)[5]이므로, 현재 상태에 따라 동작이 달라지기 때문에 상태를 나타내기 위한 변수가 필요하다. 상태 머신은 다음 네 가지 상태를 가진다.

- 태그 찾음
- 찾은 태그를 읽음
- HTTP 요청 생성
- 서버의 응답을 기다림

스케치의 상태와 관계없이 상태는 loop() 함수를 통해서 LCD로 항상 갱신된다.

스케치에는 일반적인 IP와 이더넷 설정 변수들도 있다. 이 값은 여러분의 장치와 네트워크에 맞춰 변경하자.

» 트위터, 트윗, 마지막으로 만든 HTTP 요청, 요청 이후 어느 정도 지연이 있는지 추적하기 위한 전역변수도 있다.

마지막으로, LCD 표시장치의 다양한 속성을 나타내는 전역변수와 스크롤 속도를 나타내는 가변저항을 위한 상수 값이 존재한다.

```
#include <SonMicroReader.h>

SonMicroReader Rfid;           // 리더 라이브러리 인스턴스
unsigned long tag = 0;         // 현재 태그 주소
unsigned long lastTag = 0;     // 이전 태그 주소
int addressBlock = 4;          // 태그에서 읽어낸 메모리 블록

int state = 0;                 // 스케치의 현재 상태

// 자신의 제어기에 맞는 MAC 주소와 IP 주소를 아래에 적자
// IP 주소는 로컬 네트워크에 따라 달라진다.
byte mac[] = { 0x00, 0xAA, 0xBB, 0xCC, 0xDE, 0x01 };
IPAddress ip(192,168,1,20);                // DHCP가 실패할 때만 사용됨
IPAddress server(199,59,149,200);          // 트위터 API 주소
Client client;                             // 클라이언트 접속 인스턴스
```

» 이 부분은 자신의 장치와 네트워크에 맞게 바꿔야 한다.

```
String twitterHandle = "";     // 트위터
String tweet = "";             // 트윗
int tweetBufferLength;         // 트윗을 위해서 예비해둔 공간
int tweetLength = 0;           // 트윗의 실제 길이

long lastRequestTime = 0;      // 서버에 마지막으로 접속한 시간
int requestDelay = 15 * 1000;  // HTTP 요청 간의 시간 차이

// 인터페이스 핀 번호를 이용해서 라이브러리를 초기화
LiquidCrystal lcd(9,8, 7, 6,5, 3);
const int screenWidth = 16;    // LCD 한 줄에 몇 글자를 찍을 수 있는지 설정
long lastScrollTime = 0;       // LCD를 스크롤 한 마지막 시간
int scrollDelay = 130;         // LCD 이동한 시간 간의 지연 시간
int cursorPosition = 0;        // LCD에서 커서 위치

const int potVoltage = A0;     // 스크롤 속도 제어용 가변저항의 전압 부분
const int potGround = A2;      // 스크롤 속도 제어용 가변저항의 그라운드 부분
const int potInput = A1;       // 스크롤 속도 제어용 가변저항 입력
```

» setup() 함수는 시리얼 통신, 이더넷, I2C를 통한 RFID 리더와의 통신, LCD와의 통신 등 다양한 통신을 초기화한다. 디지털 출력 A0를 높은 전압 상태로, A2를 낮은 전압 상태로 보냄으로써 스크롤 속도를 제어하는 가변저항의 전원과 그라운드로 사용한다.

```
void setup() {
  // 시리얼 통신과 리더를 초기화
  Serial.begin(9600);
  // 이더넷 접속 시작
  if (Ethernet.begin(mac) == 0) {
    Serial.println(F("Failed to configure Ethernet
                     using DHCP"));
    Ethernet.begin(mac, ip);
  }
  // A0와 A2를 디지털 출력으로 설정하고,
  //스크롤 속도 제어용 가변저항의 전원과 그라운드로 사용
  pinMode(potGround, OUTPUT);
  pinMode(potVoltage, OUTPUT);
  digitalWrite(potGround, LOW);
  digitalWrite(potVoltage, HIGH);
```

---

5 상태를 저장하고, 이 상태를 기반으로 입력 값에 따라 반응하면서 상태를 바꾸는 것.

```
    // 트윗을 위해서 140 * 2 화면 넓이 + 3바이트를 확보해둔다:
    tweetBufferLength = 140 + 2*screenWidth + 3;
    tweet.reserve(tweetBufferLength);
    Rfid.begin();
    // LCD의 행, 열의 숫자를 설정
    lcd.begin(screenWidth,2);
    lcd.clear();
    lcd.print(F("Ready"));
}
```

» loop() 함수는 switch 문을 이용해서 어떤 상태에 있는지 확인한다. 각각의 상태에서 필요한 작업을 마치면, loop() 함수에서 상태 변수 값을 증가시켜 다음 상태로 변경시킨다. 만일 이전 상태가 성공하지 못한 경우(예를 들어 인증을 못한다거나, 이전에 읽은 태그에서 다시 데이터를 읽게 되는 경우 등) 첫 번째 상태인 태그를 찾는 상태로 돌아간다.

상태 확인이 끝나면 loop() 함수는 LCD 화면 표시를 갱신한다. 이 부분에서는 트위터 핸들을 가장 윗줄에 표시하고, 아랫줄에 최근 트윗을 나타낸 후 scrollDelay 밀리초마다 이 값을 스크롤해서 앞으로 밀어낸다.

```
void loop() {
  switch(state) {
  case 0:       // 태그 읽음
    tag = Rfid.selectTag();
    if (tag != 0) {
      // 태그를 얻으면 이 값을 출력
      Serial.println(tag, HEX);
      state++;        // 다음 상태로
    }
    break;
  case 1:       // 블록 읽기
    if (Rfid.authenticate(addressBlock)) {
      Serial.print(F("authenticated "));
      // 태그에서 트위터 핸들을 읽음
      Rfid.readBlock(addressBlock);
      twitterHandle = Rfid.getString();
      // 핸들 보여줌
      lcd.clear();              // 이전 내용 지움
      lcd.setCursor(0,0);       // 커서를 맨 처음으로
      lcd.print(twitterHandle); // 트윗 핸들을 첫 줄에 표시
      Serial.println(twitterHandle);
      state++;                  // 다음 상태로
    }
    else state = 0;             // 처음 상태로 돌아감
    break;
  case 2:       // 서버 접속
    // 새로운 태그이거나, 최근에 HTTP 요청을 보낸 후 전송 지연이 끝났다면
    if (tag != lastTag ||
        millis() - lastRequestTime > requestDelay) {
      // 서버 접속 시도
      if (connectToServer()) {
        state++;    // 다음 상태로
      }
      else state = 0;       // 처음 상태로 돌아감
    }
    else state = 0;         // 처음 상태로 돌아감
    lastTag = tag;
    break;
  case 3:       // 응답을 읽음
    tweetLength = readResponse();
    state = 0;              // 처음 상태로 돌아감
    break;
  }

  // 이전에 LCD 내용을 움직이지 않았다면
  if (tweetLength > 0 && millis() - lastScrollTime >
    scrollDelay) {
    // LCD 내용을 한 줄 앞으로
    scrollLongString(cursorPosition);
    // LCD의 커서 위치 증가
    if (cursorPosition < tweetLength) {
      cursorPosition++;
    }
```

» 마지막으로 A1 핀으로 들어오는 가변저항의 입력 값에 의해서 scrollDelay 변수를 갱신한다.

```
    else {
      cursorPosition = 0;
    }
    // LCD 내용을 이동시킨 마지막 시간 저장
    lastScrollTime = millis();
  }
  // 가변저항의 입력으로부터 스크롤 속도를 갱신
  int sensorReading = analogRead(potInput);
  // 스크롤 지연 속도를 100-300 ms 범위로 맞춤
  scrollDelay = map(sensorReading, 0, 1023, 100, 300);
}
```

» scrollLongString() 함수는 트윗의 전체 문자열 중에서 16개 문자로 이루어진 문자열을 만들어 LCD에 표시하는 동작을 한다. 트윗의 처음과 끝부분에는 충분히 문자를 넣어서 화면에서 이 부분이 나타나고, 스크롤되어 사라지도록 만든다.

```
// 이 함수는 긴 트윗 문자열에서 일부분을 취해서 화면에 나타낸다
void scrollLongString(int startPos) {
  String shortString = "";      // 화면에 보일 문자열
  // 문자열 왼쪽에 문자열을 표시할 만큼 여유가 있는지 확인
  if (startPos < tweetLength - screenWidth) {
    // 16글자의 문자열을 만든다
    shortString = tweet.substring(startPos, startPos +
                                            screenWidth);
  }
  // LCD 갱신
  lcd.clear();                   // 이전 내용 지움
  lcd.setCursor(0,0);            // 커서를 맨 위의 왼쪽으로 이동
  lcd.print(twitterHandle);      // 트윗 핸들을 첫 줄에
  lcd.setCursor(0,1);            // 커서를 마지막 줄 첫부분으로
  lcd.print(shortString);        // 트윗을 아래쪽에서 스크롤
}
```

» connectToServer() 함수는 4장의 네트워크에 연결된 공기 측정기 프로젝트에서 사용했던 접속 함수와 매우 비슷하다. 이 함수는 서버에 접속해서 HTTP GET 요청을 만든다. 이 경우에는 HTML 페이지를 요청하는 것이 아니라 http://api.twitter.com에서 찾을 수 있는 트윗을 위한 XML 요청을 만든다. 다른 사이트와 마찬가지로 트위터는 XML을 이용해서 사람이 읽을 수 있고, 기계도 읽을 수 있는 형태로 만든다.

```
// 이 함수는 서버에 접속해서 HTTP 요청을 만든다.
boolean connectToServer() {
  // 접속을 시도한 시간을 적어둔다
  lastRequestTime = millis();
  // 접속 시도
  Serial.println(F("connecting to server"));
  if (client.connect(server, 80)) {
    Serial.println(F("making HTTP request"));
    // HTTP GET 요청 생성
    client.print(F("GET /1/statuses/
                    user_timeline.xml?screen_name="));
    client.print(twitterHandle);
    client.println(F(" HTTP/1.1"));
    client.println(F("Host:api.twitter.com"));
    client.println();
    return true;
  }
  else {
    Serial.print(F("failed to connect"));
    return false;
  }
}
```

» readResponse() 함수는 HTTP 요청 이후에 서버로부터 들어온 데이터 바이트를 읽어 트

```
int readResponse() {
  char tweetBuffer[141];  // 140자+1 추가 문자
```

윗의 시작과 끝을 찾아낸다. 트윗은 일반적으로 <text>와 </text>의 두 태그 사이에 들어간다. 따라서 이 함수는 두 태그를 찾은 다음에 그 사이에 있는 내용을 반환하는 동작을 수행하면 된다.

들어오는 데이터에서 나머지 부분은 무시해도 된다. 전체 XML 피드를 모두 보고 싶은 경우 아래와 같이 트윗 핸들을 뒷부분에 붙여서 브라우저에서 URL을 열면 된다.

http://api.twitter.com/1/statuses/user_timeline.xml?screen_name=halfpintingalls

```
int result = 0;
// 서버에서 사용 가능한 데이터가 있다면
while (client.connected()) {
    if (client.available()) {
        // 응답의 내용을 찾아내기 위해 TextFinder 인스턴스 생성
        TextFinder response(client);
        // 서버의 응답에 <text> 부분이 있는지 확인
        response.getString("<text>", "</text>",
                          tweetBuffer, 141);
        // 트윗 문자열을 출력
        Serial.println(tweetBuffer);
        // 양쪽 끝이 패딩되어 있는 문자열을 만든다
        tweet = "                " + String(tweetBuffer)
              + "                ";
        result = tweet.length();
        // 트윗에 대해서만 신경 쓰면 된다.
        client.stop();
    }
}
return result;
}
```

문제 해결

이 스케치에서는 잘못될 수 있는 부분이 상당히 많다. 각 부분을 명확히 하려면, 문제 해결에 대한 계획을 가지고 있어야 한다. 다음은 여러분이 살펴봐야 하는 몇 가지 사항이다.

네 가지 주요 상태 각각에 도달할 수 있는가?

그렇지 않다면, 어떤 상태에서 멈추는지 확인해야 한다. 이전 상태의 결과를 출력했던 것처럼 새로운 상태에 도착할 때마다 메시지를 출력하게 해서 확인해 볼 수 있다.

태그를 읽을 수 있는가? 메모리 블록을 읽을 수 있는가?

그렇지 않다면, SonMicroReader 라이브러리에 같이 들어 있는 예제 스케치를 구동시켜 보자.

실제로 ReadBlock 예제는 기본적인 태그 읽기 동작을 수행하기 위한 스케치이다.

서버에 접속할 수 있는가?

그렇지 않다면, 4장에 있는 HTTP 테스트 클라이언트를 이용해서 이번 스케치에 있는 URL을 호출해 보자.

사용자의 트윗을 읽을 수 있는가?

자신의 트윗을 막아둔 트위터 사용자나 트윗 계정이 없는 사용자를 선택한 것은 아닌가?

URL을 브라우저에서 읽어서 <text> 태그를 찾아보자. 만일 해당 태그가 없다면 스케치는 내용을 볼 수 없다.

LCD가 동작하는가?

Serial Monitor를 통해서 출력을 확인하자. 이 스케치는 어떤 동작이 일어나는지 확인할 수 있는 다양한 출력문이 존재한다. 문제 해결을 위해서 이 값을 사용하자.

만들기

5장에서 사용했던 것과 비슷한 모양의 간단한 상자를 사용하는데 구조는 약간 다르다. RFID 안테나와 LCD 화면이 전선으로 마이크로컨트롤러와 연결되어 있다. 이를 위해 리본 케이블이나 한쪽 끝을 잘라낸 이더넷 케이블을 사용할 수 있다.

회로를 상자에 넣기 전에 반드시 점검해야 한다.

LCD를 붙이고, 그림 9-19에 있는 것처럼 별도의 만능기판에 LCD의 대비율(contrast)을 조절할 가변저항을 붙인다.

원한다면 프로토타이핑 실드를 사용할 수도 있지만, 전선에 헤더를 붙이고 보드에 직접 붙일 수 있으므로 반드시 필요한 건 아니다. 좀 더 쉽게 전선을 끼울 수 있도록 다음과 같은 방법으로 전선을 묶어두는 것이 좋을 수 있다.

- 아두이노 D8 핀과 D9 핀에 연결될 전선을 두 핀짜리 헤더에 납땜한다.
- D3에서 D7까지의 핀에 연결될 전선을 5핀짜리 헤더에 납땜하되, D4를 위한 공간은 띄어둘 것.
- +5V와 그라운드로 갈 전선을 한 쌍의 헤더에 납땜한다.

그림 9-20은 이더넷 케이블을 잘라서 위에 설명한 방법대로 헤더에 붙인 것을 보여준다.

스크롤 속도를 제어하는 가변저항을 그림 9-18에 보이는 것처럼 사용하기 간편한 형태의 전선을 이용해서 A0에서 A2에 연결하면 된다.

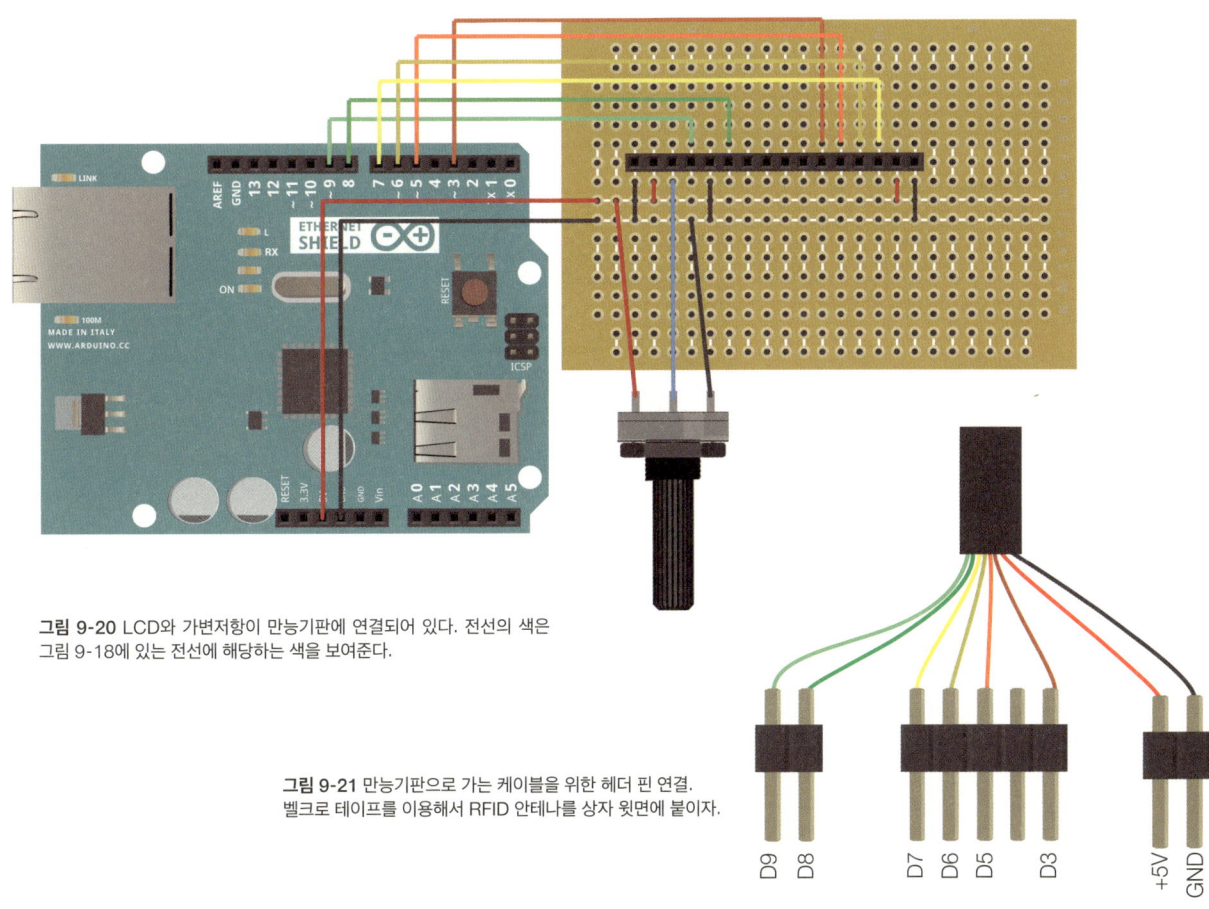

그림 9-20 LCD와 가변저항이 만능기판에 연결되어 있다. 전선의 색은 그림 9-18에 있는 전선에 해당하는 색을 보여준다.

그림 9-21 만능기판으로 가는 케이블을 위한 헤더 핀 연결. 벨크로 테이프를 이용해서 RFID 안테나를 상자 윗면에 붙이자.

9장 인증하기 363

긴 헤더 핀(암놈) 몇 개를 추가하면, 위에 있는 LCD 회로의 전선을 끼울 수 있는 충분한 길이가 될 것이다. 상자 안쪽의 내용은 그림 9-22에서 볼 수 있다.

가변저항을 상자 위쪽에 위치시키고, 고정용 너트를 이용해서 고정한다. 벨크로 테이프나 화면 옆면에 있는 양면 테이프로 LCD 화면을 상자 위에 붙인다. 아두이노 아래쪽에 벨크로 조각을 붙여두면 상자 바닥에 아두이노 보드를 잘 고정시킬 수 있다.

모든 작업이 끝나면, 그림 9-23에 보이는 것과 같이 책상 위에 두는 간단한 트위터 리더를 완성했다. 필요할 때 손쉽게 확인해 볼 수 있도록 몇 개의 태그에 좋아하는 트위터 사용자를 적어두자. 태그를 이용하는 실제의 신원과 트위터 뉴스 피드를 이용하는 네트워크 신원을 서로 연결시킨 것이라 할 수 있다.

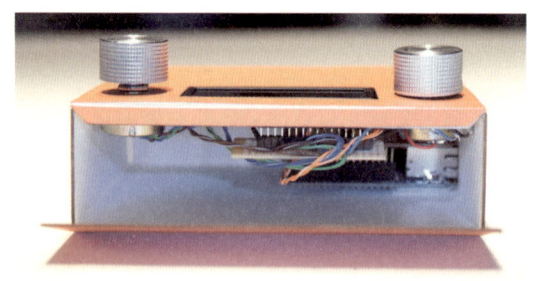

그림 9-22 LCD 만능기판을 앞면으로 오도록 만든 상자의 안쪽.

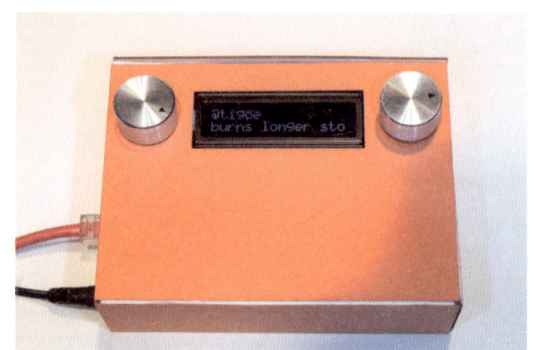

그림 9-23 상자의 최종 모습.

네트워크 인증

지금까지 주소를 통해서 계산적인 방법으로 네트워크 장치를 알아냈다. 인터넷에 있는 장치는 IP와 MAC 주소 모두를 볼 수 있다. 블루투스와 802.15.4 장치도 표준화된 주소를 가지고 있다. 그러나 장치의 주소는 이 장치가 실제로 어디에 있는지 혹은 어떤 일을 하고 있는지 알려주지는 않는다.

4장에서 했던 네트워크를 통한 공기 측정 프로젝트를 다시 떠올려 보자. 마이크로컨트롤러는 HTTP로 요청을 만들고, PHP 스크립트를 통해서 요청에 응답한다. 마이크로컨트롤러의 기능에 대해서는 이미 알고 있으므로, 효과적으로 처리할 수 있을 만큼 작게 요청을 보낼 수 있을 것이며, 읽기 쉽도록 형태를 만들 수 있을 것이다.

동일한 PHP 스크립트가 아두이노 이더넷, 사파리, 크롬과 같은 데스크톱의 브라우저 혹은 휴대폰의 브라우저에서 보내는 HTTP 요청에 모두 같은 응답을 보내면 어떻게 될까? 정보를 어떤 형태로 만들어야 할지 어떻게 알 수 있을까?

대부분의 인터넷 통신 프로토콜은 초기 헤더 메시지로 전송자와 수신자의 신원과 처리 능력에 대한 기본적인 정보를 교환하는 부분을 포함하고 있다. 여기서 살펴볼 시스템과 같이 네트워크 기반의 시스템을 설계할 때는 이 정보를 이용할 수 있을 것이다. 개념에 대해서 광범위하게 설명할 지면은 없으므로, 이메일과 HTTP를 이용하는 다음 두 예제를 따라 해보자.

HTTP 환경 변수

PHP 스크립트 같은 서버 측 프로그램의 경우 HTTP를 받으며, 서버와 클라이언트 등에 대해서 지금까지 여러분이 본 것보다 훨씬 많은 정보에 접근한다.

» 그중 일부를 보기 위해서는 다음의 PHP 스크립트를 여러분의 웹 서버에 저장한 후 브라우저에서 열자. 이 스크립트는 env.php라는 이름으로 저장한다.

```php
<?php
/*
    환경 변수 출력
    환경: PHP

    환경 변수를 출력한다
*/
foreach ($_REQUEST as $key => $value)
{
    echo "$key: $value<br>\n";
}
foreach ($_SERVER as $key => $value)
{
    echo "$key: $value<br>\n";
}
?>
```

브라우저에서는 다음과 비슷한 값을 얻을 수 있을 것이다.

```
#CGI __utmz: 152494652.1295382826.13.2.
utmccn=(referral)|utmcsr=itp.nyu.edu
|utmcct=/physcomp/studio/Spring2011/
TomIgoe|utmcmd=referral
__utma: 152494652.402968136.1288069605.13087
54712.1308768861.29
PATH: /usr/local/bin:/usr/bin:/bin
REDIRECT_HANDLER: php-cgi
REDIRECT_STATUS: 200
UNIQUE_ID: Thtgla3sqiUAAFdwW-UAAAAP
SCRIPT_URL: /php/09_env.php
SCRIPT_URI: http://www.example.com/php/
09_env.php
HTTP_HOST: www.example.com
HTTP_CONNECTION: keep-alive
HTTP_USER_AGENT: Mozilla/5.0 (Macintosh;
Intel Mac OS X 10_6_8) AppleWebKit/534.30
(KHTML, like Gecko) Chrome/12.0.742.112
Safari/534.30
HTTP_ACCEPT: text/html,application/
xhtml+xml,application/xml;q=0.9,*/*;q=0.8
HTTP_ACCEPT_ENCODING: gzip,deflate,sdch
HTTP_ACCEPT_LANGUAGE: en-US,en;q=0.8
HTTP_ACCEPT_CHARSET: ISO-8859-1,utf-8;
q=0.7,*;q=0.3
HTTP_COOKIE: __utmz=152494652.1295382826
.13.2.utmccn=(referral)|utmcsr=itp.nyu.
edu|utmcct=/physcomp/studio/Spring2011/
TomIgoe|utmcmd=referral; __utma=152494652.40
2968136.1288069605.1308754712.1308768861.29
SERVER_SIGNATURE:
SERVER_SOFTWARE: Apache
SERVER_NAME: www.example.com
SERVER_ADDR: 77.248.128.3
SERVER_PorT: 80
REMOTE_ADDR: 66.168.47.40
DOCUMENT_ROOT: /home/username/example.com
SERVER_ADMIN: webmaster@example.com
SCRIPT_FILENAME: /home/username/example.com/
php/09_env.php
REMOTE_PorT: 52138
REDIRECT_URL: /php/09_env.php
GATEWAY_INTERFACE: CGI/1.1
SERVER_PROTOCOL: HTTP/1.1
REQUEST_METHOD: GET
QUERY_STRING:
REQUEST_URI: /php/09_env.php
SCRIPT_NAME: /php/09_env.php
ORIG_SCRIPT_FILENAME: /dh/cgi-system/php5.
cgi
ORIG_PATH_INFO: /php/09_env.php
ORIG_PATH_TRANSLATED: /home/username/
example.com/php/09_env.php
ORIG_SCRIPT_NAME: /cgi-system/php5.cgi
PHP_SELF: /php/09_env.php
REQUEST_TIME: 1310417045
```

여기서 볼 수 있듯 웹 서버의 IP 주소, 클라이언트의 IP 주소, 브라우저 형태, 스크립트가 저장되는 디렉터리 경로 등 수많은 정보가 출력된다. 간단한 HTTP 요청을 사용함으로써 얼마나 많은 정보를 포기하고 있는지 알기 어려울 것이며, 이것 역시 사용할 수 있는 정보 중의 일부이다. 이 정보들은 서로 다른 클라이언트에 대해서 다른 방식으로 응답해야 하는 서버 측 스크립트를 작성할 때 매우 유용하다.

예를 들어, HTTP_USER_AGENT는 클라이언트에서 접속에 사용한 소프트웨어 브라우저의 이름을 알려준다. 이 정보로부터 접속한 곳이 휴대폰, 데스크톱 혹은 그 이외의 다른 것인지 확인할 수 있으며, 서버는 각각에 적합한 내용을 보낼 수 있다. HTTP_ACCEPT_LANGUAGE는 클라이언트에서 응답으로 원하는 언어를 알려준다.

REMOTE_ADDR와 아래에 있는 IP 지오코딩 예제를 같이 사용하면, 접속이 프락시를 통해서 들어온 경우만 아니라면 클라이언트의 대략적인 위치를 알아낼 수 있다.

프로젝트 28

IP 지오코딩

다음 예제는 위도와 경도를 알아내기 위해서 클라이언트의 IP 주소를 사용한다. 이는 커뮤니티 기반으로 IP 지오코딩을 만들어내는 프로젝트인 www.hostip.info로부터 정보를 얻어온다. 여기에 있는 데이터가 가장 정확한 것은 아니지만, 무료다. 이 스크립트는 클라이언트가 데스크톱 브라우저인지 이더넷 모듈인지 판단하기 위해서 HTTP 사용자 에이전트를 사용한다. 이후에 각 장치에 맞게 응답의 형태를 만들어낸다.

위치를 찾자
이 스크립트를 ip_geocoder.php라는 이름으로 서버에 저장한다.

```php
<?php
/*  IP 지오코더
    환경: PHP

    위도와 경도를 얻기 위해서 클라이언트의 IP 주소 사용
    응답의 형태를 맞추기 위해서 클라이언트의 사용자 에이전트 사용
*/
    // 변수 초기화
    $lat = 0;
    $long = 0;
    $country = "unknown";

    // 클라이언트의 형태가 어떤 것인지 확인
    $userAgent = getenv('HTTP_USER_AGENT');
    // 클라이언트의 IP 주소를 얻어온다
    $ipAddress = getenv('REMOTE_ADDR');
```

» www.hostip.info 웹페이지는 전달된 IP 주소를 이용해서 간단한 XML 형식으로 위도와 경도를 반환한다. 위도와 경도는 <gml:coordinates>라 불리는 태그 안쪽에 포함되어 있다.

이것이 바로 찾고자 했던 정보다. 우선 HTTP 요청 문자열의 형태를 만들어 요청을 만들고, while 루프를 이용해서 결과를 기다린 다음 각각의 성분으로 분리한다.

» 만일 브라우저에서 이 스크립트를 호출하면, HTML 버전을 얻을 수 있다. "processing" 혹은 "arduino"라는 응답을 얻고 싶다면, 특정 HTTP 요청을 전달할 필요가 있다. 터미널 프로그램에서 다음과 같은 형태로 호출해 보자.

```php
// IP 주소로부터 위도와 경도를 얻기 위해서 http://www.hostIP.info를 사용
// 일단 HTTP 요청 문자열의 형태를 만든다.
$IpLocatorUrl = "http://api.hostip.info/
                ?&position=true&ip=";
// IP 주소 추가
$IpLocatorUrl .= $ipAddress;

// HTTP 요청 만듦
$filePath = fopen ($IpLocatorUrl, "r");

  // 입력되는 문자열의 끝부분에 도달할 때까지 기다림
while (!feof($filePath)) {
  // 한 번에 한 줄씩 읽음
  $line = fgets($filePath, 4096);
  // 한 줄 내에 좌표가 있으면, 이 값이 필요한 것임
  if (preg_match('/<gml:coordinates>/', $line)) {
    $position = strip_tags($line);      // XML 태그 제거
    $position = trim($position);        // 공백 문자 제거
    $coordinates = explode(",",$position); //쉼표 기준으로
                                            //분리

    $lat = $coordinates[0];
    $long = $coordinates[1];
  }
}

// 접속을 닫음
fclose($filePath);

// 클라이언트 형태에 따라 출력 결정:
switch ($userAgent) {
  case "arduino":
    // 아두이노는 짧은 답을 원함:
    echo "<$lat,$long,$country>\n";
    break;
  case "processing":
    // 프로세싱은 좀 더 많은 내용을 요구:
    echo "Latitude:$lat\nLongitude:$long\nCountry
         :$country\n\n";
    break;
  default:
    // 다른 클라이언트는 더 긴 답을 받을 수 있음:
    echo <<<END
<html>
<head></head>

<body>
  <h2>Where You Are:</h2>
    Your country: $country<br>
    Your IP: $ipAddress<br>
    Latitude: $lat<br>
    Longitude: $long<br>
</body>
</html>
END;
  }
?>
```

이제 위치를 얻었으므로, 누구에게 결과를 보내야 하는지 파악하고 거기에 맞게 형태를 적절히 만들 차례가 되었다. 이 정보는 HTTP 사용자 에이전트 내에 존재한다.

먼저 시작하기 전에 서버에 접속한다.

```
telnet example.com 80
```

그리고, 다음 내용을 전송한다.(마지막 줄을 입력한 후에 한 번 더 Enter 키를 눌러야 한다.)

```
GET /~yourAccount/ip_geocoder.php HTTP/1.1
HOST: example.com
USER-AGENT: arduino
```

다음과 같은 응답을 얻을 것이다.

```
HTTP/1.1 200 OK
Date: Thu, 21 Jun 2007 14:44:11 GMT
Server: Apache/2.0.52 (Red Hat)
Content-Length: 38
Connection: close
Content-Type: text/html; charset=UTF-8

<40.6698,-73.9438, UNITED STATES (US)>
```

아두이노에서 프로세싱으로 사용자 에이전트를 변경하면 다음과 같은 내용을 얻을 수 있다.

```
HTTP/1.1 200 OK
Date: Thu, 21 Jun 2007 14:44:21 GMT
Server: Apache/2.0.52 (Red Hat)
Content-Length: 64
Connection: close
Content-Type: text/html; charset=UTF-8

Latitude:40.6698
Longitude:-73.9438
Country:UNITED STATES (US)
```

여기서 볼 수 있듯이, 이 기능은 매우 강력하다. 이 부분을 사용하려면 프로세싱 혹은 마이크로컨트롤러(3장 참조)로부터 오는 HTTP 요청에 한 줄 정도만 추가하면 된다. 사용자 에이전트를 보내기 위해서는 단지 한 줄의 문장을 추가하면 된다. 프로세싱 또는 아두이노에서의 HTTP 요청은 아래와 같은 형태가 될 것이다.

```
// HTTP GET 요청 전송:
String requestString = "/~yourAccount/
                        ip_geocoder.php";
client.write("GET " + requestString +
             " HTTP/1.0\r\n");
client.write("HOST: example.com\r\n");
client.write("USER-AGENT: processing\r\n\
             r\n");
```

위와 같은 방식으로 사용자 에이전트 변수를 사용하면 개발 과정이 상당히 쉬워진다. 이를 통해서 어떤 형태의 클라이언트에도 반응할 수 있도록 작성한 프로그램을 디버깅할 때 브라우저나 명령 행을 사용할 수 있기 때문이다.

이메일 환경 변수

이메일은 복잡한 대화를 구성할 수 있는 기능을 제공해야 하므로 IP 주소를 얻는 것보다 객체 간에 좀 더 유연한 관계를 제공한다. 이메일 객체는 어떤 사람하고만 대화를 나누는 것(from: address 부분)이 아니라, 답변을 보낼 사람을 지정(reply-to: 필드 이용)하고, 대화에 포함시킬 대상(cc: 및 bcc: 필드 이용)까지 지정할 수 있어야 한다. 이 모든 정보는 제목이나 내용이 없는 경우에도 전달될 수 있어야 한다.

PHP는 이런 내용을 해석(parsing)할 수 있는 간단한 도구를 제공한다. 많은 장치들이 이메일을 통해서 통신하고 있으므로(휴대폰의 문자 메시지 역시 이메일을 통해서 전송될 수 있다), 이를 사용하면 만든 시스템이 사용되는 장치의 범위를 크게 확장시킬 수 있다.

HTTP와 비슷하게 이메일 프로토콜 역시 여러분이 사용할 수 있는 환경 변수들을 가지고 있다. 자신이 사용하는 이메일 클라이언트 프로그램에서 이메일의 헤더 부분 전체를 확인해 본 적이 있다면, 이런 정보들을 볼 수 있었을 것이다. 메일을 좀 더 깊게 들여다보려면, PHP의 IMAP 메일 함수를 사용하면 된다. IMAP(Internet Message Access Protocol: 인터넷 메시지 접속 프로토콜)는 다수의 클라이언트가 서버에서 메일을 가지고 올 수 있도록 만들어진 프로토콜이다. 서버에 있는 메일은 클라이언트가 특정 메시지를 삭제하라고 서버에 명령을 내리기 전까지 보존된다. 이는 같은 계정을 사용하는 다수의 이메일 클라이언트가 접근할 수 있도록 해주며, 여러 클라이언트들에서 메일을 잘 관리할 수 있도록 만들어준다.

전송하자
서버에 오른쪽 PHP 스크립트를 저장하자.

```php
<?php
/*
    메일 리더
    환경: PHP
*/

// 개인 정보를 별도의 파일에 보관하자:
@include_once('pwds.php');

// gmail의 받은 편지함에 SSL을 이용해서 993 포트로 접속하지만,
// 유효한 접근인지 인증하지는 않음
$mailServer = '{imap.gmail.com:993/imap/ssl/novalidate-cert}INBOX';
$mbox = imap_open($mailServer, $user, $pass);

// 받은 편지함에서 메시지 헤더들을 받아온다:
$headers = imap_headers($mbox);

// 메시지가 없다면, 메일이 없는 것이다.
if ($headers == false) {
  echo "Failed to get mail<br />\n";
} else {
  // 메시지의 수를 출력
  echo "number of messages: ".imap_num_msg($mbox);
  echo "\n\n";
  // 첫 번째 메시지의 헤더 출력
  echo imap_fetchheader($mbox,1);
}
// 받은 편지함 닫기:
imap_close($mbox);
?>
```

» 다음으로 pwds.php라는 별도 파일을 만들어 서버에 저장하자. 이 파일에는 여러분의 사용자명과 비밀번호가 저장되어 있다. 기능을 수행시킬 PHP 파일에서 이런 정보를 분리함으로써 정보를 보호할 수 있다. 파일은 오른쪽에 있는 형태로 만들자.

  pwds.php 파일을 저장한 후에는 바로 파일의 권한을 변경해서 소유자만 해당 파일을 읽고, 쓸 수 있도록 만들어야 한다. 명령 행에 다음과 같이 적으면 된다.

```
chmod go-rwx pwds.php
```

```php
<?php
$user='username';    // 메일 로그인 아이디
$pass='password';    // 보통 입력하는 것과 동일하게 입력
?>
```

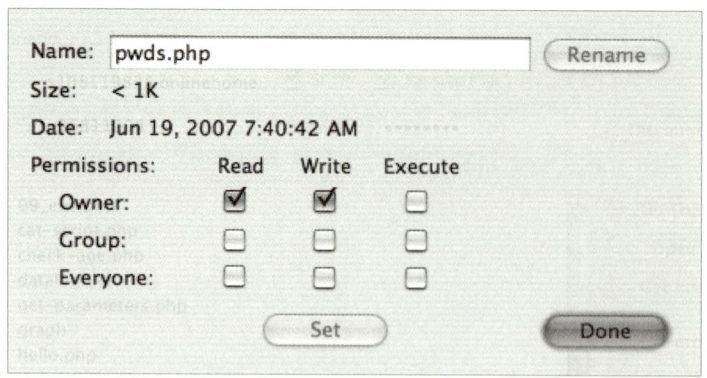

그림 9-24 pwds.php 파일을 위한 권한. 본인 이외에는 누구도 읽거나 쓸 수 없도록 만들어야 한다.

주의: 그래픽 화면을 사용하는 SFTP 혹은 FTP 클라이언트를 사용한다면, 이 파일을 그림 9-24에 있는 것처럼 설정할 수 있다. 이런 보호 과정을 통해서 다른 사람이 여러분의 접속 정보에 접근하려는 시도를 막을 수 있다. 물론 이 방식이 가장 이상적인 해결 방법은 아니지만, 예제를 목적으로 사용하는 경우에는 충분하고, 비밀번호를 자주 변경함으로써 좀 더 안전하게 만들 수 있다.

코드가 제대로 동작하기 위해서는 서버에 읽지 않은 메일이 적어도 한 개는 있어야 한다. 작업 과정에서 이 스크립트를 브라우저에서 열었을 때 다음과 같은 메시지를 얻을 수 있다.

```
number of messages: 85

Delivered-To: tom.igoe@gmail.com
Received: by 10.52.188.138 with SMTP id
ga10cs129118vdc; Sat, 28 May 2011
12:32:30 -0700 (PDT)
Received: by 10.42.176.136 with SMTP id
be8mr4324248icb.15.1306611150331; Sat, 28
May 2011 12:32:30 -0700 (PDT)
Return-Path: <tigoe@algenib.myhost.com>
Received: from myhost.com (crusty.
g.myhost.com [67.225.8.42])
by mx.google.com with ESMTP id f8si-
10612848icy.106.2011.05.28.12.32.29; Sat, 28
May 2011 12:32:29 -0700 (PDT)
Received-SPF: pass (google.com: domain
of tigoe@algenib.myhost.com designates
67.225.8.42 as permitted sender) client-ip=
67.225.8.42;
Authentication-Results: mx.google.com;
spf=pass (google.com: domain of tigoe@
algenib.myhost.com designates 67.225.8.42 as
permitted sender) smtp.mail=tigoe@algenib.
myhost.com
Received: from algenib.myhost.com (algenib.
myhost.com [173.236.170.37]) by crusty.
g.myhost.com (Postfix) with ESMTP id
6EAC3BE813 for <tom.igoe@gmail.com>; Sat, 28
May 2011 12:31:15 -0700 (PDT)
Received: by algenib.myhost.com (Postfix,
from userid 1774740) id 00AD1156BB6; Sat, 28
May 2011 12:32:09 -0700(PDT)
To: tom.igoe@gmail.com
Subject: Hello world!
From: cat@catmail.com
Message-Id: <20110528193210.00AD1156BB6@
algenib.myhost.com>
Date: Sat, 28 May 2011 12:32:10 -0700 (PDT)
```

이 헤더에는 유용한 정보가 상당히 많다. 메일이 cat@catmail.com에서 전송되었다고 표기되어 있더라도, 실제 메일은 myhost.com에서 구동되는 서버에서 온 것이다. 이를 위해서 from: address 부분에 별명(alias)을 넣는 것이나, from: address 부분과 다르게 reply-to: address를 지정하는 것 역시 매우 일반적이다. 이렇게 함으로써 3장의 고양이 스크립트에서처럼 메일 전송은 스크립트에서 하지만, 답장은 응답할 수 있는 실제 사람 쪽으로 하는 것이 가능해진다. 이것은 서로 답장을 보낼 수 있는 스크립트를 작성할 때 염두에 두어야 하는 부분이다. 이메일을 통해서 네트워크에 연결된 장치들 간에 통신을 할 때는, 각 장치에 있는 프로그램에서 reply-to: address 부분의 값을 from: address로 받아들일 수 있는 기능이 있어야 하며, 그렇지 않은 경우 서로 메시지를 얻을 수 없다.

위의 메시지는 보통 다른 메시지에 대부분 있는 X-Mailer라 불리는 항목이 없다. X-Mailer는 어떤 프로그램이 메일을 보냈는지 알려준다. 예를 들어 Apple Mail에서 전송한 메시지는 항상 Apple Mail의 X-mailer 부분이 붙고, 그 뒤로 (2.752.3)과 같은 버전 번호가 붙는다. HTTP 사용자 에이전트와 마찬가지로 X-Mailer 필드는 메일 메시지를 어떤 형태로 구성해야 할지 판단할 수 있는 정보를 준다. 이 필드는 메일을 보낸 장치에 대한 정보를 제공하는 것이므로, 이와 비슷한 방식을 사용해서 이메일에 대한 응답 메시지를 보낼 때 적절한 형태로 보낼 수 있도록 해준다.

결론

물리적 신원과 네트워크상의 신원 간의 경계에서는 항상 혼동과 잘못된 대화가 나타난다. 이러한 경계를 넘어 정보를 전달할 수 있는 시스템이 없다는 것은 명확하다. 신원과 능력, 동작을 확립하는 것은 모두 매우 복잡한 작업이므로, 좀 더 좋은 결과를 얻기 위해서는 이 과정에 더 많은 사람이 정보를 줄 수 있도록 만드는 것이 필요하다.

사용하는 사람들에게 여러분이 만든 것에 대한 신뢰를 주고, 시스템을 안전하게 지키기 위해서는 특징 정보를 전송할 때 보안을 유지하는 것이 필수적이다. 인터넷에 연결된 이후에는 어떤 것이든지 완전히 개인적인 것일 수도, 완전히 비공개가 될 수도 없으므로, 작업할 때 공개할 수 있도록 만드는 것이 오히려 더 편하다는 것을 깨닫게 될 것이다. 마지막으로 신원을 만들 때는 그 방식이 널리 사용되든 아니든 간에 명확하고 간단한 방법을 사용할수록 더욱 효과적이라는 점을 기억하자.

보통 신원은 절대적이어야 하며, 명확해야 한다고 생각하기 때문에 초보자와 네트워크에 경험이 있는 전문가 모두 이 점을 잘 인식한다. 처음부터 얼마나 철저하게 사물을 인식할 수 있을지 이야기하지 말자. 어떤 사람이나 어떤 것에 대해서 모든 것을 알아야 할 필요는 없으며, 자신의 목적에 맞게 필요한 부분만 인식하면 된다. 이런 작업이 끝나면, 만들어 낼 것에 대한 기반을 갖춘 것이다.

위치를 사용하는 시스템을 만들기 시작했다면, 적게 알아내는 것이 더 좋다는 것을 알았을 것이다. 보통 프로젝트는 위치, 거리, 방향을 알아내기 위해서 시작하며, 그 이후에 프로젝트를 개발해 나감에 따라 시스템에 대한 내용을 하나씩 파악하게 된다. 여러분이 만드는 것과 만들 것을 놓아둘 공간의 물리적인 제약이 많은 부분을 해결해 줄 것이다.

MAKE: PROJECTS

휴대전화 네트워크와 실세계

이더넷과 와이파이가 인터넷을 통해서 사람이나 사물과 통신하기 위한 가장 편리한 방법이기는 하지만, 중요한 것 하나를 언급하지 않았다. 바로 휴대전화 네트워크이다. 요즘에는 전화와 인터넷이 매우 깊은 연관을 가지고 있으므로, 둘을 따로 떼어서 이야기하는 것은 합리적이지 않다. 휴대폰이 아닌 장치들에서 휴대전화 네트워크로 접속하는 양이 증가하고 있으며, 더욱 쉬워지고 있다. 이 장에서는 위의 두 네트워크에 접속하는 방법과, 이것이 언제 유용한지 살펴본다.

◂◂

<사자야 안녕, 잘 지내니??? 나중에 문자 보내줘!!!(ohai lion, how r u??? txt me l8r!!!)>
이 사자는 SMS 메시지를 보낼 수 있다. 사자와 함께 살기(Living with Lions) 재단, 사자 보호 활동가(Lion Guardians) 재단과 공동 작업을 하는 그라운드 연구소(Ground Lab)에서는 GPS/GSM 모듈을 사용해서 사자의 위치를 SMS 메시지로 연구자들과 마사이 목동들에게 전송해주는 추적용 목걸이를 개발했다. 이 오픈 소스 시스템은 남부 케냐의 야생 지역에 남아 있는 2000마리 정도의 사자를 보호하고자 하는 자연보호론자들을 돕고, 마사이 목동들의 안전을 도모하며, 마사이 지역의 작업 생태계를 복원하는 것을 목적으로 하고 있다. 사진 제공: *Ground Labs*

10장에서 사용하는 부품

이 장에서 새로 나온 것들은 많지 않다. 기본적인 부품은 이미 대부분 익숙할 것이다. 이번에는 120V 혹은 220V 교류 전원을 이용하고, 전도성 섬유나 실을 이용할 것이며, SD 카드에 읽고 쓰는 방법에 대해서도 배울 것이다.

판매점 기호

- **A** 아두이노 스토어(http://store.arduino.cc/ww/)
- **AF** 에이다프루트(http://adafruit.com)
- **D** 디지-키(www.digikey.com)
- **F** 파넬(www.farnell.com)
- **J** 자메코(http://jameco.com)
- **L** Less EMF(www.lessemf.com)
- **MS** 메이커 셰드(www.makershed.com)
- **RS** RS(www.rs-online.com)
- **SF** 스파크 펀(www.SparkFun.com)
- **SS** 씨드 스튜디오(www.seeedstudio.com)

프로젝트 29: 고양이 카메라 다시 보기

» 아두이노 이더넷 보드 1개
　A A000050 이더넷 실드가 붙은 우노 호환 보드(2장 참조)도 잘 동작할 것이다.
　SF DEV-09026, J 2124242, A 139, AF 201, F 1848680

» MicroSD를 읽을 수 있는 SD 카드 리더 이더넷 실드와 아두이노 이더넷 보드에는 리더가 달려 있다.

» MicroSD 카드 대부분의 전자 부품 상점에서 구입할 수 있다.

» IP 카메라 예제에서는 D-Link DCS-930L를 사용한다.

» 온도 센서
　AF 165, D TMP36GT9Z-ND, F 1438760, RS 427-351

» 릴레이 제어 PCB 이 PCB는 아래에 나열된 부품들을 부착하기 위해서 사용하며, 원하는 경우에는 아래 코드가 있는 AC 제어용 스위치를 사용해도 된다.
　SF COM-09096

» 릴레이 1개
　SF COM-00101, D T9AV1D12-12-ND, F 1629059

» 1k옴 저항 2개 다음 모델 중 어떤 것을 사용해도 된다.
　D 1.0KQBK-ND, J 29663, F 1735061, RS 707-8669

» 10k옴 저항 1개
　D 10KQBK-ND, J 29911, F 9337687, RS 707-8906

» 1N4148 다이오드 1개
　SF COM-08588, F 1081177, D 1N4148TACT-ND, RS 544-3480

» 2N3906 PNP형 트랜지스터 1개
　J 178618, D 2N3906D26ZCT-ND, SF

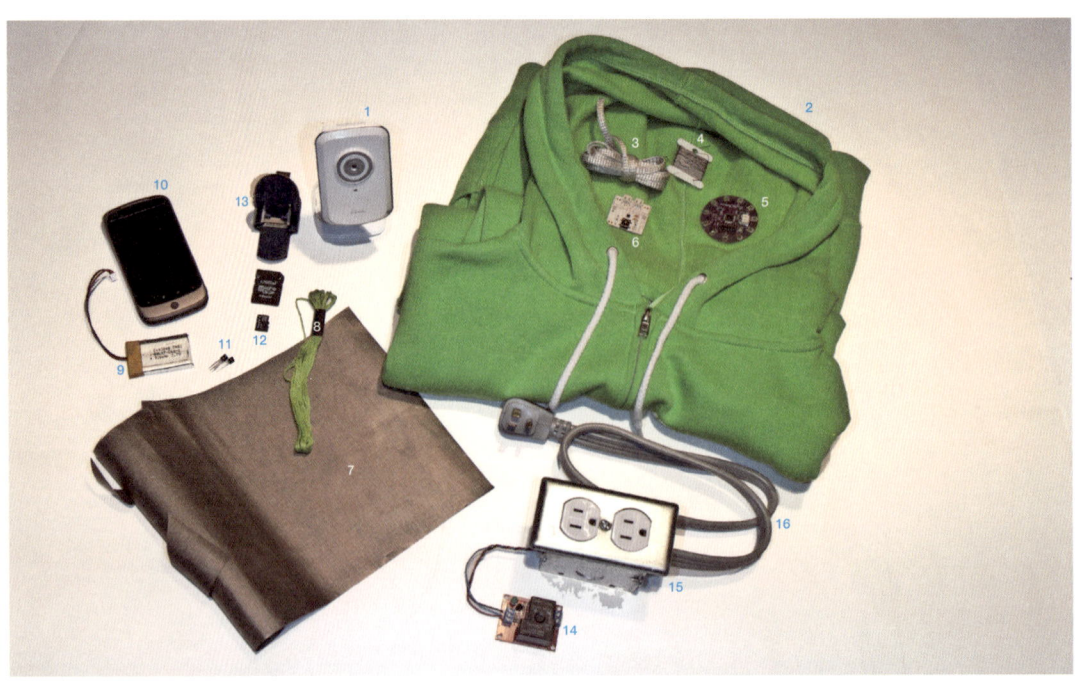

그림 10-1 이 장에서 사용하는 새로운 부품들. 1. IP 기반 카메라 2. 후드 셔츠 3. 전도성 리본 4. 전도성 실 5. 릴리패드 아두이노 심플 6. 리튬폴리머 전지 충전기 7. Shieldex 전도성 직물 8. 자수용 실 9. 리튬폴리머 전지 10. 안드로이드 장치 11. TMP36 온도 센서 12. MicroSD 카드 13. MicroSD 카드 리더 14. 릴레이 보드 15. AC 전원 소켓 16. AC 전원 코드

COM-00522, **F** 1459017, **RS** 294-328

» **LED 1개**
D 160-1144-ND 또는 160-1665-ND, **J** 34761 또는 94511, **F** 1015878, **RS** 247-1662 또는 826-830, **SF** COM-09592 또는 COM-09590

» **2핀 터미널 블록 1개**
SF PRT-08432, **D** 732-2030-ND, **F** 1792766, **RS** 189-5893

» **3핀 터미널 블록 1개**
SF PRT-08235, **D** 732-2031-ND, **F** 1792767, **RS** 710-0166

» **DC 전원으로 AC 전원을 제어할 수 있는 스위치 1개** 이 부품 대신 릴레이 보드에 릴레이와 기타 위에 언급한 다른 부품들로 대체할 수 있다. 240볼트용은 www.powerswitchtail.com에서 구할 수 있다.
SF COM-09842, **AF** 268, **MS** MKPS01

» 고양이
» 에어컨
» 시골 땅(부수적으로 필요)

프로젝트 30: 온도조절기에게 전화하기
» 완성된 프로젝트 27
» Twilio 계정

프로젝트 31: 개인용 모바일 데이터로거
» 안드로이드 장치 2.1 혹은 2.1 이후 버전이 구동되고 있는 장치가 필요하다. 자세한 내용은 http://wiki.processing.org/w/Android 를 참고하자.
» 릴리패드 아두이노
SF DEV-09266, **A** A000011
» 블루투스 메이트 모듈 1개
SF WRL-09358 또는 WRL10393
» 리튬폴리머 이온 전지

SF PRT-00341, **AF** 258, **RS** 615-2472, **F** 1848660

» **270kΩ 저항 1개**
J 691446, **D** P270KBACT-ND, **RS** 163-921, **F** 1565367

» **전도성 리본**
SF DEV-10172

» **두꺼운 전도성 실**
SF DEV-10120, **L** A304

» **Shieldit 전도성 천**
L A1220-14

» **벨크로 테이프**

» **후드 셔츠**
MS MKSWT

» **자수용 실**

거대 네트워크

인터넷 이전에는 전화 네트워크가 있었다. 모든 접속은 아날로그 형식으로 이루어졌고, 모든 전화 연결은 회로 교환식으로 전화 통화자 사이에 전용 회로가 열리는 방식이었다. 이후에 아날로그 전화망을 통해서 컴퓨터가 데이터를 전송할 수 있도록 만들어주는 모뎀이 나타났다. 점진적으로 전화 교환기는 라우터로 교체되었으며, 이제 전화 네트워크는 대부분 디지털을 사용하고 있다. 현재의 전화 회로는 가상적으로 만들어지며, 전화를 걸었을 때와 이메일을 하거나 채팅을 할 때 그 배후에서 일어나는 일에는 별 차이가 없다. 즉, 세션을 만들고, 데이터를 교환하고, 통신이 일어난다. 이제 전화와 이메일 간의 차이점은 네트워크 프로토콜의 차이이지 더 이상 전기적 회로의 차이가 아니다.

전화와 인터넷 전화의 경계를 흐릿하게 만드는 IP 기반의 전화 도구가 다수 있는데, 여기에는 오픈 소스 프로젝트인 애스터리스크(www.asterisk.org)와 Twilio(www.twilio.com), 구글 보이스(www.voice.google.com), 스카이프(www.skype.com) 같은 상용 서비스들이 있다. 이런 인터넷 전화 시스템은 전화 서비스 회사들이 제공하는 서비스와 호환성이 있다.

전화 회사가 제공하는 것은 소프트웨어 서비스가 구동되는 네트워크 회선과 라우터에서 음성 서비스에 우선순위를 부여해서 서비스의 질을 보장할 수 있다는 것이 장점인데, 이런 것은 IP 기반의 전화 회사에서는 제공하기 어렵다.

전화 서비스와 인터넷 서비스는 프로토콜의 변환

이 일어나는 게이트웨이 서버와 라우터에서 만나게 된다. 예를 들어, 휴대전화 회사들은 대부분 이메일을 SMS로 보내거나, SMS를 이메일로 변환해 원하는 사람에게 전달될 수 있도록 SMS 게이트웨이 서버를 제공한다. 구글 보이스를 비롯한 다양한 온라인 전화 서비스는 음성 메모를 문자로 변환시켜 주는데, 이는 걸려온 전화를 오디오 파일로 녹음한 다음 음성인식 프로그램을 구동시켜 문서로 변환하고, 이를 이메일로 전송하는 과정을 거친다. 전화 서비스를 사용할 때 중요한 작업은 한 프로토콜에서 다른 프로토콜로 어떻게 변환시킬 수 있는지 배우는 것이다.

주머니 속의 컴퓨터

이제 휴대전화는 단순한 전화 이상이다. 안드로이드폰, 아이폰, 블랙베리, 혹은 윈도우폰 같은 보통의 스마트폰은 완전한 운영체제를 구동시킬 수 있는 컴퓨터다. 스마트폰의 처리 능력은 구형 데스크톱보다 훨씬 좋으며, 스마트폰이 구동시키는 운영체제 역시 랩톱, 데스크톱, 혹은 태블릿 컴퓨터에서 사용되는 운영체제를 약간 간단하게 만든 것이다. 대부분의 스마트폰은 카메라, 가속도 센서, 조도 센서, GPS 등 기본적인 센서들을 내장하고 있으며, 당연히 항상 네트워크에 연결되어 있다. 반면 스마트폰에 새로운 센서나 모터, 혹은 마이크로컨트롤러를 기반으로 만들어진 능동형 기기를 추가할 수는 없다.

휴대폰을 멀티미디어 컴퓨터이자 휴대폰 네트워크 게이트웨이로 생각하면, 흥미로운 프로젝트를 수행할 수 있는 가능성이 열린다.

휴대폰과 마이크로컨트롤러를 연결하는 것은 휴대폰의 기능에 따라 다양한 방식으로 이루어질 수 있다. 휴대폰과 통신을 이용하는 프로젝트를 수행할 때, 다음 기능들의 전부 혹은 대부분을 사용할 수 있다고 가정하고 뒤의 프로젝트에서 사용할 것이다.

- 프로그래밍 가능성
- 터치스크린 혹은 키보드
- 휴대폰 네트워크 접속
- 블루투스 시리얼 포트
- USB 접속
- 마이크, 스피커
- 내장된 가속도 센서
- 내장된 GPS

이러한 기능들과 여러분이 만들기 원하는 것들을 조합하면, 가능한 시스템을 몇 가지로 구성할 수 있다. 그림 10-2는 가장 일반적으로 사용되는 네 가지 구성을 보여준다.

그 중 세 가지는 무선 접속을 사용한다. 최신 휴대폰들은 외부 장치에 유선 직렬 연결을 만드는 것이 바꾸는 것의 시작임에도 불구하고 비교적 쉽지 않다. 따라서, 무선 연결을 만드는 것이 대부분의 응용에서 더 좋은 선택이다. 여러분의 프로젝트에서 휴대폰을 통해서 테더링[1]하는 것을 선호하는 일은 별로 없을 것이다.

어떤 것이 있는지부터 시작하자

지금까지는 여러분이 만든 것으로 사람들이 어떤 일을 하고 싶어 할 것인지에서 출발해 어떤 것이든 가장 하기 쉬운 것을 위주로 만드는 것이 주된 관심사였다. 가까이 있는 모형 헬리콥터나 보트를 제어하려는 사용자를 위해 실시간 상호작용 제어 시스템을 만들고 있는가? 여러분이 만든 시스템을 사용

---

[1] 인터넷 접속이 가능한 장치를 이용해서 다른 장치가 인터넷에 접속할 수 있도록 만드는 것.

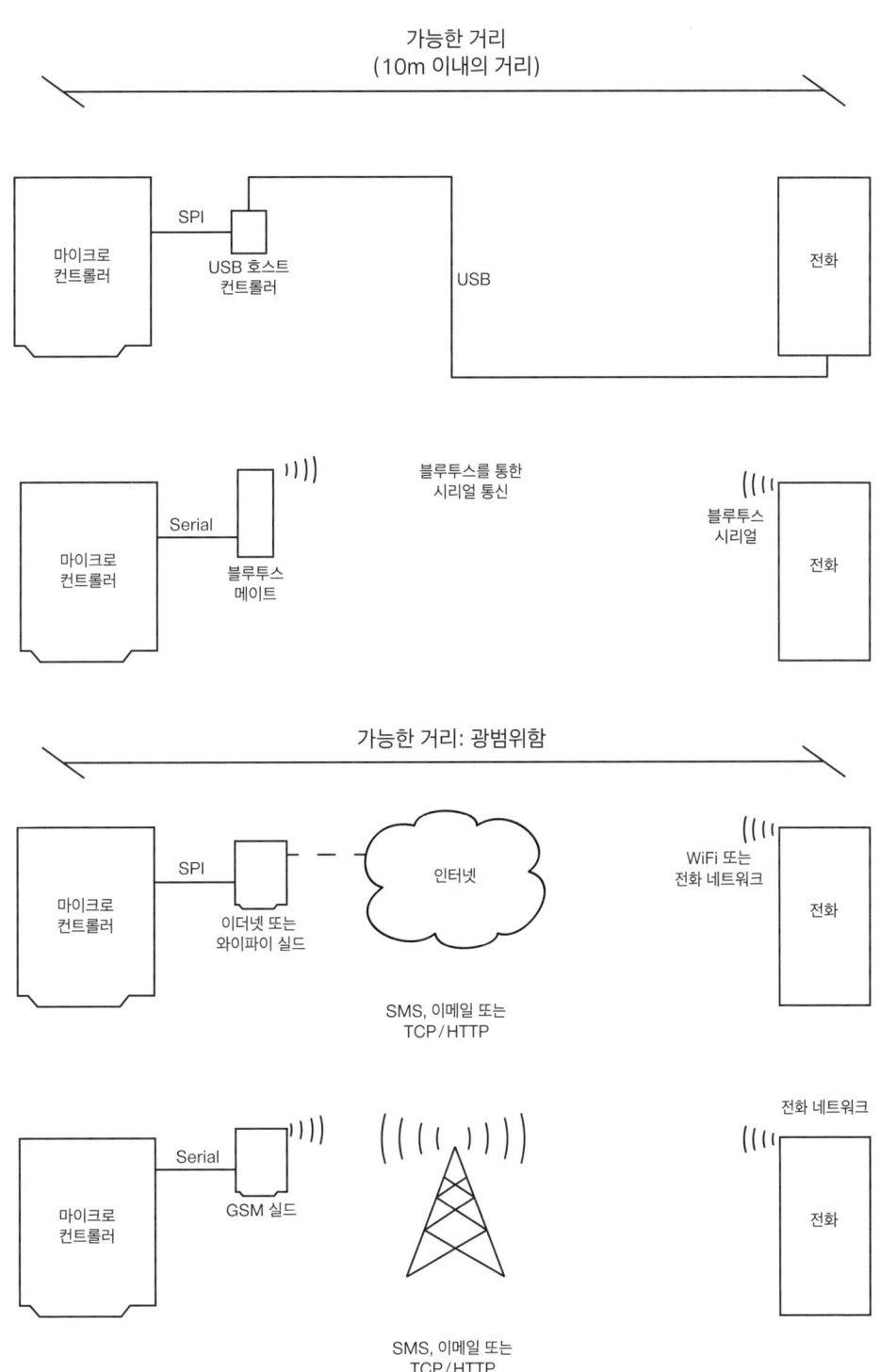

그림 10-2 마이크로컨트롤러와 휴대폰을 연결할 수 있는 방법들.

하는 사람들이 휴가 기간 동안 집 안에 있는 자동 온도조절기를 원격으로 제어하길 바라는가? 얼마나 밀접한 제어의 상호작용이 필요한지 고려해 보자. 5장에서 본 것처럼 실시간 상호작용이 필요한 것인가, 혹은 매초 혹은 몇 분 단위로 갱신할 수 있는 것이면 충분한가? 장치 간의 거리는 어떤가? 장거리 통신이 필요한가, 아니면 블루투스나 USB와 같은 지역적인 통신으로 충분한가? 만일 원격 접속이 필요하다면 사용자들은 다른 쪽에서 어떤 일이 벌어졌는지 어떻게 알 수 있는가? 결과를 볼 수 있을까? 결과를 얻기 위해서 이메일이나 문자 메시지를 받을 수 있을까?

사람들이 이동할 필요가 있다거나, 어떤 방식으로 장치를 조작할 수 있을 것인지에 기초해서 유선 접속이 필요할지 무선 접속이 필요할지 확인해야 한다. 시스템을 이용하려는 곳에서 어떤 네트워크가 가능한지 고려해 보자. 와이파이가 되나? 휴대폰 네트워크나 이더넷에 접속할 수 있나? 블루투스나 와이파이를 통해서 두 장치 간에 지역 네트워크를 만들 수 있는가?

브라우저 인터페이스

휴대폰에서 이미 네트워크에 연결된 장치를 제어하려고 할 때 가장 간단한 방법은 장치가 인터넷에 연결되도록 만든 다음에 휴대폰의 브라우저로 제어하는 것이다. 이를 위해서 특별히 휴대폰 운영체제를 배울 필요도 없으며, 단지 장치와 인터넷 간에 HTTP 연결만 만들 줄 알면 된다. 6장의 '헬로 와이파이!' 프로젝트에서 한 것처럼 컨트롤러를 간단한 서버로 만들면 준비가 끝난 것이다.

네이티브 응용프로그램 인터페이스

브라우저를 사용하고 싶지 않다면, 블루투스, 네트워크, SMS 혹은 USB 등을 통해서 휴대폰과 마이크로컨트롤러가 상호작용하는 독자적인 응용프로그램을 만들 수도 있다. 이 장의 뒷부분에서 안드로이드를 위한 프로세싱을 사용하는 예제를 살펴볼 것이다. 전용 애플리케이션(앱)을 만드는 것의 장점은 모든 부분에 대한 제어권을 가진다는 것이며, 단점은 새로운 프로그래밍 언어뿐 아니라 새로운 운영체제를 사용하는 휴대폰상에서 프로그램이 구동될 수 있도록 제약 사항들을 배워야 한다는 것이다.

대부분의 휴대폰 운영체제는 브라우저가 휴대폰의 하드웨어 부분에 직접적으로 통신할 수 있도록 허용하지 않으므로, 블루투스나 USB처럼 지역적인 접속을 사용할 계획이라면, 반드시 네이티브 앱을 만들어야 한다.

SMS와 이메일 인터페이스

모든 프로젝트에서 전화와 여러분이 만드는 것 사이에서 실시간 상호작용을 요구하는 것은 아니다. 만일 원격 센서로부터 가끔씩 정보를 갱신 받고 싶은 경우나 원격지에서 뭔가를 작동시킨 이후에는 자체적으로 동작할 수 있는 스프링클러나 원격지에 있는 타이머를 이용한 집 안의 전등 제어 같은 일에도 SMS나 이메일을 사용하는 것이 유용하다. GPRS 모뎀을 이용해서 SMS 메시지를 수신하거나, 인터넷에 연결된 마이크로컨트롤러를 통해서 특정 이메일을 받았을 때 네트워크에 연결된 서버의 이메일을 체크하거나 전송할 수 있는 마이크로컨트롤러 응용프로그램을 작성할 수 있다. 이런 방식의 장점은 이미 있는 전화, 이메일 혹은 SMS 등을 통해서 원격 제어가 가능하다는 것이다.

음성 인터페이스

전화의 원래 목적은 소리를 원거리에서 양방향으로 전달하는 것이라는 점을 잊지 말자. 네트워크에 연결된 장치들을 위한 음성 인터페이스는 간단하고 재미있을 수 있다. Astrisk와 Twilio 같은 전화 게이트웨이에서는 음성 전화를 통해서 네트워크 동작을 만들 수 있다.

전화를 게이트웨이로 사용

여기서 사용하는 모든 영역에서 원격 장치 제어를 위해 전화를 사용하는 것은 아니다. 가끔은 여러분의 몸이나 아주 가까운 곳에 있는 센서들을 네트워크에 연결하기 위해서 전화를 이용할 수도 있다. 이 때는 블루투스나 USB를 통해서 마이크로컨트롤러에서 전화로 지역적인 연결을 만들고, 센서에서 전송된 데이터를 전화에서 원격 서버로 전송해주면 된다. 이런 경우에는 두 장치 간의 연결과 전화와 네트워크 간의 연결을 만들어 주기만 하면 되기 때문에 복잡한 앱을 만들 필요가 없다.

프로젝트 29

고양이 카메라 다시 보기

만일 전화에 웹 브라우저가 있다면, 휴대전화를 위한 응용프로그램을 작성하는 방법을 몰라도 된다. 이 프로젝트에서는 프로젝트 5에서 했던 고양이 카메라 프로젝트의 변형을 만들어 보자. 하지만 이번에는 SD 카드에서 파일을 제공하는 마이크로컨트롤러와 인터넷을 연결하기 위한 컴퓨터가 필요 없는 IP 기반의 카메라를 이용할 것이다.

내 이웃(이름을 루바라고 하자)은 나비라는 이름의 고양이를 키우고 있다. 그녀는 교외에 체리나무가 있는 별장이 있으며, 여름에 여기서 지내는 것을 좋아해서 적어도 여름의 주말에는 별장에서 지내고 싶지만, 나비를 데리고 갈 수는 없다. 교외에 있는 별장도 유지비가 상당히 많이 들기 때문에, 루바는 시내에 있는 집의 실내 온도를 낮추기 위해서 에어컨을 항상 켜놓을 수는 없다. 그래서 웹 기반으로 온도를 확인하는 장치를 만들기로 했다. 작업은 다음과 같다.

루바는 휴대폰이나 노트북에 있는 브라우저를 열어서 온도 조절장치의 웹 인터페이스의 기록을 본다. 시내에 있는 아파트의 현재 온도와 에어컨의 상태를 확인하고, 나비를 따라다니는 카메라를 확인한다. 만일 온도가 너무 높으면 낮추도록 조절하고, 온도가 너무 낮으면 높이도록 조절한다. 온도조절기의 인터페이스를 업데이트하면 새로 설정한 온도를 보여준다.

이 프로젝트를 만들기 전에 장치와 프로토콜을 포함하는 그림을 그리고, 각 단계별로 어떤 동작이 필요한지 이해하기 위해서 동작을 분리한다. 그림 10-3은 시스템을 보여주며, 그림 10-4에서는 상세한 상호작용을 보여준다.

여기에는 서로 통신을 하기 위한 여러 개의 하드웨어와 프로토콜이 포함되어 있다. 대부분은 이미 친숙할 것이다. 이더넷 실드(혹은 아두이노 이더넷)에 있는 이더넷 컨트롤러는 실드나 보드에 있는 SD 카드에서 하는 것처럼 SPI를 통해서 마이크로컨트롤러와 통신한다. 온도 센서는 아날로그 입력을 가지고 있으며, 에어컨을 제어하기 위한 120V 릴레이용 디지털 출력이 있다. 이 프로젝트에서 사용하는 IP 카메라는 가정용 모델로 서버를 내장하고 있는 형태이므로, 여러분의 인터넷 환경에 맞춰 라우터 정보를 설정해야 한다. 클라이언트는 스마트폰, 태블릿, 혹은 PC에 있는 웹 브라우저로 충분하다.

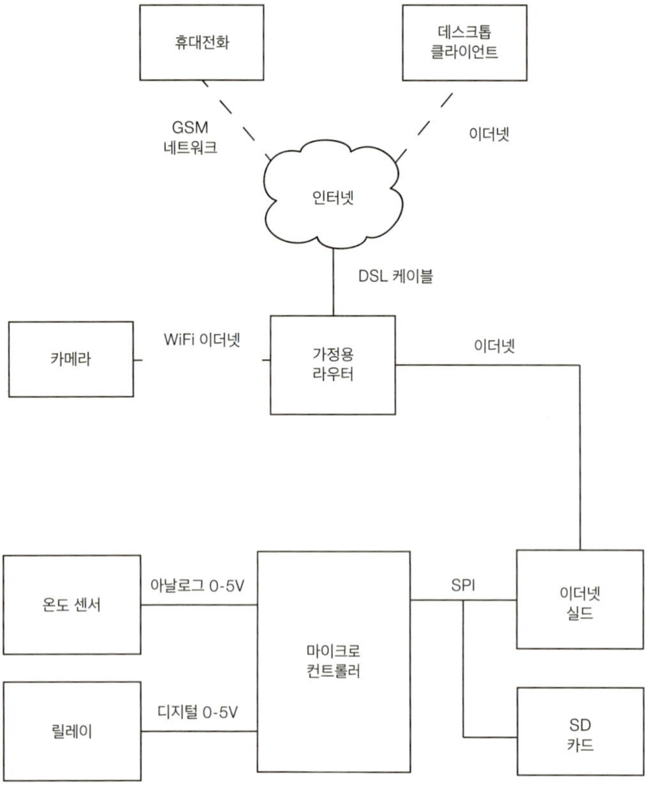

그림 10-3 고양이 카메라 2와 에어컨 제어기의 시스템 다이어그램.

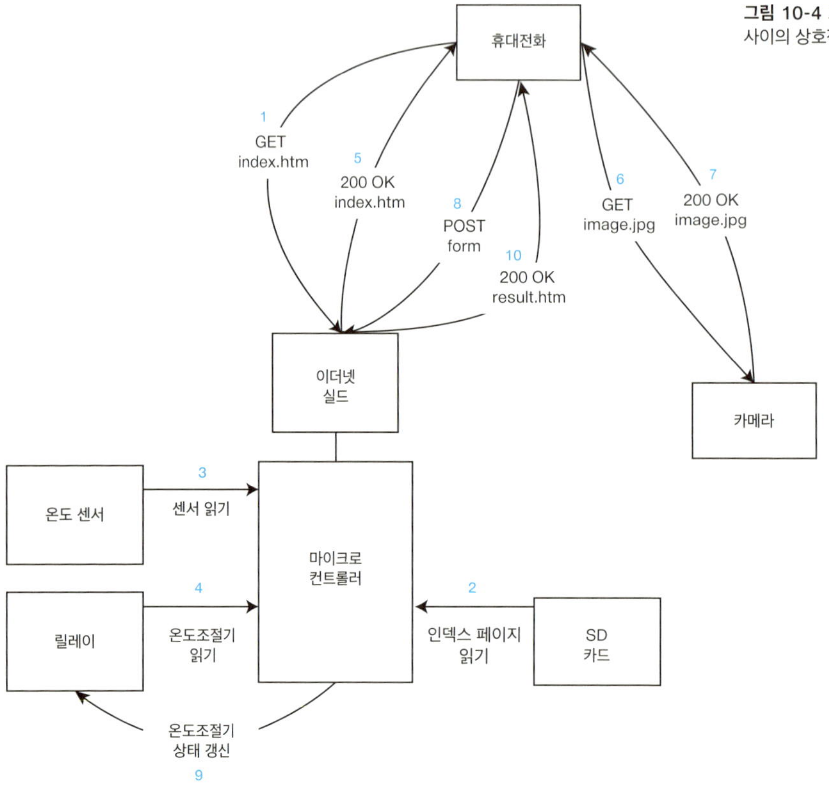

그림 10-4 고양이 카메라 2와 에어컨 제어기 사이의 상호작용 다이어그램.

준비물

- 아두이노 이더넷 혹은 아두이노 우노 보드와 이더넷 실드
- MicroSD를 읽을 수 있는 SD 카드 리더
- MicroSD 카드
- IP 기반 카메라
- 온도 센서
- 릴레이 제어용 PCB
- 릴레이
- 1k옴 저항 2개
- 10k옴 저항 1개
- 다이오드 1개
- 트랜지스터 1개
- LED 1개
- 2핀 스크루 터미널 1개
- 3핀 스크루 터미널 1개
- 고양이
- 에어컨
- 교외의 별장(선택적)

이 프로젝트가 얼핏 쉬워 보여도, 실제로는 다음과 같은 10단계의 상호작용이 필요하다.

1. 클라이언트는 맨 처음 인터페이스 페이지(index.htm)를 가져오기 위한 HTTP GET 요청을 만든다.
2. 마이크로컨트롤러 서버는 SD 카드에서 해당 페이지를 읽어온다.
3. 서버는 온도를 읽어온다.
4. 현재 온도조절기의 조절 온도 역시 읽어온다.
5. 서버는 결과 페이지를 클라이언트로 보낸다.
6. 고양이 카메라 영상이 페이지 내에 들어 있으므로, 클라이언트는 IP 카메라로 요청을 보낸다.
7. IP 카메라는 영상을 클라이언트로 전송한다.
8. 클라이언트는 페이지에 있는 양식을 통해서 조절 온도를 변경하며, 이 값은 HTTP POST 요청에 사용된다.
9. 서버는 POST 요청을 읽어서 온도조절기를 업데이트한다.
10. 응답을 페이지로 다시 보낸다.

카메라 영상을 가져오는 것과 결과 페이지를 만드는 것 같은 작업은 HTML을 이용해서 해결할 수 있다. 이 부분은 브라우저가 HTML을 해석하는 과정에서 처리되므로, 따로 프로그래밍이 필요없다. 프로그래밍에서 가장 중요한 도전은 SD 카드에 있는 파일을 웹에 올릴 수 있도록 아두이노에 기본적인 웹 서버를 구축하는 것이다.

그림 10-5 릴레이 보드는 AC 코드에 연결되어 있으며, 반대쪽은 잘려서 릴레이에 연결되어 있다.

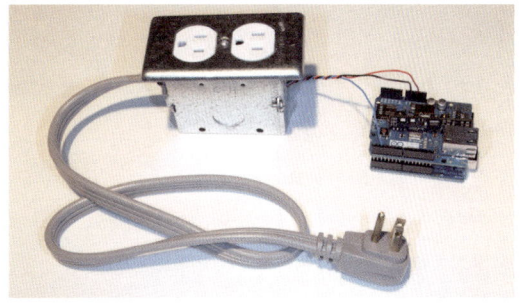

그림 10-6 AC 접합 상자 안에 릴레이가 들어 있고, 릴레이를 제어하기 위한 전선은 아두이노와 연결되어 있다. 이 상자를 사용하면 좀 더 안전하게 이 프로젝트를 만들 수 있다.

그림 10-7 고양이 카메라 2와 에어컨 회로.

회로

계획과 시스템에 대해서 이해했다면, 이제 만들 준비가 되었다. SD 카드는 이더넷 모듈(이더넷 실드 혹은 아두이노 이더넷)에 있으므로, 온도 센서와 릴레이만 추가하면 된다.

릴레이에는 주위로 코일이 감겨 있는 얇은 스위치가 들어 있다. 코일에 전압이 가해지면 유도 전류에 의해서 자기장이 만들어지고, 스위치 양쪽이 모두 당겨진다. 이를 사용하기 위해서는 그림 10-5부터 10-7까지에 나와 있는 것처럼 AC 회로와 전선 중 한쪽을 끊어서 연결해야 한다.

AC 전원을 다루는 것은 매우 위험할 수 있으므로, 전원을 끼우기 전에 모든 것이 정상적으로 연결되어 있는지 확인한다. AC 회로를 만들기가 쉽지 않다면, DC 전류로 120V AC 전원을 제어하는 스위치를 사용해도 된다. 최근에 www.powerswitchtail.com에서 240V 버전을 발표했으며, 이 스위치는 에이다프루트, 스파크 펀, 메이커 셰드 등에서 구할 수 있다.

스파크 펀의 AC 릴레이 보드는 안전하고 별로 비싸지 않으므로 여러분이 직접 보드를 만들 때 사용해볼 만하다. AC 코드의 두 전선 중 하나를 잘라서 릴레이 보드의 LOAD 연결 부분에 붙이자. 그림 10-5는 집에서 사용하는 AC 코드가 연결된 릴레이를 크게 보여준 것이다.

릴레이의 그라운드, 제어와 5V 연결 부분은 마이크로컨트롤러에 연결되어 있다. 그림 10-6에서와 같이 집에서 사용하는 전원 콘센트 형태의 접합 상자를 사용하여 좀 더 안전하게 만들 수 있으며, 이에 대해서는 www.sparkfun.com/tutorials/119에 있는 나탄 샤이들(Nathan Seidle)의 지침을 살펴보자.

전원을 끼우기 전에 안전하게 회로를 점검하려면, 멀티미터를 연결 점검 상태로 두고 플러그의 한쪽 핀과 해당 핀에 해당하는 코드의 소켓 구멍에 있는 다른 쪽 끝을 측정해 보자. 한 핀과 소켓 구멍 한 쌍은 언제나 연결되어 있어야 한다. 다른 쪽은 릴레이의 5V 전원과 그라운드로 전원을 공급하고, 릴레이의 제어선으로 5V 전원을 공급할 때만 연결될 것이다. 제어선을 그라운드 부분과 연결하면, AC 전원은 연결되지 않는다. 회로가 제대로 동작하고 있다는 확신이 생겼다면 제어선을 마이크로컨트롤러에 연결하고, 릴레이를 켜고 끄기 위한 빈 스케치를 사용하자.

회로를 분리된 상자에 설치하고, AC 전선 부분은 넉넉하게 넣어서 당겨졌을 때 안전하게 만든다. 만일 AC 전선 부분이 어떤 이유로 끊기면 AC 전원에서 쇼트가 발생할 수 있는데, 이는 매우 위험하다. 전기 프로젝트용 상자를 사용하는 것이 가장 안전하다. 녹인 아교나 고무 코킹을 이용해서 당겨졌을 때 좀 더 안전하게 만들 수 있으며, 일부 상자는 줄이 당겨졌을 때를 대비해서 전선의 일부를 내부에 가져갈 수 있는 공간과 누름쇠가 있다. 작업이 끝나면 전선을 당겨서 회로에 있는 부분이 움직이지 않는지 확인한다. 다음 단계로 진행하기 전에 시간을 충분히 들여서 이 부분이 매우 단단하게 고정되었는지 확인하자.

코드

스케치가 복잡하므로, 아래에 적은 것처럼 하나씩 따라가며 만들어 가도록 하자.

1. 온도 센서의 값을 읽는다.(이 센서에 대한 좀 더 자세한 정보는 www.ladyada.net/learn/sensors/tmp36.html에 있는 에이다프루트의 지침을 참고하자.)
2. 릴레이 제어
3. SD 카드에서 읽음
4. 웹 서버에 만든다. 4장에서 만들었던 것보다 더 많은 기능을 갖추게 될 것이다.

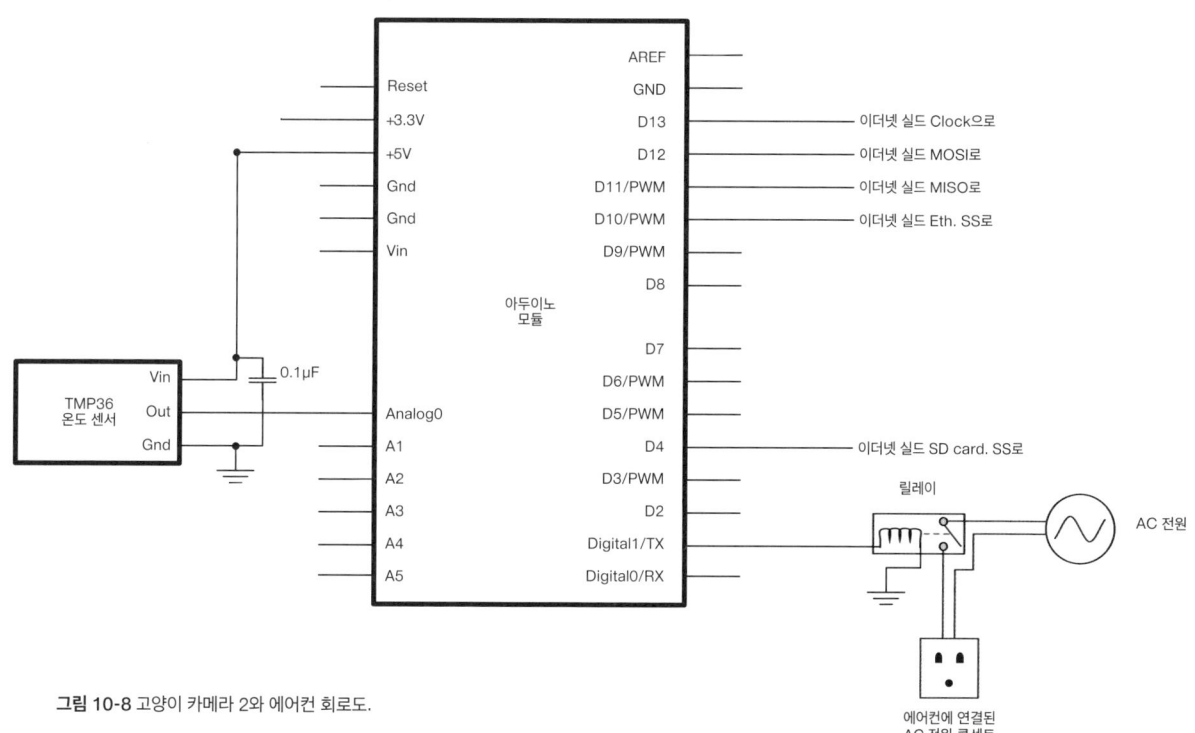

그림 10-8 고양이 카메라 2와 에어컨 회로도.

시도해 보자

온도 센서의 값을 읽는 것은 매우 간단하다. 센서는 온도에 비례해서 아날로그 전압을 출력하며, 그 식은 다음과 같다.

온도(°C) = (Vout (mV 단위) - 500) / 10

메인 루프에서는 다른 동작들을 해야 하므로, 온도를 읽어서 섭씨로 바꿔주는 작업은 별도의 함수로 처리하며, 결과는 부동 소수점 형식으로 반환한다. 다음과 같이 읽을 수 있을 것이다.

Temperature: 26.17

여기서는 섭씨 단위로 읽었지만, 화씨로 바꾸고 싶다면 다음과 같은 변환식을 사용하면 된다.

F = 9/5*C + 32

이 시점에서 이 스케치를 구동시키면 온도가 계속해서 Serial Monitor로 출력되는 것을 볼 수 있을 것이다. 다음 단계로 릴레이 제어 부분을 추가할 때가 되었다.

```
/*
   TMP36 온도 센서 리더와 릴레이 제어
   환경: 아두이노
   TMP36 온도 센서
*/
void setup() {
  // 시리얼 통신 초기화
  Serial.begin(9600);
}
void loop() {
  Serial.print("Temperature: ");
  Serial.println( readSensor() );
}

// 온도 센서 읽기
float readSensor() {
  // 센서에서 값을 읽음
  int sensorValue = analogRead(A0);
  // 읽은 값을 전압 값으로 변환
  float voltage = (sensorValue * 5.0) / 1024.0;
  // 전압을 섭씨 단위의 온도로 변환
  // (1도당 100mV - 500mV 오프셋):
  float temperature = (voltage - 0.5) * 100;
  // 온도 반환
  return temperature;
}
```

제어해 보자

릴레이는 대부분 빨라야 몇 초마다 한 번씩 스위치되므로, 이를 제어하는 코드를 작성할 때 적절한 지연 시간이 지났는지 확인하는 if 문장으로 이 부분을 확인해야 한다. 또한 몇 개의 전역 변수와 상수를 추가해야 하며, setup()과 loop() 함수 역시 변경해야 한다. 새로 추가된 부분은 파란색으로 표시되어 있다.

아두이노에 전원이 들어오지 않은 상태에서도 온도조절기의 값을 저장할 수 있다면 매우 유용할 것이다. EEPROM 라이브러리를 추가하면 이런 일을 할 수 있다. 스케치의 맨 윗부분에서 EEPROM에서 온도조절기의 값을 읽어 올 것이다. 뒤에서 새로운 값을 EEPROM으로 다시 적을 것이다.

스케치의 맨 뒷부분에 온도를 확인하고, 온도 조절기의 설정 온도와 비교하는 checkThermostat()라는 새로운 함수를 추가한다. 이 함수는 온도가 더 높으면 릴레이를 켜고, 온도가 낮으면 릴레이를 끈다.

```
#include <EEPROM.h>
const int relayPin = 2;                          // 릴레이가 연결된 핀
const long tempCheckInterval = 10000;            // 값을 확인하는 주기
                                                 // (ms 단위)
const int thermostatAddress = 10;   // 온도조절기를 위한 EEPROM 주소
long now;                                        // 이전에 온도를 확인한 시간
// 온도조절기의 설정 온도
int thermostat = EEPROM.read(thermostatAddress);

void setup() {
  // 시리얼 통신을 초기화
  Serial.begin(9600);
  // 릴레이 출력을 초기화
  pinMode(relayPin, OUTPUT);
}

void loop() {
  // 온도조절기를 켜야 하는지 온도를 주기적으로 확인
  if (millis() - now > tempCheckInterval) {
    Serial.print("Temperature: ");
    Serial.println(readSensor());
    if (checkThermostat()) {
      Serial.println("Thermostat is on");
    }
    else {
      Serial.println("Thermostat is off");
    }
    now = millis();
  }
}
```

이제 이 스케치를 구동시키면, 온도조절기의 설정 온도에 따라 릴레이가 꺼지거나 켜지는 것을 확인할 수 있을 것이다. EEPROM에서 읽은 값은 255일 것이므로 릴레이가 켜지지 않을 것이다. 온도조절기의 값을 현재 온도 센서에서 읽히는 값보다 작은 값으로 바꾸고, 코드를 다시 올려서 어떤 일이 일어나는지 살펴보자.

```
// 주의: 앞에서 봤던 readSensor() 함수가 여기 온다.

// 온도를 확인해서 온도에 따라 릴레이를 제어함:
boolean checkThermostat() {
  // 릴레이의 기본값은 꺼짐으로 둔다.
  boolean relayState = LOW;
  // 만일 온도가 설정 온도보다 높으면 릴레이를 켠다
  if(readSensor() > thermostat) {
    relayState = HIGH;
  }
  // 릴레이를 켜거나 끈다
  digitalWrite(relayPin, relayState);
  return relayState;
}
```

읽어 보자

이제 SD 카드를 읽을 차례다. 이 작업을 하려면 SD 라이브러리를 추가해야 한다. SD카드를 내장한 아두이노 쉴드에서 SD Chip Select로 4번 핀이 사용된다. 다른 회사의 SD 쉴드를 사용할 때는 다른 핀이 사용되는 경우도 있으므로 칩 선택(Chip Select)으로 어떤 핀이 사용되는지 확인해야 한다.

우선 SD.begin() 함수를 이용해서 카드가 들어있는지 확인한다. 만일 카드가 들어 있지 않다면 더 이상 할 것이 별로 없으며, 카드가 들어 있다면 그 내용을 읽는다. 새로 추가된 함수인 sendFile()은 파일명을 문자열 형태로 받아들인다. 소스에서 새로 추가된 부분은 파란색으로 표시했다.

이 새로운 코드는 제대로 포맷된 MicroSD 카드에 index.htm이라는 이름의 파일로 담겨 있을 때만 정상적으로 동작한다. 다음과 같이 기본적인 형태의 HTML 문서 파일을 만들어 넣자.

```
<html>
  <head>
    <title>Hello!</title>
  </head>
  <body>
    Hello!
  </body>
</html>
```

이 시점에서 스케치를 구동시키면, 처음에는 index.htm 파일을 Serial Monitor로 출력하고, 이후에 온도를 읽어서 이전 장에 나온 것처럼 릴레이를 제어할 것이다.

```
#include <EEPROM.h>
#include <SD.h>
const int sdChipSelect = 4;        // SD 카드 Chip Select

// 주의: 앞에서 보였던 상수와 전역 변수는 여기 있어야 함.

void setup() {
  // 시리얼 통신 초기화
  Serial.begin(9600);
  // 릴레이 출력 초기화
  pinMode(relayPin, OUTPUT);
  if (!SD.begin(sdChipSelect)) {
    // SD 카드를 읽을 수 없다면, 더 이상 진행하지 않음
    Serial.println(F("initialization failed!"));
  }
  else {
    Serial.println(F("initialization done."));
    sendFile("index.htm");
  }
}

// 주의: 앞에서 보여줬던 loop(), readSensor(), checkThermostat() 함수는
// 여기에 둔다.

// 요구된 파일을 전송
void sendFile(char thisFile[]) {
  String outputString = "";   // 파일의 각 줄을 읽어오기 위한 문자열 변수

  // 읽을 파일을 연다.
  File myFile = SD.open(thisFile);
  if (myFile) {
    // 읽을 것이 없을 때까지 파일에서 읽어낸다
    while (myFile.available()) {
      // 현재 문자를 출력 문자열에 추가
      char thisChar = myFile.read();
      outputString += thisChar;

      // 개행 문자를 읽었으면, 출력 문자열을 보내고 문자열을 지운다
      if (thisChar == '\n') {
        Serial.print(outputString);
        outputString = "";
      }
    }
    // 파일을 닫는다.
    myFile.close();
  }
}
```

```
    else {
        // 파일이 열리지 않는 경우
        Serial.print("I couldn't open the file.");
    }
}
```

SD 카드에 쓰기

아두이노의 SD 라이브러리를 이용하면 SD 카드에 데이터를 적는 것이 좀 더 편하고, 다양한 SD 카드 부착 방법이 있다. 하지만, SD 카드와의 통신에는 항상 SPI 직렬 동기식 프로토콜을 사용하며, 이 프로토콜은 아두이노 이더넷 실드 혹은 이더넷 보드에서 이더넷 칩과 통신하기 위해서 사용하는 것과 같은 프로토콜이다. 4장에서 살펴본 것처럼 이 프로토콜은 다수의 다른 장치에서 같은 직렬 클럭과 데이터 핀을 공유할 수 있으나, 각 장치마다 장치만을 위한 칩 선택(Chip Select) 핀이 필요하다.

아두이노는 MOSI(마스터 출력, 슬레이브 입력)로 사용되는 11번 핀, MISO(마스터 입력, 슬레이브 출력)로 사용되는 12번 핀, 클럭으로 사용되는 13번 핀을 이용해서 모든 SPI 장치들과 통신한다. 아두이노 이더넷 실드와 보드는 이더넷 모듈의 칩 선택으로 10번 핀을 사용하며, SD 카드의 칩 선택으로 4번 핀을 사용한다. 다른 회사에서 나온 SD 보드는 다른 핀을 칩 선택으로 사용하는 경우도 있다.

스파크 펀의 SD 카드 실드는 8번 핀을 사용하고, 그림 10-9에 있는 에이다프루트의 SD 카드 연결용 보드는 10번 핀을 사용한다. 한 프로젝트에서 이더넷이나 SD 카드와 같이 SPI 인터페이스를 쓰는 장치 여러 개를 사용하는 경우, 각각의 칩에 모두 칩 선택 핀을 가지고 있는지 확인할 필요가 있다.

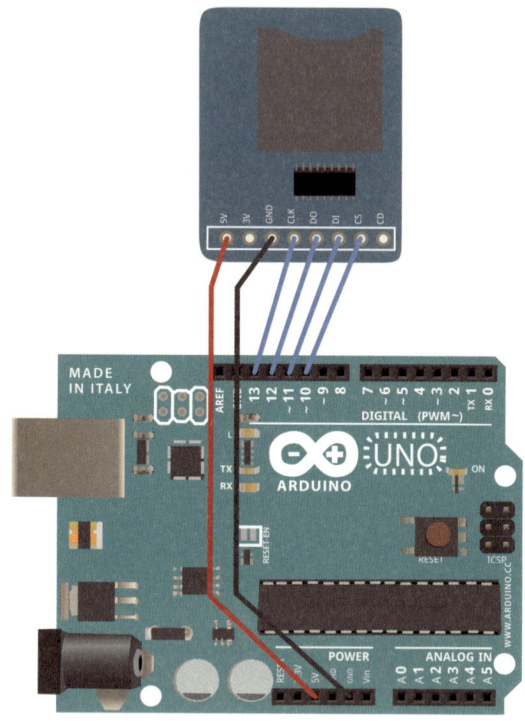

그림 10-9 에이다프루트 SD 카드 실드가 11번(MOSI), 12번(MISO), 13번(클럭) 핀을 사용해서 SPI를 통해 아두이노와 연결되어 있다. 다른 SPI 카드 보드는 다른 핀을 칩 선택으로 사용한다. 여기서는 10번 핀을 사용한다.

SD 카드는 3.3V에서만 동작한다! 따라서 SD 카드가 들어 있는 소켓이 5볼트에서 동작하는 마이크로컨트롤러의 입력 핀으로 직접 연결된 경우에는 입력 핀에서 3.3V 이상을 입력 받지 못한다는 점을 염두에 두어야 한다.

SD 카드를 잘 이용하는 방법

SD 카드 실드 혹은 아두이노에 있는 어댑터의 출력에서 가장 신뢰성 있는 결과를 얻으려면 몇 가지 습관을 들일 필요가 있다.

스케치가 동작하는 동안 카드를 삽입하거나 빼지 말 것

카드를 사용하고 있는 동안에는 절대로 카드를 컴퓨터나 아두이노에서 제거하지 말아야 한다. 카드를 삽입하거나 제거할 때는 마이크로컨트롤러가 사용하지 않고 있음을 확인해야 한다. 가장 간단한 방법은 카드를 삽입하거나 제거할 때 아두이노의 리셋 버튼을 누르고 있는 것이다.

카드를 FAT16 혹은 FAT32로 포맷할 것

SD 카드 라이브러리는 이 두 가지 파일 포맷에서만 동작한다. 다행히 모든 운영체제에서 이 방식으로 포맷하는 것이 가능하다. SD 카드를 FAT16 혹은 FAT32로 포맷하는 방법은 여러분이 사용하는 운영체제의 디스크 유틸리티 프로그램을 확인해 보라.

파일명은 반드시 8.3 형식이어야 한다

SD 라이브러리는 파일 이름을 8글자, 확장자를 3글자로 제한하는 오래된 DOS의 파일명 규칙을 따른다. 모든 파일명은 대소문자를 구분하지 않으며, 공백 문자를 허용하지 않는다. 따라서 datalog1.txt나 mypage.htm 같은 이름은 괜찮지만, someArbitraryWebPage.html 같이 긴 파일명은 허용되지 않는다.

카드에 적을 때는 여유를 가질 것

일반적으로 파일을 이용하는 write(), print(), println() 동작은 데이터를 SD 카드에 있는 휘발성 메모리 버퍼에 적기 때문에 이 데이터는 카드가 제거될 때 사라진다. flush() 또는 close() 동작을 사용했을 때만 카드에 데이터가 영구적으로 저장되지만, 이때 약간 시간이 걸린다. 사용자의 반응 시간에 맞추려면, 일반적인 컴퓨터에서 하는 것과 같은 방법으로 flush()와 close() 함수를 호출해야 한다. 즉, 자주 저장하되 너무 자주 하지는 말고, 사용자나 다른 장치들이 아무 작업을 하지 않을 때 저장한다.

파일 안전하게 관리하기

SD 라이브러리는 파일을 관리할 수 있는 도구들을 제공한다. 파일명.exists() 함수는 해당 파일이 존재하는지 확인할 수 있게 해준다. if (파일명) 문법은 파일에 접근할 수 있는지 확인하는 것이며, 파일명.remove() 함수는 파일을 지울 수 있게 해준다. size(), position(), seek(), peek() 함수는 각각 파일의 크기와 파일상의 위치를 알려주고, 파일상에서 위치를 변경할 수 있도록 한다. mkdir()와 rmdir()는 디렉터리를 만들거나 디렉터리 전체를 삭제할 때 사용한다. 이런 함수, 특히 exists(), size(), peek()과 같이 파일을 변경하지 않고 확인하는 함수들을 사용함으로써 좀 더 복잡한 파일 처리 스케치를 만들려고 할 때, 현재 어떤 작업을 하고 있는지 상태를 지속적으로 확인할 수 있다.

카드에 접근하고 있는 때와 그렇지 않은 때를 표현할 것

LED를 사용해서 아두이노가 카드에 접근하는지와 에러가 발생했는지를 나타내면, 화면을 통해서 출력을 볼 수 없는 경우에도 어떤 일이 벌어지고 있는지 손쉽게 알 수 있다.

이 프로젝트에서는 마이크로컨트롤러에서만 SD 카드를 읽을 것이다. 카드에 쓰려면, SD 카드 리더 중에서 MicroSD 카드에 읽고 쓰는 것이 가능한 제품이 필요하다. 리더는 값이 싼 만큼 점점 더 널리 사용되고 있다. 만일 신형 모델의 컴퓨터라면 SD 카드 리더가 내장되어 있을 수 있다. MicroSD 카드를 구입하면 대부분 일반적인 SD 카드 리더에서 사용할 수 있도록 일종의 어댑터가 같이 온다. 일부 카드는 읽을 수 있는 리더를 같이 판매하는 경우도 있다.

카드를 포맷하고 나면, index.htm이라는 이름의 텍스트 파일을 만들어 카드에 저장하고, 실드에 카드를 삽입한다. 스케치가 구동되면 setup()이 끝날 때 파일을 출력하고, 앞에서처럼 온도 센서를 읽어서 릴레이를 제어한다. 제대로 동작하면 이제 서버를 만들 순서가 되었다.

이 코드는 이미 작업한 스케치에 추가하면 된다.

서버로 만들자

스케치의 앞부분에서는 이더넷 라이브러리와 필요한 상수 및 사용할 전역 변수들을 선언하고 서버를 설정한다. 새로 추가된 부분은 이전과 마찬가지로 파란색으로 표시했다.

» 이 부분은 자신의 장치와 네트워크에 맞게 바꿔야 한다.

» 이 부분은 들어오는 HTTP 요청을 관리하는 데 사용되는 것으로, 자신의 장치와 라우터에 맞게 바꿔야 한다.

```
/*
    SD 카드를 읽는 GET/POST 웹 서버
    환경: 아두이노
*/
#include <EEPROM.h>
#include <SD.h>
#include <SPI.h>
#include <Ethernet.h>
#include <TextFinder.h>

// 이더넷 연결 설정
byte mac[] = {
  0x00, 0xAA, 0xBB, 0xCC, 0xDE, 0x01 };
IPAddress gateway(192,168,1,1);
IPAddress subnet(255,255,255,0);
IPAddress ip(192,168,1,20);
// 이더넷 서버 라이브러리 초기화
Server server(80);

const int inputLength = 16;         // 요청한 파일의 길이
const int typeLength = 6;           // GET 혹은 POST의 길이
const int sdChipSelect = 4;         // SD 카드의 칩 선택
const long tempCheckInterval = 10000; // 확인 사이의 시간
                                    // (ms 단위)
const int thermostatAddress = 10;   // 온도조절기의 EEPROM 주소

char inputString[inputLength];      // 브라우저에서의 입력값
char requestTypeString[typeLength]; // 요청의 형태: GET/POST
int nextChar = 0;                   // requestTypeString을 위한 인덱스 카운터
const int fileStringLength = 16;    // 요청된 파일의 길이
char fileString[fileStringLength];  // 브라우저로부터의
                                    // 입력을 위한 문자열
long now;                           // 마지막으로 온도를 점검한 시간
```

» setup() 함수에서는 sendFile()을 호출하는 대신 IP 주소를 가져와서 서버를 시작하는 코드로 바꾼다. 새로 추가된 부분은 파란색으로 표시했다.

```
void setup() {
  // 시리얼 통신을 초기화
  Serial.begin(9600);
  // 릴레이 출력 초기화
  pinMode(relayPin, OUTPUT);

  // SD 카드가 있는지 확인
  Serial.print(F("Initializing SD card..."));
  if (!SD.begin(sdChipSelect)) {
    // SD 카드를 읽을 수 없으면, 에러를 출력하고 계속 진행:
    Serial.println(F("initialization failed!"));
  }
```

```
    else {
      Serial.println(F("initialization done."));
    }
    // 이더넷 제어기가 시작할 시간을 준다
    delay(1000);
    Serial.println(F("attempting to get address"));
    // DHCP를 통해 시작 시도. 안 되면, 수동 설정이 필요함
    if (!Ethernet.begin(mac)) {
      Ethernet.begin(mac, ip, gateway, subnet);
    }
    // IP를 출력하고 서버를 시작:
    Serial.println(Ethernet.localIP());
    server.begin();
}
```

» loop() 함수는 약간 변경되었다. 시작 부분에서는 지역변수를 추가하며, 마지막은 새로운 클라이언트의 연결을 기다리는 부분이다. 만일 클라이언트를 얻으면, 클라이언트에서 입력되는 스트림에서 특정 문자열을 찾아내기 위해서 TextFinder 라이브러리의 새로운 인스턴스를 만든다.

```
void loop() {
  String fileName = "";       // 클라이언트가 요청하는 파일명
  char inChar = 0;            // 클라이언트에서 오는 입력 문자열
  int requestType = 0;        // 어떤 형태의 요청인가? (GET 혹은 POST);
  int requestedFileLength = 0;   // 요청한 파일명의 길이

  // 들어오는 클라이언트를 기다림
  Client client = server.available();

  if (client) {
    // 클라이언트에서 오는 내용에서 특정 문자열을 찾기 위해서
    // TextFinder 인스턴스를 만든다:
    TextFinder finder(client );
```

» 클라이언트의 GET 또는 POST 요청이 어떻게 생겼는지 떠올려 보자. 아래는 GET 요청이다.

GET /index.htm HTTP/1.0

아래는 변수를 제공하는 POST 요청이다.

POST /response.htm HTTP/1.0
thermostat=23

while() 블록 안쪽에 클라이언트가 존재하는지 확인하는 if 문이 들어 있다. 이 부분은 클라이언트가 연결되었는지 여부와 데이터가 전송되었는지를 확인한다. 만일 그렇다면 GET 혹은 POST 요청을 찾아낸 후 요청된 파일을 얻어온다. 만일 POST 요청을 얻으면 온도조절기의 변수를 추출하고, 이후에 클라이언트로 파일을 전송하기 위해서 sendFile() 함수를 호출한다.

```
    while (client.connected()) {
      if (client.available()) {
        // '/' 이전에 어떤 것이 왔는지 확인. 이 부분은 GET 혹은 POST여야 한다
        if(finder.getString("","/",
requestTypeString,typeLength)){
          // GET 혹은 POST에 대해서 다른 작업 수행:
          if(String(requestTypeString) == "GET " ) {
            requestType = 1;
          }
          else if(String(requestTypeString) == "POST ") {
            requestType = 2;
          }

          // 들어오는 것들을 배열에 모음
          // 이 부분이 클라이언트가 요구하는 파일명이 된다.
          requestedFileLength = finder.getString("", " ",
              fileString, fileStringLength);

          // 이제 GET/POST 행이 끝났으므로, 내용에 맞게 처리 시작:
          switch (requestType) {
          case 1: // GET
            // GET의 경우 아래에서 파일을 전송하는 것 이외에 다른 동작 없음
            break;
          case 2: //POST
            // 헤더의 다른 부분은 건너뜀
            // 개행 문자와 캐리지 리턴으로 끝난다
            finder.find("\n\r");
            // 클라이언트가 온도조절기의 값을 보내면 받음:
            if (finder.find("thermostat")) {
              int newThermostat = finder.getValue('=');
```

```
                                                    // 값이 바뀌었으면 저장:
                                                    if (thermostat != newThermostat) {
                                                      thermostat = newThermostat;
                                                      // 온도 범위는 20~40도로 제한:
                                                      thermostat = constrain(thermostat, 20, 40);
                                                      // EEPROM에 저장:
                                                      EEPROM.write(thermostatAddress,
                                                                   thermostat);
                                                    }
                                                  }
                                                  break;
                                                }

                                                // GET 혹은 POST에 관계 없이 요청한 문자열을 제공
                                                // '/' 뒤에 아무것도 없다면, index.htm 파일을 요구한 것으로 판단
                                                if (requestedFileLength < 2) {
» 기다리자. 이 sendFile() 함수는         ────────▶   sendFile(client, "index.htm");
   387페이지에 있는 것과는 다르다.                    }
   바뀐 부분은 앞으로 나올 것이다.                    // 그렇지 않으면 요청한 파일 전송:
                                                else {
                                                  sendFile(client, fileString);
                                                }
                                              }

                                              // 클라이언트가 데이터를 받을 수 있도록 시간 지연:
                                              delay(1);
» while() 블록 뒷부분에 원래 스케치의 loop    // 연결 끊음:
   () 함수에 있었던 온도조절기 상태를 확인하는   Serial.println(F("Closing the connection"));
   부분을 넣는다.                              client.stop();
                                            }         // if (client.available) 부분의 끝
                                          }           // while (client.connected) 부분의 끝
                                        }             // if (client) 부분의 끝
                                        // 주의: 온도조절기 상태 확인 부분(386페이지 loop() 함수의 내용)을 여기로
                                      }


                                      // 요청한 파일을 전송
» sendFile() 함수는 내용을 출력하는 대신 클  void sendFile(Client thisClient, char thisFile[]) {
   라이언트에 전송하는 방식으로 변경해야 한다.   String outputString = "";   // 파일의 각 줄을 저장할 문자열
   전송할 파일의 내용 앞부분에 HTTP 헤더
   를 보내는 것도 필요하다. 만일 파일을 사용할    // 읽을 파일을 연다
   수 없다면 이 사실을 클라이언트에 알려야 하   File myFile = SD.open(thisFile);
   는데, 이를 위해서 일반적인 HTTP 에러 코드    if (myFile) {
   를 사용하면 된다. 이제 sendFile() 함수는 파     // OK 헤더 전송
   일을 읽을 수 있으면 HTTP 200 OK 헤더를 보     sendHttpHeader(thisClient, 200);
   내고, 찾을 수 없는 경우 HTTP 404 File Not     // 더 이상 읽을 내용이 없을 때까지 파일을 읽음
   Found 헤더를 전송한다. 바뀐 부분은 파란색     while (myFile.available()) {
   으로 표시했다.                                // 현재 문자를 출력 문자열에 추가:
                                              char thisChar = myFile.read();
                                              outputString += thisChar;
                                              // 개행 문자가 나오면, outputString을 내보내고 문자열 내용 지움:
                                              if (thisChar == '\n') {
                                                thisClient.print(outputString);
                                                outputString = "";
                                              }
                                            }
                                            // 파일이 개행 문자로 끝나지 않으면, 마지막 줄을 하나 더 출력:
                                            if (outputString != "") {
                                              thisClient.print(outputString);
                                            }

                                            // 파일 닫기:
                                            myFile.close();
```

```
    }
    else {
      // 파일이 열리지 않은 경우:
      sendHttpHeader(thisClient, 404);
    }
  }
```

» sendHttpHeader() 함수는 오른쪽과 같다.

```
// HTTP 헤더를 클라이언트로 전송:
void sendHttpHeader(Client thisClient, int errorCode) {
  thisClient.print(F("HTTP/1.1 "));
  switch(errorCode) {
  case 200: // OK
    thisClient.println(F("200 OK"));
    thisClient.println(F("Content-Type: text/html"));
    break;
  case 404: // 파일을 발견하지 못함
    thisClient.println(F("404 Not Found"));
    break;
  }
  // 응답 헤더의 마지막에 개행 문자 추가:
  thisClient.println();
}
```

이 코드를 구동시키면 지금까지의 작업 결과로 동작하는 웹 서버를 얻을 수 있다. SD 카드에 어떤 텍스트 파일을 넣어도 그 파일을 브라우저로 접근시킬 수 있을 것이다.

서버에서 HTML 텍스트 문서 이외의 것을 처리할 수는 없지만(sendHttpHeader() 함수에서는 Content-Type: text/html로만 반환하므로), 이것만으로도 많은 일을 할 수 있다.

다른 파일에 대한 링크를 서로 가지고 있는 페이지 몇 개를 만들어 SD 카드에 넣어둔 다음 브라우저를 이용해서 이 파일들을 열어보고, 원래 하려고 했던 목표대로 휴대폰에 있는 브라우저에서도 파일을 열어보자. 해야 할 일이 더 많이 있으므로, 아직 친구들에게 작성한 URL을 보내고 싶은 유혹을 이겨내야 한다.

다음으로 실제적인 HTML 인터페이스를 작성할 때가 되었다. 이 페이지는 온도를 보여주고, 새로운 온도조절기 설정을 입력할 수 있는 양식을 제공할 수 있어야 한다. 사용자가 양식을 입력하면, 새로운 설정이 수신되고, 저장되었는지 피드백을 받아야 하며, 이를 위해서 인터페이스가 자동적으로 리셋되어야 한다. 또한 카메라가 방 안의 모습을 촬영해야 한다. 마지막으로 이 페이지는 태블릿이나 스마트폰의 작은 화면에서도 보기 좋아야 한다. HTML을 통해서 이 모든 작업이 가능하다.

시도해 보자

처음에 보이는 인터페이스 페이지는 index.htm으로 한다. .html 대신 3글자 확장자인 .htm을 사용했는데, 이는 SD 라이브러리가

```
<html>
  <head>
    <link rel="stylesheet" type="text/css"
      href="mystyle.css" />
    <meta name="HandheldFriendly" content="true" />
```

8.3 형식의 파일명 형식만 지원하기 때문이다.

문서의 헤더 부분에는 약간의 메타 정보가 필요하다. 폰트와 색상 등을 지정하는 .css 스타일 시트와 휴대폰용 브라우저에서 해당 화면에 적합하도록 문서 형태를 맞추는 두 가지 메타 태그들에 대한 연결이 있다.

헤더의 마지막 부분에는 페이지의 나머지 부분을 바꾸지 않고 이미지를 바꿀 수 있는 자바스크립트가 있다.

```
    <meta name="viewport"
      content="width=device-width,
      height=device-height" />

    <script type="text/javascript">
      function refresh() {
        var today=new Date();
        document.images["pic"].src=
"http://visitor:password!@yourname.dyndns.com/image/jpeg.cgi"+"?"+today;

        if(document.images) window.onload=refresh;
        t=setTimeout('refresh()',500);
      }
    </script>
  </head>
```

» 문서의 내용 부분에는 다른 서버에 있는 이미지를 링크하는 이미지 태그가 있다. 자세한 사항은 그 아래에 있다.

body 부분에 있는 입력 양식은 온도조절기의 상태를 조정하기 위해서 사용된다. 이 부분에서는 POST 요청을 이용해서 서버가 응답해야 하는 결과를 가지고 있는 별도 페이지인 response.htm을 호출한다. 이미 초기 응답 부분은 위의 스케치에서 서버가 POST 요청의 끝부분에서 "thermostat" 변수 값을 서버에서 찾았을 때 보내준다. 위 스케치의 switch 문에서 case 2 부분을 확인하면, 설정 온도가 20도에서 40도까지로 제한되어 있는 것을 볼 수 있는데, 이는 섭씨 단위에서 상당히 합리적인 범위이다.

이 파일을 index.htm이라는 이름으로 저장한 다음, response.htm이라는 새로운 파일을 작성하자.

```
  <body onload="refresh()">
    <div class="header"><h1>Thermostat Control</h1>
    </div>

    <div class="main">
      <img src="http://visitor:password!@yourname.
        dyndns.com/image/jpeg.cgi" width="300"
        id="pic">
      <form name="tempSetting" action="response.htm"
        method="POST">
        <p>Current temperature:
        $temperature
        </p>
        Thermostat setting (&#176;C):
        <input name="thermostat" type="number"
          min="20"
          max="40"
          step="1"
          value=$thermostat>
        <input type="submit" value="submit">
      </form>
      Air conditioner is $status
    </div>
  </body>
</html>
```

» 서버는 파일을 제공하기 전에 이 관련 변수들을 바꿀 필요가 있다. 이 장의 뒷부분에서 어떻게 할 수 있는지 확인해 볼 것이다.

응답 받기

응답 페이지인 response.htm은 index 페이지에 비하면 훨씬 간단하다. 이 페이지에서 해야 할 일은 온도, 온도조절기 설정, 릴레이에 연결된 에어컨의 상태를 보고하는 것이다. 이 페이지는 같은 CSS를 사용하며, 3초 후에 index 페이지를 브라우저로 다시 보내주는 http-equiv 태그와 같은 휴대폰 메타 태그 역시 같은 것을 사용한다. 이런 기법은 3장 고양이 카메라에서 이미 본 것이다.

HTTP 문서에 있는 변수들이 PHP 변수들처럼 $ 표시로 시작된다는 것을 눈치챘는가? 이 부분은 해당 페이지가 전송되기 전에 서버에서

```
<html>
  <head>
    <meta http-equiv="refresh" content="3;
      URL=index.htm" />
    <link rel="stylesheet" type="text/css"
      href="mystyle.css" />
    <meta name="HandheldFriendly" content="true" />
    <meta name="viewport" content="width=device-width,
      height=device-height" />
  </head>
  <body>
    <div class="header"><h1>Thermostat Control</h1>
    </div>

    <div class="main">
      <p>Current temperature:
      $temperature
      &#176;C
```

» 서버는 파일을 제공하기 전에 관련 변수들을 바꿀 필요가 있다.

오는 데이터로 변경해야 한다는 것을 나타낸다. 아두이노에 PHP를 돌리고 있지 않더라도, 이런 형식의 문자열을 찾아내서 변경하는 코드를 스케치 부분에 추가할 수 있다.

하지만 이 부분을 추가하기 전에 이 사이트를 위한 CSS 문서를 작성하는 것부터 끝내야 한다. 서버는 파일을 전송하기 전에 이 변수들을 변경할 필요가 있다.

```
        </p>
        <p>
        Thermostat setting changed to $thermostat&#176;C
        </p>
        <p>Air conditioner is $status
        </p>
        <a href="index.htm">Return to controls</a>
    </div>
</body>
</html>
```

» 서버는 파일을 제공하기 전에 관련 변수들을 바꿀 필요가 있다.

형태 갖추기

마지막으로 만들 문서는 스타일 시트다. 이 파일을 mystyle.css로 저장한 다음, 이 파일과 이전의 두 파일을 SD 카드에 복사한다. 이 파일들을 폴더에 넣지 말고, SD 카드의 루트 폴더에 넣어야 한다.

이 문서의 색상과 폰트를 바꾸는 것은 순전히 모양의 문제이므로, 마음대로 바꿔도 된다.

이 파일들을 SD 카드에 저장한 후 다시 이더넷 모듈에 끼우고, 브라우저에서 이 파일들을 확인한다. 그림 10-10과 비슷한 결과를 얻을 수 있을 것이다. 현재 버전은 온도, 온도조절기 설정, 상태 등을 나타내는 값이 나타나지 않지만, 그래도 읽힌다.

```
.main {
    background-color: #fefefe;
    color: #0a1840;
    font-family: "Lucida Grande", Verdana, Arial, sans-serif;
}

.header {
    background-color: #0a173E;
    color: #f1fffe;
    font-family: sans-serif, "Lucida Grande", Verdana, Arial;
}
```

서버를 공개하자

이더넷 모듈이 서버로 동작하게 된 이후에 내부 네트워크 밖에서 접속할 계획이 있다면, 서버를 인터넷에 공개적으로 보이도록 만들어야 한다. 만일 이 모듈에 고정 네트워크 주소를 할당했다면 비교적 쉽지만, 옥내 네트워크를 할당한 경우에는 옥내 네트워크 이외에서는 서버가 보이지 않는다. 따라서 4장의 '사설 IP 장치를 인터넷에서 볼 수 있게 만드는 법' 부분에서 설명한 것처럼 가정용 라우터에서 포트 포워딩(port forwarding)을 설정할 필요가 있다. 포트 포워딩을 사용하면 가정용 라우터에 연결된 장치가 공공 인터넷에서 보이도록 만들 수 있다. 이 주소는 도메인 이름이 할당된 상태가 아니므로 숫자 형태로만 표시되지만, 이 정보만으로 충분하다.

포트 포워딩을 통해서 장치 이름을 기억할 수 있는 방법이 두 가지 정도 있다. 가장 간단한 방법은 여러분이 외부에서 열어볼 수 있는 웹페이지 내에 주소를 포함시키는 것으로, 이 경우 숫자 형식의 주소를 기억할 필요가 없다. 예를 들어, 라우터가 63.118.45.189의 공공 IP 주소를 가지고 있으며, 라우터의 80번 포트를 이더넷 모듈의 80번 포트로 포워딩시킨 후 라우터를 재시작한다. 다시 접속한 다음, 브라우저를 열고 http://63.118.45.189로 접속하면 모듈에 접근할 수 있다. 실제 호스트 명을 가진 웹 서버에 있는 웹페이지에 이 링크를 걸어두면, 모든 준비가 끝난다.

두 번째 방법은 동적 DNS 서비스를 이용하는 것이다.

동적 DNS

만일 반드시 모듈에 이름으로 된 URL을 부여해야 할 필요가 있다면 www.dyndns.com와 같은 동적 DNS(Dynamic DNS; DDNS) 호스트를 사용할 수 있다. DDNS 호스트는 여러분의 도메인에 대한 정보를 지속적으로 업데이트하는 DNS이다. 여러분의 라우터나 장치는 DDNS의 클라이언트가 되어 DDNS 호스트에 접속한 후, 여러분이 선택한 도메인 명(예를 들면 yourserver.com과 같은)을 요청하면, 이때 클라이언트가 접속한 지점을 가리키게 된다. 이더넷 모듈(로컬 IP 주소가 192.168.1.20인 경우)이 dyndns.com으로 DDNS 요청을 보낼 때를 예로 들어보자. 이 요청은 라우터를 통과하면서 63.118.45.189라는 IP 주소를 가지게 될 것이므로 dyndns.com은 yourserver.com을 63.118.45.189로 연결한다.

숫자 주소는 이름 주소의 CNAME(Canonical Name: 규칙에 따른 이름) 기록이라 할 수 있다. 따라서 누군가 브라우저를 통해서 yourserver.com에 접속을 시도하면, 63.118.45.189로 접속이 연결된다. 라우터의 포트 포워딩 기능을 켜면, 외부 포트 80번으로의 접속은 192.168.1.20의 80번 포트로 연결되므로, 여러분의 이더넷 모듈이 외부 인터넷에서 yourserver.com으로 보이게 되는 것이다.

동적 DNS 호스팅 서비스는 비교적 저렴하다. fuzzipantsovich.dyndns.tv처럼 DDNS 호스트가 가진 도메인 명의 뒷부분을 동일하게 사용하는 한 개의 도메인은 무료로 사용할 수 있다. 만일 특정 도메인 주소나, 여러 개의 주소를 사용하더라도 비교적 합리적인 가격으로 옥내 네트워크상의 장치에 호스트 명을 부여할 수 있다.

네트워크 카메라

몇 년 전부터 인터넷에 연결할 수 있는 카메라를 구할 수 있으며, 가격 또한 점차 저렴해지고 있다. 무선 인터넷 모듈이 포함되어 있고 자체적인 서버가 구동되는 작은 카메라를 대략 70달러(약 10만원) 정도부터 구입할 수 있다. 이 프로젝트에 사용된 D-Link의 DCS-930L은 인터넷에서 약 8만원에 구입했다.

이 카메라의 설정은 매우 직관적이며 첨부된 문서에도 설명이 잘되어 있다. 우선 카메라를 유선 인터넷에 연결하고(에어컨 제어를 위해서 만들었던 것처럼), 브라우저에서 관리자 페이지를 열어본다. 이 페이지에 접속해야 할 WiFi 네트워크를 지정하고, 설정 값을 카메라의 메모리에 저장한 후 카메라를 다시 시작한다.

카메라에 서버가 동작하면 이제 이 주소를 알아야 하는데, 앞에서 이더넷 모듈에 사용했던 것과 같은 방법을 사용할 수 있다. 기본 HTTP 포트인 80번 포트는 이미 이더넷 모듈에서 사용하고 있을 것이므로, 카메라 서버에서 영상을 보내주기 위한 포트를 변경해야 한다. 보통 80 포트 대신 사용되는 8080 포트가 괜찮을 것이다.

카메라를 위해 포트 포워딩을 설정하고 나면, 이더넷 모듈의 HTML 파일에 해당 주소를 포함시킬 수 있다. 예를 들어, DCS-930L을 사용하고 있으면 jpg 형식으로 된 영상의 경로는 /image/jpeg.cgi가 된다. 가정용 라우터의 외부 주소가 63.118.45.189(여러분은 다를 것이므로 확인해 보자.)이고, 8080 포트를 카메라의 80번 포트로 보내주도록 설정했다고 가정하자.

외부 인터넷용 페이지로의 링크는 <a href="http://63.118.45.189:8080/image/jpeg.cgi">가 될 것이다.

그러나, D-Link를 비롯한 많은 회사의 제품은 카메라에 접근하기 위해서 비밀번호를 요구한다. 따라서, 영상에 대한 보기 전용 접근 권한을 가진 방문자의 사용자 계정을 만들고, URL을 <a href = "http://username:password@63.118.45.189:8080/image/jpeg.cgi">로 바꿔준다.(물론, username과 password 부분은 설정한 계정 정보에 맞게 바꿔야 한다.)

사실 이런 방식은 누구든지 해당 계정의 비밀번호를 볼 수 있으므로, 보안이 매우 취약하다. 따라서, 해당 계정에는 설정을 보거나 변경할 수 있는 권한을 주면 절대 안 된다.

카메라 영상에 대한 외부 URL을 알게 되었으면, 브라우저를 통해서 확인해 보자. 외부에서 접속해 보는 것도 좋다. 제대로 동작하는 것을 확인했다면, 이전에 작성했던 index.htm 페이지에 해당 링크를 포함시키고 다시 한 번 시도해 보자. 문서의 헤더 부분 자바스크립트에 있는 영상의 URL을 변경해야 한다. 이제 서버가 실제 인터넷에서 동작하게 되었다.

이 프로젝트의 마지막 단계가 남았다. 이제 온도, 온도조절기 설정, 에어컨 상태에 대한 부분을 치환자 변수로 바꾸자. 이를 위해서 스케치에 코드를 조금 더 추가해야 한다.

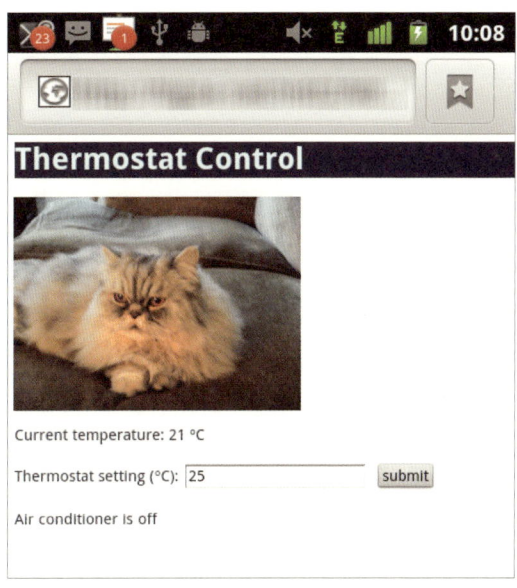

그림 10-10 안드로이드폰에서 캡처한 고양이 카메라 온도조절기 제어기의 최종 화면.

보고하기

HTML 문서에서 변수들을 바꾸기 위해서는 서버에서 변수에 해당하는 값을 제공하기 위해서 관련 문서들을 읽어내야 한다. sendFile() 함수에 있는 while() 루프 안에서 이 동작이 이뤄진다. 아래 부분을 함수에 추가하자. 새로 추가된 부분은 파란색으로 표시되어 있다.

이 코드를 동작시키면 서버는 파일을 읽을 것이다. $temperature, $thermostat, $status와 같은 이름이 지정된 문자열을 만나면, 이 문자열 부분은 해당 변수의 값으로 대체된다.

온도를 바꾸기 위한 if() 문은 다른 두 문장과 다르다는 것을 확인할 수 있다. 여기는 부동소수점 변수를 문자열로 바꾸기 위한 함수가 없으므로, 이 작업을 위해서 print()나 println() 함수를 사용할 수 있다. 즉, 문자열을 출력하기 전

```
while (myFile.available()) {
  // 출력 문자열을 위한 문자를 추가:
  char thisChar = myFile.read();
  outputString += thisChar;

  // 온도 변수를 읽어서 출력
  // (부동 소수점 숫자는 문자열로 변환될 수 없으므로, 직접 출력):
  if (outputString.endsWith("$temperature")) {
    outputString = "";
    // 결과는 십진수 두 자릿수로 제한
    thisClient.print(readSensor(),2);
  }

  // 온도조절기 변수를 읽어서 문자열 바꿈
  if (outputString.endsWith("$thermostat")) {
    outputString.replace("$thermostat",
                    String(thermostat));
  }

  // 릴레이 상태 변수를 읽어서 문자열 바꿈
  if (outputString.endsWith("$status")) {
    String relayStatus = "off";
    if (checkThermostat()) {
      relayStatus = "on";
    }
```

에 문자열의 일부를 바꿔치기하는 대신 온도 변수를 직접 클라이언트로 출력해야 한다.

```
    outputString.replace("$status", relayStatus);
  }
  // 개행 문자를 만나면 outputString을 출력하고, 변수를 초기화한다.
  if (thisChar == '\n') {
    thisClient.print(outputString);
    outputString = "";
  }
}
```

위의 부분을 바꾸고 다시 업로드하면 준비가 끝난다. 아두이노의 주소를 브라우저에 넣으면, 주소와 현재 온도조절기의 설정, 에어컨의 상태를 알 수 있다. 만일 설정을 바꾸면 결과적으로 집 안의 온도를 바꿀 수 있다. index.htm 문서에 있는 이미지 태그와 자바스크립트를 여러분의 카메라에 적합하게 바꾸면 집 안의 영상을 적절히 바꿀 수 있을 것이다. 여기서 만든 프로그램의 최종 결과를 브라우저에서 확인하면 그림 10-10과 같은 모양이 된다.

휴대폰 앱의 인터페이스로 브라우저를 사용할 때 가장 큰 장점은 하나의 응용프로그램으로 모든 플랫폼에서 사용할 수 있다는 점이다. 많은 유명 휴대폰 앱이 별도의 사용자 인터페이스 없이 기본적인 브라우저 인터페이스를 이용해서 개발되었고, 이후에 HTML5를 이용해서 인터페이스로 개발 중이다. 앱의 인터페이스에서 클릭하면 개발자의 웹사이트에 있는 페이지를 보여주는 방식을 사용하는 것이다. 많은 휴대폰 응용프로그램이 보통 네트워크에 연결된 응용프로그램이므로, 첫 번째 접근 방법으로 이런 방식을 사용하는 것은 합리적이라 볼 수 있다. 또한, 이를 통해서 웹에서 제공하는 모든 프로토콜을 사용할 수 있다.

웹을 통한 접근 방식 대신 휴대폰 앱을 사용하면, 브라우저에서 사용할 수 없는 프로토콜도 이용할 수 있지만 여전히 HTTP와 연관성을 가진다. 이 부분에 대해서는 다음 프로젝트에서 실제로 확인해볼 것이다.

프로젝트 30
온도조절기에게 전화하기

앞의 프로젝트에서 상당히 많은 작업을 했다. 다행히 이번 프로젝트에서 그것들을 재사용할 것이다. 하드웨어는 완전히 같은 것을 사용하지만, 전화기를 통해서 온도조절기에 전화를 걸고, 음성으로 온도와 상태를 알려주며, 전화기의 숫자 키를 이용해서 온도조절기의 상태를 설정할 수 있는 인터페이스를 만들기 위해서 소프트웨어를 바꿀 것이다.

루바는 신기술에 익숙하지 않아서 온도조절기의 휴대폰 웹 인터페이스를 그다지 좋아하지 않는다. "전화라고! 그냥 누군가에게 전화를 걸어서 온도를 바꿔서 동작을 멈추라고 시킬 수는 없을까?"라고 투덜댔는데, 이 이야기에도 생각해볼 만한 점이 있다. 만일 전화기를 가지고 있으면, 전화를 걸어서 어떤 것을 바꿀 수 있을 것이다.

IP 기반의 전화들이 지난 몇 년간 크게 발전함으로써 전화와 웹 페이지의 경계가 불분명해진 면이 있다. 구글 보이스나 애스터리스크(Asterisk)와 같은 서버 응용프로그램들은 공중 회선 전화 교환망(PSTN: public switched telephone network)과 인터넷을 연결하는 가상의 교환기와 같다.

이런 서버들은 두 클라이언트 간의 연결을 만들고, 전송과 수신을 위해서 어떤 서비스가 가능한지 확인하기 위해서 세션 개시 프로토콜(SIP: Session Initiation Protocol)을 사용한다. 예를 들어, SIP 클라이언트는 음성 통신, 문자 메시지, 다른 클라이언트로의 라우터 메시지 등을 다룰 수 있을 것이다. 가끔 SIP 서버는 두 클라이언트 간의 연결만 만들고 이후에는 클라이언트끼리 직접 통신하도록 더 이상 관여하지 않는 경우도 있다. 또 어떤 경우에는 두 클라이언트 간의 트래픽을 관리해 주고, 한 프로토콜을 다른 프로토콜로 변환해서 다른 쪽에서 이해할 수 있도록 만들어 주기도 한다. 이는 예전에 전화교환원이 하던 일의 21세기 형태라 할 수 있을 것이다.

응용프로그램 설계자가 이런 작업이 제대로 이뤄지도록 만든다면, 전화나 소프트웨어로 어떤 것을 할 수 있는지 알려주고, 다른 사람에게 통신할 수 있는 방법을 제공하면 되기 때문에 SIP에 대해서는 전혀 몰라도 된다. 전화의 경우 다이얼 톤과 숫자 버튼을 이용해서 이런 작업을 할 수 있다.

준비물
- 프로젝트 27의 결과물
- Twilio 계정

지난 몇 년간 자동화된 고객 센터에 전화를 해본 경험이 있다면, SIP 서버와 이야기해 보았을 가능성이 있다. 여러분이 이야기할 때 음성-문자 변환 프로그램을 이용해서 대화 내용을 인식하려고 하거나, 문자-음성 변환 프로그램을 이용해서 전화기의 숫자를 누르도록 유도했을 것이다. 숫자나 단어를 입력했을 때 여러분의 입력은 원격 서버 혹은 지역 데이터 베이스 질의를 위한 HTTP GET 혹은 POST 요청으로 바뀐다. 결과를 얻으면 문자-음성 변환 프로그램을 다시 한 번 이용해서 결과를 읽어준다. 만일 여러분이 어떤 이야기를 했는지 이해할 수 없다면, 안내원이 답을 줄 수 있는 번호로 전화를 돌려준다.

이 프로젝트에서는 앞에서 만든 온도조절기에 음성 인터페이스를 추가하기 위해서 Twilio의 상용 SIP 서비스를 사용할 것이다. Twilio는 음성 메일, 컨퍼런스 콜 등 다양한 VoIP(Voice over IP: 인터넷 전화) 서비스를 제공한다. 상용 계정을 가지면 이러한 서비스를 사용할 수 있는 전화번호를 살 수 있으므로, 고객들이 여러분의 서비스에 직접 접속할 수 있다. 무료 체험 서비스도 제공되고 있다. 무료 서비스는 지정된 번호를 사용해야 하고, 전화를 건 다음 응용프로그램에 접근하기 위해서 비밀번호를 넣어야 한다는 점이 다르다.

이 글을 쓰고 있는 시점에서 Twilio는 미국과 캐나다에 맞는 전화번호만 제공하고 있으므로, 그 외 국가의 독자는 내용을 보고 일반적인 개념을 익힌 다음에 해당 국가에서 제공하는 비슷한 서비스를 적절히 이용해서 적용하면 된다. 전화번호 교환은 대부분 상업적, 정치적 이유로 인해서 인터넷보다 훨씬 큰 PSTN 지연이 있다. VoIP와 SIP를 좀 더 깊이 있게 사용하려면 오라일리에서 출판된 짐 판 멕겔런(Jim Van Meggelen), 자레드 스미스(Jared Smith), 레이프 메드센의(Leif Madsen)의 책 『Asterisk: The Future of Telephony』를 보자.

표준이 뭔가?

SIP와 VoIP 응용에 대해서 나쁜 소식이 하나 있다. 바로 이 분야에 표준이 없다는 것이다. 업체에서 제공하는 모든 서비스는 전화를 걸고, SMS 메시지를 보내고, 전화를 녹음하고, 전화기 숫자 패드를 읽는 등 대부분 비슷한 기능을 가지고 있지만, 약간씩 다르다. 각각의 서버와 상용 서비스 제공자는 서비스에 대한 응용프로그램 인터페이스(API)를 제공하는 데 약간씩 다른 접근 방법을 취하고 있다. 여기서 Twilio를 위해서 배울 마크업 언어는 Tropo, Google Voice를 비롯한 다른 서비스 제공자를 위한 응용프로그램을 만들 때는 사용할 수 없다.

프로젝트에 어떤 도구를 사용할 것인지 선택할 때, 다음 네 가지 질문이 도움을 줄 수 있다.

- 필요한 기능을 제공하는가?
- 내가 있는 지역에서 사용 가능한가?
- 사용법이 간단한가?
- 내가 가지고 있는 도구를 활용할 수 있는가?

이 응용에서는 TwiML이라는 매우 간단한 마크업 언어를 사용하기 때문에 Twilio를 선택했다. 또한, Twilio의 예제는 PHP와 루비 같은 다른 서버 기반의 언어와 마크업 언어를 어떻게 분리할 수 있는지 명확하게 보여준다. 모든 것은 GET 혹은 POST를 통해서 이루어지고, Twilio에 훌륭한 PHP 예제들도 있지만 처음부터 이런 예제들이 필요한 것은 아니다. 디버거가 매우 유용하고 기술 지원 역시 매우 좋다. 물론 다른 서비스에서 제공하는 녹음 과정에서 음량 정도에 대한 정보를 얻는다거나, 음성-문자 변환 기능 등을 지원하지는 않지만, 이런 기능들이 없다는 단점보다는 간편함이 주는 이득이 더 크다.

이 프로젝트를 끝마치려면 www.twilio.com에 계정이 있어야 한다. 무료 계정을 사용해도 이 프로젝트를 만들고 구동시킬 수 있으며, 유료 계정을 사용해도 된다. 만일 무료 계정을 사용하고 있다면, 전화를 걸 때마다 비밀번호를 추가로 입력해야 하고, 한 번에 한 가지 응용프로그램만 지원받을 수 있다. 이번에 사용하려는 목적으로는 이 정도로도 충분하다.

이전 프로젝트에서 만든 아두이노 서버의 URL도 알아야 한다. 예를 들어 여러분의 서버가 63.118.45.189에 있다면, 이 프로젝트를 위한 주소는 http://63.118.45.189/voice.xml이 될 것이다. Twilio 계정으로 로그인한 다음에 대시보드(dashboard)로 간다. 거기서 주어진 임시 전화번호와 비밀번호를 확인할 수 있을 것이다. 전화번호는 Twilio의 게이트웨이로 연결할 수 있게 해준다. 게이트웨이는 여러분이 입력한 HTTP 서버(앞에서 확인했던 주소)로 연결해 준다. 위의 과정이 끝났으면, 이제 서버를 위한 XML 파일을 작성하고, 필요한 응답을 할 수 있도록 스케치를 수정할 차례다. 그림 10-11은 대시보드 패널의 모습이다.

XML에 대한 간략한 소개

XML(eXtensible Markup Language: 확장성 마크업 언어)은 다양한 웹과 데이터베이스 서비스에서 사용되는 일반적인 마크업 언어이다. XML은 거의 대부분의 것을 기계가 읽을 수 있는 형태로 표현할 수 있도록 만들어준다. XML은 <로 시작하고 >로 끝나는 태그로 이루어지며, 태그는 각각의 요소를 표현하는데, 이 요소는 여러분이 분류하고 싶어 하는 어떠한 개념이라도 가능하다. 각각의 요소는 하위 요소를 가질 수 있다. 예를 들어, <body>는 다음 예에서와 같이 하위 요소로 <paragraph>를 가질 수 있다.

```
<body>
  <p>This is the content of the paragraph</p>
</body>
```

태그 사이에 있는 부분은 요소의 내용이다. 이는 일반적으로 사람들이 읽고 싶어 하는 부분이지만, 기계는 여기에 관여하지 않는다.

모든 요소는 열림과 닫힘 태그를 가지고 있으나, 가끔 태그는 아래와 같이 자체적으로 닫히는 경우도 있다.

```
<Pause length="10" />
```

태그 안쪽에서 이름을 제외한 다른 부분은 태그의 속성이다. length는 Pause의 속성이며, 잠시 정지되는 시간이 10초임을 나타낸다. 요소에 대해서 설명하기 위해서 매우 세세한 부분까지 속성을 지정할 수 있다.

이 부분이 HTML과 비슷하다고 생각했다면, 제대로 짚은 것이다. XML과 HTML은 서로 연관성이 있는 마크업 언어이지만, XML 문법이 좀 더 엄격하다. 이런 범용 언어의 형식을 취함으로써 한 형식에서 다른 형식으로 변환하는 XML 파싱 프로그램을 작성하는 것이 가능해진다.

TwiML

Twilio 마크업 형식인 TwiML은 Twilio에서 제공하는 기능에 대한 설명을 XML로 적은 것으로, Twilio를 이용해서 할 수 있는 것들을 기술하고 있다. 여기에는 전화를 위한 요소와 SMS 메시지를 다루기 위한 요소가 있다. 요소의 목록은 매우 짧다.

음성 요소

```
<Say>
<Play>
<Gather>
<Record>
<Sms>
<Dial>
<Number>
<Conference>
<Hangup>
<Redirect>
<Reject>
<Pause>
```

SMS 요소

```
<Sms>
<Redirect>
```

각각의 요소에 대해서는 Twilio의 문서에 잘 설명되어 있는데 대부분 어떤 작업을 할 것인지 예상할 수 있을 것이다.

이번 프로젝트를 위해서는 〈Response〉를 이용해서 기술할 것이다. 이 태그 안쪽에 전화를 건 사람의 숫자키 입력을 모으기 위해서 〈Gather〉를 사용할 것이다. TwiML의 〈Gather〉 요소는 HTML의 입력 양식과 비슷한 역할을 하므로, 동작 속성을 가지고 있고, 어디로 내용을 보내야 하고, 어떻게 결과를 보낼 것인지에 대한 함수 속성 역시 가지고 있다. 또한 문자-음성 변환을 이용해서 전화를 건 사람에게 음성을 들려주기 위해서 〈Say〉를 사용할 것이다.

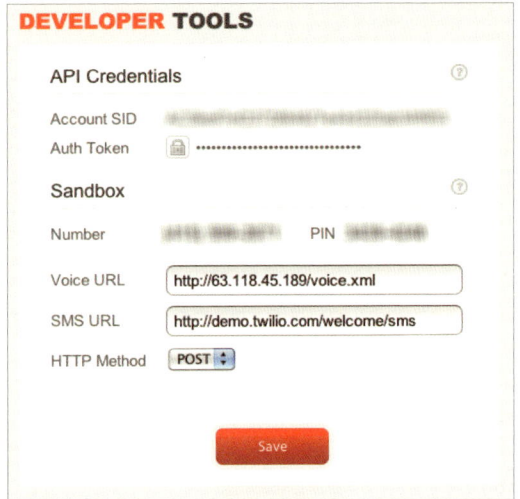

그림 10-11 Twilio 대시보드. Voice URL 부분에 아두이노 서버의 URL 주소를 입력한다.

마크업 부분을 만들자

이 프로젝트에서는 하나의 TwiML 문서만 있으면 된다. 전화를 걸면 이 문서가 초기의 응답을 담당하고, 전화를 건 사람이 숫자키를 입력하고 나면 설정 값을 갱신하기 위해서 이 문서가 다시 호출된다. 이 파일은 이전 프로젝트에서 사용했던 SD 카드에 voice.xml이라는 이름으로 저장하자.

이전 프로젝트에서 사용했던 $temperature, $thermostat, $status와 같은 이름의 변수를 볼 수 있을 것이다. 서버는 HTML 문서에서 했던 것과 마찬가지로 이 변수들을 값으로 대체한다. 스케치에서 이 부분은 바꿀 필요가 없다.

서버의 스케치에서 바꿔야 할 부분은 다음에 있다.

```xml
<?xml version="1.0" encoding="UTF-8"?>
<Response>
  <Gather action="voice.xml" method="POST">
    <Say>
      The current temperature is
      $temperature
      degrees Celsius.
      The thermostat is set to $thermostat degrees
      Celsius.
      The air conditioner is $status.
      If you would like to change the thermostat,
      please enter a new setting.
      If you are satisfied, please hang up.
    </Say>
  </Gather>
  <Say>
    You didn't give a new setting,
    so the thermostat will remain at $thermostat
    degrees. Goodbye!
  </Say>
</Response>
```

서버를 바꾸자

서버를 아주 조금만 바꿔주면 음성 서버 기능을 지원할 수 있다. 우선은 loop() 부분이다. Twilio가 POST 요청을 만들면, 전화를 건 사람이 전화의 숫자키를 눌러 입력한 부분이 Digits라 불리는 변수를 이용해서 서버로 전송된다. 따라서 POST 요청에서 thermostat 변수를 찾는 대신, 이제는 Digits 변수를 찾아야 한다. 새로 추가된 부분은 파란색으로 표시했다.

```
case 2:  // POST
    // 개행 문자와 캐리지 리턴으로 끝나는 헤더의 나머지 부분은 건너뛴다.
    finder.find("\n\r");
    // 만일 클라이언트가 온도조절기 값을 전송했으면 받음:
    if (finder.find("Digits")) {
      int newThermostat = finder.getValue('=');
```

» 여러분이 만든 서버의 클라이언트로 동작하는 Twilio 게이트웨이는 대부분의 브라우저에서 기대하는 것보다 약간 까다롭다. 여러분이 전송하려고 하는 내용의 길이를 실제 내용을 전송하기 전에 알려주는 경우에 가장 잘 동작한다. 이는 sendFile()과 sendHttpHeader()에서 약간 변경이 필요하다는 것을 의미한다. 우선 sendFile() 함수에서 전송할 파일의 크기를 얻어오고, 전송할 파일이 HTML인지 XML인지 파악한다. 이후에 파일의 크기와 형태를 sendHttpHeader() 함수로 전송한다. sendFile()의 첫 부분을 오른쪽과 같이 바꿔야 하며, 바뀐 부분은 파란색으로 표시되어 있다.

```
// 요청된 파일을 전송:
void sendFile(Client thisClient, char thisFile[]) {
  String outputString = "";  // 파일의 각 줄을 읽기 위한 문자열
  // 읽을 파일을 연다:
  File myFile = SD.open(thisFile);
  if (myFile) {
    // 파일 크기를 얻음:
    int mySize = myFile.size();
    // 확장자를 기반으로 파일이 XML인지 HTML인지 판별(기본적으로 HTML로 가정)
    int fileType = 1;  // 1 = html, 2 = xml
    if (String(thisFile).endsWith("xml")) {
      fileType = 2;
    }

    // OK 헤더 전송:
    sendHttpHeader(thisClient, 200, mySize, fileType);
    // 더 읽을 것이 없을 때까지 파일에서 읽어온다:
    while (myFile.available()) {
```

» sendFile()에서 필요할 때 404 에러를 보내기 위해서, sendHttpHeader() 함수의 호출을 바꿔야 한다.

```
else {
    // 만일 파일을 찾지 못했으면:
    sendHttpHeader(thisClient, 404, 0, 1);
}
```

> **주의:** 이 프로젝트를 개발하는 과정에서, 최종 코드를 만들기 전에 4장에서 설명한 것 같이 단순히 Twilio에서 오는 모든 요청을 받아들이는 테스트 서버를 만들어서 많은 효과를 봤다. Twilio의 온라인 디버거 역시 문제를 찾아내는 데 많은 도움이 되었다.

» sendHttpHeader() 함수는 이제 좀 더 많은 정보를 보내게 되었다. 이전에는 대부분의 브라우저가 응답할 수 있는 최소한의 정보만을 보낸 반면, Twilio 게이트웨이 클라이언트는 좀 더 많은 정보를 요구하기 때문이다. 4장 공기의 질을 확인하는 프로젝트의 예와 같이 서버에서 오는 응답을 좀 더 자세하게 살펴볼 수 있다. 서버 응용프로그램의 이름(Arduino)을 보낸 이후에, sendFile()에서 배운 것을 기반으로 내용의 형태를 판별한다. 이후에 파일 크기에 따라 내용의 길이를 보낸다. 이를 통해서 연결이 끊기기 전까지 클라이언트에서 어느 정도의 바이트를 받게 될 것인지 예측할 수 있도록 만든다.

```
// 클라이언트로 HTTP 헤더 전송
void sendHttpHeader(Client thisClient, int errorCode,
                    int fileSize, int fileType) {
  thisClient.print(F("HTTP/1.1 "));
  switch(errorCode) {
  case 200:           // OK
    thisClient.println(F("200 OK"));
    break;
  case 404:           // 파일 찾지 못함
    thisClient.println(F("404 Not Found"));
    break;
  }
  thisClient.println(F("Server: Arduino"));
  thisClient.print(F("Content-Type: text/"));
  if (fileType == 1) {
    thisClient.println(F("html"));
  }
  if (fileType == 2) {
    thisClient.println(F("xml"));
  }
  thisClient.print(F("Content-Length: "));
  thisClient.println(fileSize);
  // 응답 헤더는 추가적인 개행 문자로 끝난다.
  thisClient.println();
}
```

모두 바꾸고, SD 카드에 voice.xml 파일을 넣었으면, 서버를 재시작하고 Twilio 임시 번호로 전화를 건다. PIN 번호를 넣으면 전화가 걸릴 것이다. 모든 부분을 제대로 했다면, 문서의 내용을 읽어주는 소리를 들을 수 있고, 전화의 숫자키를 통해서 새로운 온도조절기의 설정을 입력할 수 있을 것이다. 온도 조절기의 설정은 원하는 만큼 계속해서 바꿀 수 있으며, 모든 설정이 끝났을 때 전화를 끊으면 된다.

내용의 길이를 정확히 얻어내기

이론적으로 서버는 XML과 HTML 문서를 모두 제공할 수 있으며, 브라우저에서 모두 볼 수 있어야 한

다. 그러나, 여러분의 브라우저는 내용의 길이에서 약간의 문제를 내포하고 있다. 조금 더 주의를 기울이면 파일의 크기가 내용으로 전송되는 실제 바이트 크기와 차이가 있다는 것을 깨닫게 될 것이다.

파일의 크기는 $temperature, $thermostat, $status와 같은 변수가 실제 값으로 대체되기 전에 판별된다. 예를 들어, 온도가 섭씨 27.28도인 경우 "$temperature" 문자열이 "27.28"로 변경되며, 12자 대신 5자로 바뀐다. 마찬가지로 $thermostat는 2자리 숫자로 바뀌고, $status는 2자리 혹은 3자리 문자열로 바뀐다. 내용의 길이를 정확히 계산하기 위해서는 이 부분을 염두에 두어야 한다. 이를 위해서 두 가지 해결 방법이 있다.

대략적인 해결 방법: 대부분의 브라우저는 내용의 길이를 신경 쓰지 않으므로 HTML을 제공하는 경우 이 부분을 출력하지 않는다. 다음과 같이 내용의 길이를 출력하는 두 줄 위에 if 문을 둔다.

```
if (fileType == 1) {
  thisClient.print(F("Content-Length: "));
  thisClient.println(fileSize);
}
```

철저한 해결 방법: 이전에 thermostat의 값을 두 글자로 제한했으므로, 이 길이는 정확히 알 수 있다. 따라서 온도조절기의 값은 "$thermostat"보다 9자 적다. 온도 부분 역시 소수점 2자리로 제한했으므로 5자 문자열이 될 것이라는 것을 알 수 있다.(100도를 넘는 경우는 이미 치명적인 상태일 것이므로 가

정하지 말자.) 이는 "$temperature"보다 7자 적다. 상태 문자열은 2자 혹은 3자가 되며, 이는 "$status"에 비하면 4, 5자 정도 적은 것이다. 따라서 HTTP 헤더를 전송하기 전에 그 차이를 계산하면 된다. 즉, checkThermostat() 함수 호출에 의해서 판단할 수 있는 릴레이의 상태에 따라, 원래의 파일과 20, 21 글자 차이가 발생한다는 것을 계산할 수 있다. 아래에 있는 것처럼 sendFile() 함수에서 OK 헤더를 보내기 직전에 이 부분을 정확히 조정하도록 바꿀 수 있다.

```
if (checkThermostat()) {
  mySize = mySize - 21;
}
else {
  mySize = mySize - 20;
}
// OK 헤더 전송:
sendHttpHeader(thisClient, 200, mySize,
               fileType);
```

파일을 제공하기 전에 파일의 내용을 동적으로 바꿀 때에는, 항상 이런 조정 작업을 해야 한다. 따라서, 이런 작업을 위한 몇몇 함수를 알아두는 것이 좋다. 서버는 메모리가 상당히 많을 것이므로, 간단하게 전체 파일을 배열에 넣은 다음에 배열의 크기를 얻어오는 것도 가능할 것이다.

제한된 메모리를 가진 마이크로컨트롤러로 작업할 때 배워야 하는 가장 의미 있는 일은 이런 부분에 대해서 어떻게 대안을 마련할지 결정하는 것이다. 책에서는 대략적인 해결 방법을 대안으로 먼저 시도해 볼 것이다.

HTML5와 다른 휴대폰 웹 접근 방법

현재 휴대폰용 응용프로그램 개발자들은 차세대 HTML 표준인 HTML5를 두고 상당히 흥분하고 있다. HTML5는 HTML에서 웹 페이지를 통해 좀 더 많은 상호작용과 제어 방법을 제공하고, 보여지고 동작하는 부분을 지원한다.

사실 HTML5를 흥미롭게 하는 것은 마크업 언어 자체가 아니고, 자바스크립트와 CSS3(Cascading

Style Sheets) 표준과 조합되었을 때 제공할 수 있는 가능성이다.

HTML5, 자바스크립트, CSS3가 어떻게 같이 동작하는가? 대략적으로 HTML이 명사의 역할, CSS는 형용사와 부사의 역할, 자바스크립트는 이 모든 것을 동작하게 만드는 동사의 역할을 수행한다고 할 수 있다. HTML은 기본적인 페이지의 구조와 그 안에 포함되어 있는 양식, 입력 요소, 문자 블록 등을 나타낸다. CSS는 우선 색상, 폰트, 줄 간격, 여백 등 시각적 요소에 대한 속성을 기술한다.

스크립트 언어인 자바스크립트는 페이지의 요소 간, 동일 브라우저의 페이지 간, 브라우저와 원격 서버 간의 연결을 만들 수 있다. 문법적 유사성이 완전하지는 않지만, 정보를 제공하고, 사용자의 입력을 받아들이고, 상호작용이 되는 응답을 만들어내고, 브라우저 이외 위치(데이터가 사용자의 하드디스크에 있든 혹은 원격 서버에 있든 관계없이)에 데이터를 보내고 받아오기 위해서 세 도구가 폭넓은 의미를 가지고 있다는 점이 중요하다.

웹 브라우저에서 구동되는 응용프로그램들은 이전에는 컴퓨터의 매우 제한적인 자원에만 접근할 수 있었다. 운영체제 제조사들은 인터넷에서 다운로드 받은 프로그램에 하드 드라이브, 카메라, 마이크를 비롯한 다른 컴퓨터 하드웨어에 접근할 수 있는 권한을 주는 것이 위험하다고 생각했다. 해커가 나쁜 짓을 할 수 있기 때문이다. 물론, 요즘에는 대부분의 응용프로그램을 인터넷에서 다운로드 받으므로 이런 정책은 낡은 것처럼 생각할 수 있다. 악의적인 동작을 하는 프로그램을 다운로드할 수 있지만, 지금은 대부분의 사람들이 인터넷의 출처 중에서 어디가 좀 더 신뢰성 있고 어디가 별로인지, 어떤 출처가 웹 페이지를 전달하며 어디서 자신의 운용체제에서 구동되는 응용프로그램을 제공하는지에 대한 감을 가지고 있다.

더불어 최근에는 소셜 미디어 사이트나 Google Docs, Dropbox와 같은 웹 기반의 데이터 저장 서비스가 증가함에 따라 온라인에 있는 데이터에 직접 접근하는 일이 점차 더 많아지고 있다. 이럴 때 파일이 인터넷상에 있으므로, 브라우저가 개인의 하드 드라이브에 접근할 필요가 없다.

브라우저 보안과 일반적인 수준의 보안 간 차이가 희미해진 것은 물리적인 인터페이스를 만들려고 하는 경우 좋은 소식이다. HTML5와 자바스크립트는 컴퓨터 혹은 전화에 있는 일부 하드웨어에 접근할 수 있는 함수들을 포함하고 있다. 예를 들어, 대부분의 스마트폰과 같이 가속도 센서가 있으면, 가속도 센서를 읽어서 장치의 방향을 결정할 수 있고 나침반과 GPS 수신기 등이 달려 있으면 그 장치를 이용할 수 있는 함수들이 있다.

나쁜 소식은, 브라우저를 만드는 회사들 간에 새로운 기능을 위한 함수들 중에서 어떤 함수까지를 지원할 것인지 합의가 이루어지지 않아, 모든 브라우저가 이러한 기능을 항상 지원하는 것도 아니고, 모든 브라우저에 같은 기능이 있더라도 이 기능이 같은 방식으로 구현되어 있는 것도 아니라는 것이다. 예를 들어 애플 아이폰과 아이패드에서 구동되는 사파리 브라우저는 이 글을 쓰는 시점에서 가속도 센서에 접근할 수 있었지만, 안드로이드의 기본 브라우저에는 접근할 수 없었다. 따라서, 브라우저를 통해서 휴대폰 외부에 있는 장치에 접근하는 것은 비교적 쉽지만, 휴대폰 안에 있는 것들에 접근하기 위해서 조금 더 많은 작업이 필요하다.

PhoneGap

휴대폰에 있는 센서에 접근하는 것에 흥미가 있고, 자바스크립트로 작업하는 것에 어려움이 없다면 PhoneGap(www.phonegap.com)을 사용해 볼 만하다. PhoneGap은 HTML5와 자바스크립트를 이용해서 휴대폰에 있는 모든 하드웨어 센서에 접근할 수 있도록 만들어주는 플랫폼이다.

기본적으로 PhoneGap은 휴대폰에 내장된 브라우저 엔진으로 새로운 HTML5 표준의 모든 부분이 구현되어 있고, 내장 센서에 대한 접근 같은 유용한 기능을 위한 다양한 훅(hook)을 가지고 있으며, 개발을 시작할 수 있도록 기본적인 뼈대를 갖춘 형태로 배포된다. 여러분은 휴대폰에서 사용하는 프로그래밍 언어(안드로이드의 경우 자바, iOS의 경우 Objective-C)로 작성된 응용프로그램 개발 프레임워크를 다운로드할 수 있다. 작성할 응용프로그램을 위한 프로그래밍 인터페이스로 동작하는 것이므로, 이 부분의 코드에 대해서는 아무것도 할 필요가 없다. 이제 작성할 응용프로그램의 핵심을 이루는 HTML5와 자바스크립트 문서를 작성해야 한다. 이후에 모든 부분을 컴파일한 다음 휴대폰으로 업로드한다. PhoneGap은 온라인 컴파일 서비스를 제공하므로, HTML 파일을 업로드하고 응용프로그램으로 컴파일한 다음 휴대폰에서 다운로드할 수 있게 만들어 준다.

PhoneGap으로 할 수 없는 일도 있다. 예를 들어, 휴대폰의 블루투스 시리얼 포트의 연결을 열 수 없으며, 휴대폰의 USB 연결 또한 접근할 수 없다. 그렇다 하더라도 처음에 시작 삼아 해보기에는 충분하다.

PhoneGap이 다수의 운영체제에서 휴대폰 응용프로그램을 개발할 수 있는 유일한 플랫폼은 아니다. MoSync(www.mosync.com) 역시 다양한 플랫폼에서 응용프로그램을 개발할 수 있는 플랫폼을 제공하지만, C++를 이용해서 응용프로그램을 개발해야 하며, HTML에서는 개발할 수 없다. MoSync를 사용하면 좀 더 많은 하드웨어에 접근할 수 있지만, 이 책에서 다룬 것보다는 조금 더 프로그래밍에 익숙해야 한다. 현재 몇몇 회사에서 이러한 크로스 플랫폼(cross-platform)[2] 도구를 제공하고 있으며, 점차 늘어나고 있다. 센서를 내장하고 있는 휴대폰 응용프로그램 개발에 흥미가 있다면, 각각의 휴대폰 운영체제에 맞도록 매번 응용프로그램을 다시 작성하고 싶지는 않을 것이다. PhoneGap은 브라우저가 따라잡을 수 있는 한도에서는 가장 좋은 선택이 될 것이다.

문자 메시지 인터페이스

휴대폰 사용에서 문자 메시지는 빠르게 가장 일상적인 부분이 되었다. 보통 많은 사람들은 문자 메시지가 음성 통화보다 일상 생활을 덜 방해한다고 생각한다. 문자 메시지를 사용하면 일상에 개입하지 않고 좀 더 많은 정보를 빠르게 전달할 수 있다. 게다가 이메일을 SMS로 보내는 것이나 반대의 경우도 간단하며, 휴대폰이나 이메일 계정만 있으면 플랫폼에 의존할 필요도 없다. SMS는 즉각적이면서도 현재 작업에 간섭하지 않는 공지 사항이나 한 번 작업 지시를 내리는 상황에서 유용하게 쓸 수 있다.

2　다수의 운영체제에서 사용할 수 있는 형태.

SMS(Short Messaging Service: 단문 서비스)는 휴대폰 네트워크의 신호 채널을 통해서 정보를 전송하는 방식으로 시작되었다. 이 기법의 기본적인 아이디어는 전화가 왔음을 알려주기 위해서 보내는 신호의 일부분에 데이터를 보내는 것인데, 전화가 걸려오지 않았을 때만 가능하다. 이런 짧은 메시지는 진단 목적으로도 사용될 수 있으며, 음성 메시지가 왔음을 알리기 위해서 혹은 빠르게 알려줄 필요가 있을 때 사용할 수 있다. SMS가 상용 서비스로 공개된 이후에 점차 더 많은 사람들이 사용하게 되었다. SMS는 메시지 길이가 140자로 제한되어 있지만, 많은 사람들은 140자 안에 좀 더 많은 정보를 포함시킬 수 있는 창조적인 방법을 찾아냈다.

대부분의 통신사는 이메일을 SMS로 전송하거나, SMS 메시지를 받은 편지함에서 확인할 수 있는 SMS-이메일 게이트웨이를 서비스의 일환으로 제공하고 있다. 이 기능을 확인하려면 전화에서 문자 메시지를 보내되, 목적지로 전화번호 대신 이메일 주소를 입력하면 된다. 통신사에 따라서는 MMS(Multimedia Message Service: 멀티미디어 메시지 서비스)를 통해서 전송될 때도 있으며, 간단히 SMS로 전송될 때도 있다. 받은 편지함을 보면, 자신이 보낸 메시지가 있는 것을 확인할 수 있다. 이제 이메일을 통해서 문자 메시지를 보내고 싶을 때 필요한 이메일 주소를 알게 되었을 것이다.

대부분의 경우 전화번호@통신사의 이메일 주소 형식으로 이루어진다.[3] 다음은 미국과 캐나다, 유럽의 주요 통신사에서 사용하는 일반적인 SMS-이메일 서버 주소이다.

- **AT&T:** phonenumber@txt.att.net
- **T-Mobile:** phonenumber@tmomail.net
- **Virgin Mobile:** phonenumber@vmobl.com
- **Sprint:** phonenumber@messaging.sprintpcs.com
- **Verizon:** phonenumber@vtext.com
- **Bell Canada:** phonenumber@txt.bellmobility.ca
- **Telenor Norway:** phonenumber@mobilpost.no
- **Telia Denmark:** phonenumber@gsm1800.telia.dk
- **Swisscom:** phonenumber@bluewin.ch
- **T-Mobile Austria:** phonenumber@sms.t-mobile.at
- **T-Mobile Germany:** phonenumber@t-d1-sms.de
- **T-Mobile UK:** phonenumber@t-mobile.uk.net

좀 더 긴 목록은 www.emailtextmessages.com에서 찾을 수 있다(다만, 모든 목록을 확인해 본 것은 아니다). 대부분의 미국 통신사는 국가번호(미국의 경우 +1)가 포함되지 않은 간단한 10자리 전화번호를 사용하지만, 약간 독특한 경우들이 있다. 통신사 고객 지원을 통해서 어떻게 다룰 수 있는지 찾아볼 필요가 있다.

다음 페이지에 있는 PHP 스크립트는 위에 나열된 어떤 통신사와 몇몇 추가적인 통신사로도 문자 메시지를 보낼 수 있는 간략한 양식을 만들어낸다.

---

3 국내에서는 SMS 게이트웨이 서비스를 따로 찾아야 한다.

시도해 보자

SMS를 보내기 위해서는 수신하는 통신사의 10자리 전화번호로 메일을 보내기만 하면 된다. SMS를 보낼 수 있는 PHP 스크립트이다. 이 파일을 sms.php로 저장하자.

 이 스크립트는 비밀번호로 보호하거나, 점검이 끝나고 나면 지워 버리자. 수많은 전화번호를 가지고 있는 스팸봇이 이 프로그램을 찾아낸다면, 바람직하지 않은 목적으로 사용할 수도 있다.

```php
<?php
/*
    SMS 메신저
    환경: PHP
*/
    $phoneNumber = $_REQUEST["phoneNumber"];  // 전화번호를 얻어옴
    $carrier = $_REQUEST["carrier"];          // 통신사를 얻어옴
    $message = $_REQUEST["message"];          // 메시지를 얻어옴
    $recipient = $phoneNumber."@".$carrier;   // 수신자를 만든다
    $subject = "Message for you";

    // 모든 부분이 채워졌으면, 메시지를 전송한다.
    if (isset($phoneNumber)&& isset($carrier) && isset($message)) {
        mail($recipient, $subject, $message);
    }
?>

<html>
<head></head>
<body>
    <h2>SMS Messenger</h2>
    <form name="txter" action="sms.php" method="post">

    Phone number: <input type="text" name="phoneNumber"
        size="15" maxlength="15"><br>
    Message:<br>
    <textarea name="message" rows="5" cols="30"
        maxlength="140"> Put your sms message here (140
        characters max.)
    </textarea>
    </br>
    Carrier:
    <select name="carrier">
        <option value="txt.att.net">AT&T US</option>
        <option value="txt.bellmobility.ca">Bell Canada
        </option>
        <option value="messaging.nextel.com">Nextel US
        </option>
        <option value="messaging.sprintpcs.com US">Sprint
        </option>
        <option value="bluewin.ch">Swisscom</option>
        <option value="sms.t-mobile.at">T-Mobile Austria
        </option>
        <option value="t-d1-sms.de">T-Mobile Germany
        </option>
        <option value="t-mobile.uk.net">T-Mobile UK
        </option>
        <option value="tmomail.net">T-Mobile US</option>
        <option value="gsm1800.telia.dk">Telia Denmark
        </option>
        <option value="mobilpost.no">Telenor Norway
        </option>
        <option value="vtext.com">Verizon</option>
        <option value="vmobl.com">Virgin Mobile US
        </option>
    </select>

    <input type="submit" value="send message">
    </form>
</body>
</html>
```

마이크로컨트롤러를 위한 GPRS

시중에는 마이크로컨트롤러가 휴대폰 네트워크로 직접 접속할 수 있도록 만들어주는 간편한 장치들이 나와 있다. 이들 중에 하나를 사용하면, 휴대폰이 인터넷에 접속하는 것과 마찬가지 방식으로 마이크로컨트롤러가 인터넷에 접속할 수 있다. 이 장치들은 전화번호를 가지고 있고, SMS 메시지를 보내고 받을 수 있으며, HTTP 호출을 보내는 등 인터넷에서 할 수 있는 모든 것을 할 수 있다. 이를 사용할 때는 편의성과 전력 사용과 접속 비용의 효율성 면에서 타협해야 한다.

Telit사의 모듈은 GPRS 모듈 시장에서 고급 제품에 속하며, 아두이노 실드와 평가보드들 중에서도 이 모듈에 기반한 것이 몇 개 있다. TTL 직렬 인터페이스를 사용하며, AT 형식의 명령어 세트(블루투스 메이트처럼 일종의 모뎀으로 동작하지만, 명령이 다르다)를 사용한다. 보드에서 구동되는 자체적인 TCP/IP 라이브러리를 가지고 있으므로, 네트워크 접속을 만들 수 있으며 더욱이 일부 모듈은 GPS 기능도 있다. 일부 모듈의 경우 파이썬(Python) 인터프리터가 있어서 파이썬 프로그래밍 언어로 만들어진 프로그램을 구동시킬 수 있다.

스파크 펀에서는 ADH 테크 사의 ADH8066의 연결용 보드처럼 Telit GE865와 GM862 연결용 보드를 판매한다. 이러한 연결용 보드에 있는 모듈들은 0.1인치 간격으로 핀이 있으며, 보통 USB-시리얼 연결을 지원한다. 이런 보드들은 모든 마이크로컨트롤러에서 동작할 수 있도록 만들어진 것은 아니므로, 이런 보드를 사용하려면 명령어 세트와 제조사의 데이터 시트를 확인해야 한다.

스파크 펀은 Spreadtrum Technologies의 SM5100B 모듈에 기반한 아두이노용 GPRS 실드도 판매한다. 이 모듈은 Telit 모듈만큼 기능이 많지는 않지만, AT 명령어 세트를 가지고 있으며 SMS 메시지를 전송하거나 수신할 수 있고, 네트워크 연결을 만들 수 있다. 존 복셀(John Boxall)은 이 실드를 이용하는 데 매우 유용한 일련의 지침서를 만들었다.(http://tronixstuff.wordpress.com/2011/01/19/tutorial-arduino-and-gsm-cellular-part-one/)

Libelium(www.libelium.com)은 아두이노를 위한 여러 가지 다른 종류의 GPRS 실드를 자신들이 운영하는 사이트(www.cooking-hacks.com)에서 판매하고 있다. 여기에는 국가와 통신사에 따라서 미국, 유럽, 아프리카, 대부분의 아시아에서 동작시킬 수 있는 듀얼 밴드와 쿼드 밴드 모듈도 있다.

씨드 스튜디오(Seeed Studio)에서도 쿼드 밴드 GPRS 실드를 판매하며, 직접 휴대폰을 만드는 데 필요한 음성 통화를 지원하기 위해서 오디오 잭을 가지고 있다. 이러한 GPRS 실드를 사용할 때 쉽지 않은 부분은 전력 소모와 가격이다. 예를 들어, SM5100B의 경우 전화를 걸 때 약 2암페어의 전류를 소모한다. 이는 아두이노의 전압조정기가 제공할 수 있는 양을 넘어서는 것이므로, 보드의 Vin 핀에 실드가 연결되어 있어야 한다. 이것은 보드에서 GPRS 모듈을 구동시키는 데만 적어도 2암페어의 전류를 공급해야 한다는 뜻이다. 이 보드에서 항상 이만큼의 전류를 소모하는 것은 아니지만, 필요할 때 이 정도의 전류를 제공하지 못한다면, 연결을 만들지 못할 수 있다.

어떤 모듈을 사용하든, 원하는 통신사에 가입해서 사용할 수 있는 SIM 카드를 얻어야 한다. 정액제 데이터, 문자 요금제를 사용하지 않는 경우 GPRS 프로젝트를 점검하고 디버깅하는 동안에 상당히 많은 돈을 지출하게 될 것이다. 그 대신 선불제 SIM 카드를 구매할 수 있다. 안타깝게도 둘 다 최선의 선택은 아니므로, 돈을 아끼기 위해서 문제를 확인하는 동안에는 최대한 오프라인으로 작업하자.

마이크로컨트롤러에 GPRS를 붙이는 방법은 두 가지다. Telit GM862 평가보드는 모든 연결용 핀에 0.1인치씩 공간이 있으므로 이를 통해 연결할 수 있다. SM5100B 실드는 연결용 직렬 핀이 있으므로 아두이노의 직렬 핀을 통해 연결할 수 있다.

휴대폰을 위한 네이티브 응용프로그램

웹과 SMS 인터페이스가 많은 가능성을 제공하지만, 일부 프로젝트에서는 반드시 휴대폰 운영체제에 접근해야 할 수 있다. 웹 응용프로그램에서도 휴대폰의 하드웨어나 파일 시스템 등에 접근하는 것이 불가능한 것은 아니지만, 매우 어렵다. 이 경우 휴대폰의 운영체제를 알아야 하며, 해당 운영체제에서 사용할 수 있는 프로그래밍 도구를 파악해야 한다. 만일 모든 휴대폰을 위한 응용프로그램을 작성할 생각이라면, 몇몇 운영체제에 익숙해져야 한다.

휴대폰 산업은 매우 빠르게 변하고 있으며, 이에 따라 스마트폰 운영체제 역시 따라잡기 벅찰 정도다. 구글의 안드로이드 OS, 블랙베리, 팜(Palm)의 webOS, 윈도우 모바일, 심비안, 애플의 iOS(iPad, iPhone, iPod touch에 사용됨)가 가장 주요한 운영체제이다. 물론, 현재는 안드로이드, iOS, 블랙베리 세 가지 운영체제가 시장의 대부분을 차지하고 있다. 노키아의 심비안 역시 점유율이 높지만, 노키아는 더 이상 이 운영체제를 지원하지 않기로 결정했다. 2010년 마지막 분기를 기준으로 안드로이드는 가장 많이 사용되는 스마트폰 운영체제이며, 전체 시장의 35%를 점유하고 있다.

iOS는 매력적인 환경을 갖추고 있으므로 프로그래밍에 많은 흥미를 보여주고 있지만, 애플은 iOS 개발을 제한하는 것으로 악명이 높다. 개발자로 등록해야 하고, 기능이 엄격하게 제한된 툴킷을 제공한다. 게다가 작성된 앱을 독자적으로 배포할 수 없고 반드시 앱스토어를 통해서 배포해야 한다. 상용 개발자에게는 괜찮지만, 취미로 하는 사람들이나 컴퓨터광들은 상당히 접근하기 어렵다는 단점이 있다. 아이폰 프로그래밍에 관련해서 좀 더 많은 정보를 보려면 오라일리에서 출판된 알래스데어 앨런(Alasdair Allan)의 『iPhone Programming』과 『iOS Sensor Programming』을 참고하자. 알래스데어는 아이폰 프로그래밍에 좀 더 편하게 접근할 수 있도록 많은 작업을 했다.

반면 안드로이드는 프로그래머들의 접근성 면에서 좀 더 좋다. 응용프로그램은 안드로이드 마켓이나 USB를 통해서 안드로이드폰에 설치할 수 있다. 리눅스에 기반을 두고 자바로 프로그램이 만들어지므로, 경험이 있는 개발자들에게 친숙한 환경을 제공한다.

코드에 별로 친숙하지 못한 사람들을 위해서 구글은 그래픽 객체들을 조합하는 것만으로 응용프로그램을 제작할 수 있는 App Inventor (http://code.google.com/p/app-inventor-for-android/)라는 그래픽 프로그래밍 환경을 제공하고 있다. 이 장의 남은 부분에서 여러분이 익숙한 환경인 프로세싱을 이용해서 안드로이드 앱을 만드는 방법을 배울 것이다. 버전 1.5에서 프로세싱은 스케치를 안드로이드 앱으로 컴파일하고 설치할 수 있게 되었다.

안드로이드를 위한 프로세싱

안드로이드를 위한 프로세싱은 프로세싱에 있어서 매우 흥미로운 업데이트이지만, 아주 최근의 것이므로 아직도 개발 중이다. 다음에 나올 예제는 이 예제를 처리할 도구가 개발되는 과정에 작업한 것이며, 일부 라이브러리는 여기서 처음 사용한 것도 있다. 따라서 아직 탐험되지 않은 해상으로 항해를 떠나는 것이라는 점에 주의하기 바란다.

안드로이드를 위한 프로세싱 위키(http://wiki.processing.org/w/Android)에 설명되어 있는 다음 내용에 주의하자.

"이 코드를 많은 작업을 하는 장치에 사용하지 마십시오. 졸업을 못할 수도 있으니 논문이나 학위에 관련된 작업을 할 때 이 코드를 사용하지 마십시오. 무료로 다운로드 받은 불완전한 소프트웨어에 대해서 자주 투덜대는 사람이라면 이 코드를 사용하지 마십시오."

여기서 사용하는 라이브러리는 이 책이 출판된 이후에 변경되었을 가능성이 있으므로, 책에 언급된 내용 중 갱신된 부분이 있는지 인터넷 문서를 확인해 보기 바란다.

안드로이드를 위한 프로세싱 설치

안드로이드를 위한 프로세싱은 표준적인 프로세싱과 작업 순서가 약간 다르기 때문에, 새로운 구성 요소를 설치하고, 새로운 도구를 사용해야 한다. 우선 프로세싱 1.5.1. 혹은 이후의 버전이 필요하므로, 프로세싱 사이트(www.processing.org/download)에서 다운로드 받는다. 또 http://developer.android.com/sdk에서 찾을 수 있는 안드로이드 소프트웨어 개발자 키트(SDK)가 필요하다. 두 가지를 다운로드 받아서 설치한다. 이후에 프로세싱을 연다. 그림 10-12에 보이는 것처럼 메인 툴바에 'Standard' 버튼이 추가된 것을 확인할 수 있다. 클릭해서 안드로이드를 선택한다. 안드로이드 SDK가 설치되어 있는지 묻는 대화상자를 볼 수 있을 것이다. 'Yes'를 클릭하면, 설치 위치를 묻는 대화창이 뜨는데, 거기에 조금 전에 설치한 안드로이드 ADK 폴더의 위치를 가리킨다. 프로세싱 에디터의 색상이 녹색으로 바뀌면서 안드로이드 모드로 진입하게 된다.

이제 안드로이드 SDK의 일부 구성요소를 설치해야 하므로, 새로운 안드로이드 메뉴로 가서 'Android SDK & AVD Manager' 부분을 선택한다. 이 메뉴는 새로운 버전을 사용할 수 있을 때 새로운 패키지를

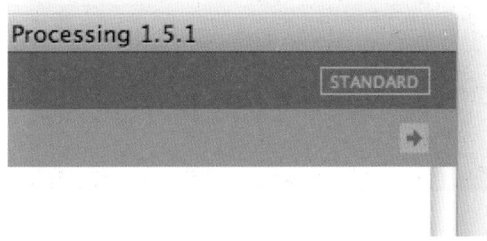

그림 10-12 프로세싱의 Mode 버튼이 Standard로 설정되어 있다.

설치할 수 있게 만들어주는 Android SDK Manager를 호출한다. 최소한 세 가지는 설치해야 한다.

Android Repository의 아래에 'Android SDK Platform-tools'와 'SDK Platform Android 2.1, API 7' 상자를 체크한다.

'Third party Add-ons' 항목에서 Google Inc. 부분을 열고, 'Google APIs by Google Inc., Android API 7'을 선택한다.

만일 필요하다면 여러분의 장치에서 구동되고 있는 안드로이드 버전에 따라 좀 더 최신 패키지를 설치할 수 있으며, 접근하려고 하는 기능에 따라(안드로이드를 위한 프로세싱을 동작시키려면 최소한 위의 것들은 있어야 한다.) 추가 기능을 설치할 수 있다.

장치의 운영체제 버전을 확인하려면, 홈 화면으로 간 다음 메뉴에서 설정을 누른다. 메뉴를 끝까지 스크롤한 다음 메뉴에서 '휴대폰 정보'를 선택하면, 안드로이드 버전이 목록에 있을 것이다. 그림 10-13은 이 메뉴를 보여준다. 2.1보다 상위 버전을 사용하고 있다면, 여러분의 휴대폰에서 구동될 수 있도록 최신 SDK를 다운받아야 할 것이다. 예를 들어, 안드로이드 2.3.4와 구글 API 안드로이드 API 10, 리비전 2를 사용하는 넥서스 S에서 작업하기 위해서 안드로이드 SDK 플랫폼 2.3.3, API 10, 리비전 1을 설치했다.

앱은 어디서 구동되나?

Run 버튼을 눌렀을 때 앱이 구동되는 장소는 컴퓨터상의 에뮬레이터와 실제 휴대폰 중에서 하나를 선택할 수 있다. 에뮬레이터는 안드로이드 폰을 가지고 있지 않은 경우에 유용하다. SDK Manager가 에뮬레이터를 자동적으로 설치했을 테지만, 만일 설치되어 있지 않으면 SDK Manager에 있는 Virtual Devices를 클릭해서 설치할 수 있다. 에뮬레이터는 약간 느리긴 하지만, 실제 휴대폰에서 작성된 앱을 구동시킬 때의 흥분에는 비교할 수 없다.

프로세싱 스케치를 안드로이드 장치에서 직접 구동할 수 있도록 만들려면, 우선 장치의 설정 메뉴에서 '응용프로그램'을 선택한다. 여기서 '개발' 메뉴를 선택하고, 마지막으로 'USB 디버깅'을 클릭한다. 이 부분은 여러분의 장치가 USB를 통해서 응용프로그램을 설치할 수 있게 만들어주고, USB를 통해서 프로세싱이나 다른 개발 환경으로 디버깅 정보를 보내준다.

USB 디버깅을 활성화시킨 다음, USB 케이블을 이용해서 전화기를 컴퓨터에 연결하고, 안드로이드를 위한 프로세싱 예제 스케치(예제들은 File 메

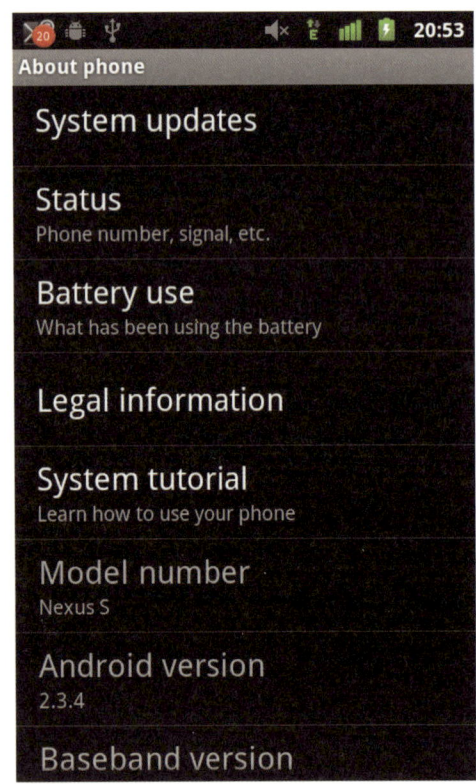

그림 10-13 '휴대폰 정보' 메뉴에서 안드로이드 버전을 확인할 수 있다.

뉴의 Examples 밑에 있다는 점을 기억하고 있을 것이다.) 중의 하나를 열어보자. Sensors 폴더의 Accelerometer(가속도 센서) 예제 부분이 재미있다. 시프트 키를 누른 상태에서 Run을 클릭하면, 툴바의 제목이 'Run in Emulator' 또는 'Run on Device'로 변경된다(그림 10-14 참조). 스케치가 컴파일된 이후 장치에 설치되고 구동되기 시작한다. 짜잔! 이제 여러분은 안드로이드 개발자가 되었다.

'Run on Device'를 사용할 때 간편한 점은 장치에서 프로그램을 구동시키면서 스케치에서 메시지를 얻어 올 수 있다는 점이다. 이는 USB 디버깅을 활성화시켰기 때문이다. 스케치에 있는 print() 혹은 println() 명령은 평소와 마찬가지로 컴퓨터의 프로세싱에 있는 디버거 패널 부분에 출력된다. 이 기능을 이용하면 스케치에 대한 디버깅이 매우 편리해진다. 물론 스케치에 대한 작업이 끝난 뒤에는 print()와 println()을 모두 제거해야 한다. 장치가 컴퓨터에 연결되지 않은 경우 이런 명령은 장치 내의 로그 파일로 출력하게 되므로, 저장 장치의 공간을 채우기 시작한다.

주의해야 할 차이점들

표준 모드(Standard mode) 프로세싱과 안드로이드를 위한 프로세싱에는 몇 가지 큰 차이점이 있다.

표준 모드를 위한 많은 라이브러리는 안드로이드 모드에서 동작하지 않는다. 안드로이드 모드에서 유용한 것들은 라이브러리 개발자가 포팅할 것이지만, 현재로서는 동작하지 않는다고 가정하는 것이 최선이다.

안드로이드 모드의 스케치들은 안드로이드 자바 용어로 액티비티(activity)[4]이다. 액티비티는 안드로이드를 위한 프로세싱에서 setup()과 같은 on

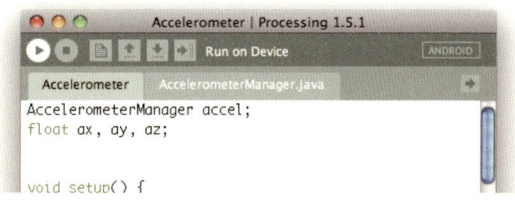

그림 10-14 스케치를 휴대폰에서 직접 구동시키려면 시프트 키를 누른 상태에서 Run 버튼을 클릭한다.

Create(), 프로세싱의 pause()와 resume() 함수를 호출함으로써 호출되는 onPause(), onResume() 등 몇 가지 중요 함수를 가지고 있다. 액티비티(즉 스케치)는 장치가 대기 상태로 들어가거나, 장치의 방향을 회전시키거나, 다른 응용프로그램과 교체할 때마다 잠시 정지와 재시작을 반복한다. 따라서 pause()와 resume() 함수에 이런 동작을 부드럽게 처리할 수 있는 부분을 넣어야 한다.

터치스크린을 사용하는 상호작용은 어렵다. 마우스 버튼이 없으므로, 마우스 버튼 이벤트는 동작하지 않는다. mouseX와 mouseY는 여전히 사용할 수 있으며, 터치가 어떻게 이루어지고 있는지 나타내서 이를 사용할 수 있게 만들어주는 새로운 변수인 motionX, motionY, pMotionY, motionPressure가 추가되었다. mousePressed는 계속 사용할 수 있다.

안드로이드 스케치는 모든 화면에 대해서 이루어지므로, size()에 대한 설정을 지정할 필요가 없으며, 이 때문에 안드로이드 모드에서는 동작하지 않는다. 만일 필요하다면 screenWidth와 screenHeight를 얻을 수 있다. 다음과 같은 방법으로 화면 방향이 움직이는 것을 막을 수 있다.

```
orientation(PORTRAIT);
orientation(LANDSCAPE);
```

폰트는 이전과 동일하게 동작한다. 시스템 폰트의

---

4 안드로이드에서 화면에 보이는 사용자 인터페이스.

목록을 얻기 위해서는 코드에 다음 줄을 추가한다.

println(PFont.list());

장치의 서로 다른 기능을 얻기 위해서는 서로 다른 접근 권한을 주어야 한다. 안드로이드 메뉴에서 스케치 접근 권한(Sketch Permissions) 목록을 볼 수 있는데 대부분은 여기서 설정할 수 있을 것이다. 이 메뉴는 스케치 디렉터리의 AndroidManifest.xml로 만들어진다.

가능하다면 위의 선언 파일을 고치기보다는 접근 권한 메뉴를 사용하자. 이 책에서 요구하는 정도에서는 접근 권한 메뉴를 사용해서 처리할 수 있으며, 그 방법이 훨씬 안전하다. 잘못 고쳤을 때는 모든 것이 엉망이 되어 버린다. XML은 매우 엄격하다는 점을 다시 한 번 상기하자.

방향을 바꿀 때마다 스케치가 다시 시작되므로, 보존할 필요가 있는 변수들을 저장하기 위해서 saveStrings()와 loadStrings() 함수를 사용한다. 차이점에 관한 더 많은 팁은 http://wiki.processing.org/w/Android에서 찾을 수 있다.

이제 시작해 볼 만한 간단한 스케치를 살펴보자. 마우스 위치를 읽어서 스케치가 정지하고 재시작할 때 데이터를 저장한다. 스케치 접근 권한 중에서 'WRITE_EXTERNAL_STORAGE' 항목을 활성화시켜야 한다.

터치해 보자

이 스케치는 안드로이드에서 mouseX, mouseY, motionPressure가 어떻게 동작하는지 보여준다. 스케치는 장치를 회전시켰을 때 프로그램의 방향을 바꾸고, 데이터를 저장하고 다시 읽어낸다.

```
/*
    안드로이드를 위한 프로세싱 점검
    환경: 프로세싱
*/
float ballX, ballY; // 공의 위치
// 정지와 다시 시작을 위해서 데이터를 파일로 저장
String datafile = "sketchFile.dat";

void setup() {
  // 화면을 위한 폰트 생성
  String[]fontList = PFont.list();
  PFont androidFont = createFont(fontList[0], 24, true);
  textFont(androidFont, 24);
}

void draw() {
  // 색상 테마: ps가 만든 Sandy stone beach ocean diver 테마
  // http://kuler.adobe.com:
  background(#002F2F);
  fill(#EFECCA);
  // 마우스 위치(X, Y)와 손가락 압력 표시:
  text("mouseX:" + mouseX, 10, 50);
  text("mouseY:" + mouseY, 10, 80);
  text("motionPressure:" + motionPressure, 10, 170);
  // 사람이 눌렀다면 공을 움직임
  if (mousePressed) {
    ballX = mouseX;
    ballY = mouseY;
  }
  // 누른 위치에 멋진 파란색 공을 그린다.
  fill(#046380);
  ellipse(ballX, ballY, 50, 50);
}
```

» pause()와 resume() 함수는 스케치가 다시 구동될 때 보존하고 있어야 할 변수의 내용을 저장하기 위해서 장치의 외부 파일을 사용한다. 각각의 변수는 문자열로 구분되며, 각각 줄에 저장된다. 개행 문자 (\n)는 각각의 줄을 구분한다. 그림 10-15는 그 결과를 보여준다.

```
void pause() {
  // 공의 위치에 대한 문자열을 만듦:
  String ballPos = ballX+ "\n" + ballY;
  // 배열로 문자열을 넣고, 파일로 저장
  String[] data = {
    ballPos
  };
  saveStrings(datafile, data);
}
void resume() {
  // 데이터 파일에서 로드
  String[] data = loadStrings(datafile);
  // 파일이 있다면,
  if (data != null) {
    //  두 문자열이 있다면, X와 Y로 읽어온다.
    if (data.length > 1) {
      ballX = float(data[0]);
      ballY = float(data[1]);
    }
  }
}
```

프로세싱에 포함되어 있는 안드로이드 예제를 가지고 놀아보는 것도 좋다. 가속도 센서와 나침반 스케치는 재미있으며, 휴대폰에 있는 유용한 요소들을 어떻게 가져와서 사용할 수 있는지 보여준다. 안드로이드를 위한 프로세싱에 친숙해졌으면, 이제 전화기에 자신만을 위한 데이터로거를 만들 준비가 되었다.

그림 10-15 앞에서 만든 안드로이드를 위한 프로세싱 스케치.

프로젝트 31
개인 휴대용 데이터로거

휴대폰용 네이티브 응용프로그램을 개발하는 일반적인 이유 중 하나는 다른 장치에서 휴대폰에 있는 무선 블루투스를 직렬 연결로 이용할 수 있기 때문이다. 이 방식을 이용하면 휴대폰을 휴대용 데이터로거(datalogger) 혹은 데이터를 인터넷에 있는 데이터베이스로 전송하는 채널로 이용할 수 있다. 이 프로젝트에서는 아두이노를 이용해서 측정한 갈바닉 피부 반응(Galvanic skin response: GSR)[5] 데이터를 블루투스를 통해서 안드로이드 폰으로 전송하고, 그 결과를 인터넷에 있는 파일에 기록할 것이다.

개인 데이터를 사용하는 사람이 증가하면서, 운동 습관을 개선하기 위해서 활동 패턴을 그림으로 표시하는 것부터, 불면증의 해결 방법을 찾아내기 위해서 수면 패턴을 추적하는 것에 이르기까지 다양한 목적을 위해서 개인 생체 정보를 수집한다. Quantified Self meetups(http://quantifiedself.com) 사이트에서는 전 세계적으로 이런 작업을 위한 유용한 팁들을 공유할 수 있는 모임을 주최하고 있으며, 생체 정보를 쉽게 추적할 수 있는 FitBit(www.fitbit.com)와 Zeo(www.myzeo.com) 같은 장치들이 시장에 나와 있다.

이 프로젝트는 ITP 졸업생인 무스타파 바으다틀르(Mustafa Bağdatli)의 작업을 기초로 만들어졌다. 무스타파는 날짜별로 자신의 갈바닉 피부 반응(GSR)과 심박수를 기록해서 그날의 사건에 따라 자신의 기분(심박수와 GSR을 통해서 알 수 있다)이 어떻게 바뀌는지 확인하고자 했다. 그의 프로젝트 포커페이스(Poker Face)는 위의 두 가지 생체 정보의 특성을 릴리패드 아두이노로 추적하고, 휴대폰의 블루투스를 통해서 데이터를 전송하여 결과를 웹상에 기록했다.

Poker Face에 대한 정보는 http://mustafabagdatli.com에서 찾을 수 있다. 이번 프로젝트에서는 같은 것을 만들되 좀 더 간단하게 하기 위해서 심박 센서는 생략할 것이다.

준비물

- 안드로이드 장치
- 릴리패드 아두이노 심플
- 블루투스 메이트
- 리튬 폴리머 이온전지
- 270kΩ 저항 1개

그림 10-16 무스타파 바으다틀르가 휴대폰과 연결된 생체 정보 데이터로거인 Poker Face를 입고 있다. 사진 제공: 무스타파 바그다티

---

[5] 전기 자극에 의해서 일어나는 피부 반응으로, 피부의 전기 전도도를 측정하는 것이다.

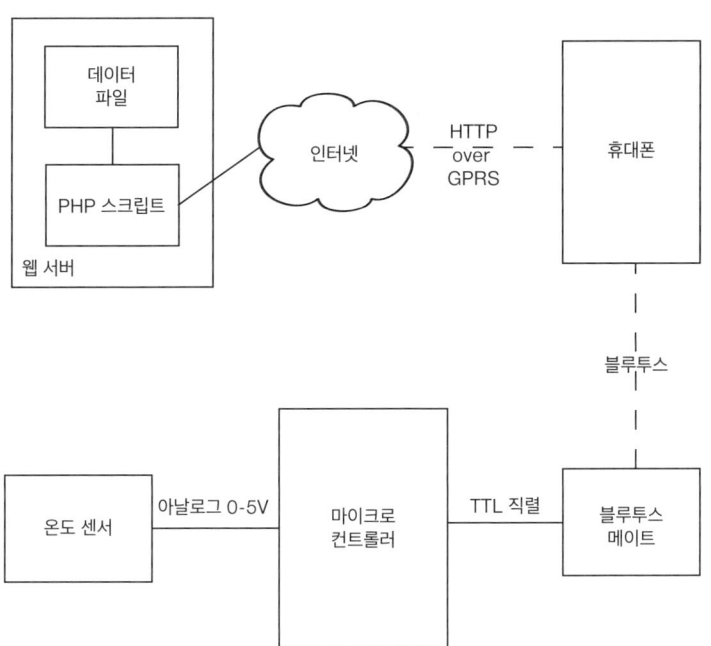

그림 10-17 휴대용 데이터로거 프로젝트의 시스템 다이어그램.

- 전도성 리본
- 전도성 실
- Shieldit Super 14인치 천
- 벨크로 테이프
- 후드 셔츠
- 자수용 실

센시는 추적하고 싶은 것에 따라서 자유롭게 변경해도 된다.

그림 10-17은 이 프로젝트를 위한 시스템을 보여준다. 마이크로컨트롤러는 센서에서 아날로그 전압을 읽은 후 시리얼 통신을 통해서 블루투스 메이트로 전달되며, 다른 블루투스 프로젝트에서도 사용할 시리얼 포트 프로파일(SPP: Serial Port Profile)을 사용하는 블루투스를 통해서 읽은 데이터를 휴대폰으로 전송한다. 휴대폰은 웹 서버에 있는 PHP 스크립트로 HTTP GET 요청을 만들고, 스크립트는 입력된 데이터를 파일로 저장한다. 저장된 데이터를 어떻게 사용할 것인지는 여러분에게 달려 있다.

회로

이 프로젝트를 위한 회로는 매우 간단하다. 갈바닉 피부 반응을 측정하기 위해서는 높은 값을 가진 저항과 피부만 있으면 된다. 실험에서와 같이 멀티미터를 가지고 자신의 손목을 지나는 저항을 측정하면 된다. 이때 저항이 매우 크다는 것을 알 수 있는데, 피부가 차갑고 건조하면 대략 메가옴 범위의 저항을 가지게 될 것이다. 땀을 약간 흘린 다음에 다시 측정해보면, 저항 값이 떨어졌다는 것을 확인할 수 있을 것이다. 운동을 하거나 자극적인 상황(좋은 상황이건 나쁜 상황이건) 혹은 스트레스에 직면하면 땀을 더 많이 흘리는데, 이는 피부의 전기 전도성을 바꾼다. 바로 이것이 이 프로젝트에서 측정하려고 하는 것이다.

센서는 기본적으로 피부를 가변저항으로 보는 전압 분배기이며, 별도의 고정저항을 통해서 회로

그림 10-18 Poker Face GSR(갈바닉 피부 반응) 손목 밴드의 자세한 사진. 여기서는 전도성 천으로 된 접촉면을 보여주기 위해서 손목 밴드를 뒤집어 놓았다. 사진 제공: 무스타파 바그다티

 옷에 회로를 바느질하기 전에 아래에 있는 코드를 회로에 올려서 모든 테스트를 끝내야 한다. 옷에 바느질되어서 붙어 있는 하드웨어를 디버깅하는 것은 어렵다.

만들기

이 프로젝트에서는 후드 셔츠 주머니 안쪽의 센서 접촉면으로 사용되는 전도성 천을 잘 펴기 위해서 다리미를 사용해야 할 것이다. 주머니에 손을 넣으면 손바닥이 천 접촉면에 닿을 것이고, 이때 다른 손으로 들고 있는 휴대폰에서 값을 읽을 수 있다. 또는 휴대폰용 앱에서 2분마다 주기적으로 값을 읽도록 할 수 있다.

전도성 실은 옷의 한쪽 면에 있는 천으로 된 접촉면과 옷의 다른 면에 있는 세 가닥짜리 전도성 리본을 연결한다. 마이크로컨트롤러와 전지는 주머니 바로 밑에 있는 후드 셔츠의 아래쪽 밴드 속에 바느질해 넣을 것이며, 안감으로 바느질되어 있는 전도성 리본이 이 장치들을 서로 연결한다. 그림 10-21은 옷 안쪽의 배치를 보여준다.

주머니 안쪽의 전도성 천으로 만들어진 접촉면을 다림질한다. 전도성 천은 손바닥 쪽의 손목 부분을 덮을 수 있는 공간을 만들어야 손을 주머니에 넣었을 때 편하게 접촉할 수 있다. 그림 10-22는 주머니의 안쪽을 보여준다.

가위로 세 가닥짜리 전도성 리본의 양쪽 끝부분을 대략 1인치 길이로 나눈다. 이때 한쪽 끝부분은 천으로 된 접촉면 간의 거리를 충분히 확보해야 하며, 다른 쪽 끝은 릴리패드 아두이노 심플에 있는 두 접점 간에 충분한 공간을 확보할 수 있을 정도로 거리를 두어야 한다. 바깥쪽 끝에 있는 전선의 끝부분이 풀어헤쳐지지 않도록 약간 납땜을 해두는 것이 좋다. 중간에 있는 전선은 사용하지 않을 것이므로

를 완성한다. 그림 10-19와 10-20에서 볼 수 있듯이 여기서는 270k옴 저항을 사용했지만, 자신의 피부 전도성에 맞춰서 저항을 바꿔도 된다. 일반적으로 10k옴 이하의 저항은 제대로 동작하지 않는다.

전도성 천과 전도성 실은 회로의 센서 부분을 만들고, 릴리패드 아두이노를 옷에 붙이기 위해서 사용한다. 다른 전도성 직물과 실은 서로 다른 물질을 사용하므로 전기적 속성이 다르다. 따라서, 몇 가지를 실험해서 자신에게 잘 맞는 것을 찾아내고 싶을 것이다. 무스타파는 그림 10-18에서와 같이 신축성 있는 전도성 천을 자신의 옷소매에 있는 손목 밴드에 바느질해서 붙였다. 이 프로젝트에서는 뒷면에 접착 처리가 된 Shieldit Super라는 천을 사용했다. 전도성 천에 대한 정보를 더 확인하고 싶다면, http://web.media.mit.edu/~leah/grad_work/diy/diy.html에 있는 레아 부켈리(Leah Buechley)의 매우 훌륭한 소개 글이나 오라일리 출판사에서 나온 수지 파츤(Syuzi Pakhchyan)의 책인 『Fashioning Technology: A DIY Intro to Smart Crafting』 또는 web.media.mit.edu/~plusea에 있는 한나 파너 윌슨(Hannah Perner-Wilson)의 온라인 자료들을 참고하기 바란다.

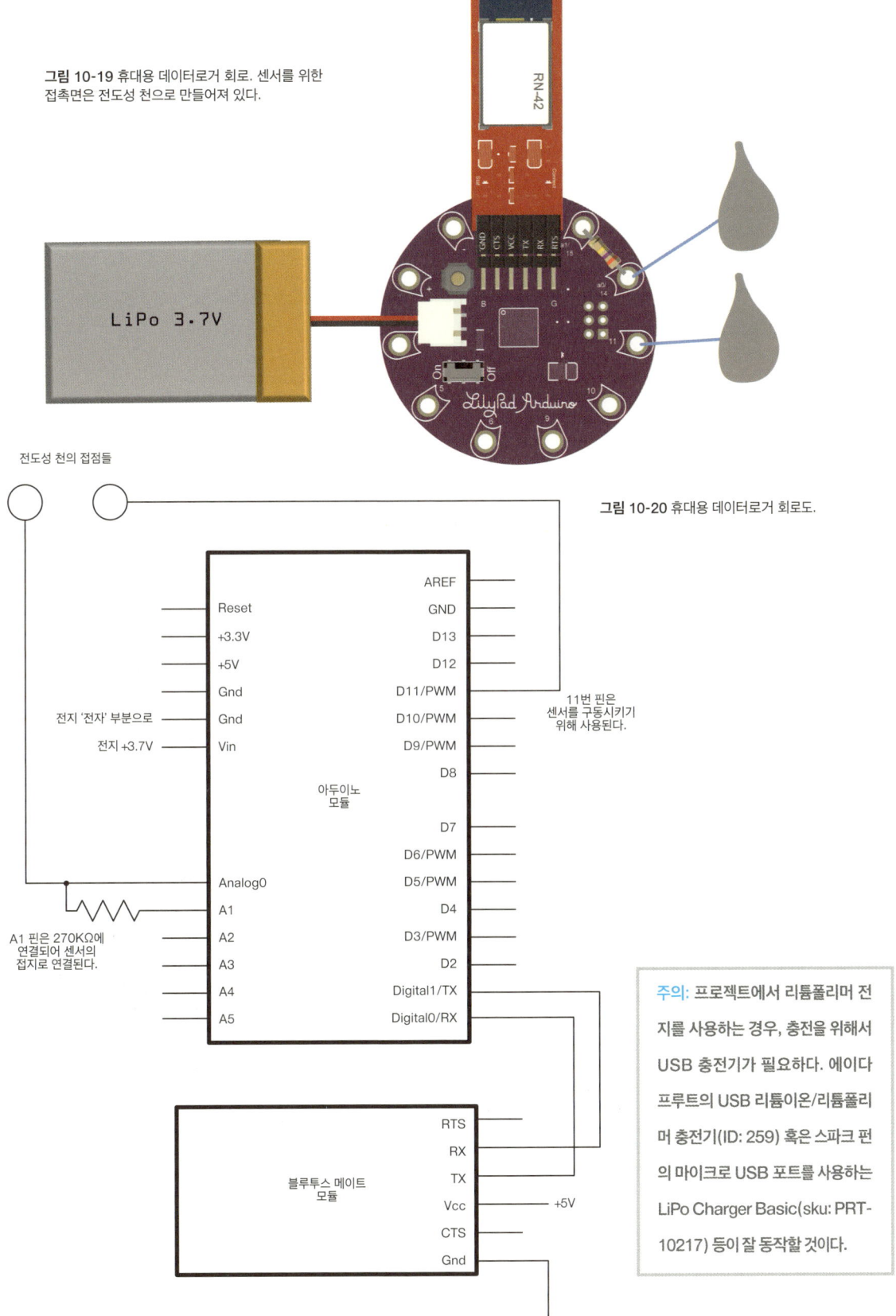

그림 10-19 휴대용 데이터로거 회로. 센서를 위한 접촉면은 전도성 천으로 만들어져 있다.

그림 10-20 휴대용 데이터로거 회로도.

주의: 프로젝트에서 리튬폴리머 전지를 사용하는 경우, 충전을 위해서 USB 충전기가 필요하다. 에이다프루트의 USB 리튬이온/리튬폴리머 충전기(ID: 259) 혹은 스파크펀의 마이크로 USB 포트를 사용하는 LiPo Charger Basic(sku: PRT-10217) 등이 잘 동작할 것이다.

나눈 부분부터 제거한다. 원한다면 밖에 있는 전도성 천 부분도 닳아서 떨어지지 않도록 실을 이용해서 잘 꿰매줄 수 있다. 한 쌍의 전도성 리본의 끝부분을 릴리패드 아두이노의 11번 핀과 A0 핀에 납땜한다.

주머니 바로 밑에 있는 아래쪽 밴드에 구멍을 내서 블루투스 메이트와 전지가 붙어 있는 마이크로 컨트롤러가 들어갈 수 있도록 만든다. 전지는 충전을 위해서 자주 꺼내야 하므로, 반복적인 사용 과정에서 구멍의 가장자리가 해지지 않도록 잘 마무리한다. 천과 자수용 실로 꿰맨 부분을 다림질한 다음, 안쪽 끝부분을 닫을 수 있도록 벨크로를 붙인다.

위에서 만든 밴드 부분의 큰 구멍에서 10센티미터 정도 거리를 두고 작은 구멍을 내서 아래쪽 밴드에서 리본을 뽑아낼 수 있도록 만든다. 그림 10-21은 잘라낸 두 부분을 보여준다.

옷에 꿰매기 전에 모든 부분이 조립되어 있어야 하며, 릴리패드 아두이노 심플에 프로그래밍되어 있어야 한다. 스케치는 다음 페이지에 있다.

주머니 속에 있는 전도성 천으로 만들어진 접촉면 반대쪽의 안감에 리본의 끝부분을 위치시킨다. 전도성 실로 후드 셔츠의 천을 통과시켜 전도성 리본과 접촉면을 꿰맨다. 연결을 잘 만들기 위해서는 바느질을 촘촘하게 해야 한다. 다 꿰맨 다음 계측기를 이용해서 접촉면과 반대쪽에 있는 전도성 리본의 끝부분이 제대로 연결되었는지 확인한다. 이런 방식으로 접촉면에서 온 신호가 옷감을 통과해서 릴리패드에 연결된 전도성 리본의 끝으로 전달되는지 확인할 수 있다.

전도성 리본은 옷의 안감을 따라 내려가면서 매 인치 단위로 고정시켜서 움직이거나 닳아서 해졌을 때 말리지 않도록 해 둔다. 안쪽에 들어가는 전지는 충전을 위해서 제거해야 할 때가 있는 만큼 절대로 바느질로 고정하면 안 된다. 다른 부분도 굳이 바느질로 고정시킬 필요는 없으며, 릴리패드 아두이노의 뒷부분에 벨크로 조각을 붙이고, 밴드 안감에 부

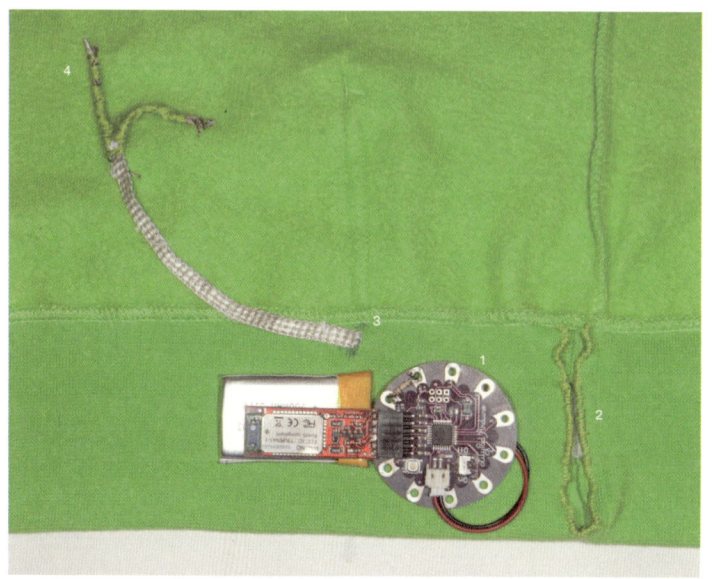

그림 10-21 후드 셔츠 안감 부분의 부품 배치도. 실제로는 릴리패드 아두이노와 전지(1)가 옷의 아래쪽 밴드 오른쪽 크게 잘린 부분(2)을 통해서 안으로 들어간다. 전도성 리본은 작게 잘린 부분(3)을 통해서 아래쪽 밴드 쪽으로 들어가고, 위에 있는 (옷 반대쪽의) 주머니 안의 접촉면(4)으로 간다.

그림 10-22 전도성 천으로 된 접촉면은 주머니 안에 있다.

착해도 훌륭하게 고정된다.

이때 회로는 완벽하게 동작하고 있어야 한다. 블루투스에 연결하기 전에 유선 연결을 이용해서 점검해 보자. 점검을 위해서는 USB-시리얼 커넥터를 릴리패드 아두이노에 연결하고(약간 창의적으로 케이블을 연결해야 하겠지만), 시리얼 모니터 혹은 115200bps로 맞춰둔 다른 터미널 프로그램을 이용해서 직렬 연결을 연다. 주머니에 있는 접촉 부분에 손을 넣고, 아무 데이터라도 보내면 센서의 값을 받을 수 있다. 값의 변화를 보려면 땀이 나도록 조금 움직이거나, 손을 한 번 핥은 다음에 접촉면에 다시 대어본다. 제대로 동작한다는 것을 확인했으면 USB-시리얼 케이블을 제거하고, 블루투스 메이트와 전지를 연결한 다음 전원을 켠다. 이제 시리얼 모니터 혹은 직렬 터미널 프로그램을 메이트의 시리얼 포트로 연결한다.

이 부분은 2장에서 몬스키 퐁으로 블루투스 메이트를 연결했을 때와 같은 형태로 동작할 것이다.

코드

이 프로젝트는 PHP 스크립트, 아두이노 스케치, 프로세싱 스케치 3개의 코드로 이루어져 있다. 처음 2개는 상대적으로 쉽기 때문에 이것들을 먼저 하고 점검하면 프로세싱 스케치를 좀 더 이해하기 쉬울 것이다.

아두이노 스케치는 직렬 입력을 위한 것이며, 데이터가 입력되면 값을 읽고 전압 범위로 바꾼 다음 값을 전송한다.

PHP 스크립트는 요청된 문자열을 받아들여서 data라는 변수를 찾아내고, 이 변수에 있는 모든 내용을 datalog.txt라는 이름의 파일에 추가한다. 이 스크립트는 클라이언트가 보낸 데이터를 가진 기본적인 HTML 페이지를 반환한다.

프로세싱 스케치는 아두이노가 블루투스 메이트에 연결되어 있는지 확인한다. 만일 연결되어 있으면, 10초마다 데이터 읽기를 요청하며, 읽어낸 값을 모았다가 2분마다 PHP 스크립트로 보내준다. 여기는 읽어내는 동작과 읽은 값을 서버로 보내는 동작을 위한 두 개의 버튼이 있다.

읽어 보자

아두이노 스케치의 전역 상수는 센서의 전압과 그라운드로 사용될 두 핀의 정보를 포함하고 있다.

setup() 함수는 시리얼 통신을 115200 bps(블루투스 메이트의 기본 전송률)로 설정하고, 센서를 제대로 사용하기 위해서 전압과 그라운드 핀을 설정한다.

loop()는 직렬 입력이 존재하는지 확인한다. 입력이 있으면 데이터를 읽고 직렬 버퍼를 초기화한 후 센서의 값을 읽고, 전압으로 바꾼 다음에 반환한다.

값은 0에서 3.7V까지 변환된다는 점을 확인하자. 이는 리튬 전지가 완전히 충전되었을 때 마이크로컨트롤러로 3.7V를 제공하기 때문이다.

```
/*
    갈바닉 피부 반응 리더(GSR reader)
    환경: 아두이노
*/
const int voltagePin = 11;      // 11번 핀을 전압으로
const int groundPin = A1;       // A1 핀을 그라운드로

void setup() {
  // 시리얼 포트 초기화
  Serial.begin(115200);
  // 전압 핀과 그라운드 핀을 디지털 출력으로 설정
  pinMode(voltagePin, OUTPUT);
  pinMode(groundPin, OUTPUT);
  // 각각 높은 전압 수준과 낮은 전압 수준으로 설정
  digitalWrite(voltagePin, HIGH);
  digitalWrite(groundPin, LOW);
}

void loop() {
  // 시리얼 포트를 사용할 수 있으면, 평균값을 보냄
  if (Serial.available() > 0) {
```

```
    int inByte = Serial.read();
    int sensorReading = analogRead(A0);
    float voltage = map(sensorReading, 0, 1023, 0,3.7);
    Serial.println(voltage);
  }
}
```

로그를 기록하자

PHP 스크립트는 HTTP 요청의 결과를 저장하기 위해서 $_REQUEST 배열 변수를 사용한다. 프로세싱 스케치는 GET 요청을 만들지만, 이 스크립트는 GET이나 POST를 읽었는지 여부와 관계없이 동작한다.

먼저 $_REQUEST 배열에 일련의 값이 들어 있는지 확인하고, 만일 값이 존재한다면 그 안에 data라는 변수가 있는지 확인한다.

그 다음에 datalog 파일이 있는지 확인해서, 있으면 파일을 열어서 모든 내용을 $currentData라 불리는 변수에 넣은 후, 클라이언트에서 온 새로운 데이터를 이 변수의 끝부분에 넣고 그 결과를 파일에 덮어쓴다.

스크립트 뒤에 있는 HTML 부분은 클라이언트에서 보낸 것을 HTML 형식으로 출력하는 것으로, 어떤 요청에 대한 반응인지 브라우저에서 쉽게 확인할 수 있도록 해주는 것이다.

```
<?php
/*
    데이터 로그 생성기
    환경: PHP
 */

// 서버에서 데이터를 저장할 파일의 이름
$dataFile = 'datalog.txt';

// 클라이언트에서 파일을 업로드했는지 확인
if (isset($_REQUEST)) {
  $newData = $_REQUEST['data'];
  if (file_exists($dataFile)) {
    // 존재하는 파일을 열고, 현재 내용을 얻어온다.
    $currentData = file_get_contents($dataFile);
    // 클라이언트에서 얻은 내용을 추가
    $currentData .= $newData;
    // 존재하는 파일에 전체 내용을 덮어쓴다.
    file_put_contents($dataFile, $currentData);
  }
}
?>

<html>
  <body>
    Here's what you sent:
    <?php echo $newData; ?>
  </body>
</html>
```

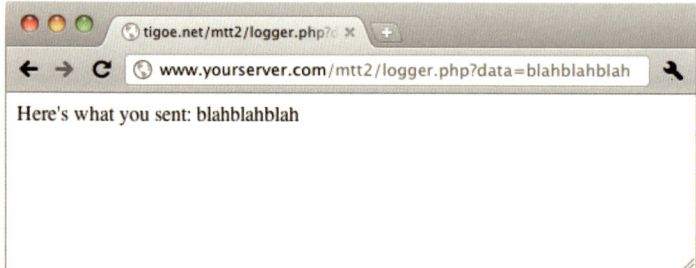

그림 10-23 로그 생성기 스크립트에서 브라우저로 보내주는 내용.

PHP 스크립트가 datalog 파일을 저장할 수 있도록 하려면, 서버에 파일을 만들어 두어야 한다. PHP 스크립트가 있는 디렉터리에 datalog.txt라는 이름의 내용이 없는 텍스트 파일을 만든다. (리눅스와 Mac OS 터미널의 경우 'touch datalog.txt' 명령을 사용해도 된다.)

다른 사람이 읽고 쓸 수 있도록 해당 파일의 접근 권한을 바꿔준다. 리눅스나 Mac OS X 시스템의 명령행(command line)에 다음과 같이 입력하면 된다.

chmod o+rw datalog.txt

GUI 기반 프로그램을 이용해서 파일을 생성할 때 이 방식을 이용해서 파일의 정보를 얻고, 접근 권한을 설정할 수 있다. 그림 10-24는 BBEdit의 정보 확인 창을 보여주고 있는데, 다른 많은 프로그램들도 비슷하다. 파일을 만든 이후에는 브라우저에서 다음과 같은 쿼리 문자열을 통해서 호출할 수 있다.

http://www.yourserver.com/logger.php?data=blahblahblah

이 경우 그림 10-23에 보이는 화면을 얻을 수 있고, datalog.txt 파일에는 아래와 같은 형태의 파일이 있을 것이다.

blahblahblah
blahblahblah
blahblahblah

이와 같이 해보면, 모든 것이 제대로 동작한다는 것을 알 수 있고, 이제 프로세싱 스케치를 작업할 차례가 된 것이다.

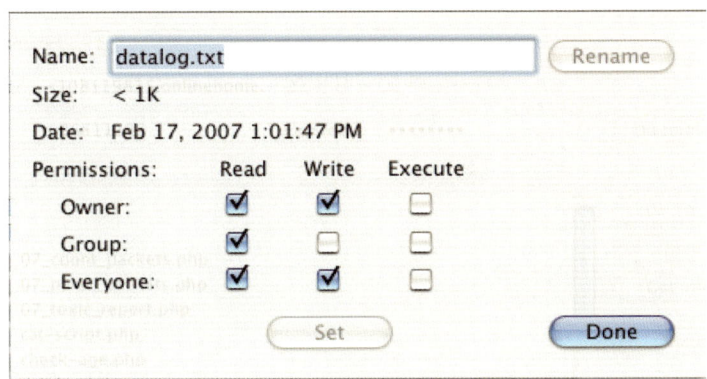

그림 **10-24** GUI 기반의 프로그램에서 파일을 읽기-쓰기 접근 권한으로 설정한다.

블루투스 직렬 라이브러리

안드로이드를 위한 프로세싱 스케치를 사용하려면, Bluetooth Serial(BtSerial) 라이브러리가 필요하다. 이 라이브러리는 표준 모드 프로세싱에서 직렬 라이브러리에 사용했던 것과 비슷한 명령을 사용해서, 블루투스를 통한 직렬 연결을 만들 수 있게 해준다. 이 라이브러리는 https://github.com/arduino/BtSerial에서 다운로드할 수 있다.

Downloads 링크를 클릭해서 최신 버전을 다운받자(책을 쓰는 시점에서는 0.1.6 버전이었다). 소스가 아닌 다운로드 패키지를 내려받아야 한다. 압축을 풀면 btserial-0.1.6 디렉터리를 얻을 수 있고 그 안에 btserial이라는 디렉터리가 있을 것이다. 이

전의 다른 라이브러리에서 했던 것처럼 프로세싱 스케치 디렉터리의 라이브러리 폴더에 복사한다.

프로세싱 버전 1.5.1의 안드로이드 모드에서는 항상 라이브러리가 자동적으로 스케치에 포함(import)되지는 않는다. 이 부분은 이후 버전에서는 표준 모드에서와 같은 형태로 동작할 수 있도록 수정될 예정이다. 만일 스케치를 구동시킬 때 cc.arduino.btserial 패키지가 없다는 에러 메시지가 나타나면, 스케치 디렉터리 밑에 code라는 디렉터리를 만들고, 조금 전에 설치한 btserial 디렉터리 밑의 라이브러리 디렉터리에 있는 btserial.jar를 여기로 복사해 놓아야 한다. 이후에 다시 스케치를 구동시켜 보자.

이 방법이 이상적인 것은 아니지만, 이 책이 출판 되었을 당시 상황으로는 이 방식을 언급해야 한다 고 본다. 프로세싱 개발팀은 버그를 잘 수정한다.

전송해 보자

이 스케치에서는 초 단위의 센서 읽기 주기, 분 단위의 서버 갱신 주기, 최근에 읽은 후 전송한 시간, 서버에 있는 PHP 스크립트 주소, 접속 상태, 요청에 의한 읽기 및 전송을 위한 두 개의 버튼, 앱의 색상표 등의 값을 저장하기 위해서 전역 변수들을 사용한다.

» 이 부분을 자신의 PHP 스크립트 URL로 바꿔야 한다.

```
/*
  데이터로거
  10초마다 블루투스를 통해서 데이터를 받음
  2분마다 HTTP를 통해서 데이터를 업로드
  환경: 프로세싱, 아두이노 모드
*/
import cc.arduino.btserial.*;
// 라이브러리 인스턴스
BtSerial bt;

int readInterval = 10;          // 초 단위
int sendInterval = 2;           // 분 단위

int lastRead = second();        // 이전에 읽은 시간(초 단위)
String lastSendTime;            // 이전에 서버에 업로드한 시간의 문자열
int lastSend = minute();        // 이전에 보낸 시간 (분 단위)

// PHP 스크립트의 URL
String url = "http://www.yourserver.com/logger.
              php?data=";
String currentReadings = "";    // 읽어낸 것들. 시간 정보를 포함
String thisReading;             // 가장 최근에 읽은 것

String connectionState = "";    // 블루투스 포트에 연결되었나?

Button readButton;              // 즉시 읽을 수 있도록 만드는 버튼
Button sendButton;              // 즉시 전송할 수 있도록 만드는 버튼
boolean updateNow = false;      // 업데이트를 강제하기 위한 플래그
boolean sendNow = false;        // 전송을 강제하기 위한 플래그

// 색상 설정은 nicanore의 deep optimism
// http://kuler.adobe.com에서 구할 수 있다.
color bgColor = #2B0D15;
color textColor = #FFEB97;
color buttonColor = #565F63;
color buttonHighlightColor = #ACBD9B;
```

» setup() 함수는 배경과 전경 색을 지정하며, 문자 매개변수를 초기화한다. 이후 BtSerial 라이브러리의 새로운 인스턴스를 하나 만들고 connect() 함수를 이용해서 블루투스 메이트로 연결을 시도한다. 마지막으로 화면에 있는 두 개의 버튼을 초기화한다.

» 버튼과 문자열의 위치는 모두 screen-Width와 screenHeight 변수와 관련되어 있다.

```
void setup() {
  // 색상 설정:
  background(bgColor);
  fill(textColor);

  // 폰트 설정:
  String[] fontList = PFont.list();
  PFont androidFont = createFont(fontList[0], 24, true);
  textFont(androidFont, 24);

  // 라이브러리 인스턴스 생성:
  bt = new BtSerial( this );

  // 블루투스에 연결 시도
  connectionState = connect();
  readButton = new Button(screenWidth/2 - 100,
    2*screenHeight/3, 200, 60, buttonColor,
```

이를 통해서 장치가 회전한 경우 각 버튼과 문자열이 같은 위치 관계를 유지할 수 있도록 한다.

```
    buttonHighlightColor, "Get Reading");
  sendButton = new Button(screenWidth/2 - 100,
    2*screenHeight/3 + 80, 200, 60, buttonColor,
    buttonHighlightColor, "Send Reading");
}
```

» draw() 함수는 문자열과 버튼을 그리면서 시작한다. 이후에 센서 읽기 주기가 지나갔는지와 updateNow 변수가 설정되어 있는지 확인한다.(Read Now 버튼을 클릭하면, 이 변수가 참(true)으로 설정된다.) 둘 중 하나라도 참인 경우 스케치는 getData() 함수를 이용해서 블루투스에서 데이터를 읽어 들이고, 읽은 내용은 지난번에 서버에 업데이트한 이후로 읽어 들인 것들을 모아둔 문자열에 덧붙인다.

다음으로, 전송 주기가 되었거나 혹은 Send Now 버튼을 클릭했을 때 설정되는 send-Now 변수를 확인한다. 둘 중 하나라도 참인 경우 읽은 내용을 저장해둔 현재의 문자열을 sendData() 함수를 사용해서 서버로 전송한다.

```
void draw() {
  // 화면에 데이터를 출력
  background(bgColor);
  fill(textColor);
  textAlign(LEFT);
  text(connectionState, 10, screenHeight/4);
  text(getTime(), 10, screenHeight/4 + 60);
  text("latest reading (volts): " + thisReading, 10,
      screenHeight/4 + 90);
  text("Server updated at:\n" + lastSendTime, 10,
      screenHeight/4 + 120);

  // 버튼을 그림
  readButton.display();
  sendButton.display();

  if (sendNow) {
    textAlign(LEFT);
    text("sending to server, please wait...", 10,
        screenHeight/4 - 60);
  }

  // 업데이트 주기가 지났거나, updateNow 변수가 참인 경우 자동적으로 업데이트
  if (abs(second() - lastRead) >= readInterval ||
      updateNow) {
    thisReading = getData();

    // 유효한 데이터를 읽은 경우, 시간을 추가
    if (thisReading != null) {
      currentReadings += getTime() +"," + thisReading;
      // 최종적으로 언제 업데이트되었는지 기록
      lastRead = second();
      // 이미 업데이트했으므로,
      // 동작을 일으키지 않는 경우 다시 업데이트할 필요 없음
      updateNow = false;
    }
  }

  // 전송 주기가 지났거나, sendNow 변수가 참인 경우 자동적으로 업데이트
  if (abs(minute() - lastSend) >= sendInterval ||
      sendNow ) {
    sendData(currentReadings);
    // 시간을 두 가지 방법으로 얻음:
    lastSendTime = getTime();  // 화면에 출력할 시간 문자열
    lastSend = minute();        // 이후에 비교를 위한 정수값
  }
```

» 마지막으로 draw() 함수는 버튼들의 값을 읽은 후에 이 값으로 이전 상태를 나타내는 변수를 설정한다. 이 스케치는 9장에서 사용했던 프로세싱으로 만든 RFID Writer 스케치에 있는 Button 클래스를 변형한 것이다. 터치스크

```
  // 버튼이 눌리지 않은 상태에서 눌린 상태로 바뀌었으면,
  // updateNow를 설정해서 다음 루프에서는 갱신하도록 강제한다.
  // 그 뒤에 있는 send 버튼과 sendNow 변수도 마찬가지다.
  if (readButton.isPressed() &&
      !readButton.getLastState()) {
    updateNow = true;
  }
```

린의 커서(여러분의 손)는 사라질 수 있어서, mousePressed와 mouseReleased 이벤트에 해당하는 것이 없으므로 이 부분을 만들어야 한다. 이런 작업은 Button 클래스에 있는 함수인 isPressed()를 만들고, pressedLastTime 변수와 변수의 값을 설정하고 얻어오는 두 함수를 이용해서 처리할 수 있다. 이를 통해서 버튼의 현재 상태를 확인할 수 있고(isPressed()), 작업이 끝났을 때 이를 저장할 수 있으며(setLastState()), 확인했던 최종 상태를 얻어올 수 있다(getLastState()).

```
// 다음번 확인을 위해서 버튼 상태를 저장
readButton.setLastState(readButton.isPressed());

if (sendButton.isPressed() &&
    !sendButton.getLastState()) {
  sendNow = true;
}
// 다음번 확인을 위해서 버튼 상태를 저장
sendButton.setLastState(sendButton.isPressed());
}
```

» 스케치가 멈추면 pause() 함수가 호출된다. 이 함수는 현재 서버로 읽은 것을 전송하고, 재시작할 때 다시 연결할 수 있도록 블루투스 직렬 연결을 끊는다. 안드로이드에서 액티비티가 다시 시작될 때마다, setup()이 호출되므로 여기는 resume() 함수가 없다.(안드로이드를 위한 프로세싱 스케치는 액티비티에 속한다.)

```
void pause() {
  // 읽은 것이 있으면 전송한다:
  if (!currentReadings.equals("")) {
    sendData(currentReadings);
  }
  // 다시 시작할 수 있도록 블루투스 연결을 정지시킨다:
  if (bt != null && bt.isConnected()) {
    bt.disconnect();
  }
}
```

» connect() 함수는 블루투스 연결을 시도한다. 우선, 유효한 BtSerial 라이브러리 인스턴스가 있는지 여부와 원격 장치(이 경우에는 블루투스 메이트)에 이미 연결되어 있지 않은지 확인한다. 휴대폰에서 페어링된 장치들의 목록을 가져오고, 먼저 연결할 수 있는 장치에 연결을 시도한다.

스케치를 동작시키기 전에 휴대폰의 블루투스 설정으로 가서(설정- 선 설정) 블루투스 메이트와 페어링시켜야 한다. 이렇게 하지 않으면 앱에서 블루투스 메이트를 확인할 수 없다.

만일 블루투스 메이트가 장치 목록에서 첫 번째가 아닌 경우 호출을 위해서 아래 부분을 목록에 있는 블루투스 메이트의 번호로 변경해야 한다.

bt.connect(pairedDevices[0]);

```
String connect() {
  String result = "Bluetooth not initialized yet...";
  if (bt !=null) {
    // 연결된 경우 데이터를 가져온다.
    if (!bt.isConnected() ) {
      // 페어링된 장치 목록을 가져온다.
      String[ ] pairedDevices = bt.list();

      if (pairedDevices.length > 0) {
        println(pairedDevices);
        // 첫 번째 장치와의 연결을 연다
        bt.connect( pairedDevices[0] );
        result = "Connected to \n" + bt.getName();
      }
      else {
        result = "Couldn't get any paired devices";
      }
    }
  }
  return result;
}
```

» getData() 함수는 유효한 블루투스 연결이 있는지 확인한다. 그러고 나서, 한 바이트를 아두이노로 전송해서 읽은 값을 반환값으로 전송할 때 빠르게 반응할 수 있도록 만들어 준다. 또한 이 함수는 응답으로 받은 모든 데이터를 결과 문자열에 추가한다.

블루투스 연결이 끊어질 수 있으므로, 이 함수는 받은 데이터가 아두이노가 보내는 데이터의 마지막 바이트인 개행 문자로 끝났는지 확인한다. 만일 유효한 문자열을 읽어들였다면 이 문자열을 반환하고, 그렇지 않은 경우에는 널(null)을 반환한다.

만일 유효한 연결이 없으면 getData()는 새로운 연결을 시도한다.

```
String getData() {
  String result = "";

  if (bt != null) {
    // 연결되어 있다면 데이터를 얻어온다.
    if ( bt.isConnected() ) {
      // 새로운 데이터를 얻어오기 위해서 데이터를 전송한다.
      bt.write("A");
      // 들어오는 데이터를 기다림
      while (bt.available () == 0);
      // 만일 들어온 데이터를 사용할 수 있으면, 읽는다.
      while (bt.available () > 0) {
        // 입력된 데이터를 결과 문자열에 추가한다.
        result += char(bt.read());
      }
      // 결과 문자열의 마지막 문자를 가져온다.
      char lastChar = result.charAt(result.length() - 1);
      // 해당 문자가 개행 문자인지 확인하고, 아니라면 유효한 데이터가 아니다.
      if (lastChar != '\n') {
        result = null;
      }
    } // 연결되지 않았으면 다시 페어링을 시도한다.
    else {
      connectionState = connect();
    }
  }
  return result;
}
```

» sendData() 함수는 현재 읽은 것을 프로세싱의 loadString() 함수를 이용해서 서버로 전송한다. loadStrings() 함수는 기본적인 HTTP GET 요청을 수행하고, 서버가 보낸 것을 모두 반환한다.

```
void sendData(String thisData) {
  // 전송할 데이터가 있는 경우
  if (thisData != null) {
    // URL - 데이터와 URL을 조합해서 만듦
    String sendString = formatData(url + thisData);
    // HTTP GET을 이용해서 데이터 전송
    String[] result = loadStrings(sendString);
    // 데이터를 더 받기 위해서 currentReadings 초기화
    String currentReadings = "";
  }
}
```

» URL 문자열은 정확한 형태(공백이나 개행 문자, 캐리지 리턴 등이 없어야 한다)를 갖춰야 하므로, sendData()는 공백 문자, 개행 문자, 캐리지 리턴 등을 HTTP에서 사용할 수 있는 문자 형식으로 바꿔주는 formatData()를 호출한다.

```
String formatData(String thisString) {
  // 공백 문자, 개행 문자, 캐리지 리턴 등을
  // HTTP에서 사용할 수 있는 문자 형식으로 변환
  String result = thisString.replaceAll(" ", "%20");
  result = result.replaceAll("\n", "%0A");
  result = result.replaceAll("\r", "%0D");
  return result;
}
```

» 이 스케치의 마지막 함수는 형식을 갖춘 날짜와 시간 문자열을 반환하는 getTime() 함수이다.

```
// 날짜와 시간을 문자열로 얻어온다.
String getTime() {
  Date currentDate = new Date();
  return currentDate.toString();
}
```

» 이 스케치를 위한 Button 클래스는 9장 RFID Writer 스케치에서 사용했던 것과는 아주 다르며, 이 안에는 이전에 확인했을 때 버튼이 눌려진 상태를 추적할 수 있는 변수와 함수들이 있다.

```
// Button 클래스는 화면에 나타나는 버튼의 모양과 동작을 정의한다.
// 터치스크린에서의 버튼 동작은 mouseClick 핸들러가 없으므로,
// 마우스를 사용하는 화면에서의 동작과 약간 다르다.
class Button {
  int x, y, w, h;                          // 버튼의 위치
  color basecolor, highlightcolor;         // 평소 색상과 눌렀을 때 색상
  color currentcolor;                      // 버튼의 현재 색상
  String name;                             // 버튼 이름
  boolean pressedLastTime;                 // 지난번에 눌렀는가

  // 생성자: 버튼 클래스의 각 인스턴스를 위한 초기 변수를 설정한다.
  Button(int thisX, int thisY, int thisW, int thisH,
         color thisColor, color thisHighlight,
         String thisName) {
    x = thisX;
    y = thisY;
    h = thisH;
    w = thisW;
    basecolor = thisColor;
    highlightcolor = thisHighlight;
    currentcolor = basecolor;
    name = thisName;
    pressedLastTime = false;
  }
```

이 버튼 클래스를 위한 생성자는 새로운 변수인 pressedLastTime 부분을 제외하면 거의 비슷하다.

```
  // 버튼과 관련 글자를 그린다.
  void display() {
    // 눌린 경우, 색상을 바꾼다.:
    if (isPressed()) {
      currentcolor = highlightcolor;
    }
    else {
      currentcolor = basecolor;
    }
    fill(currentcolor);
    rect(x, y, w, h);

    // 버튼의 중간 부분에 이름을 넣는다.
    fill(textColor);
    textAlign(CENTER);
    text(name, x+w/2, y+h/2);
  }
```

display() 함수는 9장의 RFID Writer 예제에 나온 update()와 display()의 함수들을 조합하고, 필요에 따라 색상을 바꾸고 실제 버튼을 그린다.

```
  // 마우스의 위치가 버튼의 사각형 안쪽에 있는지 확인해서 현재 상태를 지정
  boolean isPressed() {
    if (mouseX >= x && mouseX <= x+w &&
        mouseY >= y && mouseY <= y+h && mousePressed) {
      return true;
    }
    else {
      return false;
    }
  }
```

isPressed()는 mouseX와 mouseY가 버튼의 범위 안에 있는지 확인하는 것뿐만 아니라, 사용자가 화면을 터치하고 있는지 여부를 확인하기 위해서 mousePressed 변수를 사용한다.

```
  // 이 함수는 현재 상태가 아닌 직전에 확인된 버튼 상황을 설정한다.
  void setLastState(boolean state) {
    pressedLastTime = state;
  }
  boolean getLastState() {
    return pressedLastTime;
  }
}
```

setLastState()와 getLastState() 함수를 통해서 클래스 밖에서도 이전의 버튼 상태에 접근할 수 있다.

전체 스케치의 마지막 부분이다. 실제 구동되었을 때의 예는 그림 10-25를 참고하자.

이 스케치를 안드로이드 장치에서 동작시키면 접속을 시도할 것이다. 이 작업을 성공했으면 10초마다 새로 읽을 것이 있는지 확인하고, 2분마다 읽은 것을 서버로 보낸다. 그러나, 정상적인 응답이 왔는지는 확인하지 않는데, 이 부분은 여러분을 위한 연습문제로 남겨두겠다.

휴대폰을 이용하면 안드로이드를 위한 프로세싱으로 많은 것을 할 수 있다. 인터넷에 접속하고 무선으로 주변 장치에 접근하는 방법을 알아보고, 내장 센서에 접근하는 방법도 알아냈다. 휴대폰은 이제 여러 가지를 서로 연결시켜주는 허브(hub)가 된 것이다.

USB는 어떨까?

안드로이드 장치들은 보통 USB 호스트가 아닌 USB 장치로 사용된다. 따라서 컴퓨터에서처럼 마우스, 키보드, 아두이노와 같은 USB 장치들을 안드로이드 기기에 끼울 수 없다. 그러나 구글은 사용자들이 USB 액세서리를 개발하길 원할 것이라 판단해서 최근에 안드로이드를 위한 USB 액세서리를 만들 수 있는 공개 하드웨어 플랫폼인 구글 액세서리 개발 키트(Google Accessory Development Kit)를 발표했다.

액세서리 개발 키트는 USB 호스트 실드(이는 원래 www.circuitsathome.com의 올레그 마주로프 *Oleg Mazurov*가 설계한 것이다.)가 내장된 아두이노 Mega 2650을 기반으로 하고 있다. Circuits@Home에서는 표준적인 아두이노 실드 형태와 미니 프로 형태에 맞는 USB 호스트 실드를 변형한 몇몇 물품을 판매하고 있다. 아두이노 스토어에서는 아두이노 Mega ADK를 판매하고 있으며, 아두이노를 위한 프로세싱 라이브러리를 개발 중이다. 서로 다른 회사들에서 다른 비슷한 것들을 작업하고 있으므로, 이 글을 읽고 있을 때쯤이면, 상당히 많은 것들을 선택할 수 있을 것이다.

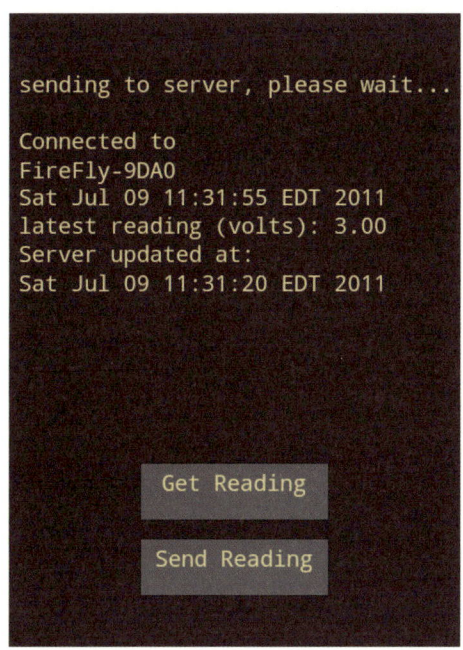

그림 10-25 데이터 기록 장치용 스케치,

그림 10-26 실제로 사용되는 장치 기록용 후드 셔츠. 입으면 얼마나 흥미 진진할지 궁금하다. 인터넷에서 이 옷을 입은 사람의 GSR를 찾을 수 있는지 확인해 보자.

결론

인터넷과 휴대폰 네트워크 간의 연결은 어디서나 할 수 있으며, 다양한 통신 방법이 있으므로 선택의 폭을 넓혀준다. 이런 혜택을 누리기 위해서는 서로 다른 인터페이스, 시스템, 프로토콜을 뛰어넘을 수 있는 창조적인 생각이 요구된다.

근래에 들어 휴대전화 네트워크는 다른 어떤 형태의 네트워크 연결 방식보다 연결 범위가 넓어서 전 세계를 거의 대부분의 위치에서 연결할 수 있다. 휴대전화 네트워크 기술은 빠르게 변하고 있으며, 많은 도구와 기술이 빠르게 등장했다 빠르게 사라진다. 만일 휴대폰 네트워크 기술을 이용해서 프로젝트를 만들고 있다면, 장기적인 관점에서 가장 좋은 선택이다. SMS와 HTTP와 같이 좀 더 간단하고 안정적인 것들을 찾아보고, 이런 도구가 바뀌었을 때는 접근 방식을 바꿀 수 있도록 준비하는 것이 좋다. 11장에서는 어떤 것들이 가능할지 좀 더 넓은 시야를 가질 수 있도록 이 책의 여러 곳에서 보았던 몇몇 프로토콜을 다시 살펴볼 것이다.

메러디스 핫쓴(Meredith Hasson), 아리엘 나바레즈(Ariel Nevarez), 나하나 쉘링(Nahana Schelling)으로 이루어진 SIMbaLink. SIMbaLink 팀은 옥내 태양열 시스템이 좋은 상태인지 원격으로 확인하고, GPRS 모뎀을 통해서 SIMbaLink 클라이언트 웹사이트로 결과를 보내는 장치를 개발했다. 에티오피아에 있는 태양열 회사와 공동 작업으로 SIMbaLink가 에티오피아 아왓사(Awassa) 외곽에 있는 옥내 태양열 시스템을 원격 확인할 수 있도록 했다. 이 시스템은 10W 태양열 패널, 전지, 4개의 1와트 LED 전구와 같이 구성되어 있다. 이러한 간단한 설비를 통해서 어둡고 전력이 공급되지 않는 시골 집에 다른 방법으로 빛을 공급할 수 있다.
사진 제공: 메러디스 핫쓴

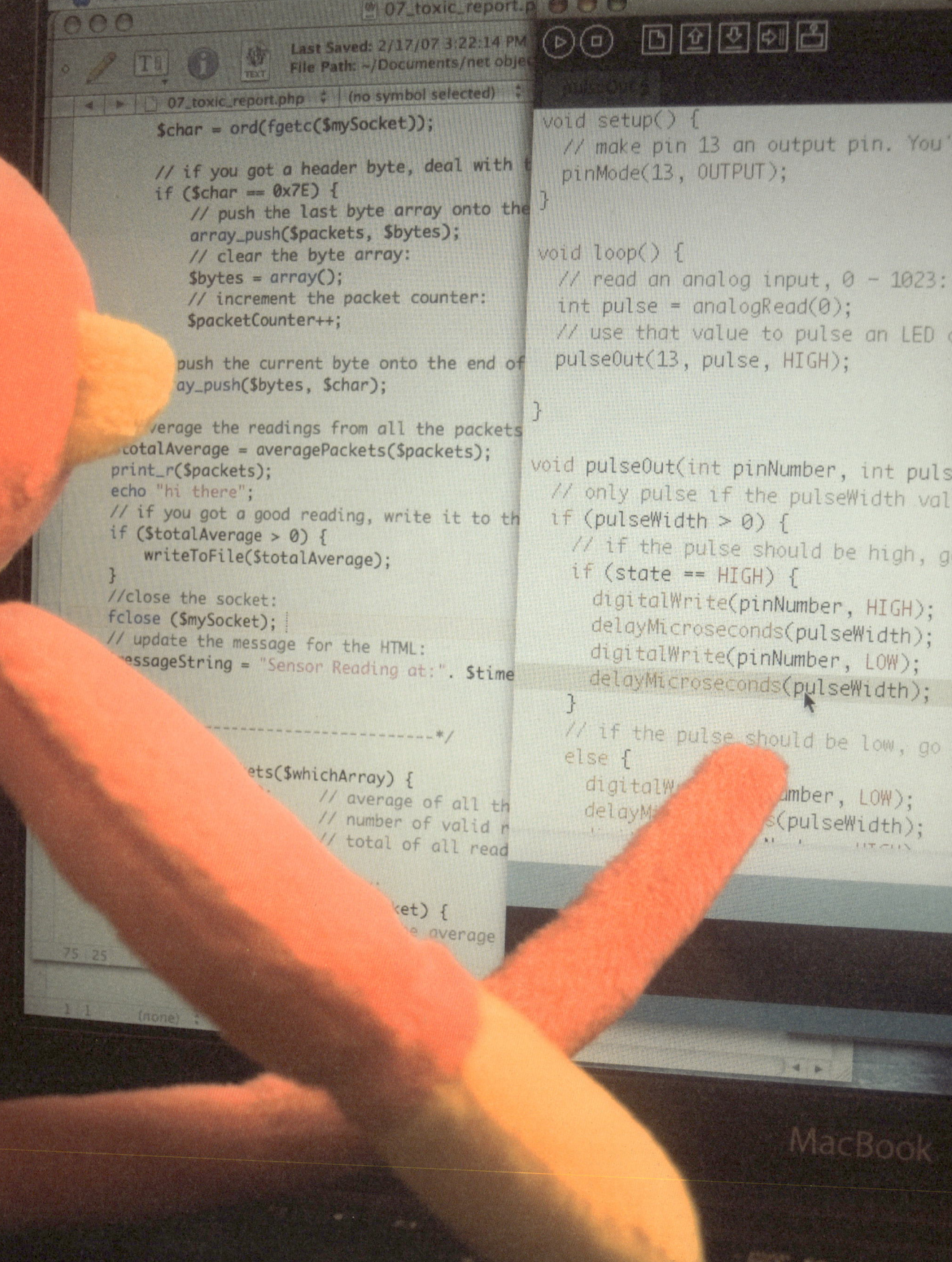

프로토콜 다시보기

여러분이 개발할 수 있는 능력 중에서 가장 의미 있는 기술 중 하나는 호환되지 않는 것처럼 보이는 시스템 사이에서도 상당히 아름답게 데이터를 이동시키는 기술이다. 이를 위해서는 서로 다른 프로토콜을 이해하는 것이 핵심이다. 지금까지 많은 통신 프로토콜을 다뤘지만, 독자들이 이 책을 읽고 있을 때쯤이면 아마 많은 프로토콜이 바뀌거나 사라졌을지 모른다. 하지만 새로운 프로토콜을 어떻게 배울 수 있는지 이해했다면 문제없을 것이다.

마지막 장에서는 이 책에 나왔던 프로토콜들의 형태를 살펴보고, 좀 더 개괄적으로 유사점과 차이점을 확인하면서 각각의 프로토콜을 어떻게 맞춰 나갈 수 있는지, 나중에 새로운 프로토콜을 어떻게 배워 나갈 수 있을지 알아본다.

11장에서 사용하는 부품

판매점 기호

- **A** 아두이노 스토어(http://store.arduino.cc/ww/)
- **AF** 에이다프루트(http://adafruit.com)
- **D** 디지-키(www.digikey.com)
- **F** 파넬(www.farnell.com)
- **J** 자메코(http://jameco.com)
- **MS** 메이커 셰드(www.makershed.com)
- **RS** RS(www.rs-online.com)
- **SF** 스파크 펀(www.SparkFun.com)
- **SS** 씨드 스튜디오(www.seeedstudio.com)

프로젝트 32: MIDI 즐기기

» **아두이노 모듈 1개** 아두이노 우노 혹은 아두이노 우노 기반의 보드이면 되지만, 아두이노 혹은 아두이노 호환 보드만 있어도 정상적으로 프로젝트를 할 수 있다.
D 1050-1019-ND, J 2121105, SF DEV-09950, A A000046, AF 50, F 1848687, RS 715-4081, SS ARD132D2P, MS MKSP4

» **스파크 펀 악기용 실드 1개**
SF DEV-10587

» **MaxBotix LV-EZ1 센서 1개**
SF SEN-00639

» **100μF 커패시터**
J 158394, D P10269-ND, F 1144642, RS 715-1657

그림 11-1 이 장에서 사용하는 새로운 부품. 스파크 펀 악기용 실드.

연결하기

프로토콜은 이미 알고 있는 프로토콜과 연관 지을 수 있을 때 좀 더 쉽게 배울 수 있다. 다행히 여러분은 이미 몇 가지를 알고 있다. 2장에서 언급했던 여러 계층 중 어떤 계층에서라도 비교해 볼 수 있다. 여러분의 프로젝트에 영향을 줄 만한 세 가지 계층은 대부분 물리, 데이터, 응용 계층이다. 또한 통신에 이용될 통신망의 구조가 점대점 직접 연결 방식인지, 중앙에 허브나 컨트롤러가 있는 네트워크인지, 클라이언트-서버 네트워크인지, 링 형태인지, 버스 형태인지 고려해야 한다. 시스템의 구조에 대해 알면 사용될 프로토콜의 구조나 문법을 고려할 수 있다. 각각의 것들이 하나의 장치 혹은 시스템에서 다른 시스템으로 프로토콜을 바꿀 때 도움을 주며, 각각의 부분이 다른 측면을 알 수 있도록 만들어 준다.

예를 들어, 주소를 쓰는 프로토콜을 사용한다면 두 개 이상의 대상 사이에 통신할 수 있도록 만들어졌을 것이라는 점을 알 수 있다. 만일 주소가 IP 주소처럼 여러 조각으로 나눠져 있다면, 아마도 클라이언트 서버 형태의 네트워크일 것이라 생각할 수 있다.

물리 계층의 설정을 알아야 한다

새로운 전자 장치를 사용할 때는 이 장치가 사용하는 프로토콜에 친숙해져야 한다. 이제부터 아두이노가 사용하는 다양한 프로토콜에 친숙해질 시간이다. 그림 11-2는 아두이노에서 사용하는 프로토콜들을 전체적으로 보여준다.

이 그림은 물리 계층(통신 방식에서 어떤 핀이 사용되는가)과 데이터 계층(장치가 사용하는 프로토콜)에 대해서 같이 설명하고 있다. 이제 특정 통신 기능을 수행하려면 어떤 핀들을 이용해야 하는지 알게 되었을 것이며, 해당 기능을 사용할 때 이 핀들은 다른 기능을 위해서 사용할 수 없다.

한 가지 목적을 위해서 만들어진 장치는 대부분 한 가지 프로토콜만 지원하지만, 항상 그런 것은 아니다. 예를 들어, 8장에서 사용했던 초음파 거리측정기는 세 가지 종류의 인터페이스를 제공한다. 여러분이 사용했던 아날로그 출력(0-5볼트 범위로 출력) 외에 9600보드레이트(Baud Rate)로 데이터를 보낼 수 있는 RS232 비동기 시리얼 포트(RX와 TX)와 감지된 물체의 거리에 따라 펄스폭을 바꿔가면서 높은 전압에서 낮은 전압으로, 다시 높은 전압으로 바뀌는 펄스를 출력하는 펄스폭 출력(PW)도 지원한다.

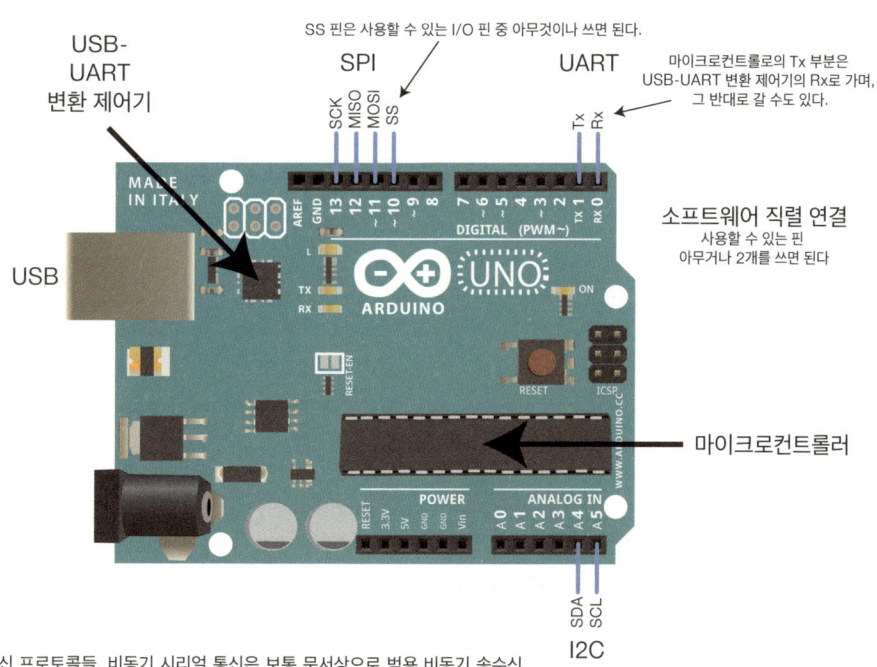

그림 11-2 아두이노의 통신 프로토콜. 비동기 시리얼 통신은 보통 문서상으로 범용 비동기 송수신기(Universal Asynchronous Receiver Transmitters: UART)라 부르는데 이미 익숙할 것이다.

이 내용은 www.maxbotix.com에서 찾을 수 있는 거리 측정기의 데이터 시트에 설명되어 있다. 이와 같이 다양한 인터페이스를 지원하는 경우 아날로그 입력이 없는 마이크로컨트롤러에 연결할 때나, RS-232 시리얼 포트가 있는 컴퓨터에 직접 연결시킬 때, 혹은 컴퓨터를 전혀 사용하지 않고 펄스폭이나 전압을 바꿔가면서 간단한 회로를 제어할 때 사용할 수 있을 것이다.

9장에서 사용했던 SonMicro RFID 리더 역시 TTL 직렬 방식과 I2C 두 가지 통신 방식을 제공한다. 시리얼 포트는 컴퓨터와 직접 연결할 때 편리하고, I2C는 마이크로컨트롤러의 프로그래밍과 디버깅 용도로 사용되는 포트이므로 마이크로컨트롤러와 연결할 때 편리하다.

프로젝트를 계획할 때는 장치에 있는 포트들 중에서 어떤 것을 사용해서 장치를 설정하고 프로그래밍, 디버깅을 할 것인지 고려해야 하고, 가능하다면 다른 용도로도 포트를 사용할 수 있도록 해 줘야 한다. 달리 이야기하자면 프로그래밍에 사용되는 인터페이스가 가장 빠르고 신뢰성 있는 통신 채널이라면, 이 포트를 프로그래밍과 최종 응용 모두에 사용할 만하다.

직렬 프로토콜의 선택

프로젝트를 계획할 때 어떤 직렬 프로토콜을 사용할지 선택하다 보면 동기식과 비동기식, TTL 직렬과 RS-232, I2C나 SPI, USB 등등 아주 혼란스러울 것이다. 많은 경우 사용하려는 장치 중에 한 가지 방식만 지원하는 것들이 있어서 별다른 고민 없이 결정할 수 있다. 하지만, 선택의 여지가 있다면, 생각해야 할 점이 몇 가지 있다.

어떤 프로토콜이 시스템에서 가장 널리 사용되나?
모든 장치가 같은 프로토콜을 사용한다면, 선택이 쉽다.

장치로 정보를 전달하려고 할 때 어떤 장치를 사용할 것인지 각각 개별적으로 지정해야 하는가?
그렇다면, 동기식 직렬 프로토콜처럼 마스터-슬레이브 관계를 사용하는 시스템에서는 작동하지 않을 것이다.

같은 전선을 이용해서 다양한 장치와 통신할 필요가 있는가?
그렇다면 버스 시스템을 사용하는 프로토콜을 고려하자. 동기식 직렬 프로토콜이나 USB와 RS-485 같은 일부 비동기 프로토콜이 이 시스템을 사용한다. 이런 형태의 프로토콜에는 일종의 주소 지정이 필요하다.

거리나 속도가 중요한 요소인가?
데이터를 먼 거리로 전송할 수 있는 다수의 프로토콜은 data+와 data- 전선을 같이 사용하는 차분 신호(differential signaling) 방식을 이용한다. 이 방식에서는 두 전선으로 모두 같은 데이터가 전송되는데, 두 신호를 합치면 항상 0이 되도록 해서 비교적 낮은 전압에서도 전기적 노이즈가 최소화될 수 있도록 만드는 효과가 있다. 따라서 차분 신호 방식은 USB, RS-485, 이더넷을 비롯한 대부분의 고속 데이터 전송에 사용된다.

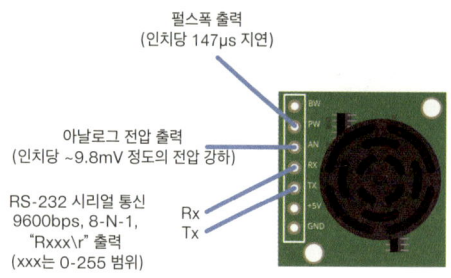

그림 11-3 MaxBotix LV-EZ-1 통신 방식들.

이 표는 이 책에서 언급된 몇몇 직렬 프로토콜의 전반적인 개요와 특징을 정리한 것이다.

동기식 직렬 프로토콜	비동기 직렬 프로토콜	비동기 직렬 버스 프로토콜
· 장치 간에 마스터 슬레이브 관계를 가짐 · 몇몇 장치들은 같은 데이터 선을 공유함 · 마스터에서 슬레이브로 가는 클럭이 요구됨 · 거리: 1m 이내 · 다양한 전압 범위 가능. 보통 5V 또는 3.3V	· 공통 클럭은 없으나, 데이터 전송률은 맞춰야 함 · 일반적으로 네트워크가 아닌 1:1 통신에 사용됨	· 공통 클럭은 없으나, 데이터 전송률은 맞춰야 함 · 보통 좀 더 먼거리 혹은 네트워크에서 사용 · 일반적으로 차분 신호 방식이 사용됨 · 3~4개의 전선 사용: Data+, Data−, 그라운드, 전원 (옵션)
I2C/TWI · 3개의 전선: 데이터, 클럭, 그라운드 · 각 슬레이브는 고유의 주소를 가지고 있어서, 이 값을 먼저 보내야 함.	TTL 직렬 · 다양한 전압 범위. 보통 5V 또는 3.3V · 3개의 전선: 전송, 수신, 그라운드 · 논리 판단: +V = 1 논리, 0V = 0 논리 · 거리: 일반적으로 1m 이내	USB · 전압 범위: 0~5V · 거리: 10미터 이하
SPI · 4+n 전선: 마스터 입력/슬레이브 출력(Master In Slave Out; MISO), 마스터 출력/슬레이브 입력(Master Out Slave In; MOSI), 클럭, 그라운드, 각 슬레이브마다 칩 선택 핀이 1개씩 필요 · 칩 선택을 통해서 주소 지정	RS-232 · 전압 범위: ±3 ~ ±15V · 논리 판단:: −V = 1 논리, +V = 0 논리 · 0V는 논리적인 의미가 없음 · 거리: 300m 이내	RS-485 (DMX-512) · 전압 범위: −7 ~ +12V · 거리: 1200m 이내

되도록 빨리 물리적 시스템과 정보의 흐름을 계획하기

사용할 수 있는 물리적 통신 프로토콜 방식을 확인했다면, 이제 프로그램을 작성하거나 다른 것을 설정하기 전에 어떤 방식으로 통신을 할 것인지 결정할 수 있다. 이런 방식으로 작업하면 시간을 많이 절약할 수 있다.

10장에서 사용했던 CatCam 웹 서버를 생각해 보자. 이 서버는 다음과 같은 장치들을 포함하고 있다.

· 마이크로컨트롤러
· 이더넷 컨트롤러
· SD 카드
· 온도 센서
· 릴레이 제어기
· IP 기반 카메라

이와 같은 프로젝트를 기획할 때는, 그림 10-3과 10-4와 같이 각 요소 간에 어떤 방식으로 정보가 흘러가는지 나타내는 다이어그램을 그려서, 어떤 요소에서 다른 요소로부터 어떤 데이터를 요구하는지 파악하는 것이 좋다. 또한 다양한 기능을 사용할 때 마이크로컨트롤러의 어떤 핀을 사용할 수 있는지 확인하는 것도 필요하다.

모든 것을 원활히 동작시키기 위해서 이미지와 웹 페이지가 어디에서 제공되는 것이 최선인지, 링크와 각각의 접근 권한이 적합한지 판단해야 한다. 어떤 방식으로 데이터가 전달되고 어떤 사람이 어떤 주소를 알아야 하는지도 고민해야 한다. 서버와 카메라를 물리적으로 어디에 위치시킬지 판단해야 하고, 어떻게 설치할지도 결정해야 한다. 초기에 이런 점을 고려해 두면 실제로 만드는 과정에 발생하는 부담을 줄이고, 필요한 코드, 회로, 재료에만 집중할 수 있다.

텍스트냐 바이너리냐?

데이터 통신에서 가장 혼동되는 것 중의 하나는 바이너리 프로토콜과 문자 기반(text-encoded) 프로토콜의 차이를 이해하는 것이다. 2장에서 배운 것처럼 전송하는 데이터를 문자와 숫자로 표현하는 공통적인 변환 규칙이 존재한다. ASCII나 좀 더 최근에 나온 유니코드 등을 이용하면 어떤 문자열이든지 컴퓨터가 읽고 쓸 수 있는 이진 정보로 변환시킬 수 있다. 문자 기반의 프로토콜과 이진 프로토콜의 차이와 이런 판단이 이루어진 배경을 이해하는 것은 전자 회로의 통신 방법을 이해하는 데 있어서 매우 중요하다.

모든 데이터가 바이너리 아닌가?

맞다. 어찌 되었든 컴퓨터는 이진 논리만을 이용해서 동작한다. 따라서, 문자 기반의 프로토콜이라 해도 결국 속을 들여다보면 바이너리이다. 그렇지만 많은 경우 메시지를 문자로 적은 다음, 컴퓨터가 문자열을 바이너리로 바꿔주는 것이 훨씬 편하다.

예를 들어, '1-2-3, go!'라는 문자열을 사용해 보자. 아래 표에서 문자의 배치를 볼 수 있는데, 각 문자에 대한 ASCII 코드 값과 이 코드를 이루는 비트열을 확인할 수 있을 것이다. 컴퓨터가 처리하기 위한 비트열에는 정말로 많은 0과 1이 존재하는 것으로 보이겠지만, 컴퓨터는 매 초마다 수백만 혹은 수십억 개의 비트를 읽어 들일 수 있으므로 큰 문제가 아니다. 하지만 이를 다른 컴퓨터로 전송할 때는 어떨까? 이 예에서는 80비트가 있다.

9600bps로 동작하는 TTL 시리얼 통신 방법을 이용해서 데이터를 전송한다고 가정해 보자. 일반적인 TTL이나 RS-232 직렬 프로토콜에서 하는 것처럼 하나의 정지 비트와 하나의 시작 비트를 추가하면 전체 데이터는 96비트가 되므로, 1/100초에 이 메시지를 전송할 수 있을 것이다. 아직은 아주 빠른 것으로 생각될 것이다.

Character	1	-	2	-	3	,		g	o	!
ASCII 코드	49	45	50	45	51	44	32	103	111	33
Binary	00110001	00101101	00110010	00101101	00110011	00101100	01000000	01100111	01101111	01000001

문자 기반이 아닌 데이터를 메시지로 전송할 때는 어떨까? 다음과 같은 0~255 범위의 값을 가지는 RGB 픽셀의 값을 전달하는 예를 생각해 보자.

102,198,255,127,127,212,255,155,127,

매번 읽을때마다 8비트씩 읽는 것을 알고 있으므로, 가장 기본적인 형태를 생각해보면 픽셀마다 3바이트로 구성될 것이다. 만일 이를 문자열의 형태로 전달하는 경우, 한 문자마다 한 바이트의 데이터를 보내야 하므로, 9개의 값을 전달하기 위해서 36 바이트를 사용해야 할 것이다. 만일 이 값을 문자열로 만들지 않고, 값을 그대로 전달하는 경우에는 9바이트만 전송하면 된다. 이 경우에는 모든 데이터를 완전히 숫자로만 보내면 되며(픽셀의 형태에 대해서 설명하기 위한 문자열이 필요하지 않은데, 이는 픽셀의 첫 번째 데이터가 빨간색, 두 번째가 녹색, 세 번째가 파란색에 대한 정보임을 알고 있기 때문이다.), 문자열로 변환해서 보내지 않는 것이 합당하다.

문자를 보낼 필요가 있을 때(예를 들어, 이메일이나 하이퍼 텍스트), ASCII/Unicode를 사용하는 것이 논리적이다. 대부분의 직렬 혹은 네트워크 터미널은 입력되는 모든 데이터를 텍스트 형식이라 가정하고 처리하므로, 이 책에서 본 대부분의 센서에서 전송하는 문자열과 같이 디버깅 등의 편의를 위하여 ASCII/Unicode로 데이터를 전송하는 경우에도 전송할 바이트의 수가 최소화되도록 만든다. 다음과 같은 규칙을 염두에 두자.

- 숫자로 이루어진 데이터가 많다면, 바이너리 형식으로 전송한다.
- 문자가 있다면 Unicode/ASCII 형식으로 전송한다.
- 짧은 데이터를 전송해야 한다면, 편한 방식으로 전송한다.

바이너리 프로토콜 해석하기

이 책에서 다룬 대부분의 프로토콜은 문자 기반이므로, 바이트에 있는 비트 단위를 해석할 기회가 거의 없었다. 바이너리 프로토콜은 사용자가 각 비트가 표현하는 바를 알고 있을 때 사용할 수 있으므로, 한 바이트가 어떤 형태로 구성되어 있는지에 대한 기본적인 지식과 이를 어떻게 다뤄야 하는지를 알고 있어야 한다. 이제 비트에 대해서 좀 더 이야기해 보자.

바이너리 프로토콜은 복잡한 장치에서 칩 간 통신을 위해서 많이 사용되며, 특히 동기식 직렬 프로토콜에서 많이 사용된다. 많은 SPI와 I2C 장치들은 소수의 명령어 세트를 가지고 있다. 한 바이트짜리 명령어(opcode)들은 해당 바이트 내에 명령어를 위한 매개변수까지 같이 포함하고 있는 경우가 많다. 이에 대해서는 9장에서 SM130 RFID 리더의 펌웨어를 읽어내는 명령을 내릴 때 살펴보았다.

이런 프로토콜들은 16진수 형태, 이진 형태 혹은 두 가지 형태 모두를 이용해서 작성된다. 여러분은 이미 이 책에서 16진수 형태의 표현 방식을 보았다. 16진수 숫자들이 0x로 시작하는 것처럼 이진수를 표기하기 위해서 아두이노의 경우 C에서와 같이 0b10101010 형태로 0b를 붙인다.

아래 숫자에서 어떤 부분이 가장 높은 자리일까?

$2,508

2가 될 것이다. 이 숫자가 전체 중에서 가장 큰 부분인 2000, 즉 10^3이 두 번 존재한다는 사실을 나타내는 것이다. 따라서 이 숫자가 가장 중요한 숫자(most significant digit)라 할 수 있다. 위의 수는 10진수 기반의 숫자인데, 동일한 원리가 이진수에도 적용될 수 있다. 다음에서 가장 중요한 숫자는 어떤 것일까?

0b10010110

맨 왼쪽의 1이 128(2^7)이 1개 있다는 것을 나타내므로 가장 중요한 숫자(비트)이다. 일반적으로 적혀져 있는 비트들을 볼 때 10진수와는 달리 값보다는 바이트상에서의 비트 위치를 중요하게 여기는 경향이 있다. 예제로 바로 다음 프로젝트에서는 MIDI(Musical Instrument Digital Interface: 악기용 디지털 인터페이스) 프로토콜을 이용해서 음악을 만들 텐데, MIDI 프로토콜에서는 가장 중요한 숫자인 최상위 비트가 1인 경우 명령(동사)을 나타내고, 최상위 비트가 0인 경우 데이터(명사, 부사, 형용사)를 나타낸다. MIDI 해석기는 최상위 비트(보통 시리얼 통신에서 가장 먼저 도달하는 값이다.)를 확인해서 명령인지 아닌지 확인한다.

비트 읽기와 쓰기

아두이노는 바이트에 있는 비트를 읽고 쓰기 위한

특별한 명령어를 제공한다.

```
// 한 비트의 값을 읽어낸다.
myBit = bitRead(someByte, bitNumber);
// 한 비트의 값을 적는다.
bitWrite(someByte, bitNumber, bitValue);
```

비트 값을 1로 만드는 것을 일반적인 프로그래밍 용어로 "비트를 세트(set)"한다고 이야기하며, 비트 값을 0으로 만드는 것은 "비트를 클리어(clear)"한다고 말한다. 따라서 다음과 같은 명령어들도 존재한다.

```
// 비트 값을 1로 만든다.
bitSet(someByte, bitNumber);
// 비트 값을 0으로 만든다.
bitClear(someByte, bitNumber);
```

비트 시프팅

간혹 여러 비트를 한 번에 처리할 필요가 있다. 아두이노, C, 자바에는 좌 혹은 우 시프트(shift left/shift right) 연산이 존재한다. 좌 시프트 연산(<<)은 한 바이트 내의 비트들을 왼쪽으로 이동시키며, 우 시프트 연산(>>)은 비트들을 오른쪽으로 이동시킨다.

```
0b00001111 << 2;  // 연산 결과는 0b00111100
0b10000000 >> 7;  // 연산 결과는 0b0000001
```

비트 시프트는 바이트에서 특정 부분에 있는 값이 필요할 때 유용한 연산이다. 이 부분을 짧게 살펴보자.

비트 마스킹

논리 연산인 AND, OR, XOR를 이용하면 흥미로운 방식으로 비트들을 조합할 수 있다.

AND (&): 두 비트가 모두 1이면 1이 되고, 아니면 0이 된다.

```
1 & 1 = 1
0 & 0 = 0
1 & 0 = 0
0 & 1 = 0
```

OR (|): 두 비트 중 하나라도 1이면 1이 되고, 모두 0인 경우에는 0이 된다.

```
1 | 1 = 1
0 | 0 = 0
1 | 0 = 1
0 | 1 = 1
```

XOR (^): 두 값이 다르면 1, 아니면 0이 된다.

```
1 ^ 1 = 0
0 ^ 0 = 0
1 ^ 0 = 1
0 ^ 1 = 1
```

비트 단위의 연산이라 불리는 논리 연산을 이용해서, 다음과 같이 한 바이트에서 한 비트만을 분리해낼 수 있다.

```
// someByte에서 7번째 비트가 1인지 확인한다.
if (someByte & 0b10000000) {}
```

예를 들어, MIDI 명령 바이트에서 명령어는 왼쪽에 있는 4비트이고, 오른쪽 4비트는 미디 채널을 나타낸다. 따라서 AND 연산을 통해서 미디 채널 부분을 따로 떼어낼 수 있다.

```
채널 = commandByte & 0b00001111;
```

또는 명령 바이트에 비트 시프트를 수행함으로써 명령 부분만 남기고 채널 부분은 없앨 수도 있다.

```
명령 = commandByte >> 4;
```

이러한 비트 조작 명령들을 조합함으로써 바이너리 프로토콜로 작업할 수 있는 능력을 갖추게 된다.

16진수: 무엇에 좋은 건가

이제 바이너리 프로토콜을 비트 단위로 조작할 수 있게 되었으므로, 16진수 표기법이 어떨 때 유용한지 궁금할 수 있다. 16진수는 당연히 16의 단위로 작업할 때 좋다. 예를 들어, MIDI는 128개의 악기 단위로 악기의 모음(bank)을 두고 있으며, 각각의 악기는 16개 채널까지 연주가 가능하다. 따라서 앞에서 조작했던 명령 바이트를 16진수로 처리할 수 있다. 예를 들어 0x9n은 Note On(건반 눌림, 음 시작) 명령이며, n은 채널 번호로 16진수 표현으로 0에서 A까지 가능하다. 0x9A는 채널 A(십진수로 10)에서 음이 시작됨을 의미한다.

비슷하게 0x8A는 채널 A에서 음이 끝났음을 나타낸다. MIDI가 16의 집합으로 구성되어 있다는 것을 알면, MIDI 명령을 16진수로 읽어 와서 다루는 것이 합리적이라는 사실을 이해할 것이다. 사실 많은 바이너리 프로토콜이 이와 비슷한 형태로 일부 비트들을 묶어서 처리할 수 있는데, 이진수나 16진수로 처리함으로써 프로토콜을 편하게 처리할 수 있게 되었다.

다음 프로젝트에서는 MIDI 신시사이저를 제어해서 동작시킬 때 이러한 원리를 이용할 것이다.

MIDI

악기를 위한 디지털 인터페이스(Musical Instrument Digital Interface: MIDI)는 디지털 악기와 실시간으로 통신을 할 수 있도록 만들어준다. MIDI는 디지털 음향 합성기(신시사이저) 프로토콜을 대표한다.

오늘날 시장에서 유통되는 음악 신시사이저, 시퀀서, 샘플러, 키보드, 워크스테이션의 대부분은 MIDI를 사용한다. 만일 하드웨어를 이용해서 음악을 만들려고 한다면, MIDI를 접하게 된다. MIDI는 시리얼 통신, 하드웨어, 신시사이저 메모리에 있는 음향 모음의 구성 등을 포괄하는 광범위한 사양이다. 이는 매우 포괄적이므로 작곡자와 연주자 모두 수십 년 동안 다양한 MIDI 신시사이저, 샘플러, 제어기 등을 이용해서 작업을 할 수 있었다. 프로토콜 전체에 대한 자세한 사항을 확인하려면 MIDI 제작자 협회의 홈페이지(www.midi.org)를 참고하자.

MIDI는 음악을 표현하기 위한 프로토콜이다. MIDI 메시지가 실제로 음악을 연주하지는 않지만, 신시사이저에서 어떻게 연주되어야 하는지에 대한 설명을 담고 있다. HTML이 웹페이지를 위한 것인 것처럼 MIDI는 음악을 위한 것이다. HTML이 웹 브라우저에서 웹 페이지를 어떤 방식으로 보여줄 것인지 기술한 것처럼, MIDI는 신시사이저에서 음악이 어떻게 만들어질 것인지와 관련이 있다.

MIDI 장치들은 크게 MIDI 메시지를 생성하는 제어장치들과 메시지를 받아서 뭔가를 수행하는 연주 장치로 구분할 수 있다. 키보드나 다른 입력 장치들은 첫 번째 범주에 속하며, 신시사이저나 샘플러, 그 외의 많은 장치들은 후자에 속한다.

MIDI 직렬 프로토콜은 31520bps의 속도로 동작한다. 모든 MIDI 장치에서 사용하는 DIN5라는 MIDI 표준 커넥터가 존재한다. 장치에 있는 모든 커넥터는 암놈 형태이며, 케이블은 모두 수놈이다.

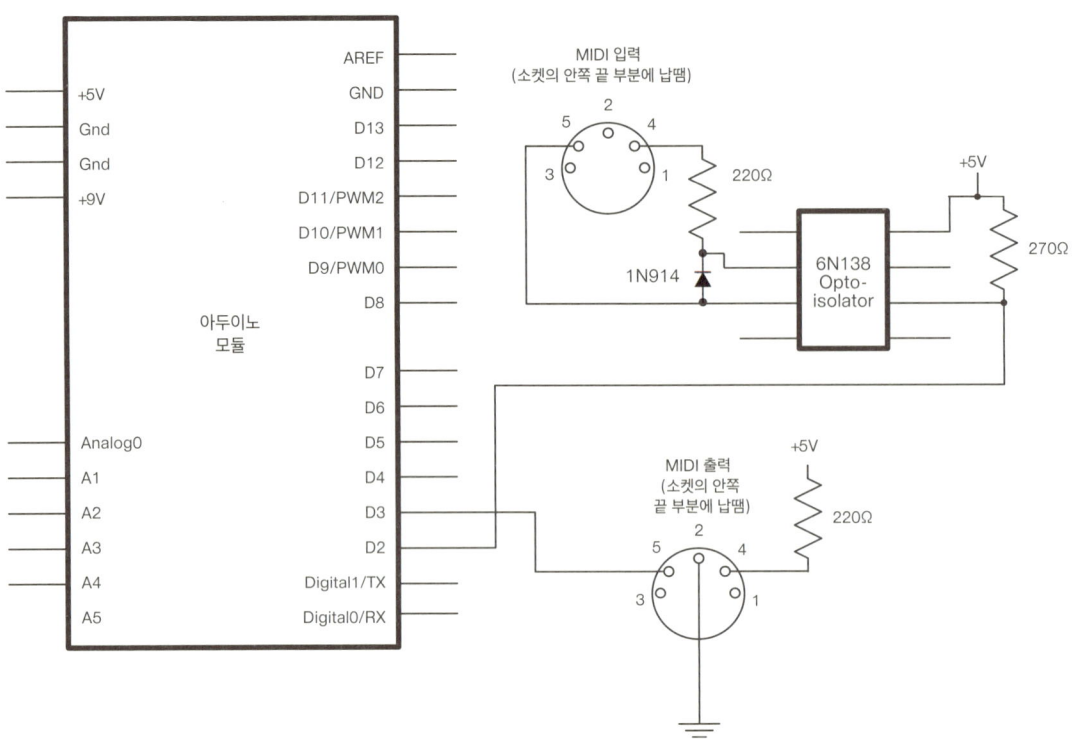

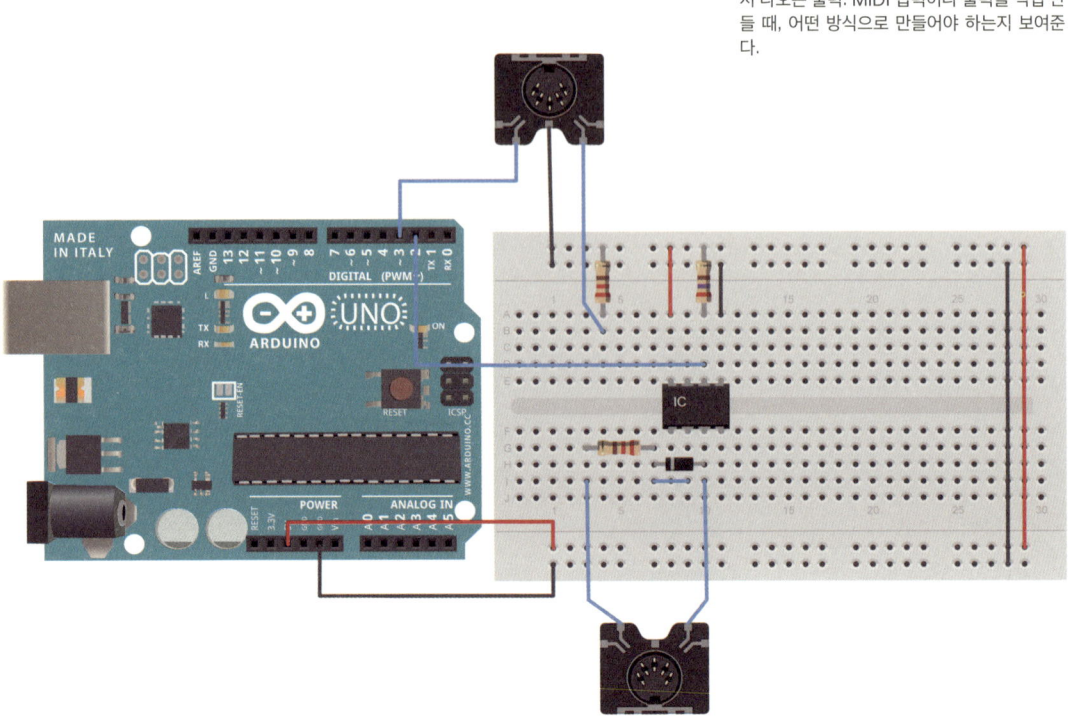

그림 11-4 MIDI 입력과 마이크로컨트롤러에서 나오는 출력. MIDI 입력이나 출력을 직접 만들 때, 어떤 방식으로 만들어야 하는지 보여준다.

장치에 있는 모든 MIDI 입력은 광학적으로 분리(opto-isolated)[1]되어 있다고 가정하므로, 하나의 장치에서 다른 장치로 전기적인 연결이 없다.

광학 분리기는 LED와 출력을 발생시킬 수 있는 광트랜지스터를 가지고 있다. 그림 11-4는 실제 이 회로를 직접 만들 때 MIDI 입력과 출력 회로가 어떻게 구성되는지 보여준다. 이 회로를 통해서 마이크로컨트롤러가 어떤 MIDI 신시사이저나 제어기든 관계없이 연결할 수 있다. 직접 만들고자 하는 경우가 아니라면 시장에 나와 있는 몇몇 MIDI 실드를 사용하면 된다.

마이크로컨트롤러는 MIDI 입력 장치보다는 MIDI 제어기로 많이 사용된다. 좋은 신시사이저와 샘플러가 상당히 많이 시장에 나와 있으므로, 음악을 만들기 위한 컨트롤러만 있으면 되고, 컨트롤러가 비교적 만들기도 쉽고 재미있다. 다음 프로젝트에서는 아주 간단한 컨트롤러를 만들고, 실드에서 범용 MIDI 신시사이저를 제공하는 스파크 펀의 악기용 실드를 MIDI 입력 장치로 사용할 것이다. 범용 MIDI 표준은 메시지뿐 아니라 신시사이저의 음원 뱅크를 어떻게 구성했는지에 대한 정보를 포괄하고 있으므로, 약간의 코드를 사용하면 마이크로컨트롤러를 범용 MIDI 신시사이저에 연결해서 동작시킬 수 있다.

MIDI 메시지는 3개 이상의 바이트로 구분할 수 있다. 첫 번째는 명령어 바이트로 128(0x80)보다 큰 값을 가진다. 이 값은 명령에 따라 달라진다. 이 바이트 뒤에는 상태 바이트가 따라오는데, 모든 상태 바이트는 127(0x7F)보다 작다.

많은 MIDI 명령이 존재한다. 가장 기본적인 음 시작(note on), 음 끝(note off) 메시지를 통해 신시사이저의 서로 다른 16개 채널에서 음이 연주되도록 제어할 수 있다. 각각의 음 시작, 음 끝 명령은 두 바이트의 상태 바이트를 가지고 있어서, 0~127(7비트 범위) 범위의 음의 높이와 7비트 범위의 음 속력(건반이 얼마나 빠르게 눌려졌는지) 정보를 가진다. 피치 값 0x45는 범용 미디 사양에서 다장조의 라 음(A-440)[2]으로 지정되어 있다. 이 사양은 각 채널에 대한 악기 값 정의를 포함하고 있다. 범용 MIDI 악기 정보를 확인하려면 www.midi.org/techspecs/gm1sound.php를 확인해 보자.

MIDI에 대한 더 자세한 정보를 확인하고 싶은 사람은 Amsco에서 출판한 폴 D. 레만(Paul D. Lehrman)과 팀 툴리(Tim Tully)의 책 『MIDI for the Professional』을 참고하자.

프로젝트 32

MIDI 즐기기

이 프로젝트에서는 몇몇 기본적인 MIDI를 수행시켜 봄으로써 어떤 방식으로 이진 프로토콜을 다룰 수 있는지 알아본다. 다양한 MIDI 제어기와 입력 장치들이 존재하므로, MIDI는 매우 광범위한 음향을 생성할 수 있다. MIDI는 소리를 만드는 프로젝트에 익숙해지기에 아주 좋은 프로젝트이다.

---

[1] 전기적으로 완전히 분리된 상태에서 발광 다이오드와 수광 회로 등을 통해서 신호를 전달하는 방식. 직접적인 전기 연결이 없으므로 전압 차이가 있더라도 문제가 발생하지 않는다.

[2] 440Hz로 울리는 라(A)음으로, 대부분의 악기에서 기준음으로 사용된다.

MIDI를 시작하려고 할 때 가장 좋은 방법은 매우 간단한 마이크로컨트롤러를 만들어서 신시사이저(synthesizer: 음향 합성기)에 연결한 후 제대로 동작하는지 확인해 보는 것이다. 신시사이저를 가지고 있다면 그림 11-4의 회로를 바로 사용해 볼 수 있으나, 그렇지 않은 경우 그림 11-5에 있는 악기용 실드(Musical Instrument shield)를 사용할 수 있다. 이 실드 역시 다른 실드와 마찬가지로 아두이노 위에 올려 놓으면 된다. 신시사이저는 아두이노의 3번 핀에서 MIDI 입력을 받는다. MIDI 통신을 하려면 SoftwareSerial 라이브러리를 사용해야 한다.

준비물
- 아두이노 1개
- MIDI 악기용 실드
- 샤프사의 IR 거리 측정 센서 1개
- 100μF 커패시터 1개
- 헤드폰 혹은 스피커 1쌍

아래에 있는 첫 번째 스케치는 사용 가능한 악기와 채널을 확인하는 것이다. 각각의 악기에서 채널 10번은 퍼커션에 할당된 것을 확인할 수 있는데, 이는 범용 MIDI 악기 사양의 일부이다. 이 사양은 어떤 MIDI 신시사이저에서라도 제어기에서 같은 채널과 악기를 지정해서 사용할 때 어떤 종류의 음향을 얻을 수 있는지 알 수 있도록 만든 것이다.

동작시켜 보자
평소와 마찬가지로 핀 설정부터 시작한다. MIDI 출력은 3번 핀에서 이루어지고, 악기용 실드의 리셋 핀은 4번 핀이다. 만일 그림 11-4의 회로와 별도의 신시사이저를 사용하고 있다면, 리셋 연결이 필요없다.

setup()은 직렬 연결과 MIDI 연결을 시작하며, 실드를 초기화시킨 다음, 악기 뱅크[3]를 선택하기 위해서 MIDI 제어 변경(Control Change) 명령을 채널 0으로 보낸다. 이 명령은 연주에 사용할 악기의 뱅크를 설정한다.

이 예제는 www.sparkfun.com/products/10587에 있는 악기용 실드를 위한 나탄 사이들(Nathan Seidle)의 예제를 기초로 한 것이다.

```
/*
    MIDI 범용 악기 데모
    환경: 아두이노

    범용 MIDI 악기 모음에 있는 모든 악기를 연주함
 */
#include <SoftwareSerial.h>
// 시리얼 포트 소프트웨어를 설정하고 MIDI 명령어 전송
SoftwareSerial midi(2,3);

const byte resetMIDI = 4;  // MIDI 신시사이저 칩 리셋 핀 지정
void setup() {
    // 시리얼 통신을 9600bps로 초기화함
    serial.begin(9600);
    // initialize MIDI serial on the software serial pins:
    midi.begin(31200);

    // Reset the MIDI synth:
    pinMode(resetMIDI, HIGH);
    digitalWrite(resetMIDI, LOW);
    delay(20);
    digitalWrite(resetMIDI, HIGH);
    delay(20);
    // GM 뱅크(범용 미디 뱅크[4]로 변경하기 위해서 MIDI 제어 명령을 전송
    sendMidi(0xB0, 0, 0);
}
```

---

3 MIDI에서 사용할 수 있는 악기의 수가 128개로 제한되어 있으므로, 좀 더 다양한 음색의 악기를 사용하기 위해서 128개 단위로 악기를 모아둔 것을 의미한다.

4 General MIDI. 제너럴 미디는 신시사이저 간의 음색 호환성을 위해서 만들어진 규격. GM 뱅크는 여기에 호환되는 기본 뱅크다.

» loop() 함수는 악기 뱅크(bank) 안에 있는 모든 악기를 거쳐간다. 이 함수는 MIDI 프로그램 변경 명령(Program Change)을 통해서 각각의 악기를 선택한 다음 16개 채널을 모두 거쳐간다. 각 채널마다 21(A0, 88키 건반에서 가장 낮은 음)에서 109(C8, 88키 건반에서 가장 높은 음)까지 음을 연주하도록 만든다.

```
void loop() {
  // 악기 모음에 있는 모든 악기를 거쳐감
  for(int instrument = 0 ; instrument < 127 ;
      instrument++) {
    Serial.print(" Instrument: ");
    Serial.println(instrument + 1);
    // 프로그램 선택. 이 명령은 상태 바이트가 한 개
    sendMidi(0xC0, instrument, 0);
    // 악기에 대한 채널을 변경
    for (int thisChannel = 0; thisChannel < 16;
         thisChannel++) {
      Serial.print("Channel: ") ;
      Serial.println(thisChannel + 1);
      for (int thisNote = 21; thisNote < 109;
           thisNote++) {
        // 음 발생
        noteOn(thisChannel, thisNote, 127);
        delay(30);

        // 음 중단
        noteOff(thisChannel, thisNote, 0);
        delay(30);
      }
    }
  }
}
```

» noteOn(), noteOff(), sendMidi()는 MIDI 명령을 전송하는 함수들이다. sendMidi() 함수는 지정된 3바이트를 그대로 전송하는 것이다. noteOn()과 noteOff() 함수는 한 바이트 내에 명령(0x80 또는 0x90)과 채널 정보를 조합하기 위해서 비트 단위의 OR 연산을 사용한다.

이 스케치를 구동시키면, 신시사이저의 첫 번째 악기 뱅크에서 만들 수 있는 모든 소리를 들을 수 있다.

```
// 피아노 건반을 눌렀을 때처럼 MIDI 음 시작 메시지 전달.
// 채널의 범위는 0~15
void noteOn(byte channel, byte note, byte velocity) {
  sendMidi( (0x90 | channel), note, velocity);
}

// 피아노 건반에서 손을 떼었을 때처럼 MIDI 음 정지 메시지 전달
void noteOff(byte channel, byte note, byte velocity) {
  sendMidi( (0x80 | channel), note, velocity);
}
void sendMidi(int cmd, int data1, int data2) {
  midi.write(cmd);
  midi.write(data1);
  midi.write(data2);
}
```

손을 흔들어 보자

물론 여러분이 첫 번째 테레민[5]을 만들어보기 전까지는 MIDI의 열광적인 팬이 되지 않을 수도 있다. 마치 자서전을 쓰기도 전에 자기 자신을 작가라 칭하는 것과 같을 수도 있다. 음을 만들어내기 위해서 거리 측정기에 손을 흔드는 것은 MIDI로 들어가는 통과의례 같은 것이다. 이것은 첫 번째 MIDI 테레민 프로그램이다. 보면

```
/*
    효과음 연주기
    환경: 아두이노
 */

#include <SoftwareSerial.h>
// 소프트웨어 시리얼 포트를 설정하고 MIDI를 보낸다.
SoftwareSerial midi(2, 3);

const int midiResetPin = 4;      // 악기용 실드의 리셋 핀
const int threshold = 100;        // 센서의 문턱값
int lastReading = 0;              // 이전에 읽은 센서 값
```

---

[5] 최초의 전자 악기로, 공중에 손짓을 해서 맥놀이를 일으켜 환상적인 음을 만들어낸다.

알 수 있지만, 이 프로그램은 다른 일반적인 프로그램과는 약간 다르다.

전역 변수에는 적외선 거리 측정 센서를 위한 문턱 값(threshold)[6]을 저장하는 변수와 이전에 읽은 값을 저장하고 있는 변수가 있다.

setup() 함수는 통신을 열고 실드를 초기화시킨다.

```
void setup() {
  // 하드웨어 시리얼 포트와 MIDI 시리얼 포트를 초기화
  Serial.begin(9600);
  midi.begin(31250);

  // 악기용 실드를 초기화
  resetMidi(midiResetPin);
}
```

» loop() 함수는 센서 값을 읽어서, 그 값이 문턱값을 넘는 경우 일련의 음표를 연주하는 playStinger() 함수를 호출한다.

```
void loop() {
  // 센서를 읽음
  int sensorReading = analogRead(A0);
  Serial.println(sensorReading);

  // 센서의 값이 문턱값보다 높으며,
  // 이전에 읽은 값이 문턱값보다 낮았다면 효과음을 연주한다.
  if (sensorReading <= threshold && lastReading >
      threshold ) {
    playStinger();
  }
  // 다음에 사용하기 위해서 현재 읽은 값을 저장한다.
  lastReading = sensorReading;
}
```

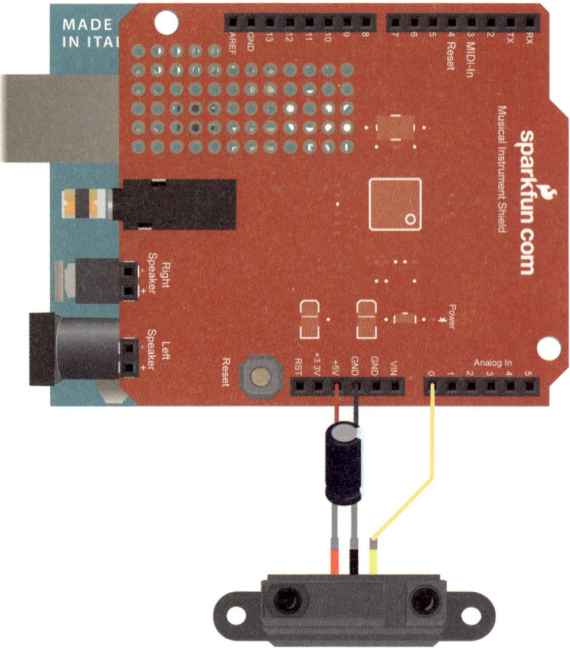

그림 11-5 아두이노에 스파크 펀 악기용 실드와 적외선 거리 측정 센서가 붙어 있다. 100μF 커패시터는 센서의 민감도를 약간 낮추는 역할을 하지만, 커패시터가 없어도 신뢰성 있는 값이 읽혀진다면 커패시터는 필요없다.

---

6 어떤 동작 혹은 판단을 만들기 위한 임계값.

» playStinger() 함수는 일련의 음표를 연주하되 음표 사이에 잠시 멈추면서 연주를 수행한다.

이를 위해서 배열로부터 음표를 얻어와서 noteOn()과 noteOff() 함수를 호출하며, 배열에 의해서 지정된 시간만큼 멈춘다.

noteon(), noteOff(), sendMidi() 함수는 이전 예제와 같으므로, 앞의 예제에서 해당 함수를 그대로 가져와서 사용해도 된다.

```
void playStinger() {
  int note[] = {43, 41, 49};
  int rest[] = {70, 180, 750};

  // 3개의 음표를 반복한다.
  for (int thisNote = 0; thisNote < 3; thisNote++) {
    // 음 시작
    noteOn(9, note[thisNote], 60);
    delay(rest[thisNote]);
    // 음 정지
    noteOff(9, note[thisNote], 60);
    // 다음 음을 시작하기 전에 잠시 멈춘다.
    if (thisNote == 1) {
      delay(50);
    }
  }
}
// 참고: noteOn(), noteOff(), sendMidi() 함수는 이전과 같으므로, 가져다 쓰자.
```

» resetMidi() 함수는 이전 예제의 setup() 함수의 리셋 부분을 끄집어내서 자체적인 함수로 만들어둔 것이다.

이 스케치를 업로드하고 다음과 같이 이야기하자.

"남자가 술집으로 들어가서…'아야!'",

라고 말하고 나서, IR 거리 측정기를 향해 손을 흔들어보자.

매우 익살스럽겠지만 첫 번째 MIDI 악기를 만든 것이다.

```
void resetMidi(int thisPin) {
  // 악기용 실드를 초기화:
  pinMode(thisPin, OUTPUT);
  digitalWrite(thisPin, LOW);
  delay(100);
  digitalWrite(thisPin, HIGH);
  delay(100);
}
```

DMX512

알아둘 만한 다른 이진 프로토콜로 DMX512가 있다. 이 프로토콜은 무대 조명 제어 시스템과 무대 조명 조광기 간의 통신을 위한 실시간 직렬 프로토콜이다. 이 프로토콜은 약 20년전부터 지금까지 무대 조명 제어와 무대 제어장치의 표준으로 사용되고 있으며, 특수효과 기계 및 이동식 조명, 영사 시스템 등에도 사용된다.

DMX512는 물리 계층으로 RS-485 직렬 프로토콜을 사용한다. RS-485는 버스 형태의 직렬 프로토콜이므로, 각 장치의 주소가 겹치지 않는다면 여러 개의 장치들이 같은 전송/수신 전선을 공유할 수 있

다. 이 프로토콜은 차분 신호를 사용함으로써 신호 전달 거리가 1200m에 이르러 원거리 신호 전송이 가능하다. DMX512 장치들은 일반적으로 3개 혹은 5개의 핀을 사용하는 XLR 형식의 커넥터를 사용하지만, 최근에는 많은 장치들이 이더넷 형식의 RJ-45 커넥터를 사용한다.

250kbps로 동작하는 DMX512는 직렬 프로토콜 치고는 빠른 편이므로, 마이크로컨트롤러에서 나오는 일반적인 TTL 직렬 데이터로는 충분히 전송 속도를 낼 수 없다. 그럼에도 불구하고 아두이노에는 Simple DMX라 부르는 DMX 라이브러리가 있으며, DMX 커넥터가 달린 실드도 있다. 개인적으로는 아

두이노 스토어(http://store.arduino.cc/ww/)에서 구입할 수 있는 Tinker DMX 실드와 http://www.hirschandmann.com/2011/super-dmx-shield-for-arduino/에서 구입할 수 있는 다니엘 히르쉬만(Daniel Hirschmann)의 Super DMX 실드 두 가지만 사용해 봤는데, 둘 모두 잘 동작했다.

앞의 실드는 커넥터를 직접 달아야 하고, 뒤의 실드는 XLR, RJ-45 커넥터를 가지고 있으며 단말들은 직접 달아야 한다. 더 많은 정보는 www.arduino.cc/playground/Learning/DMX의 아두이노 놀이터(Arduino playground) 페이지에서 찾을 수 있다. DMX에 대한 더 많은 정보는 www.opendmx.net를 참고하자.

MIDI와 마찬가지로 DMX 역시 오래된 프로토콜이다. 조명 산업계에서도 DMX 이후로 사용될 프로토콜을 개발하기 시작했는데, 이것이 바로 이더넷상에서 동작하는 향상된 제어기 네트워크(Advanced Controller Network: ACN)이다. 수 년 안에 관련 프로토콜의 성장이 두드러질 것으로 보인다. 무대 제어 프로토콜의 일반적인 사항을 알고 싶다면 존 헌팅턴(John Huntington)의 책 『Control Systems for Live Entertainment』(Focal Press)가 가장 좋다.

텍스트 기반 프로토콜의 구조와 문법

이 책 곳곳에서 수많은 텍스트 기반 프로토콜을 보았을 것이고, 몇몇은 직접 만들기도 했다. 프로토콜은 기본적으로 데이터를 구성하는 방법이라 할 수 있다. 일부 프로토콜은 단순하게 정보를 중계하며, 다른 프로토콜은 명시적이건 묵시적이건 요청을 통해서 명령을 전달한다. 비슷한 프로토콜을 구동시킬 때 어떤 것을 확인해야 하는지 알 수 있게 되므로, 여기서 프로토콜의 몇몇 문법을 확인해 보는 것은 의미가 있다.

간단한 데이터 포맷들

가장 간단한 형태는 몬스키 퐁을 만들 때 사용했던 쉼표로 구분된 값이 있는 문자열이다. 쉼표 구분 값(CSV: Comma-separated value)과 탭 구분 값(TSV)은 상당히 널리 사용되는 형태이며, CSV 문자열의 각 줄은 보통 개행 문자, 혹은 개행 문자와 캐리지 리턴으로 끝난다. GPS 수신기에서 사용된 NMEA-0183 프로토콜은 CSV가 사용된 좋은 예라 할 수 있다.

이름-값 쌍 형태로 구성된 예도 몇 번 보았을 것이다. 항목으로 이뤄진 목록이 있으며, 각 항목에 이름이 붙어 있는 경우를 이름-값 쌍이라 부른다. PHP에서 사용되는 $_GET, $_POST, $_REQUEST, $_SERVER와 같은 환경 변수들이 이름-값 쌍이다. 프로

그림 11-6 왼쪽은 Tinker DMX 실드이며, 오른쪽은 Daniel Hirschmann's Super DMX 실드이다. 두 가지 모두 DMX512 기반의 조명, 무대 제어 시스템과 통신할 수 있다.

그래밍 언어에서 연관 배열(associative array) 역시 기본적으로 이름-값 쌍의 목록으로 이루어져 있다.

HTTP(HyperText Transfer Protocol: 하이퍼텍스트 전송 프로토콜)나 SMTP(Simple Mail Transfer Protocol: 단순 메일 전송 프로토콜) 같은 인터넷 전송 프로토콜 역시 사용해 본 적이 있을 것이다. 이 프로토콜들은 공통된 포맷을 공유한다. 즉, GET, POST와 같은 명령어를 이용해서 연결을 열고, 이후에는 각 줄에 있는 전송의 속성을 따라간다. 각 줄은 내용의 길이 등의 속성에 대한 설명으로 시작하며, 각 값은 콜론(:) 표시로 구분되어 있다. 전송의 헤더 부분은 두 개의 개행 문자를 이용해서 전송 데이터와 구분되며, 전송의 종료 또한 두 개의 개행 문자로 이루어진다.

클라이언트 단에서 전송된 데이터는 이름-값 쌍의 배열로 전송되는데, 각각의 전송 정보들은 콜론으로 구분되어 있으며, 전송할 내용에 있는 각 데이터 항목은 & 표시로 구분된다.

예제로 2장에서 다루었던 HTTP POST 요청 부분을 다시 한 번 보자.

```
POST /age_checker.php HTTP/1.1
Host: example.com
Connection:Close
Content-Type: application/x-www-form-urlen-
coded
Content-length: 16
name=tom&age=14
```

헤더에 있는 모든 내용은 요청에 대한 매개변수들로서, 요청 위치, 연결의 형태, 내용 교환 방식, 내용의 길이 등을 포함한다. 전송 내용(body) 부분은 내용에 대한 매개변수들로 이름, 나이로 이루어진다.

헤더 형태와 내용의 형태를 완전히 구분함으로써 앞에서 본 것처럼 프로그램을 작성할 때 좀 더 명확하게 구분할 수 있다.

구조가 있는 데이터 형식

이름-값 쌍의 목록으로 표현할 수 있는 것보다 복잡한 데이터를 교환해야 할 때는, 데이터를 구조화하는 것이 필요하다. 예를 들어 집 주변에 설치해둔 다수의 센서가 있다고 가정해 보자.

주소	위치	마지막으로 읽은 시간	값
1	부엌	12:30:00 PM	60
2	거실	05:40:00 AM	54
3	욕실	01:15:00 AM	23
4	침실	09:25:00 AM	18
5	복도	06:20:00 AM	3

이 경우 각 항목의 목록이나 몇몇 이름-값 쌍의 목록보다 더 복잡한 것이 필요하다. 사실 위의 표에서 각 줄은 이름-값 쌍의 목록이라 볼 수 있다. 이 부분에서 구조화된 데이터 포맷이 다루기 편할 것이라는 점을 유추할 수 있다. 자바스크립트의 객체 표기 형식(JSON: JavaScript Object Notation)은 위와 같은 구조화된 데이터를 다루는 데 많이 사용되는 표현 방식이다.

JSON은 표의 각 항목을 이름-값 쌍으로 표현한다. 각 줄은 항목들을 쉼표로 구분한 후 중괄호로 감싼다. 전체 표 역시 이 목록을 아래와 같이 쉼표로 구분한 것이다.[7]

```
[{"Address":1,"Location":"부엌","Last read":
  "12:30:00 PM","value":60},
{"Address":2,"Location":"거실","Last read":
  "05:40:00 AM","value":54},
{"Address":3,"Location":"욕실","Last read":
  "01:15:00 AM","value":23},
{"Address":4,"Location":"침실","Last read":
  "09:25:00 AM","value":18},
{"Address":5,"Location":"복도","Last read":
  "06:20:00 AM","value":3}][7]
```

---

[7] JSON의 한글 값은 브라우저에 따라 잘 표시되지 않을 수 있다. 이 경우 UTF-8 형식으로 저장해야 한다.

이런 형태로 데이터 포맷을 만드는 것은 비교적 간단하다. 각 구성 요소를 구분하는 것이 한 문자로 구성되므로, 한 번에 한 문자씩만 확인해도 각각의 요소가 어디서 끝났는지 알 수 있다. 또한 모든 것이 문자열로 구성되어 있으므로 기계뿐 아니라 사람도 읽기 쉽다. JSON에서 공백 문자, 개행 문자, 탭은 따로 의미를 가지지 않으므로, 아래와 같이 형태를 다시 갖춰서 좀 더 읽기 편하게 만들 수 있다.

```
[
    {
        "Address":1,
        "Location":"부엌",
        "Last read":"12:30:00 PM",
        "value":60
    },
    {
        "Address":2,
        "Location":"거실",
        "Last read":"05:40:00 AM",
        "value":54
    },
    {
        "Address":3,
        "Location":"욕실",
        "Last read":"01:15:00 AM",
        "value":23
    },
    {
        "Address":4,
        "Location":"침실",
        "Last read":"09:25:00 AM",
        "value":18
    },
    {
        "Address":5,
        "Location":"복도",
        "Last read":"06:20:00 AM",
        "value":3
    }
]
```

JSON과 같은 데이터 교환 형식의 장점은 가볍다는 점인데, 이 말은 전송하고자 하는 데이터를 구조화시키는 과정에서 추가적인 바이트가 많이 필요하지 않다는 뜻이다. 즉, 단순한 형식의 목록보다는 강력하지만, 서버에서 클라이언트로 전송할 때는 여전히 효과적인 전송이 가능하다. HTTP 요청에서 JSON을 전송할 수 있으므로, 클라이언트에서 이를 해석할 수 있는 프로그램이 구동되고 있다면 복잡한 데이터를 비교적 빠르게 전송할 수 있다.

좀 더 복잡한 것을 표현해야 하는 경우 마크업 언어(Markup language)가 필요하다. 마크업 언어는 문자 기반의 문서를 자세히 구조화시켜 기술할 수 있는 방법을 제공한다. 마크업 언어는 데이터를 내용 부분과 마크업 부분으로 구분하고, 마크업 부분에서는 데이터를 어떤 방식으로 다루고 표현할 것인지(어떤 경우에는 어떤 방식으로 해석할 것인지)를 나타낸다.

마크업 태그는 일반적으로 대괄호와 같은 특별한 표기 기호를 쌍으로 이용해서 내용 부분과 구분된 문자열을 나타낸다. 이런 표기법은 HTML에서 자주 보았을 것이다.

<title> this is the document title</title>

만일 태그가 어떤 속성을 가지는 경우, 아래와 같이 태그를 위한 괄호 안에 표기한다.

<a href="www.example.com>A link</a>

XML과 같은 엄격한 마크업 언어는 태그가 열렸으면, 반드시 닫는 부분이 있어야 한다. 마크업 언어는 기계에서 인식하기 쉽도록 만들어져 있으므로, 형식 자체가 엄격성을 띤다. 컴퓨터 프로그램은 여러분이 어느 부분에서 태그를 달으려 했는지 가정할 수 없으므로, 태그를 닫는 부분을 찾을 수 없는 경우 찾을 때까지 계속 문자열을 탐색한다. 또한 만약 태그를 닫기 전에 그 다음 태그가 열리면 혼동을 일으킬 것이다.

마크업 언어는 문서의 구조와 어떤 방식으로 표현되는지 설명하는 것이지, 문서에 있는 모든 것을 알려주는 것은 아니다. 즉, 음악에서 MIDI가 음의 연주 방법을 알려주지만 실제 음의 음색을 알려주지는 않는 것처럼, 문서가 어떻게 표현될 것인지만 알려주는 것이다.

그동안 나온 여러 가지 전송 프로토콜에서 '<'과 '>' 문자를 사용하는 것은 본 적이 없을 텐데, 이것이 HTML에서 태그 마크업으로 '<'와 '>'를 이용하는 중요한 이유 중 하나이다. HTTP 응답을 해석하는 동안 첫 번째 '<' 문자를 만나면 이후에 실제 태그가 나올 것임을 알 수 있다. 이와 비슷하게, 위키 마크업은 태그를 대괄호 '[ ]'로 에워싼다. 이는 HTML이나 XML 마크업과 구분하는 데 도움이 된다. 이런 방식을 통해서 한 문서의 두 마크업 언어가 충돌을 일으키지 않고 동시에 사용될 수 있다.

웹 페이지를 형성하는 바이트들은 단말에 도달할 때까지 서로 다른 프로토콜을 사용하는 수많은 프로그램을 거친다. 각각의 프로토콜이 HTTP, HTML, 위키 마크업 언어와 같이 각각 다른 점에 중점을 두고 만들어진 경우, 각 프로그램에서 관심 있는 부분만 해석하고 나머지는 그대로 둔다.

대부분의 경우 일반적인 정보 전달 과정에서 일어나는 모든 정보가 필요한 것은 아니다. 프로토콜의 구조와 문법을 아는 것은 어떤 일이 일어나는지 이해하는 데 도움이 될 뿐 아니라, 어떤 것을 무시해도 되는지 판단하는 데도 도움을 준다.

입력되는 모든 데이터를 살펴보는 것은 시스템과 여러분의 인내심에 상당한 부담이 될 것이다. 따라서 어떤 부분을 무시해도 되는지 안다면 훨씬 편할 것이다. 예를 들어 10장에서 했던 Twilio HTTP POST 요청을 생각해보면 된다.

500바이트 이상의 많은 데이터가 있더라도, 여기에서 관심을 가져야 할 부분은 Digits 속성뿐이므로, 앞의 스케치에서는 입력되어 들어오는 문자열을 검색해서 Digits라는 문자열을 찾기 전까지는 데이터를 저장하지 않았다. 검색하면서 무시하는 것은 데이터 해석을 원활히 하는 데 있어서 핵심적인 요소이다.

마크업 언어와 프로그래밍 언어

마크업 언어는 기본적으로 무언가를 설명하는 언어이며, 항상 제대로 동작하는 것은 아니다. 이 언어들은 프로그램에 의해서 해석되고 화면에 보여진다. HTML(HyperText Markup Language)의 예를 들어보자.

HTML은 웹페이지가 어떻게 보여져야 하는지에 대해서 기술하고 있는 것이지, 웹 브라우저가 어떻게 동작할 것인지 알려주는 것은 아니다. 또한 동영상이나 오디오 파일 등의 보여줘야 하는 요소, 즉 페이지가 로드되었을 때 재생시켜야 하는 요소들을 지정한다. HTML 명령에는 페이지가 로드된 이후에 일어날 것에 대해서 지정하는 명령이 없다. 마크업 언어는 일반적으로 사용자와 같은 행위자들의 행위를 촉발시키는 것에서 벗어나 있다.

이와는 반대로 프로그래밍 언어는 자체적인 내부의 논리에 의해서 행위를 촉발시킨다. 프로그래밍 언어는 어떤 동작을 일으킬 수 있는 명령의 집합이다. 프로그래머가 하는 일이 바로 이런 명령들의 집합을 구조화해서 원하는 것이 수행되도록 만드는 것이다.

프로그래밍 언어는 간단한 데이터를 관리하기 위한 변수와 배열을 가지고 있지만, 일반적으로 복잡한 데이터가 어떤 형태를 가져야 하는지 알려주지 않는다. 이런 가정은 데이터 형태나 프로토콜을 찾아낼 때 직접적으로 실감할 수 있는데, 프로그래밍 언어는 바이트 단위로 데이터를 읽어서 해석하거나 바이트 단위로 데이터를 조합할 수 있다. 이 책에서 본 것처럼 유용한 프로그래밍 언어들은 일반적인 데이터 형태를 읽고 쓸 수 있는 라이브러리를 제공한다. 대부분의 라이브러리는 주어진 데이터 형태를 읽거나 쓸 수 있도록 설계되어 있다. HTML5는 디자이너와 개발자가 웹 브라우저상에서 완전한 응용프로그램을 만들어낼 수 있도록 HTML과 CSS와 같은 마크업 언어와 자바스크립트와 같은 프로그래밍 언어를 상당히 잘 조합했다.

지금쯤이면 프로그래밍 언어에서는 쉼표나 세미콜론, 단어의 대소문자 등 기호를 잘못 사용하면 안 된다는 것을 알았을 것이다. 컴파일러에게 프로그래밍 언어의 문자열은 일종의 마크업 언어처럼 동작하기 때문이다. 마크업 언어와 데이터 형태에서와 마찬가지로 컴파일러는 여러분이 적어둔 문자열을 읽어서 기계어로 변환함으로써 프로그램을 기계가 읽을 수 있는 형태로 만든다.

좋은 프로그래밍 언어를 만드는 시도는 좋은 데이터 프로토콜을 만드는 것과 비슷하다. 기계가 효과적으로 읽고 해석할 수 있도록 만들면서도 사람이 읽을 수 있어야 하기 때문이다.

(아주 간단한 쉼표로 구분된 목록에서 가장 복잡한 프로그래밍 언어나 마크업 언어까지) 어떤 데이터 프로토콜이든 해석하는 데서 가장 중요한 점은 어떤 일을 하려고 설계된 것인지, 어떤 식으로 구성되어 있는지 그 구조를 살펴보는 것이다. 이전에 살펴본 바와 같이 서로 다른 많은 프로토콜과 언어는 비슷한 구문 요소와 구조를 가지고 있으므로 하나를 알게 되면 다른 것을 배울 때 도움이 된다.

REST

하이퍼텍스트 전송 프로토콜(HTTP)의 기반을 이루는 것은 REST(Representational State Transfer)[8]이다. 이는 프로토콜이 아니라 정보를 교환하기 위한 아키텍처 형태 혹은 그 이상을 포괄하는 의미로 사용된다. 이 형태의 시작은 웹 서비스였지만, 다른 영역의 많은 응용에서 사용하고 있다.

REST에 대해서 어느 정도 이해하면, 다른 시스템을 이해할 때 도움이 될 뿐 아니라, 시리얼 통신 프로토콜을 만들 때도 도움이 된다. 일단 이걸 알게 되면, 이후 평생 동안 충분한 휴식(REST)을 취할 수 없을 것이다.

REST의 기본적인 개념은 '네트워크상의 어딘가에 어떤 것이 있다'는 것이다. 여기서 어떤 것은 데이터베이스일 수도, 앞 장에서 만들었던 가정용품을 제어하는 마이크로컨트롤러일 수도 있다. 어떤 것이 되었든 간에 현재 그것의 상태를 알고 싶고, 상태를 바꾸고 싶다. REST는 네트워크에 있는 어떤 것의 상태를 표시하고, 상태를 묘사하며, 원격 사용자에 의해서 상태를 전환시키는 방법을 제공해 준다. REST는 원격에 있는 어떤 것에 대해서 주소를 지정하는 방식이다.

HTTP는 그 자체가 REST를 기반으로 설계되었으므로, 여러분은 이미 REST를 접해 보았을 것이다. 어떤 것에 대한 정보를 얻고 싶은 경우, 정보를 요청하기 위해서 GET에 대한 요청을 만들며, 어떤 것을 변경시키기 위해서 POST를 만든다. 이 경우 어떤 것은 여러분의 요청에 응답해서 작업 상태를 표시(예를 들어, 에어컨 제어기의 현재 온도나 온도 조절기 등의 상태를 HTML 페이지로 만들어 전달해 줄 수 있다.)하거나, 작업의 상태를 변경(예를 들어 온도 조절기의 설정 변경)한다.

---

[8] '하이퍼 상태 전송 아키텍처' 정도로 번역할 수 있겠지만, 대부분 REST라는 약자로 사용하므로, 여기서도 그대로 썼다.

REST 측면에서 생각해 보면, URL은 어떤 물건을 나타내기 위한 명사(noun)이며, 요청은 명사에 대한 동작을 나타내는 '동사(verb)'라고 볼 수 있다. 어떤 장치의 속성은 슬래시(/) 표시를 통해서 구분된 URL로 표현된다. 예를 들어 아두이노 핀 중의 하나를 REST 형식으로 표현하면 다음과 같이 될 것이다.

/pin/A0/

만일 이 핀의 상태를 알고 싶다면, 아두이노에 다음과 같이 요청하면 된다.

GET /pin/A0/

아두이노는 A0 핀의 상태를 0에서 1023까지의 숫자로 보내줄 것이다. 이후에 여러분이 이 핀의 디지털 출력 값을 바꾸고 싶은 경우 다음과 같이 할 수 있다.

POST /pin/D2/1/

위의 명령을 받으면, 아두이노는 디지털 2번 핀의 출력을 높은 전압 상태(1 = HIGH)로 설정해야 함을 알 수 있다. 이런 시나리오에서 아두이노는 상태를 제공해주는 서버가 되며, 여러분은 클라이언트가 된다.

이와 같은 정보 교환에는 세 가지 중요한 요소가 있다.

1. 표시(자원 *resource*라고 함)와 이것의 속성은 슬래시로 구분된다. 여기서 이야기한 속성들은 어떤 물체 고유의 특성을 의미한다고 생각할 수 있다.
2. 동사는 요청이다. 어떤 정보를 요청하거나 어떤 것의 상태를 변경하고자 할 때 동사로 시작한다. 여기서 의미하는 동사는 GET, POST, PUT, DELETE(뒤쪽의 두 개는 잘 사용하지 않음)와 같은 HTTP의 동사를 의미한다.
3. 설명 부분은 기술에 독립적이다. 설명 부분에는 어떤 표시들이 웹 서버에서 HTML이나 XML 페이지의 형태로 전달되어야 하는지, 혹은 서버에 있는 PHP나 루비 스크립트, 아두이노에서 구동되는 C/C++ 프로그램, 혹은 흑마법을 통해서 출력되어야 하는지에 대한 내용이 없다. 또한 결과가 어떻게 만들어져야 하는지에 대한 부분도 없고, 단지 서버의 상태가 어떤지와 서버가 어떤 작업을 해야 하는지만 알면 된다.

기술에 독립적이라는 것의 미덕은 REST를 제어용 인터페이스로만 사용할 수 있다는 것이다. 예를 들어, MIDI를 대체하기 위한 악기 제어 표준으로 제안된 음향 제어(Open Sound Control: OSC) 프로토콜의 경우 REST 형식을 가지고 있다. DMX512를 대체하기 위해 만들어진 ACN(Advanced Controller Networking) 프로토콜 역시 REST 형식으로 되어 있다.

이 프로토콜 역시 전송 기법과 무관하게 동작시킬 수 있으므로 이더넷, 시리얼 통신은 물론이고, 어떤 물리 데이터 전송 방식이라도 사용할 수 있다.

REST는 표준적인 이름 및 주소 지정 방식을 제공함으로써, 환경이나 프로그래밍 도구, 네트워크 기술이 변하더라도 같은 주소 지정 방식을 사용할 수 있다. 성능이 제한적인 프로세서도 읽을 수 있을 정도로 간단하고, 원하는 대부분의 정보나 제어를 기술할 수 있을 정도로 일반적이다.

REST는 웹사이트를 설계할 때 또 다른 장점이 있다. 만일 사이트에서 구동되는 프로그래밍 환경을 바꾸더라도, URL을 변경할 필요가 없다. 클라이언트의 경우 .php, .rb(루비), .pl(펄)과 같은 파일 확장자를 볼 수 없으므로, 서비스를 제공하기 위해서 어떤 프로그래밍 환경을 사용했는지 알 필요가 없다. 언어를 바꾸고 싶으면 바꾸자. 사이트의 구조는 동일하게 유지된다.

웹사이트를 REST 형태로 설계할 때는 여러분이 만들려는 사이트나 장치의 속성을 고려하고, 클라이언트가 접근해서 속성을 보고 적절하게 변경할 수 있도록 주소 지정 방식을 제공해야 한다. 실질적으로 이것은 여러분의 사이트에 있는 모든 URL이 /로 끝나야 한다는 것을 의미한다. 여기는 index.html을 비롯한 어떤 .html도 존재하지 않으며, GET 질의문도 존재하지 않는다.

질의 시의 매개변수는 POST를 이용해서 전달되며, 아래에서 볼 수 있는 것처럼 일반적으로 주소의 가장 마지막 부분에 들어간다. 두 가지 예제를 보자. 하나는 전통적인 웹사이트이며, 다른 것은 네트워크상의 물리 장치이다.

전통적인 웹 서비스

러너(runner)들이 매일 달린 거리를 서로 비교할 수 있는 소셜 미디어 사이트를 만드는 경우를 예로 들어보자. 그 일부분으로서 각 러너의 프로필에는 날짜(년, 월, 일), 달린 거리, 달린 시간 등 매일매일의 달리기에 대한 다양한 속성들이 들어 있다. 다음과 같은 URL 주소에는 2012년 1월 31일의 달리기에 관한 속성이 들어 있을 것이다.

거리를 얻어내려면:

http://myrun.example.com/runnerName/31/1/2012/distance/

거리를 12.56km로 설정하려면:

http://myrun.example.com/runnerName/31/1/2012/distance/12.56

시간을 1시간 2분 34초로 설정하려면:

http://myrun.example.com/runnerName/31/1/2012/time/1:02:34

위의 예를 보면 어떻게 이전에 설정된 매개변수 값을 얻어내고, 값을 설정하는지 알 수 있을 것이다. 값을 얻은 경우 매개변수의 이름 뒤에 아무것도 붙이지 않는다.

웹 기반의 장치

사무실 창문의 블라인드를 제어하는 장치를 만들고 있다고 가정해 보자. 사무실에는 12개의 창문이 있고 각 창문마다 블라인드가 설치되어 있으며, 블라인드의 위치는 0에서 10까지 범위에서 변할 수 있다고 가정하자.

클라이언트는 어떤 블라인드의 상태라도 얻거나, 변경할 수 있다. 창문의 블라인드 상태를 볼 수 있는 URL은 다음과 같다.

모든 창문의 상태를 한 번에 보려고 할 때:

http://mywindows.example.com/window/all

각 창문의 상태를 보려고 할 때(2번 창문):

http://mywindows.example.com/window/2

창문의 블라인드를 절반 정도 닫을 때:

http://mywindows.example.com/window/2/5

창문을 완전히 닫을 때:

http://mywindows.example.com/window/all/0

위에서 사용한 주소 지정 방법이 마음에 들지 않는다면 당연히 직접 만들어도 된다. 단지 기본적인 REST 형식을 따라서 매개변수의 값을 얻기 위해서는 /object/attribute 형태를 사용하고, 값을 지정하기 위해서는 /object/attribute/newValue를 사용하자.

URL에 의해서 반환되는 실제 인터페이스가 어떻게 보일지는 여러분에게 달려 있다. 창에 있는 블라인드의 상태를 그림으로 보여줄 수도 있고, 결과를 문자로만 보여줄 수도 있다. REST 형태의 아키텍처는 어디에서 찾을 수 있는지 결정할 뿐이지, 거기서 어떤 것을 찾을 수 있는지 결정하는 것은 아니다.

REST 형태의 주소는 컴퓨터가 해석하기 편하도록 설계된 것이다. 즉, 이후에 해야 할 것은 슬래시 표시를 기준으로 입력된 요청을 나누고, 각 문자열 부분에 어떤 것이 있는지 확인한 후 내용에 따라 적절한 동작을 취하면 된다. 이 형태는 사람이 읽기도 쉽다. 위와 같은 형태의 URL은 동일한 작업을 하기 위한 다음의 GET 요청보다 훨씬 이해하기 쉽다.

http://myrun.example.com/?runnerName=George&day=31&month=1&year=2012&distance=12.56

다음 프로젝트에서는 REST 형식의 주소를 해석할 수 있는 PHP 기반의 서버 작성 방법을 보여줄 것이다.

프로젝트 33
즐겁게 REST를 사용하기

만일 이전에 정적인 HTML 기반의 웹 페이지만 만들어 봤다면, URL에 있는 슬래시는 서버에서 최종적인 HTML 파일이 존재하는지 알려주는 디렉터리 위치를 알려주는 것으로 인식하고 있을 것이다. 그러나 꼭 그런 방식으로 해야만 하는 것은 아니다. 여러분은 서버에 URL을 어떻게 해석해야 하는지 알려줄 수 있으며, 이 프로젝트에서는 이런 방법을 사용해 볼 것이다.

9장의 '네트워크 인증' 부분에서 HTTP 요청이 들어왔을 때 서버에서 모든 환경 변수를 출력할 수 있는 PHP 스크립트를 작성했다. 요청 중 일부는 'REQUEST_URI'라 불렸다. 이 요청은 클라이언트로부터 들어온 GET 요청 뒤에 있는 문자열을 전달해 주는 것이며, 이 문자열들은 REST 형태의 웹 서비스를 만들 때 접근해야 하는 변수들이다. 각각의 URI 요청은 이전의 URL 예에서처럼 인터페이스의 일부가 될 것이다.

준비물
- 웹 서버의 계정

대부분의 웹서버는 아파치 서버 프로그램을 구동시키고 있을 것이다. 이런 경우에는 어떤 디렉터리에든지 해당 디렉터리의 동작을 결정할 수 있는 .htaccess 파일을 만들어 넣을 수 있다. 이를 통해서 파일이나 서브 디렉터리를 숨기거나, 디렉터리를 비밀번호로 보호하는 등 다양하게 설정할 수 있다.

이번 프로젝트에서는 프로젝트를 위한 기본 디렉터리를 하나 설정하고, 이 디렉터리의 .htaccess 파일을 변경함으로써 서브 디렉터리처럼 보이는 것들을 서버에서 여러분이 작성한 스크립트로 접근할 수 있도록 만든다. 그 이후에는 REST 형식의 인터페이스를 만들기 위해서 REQUEST_URI 변수를 사용하게 될 것이다.

주의: URI는 Uniform Resource Indicator(통합 자원 식별자)를 뜻하며, 이는 웹 주소로 일반적으로 사용되는 용어인 URL(Uniform Resource Locator: 통합 자원 위치 구분자)과 동일하다.

접근 변경

일단 웹서버에 myservice라는 새로운 디렉터리를 만들고, 디렉터리 안에 .htaccess 파일을 하나 만든다. 리눅스나 맥 OS X 운영체제에서 점(.)으로 시작하는 파일은 안 보이는 파일이 된다. 따라서 이 파일은 서버에서 명령행이나 여러분이 좋아하는 웹 편집 도구를 통해서 직접 만드는 것이 최선이다. 여기에 해당 파일의 내용이 있다.

서버는 이 파일을 이용해서 계정에 있는 특정 디렉터리 이름을 가지는 클라이언트의 HTTP 요청을 재설정한다. 디렉터리 이름 이후에 있는 모든 문자열을 취하고, 이를 인덱스 파일인 index.php로 대체한다.

```
RewriteEngine On
#  기본 디렉터리 지정:
RewriteBase /~username/myservice
#  기본 디렉터리 이후에 나오는 모든 것을 index.php로 대체:
RewriteCond %{REQUEST_FILENAME} -s [OR]
RewriteCond %{REQUEST_FILENAME} -l
RewriteRule ^.*$ - [NC, L]
RewriteRule ^.*$ index.php [NC, L]
```

> ⚠️ 이 작업을 하기 위해서는 아파치 웹 서버에 MOD_REWRITE 모듈이 포함되어 구동되고 있어야 한다. 이 모듈은 일반적으로 사용되는 모듈이므로 대부분의 서버에 존재하겠지만, 만일 여러분이 작성한 스크립트가 제대로 동작하지 않는다면, 시스템 관리자를 통해서 MOD_REWRITE 모듈이 활성화되어 있는지 확인해 보자.

읽어 보자

오른쪽에 index.php 파일이 있다. 이 파일은 '$_REQUEST_URI' 변수를 받아서, 슬래시(/) 기준으로 문자열을 나누고 문자열 배열에 각각 저장한다.

이 파일을 서버에 저장한 다음, 다음과 같은 URL을 브라우저에서 열어보자.

http://www.myserver.com/myservice/this/is/a/list/of/restful/parameters/

브라우저에서 다음과 같은 응답을 볼 수 있을 것이다.

```
Item:
Item: myservice
Item: this
Item: is
Item: a
Item: list
Item: of
Item: restful
Item: parameters
```

이제 클라이언트에서 보내주는 모든 것을 배열에 저장할 수 있고, 이를 통해서 원하는 것을 무엇이든지 할 수 있게 되었다. 이제부터 흥미로워진다. 여기서부터 여러분은 배열에 있는 서로 다른 요소를 찾아서 동작하게 만들 수 있다. 다음의 간단한 예는 앞의 러너들을 위한 웹사이트 예제를 기반으로 거리와 시간 매개변수를 뽑아내는 것이다.

```php
<?php
/*
    REST 형식 읽어내기
    환경: PHP
*/
// URI 문자열을 배열로 나눈다.
$parameters = explode("/", $_SERVER['REQUEST_URI']);

// 배열에 있는 각 요소를 출력:
  foreach($parameters as $item) {
    echo "Item: ";
    echo $item."<br>";
  }
?>
```

바꿔 보자

앞의 예에서 foreach() 블록 부분을 끄집어내고 여기서 보여주는 부분으로 바꿔 보자. 새로 추가된 부분은 푸른색으로 표시되어 있다.

브라우저에 다음 URL을 입력하자. (필요하다면 호스트 이름과 경로는 바꾼다.)

```
http://www.example.com/
myService/runnerName/31/1/2012/
distance/12.45/time/0:45:34
```

위의 값을 브라우저에 입력하면 다음과 같은 값을 볼 수 있다.

```
Your distance: 12.45
Your time: 0:45:34
```

```php
<?php
// URI 문자열을 목록으로 바꾼다.
$$parameters = explode("/", $_SERVER['REQUEST_URI']);

$position = array_search('distance', $parameters);
if ($position) {
  $distance = $parameters[$position+1];
  echo "Your distance: ".$distance."<br />";
}

$position = array_search('time', $parameters);
if ($position) {
  $time = $parameters[$position+1];
  echo "Your time: ".$time."<br />";
}
?>
```

이러한 접근 방식을 표준적인 HTTP POST를 사용하는 HTML 서식과 조합하면, 매개변수를 전달하는 두 가지 방식을 얻게 되면서 여러분의 URL 자체가 자원의 상태를 반영하게 된다.

위와 같은 방법으로 웹 서비스의 구조를 만들어 나가면, 좀 더 강력하고 유연한 구조를 만들 수 있으며 결과적으로 기계가 읽을 수 있으면서도 사람이 쉽게 이해할 수 있는 URL을 만들 수 있다.

서버에서 사용되는 모든 프로그래밍 언어는 REST를 쉽게 처리할 수 있도록 설계된 다양한 프레임워크를 가지고 있다. PHP에는 Cake와 CodeIgniter가 있으며, 루비에는 Rails와 Sinatra와 같은 프레임워크가 존재하며, 이 외에도 응용프로그램을 좀 더 쉽게 만들어 낼 수 있는 다양한 시도들이 있다. 응용프로그램을 작성하기 위한 프로그래밍 인터페이스(API)는 REST 형식으로 프로그램을 개발하도록 유도할 수 있도록 설계되어 있다.

이런 API를 통해서 좀 더 복잡한 데이터를 처리하여 여러분이 사용하는 시스템에 있는 장치에서도 처리할 수 있는 간단한 형태로 요약해주는 프락시 응용프로그램을 쉽게 만들 수 있다.

결론

정의에 따르면, 네트워크에 연결된 장치들은 독자적으로 동작하지 않는다. 비록 이 장치들이 인터넷에 연결되어 있지 않더라도, 장치에서 제공하는 연산 능력을 사용할 수 있다. 여러분이 알고 있는 것보다 많은 도구와 프로토콜이 좀 더 쉽고 재미있게 변하고 있다. 공공 주소를 가지고 있는 서버가 제공하는 남아도는 풍부한 연산 능력에 관심을 기울여 보자. 유·무선 프로토콜을 조합함으로써 물리적인 환경을 뛰어넘어 자유로움을 극대화할 수 있도록 만들어 보자.

지금까지 본 것처럼 가장 유연했던 물리 인터페이스들도 네트워크상에서는 상당히 덧없게 보인다. 물리 인터페이스는 켜지기도 하고, 꺼지기도 하고, 사설 망을 통해 접속하기도 하고 크기, 무게, 전력 소모를 줄이기 위해서 매우 제한된 프로세서를 사용하기도 한다. 이런 것들은 전용 웹 서버처럼 모든 것을 할 수 있는 능력이 있는 것도 아니고, 항상 사용할 수 있는 것도 아니다.

그러나, 이러한 장치들이 전용 서버와 통신할 때는 그러한 제한이 없다. 프로젝트의 중심으로서 공용 주소를 지니고 네트워크상에서 항상 접속할 수 있는, 계속 켜져 있는 공공 서버를 사용하자.

이런 장비들은 인터넷에 연결되지 않은 실제 장치들의 메시지를 저장한 다음 나중에 전송할 수 있다. 이들을 이용하면 복잡한 데이터 관리와 인증과 같이 간단한 장치에서 고려하지 않은 것들을 대신 처리해 줄 수도 있다. 초기의 설계자들이 고려하지 않은 방법으로 도구와 프로토콜을 사용하는 것을 두려워하지 말자. 기술은 사람의 요구에 맞게 만들어지는 것이다.

여러 물건들이 서로 대화하도록 만드는 것은 결국에는 항상 다음 두 가지 질문으로 돌아온다. 여러분이 만드는 것을 누가 사용하게 될 것인가? 사람들의 요구가 어떠하며, 이를 위해서 어떻게 최선의 것을 제공해 줄 것인가?

인간에게 정말 유용한 여러 가지 것들을 연결하는 유연한 네트워크를 설계하기 위해서는 사람들의 요구 사항들과 행동을 먼저 생각해야 한다. 그 이후에 얼마나 애정을 가지고 네트워크를 구성해 나가느냐가 중요하다.

- 말하기보다 듣자.
- 가정하지 말자.
- 어떻게 이야기해야 하는지 합의하자.
- 설명을 듣기 위해서 공손하게 물어보자.

삶의 질이나 서로 의사소통하는 방법을 개선할 수 없다면, 여러 가지 것들이 연결된 인터넷은 쓸모 없는 것이다.

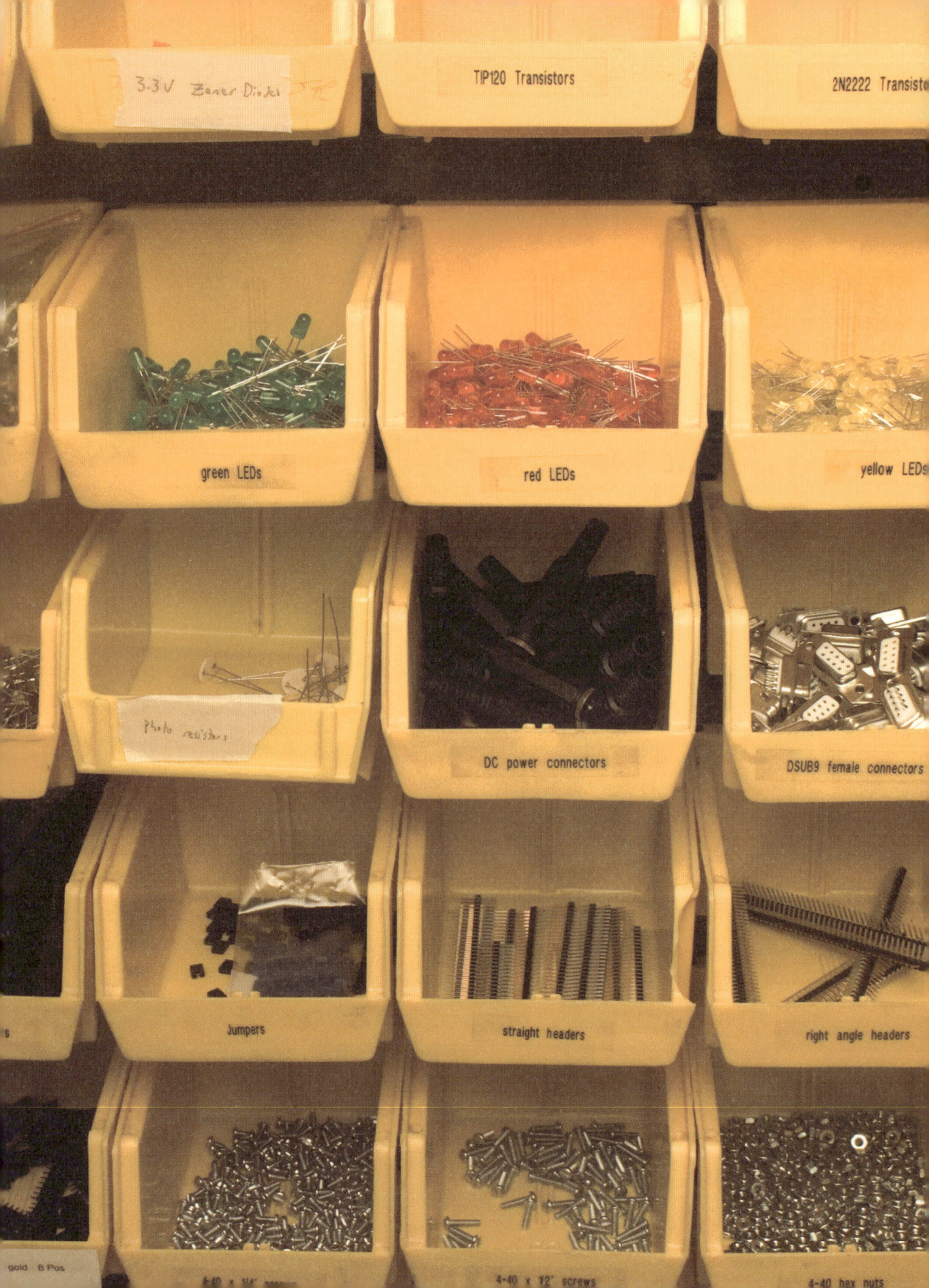

MAKE: PROJECTS   **부록**

부품과 재료 구하기

이 책에서는 다수의 하드웨어와 소프트웨어를 언급한다. 이들은 다양한 판매처와 배포처를 통해 구할 수 있다. 부록은 판매처, 하드웨어 그리고 소프트웨어의 세 부분으로 구성되어 있으며, 이 책에서 다루는 부품 및 소스 그리고 판매처의 목록이 간단한 안내 자료와 함께 정리되어 있다.

부품들

이 책에서 다루는 부품의 목록은 아래와 같다. 부품이 사용되는 프로젝트들도 함께 표기되어 있다. 부품 목록의 업데이트 사항은 http://oreilly.com/catalog/0636920010920에서 확인할 수 있다. (국내 부품 및 판매처 목록은 http://www.xwasright.com에서 확인할 수 있다.)

판매점 기호

- **A** 아두이노 스토어 (http://store.arduino.cc/ww/)
- **AF** 에이다프루트 (www.adafruit.com)
- **CR** CoreRFID (www.rfidshop.com)
- **D** 디지키 (www.digikey.com)
- **F** 파넬 (www.farnell.com)
- **J** 자메코 (http://jameco.com)
- **L** LessEMF (www.lessemf.com)
- **MS** 메이커 셰드 (www.makershed.com)
- **P** 폴롤루 (www.pololu.com)
- **RS** RS (www.rs-online.com)
- **SF** 스파크 펀 (www.sparkfun.com)
- **SH** 스마트 홈 (www.smarthome.com)
- **SS** 씨드 스튜디오 (www.seeedstudio.com)

지원 부품 및 도구

» **개인용 컴퓨터** 모든 프로젝트에 필요하다

» **인터넷 접속이 가능한 이더넷** 다수의 프로젝트에 필요하다.

» **회로 보호 상자** 대부분의 프로젝트에 필요하다.

» **회로 보호 상자 제작용 판지(두께 약 15 mm)** 프로젝트 8, 26, 27

» **블루투스 통신기가 장착된 개인용 컴퓨터** 프로젝트 3, 4, 11, 18, 19. 컴퓨터에 블루투스 통신기가 없을 경우 USB 블루투스 동글을 사용하면 된다.
SF WRL-09434, F 1814756

» **안드로이드 기기** 프로젝트 31.

마이크로컨트롤러와 실드 그리고 프로토타이핑 보드

» **아두이노 우노** 프로젝트 1, 2, 3, 9, 10, 11, 15, 16, 20, 21, 26, 32.
D 1050-1019-ND, J 2121105, SF DEV-09950, A A000046, AF 50, F 1848687, RS 715-4081, SS ARD132D2P, MS MKSP4

» **아두이노 피오** 프로젝트 10.
SF DEV-10116

» **아두이노 이더넷 보드** 프로젝트 6, 7, 8, 13, 14, 27, 29. 대안으로 아두이노 우노 호환 보드(위)에 이더넷 실드를 장착해서 사용해도 된다.
SF DEV-09026, J 2124242, A A000 056, AF 201, F 1848680

» **릴리패드 아두이노** 프로젝트 31.
SF DEV-09266, A A000011

» **아두이노 와이파이 실드** 프로젝트 12. 다른 이더넷 프로젝트들에서도 사용할 수 있다.
A A000058

» **아두이노 무선 실드** 프로젝트 10, 13, 14.
A A000064 또는 A000065.
대안 실드들:
SF WRL-09976, AF 126, F 1848697, RS 696-1670, SS WLS114A0P

» **RFID 실드** 프로젝트 27.
SF DEV-10406, A T040030 또는 T040031

» **스파크 펀 악기용 실드** 프로젝트 32.
SF DEV-10587

» **브레드보드** 프로젝트 2, 3, 5, 6, 7, 9, 10, 11, 12, 19, 20, 21, 27. 대안으로 아두이노 프로토타이핑 실드를 사용해도 된다.
D 438-1045-ND, J 20723 또는 20601, SF PRT-00137, F 4692810, AF 64, SS STR101C2M 또는 STR102C2M, MS MKKN2

» **프로토타이핑 실드** 프로젝트 26. 모든 프로젝트에서 브레드보드 대신 사용할 수 있다. 하지만 작은 브레드보드 하나 정도는 필요하다.
AF 51, A A000024, SF DEV-07914, MS MSMS01

프로토타이핑 실드용 브레드보드:
SF PRT-08802, AF 제품에는 소형 브레드보드가 포함되어 있다. D 923273-ND

» **만능기판** 프로젝트 8, 27.
D V2018-ND, J 616673, SS STR125C2B, F 4903213, RS 159-5420

통신 모듈

» **FTDI 방식의 USB-시리얼 어댑터** 다수의 프로젝트에 필요하다.
SF DEV-09718 또는 DEV-09716, AF 70 또는 284, A A000059, MS MKAD22, D TTL-232R-3V3 또는 TTL-232R-5V

» **블루투스 메이트 모듈** 프로젝트 3, 4, 11, 18, 19, 31.
SF WRL-09358 또는 WRL-10393

» **Digi XBee 802.15.4 무선 모듈** 프로젝트 10, 14, 17.
J 2113375, SF WRL-08664, AF 128, F 1546394, SS WLS113A4M, MS MKAD14

» **USB-XBee 어댑터** 프로젝트 10, 14, 17.
J 32400, SF WRL-08687, AF 247

» **인터페이스 모듈: X10 단방향 인터페이스 모듈** 프로젝트 26.
SH 1134B

» **X10 모듈** 프로젝트 26.
SH 2002 또는 2000.

» **RFID 리더** 프로젝트 25, 26.
CR IDI003 또는 IDI004, SF SEN-08419

» **RFID 태그** 프로젝트 25, 26.
CR WON002, SF COM-10169

» **SonMicro의 SM130 RFID 읽기/쓰기 모듈** 프로젝트 27.
SF SEN-10126

» **Mifare RFID 읽기/쓰기 태그** 프로젝트 27.
SF SEN-10127

» **13.56MHz 안테나** 프로젝트 27.
A C000027

» **MicroSD를 읽을 수 있는 SD 카드 리더** 전자 부품 취급점이나 사무용품 취급점에서 구

할 수 있다. 프로젝트 29, 30.
MicroSD 카드 프로젝트 29, 30.
IP 카메라 프로젝트 29, 30. D-Link DCS-930L

연결용 보드와 커넥터

» XBee 릴리패드 프로젝트 14.
SF DEV-08937

» XBee 익스플로러 레귤레이티드 프로젝트 14.
SF WRL-09132

» 가스 센서 연결용 보드 프로젝트 13.
SF BOB-08891, P 1479 또는 1639

» 3-wire JST형 접속용 커넥터 프로젝트 15.
SF SEN-08733

» 9V 전지 연결 단자 프로젝트 3, 14.
D 2238K-ND, J 101470, SF PRT-09518, F 1650675

» 전원 플러그 내경 2.1mm, 외경 5.5mm 프로젝트 3.
D CP-024A-ND, J 159506, F 1737256

» 래핑 와이어 프로젝트 5.
D K445-ND, J 22577, SF PRT-08031, F 150080

» 와이어 래핑기 프로젝트 5.
J 242801, F 441089, RSH 276-1570, S TOL-00068

» 2.54mm 핀 헤더 프로젝트 5, 10, 14, 15, 16, 19, 20, 25, 26, 27.
D A26509-20-ND, J 103377, SF PRT 0011, F 1593411

» 2mm 헤더 소켓 프로젝트 10, 14.
J 2037747, D 3M9406-ND, F 1776193

» 2mm 5핀 소켓 프로젝트 25, 26.
SF PRT-10519

» 2mm 7핀 소켓 프로젝트 25, 26.
SF PRT-10518

» 6핀 적층 헤더 프로젝트 27.
SF PRT-09280, AF 85

» 8핀 리본 케이블 프로젝트 27.
D AE08A-5-ND, F 1301013

» GPS 모듈을 위한 인터페이스 케이블 프로젝트 19.
SF GPS-00123, PX 805-00013

» RFID 리더 연결용 보드 프로젝트 25, 26.
SF SEN-08423

» RJ-11 커넥터가 달린 4개의 전선이 있는 전화선 프로젝트 26.
D A1642R-07-ND, J 115617, F 1335 141

» 2핀 터미널 단자 프로젝트 29, 30.
SF PRT-08432, D 732-2030-ND, F 1792766, RS 189-5893

» 3핀 터미널 단자 프로젝트 29, 30.
SF PRT-08235, D 732-2031-ND, F 1792767, RS 710-0166

자주 사용하는 부품들

» 100옴 저항 프로젝트 8.
D 100QBK-ND, J 690620, F 9337660, RS 707-8625

» 220옴 저항 프로젝트 5, 8, 9, 11, 20, 26.
D 220QBK-ND, J 690700, F 9337792, RS 707-8842

» 1k옴 저항 프로젝트 5, 13, 14, 29, 30.
D 1.0KQBK-ND, J 29663, F 1735061, RS 707-8669

» 10k옴 저항 프로젝트 2, 6, 9, 11, 12, 13, 14, 20.
D 10KQBK-ND, J 29911, F 9337687, RS 707-8906

» 4.7k옴 저항 프로젝트: 14, 27.
D CF14JT4K70CT-ND, J 691024, F 735033, RS 707-8693

» 10k옴 퍼텐쇼미터 프로젝트 10, 11, 13, 14, 27, 29, 30.
J 29082, SF COM-09939, F 350072, RS 522-0625

» 100k옴 저항 프로젝트 14.
D 100KQBK-ND, J 29997, F 9337695, RS 707-8940

» 270k옴 저항 프로젝트 31.
J 691446, D P270KBACT-ND, RS 163-921, F 1565367

» LED 프로젝트 7, 8, 10, 11, 20, 26, 29, 30.
D 160-1144-ND 또는 160-1665-ND, J 34761 또는 94511, F 1015878, RS 247-1662 또는 826-830, SF COM-09592 또는 COM-09590

» RGB LED, 캐소드 공통형 프로젝트 1.
D 754-1492-ND, J 2125181, SF COM-00105, F 8738661, RS 713-4888

» 적외선 LED 프로젝트 9.
J 106526, SF COM-09469, F 1716710, RS 577-538, SS MTR102A2B

» 5V 전압조정기 프로젝트 13, 14, 19.
J 51262, D LM7805CT-ND, SF COM-00107, F 1860277, RS 298-8514

» 3.3V 전압조정기 프로젝트 10, 14.
J 242115, D 576-1134-ND, SF COM-00526, F 1703357, RS 534-3021

» 1μF 커패시터 프로젝트 10, 14.
J 94161, D P10312-ND, F 8126933, RS 475-9009

» 10μF 커패시터 프로젝트 10, 14, 15.
J 29891, D P11212-ND, F 1144605, RS 715-1638

» 100μF 커패시터 프로젝트 13, 32.
J 158394, D P10269-ND, F 1144642, RS 715-1657

» 4700μF 전해 커패시터 프로젝트 14.
J 199006, D P10237-ND, F 1144683, RS 711-1526

» TIP120 달링턴 NPN 트랜지스터 프로젝트 13.
D TIP120-ND, J 32993, F 9804005

» 1N4004 전력 다이오드 프로젝트 13.
D 1N4004-E3 또는 23GI-ND, J 35992, F 9556109, RS 628-9029

» 2N3906 PNP형 트랜지스터 프로젝트 14, 29, 30.
J 178618, D 2N3906D26ZCT-ND, SF COM-00522, F 1459017, RS 294-328

» 9V 전지 프로젝트 3, 14.

» 9-12V DC 전원 공급기 프로젝트 13.
J 170245, SF TOL-00298, AF 63, F 636363, P 1463

» 리튬폴리머 이온 전지 프로젝트 31.
SF PRT-00341, AF 258, RS 615-2472, F 1848660

» USB LiPoly 충전기 프로젝트 31.
A 259, SF PRT-10217

특별 부품

» 전압계 프로젝트 7.
SF TOL-10285, F 4692810, RS 244-890

» MAX8212 전압 감지기 프로젝트 14.
D MAX8212CPA+-ND, F 1610130

» 태양전지 프로젝트 14.
SF PRT-07840, P 1691

» 16x2 캐릭터 LCD 프로젝트 27.
SF LCD-00709

» 릴레이 제어 PCB 프로젝트 29, 30.
SF COM-09096

» 릴레이 프로젝트 29, 30.
SF COM-00101, D T9AV1D12-12-ND, F 1629059

» 1N4148 다이오드 프로젝트 29, 30.
SF COM-08588, F 1081177, D 1N4148 TACT-ND, RS 544-3340

» DC 전원으로 AC 전원을 제어할 수 있는 스위치 프로젝트 29, 30.
SF COM-09842, AF 268

센서

» 휨 센서 프로젝트 2.
D 905-1000-ND, J 150551, SF SEN-10264, AF 182, RS 708-1277, MS JM 150551

» 푸시버튼 프로젝트 2, 8, 9, 11.
D GH1344-ND, J 315432, SF COM-09337, F 1634684, RS 718-2213, MS JM315432

» 인터링크 400 시리즈 압력 센서 프로젝트 5.
D 1027-1000-ND, J 2128260, SF SEN-09673

» 웹 카메라 프로젝트 5.

» 포토셀(LDR:광저항) 프로젝트 6, 12.
D PDV-P9200-ND, J 202403, SF SEN-09088, F 7482280, RS 234-1050

» 2축 조이스틱 프로젝트 8.
J 2082855, SF COM-09032, AF 245, F 1428461

» 가속도 센서 프로젝트 8, 21.
J 28017, SF SEN-00692, AF 163, RS 726-3738, P 1247, MS MKPX7

» Hanwei 가스 센서 프로젝트 13.
SF SEN-08880, SEN-09404, 또는 SEN-09405, P 1480, 1634, 1633, 1481, 1482, 또는 1483,

» 샤프 GP2Y0A21 적외선 거리측정기 프로젝트 15.
D 425-2063-ND, SF SEN-00242, RS 666-6570, P 136

» MaxBotix LV-EZ1 초음파 거리측정기 프로젝트 16, 32.
SF SEN-00639, AF 172, P 726, SS SEN136B5B

» EM-406A GPS 수신기모듈 프로젝트 19.
SF GPS-00465 P 28146 AF 99

» ST 마이크로닉스 LSM303DLH 디지털 나침반 프로젝트 20.
SF SEN-09810, RS 717-3723, P 1250

» LED 텍타일 버튼 프로젝트 20.
SF COM-10443과 BOB-10467

» 온도 센서 프로젝트 29, 30.
AF 165, D TMP36GT9Z-ND, F 1438760, RS 427-351

기타

» 탁구공 프로젝트 1.
» 작은 핑크색 원숭이 인형 프로젝트 2, 3.
» 고양이 프로젝트 5, 29, 30.
» 고양이 매트 프로젝트 5.
» 고양이 매트 크기의 나무판이나 두꺼운 골판지 프로젝트 5
» 광 필터 프로젝트 6, 12.
» 삼중 골판지 프로젝트 8.
» 벨크로 테이프 프로젝트 8, 31.
» 심벌즈 치는 원숭이 인형 프로젝트 13.
» 전도성 리본 프로젝트 31.
SF DEV-10172
» 전도성 실 프로젝트 31.
SF DEV-10120, L A304
» Shieldit 전도성 천 프로젝트 31.
L A1220-14
» 후드 셔츠 프로젝트 31.
» 자수용 실 프로젝트 31.

하드웨어

초판과 재판에서 다루는 부품의 판매처는 아래와 같다.

기호 설명
📞 전화 / • 수신자 부담
📠 팩스
🏠 우편물 주소

Abacom Technologies

아바컴은 다양한 전파 송신기, 수신기, 송수신기 그리고 시리얼-이더넷 모듈을 판매한다.
www.abacom-tech.com
email: abacom@abacom-tech.com
🏠 3210 Wharton Way
Mississauga ON L4X 2C1, Canada

Aboyd Company
어보이드는 미술 용품, 의상, 장난감, 골판지, 장식 등 다양한 잡화를 판매한다. 심벌즈를 치는 원숭이 인형도 이곳에서 구할 수 있다.
www.aboyd.com
email: info@aboyd.com
📞 +1-888-458-2693
📞 +1-601-948-3477 국제
📠 +1-601-948-3479
🏠 P.O. Box 4568
Jackson, MS 39296, USA

Acroname Robotics
아크로네임은 로봇 및 전자 프로젝트에 쓰이는 다양한 센서 및 액추에이터를 판매한다. 특히 자외선 불꽃 센서나 카메라 또는 미세한 온도차를 검출하는 열전퇴 센서 등과 같이 특수한 센서들도 취급한다. 기본적인 거리 측정기도 판매하며 다양한 사용 지침서도 사이트에서 제공한다.

www.acroname.com
email: info@acroname.com
+1-720-564-0373
+1-720-564-0376.
4822 Sterling Dr.
Boulder, CO 80301-2350, USA

Adafruit Industries
에이다프루트는 AVR 프로그래머나 MP3 재생 모듈 등 유용한 오픈 소스 DIY 전자 키트들을 제작해서 판매한다.

www.adafruit.com
email: sales@adafruit.com

Arduino Store
아두이노 스토어는 다양한 아두이노 마이크로컨트롤러 보드와 실드를 판매한다. 뿐만 아니라 아두이노 팀이 선별한 아두이노용 팅커킷(TinkerKit) 부품과 악세서리도 판매한다. 아두이노 팀이 선호하는 서드파티 악세서리 제품들도 다수 볼 수 있다.

http://store.arduino.cc/ww/
GHEO SA
via soldini, 22
CH-6830 Chiasso, Switzerland

Atmel
아트멜은 아두이노, 와이어링, BX-24 모듈의 핵심 부품인 AVR 마이크로컨트롤러와 Make 컨트롤러를 구동하는 ARM 마이크로컨트롤러를 제작한다.

www.atmel.com
+1-408-441-0311
2325 Orchard Parkway
San Jose, CA 95131, USA

CoreRFID
CoreRFID는 다양한 RFID 리더와 태그 및 관련 제품들을 판매한다.

www.rfidshop.com
e-mail: info@corerfid.com
+44 (0) 845-071-0985
+44 (0) 845-071-0989
Dallam Court
Dallam Lane
Warrington, WA2 7LT, United Kingdom

D-Link
D-Link는 10장에서 다루는 와이파이 IP 카메라를 비롯하여 다양한 USB, 이더넷 그리고 와이파이 제품을 만든다.

www.dlink.com
e-mail: productinfo@dlink.com
+1-800-326-1688

Devantech/Robot Electronics
드벤테크는 마이크로컨트롤러 프로젝트에서 유용하게 사용할 수 있는 초음파 거리 측정 센서, 전자 나침반, LCD 디스플레이, 모터 드라이버, 릴레이 제어기 및 기타 주변장치들을 만든다.,

http://robot-electronics.co.uk
e-mail: sales@robot-electronics.co.uk
+44 (0)195-345-7387
+44 (0)195-345-9793
Maurice Gaymer Road
Attleborough
Norfolk, NR17 2QZ, England

Digi
디지는 XBee 통신기와 전파 통신기 모뎀 그리고 이더넷 브리지를 제작한다.

www.digi.com
+1-877-912-3444
+1-952-912-4952
11001 Bren Road East
Minnetonka, MN 55343, USA

Digi-Key Electronics
디지-키는 미국의 최대 전자 부품 유통업체 중 하나이다. 저항, 캐퍼시터, 커넥터, 센서, 브레드보드, 전선, 납 등 일반적으로 자주 사용하는 주요 부품들과 도구들을 이곳에서 구매할 수 있다.

www.digikey.com
+1-800-344-4539 or
+1-218-681-6674
+1-218-681-3380
701 Brooks Avenue South
Thief River Falls, MN 56701, USA

ELFA
ELFA는 북유럽의 최대 전자 부품 공급업체 중 하나이다.

www.elfa.se
email: export@elfa.se
+46 8-580-941-30
S-175 80 Jarfalla, Sweden

Farnell
파넬은 전유럽에 걸쳐 전자 부품을 공급한다. 또한 부품번호가 미국에 위치한 뉴우크 사와 동일하기 때문에 미국과 유럽을 오가며 작업하는 경우에는 매우 편리하게 이용할 수 있다.

http://uk.farnell.com
email: sales@farnell.co.uk
+44-8701-200-200
+44-8701-200-201
Canal Road,
Leeds, LS12 2TU, United Kingdom

Figaro USA, Inc.
피가로는 휘발성 유기 화합물 센서, 일산화탄소 검출 센서, 산소 센서 등 다양한 가스 센서를 판매한다.

www.figarosensor.com
email: figarousa@figarosensor.com
+1-847-832-1701
+1-847-832-1705
3703 West Lake Ave., Suite 203
Glenview, IL 60026, USA

Future Technology Devices International, Ltd. +(FTDI)
FTDI는 다양한 USB-시리얼 변환 칩을 생산한다. 이 책에서 다루는 다수의 모듈에 장착된 FT232RL도 FTDI의 제품이다.

www.ftdichip.com
email: admin1@ftdichip.com
+44 (0) 141-429-2777

🏠 373 Scotland Street
　Glasgow, G5 8QB, United Kingdom

Glolab
지오랩은 RF 및 IR 송신기나 수신기 그리고 송수신기는 물론 다양한 전자 키트와 모듈을 만든다.
www.glolab.com
email: lab@glolab.com

Gridconnect
그리드커넥트는 랜트로닉스나 디지 등의 네트워크 제품들을 유통한다.
www.gridconnect.com
email: sales@gridconnect.com
📞 +1 630-245-1445
📠 +1 630-245-1717
📞 +1-800-975-GRID (4743)
🏠 1630 W. Diehl Road
　Naperville, IL 60563, USA

Images SI, Inc.
이미지스 SI는 로봇과 전자 관련 부품들을 판매한다. RFID, 압력 감지 센서, 인장력 센서, 가스 센서, 전자 키트, 음성인식 키트, 태양 에너지 관련 부품 및 마이크로컨트롤러 등을 취급한다.
www.imagesco.com
email: imagesco@verizon.net
📞 +1-718-966-3694
📠 +1-718-966-3695
🏠 109 Woods of Arden Road
　Staten Island, NY 10312, USA

Interlink Electronics
인터링크는 압력 감지 저항, 터치패드 등의 입력 장치를 만든다.
www.interlinkelectronics.com
email: specialty@interlinkelectronics.com
📞 +1-805-484-8855
📠 +1-805-484-8989
🏠 546 Flynn Road
　Camarillo, CA 93012, USA

IOGear
아이오기어는 컴퓨터 어댑터를 만든다. USB-시리얼 어댑터는 물론 전력선으로 통신이 가능한 이더넷 제품도 생산한다.
www.iogear.com
email: sales@iogear.com
📞 +1-866-946-4327
📞 +1-949-453-8782
📠 +1-949-453-8785
🏠 23 Hubble Drive
　Irvine, CA 92618, USA

Jameco Electronics
자메코는 전자 분야 관련 전문가나 취미 제작자에게 유용한 전자 부품, 케이블, 브레드보드, 공구 등의 제품들을 도매나 소매로 판매한다.
http://jameco.com
email: domestic@jameco.com
international@jameco.com
custservice@jameco.com
📞 +1-800-831-4242 24시간 가용한 수신자 부담의 주문 전화
📞 +1-650-592-8097 국제 주문 전화
📠 +1-650-592-2503 국제
📠 +1-800-237-6948 • 수신자 부담 팩스
📠 +001-800-593-1449 • 멕시코 수신자 부담 팩스
📠 +1-803-015-237-6948 • 인도네시아 수신자 부담 팩스
🏠 1355 Shoreway Road
　Belmont, CA 94002, USA

Keyspan
키스팬은 컴퓨터 어댑터를 만든다. USB-시리얼 어댑터인 USA-19xx 시리즈는 마이크로컨트롤러 작업을 할 때 매우 유용하다.
www.keyspan.com
email: info@keyspan.com
📞 +1-510-222-0131 문의/주문
📞 +1-510-222-8802 고객지원
📠 +1-510-222-0323
🏠 4118 Lakeside Dr
　Richmond, CA 94806, USA

Lantronix
랜트로닉스는 시리얼-이더넷 모듈을 만든다. XPort, WiPort, WiMicro 등 다양한 제품군이 있다.
www.lantronix.com
email: sales@lantronix.com
📞 +1-800-526-8766
📞 +1-949-453-3990
📠 +1-949-450-7249
🏠 5353 Barranca Parkway
　Irvine, CA 92618, USA

Libelium
리벨리움은 XBee 응용 제품을 포함하여 다양한 무선 제품들을 생산한다.
www.libelium.com
email: info@libelium.com
🏠 Libelium Comunicaciones
　Distribuidas S.L.
　Maria de Luna 11, Instalaciones
　CEEIARAGON, C.P: 50018
　Zaragoza, Spain

Linx Technologies
링스는 RF 수신기와 송신기 그리고 송수신기 등을 만든다.
www.linxtechnologies.com
email: info@linxtechnologies.com
📞 +1-800-736-6677 미국
📞 +1-541-471-6256 국제
📠 +1-541-471-6251
🏠 159 Ort Lane
　Merlin, OR 97532, USA

Low Power Radio Solutions
LPRS는 RF 수신기와 송신기 그리고 송수신기 등을 만든다.
www.lprs.co.uk
email: info@lprs.co.uk
📞 +44-1993-709418
📠 +44-1993-708575
🏠 Two Rivers Industrial Estate
　Station Lane, Witney
　Oxon, OX28 4BH, United Kingdom

Maker SHED

메이커 셰드는 처음에는 MAKE 잡지의 과월호 관련 자료를 제공했으나 현재는 다양한 창작자나 공예가 또는 신진 과학자들을 위한 제품들을 다량 취급하고 있다.

www.makershed.com

email: help@makershed.com

+1-800-889-8969

1005 Gravenstein Hwy N
Sebastopol, CA 95472, USA

Making Things

Making Things는 MAKE 컨트롤러를 제작하고 있으며, 현재는 단종된 Teleo 컨트롤러를 출시하기도 했다. 사용자 주문 하드웨어 솔루션을 제공한다.

www.makingthings.com

email: info@makingthings.com

+1-415-255-9513

1020 Mariposa Street, #2
San Francisco, CA 94110, USA

Maxim Integrated Products

맥심은 센서, 통신 칩, 전원 관리 칩 등 다양한 제품을 만든다. 댈러스 세미컨덕터(맥심 소유 회사)와 함께 맥심은 시리얼 통신, 온도 센서, LCD 제어 등과 관련된 칩을 제공하는 주요 업체들 중 하나이다.

www.maxim-ic.com

email: info2@maxim-ic.com

+1-408-737-7600

+1-408-737-7194

120 San Gabriel Drive
Sunnyvale, CA 94086, USA

Microchip

마이크로칩은 PIC 마이크로컨트롤러 제품군을 만든다. 매우 다양한 마이크로컨트롤러 제품이 있으며 광범위한 현장에서 유용하게 사용되고 있다.

www.microchip.com

+1-480-792-7200

2355 West Chandler Blvd.
Chandler, AZ, 85224-6199, USA

Mouser

마우저는 미국에서 전자 부품을 유통하는 대형 업체이다. 이 책의 프로젝트에서 사용하는 저항, 캐퍼시터 그리고 센서 등 주요 부품들을 구입할 수 있다. FTDI USB-시리얼 케이블도 취급한다.

www.mouser.com

email: help@mouser.com

1000 North Main Street
Mansfield, TX 76063, USA

NetMedia

넷미디어는 BX-24 마이크로컨트롤러 모듈과 SitePlayer 이더넷 모듈을 만든다.

www.basicx.com

siteplayer.com

email: sales@netmedia.com

+1-520-544-4567

+1-520-544-0800

10940 N. Stallard Place
Tucson, AZ 85737, USA

Newark In One Electronics

뉴어크는 미국의 전자 부품 유통업체이다. 유럽의 파넬과 부품번호가 동일하기 때문에 미국과 유럽을 오가며 작업하는 경우에는 매우 편리하게 이용할 수 있다.

www.newark.com

email: somewhere@something.com

+1-773-784-5100

+1-888-551-4801

4801 N. Ravenswood
Chicago, IL 60640-4496, USA

New Micros

뉴 마이크로는 다양한 마이크로컨트롤러를 판매한다. 또한 디지 XBee 통신기를 컴퓨터에 매우 쉽게 연결할 수 있는 USB-XBee 동글도 판매한다. 동글에는 시리얼 방식을 통해 XBee의 펌웨어를 새로 고쳐 쓰는데 필요한 모든 핀들도 연결되어 있다.

www.newmicros.com

email: nmisales@newmicros.com

+1-214-339-2204

Parallax

패럴랙스는 베이직 스템프 마이크로컨트롤러 제품군을 만든다. 뿐만 아니라 프로펠러 마이크로컨트롤러와 다양한 센서, 초보자용 키트, 로봇 등 전자 프로젝트나 마이크로컨트롤러 프로젝트에 관심 있는 사람들을 위한 유용한 부품들을 만든다.

www.parallax.com

email: sales@parallax.com

+1-888-512-1024 수신자 부담 주문

+1-916-624-8333 회사/국제

+1-916-624-8003

599 Menlo Drive
Rocklin, California 95765, USA

Phidgets

피지트는 데스크탑이나 노트북을 물리적인 세계와 연결해 주는 입출력 모듈을 만든다.

www.phidgets.com

email: sales@phidgets.com

+1-403-282-7335

+1-402-282-7332

2715A 16A NW
Calgary, Alberta T2M3R7, Canada

Pololu

폴롤루는 로봇 프로젝트나 기타 프로젝트에 유용한 다양한 전자 부품과 연결용 보드를 만든다.

www.pololu.com

email: www@pololu.com

+1-702-262-6648

+1-877-776-5658 미국 국내 전용

+1-702-262-6894

3095 E. Patrick Ln. #12
Las Vegas, NV 89120, USA

RadioShack

라디오셰크는 미국, 유럽, 남미, 아프리카, 아시아에 수 천 개의 체인점을 운영하고 있는 유통업체이다. 핸드폰부터 TV 등의 가전 제품, 캠핑 및 취미 용품, 공구와 보호복, 마이크로컨트롤러 그리고 전지에 이르기까지 다양한 제품을 취급한다.

www.radioshack.com

Reynolds Electronics
레이놀즈는 RF 및 IR 통신이나 IR 원격 제어에 사용되는 작은 키트와 모듈을 만들며 마이크로컨트롤러 프로젝트에 유용한 주변 장치들도 만든다.
www.rentron.com
email: sales@rentron.com
📞 +1-772-589-8510
🖨 +1-772-589-8620
🏠 12300 Highway A1A
　 Vero Beach, Florida, 32963, USA

Roving Networks
로빙 네트워크는 전자 기기 제조 업체를 대상으로 블루투스 전파 통신기 모듈을 제작하고 판매한다. 스파크 펀의 블루투스 메이트에도 이 회사의 통신기가 장착되어 있다.
www.rovingnetworks.com
email: info@rovingnetworks.com
📞 +1-408-395-6539
🖨 +1-603-843-7550
🏠 102 Cooper Court
　 Los Gatos, CA 95032, USA

RS Online
RS 온라인은 유럽의 최대 전자 부품 유통업체 중 하나이다. 전 세계적인판매망을 갖추고 있다.
www.rs-online.com
email: general@rs-components.com
📞 0845-850-9900
🖨 01536-405678

Samtec
샘택은 전자 기기용 커넥터와 케이블을 만든다. 다양한 제품을 생산하고 있어서 특수한 용도에 적합한 제품도 찾을 수 있다.
www.samtec.com
email: info@samtec.com
📞 +1-800-SAMTEC-9

Seeed Studio
씨드 스튜디오는 다수의 유용하고 창의적인 오픈 소스 전자 부품을 만든다.
www.seeedstudio.com
email: techsupport@seeedstudio.com

📞 +86-755-26407752
🏠 Room 0728, Bld 5,
　 Dong Hua Yuan,
　 NanHai Ave. NanShan dist.
　 Shenzhen 518054 China

SkyeTek
스카이텍은 RFID 리더와 라이터 그리고 안테나를 만든다.
www.skyetek.com
📞 +1-720-565-0441
🖨 +1-720-565-8989
🏠 11030 Circle Point Road, Suite 300
　 Westminster, CO 80020, USA

Smarthome
스마트홈은 카메라나 가전 제품 제어기, X10 그리고 INSTEON 등 가정 자동화에 필요한 장치들을 만든다.
www.smarthome.com
email: custsvc@smarthome.com
📞 1-800-762-7846
📞 + 1-800-871-5719 캐나다
📞 +1-949-221-9200 국제
🏠 16542 Millikan Avenue
　 Irvine, CA 92606, USA

Spark Fun Electronics
스파크 펀은 온갖 전자 부품을 사용하기 쉽게 만든다. 센서, 통신기, 전원 조정기 등의 연결 보드를 만들 뿐만 아니라 다양한 플랫폼의 마이크로 컨트롤러들도 취급한다.
www.sparkfun.com
email: spark@sparkfun.com
🏠 2500 Central Avenue, Suite Q
　 Boulder, CO 80301, USA

Symmetry Electronics
시메트리는 지그비와 블루투스 통신기, 시리얼-이더넷 모듈, 와이파이 모듈, 셀룰러 모뎀 등의 전자 통신 장치들을 판매한다.
www.semiconductorstore.com
📞 +1-877-466-9722
📞 +1-310-643-3470 국제

🖨 +1-310-297-9719
🏠 5400 West Rosecrans Avenue
　 Hawthorne, CA 90250, USA

TI-RFID
TIRIS는 텍사스 인스트루먼트의 RFID 생산부이다. RFID의 다양한 주파수대역과 프로토콜에 대응하는 태그와 리더를 만든다.
www.tiris.com
📞 +1-800-962-RFID (7343)
🖨 +1-214-567-RFID (7343)
🏠 Radio Frequency
　 Identification Systems
　 6550 Chase Oaks Blvd., MS 8470
　 Plano, TX 75023, USA

Trossen Robotics
트로센 로보틱스는 다양한 RFID 제품과 로봇 부품을 판매한다. 인터링크의 압력 감지 저항과 같이 유용한 센서는 물론, 선형 액추에이터, 피제트의 키트들 그리고 거의 모든 주파수 대역에 대응하는 RFID 리더와 태그 등도 취급한다.
www.trossenrobotics.com
email: jenniej@trossenrobotics.com
📞 +1-877-898-1005
🖨 +1-708-531-1614
🏠 1 Westbrook Co. Center, Suite 910
　 Westchester, IL 60154, USA

Uncommon Projects
언커먼 프로젝트는 웹에서 수신한 텍스트를 TV 화면 상에 표시해주는YBox를 만든다.
www.uncommonprojects.com
ybox.tv
email: info@uncommonprojects.com
🏠 68 Jay Street #206
　 Brooklyn, NY 11201, USA

소프트웨어

이 책에서 다루는 소프트웨어는 대부분 오픈 소스이다. 오픈 소스가 아닌 상용 소프트웨어는 별도로 표기를 해두었으며, 별다른 언급이 없다면 오픈 소스라고 간주해도 무방하다.

Arduino
아두이노는 AVR 마이크로컨트롤러의 프로그래밍 환경이다. 프로세싱의 프로그래밍 인터페이스에 기반을 두고 있으며, 맥 OS X, 리눅스 그리고 윈도우 운영체제에서 사용할 수 있다.

www.arduino.cc

Asterisk
애스터리스크는 소프트웨어적으로 전화 통신을 관리하는 구내 교환기(Private Branch Exchange)이다. 리눅스나 유닉스 운영체제에서 사용할 수 있다.

www.asterisk.org

AVRlib
AVRlib는 AVR 프로세서로 다양한 과제를 처리할 수 있도록 고안된 C 함수 라이브러리이다. 맥 OS X, 리눅스 그리고 윈도우 운영체제에서 avr-gcc 컴파일러의 라이브러리로 사용할 수 있다.

hubbard.engr.scu.edu/avr/avrlib

avr-gcc
GNU avr-gcc는 AVR 마이크로컨트롤러의 C 컴파일러이자 어셈블러이다. 맥 OS X, 리눅스 그리고 윈도우 운영체제에서 사용할 수 있다.

www.avrfreaks.net/AVRGCC

CCS C
CCS C는 PIC 마이크로컨트롤러의 상용 C 컴파일러이다. 윈도우와 리눅스 운영체제에서 사용할 수 있다.

www.ccsinfo.com

CoolTerm
쿨텀은 로저 마이어가 작성한 시리얼 터미널 프로그램이다. 무료 프로그램이지만 오픈 소스는 아니다. 맥 OS X와 윈도우에서 사용할 수 있다.

http://freeware.the-meiers.org

Dave's Telnet
Dtelnet은 윈도우용 텔넷 응용프로그램이다.

http://dtelnet.sourceforge.net

Eclipse
이클립스는 다양한 언어의 프로그래밍을 지원하는 통합 개발 환경(IDE)이다. 플러그인 아키텍처를 통해 확장 가능하며 주요 프로그래밍 언어의 컴파일러 링크는 대부분 갖추고 있다. 맥 OS X, 리눅스 그리고 윈도에서 사용할 수 있다.

www.eclipse.org

Evocam
에보캠은 상용 웹캠 응용프로그램이다. 맥 OS X에서 사용할 수 있다.

http://evological.com

Exemplar
이그젬플러는 센서 응용 프로그램을 저작하는 툴이다. 사용자가 시범을 보이면 행동 패턴이 프로그래밍에 반영된다. 맥 OS X, 리눅스 그리고 윈도 운영체제에서 이클립스의 플러그인으로 사용할 수 있다.

http://hci.stanford.edu/research/exemplar

Fwink
Fwink는 윈도우용 웹캠 응용 프로그램이다.

www.lundie.ca/fwink

Girder
Girder는 가정 자동화 응용 프로그램이다. 상용이며 윈도우에서 사용할 수 있다.

www.girder.nl

GitHub
기트허브는 프로그램 소스 코드의 버전 관리 툴인 기트용 웹 호스팅 서비스이다. 기트와 기트허브를 이용하면 여러분의 코드를 수월하게 공유할 수 있다.

http://git-scm.com
https://github.com

Java
자바는 프로그래밍 언어이다. 맥 OS X, 리눅스 그리고 윈도우 운영체제에서 사용할 수 있으며, 다양한 임베디드 시스템에서도 사용할 수 있다.

http://java.sun.com

Macam
Macam은 맥 OS X 용 웹캠 드라이버이다.

http://webcam-osx.sourceforge.net/

Max/MSP
맥스는 그래픽적으로 데이터의 흐름을 저작하는 툴이다. 텍스트로 프로그래밍하기 보다는 그래픽 오브젝트들을 서로 연결해서 프로그래밍 한다. 실시간 오디오 신호 처리 라이브러리인 MSP와 실시간 비디오 신호 처리 라이브러리인 Jitter를 연동해서 사용할 수 있다. 상용 프로그램이며 맥 OS X와 윈도우에서 사용할 수 있다.

www.cycling74.com

PEAR
PEAR는 PHP의 확장 및 어플리케이션 저장소로서, PHP 스크립트의 확장 라이브러리를 호스팅 한다.

http://pear.php.net

PHP
PHP는 웹 개발에 특히 적합한 스크립트 언어이며 HTML에 삽입하여 사용할 수도 있다. 맥 OS X, 리눅스 그리고 윈도우 운영체제에서 사용할 수 있다.

www.php.net

PicBasic Pro
픽베이직 프로는 PIC 마이크로컨트롤러용 Basic 컴파일러이다. 상용이며 윈도우에서 사용할 수 있다.

http://melabs.com

Processing
프로세싱은 이미지, 애니메이션 그리고 인터랙션 프로그램을 저작하는 프로그래밍 언어이자 개발 환경이다. 비전문가를 위해 개발되었으며 맥 OS X, 리눅스 그리고 윈도우에서 사용할 수 있다.

www.processing.org

Puredata (PD)
퓨어데이터(PD)는 그래픽적으로 데이터의 흐름을 저작하는 툴이다. 텍스트로 프로그래밍하기 보다는 그래픽 오브젝트들을 서로 연결해서 프로그래밍 한다. 맥스의 원개발자 중 한 명인 밀러 푸켓(Miller Puckette)이 개발했다. 맥 OS X, 리눅스 그리고 윈도우 운영체제에서 사용할 수 있다.

http://puredata.info

PuTTY SSH
PuTTY는 텔넷/SSH/시리얼 포트용 클라이언트이다. 윈도우에서 사용할 수 있다.

www.puttyssh.org

QR Code Library
QR 코드 라이브러리는 2차원 바코드인 QR 코드를 인코딩하거나 디코딩하는데 필요한 일군의 라이브러리 세트이다. 맥 OS X, 리눅스, 윈도우에서 자바 언어의 라이브러리로 사용할 수 있다.

http://qrcode.sourceforge.jp

다니엘 쉬프만의 프로세싱 라이브러리들
다니엘 쉬프만은 유용한 프로세싱 라이브러리를 여럿 작성했다. 이 책에서도 그의 pqrcode 라이브러리(www.shiffman.net/p5/pqrcode)를 사용했다. 이 외에도 SFTP 라이브러리(www.shiffman.net/2007/06/04/sftp-with-java-processing)와 맥 OS X용 서든 모션 센서 라이브러리(www.shiffman.net/2006/10/28/processingsms) 등이 있다.

Sketchtools NADA
NADA는 프로그래밍 환경과 하드웨어 장치를 연결하는 프락시 툴이다. 원래는 상용 툴이었으나 오픈 소스로 전환되었다

code.google.com/p/nadamobile

TinkerProxy
팅커프락시는 TCP를 시리얼 프락시로 변환하는 응용프로그램이다.

code.google.com/p/tinkerit/wiki/TinkerProxy

Twilio
트윌리오는 IP 기반의 전화 통신 서비스를 제공한다. 이들이 제공하는 응용프로그램 인터페이스를 통해 웹 응용프로그램에 전화를 걸 수 있는 프로그램을 작성할 수 있다. 상용이다.

www.twilio.com

프로세싱용 UDP 라이브러리
하이퍼미디어의 프로세싱용 UDP library를 사용하면 프로세싱에서 USP 방식의 통신을 구현할 수 있다. 맥 OS X, 리눅스 그리고 윈도우에서 프로세싱 라이브러리로 사용할 수 있다.

hypermedia.loeil.org/processing

Wiring
와이어링은 AVR 마이크로컨트롤러의 프로그래밍 환경이다. 프로세싱의 프로그래밍 인터페이스에 기반을 두고 있으며, 맥 OS X, 리눅스 그리고 윈도우 운영체제에서 사용할 수 있다.

www.wiring.org.co

찾아보기

기호

$$$ 명령 75, 204
$_FILES 변수 (PHP) 108-109
$_GET 환경 변수 21
$_POST 환경 변수 21
$_REQUEST 환경 변수 21, 93, 422
$GPGGA 문장 291, 294
$GPGSV 문장 291, 294
$GPRMC 문장 291, 294
& (AND) 논리 연산자 440
& (AND) 논리 연산자 440
^ (XOR) 논리 연산자 440
| (OR) 논리 연산자 440
~ 기호 15
+++ 명령 74, 204, 240
< 기호 92
<< (좌 시프트 연산) 440
> 기호 93
>> (우 시프트 연산) 440
1차원 바코드 323
2선식 인터페이스 (TWI) 125, 437
2차원 바코드 323, 326
8비트 컨트롤러 27
9핀 시리얼 커넥터 49
10진수 표기 86
16진수 표기 86, 441
32비트 마이크로컨트롤러 28
802.15.4 표준
   블루투스와의 관계 236
   XBee 송신기 조회하기 240-241

A

Abacom Technologies 464
Aboyd Company 234, 464
ACN (Advanced Controller Networking, 향상된 제어기 네트워크) 448, 453
Acroname Robotics 279, 465
Adafruit
   SD 카드 연결용 보드 388
   USB-Xbee 어댑터 201
   XBee 어댑터 키트 206
   가속도 센서 301
   소개 465
   이더넷 실드 124
ADH 테크 사 409
Advanced Controller Networking (ACN, 향상된 제어기 네트워크) 448, 453
AIM (AOL 인스턴트 메신저) 157
AIRNow의 웹 페이지 134-146
analogRead() 메서드 (아두이노) 279, 304

analogWrite() 메서드 (아두이노) 55
AOL 인스턴트 메신저 (AIM) 157
API (응용프로그램 인터페이스) 400
Area/Code 사이트 323
ArrayList 데이터 유형 160
ASCII 문자 세트
   PHP 지원 94
   개행 문자 130
   복귀 문자 131, 203
   소개 60, 61
   헤이즈 AT 명령 프로토콜 74
ATCN 명령 211
ATDH 명령 205
ATDL 명령 256
ATIS 명령 245
Atmel 마이크로컨트롤러 27, 465
ATMY 명령 240, 255
ATND 명령 240
ATRE 명령 244
ATVR 명령 241
available() 함수 (Serial 라이브러리) 127
avr-gcc 469
AVRlib 라이브러리 469

B

begin() 메서드
   Ethernet 라이브러리 146
   SD 라이브러리 388
beginPacket() 메서드 (UDP 라이브러리) 239
blink() 메서드 (프로세싱) 143, 210, 220
boolean 데이터 유형 13
BSD 환경 14
BtSerial 라이브러리 423, 426
Button 라이브러리 299
byte 데이터 유형 13

C

C 언어 13
cascade 파일 320
cascade() 메서드 (OpenCV 라이브러리) 321
CCS C 컴파일러 469
cd 명령 16
chmod 명령 17
Client 라이브러리
   connect() 메서드 145, 148
   connected() 메서드 127
Clock 핀 125
close() 함수 (SD 라이브러리) 389

CNAME (규칙에 따른 이름), 383 396
connect() 메서드
   BtSerial 라이브러리 424, 426
   Client 라이브러리 145, 148-149
connected() 메서드 (Client 라이브러리) 127
Cooking Hacks 사이트 409
CoolTerm 프로그램
   소개 22, 469
   프로젝트 10: 양방향 통신 203
CoreRFID 465
CS (칩 선택) 핀 125
CSS3 표준 404
CSV (쉼표 구분 값) 448
CTS (송신 가능) 51

D

date() 함수 (PHP) 21
Dave의 Telnet 469
dBm (데시벨밀리와트) 286
DDNS (동적 DNS) 396
decodeImage() 메서드 (pqrcode 라이브러리) 325
DELETE 명령 (HTTP) 94
detect() 메서드 (OpenCV 라이브러리) 321
Devantech/Robot Electronics 465
DHCP (Dynamic Host Control Protocol) 87, 145
Digi 465
Digi-Key Electronics 465
dist() 함수 (프로세싱) 317-318
D-link 465
DMX512 프로토콜 437, 447
DNS (Domain Name System) 87, 145
dnsServerIP() 메서드 (Ethernet 라이브러리) 145
Domain Name System (DNS) 87, 145
draw() 메서드 (프로세싱) 13, 24
DSO 나노 오실로스코프 39
Dynamic DNS (DDNS) 396
Dynamic Host Control Protocol (DHCP) 87, 145

E

EAN 바코드 322
Eclipse 통합 개발 환경 469
EEPROM 라이브러리 386
ELFA 465
endPacket() 메서드 (UDP 라이브러리)

239, 263
EPanorama 사이트 193
Ethernet 라이브러리
    begin() 메서드 145
    dnsServerIP() 메서드 145
    gatewayIP() 메서드 145
    localIP() 메서드 145
    subnetMask() 메서드 145
    소개 126-129
    프로젝트 13: 작업실에 유해 화학물질이 있는지 보고하기 253
    프로젝트 6: 헬로 인터넷! 조명 색깔 웹 서버 129
ETX (전송 종료) 바이트 330
Evocam 웹캠 응용 프로그램 469
Exemplar 469
exists() 메서드(SD 라이브러리) 389

F

F() 표시 358
Farnell 465
fgetss() 함수 (PHP) 138
Figaro USA, Inc. 465
float 데이터 유형
    소개 13
    프로젝트 2: 몬스키 퐁 63
flush() 함수 (SD 라이브러리) 389
fopen() 함수 (PHP) 138-139
for 반복문 13
foreach() 구문 457
Freescale 사이트 303
Fritzing 툴 30
FSR (압력 센서)
    소개 97
    일반적인 부품들 10
    프로젝트 5: 네트워크 고양이 97-106
FTDI (Future Technology Devices International, Ltd.) 465
FTDI USB-TTL 시리얼 케이블 45, 49, 51
FTDI USB-시리얼 어댑터 124
Future Technology Devices International, Ltd. (FTDI) 465
Fwink 웹캠 응용 프로그램 469

G

gatewayIP() 메서드 (Ethernet 라이브러리) 145
GET 명령 (HTTP)
    소개 94-95
    프로젝트 29: 고양이 카메라 다시 보기 391
    프로젝트 5: 네트워크 고양이 116
Girder 469
Glolab 466
GNU 스크린 프로그램 22

GPRS 모듈 409
GPS (Global Positioning System)
    거리 측정 283
    다중 경로 효과 287
    삼변 측량법 287
    소개 278
    악세서리 구입하기 296
    프로젝트 19: GPS 직렬 프로토콜 읽기 273, 288-296
GPS 직렬 프로토콜 읽기(프로젝트 19)
    관련 부품 273
    프로젝트 개요 288-296
Gridconnect 466

H

HID (휴먼 인터페이스 장치) 프로파일 70
HTML (하이퍼텍스트 마크업 언어)
    PHP 삽입하기 20
    소개 451
HTML5 표준 404-405
HTTP (하이퍼텍스트 전송 프로토콜)
    REST 452-454
    소개 92
    지원되는 명령 94-95
    환경 변수 364-366
HTTP 200 OK 헤더 392
HTTP 404 File Not Found 헤더 392
HTTP 사용자 에이전트 366-367
HTTP_ACCEPT_LANGUAGE 환경 변수 366
HTTP_USER_AGENT 환경 변수 366

I

I2C 프로토콜
    SonMicro 리더 345, 436
    소개 125, 300, 437
    프로젝트 27: RFID로 트윗 하기 356
ID 이노베이션스 327, 330-332, 340
IDE (통합 개발 환경) 24
if() 구문 66, 397
if-then 구문 13
Images SI Inc 466
IMAP (Internet Message Access Protocol) 96
int 데이터 유형
    비렛값을 구하는 함수 63
    소개 13
Inter-Integrated Circuit I2C 프로토콜 참조
Interlink Electronics 466
IOGear 49, 466
IP 주소
IP 주소 10진수 표기
IP 주소DHCP 지원 145
IP 주소DNS 지원 87, 145

IP 주소공인 IP 주소 88, 133
IP 주소구조 86
IP 주소사설 IP 주소 88, 133
IP 주소소개 85
IP 주소위치 찾기 275-276
IP 주소프로젝트 28: IP 지오코딩 366-371
IP 주소프로젝트 6: 헬로 인터넷! 조명 색깔 웹 서버 129
IP 주소호스트 찾기 141-144
IP 지오코딩(프로젝트 28)
    메일 환경 변수 368-371
    프로젝트 개요 366-368
IR LED 191-194
IR 통신 적외선 통신 참조
IRC (Internet Relay Chat) 157
is_bool() 함수 (PHP) 21
is_int() 함수 (PHP) 21
is_string() 함수 (PHP) 21
ISO 14443 표준 329
ISO 15693 표준 328
isset() 함수 (PHP) 21
ITP (Interactive Telecommunications Program) 257

J

JAN 바코드 기호 322
JSON (JavaScript Object Notation) 449-450

K

Keyspan (업체) 49, 466
Konsole 프로그램 15

L

Lantronix 모듈 124, 466
LED
    IR, 185-187
    PWM 134
    광학 분리기 443
    구입하기 9
    문제 해결 도구 146-147
    아두이노 보드에 연결하기 33
    일반적인 부품들 10
    프로젝트 1: 키보드로 LED의 밝기 조절하기 44, 52-56
    프로젝트 10: 양방향 통신 201
    프로젝트 29: 고양이 카메라 다시 보기 389
    프로젝트 7: 네트워크에 연결된 대기 환경 계기판 140
    프로젝트 8: 네트워크 퐁 163-165, 168
less 에디터 17
Libelium 409, 466

Linx Technologies 466
LiquidCrystal 라이브러리 355
list() 함수 (Serial 라이브러리) 306
listen() 메서드 (UDP 라이브러리) 238
loadStrings() 메서드 (프로세싱) 106, 427
localhost 주소 89
localIP() 메서드 (Ethernet 라이브러리) 145
logout 명령 18
loop() 메서드 (프로세싱) 24, 238
LPRS (Low Power Radio Solutions) 466
ls 명령 16

M

MAC 주소
    구성 86
    소개 86
    프로젝트 6: 헬로 인터넷! 조명 색깔 웹 서버 127
Macam 웹캠 드라이버 469
Maker Shed 467
Making Things 467
man 명령 18
map() 함수 (프로세싱) 24, 63
Master In, Slave Out (MISO) 핀 125, 388
Master Out, Slave In (MOSI) 핀 125, 388
Max 툴 469
MAX3232 칩 81
Maxbotix 436
Maxim Integrated Products 467
Maxim Technologies 51
Microchip 마이크로컨트롤러 28, 467
microSD 카드 389
MIDI (Musical Instrument Digital Interface)
    noteOff() 메서드 445
    noteOn() 메서드 445
    resetMidi() 메서드 447
    sendMidi() 메서드 445
    명령 바이트 440, 441
    범용 미디 악기 사양 443
    상태 바이트 443
    소개 439, 441-443
    프로젝트 32: MIDI 즐기기 434, 443-447
MIDI 제작자 협회 홈페이지 441
MIDI 즐기기 (프로젝트 32)
    관련 부품 434
    프로젝트 개요 443-447
Mifare 프로토콜
    소개 329
    태그로부터 읽기 354
    태그에 쓰기 348
    프로젝트 27: RFID로 트윗 하기 341
MISO (Master In, Slave Out) 핀 125, 388
mkdir 명령 16
mkdir() 메서드 (SD 라이브러리) 388
MMS (Multimedia Message Service) 407
MOD_REWRITE 모듈 456
MOSI (Master Out, Slave In) 핀 125, 388
MoSync 플랫폼 406
Mouser (업체) 467
MSP 라이브러리 469

N

NADA 툴 470
nano 편집기 17
NetMedia 467
New Micros (업체) 467
Newark 467
NFC (nearfield communications) 341
NMEA 0183 프로토콜 289
noteOff() 메서드 (MIDI) 445
noteOn() 메서드 (MIDI) 445
nslookup 명령 142

O

OpenCV 라이브러리
    cascade() 메서드 321
    detect() 메서드 321
    바코드 인식 324
    소개 316
    얼굴 인식 방법
    웹캠을 이용한 색상 인식 316
OpenSSH 프로그램 15
opto-isolators, 425
OR (|) 논리 연산자 440
OSI (Open Systems Interconnect) 모형 46

P

PAN (Personal Area Network) ID 205, 243
Parallax
    RFID 기술 329
    베이직 스탬프 마이크로컨트롤러 27, 34
    소개 467
parsePacket() 메서드 (UDP 라이브러리) 239, 264
PBASIC 언어 27
PD (Puredata) 툴 470
PEAR (PHP Extension and Application Repository) 469
peek() 메서드 (SD 라이브러리) 388
Phidgets (업체) 467
PhoneGap 플랫폼 405
PHP 언어
    ASCII 문자열 94
    date() 함수 20
    fgetss() 함수 138
    fopen() 함수 139
    HTML 페이지에 삽입하기 20
    is_bool() 함수 21
    is_int() 함수 21
    is_string() 함수 21
    isset() 함수 21
    preg_match() 함수 139
    버전 확인하기 18
    변수 다루기 21
    소개 18, 469
    스크립트 작성하기 19
    웹 페이지 읽기 137-144
    이메일 발송하기 96
    추가 정보 21
    프로세싱 언어 21
PHP 확장 및 어플리케이션 저장소 (PEAR) 469
PICAXE 환경 27
ping 명령 89
Player 객체(프로젝트 8) 173
POP (Post Office Protocol) 96
position() 메서드 (SD 라이브러리) 389
POST 명령 (HTTP)
    다중 요청 113
    소개 94-95
    프로젝트 5: 네트워크 고양이 111, 116
    프로젝트 29: 고양이 카메라 다시 보기 391
POSTNET 바코드 기호 323
pqrcode 라이브러리 325
preg_match() 함수 (PHP) 139
print() 함수
    SD 라이브러리 388
    Serial 라이브러리 60, 127
println() 함수
    SD l라이브러리 388
    Serial 라이브러리 127
PSTN (public switched telephone network) 399
Puredata (PD) 툴 470
PUT 명령 (HTTP) 94
PuTTY 프로그램
    받기 22
    소개 22, 470
    시리얼 연결 설정하기 23
    접속 끊기 23
PWM (pulse width modulation) 135, 244

Q

QR 코드
    소개 316, 323
    프로젝트 24: 웹캠을 이용한 2차원 바코드 인식 324-326

QRcode 라이브러리 470

R

RabbitCore 프로세서 123
RadioShack 467
read() 함수 (Serial 라이브러리) 127
receive() 메서드 (UDP 라이브러리) 238
Rectangle 객체 (Java) 321
REMOTE_ADDR 환경 변수 366
remove() 메서드 (SD 라이브러리) 389
Representational State Transfer (REST)
    소개 452-454
    프로젝트 33: 즐겁게 REST 사용하기
    455-457
resetMidi() 메서드 (MIDI) 447
REST (Representational State Transfer)
    소개 452-454
    프로젝트 33: 즐겁게 REST 사용하기
    455-457
RF (전자파) 차폐 198
RFID 기술
    바코드 인식 326
    소개 314, 326
    프로젝트 25: 프로세싱에서 RFID 태그 읽기 312, 330-332
    프로젝트 26: RFID가 가정 자동화와 만났을 때 313, 333-341
    프로젝트 27: RFID로 트윗 하기 341-362
    회로 테스트하기 336-337
RFID로 트윗하기(프로젝트 27)
    Mifare 태그에 쓰기 348
    SonMicro 통신 프로토콜 345-347
    관련 부품 313
    만들기 363-364
    문제 해결 362
    프로그램 메모리 절약하기 358-363
    프로젝트 개요 341
    회로 342-345, 354-358
RJ-11 잭 334
RJ-45 커넥터 447
rm 명령 18
RMC 데이터 291
rmdir 명령 17
rmdir() 메서드 (SD 라이브러리) 389
roll 회전 301, 303
rotate() 메서드 (프로세싱) 307
RS Online 469
RS-232 시리얼 프로토콜 49, 438
RS-485 프로토콜 437, 447
RSSI (received signal strength) 284
RTS (Request to Send) 51
RX (수신 핀) 51, 223, 249
rxvt 프로그램 15

S

Samtec (업체) 468
SD 라이브러리
    begin() 메서드 387
    close() 함수 389
    exists() 메서드 389
    flush() 함수 389
    mkdir() 메서드 389
    peek() 메서드 389
    position() 메서드 389
    print() 함수 389
    println() f함수 389
    remove() 메서드 389
    rmdir() 메서드 389
    seek() 메서드 389
    size() 메서드 389
    write() 함수 389
    소개 388
    추가하기 387
SD 카드
    쓰기 389
    읽기 387
    잘 이용하는 방법 389
seek() 메서드 (SD 라이브러리) 389
send() 메서드 (UDP 라이브러리) 238
sendMidi() 메서드 (MIDI) 445
sendPacket() 메서드 (UDP 라이브러리) 239
Serial 라이브러리
    available() 함수 127
    list() 함수 306
    print() 함수 60, 127
    println() 함수 127
    read() 함수 127
    write() 함수 60, 127
    소개 13
serverEvent() 메서드 (Network 라이브러리) 161, 176, 178, 180
setup() 메서드 (프로세싱) 13, 24
SFTP 라이브러리 470
SIM 카드 409
SimpleDmx 라이브러리 447
SIP (Session Initiation Protocol) 399-400
size() 메서드 (SD 라이브러리) 389
Sketchtools NADA 툴 470
Skyetek 468
Skyhook 사이트 278
SM13X FU 툴 349
Smarthome (업체) 336, 468
SMRFID Mifare v1.2 진단 도구 349
SMS (Short Messaging Service)
    소개 406-408
    휴대폰 지원 378
SMTP (Simple Mail Transfer Protocol) 96
SoftwareSerial 라이브러리 334, 337
SonMicro 리더

소개 329
프로젝트 27: RFID로 트윗 하기 313, 341-367
sonMicroEvent() 메서드 (SonMicroReader 라이브러리) 352
SonMicroReader 라이브러리 348, 352
Spark Fun Electronics
    GPRS 지원 409
    GPS 수신기 296
    RFID 기술 329, 331, 343
    SD 카드 쉴드 388
    XBee 익스플로러 202, 209
    블루투스 메이트 통신기 38, 45, 74-78, 214-223, 289-296
    소개 468
    악기용 쉴드 434, 443, 446
    연결용 보드 202
SPI (Serial Peripheral Interface)
    SD 카드 388
    소개 125, 437
    연결 지원 125
    프로젝트 6: 헬로 인터넷! 조명 색깔 웹 서버 129
SPI 라이브러리
    소개 125
    프로젝트 13: 작업실에 유해 화학물질이 있는지 보고하기 253
    프로젝트 6: 헬로 인터넷! 조명 색깔 웹 서버 129
SPP (Serial Port Profile) 70
Spreadtrum Technologies 409
SS (Slave Select) 핀 125
ssh 프로그램 15
SSID 225
String 데이터 유형 13
STX (start-of-transmission) 바이트 330
subnetMask() 메서드 (Ethernet 라이브러리) 145
Symmetry Electronics 468

T

TCP (Transmission Control Protocol)
    소개 158
    UDP 236
    프로젝트 8: 네트워크 퐁 156, 159-183
TCP/IP 스택, 정의 123
TextFinder 라이브러리
    프로젝트 11: 블루투스 송수신기 218
    프로젝트 29: 고양이 카메라 다시 보기 391
    프로젝트 7: 네트워크에 연결된 대기 환경 계기판 141
tilt() 메서드 (프로세싱) 307
Tinker DMX 쉴드 447-448
TinkerKit RFID 쉴드 342

TinkerProxy 프로그램 470
TI-RFID 468
translate() 메서드 (프로세싱) 307
Trossen Robotics 468
TSV (tab-separated values) 448
TTL 시리얼 프로토콜
    GPRS 지원 409
    RFID 기술 330
    RS-232 어댑터 49
    SonMicro 리더 436
    소개 437
    정의 46
TTL-to-RS-232 변환기 51
TWI (Two-Wire Interface) 125, 437
Twilio
    소개 377, 399, 470
    프로젝트 30: 온도조절기에게 전화하기 377, 398-415
TwiML 마크업 형식 401-403
TX (송신 핀) 51, 223, 250-251

U

UART (Universal Asynchronous Receiver-Transmitter) 337, 435
UDP (User Datagram Protocol)
    TCP 236
    UDP를 사용하는 다른 장치에 문의하기 237-240
    데이터그램 지원 236, 256
    소개 159, 236
UDP 라이브러리
    beginPacket() 메서드 239
    endPacket() 메서드 239, 263
    listen() 메서드 238
    parsePacket() 메서드 239, 264
    receive() 메서드 238
    send() 메서드 238
    sendPacket() 메서드 239
    소개 237, 470
Uncommon Projects 468
UPC (Universal Product Code) 322
USB (Universal Serial Bus) 프로토콜
    소개 46, 49, 437
    안드로이드 장치 429
USB 케이블 8
USB-A-to-Mini-B 케이블 45
USB-serial 어댑터
    XBee 통신기 240
    아두이노 모듈 48, 52, 124
    참고 이미지 45
    프로젝트 4: 블루투스 다루기 74
    프로젝트 6: 헬로 인터넷! 조명 색깔 웹 서버 126
    프로젝트 11: 블루투스 송수신기 215
    프로젝트 27: RFID로 트윗 하기 342
USB-to-RS-232 어댑터 49

USB-TTL 시리얼 케이블 49, 5
USB-Xbee 시리얼 어댑터 201
USB-XBee 어댑터
    구입하기 206
    프로젝트 17: XBee 무선 송신기를 이용해서 수신된 신호 세기 읽기 284

V

Virtual Terrain Project 276
VoIP (Voice over IP) 399-400

W

WEP 키 226, 227
while() 구문 391-392
Wire 라이브러리 299, 300
Worldkit 276
WPA 암호화 226, 227
WPA2 암호화 226
write() 함수
    SD 라이브러리 389
    Serial 라이브러리 60, 127

X

X10 프로토콜
    동기화 문제 338
    소개 333-336
    장치 코드 334
    출력 점검하기 337
XBee 무선 통신기를 이용해서 수신된 신호 세기 읽기(프로젝트 17)
    관련 부품 273
    프로젝트 개요 284-286
XBee 통신기
    802.15.4를 통해 조회하기 240-241
    XBee를 사용할 수 있도록 마이크로컨트롤러 프로그래밍하기 208-212
    메시 네트워킹 259
    선택하기 204
    소개 38
    시리얼로 설정하기 202-207
    신호 세기 286
    연결용 보드에 꽂기 202
    주변 부품 선택하기 206
    초기 상태로 리셋하기 244
    펌웨어 업그레이드 하기 241
    프로젝트 13: 작업실에 유해 화학물질이 있는지 보고하기 234, 242-255
    프로젝트 17: XBee 무선 송신기를 이용해서 수신된 신호 세기 읽기 273, 284-286
Xbee 통신기의 펌웨어 업그레이드 하는 방법 241
X-CTU 소프트웨어 241
X-Mailer 항목 371

XML (eXtensible Markup Language) 400
XOR (^) 논리 연산자 440
xterm 프로그램 15

Y

yaw 회전 301

Z

ZigBee 프로토콜 259

ㄱ

가속도 센서
    프로젝트 21: 가속도 센서를 이용해서 자세 판단하기 273, 301-308
    회전 판단하기 301, 303
가장 중요한 비트 439
가장 중요한 숫자 439
가정 자동화
    X10 프로토콜 336
    프로젝트 26: RFID가 가정 자동화와 만났을 때 313, 333-341
갈바닉 피부 반응 416-429
개방형 시스템간 상호 접속 (OSI) 모형 46
개인 지역 네트워크 (PAN) ID 205, 243
개인용 모바일 데이터로거
    관련 부품 377
    만들기 418-421
    코드 421-429
    프로젝트 개요 416
    회로 417
개인용 컴퓨터
    물리적 인터페이스 4
    소개 4
    유형 4
    휴대폰 378
개행 문자 130
거리 측정
    RFID 기술 326
    관련 제품 278-279
    능동형 278, 283
    다중 경로 효과 287
    삼각 측량법 288
    삼변 측량법 278, 288
    소개 278
    수동형 278, 283
    프로젝트 15: 적외선 거리측정기 예제 272, 279-280
    프로젝트 16: 초음파 거리측정기 예제 272, 281-284
    프로젝트 17: XBee 무선 통신기를 이용해서 수신된 신호 세기 읽기 273, 284-286
    프로젝트 18: 블루투스 무선 통신기를 이용해서 수신된 신호 세기 읽기 273,

286-287
게이트웨이 주소 127
게임 컨트롤러, 조이스틱 163-169
결과를 그래프로 만들기 264-266
고리 모양 네트워크 83
고양이 카메라
   프로젝트 5: 네트워크 고양이 107-108, 117
   프로젝트 29: 고양이 카메라 다시 보기 376, 381-398
공인 IP 주소 88, 133
공중 회선 전화 교환망 (PSTN) 399
광 필터 126, 128
광학 인식
   정의 314
   제약 326
구글 보이스 378, 399
구글 악세서리 개발 키트 429
구문 (NMEA 프로토콜) 290
구분 문자 62
국가 해양 전자 협회 289
권한 변경 17, 369
규칙에 따른 이름 (CNAME) 396
그리기 도구 30
근거리 통신 (NFC) 341
기트 허브 30, 334, 469

ㄴ

나바레즈, 아리엘 430
나침반 조정하기 298
나침반 디지털 나침반 참조
납 흡입기 7
납땜 보조기, 구매하기 7
네임서버 87
네트워크 고양이(프로젝트 5)
   고양이 카메라 웹 페이지 만들기 107-108
   고양이 카메라 웹 페이지 만들기 117
   고양이가 보낸 편지 106-107
   관련 부품 82
   서버에 파일 올리기 108-109
   이미지 캡처와 업로드 109
   프로젝트 개요 97-106
   한데 모으기 113
네트워크 라이브러리
   serverEvent() 메서드 161, 176, 178, 180
   소개 13
   프로젝트 5: 네트워크 고양이 111
네트워크 서버 4
네트워크 스택 123
네트워크 위치 274-277
네트워크 인증
   소개 164, 364-366
   프로젝트 28: IP 지오코딩 366-371
네트워크 인터페이스 모듈

소개 123-125
프로젝트 6: 헬로 인터넷! 조명 색깔 웹 서버 123, 126-133
네트워크 지도 83-85
네트워크 카메라 396-398
네트워크 통신
   규약의 계층 45
   세션 236
   소개 43
   프로젝트 1: 키보드로 LED의 밝기 조절하기 44, 52-56
   프로젝트 2: 몬스키 퐁 44, 56-66
   프로젝트 3: 무선 몬스키 퐁 45, 69-73
   프로젝트 4: 블루투스 다루기 45, 74-78
   프로젝트 5: 네트워크 고양이 82, 97-117
네트워크 퐁(프로젝트 8)
   Player 객체 살펴보기 172-176
   관련 부품 156
   밸런스 보드 클라이언트 169-173
   서버 측 개요 173
   시험용 채팅 서버 160-161
   조이스틱 클라이언트 163-169
   클라이언트 측 개요 161-162
   퐁 서버 프로그램 176-183
   프로젝트 개요 159
네트워크 프로토콜 3
네트워크에 연결된 대기 환경 계기판(프로젝트 7)
   관련 부품 123
   프로젝트 개요 134-146
넷마스크 87
노드 발견하기 240
노드 식별자 240
노드버그, J. 271, 309
노리그, 안드레 30
논리 연산자 440
논리적 계층
   RS-232 시리얼 프로토콜 49
   TTL 시리얼 프로토콜 46
   USB 프로토콜 48
   소개 45
누엔, 투안 안 T 1
뉴욕 대학 Interactive Telecommunications Program (ITP) 257
뉴욕대학교 257
능동형 RFID 시스템 327
능동형 거리 측정 278, 283
니퍼 7

ㄷ

다이오드 10
다중 경로 효과 287
다중화 199
단순 메일 전송 프로토콜 (SMTP) 96, 449

데시벨밀리와트 (dBm) 286
데이터 계층
   RS-232 시리얼 프로토콜 49
   TTL 시리얼 프로토콜 46
   USB 프로토콜 48
   소개 46
데이터 모드
   모드 전환 74
   소개 74
   프로젝트 4: 블루투스 다루기 헤이즈 AT 명령 프로토콜 74
데이터 유형 13
데이터 포맷 448-451
데이터그램
   목적지 지정 256
   정의 236
데이터로깅 (프로젝트 31) 377, 416-429
도구
   물리적 7-10
   소프트웨어 11-15
   시리얼 통신 21-24
   진단 146-152, 336, 349
동기식 시리얼 통신
   SPI 125
   X10 프로토콜 336
   소개 46, 47, 437
동보 메시지
   802.15.4 방송 메시지를 통해 XBee 송신기 조회하기 240-241
   UDP 고려 사항 236
   UDP를 사용하는 다른 장치에 문의하기 237-240
   정의 201
듀티 사이클(사용률) 248
디바운스 기법 168
디버깅 방법 147-148
디지털 나침반
   조정하기 298
   프로젝트 20: 디지털 나침반을 이용해서 방향 알아내기 273, 297-300
디지털 나침반을 이용해서 방향 알아내기 (프로젝트 20)
   관련 부품 273
   프로젝트 개요 297-300
디지털 입력 회로 36
디지털 전파 전송 198
디지털 카메라
   얼굴 탐지 알고리즘 320
   적외선 보기 193
   프로젝트 9: 적외선으로 디지털카메라 제어하기 188, 195-197

ㄹ

라우터
   게이트웨이 주소 127
   정의 84

포트 번호 133
런던, 카티 230
레만, 폴 D. 463
레볼루션 에듀케이션 27
레이놀즈 일렉트로닉스 193, 468
로그 로보틱스 27
로빙 네트워크 75, 214, 468
로튼, 길라드 257, 259, 267
롱노우즈 플라이어 7
롱노우즈 플라이어 7
루트 디렉터리 16
루프백 주소 89
리눅스 환경
    IP 주소 86
    TextFinder 라이브러리 141
    X-CTU 소프트웨어 241
    블루투스 지원 71, 76
    스크린 프로그램 23
    시리얼 통신 툴 22
    시험용 채팅 서버 160
    아두이노/와이어링 모듈 25, 31
    원격 접속 응용프로그램 14, 15
    이미지 캡처와 업로드 110
    터미널 에뮬레이션 프로그램 21
리스, 케시 13
리프랩의 메이플 컨트롤러 28

마골레스, 마이클 141
마이어, 로저 22
마이어스, 라이언 78
마이크로컨트롤러
    8비트 컨트롤러 27
    32비트 컨트롤러 28
    GPRS 409
    Microchip PIC 28
    MIDI 지원 441
    Xbee 206
    Xbee 모듈 사용하기 208-212
    관련 프로젝트 462
    구입하기 8
    모바일 212-213
    물리적 인터페이스 4
    물리적인 도구 7-10
    브레드보드용 전선 10
    사용 단계 4
    소개 27
    시리얼 포트 21-24
    아두이노 모듈 25-26
    아트멜 AVR 28
    연결하기 223
    와이어링 모듈 24
    일반 LED 10
    일반 다이오드 10
    일반 브레드보드 10
    일반 아날로그 센서 10

일반 저항 10
일반 전압 조정기 10
일반 전지 스냅 단자 10
일반 커패시터 10
일반 트랜지스터 10
일반 퍼텐쇼미터 10
일반 푸시버튼 10
일반 헤더 핀 10
정의 4
통신하기 212
휴대폰 377-379
휴대폰 네트워크에 접속하기 409
마이크로파의 대역 198
마주로프, 올레그 429
마크업 언어 450
만능기판 163, 165
매체 접근 제어 주소 MAC 주소 참조
맥 OS X 환경
    IP 주소 86
    ping 툴 89
    TextFinder 라이브러리 141
    USB 프로토콜 49
    X-CTU 소프트웨어 241
    네트워크 설정 패널 85
    블루투스 지원 70, 76
    스크린 프로그램 23
    시리얼 통신 툴 22
    시험용 채팅 서버 160
    아두이노/와이어링 모듈 25
    원격 접속 응용프로그램 15
    이미지 캡처와 업로드 109
    터미널 에뮬레이션 프로그램 22
머피, 글렌
멀리건, 라이언 299
멀티 카메라 IR 컨트롤 라이브러리 195-196
멀티미디어 메시지 서비스 (MMS) 407
멀티미터 7
메드센, 레이 399
메시 네트워킹 259
메시지 전송
    HTTP 명령 94-95
    동보 메시지 201, 236-241
    목적지가 지정된 메시지 255-266
    문제 해결하기 88
    세션 236
    좋은 습관들 5
    패킷 교환 88
    프로젝트 5: 네트워크 고양이 102-107
    프로젝트 10: 양방향 통신 201
메시지 메시지 전송 참조
메이커 노트북 30
멜로, 마우리시오 81
명령 모드
    모드 전환 74, 204
    소개 74
    프로젝트 4: 블루투스 다루기 74

헤이즈 AT 명령 프로토콜 74
명령 코드 439
명령행 인터페이스
    PHP 스크립트 18-21
    매시지 문제 해결 89
    소개 14-15
    시리얼 통신 도구들 21-24
    일반적인 사용법 15-17
    파일 만들기 17
    파일 보기 17
    파일 지우기 18
    파일에 대한 접근 제어 17
모나 안드레오스 271, 309
모뎀
    블루투스 지원 70
    소개 69
    시리얼-이더넷 124
    정의 84
    헤이즈 AT 명령 프로토콜 74
모양 인식 320
목적지가 지정된 메시지
    소개 255-257
    프로젝트 14: 태양전지 데이터 무선으로 중계하기 257-266
목진요 155, 184
몬스키 퐁(프로젝트 2)
    관련 부품 44
    프로젝트 개요 56-67
몬스키 퐁, 무선(프로젝트 3)
    관련 부품 45
    프로그램 수정하기 71-73
    프로젝트 개요 69-73
무선 몬스키 퐁(프로젝트 3)
    관련 부품 45
    프로그램 수정하기 71-73
    프로젝트 개요 69-73
무선 실드 207
무선 통신
    소개 190
    전파 신호 세기 286
    종류 191
    진단 227
    통신기를 선택하는 요령 224
    프로젝트 3: 무선 몬스키 퐁 45, 69-73
    프로젝트 9: 적외선으로 디지털카메라 제어하기 188, 195-196
    프로젝트 10: 양방향 전파 통신 188, 201-213
    프로젝트 11: 블루투스 송수신기 189, 214-224
    프로젝트 12: 헬로 와이파이! 189, 225-227
    프로젝트 14: 태양전지 데이터 무선으로 중계하기 235, 257-266
무선통신의 불가사의한 오류 190
문서화 30
문자 메시지 406-409

문자 메시지 서비스(SMS)
　소개 408
　휴대폰 지원 380
문자 프로토콜 438
문제 해결
　IR 프로젝트 193
　X10 프로젝트 337-338
　메시지 전송하기 88
　임베디드 모듈 146-152
　프로젝트 13: 작업실에 유해 화학물질이 있는지 보고하기 253
　프로젝트 27: RFID로 트윗 하기 362
물리적 계층
　RS-232 시리얼 프로토콜 49
　TTL 시리얼 프로토콜 46
　USB 프로토콜 48
　소개 45
　프로토콜 고려사항 434-436
물리적 도구
　디버깅 방법 146
　소개 7-10
물리적 사물
　소개 2
　인식하기 314-315
　인터페이스 요소 2
물리적 위치
　거리 측정하기 278
　네트워크 위치 274-278
물리적 인식 　RFID 기술 참조
　모양 인식 320
　물리적 표식으로서의 구슬 319
　바코드 인식 322-326
　색상 인식 316-319
　소개 311, 314
　얼굴 인식 320-322
　영상 인증 315
　패턴 인식 320
　프로젝트 22: 웹캠을 이용한 색상 인식 312, 316-320
　프로젝트 23: 웹캠을 이용한 얼굴 인식 312, 320-322
　프로젝트 24: 웹캠을 이용한 2차원 바코드 인식 312, 324-326
물리적 인터페이스
　물리적 도구 7-10
　정의 2
　컴퓨터의 종류 4
물리적인 표식으로서의 구슬 319
미국 규격 협회 60
미국 정보 교환용 표준 부호　ASCII 문자 집합 참조

ㅂ

바그다티, 무스타파 416, 418
바르시아-콜롬보, 가브리엘 78
바이너리 프로토콜 438-441, 447

바코드 인식
　소개 322
　스캔한 이미지 326
　프로젝트 24: 웹캠을 이용한 2차원 바코드 인식 312, 324-330
반송파 192
방향
　센서의 종류 296
　프로젝트 20: 디지털 나침반을 이용해서 방향 알아내기 297-300
　프로젝트 21: 가속도 센서를 이용해서 자세 판단하기 301-308
백주연 43
밸런스 보드 169-173
범용 MIDI 악기 정보 443
범용 비동기화 송수신기 (UART) 337, 435
범용 시리얼 버스 (USB) 프로토콜
　소개 48, 49, 437
　안드로이드 장치 429
베임, 알렉스 187
벤지, 마시모 25
변수
　PHP 변수 다루기 21
　스칼라 20
　인스턴스 175
　전역 111, 114
　환경 21, 365-366, 448
별 모양 네트워크 83
보드레이트 75
보호 시간 204
복귀 문자 130, 203
복셀, 존 409
부켈리, 레아 418
부품　개별 프로젝트 참조
　기타 464
　마이크로컨트롤러 462
　센서 464
　실드 462
　연결용 보드 463
　자주 사용하는 부품들 463-464
　지원 부품 및 도구 462
　커넥터 463
　통신 모듈 462-463
　특별 부품 464
　프로토타이핑 보드 462
분압기
　사용방법 37-38
　정의 37
브레드보드
　구입하기 9
　만능기판 163
　아두이노/와이어링 모듈 35, 36
　일반적인 부품들 10
브레드보드　브레드보드 항목 참조
브레드보드용 연결선
　구입하기 9

　일반적인 부품들 10
브레드보드용 전선
　구입하기 9
　일반적인 부품들 10
브리빅, 알렉산더 299
블루투스 다루기(프로젝트 4)
　관련 부품 45
　프로젝트 개요 74-78
블루투스 무선을 이용해서 수신된 신호 세기 읽기(프로젝트 18)
　관련 부품 273
　프로젝트 개요 286
블루투스 프로토콜
　802.15.4 236
　무선 신호 강도 286
　소개 69-70
　프로젝트 3: 무선 몬스키 퐁 69-73
　프로젝트 4: 블루투스 다루기 45, 74-78
　프로젝트 11: 블루투스 송수신기 189, 214-224
　프로젝트 18: 블루투스 무선 통신기를 이용해서 수신된 신호 세기 읽기 273, 286
　프로젝트 19: GPS 직렬 프로토콜 읽기 288-296
　프로젝트 31: 개인용 모바일 데이터로거 377, 416-429
비글 보드 124
비동기식 시리얼 통신
　블루투스 69
　소개 46, 47, 437
　흐름 제어 67
비숍, 더렐 319
비트
　마스킹 440
　시프팅 440
　읽기 쓰기 439-440
비트 단위 연산 440
비트 세팅하기 440
비트 클리어 440

ㅅ

사물
　물리적인 도구들 7-10
　소프트웨어 도구들 11-15
　인터페이스의 요소들 2
　통신하기 위해 고려해야 할 것들 2, 5
사설 IP 주소 88, 133
사스타드, 모제 311
사용자 데이터그램 프로토콜　UDP 참조
삼각 측량법 288
삼변 측량법
　소개 278, 288
　프로젝트 19: GPS 직렬 프로토콜 읽기 273, 288-296

상대 경로 16
상위 디렉터리 16
상태 머신 358
색상 인식
   소개 316
   자동응답기 319
   조명 조절 요령 318
   프로젝트 22: 웹캠을 이용한 색상 인식 312, 316-320
생성자 메서드 175
샤이들, 나탄 384
서버
   서버 공개하기 395
   시험용 서버 프로그램 152
   웹 브라우저 90
   정의 90
   파일 업로드하기 108-109
   프로젝트 8: 네트워크 퐁 173-183
서버 측 스크립트 18
서브넷 마스크 87, 127
서브넷, 정의 87
서비스 발견 프로토콜 70
세션
   메시지 236
   정의 158, 236
세션 개시 프로토콜 (SIP) 398-400
세션을 사용하지 않는 네트워크
   동보 메시지 237-241
   세션 vs. 메시지 236
   소개 233
   프로젝트 13: 작업실에 유해 화학물질이 있는지 보고하기 234, 242-255
   프로젝트 14: 태양전지 데이터 무선으로 중계하기 235, 257-266
세츠, 세바스찬 195
센서
   PhoneGap 플랫폼 405
   거리 측정하기 278
   관련 프로젝트 464
   구입하기 9
   일반적인 부품들 10
   피드백 루프 157
생체 정보 측정 415-429
소켓
   정의 158
   프로젝트 8: 네트워크 퐁 156, 159-183
소프트웨어 도구들 개별 소프트웨어 참조
   목록 469-470
   원격 접속 프로그램 14-15
   프로세싱 11-13
소프트웨어 사물
   소개 2
   인터페이스 고려 사항 2, 4
소프트웨어 오실로스코프 39
소프트웨어 인터페이스 2, 4
속성에 대한 정의 401

솔라리스 환경 14
송수신기
   소개 3, 191, 200
   프로젝트 10: 양방향 통신 201
   프로젝트 11: 블루투스 송수신기 189, 214-224
송신 가능(CTS) 51
송신 요구 (RTS) 51
송신 핀 (TX) 51, 223, 249
송신기, 정의 191
수동형 RFID 시스템 326
수동형 거리 측정 278, 283
수신 핀 (RX) 51
수신기
   거리 측정하기 283
   정의 191
수신된 신호 세기 (RSSI) 284
숨김 파일 16
셸링, 나하나 430
쉬프만, 다니엘 13, 324, 470
쉼표 구분 값(CSV) 448
슈나이더, 앤드류 233
슈리드하, 소날리 271, 309
스리스칸다라자, 사이 230
스마트폰 휴대폰 참조
스미스, 자레드 399
스위치, 정의 84
스칼라 변수 20
스케치
   정의 12
   흐름 제어 68
스크루 드라이버 7
스크린 프로그램
   닫기 23
   정의 23
스클라, 데이비드 21
스트랭, 존 18
슬라빈, 케빈 323
슬레이브 선택 (SS) 핀 125
시리얼 데이터 핀 300
시리얼 모니터(아두이노) 36, 59, 239
시리얼 버퍼 68
시리얼 주변장치 인터페이스 SPI 참조
시리얼 클럭 핀 300
시리얼 통신 비동기식 시리얼 통신 및 동기식 시리얼 통신 참조
   NMEA 0183 프로토콜 289
   디버깅 방법 144-49
   리눅스 환경 22
   맥 OS X 환경 22
   소개 3, 21, 34-35
   윈도우 환경 22
   정의 46
   프로토콜의 선택 436-437
시리얼 포트
   닫기 23, 63
   소개 21

   아두이노/와이어링 모듈 23
   윈도우 환경 22
   주의사항 23
   풀기 23, 63
시리얼 포트 프로파일 (SPP) 70, 417
시리얼-USB 변환기 8
시리얼-USB 변환기 8
시리얼-이더넷 모뎀 124
시분할 다중 방식 199
시험용 프로그램
   서버용 152-153
   클라이언트용 149-152
신호 단자 36
신호 세기
   RFID 시스템 326
   거리 측정하기 278, 283
   측정하기 286
   프로젝트 17: XBee 무선 송신기를 이용해서 수신된 신호 세기 읽기 273, 284-286
   프로젝트 18: 블루투스 무선 통신기를 이용해서 수신된 신호 세기 읽기 273, 286-287
실드 이더넷 실드 참조
   관련 프로젝트 462
   만들기 27
   무선 207
   정의 26
   참고 이미지 26
   호환성 26
씨드 스튜디오 39, 468

ㅇ

아날, 티모 311, 327
아날로그 입력 회로
   사용 예제 37-38
   소개 37
아날로그 전파 전송 197
아날로그-디지털 변환기 250
아두이노 모듈
   소개 24-25, 469
   1.0 버전의 특징 32
   LED 켜기 33-34
   USB-시리얼 어댑터 51, 124
   개발 환경의 특징 32
   브레드보드 35, 36
   설치 과정 29-31
   시리얼 모니터 36, 59, 239
   시리얼 통신 34
   시리얼 포트 34
   실드 26
   이더넷 라이브러리 126-129
   입력과 출력 28-29
   호환보드 25, 38
   흐름 제어 67-69
아두이노 스토어 465

아두이노 플레이그라운드 193
아파치
　MOD_REWRITE 모듈 456
　PHP 스크립트 18
악기 디지털 인터페이스 MIDI 참조
악어 클립 8
악어 클립 8
안드로이드 장치
　USB 429
　프로세싱 설정하기 411-415
　프로젝트 31: 개인용 모바일 데이터로거 377, 416-429
안전 고글 7
안테나 디자인 197
알래스테어 앨런 410
알아내기
　거리 측정 278
　정의 276
압력 센서 (FSR)
　소개 97
　일반적인 부품들 10
　프로젝트 5: 네트워크 고양이 97-106
앞뒤 흔들림 301, 303
애스터리스크 전화 서버 377, 399, 469
앱 인벤터(App Inventor) 411
양극(Anode) 53
양방향 통신 (프로젝트 10)
　XBee를 사용할 수 있도록 마이크로컨트롤러 프로그래밍하기 208-212
　관련 부품 188
　마이크로컨트롤러끼리의 양방향 무선 통신 212
　시리얼로 XBee 모듈 설정하기 201-207
　프로젝트 개요 201
어댑터 보드들 45
어댑티브 디자인 협회 169-170
어도비 일러스트레이터 30
얼굴 인식
　소개 320
　프로젝트 23: 웹캠을 이용한 얼굴 인식 312, 320-322
에코 모드 76
역논리 값 50
연결용 보드
　Xbee 206, 207
　관련 프로젝트 463
연관 배열 448
영상 인증 315
오라일리 엔지니어링 테크놀러지 학회 277
오브라이언, 데릭 291
오슬로 건축 디자인 학교 311
오실로스코프
　구입하기 7
　소개 39
　적외선 보기 193

적외선 신호 감지하기 194
옥텟 (IP 주소) 86
온도 센서
　프로젝트 29: 고양이 카메라 다시 보기 376, 383-395
　프로젝트 30: 온도조절기에게 전화하기 377, 398-415
온도조절기로 전화하기
　관련 부품 377
　문자 메시지 406-409
　프로젝트 개요 398
올리베로, 조르지오 30
와이어 스트리퍼 7
와이어링 모듈
　브레드보드 35
　설정 과정 30-32
　소개 24-25, 470
　시리얼 포트 34
　입력과 출력 29
　참고 이미지 25
　프로그래밍 환경 32
요소(XML) 400
요한슨, 사라 311
우 시프트 연산자 440
우분투 환경
　IP 주소 86
　TextFinder 라이브러리 141
　블루투스 지원 71, 76
　소프트웨어 업데이트 툴 31
　이미지 캡처와 업로드 110
워드프레스 블로그 30
웹 브라우징
　소개 90-94
　프로젝트 5: 네트워크 고양이 97-117
　휴대폰 380
웹 서버
　TCP 지원 158
　프로젝트 6: 헬로 인터넷! 조명 색깔 웹 서버 123, 126-133
웹 스크레이퍼
　소개 134
　프로젝트 7: 네트워크에 연결된 대기 환경 계기판 123, 134-146
웹 인터페이스 123
웹캠
　프로젝트 5: 네트워크 고양이 107-108, 117
　프로젝트 22: 웹캠을 이용한 색상 인식 312, 316-320
　프로젝트 23: 웹캠을 이용한 얼굴 인식 312, 320-322
　프로젝트 24: 웹캠을 이용한 2차원 바코드 인식 312, 324-326
　프로젝트 29: 고양이 카메라 다시 보기 376, 381-395
위즈넷 모듈 124
위치

네트워크 위치 274-278
방향 알아내기 297
소개 271
실제 위치 274-278
인기 있는 기술 277
프로젝트 15: 적외선 거리측정기 예제 272, 279-280
프로젝트 16: 초음파 거리측정기 예제 272, 281-282
프로젝트 17: XBee 무선 통신기를 이용해서 수신된 신호 세기 읽기 273
프로젝트 18: 블루투스 무선 통신기를 이용해서 수신된 신호 세기 읽기 273, 286
프로젝트 19: GPS 직렬 프로토콜 읽기 273, 288-296
프로젝트 20: 디지털 나침반을 이용해서 방향 알아내기 273, 297-300
프로젝트 21: 가속도 센서를 이용해서 자세 판단하기 273, 301-308
프로젝트 32: MIDI 즐기기 434, 443-446
프로젝트 33: 즐겁게 REST 사용하기 455-457
윈도우 환경
　IP 주소 86
　ping 툴 89
　TextFinder 라이브러리 141
　X-CTU 소프트웨어 241
　내장 텔넷 프로그램의 한계 91
　네트워크 설정 패널 85
　블루투스 지원 70, 76
　시리얼 통신 툴 22
　시험용 채팅 서버 160
　아두이노/와이어링 모듈 25, 31
　원격 접속 프로그램 14
　이미지 캡처와 업로드 109
　터미널 에뮬레이션 프로그램 22
유닉스 환경
　명령어 안내문 18
　명령어 인터페이스 14
　숨김 파일 16
유도 작용 197
유휴 모드 211
음극 정의 53
음성 통화
　GPRS 409
　휴대폰 지원 380
응답확인 기법 69
응용 계층
　TTL 시리얼 프로토콜 46
　USB 프로토콜 48
　소개 46
　프로젝트를 통해 이해하기 52-56
응용프로그램 인터페이스(API) 400
이더넷 실드
　디버깅 방법 146

소개 26
아두이노 124
에이다프루트 124
프로젝트 6: 헬로 인터넷! 조명 색깔 웹 서버 126-133
프로젝트 7: 네트워크에 연결된 대기 환경 계기판 134-145
프로젝트 13: 작업실에 유해 화학물질이 있는지 보고하기 249
프로젝트 27: RFID로 트윗 하기 355
이더넷 케이블 9
이더넷 프로토콜 85-86
이동
3차원 공간에서의 회전과 이동 303
설명 301
이름-값 페어 448
이메일 프로그램
이메일 프로그램문자 메시지 406-408
소개 96
프로젝트 5: 네트워크 고양이 102-107
휴대폰 지원 379-380
이미지
바코드 인식 326
캡처와 업로드 109-113
이벤트
소개 104
프로젝트 5: 네트워크 고양이 104
이브레아 인터랙션 디자인 대학원 24
인두기와 땜납 7
인스턴스 변수 175
인스턴스, 정의 175
인증하기 물리적 인식의 RFID 기술 참조
네트워크 인증 311, 364-371
소개 311
영상 인증 315
프로젝트 22: 웹캠을 이용한 색상 인식 312, 316-320
프로젝트 23: 웹캠을 이용한 얼굴 인식 312, 320-322
프로젝트 24: 웹캠을 이용한 2차원 바코드 인식 312, 324-326
프로젝트 25: 프로세싱에서 RFID 태그 읽기 312, 330-332
프로젝트 27: RFID로 트윗 하기 313
프로젝트 28: IP 지오코딩 366-371
인터넷 메시지 접근 프로토콜 (IMAP) 96
인터넷 전송 프로토콜 449
인터넷 중계 채팅 (IRC) 157
인터넷 프로토콜 주소 IP 주소 참조
인터랙티브 시스템
프로젝트 8: 네트워크 퐁 156, 159-183
피드백 루프 157
인터페이스 모듈 336
임베디드 모듈
문제 해결하기 146-153
프로젝트 7: 네트워크에 연결된 대기 환경 계기판 123, 134-145
잉크스케이프 툴 30

ㅈ

자동노출계 197
자동응답기 319
자메코 466
자바 언어
소개 469
클래스 175
프로세싱 언어 11
자바스크립트 객체 표기 형식 (JSON) 449-450
자바스크립트 언어 404
자세 판단
정의 301
프로젝트 21: 가속도 센서를 이용해서 자세 판단하기 273, 301-308
작업실에 유해 화학물질이 있는지 보고하기(프로젝트 13)
XBee 프로토콜 읽기 250-255
관련 부품 234
송신기 설정 243-245
일반적인 문제들 252
프로젝트 개요 242-243
회로 245-248
잠금 파일 23
장치 제어 모듈 336
장치관리자(윈도우) 22, 31
장치에게 문의하기
802.15.4 사용하기 240-241
UDP 지원 237-240
저항
구입하기 9
일반적인 부품들 10
풀다운 37
풀업 37
프로젝트 5: 네트워크 고양이 98
적외선 거리측정기 예제(프로젝트 15)
관련 부품 272
프로젝트 개요 279-280
적외선 통신
데이터 프로토콜 192
문제 해결하기 193
보기 193
소개 191
작동 방식 192-194
적외선 신호 감지하기 194
프로젝트 9: 적외선으로 디지털카메라 제어하기 188, 195-196
프로젝트 15: 적외선 거리측정기 예제 272, 279-280
적외선으로 디지털카메라 제어하기(프로젝트 9)
관련 부품 188
프로젝트 개요 195-196

전 지구 위치 파악 시스템 GPS 참조
전구 제어 모듈 336, 337
전기적 계층
RS-232 시리얼 프로토콜 49
TTL 시리얼 프로토콜 46
USB 프로토콜 48
소개 45
전기적 인터페이스 2
전방향 전송 191
전송 시작 (STX) 바이트 330
전송 제어 프로토콜 TCP 참조
전송 종료 바이트(ETX) 330
전송 프로토콜 449
전압 조정기
구입하기 9
변종 제품들 38
일반적인 부품들 10
프로젝트 13: 작업실에 유해 화학물질이 있는지 보고하기 246
전압 트리거 258
전역 변수 111, 114
전원 공급 (어댑터) 7, 357
전원 연결 단자 8
전원 제어 스위치 384
전자파 차폐 (RF) 장치 198
전지와 스냅 단자구입하기 8
전지와 스냅 단자일반적인 부품들 10
전지와 스냅 단자프로젝트 3: 무선 몬스키퐁 72
전지와 스냅 단자
전파 송수신기 See 송수신기 참조
전파 통신 신호 강도 참조
노드 발견 240
노드 식별자 241
디지털과 아날로그 198
소개 191, 197
프로젝트 10: 양방향 통신 188, 201-213
프로젝트 17: XBee 무선 송신기를 이용해서 수신된 신호 세기 읽기 273, 284-286
프로젝트 18: 블루투스 무선 통신기를 이용해서 수신된 신호 세기 읽기 273, 286
절대 경로 16
접속 제어 36
정량적 자아(Quantified Self) 416
제어 패널 모듈 336
조건문
if() 구문 66, 397
if-then 구문 13
while() 구문 391-380
디버깅 148
소개 13
조이스틱 163-169
종속 포털 228
좌 시프트 연산자 440

좌우 흔들림 301, 303
주소 체계 77, 85-88
주파수 분할 다중 방식(FDM) 199
즐겁게 REST를 사용하기 (프로젝트 33) 455-457
지오코딩
   소개 276
   프로젝트 28: IP 지오코딩 366-371
지향성
   적외선 192
   정의 191
직통으로 연결된 네트워크 83
진단 도구
   SMRFID Mifare v1.2 348-349
   Wi-Fi 실드 227
   소개 146-153
   제어 패널 모듈 336

ㅊ

채팅 서버
   정의 158
   프로젝트 8: 네트워크 퐁 156, 159-161
초음파 거리측정기 예제(프로젝트 16)
   관련 부품 272
   프로젝트 개요 281-282
칩 선택(CS) 핀 125

ㅋ

카메라
   네트워크 396-398
   얼굴 인식 320
   적외선 보기 193
   프로젝트 9: 적외선으로 디지털카메라 제어하기 188, 195-197
카우프만, 제이슨 81
커패시터
   구입하기 9
   일반적인 부품들 10
컬킨, 조디 30
컴퓨터 개인용 컴퓨터 참조
코헨, 조나단 30, 319
쿠조, 스테판 237
퀵타임 프로그램 109
크라이티스, 톰 334
클라이언트-서버 모델
   시험용 프로그램 작성하기 149-152
   웹 브라우저 90-94
   이메일 96
   정의 90
   프로젝트 29: 고양이 카메라 다시 보기 376, 381-398
   프로젝트 5: 네트워크 고양이 97
   프로젝트 8: 네트워크 퐁 156, 159-161

클래스
   생성자 메서드 175
   인스턴스 175
   인스턴스 변수 175
   정의하기 175
클럭의 상승 에지 300
클럭의 하강 에지 300
키보드로 LED의 밝기 조절하기(프로젝트 1)
   관련 부품 44
   프로젝트 개요 52-56

ㅌ

태그, 정의 400
태양전지 데이터 무선으로 중계하기(프로젝트 14)
   결과를 그래프로 만들기 264-266
   관련 부품 235
   송신기 설정 258
   프로젝트 개요 257
   회로 258-262
탭 구분 값 (TSV) 448
터미널 에뮬레이션 프로그램
   OpenSSH 15
   소개 21-22
   프로젝트 4: 블루투스 다루기 75
터미널 프로그램 15
테일, 정의 62
텍사스 인스트루먼트 28, 328
텔넷
   네트워크 모듈 124
   보안 15
   윈도우의 제한 91
   이스케이프 키 조합 160
토디노, 그레이스 18
통신 모듈 462-463
통신 프로토콜 프로토콜 참조
통신기 선택하기 224
통일 상품 코드 (UPC) 322
통합 개발 환경 (IDE) 24
툴리, 팀 443
트랜지스터
   구입하기 9
   일반적 부품들 10
트위터 관련 프로젝트 프로젝트 27: RFID로 트윗하기 참조

ㅍ

파블로, 안젤라 257, 259, 267
파이썬 언어 409
파일
   만들기 17
   보기 18
   삭제하기 18
   서버에 올리기 108-109

숨김 16
잠금 23
접근 제어 17
파일 보기 18
파일 삭제 18
파일 포맷 389
파츤, 수지 418
판 멕겔런, 짐 399
팔루디, 로버트 204,257,259
패러데이 새장 198
패러데이, 마이클 198
페이로드, 정의 62
패킷 교환 88-89
패킷 길이 62, 250
패킷, 정의 62
패턴 인식 320
팬, 도리아 81
퍼텐쇼미터(가변저항)
   구입하기 9
   사용법 38
   일반적인 부품들 10
   정의 38
   프로젝트 11: 블루투스 송수신기 217
   프로젝트 13: 작업실에 유해 화학물질이 있는지 보고하기 248
   프로젝트 27: RFID로 트윗 하기 356, 359
펄스
   반송파 192
   통신 프로토콜 3
펄스 폭의 비율 248
펄스폭 변조 방식 (PWM) 135, 244
펌웨어
   SonMicro 리더 345-347,348-349
   Xbee 통신기 업그레이드하기 241
   읽기 346, 357
포스트 오피스 프로토콜 (POP) 96
포토셀 126, 128
   사설 IP 133
   정의 90
폴롤루 (업체) 299, 467
푸시버튼
   구입하기 9
   일반적인 부품들 10
   프로젝트 11: 블루투스 송수신기 217
풀다운 저항 37
풀업 저항 37
프라이, 벤 13
프로그래밍 언어.451. 개별 언어 참조
프로세싱 언어 개별 메서드 참조
   PHP 언어 21
   소개 11-13, 470
   아두이노/와이어링 모듈 24
   안드로이드 앱 411
   지원되는 라이브러리 237
   추가 정보 13
   클래스 175

흐름 제어 67-69
프로세싱에서 RFID 태그 읽기(프로젝트 25)
    관련 부품 312
    프로젝트 개요 330-332
프로세싱용 Hypermedia UDP 라이브러리 470
프로젝트 1: 키보드로 LED의 밝기 조절하기
    관련 부품 38
    프로젝트 개요 52-56
프로젝트 2: 몬스키 퐁
    관련 부품 44
    프로젝트 개요 56-66
프로젝트 3: 무선 몬스키 퐁
    관련 부품 45
    프로그램 수정하기 71-73
    프로젝트 개요 69-73
프로젝트 4: 블루투스 다루기
    관련 부품 45
    프로젝트 개요 74-78
프로젝트 5: 네트워크 고양이 프로젝트 20: 고양이 카메라 다시 보기 참조
    고양이 카메라 웹 페이지 만들기 107-108
    고양이가 보낸 편지 106-107
    관련 부품 82
    서버에 파일 올리기 108-109
    웹캠용 웹 페이지 116-117
    이미지 캡처해서 업로드하기 109-113
    프로젝트 개요 97-106
    한데 모으기 113-117
프로젝트 6: 헬로 인터넷! 조명 색깔 웹 서버
    관련 부품 123
    프로젝트 개요 126-133
프로젝트 7: 네트워크에 연결된 대기 환경 계기판
    관련 부품 123
    프로젝트 개요 134-146
프로젝트 8: 네트워크 퐁
    Player 객체 살펴보기 173-176
    관련 부품 156
    밸런스 보드 클라이언트 169-173
    서버 측 개요 173
    시험용 채팅 서버 160
    조이스틱 클라이언트 163-169
    클라이언트 측 개요 161-162
    퐁 서버 프로그램 176-183
    프로젝트 개요 159
프로젝트 9: 적외선으로 디지털카메라 제어하기
    관련 부품 188
    프로젝트 개요 195-196
프로젝트 10: 양방향 통신
    XBee를 사용할 수 있도록 마이크로컨트롤러 프로그래밍하기 208-212

    관련 부품 188
    마이크로컨트롤러끼지의 양반향 무선 통신 212
    시리얼로 Xbee 모듈 설정하기 202-207
    프로젝트 개요 201
프로젝트 11: 블루투스 송수신기
    관련 부품 189
    두 개의 마이크러컨트롤러 연결하기 223
    두 개의 블루투스 통신기 연결하기 217-223
    명령어 216-217
    프로젝트 개요 214
    회로 214-215
프로젝트 12: 헬로, 와이파이!
    관련 부품 189
    프로젝트 개요 225-227
프로젝트 13: 작업실에 유해 화학물질이 있는지 보고하기
    XBee 프로토콜 읽기 250-255
    관련 부품 234
    송신기 설정 243-245
    일반적인 문제들 252
    프로젝트 개요 242-243
    회로 245-248
프로젝트 14: 태양전지 데이터 무선으로 중계하기
    결과를 그래프로 만들기 264-266
    관련 부품 235
    송신기 설정 258
    프로젝트 개요 257
    회로 258-263
프로젝트 15: 적외선 거리측정기 예제
    관련 부품 272
    프로젝트 개요 279-280
    관련 부품 272
    프로젝트 개요 281-282
프로젝트 17: Xbee 무선 통신기를 이용해서 수신된 신호 세기 읽기
    관련 부품 273
    프로젝트 개요 284-286
    관련 부품 273
    프로젝트 개요 286
프로젝트 19: GPS 직렬 포트 읽기
    관련 부품 273
    프로젝트 개요 288-296
프로젝트 20: 디지털 나침반을 이용해서 방향 알아내기
    관련 부품 273
    프로젝트 개요 297-300
프로젝트 21: 가속도 센서를 이용해서 자세 판기 301-308
프로젝트 22: 웹캠을 이용한 색상 인식
    관련 부품 312
    프로젝트 개요 316-320
프로젝트 23: 웹캠을 이용한 얼굴 인식

    관련 부품 312
    프로젝트 개요 320-322
프로젝트 24: 웹캠을 이용한 2차원 바코드 인식
    관련 부품 312
    프로젝트 개요 324-326
프로젝트 25: 프로세싱에서 RFID 태그 읽기
    관련 부품 312
    프로젝트 개요 330-332
프로젝트 26: RFID가 가정 자동화와 만났을 때
    관련 부품 313
    프로젝트 개요 333-341
프로젝트 27: RFID로 트윗 하기
    Mifare 태그에 쓰기 348
    SonMicro 통신 프로토콜 345-347
    관련 부품 313
    만들기 363-364
    문제 해결 362
    프로그램 메모리 절약하기 358-362
    프로젝트 개요 341
    회로 342-345, 354-359
프로젝트 28: IP 지오코딩
    이메일 환경 변수 368-370
    프로젝트 개요 366-368
프로젝트 29: 고양이 카메라 다시 보기 프로세싱 언어와 네트워크 고양이 참조
    관련 부품 376
    코드 385-395
    프로젝트 개요 381-384
    회로 384
프로젝트 30: 온도조절기에게 전화하기
    관련 부품 377
    문자 메시지 406-409
    프로젝트 개요 398
프로젝트 31: 개인 휴대용 데이터로거
    관련 부품 377
    만들기 418-421
    코드 421-429
    프로젝트 개요 416
    회로 417
프로젝트 32: MIDI 즐기기
    관련 부품 434
    프로젝트 개요 443-447
프로젝트 33: 즐겁게 REST를 사용하기 455-458
프로토콜 개별 프로토콜 참조
    REST 452-454
    네트워크 3
    물리적 시스템 계획하기 437
    바이너리 (이진수) 438-440, 447
    시리얼 3
    연결하기 434
    정의 3
    좋은 습관들 6
    텍스트 438-441, 448-451

프로젝트 1: 키보드로 LED의 밝기 조절하기 52-56
프로젝트 2: 몬스키 퐁 56-66
프로젝트 32: MIDI 즐기기 434, 443-447
프로젝트 33: 즐겁게 REST 사용하기 455-457
프로토타이핑 보드
    관련 프로젝트 462
    소개 163
    참고 이미지 165
프로토타이핑 실드 9
프로파일, 정의 70
피드백 루프
    인터랙티브 시스템 157
    프로젝트 8: 네트워크 퐁 156, 159-183
피치 회전 301, 303
피크, 제리 18
픽베이직 프로 34, 469

ㅎ

하드웨어 주소
    구성 86-87
    소개 85
하드웨어 판매처 464-468
하이퍼텍스트 마크업 언어 (HTML)
    PHP 삽입하기 20
    소개 451
하이퍼텍스트 전송 프로토콜 (HTTP)
    REST 452-454
    소개 92, 449
    지원되는 명령 94-95
    환경 변수 365-366
하트만, 케이트 230
핫쓴, 메러디스 430
항해술적 용어 301
허브, 정의 84
허시맨, 다니엘 448
헌팅턴, 존 440
헤더 핀
    구입하기 9
    일반적인 부품들 10
헤더 핀 프로젝트 5: 네트워크 고양이 101
헤더, 정의 62
헤드셋 프로파일 (블루투스) 70
헤이즈 AT 명령 프로토콜
    GPRS 지원 409
    모드 전환 74
    소개 74
헨드 세이크 모드(응답확인 방식) 69
헬로 인터넷! 조명 색깔 웹 서버(프로젝트 6)
    관련 부품 123
    프로젝트 개요 126-132
헬로, 와이파이! (프로젝트 12)

관련 부품 189
프로젝트 개요 225-227
홈 디렉터리 15
확인 기능(아두이노) 32
확장성 마크업 언어 (XML) 387-391, 400-404
환경 변수
    HTTP 지원 364-366
    PHP 지원 21
환경 변수 메일 368-371
환경 변수 이름-값 페어 448
환경보호국 134
회로
    디지털 입력 35-36
    소개 377
    아날로그 입력 37-38
회전
    3차원 공간에서의 회전과 이동 303
    정의 301
회전 측정하기 301, 303
휴대폰
    네이티브 응용프로그램 인터페이스 380, 410-415
    마이크로컨트롤러 377-379, 409
    소개 377-381
    프로젝트 29: 고양이 카메라 다시 보기 376, 381-396
    프로젝트 30: 온도조절기로 전화하기 377, 398-415
    프로젝트 31: 개인용 휴대용 데이터로거 377, 416-429
휴대폰을 위한 네이티브 응용프로그램 380, 410-415
휴먼 인터페이스 장치 (HID) 프로파일 70
흐름 제어
    애니메이션 67-68
    프로젝트 2: 몬스키 퐁 56-67
    프로젝트 3: 무선 몬스키 퐁 69-73
흔들림 이동 301, 303
히스코트, 크리스 277

| 최신판 |

토질및기초 기술사

수험 요령 및 핵심문제 풀이

자기주도노트

최정식 저

예문사

Chapter 01 흙의 성질

○ 흙의 생성(풍화)

- 물리적 풍화 : 자갈, 모래, 실트와 같이 쪼개지는 흙

$$물리적\ 풍화지수 = \frac{광물(\%) + 미세균열 - 간극량(\%)}{석영(\%) + 장석 + 운모 + 기타광물(\%)} \times 100(\%)$$

- 화학적 풍화 : 광물

$$화학적\ 풍화지수(CWI) = \left(\frac{Al_2O_3 + Fe_2O_3 + TiO_2 + H_2O}{화학성분\ 합계}\right) mole \times 100(\%)$$

[등급표]

등급	I	II	III	IV	V	VI
기호	F	SW	MW	HW	CW	RS
CWI(%)	13~15	15~20			20~40	60 이상

○ 흙의 구조

- 조립토 : 배수거동($t=0$)
- 세립토 : 비배수거동($t=0 \sim \infty$)

사질토 PI=0
GW GP GM GC   점성토(C)
SW SP SM SC   PI≠0
MH ML
CH CL

- 사질토(비점성토) : $PI=0$, $c=0$, $t=0$ 조건에서 즉시배수
- 점성토 : $PI \neq 0$, $c \neq 0$, $t=0$ 조건에서 비배수조건(압밀 $\xrightarrow{(t=\infty)}$ 배수)

◯ 점토광물(판상구조) : KIM

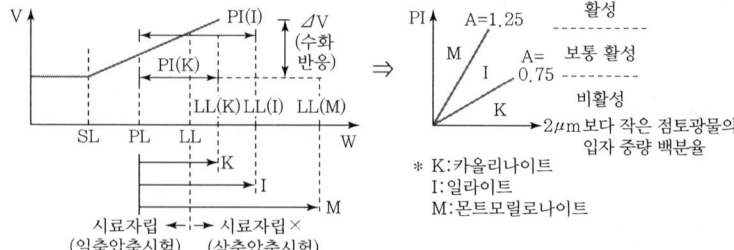

* K:카올리나이트
  I:일라이트
  M:몬트모릴로나이트

◯ 흙의 삼상과 하중조건

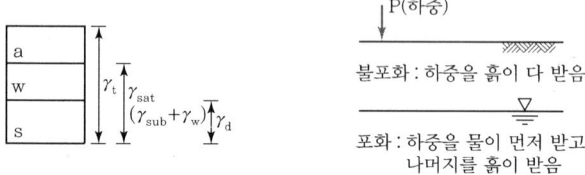

불포화 : 하중을 흙이 다 받음

포화 : 하중을 물이 먼저 받고
       나머지를 흙이 받음

◯ Rock Cycle

암의 시간의존성(단기간 : 스웰링, 슬레이킹)

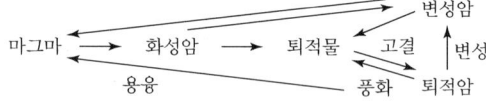

◯ 흙의 생성

- Cementation : 광물, 고결물질이 퇴적물을 굳게 만드는 현상
- Desiccation : 연약한 점성토 표층 수분증발에 따른 전단강도 증가 현상

- 충적세(1만 년 전) : Young Clay, Normal Consolidation
- 홍적세(2백만 년 전) : Old Clay, Over Consolidation(경시/연대효과)

◎ 흙의 분류

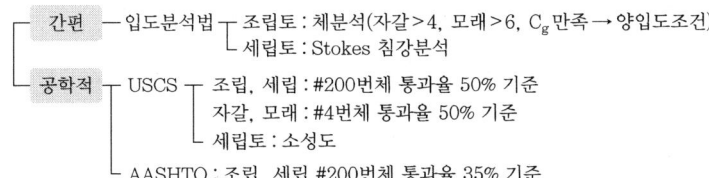

- 간편
  - 입도분석법
    - 조립토 : 체분석(자갈>4, 모래>6, C_g 만족 → 양입도조건)
    - 세립토 : Stokes 침강분석
- 공학적
  - USCS
    - 조립, 세립 : #200번체 통과율 50% 기준
    - 자갈, 모래 : #4번체 통과율 50% 기준
    - 세립토 : 소성도
  - AASHTO : 조립, 세립 #200번체 통과율 35% 기준

◎ 입도분석법

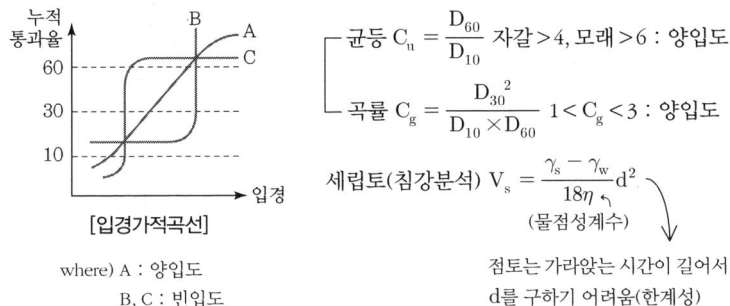

[입경가적곡선]

where) A : 양입도
B, C : 빈입도

- 균등 $C_u = \dfrac{D_{60}}{D_{10}}$ 자갈>4, 모래>6 : 양입도
- 곡률 $C_g = \dfrac{D_{30}^2}{D_{10} \times D_{60}}$ $1 < C_g < 3$: 양입도

세립토(침강분석) $V_s = \dfrac{\gamma_s - \gamma_w}{18\eta} d^2$
(물점성계수)

점토는 가라앉는 시간이 길어서
d를 구하기 어려움(한계성)

◎ USCS

- 조립토 : 입도분석법과 동일
- 세립토 → Plastic chart로 구분

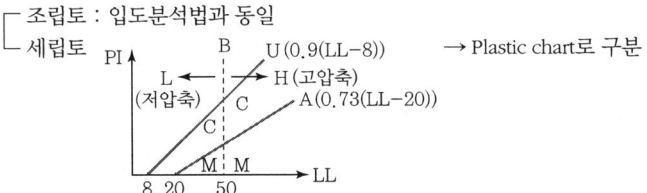

구분	USCS (연경도, 입도)	AASHTO (애터버그, 입도)	비고
조립, 세립구분	#200번체 50% 통과 기준	#200번체 35% 통과 기준	AASHTO 적합
모래, 자갈구분	#4번체 50% 통과 기준	불명확	USCS 적합
실트, 점토구분	소성도	소성도	
적용	범용	도로, 활주로	

◯ 상대밀도

강도특성, 액상화와 동상 판단, 지지력과 기초파괴형태 판단

$$D_r = \frac{e_{max} - e}{e_{max} - e_{min}} \times 100$$

$$D_r = \frac{\gamma_{dmax}}{\gamma_d} \times \frac{\gamma_d - \gamma_{dmin}}{\gamma_{dmax} - \gamma_{dmin}} \times 100$$

◯ 사질토와 점성토의 특성

구분		사질토	점성토
물리적	구조	단립, 봉소	면모, 이산
	거동	배수	비배수
	동상	실트	영향 적음
역학적	강도특성	ϕ, D_r	c, 연경도
	강도변화	액상화, 퀵샌드	예민비, Thixo
문제점		보일링, 액상화	히빙, 스웰링, 퀵클레이

◯ 해성점토(매우 느슨한 면모구조)

바다에 침전된 점토 → 지상으로 융기 → 강우 등에 의해 Na 이온 용출 → 느슨한 해성점토 됨 → 지진 등에 의해 교란됨(퀵클레이)

→ 예민비 $S_t = \dfrac{\text{교란 전 강도}}{\text{교란 후 강도}} > 8$ → Quick Clay(해성점토)

◯ 동형치환

- 구조변화 없음, 이온반경이 비슷한 점토광물의 원자가 다른 원자와 치환
  ↕ 상대적 개념
- 양이온교환능력 : 확산이중층 내 양이온이 자유수층 양이온과 교환 → 평형상태유지

○ 확산이중층

점토입자가 양이온, 물을 끌어올 수 있는 범위
↳ 점성토 구조가 유지되는 이론

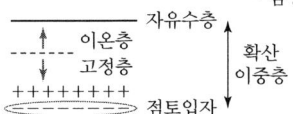

○ 유효응력에 영향 미치는 간극수압

$u = h_p \times \gamma_w \rightarrow h_p = h_w \pm \Delta h$

- $t = 0$: 침투수압
- $t = 0 \sim \infty$: 과잉간극수압

where) u : 간극수압
Δh : 수두차
h_p : 압력수두
h_w : 정수두

○ 부시네스크 & 케글러의 지중응력 이론(2 : 1 분포법)

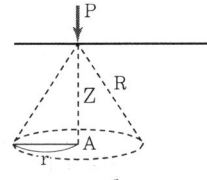

$\triangle \sigma = \dfrac{3PZ^3}{2\pi R^5}$

$\rightarrow I_P = \dfrac{3Z^5}{2\pi R^5}$

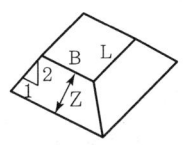

$\triangle \sigma = \dfrac{P}{(B+Z)(L+Z)}$

○ 암석의 시간의존성

Rock Cycle, Swelling, Slaking
대책과 관련

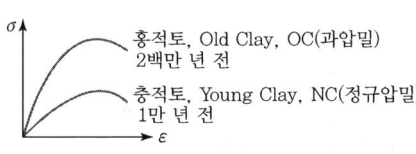

홍적토, Old Clay, OC(과압밀)
2백만 년 전

충적토, Young Clay, NC(정규압밀)
1만 년 전

◯ 애터버그 한계와 압밀상태 관계

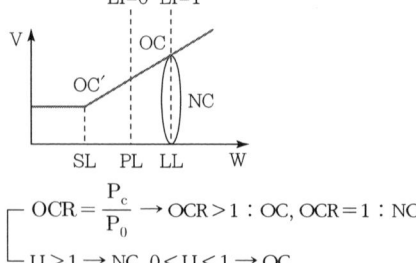

$$\text{OCR} = \frac{P_c}{P_0} \rightarrow \text{OCR} > 1 : \text{OC}, \text{OCR} = 1 : \text{NC}$$

$$\text{LI} \geq 1 \rightarrow \text{NC}, 0 < \text{LI} < 1 \rightarrow \text{OC}$$

◯ 점토에서 액성한계가 증가하면 압축성이 증가하는 원리(소성도로 설명)

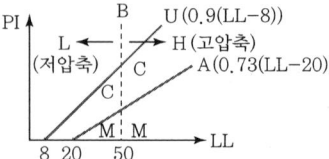

◯ 융해침하와 융해압밀의 비교

구분	Mechanism	시간특성	배수특성
융해침하	융해속도 < 배수속도	$t = 0$	즉시 배수
융해압밀	융해속도 > 배수속도	$t = 0 \sim \infty$	시간의존적 배수

◯ 한계동수경사

$$i_{cr} = \frac{G_s - 1}{1 + e} = \frac{\gamma_{sub}}{\gamma_w} \; / \; \text{활용} \; Fs = \frac{i_{cr}}{i} = \frac{\dfrac{G_s - 1}{1 + e}}{\Delta h / L} > 1.5 \; (\text{안정})$$

→ 한계동수경사와 지반의 유효응력의 상관성 관련

$\tau_f = c + \sigma' \cdot \tan\phi$ 에서

$\sigma' = \sigma - u$ → σ = 일정 → 간극수압 증가 / 유효응력 감소 → $\sigma' = 0$ → 한계동수경사 발생

◯ 동형치환 발생에 따른 점토(애터버그)의 공학적 변화

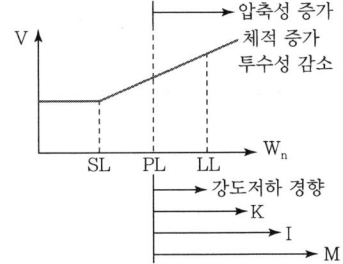

구분		공학적 변화
동형치환 활발 시	강도	저하
	활성도	증가
	소성지수	증가

◯ 흙의 거동해석을 위한 배수조건과 비배수조건의 비교 검토

구분	배수조건	비배수조건
지배인자	c', ϕ'	C_u
산정시험	CU	UU
시간특성	$t = 0$ 조건	$t = 0 \sim \infty$ 조건
상재하중	$\triangle p$ 발생	$\triangle u$ 발생
적용	단계성토, 정상침투	급속성토, 압밀배수

◯ 세립분 함량에 따른 배수조건 구분에 대한 토질기술자로서의 의견

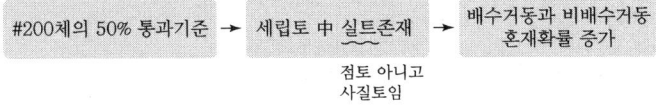

◯ Talus(애추/붕적토) 타입분류

- Type Ⅰ : 바위 위주 붕괴 → 빈입도, 지반개량 필요(Rock Support)
- Type Ⅱ : Ⅰ과 Ⅲ의 전이단계(Transition)
- Type Ⅲ : 양입도지반(Matrix Support)

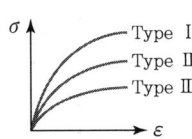

Chapter 02 투수

○ 사질지반과 점성지반 특징

- 사질지반 : $t = 0$ → 즉시 배수 → 체적 변화 × → 수화반응 → σ' 변화특성 (Darcy, Laplace 이론)
- 점성지반 : $t \neq 0$ → 압밀 배수 → 체적 변화 ○ → 활성도(KIM 수화) → σ' 변화 특성(테르자기 이론)

○ 현장투수시험

- 순간충격시험

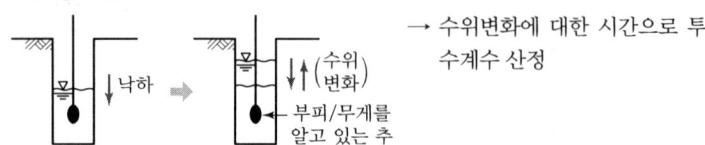

→ 수위변화에 대한 시간으로 투수계수 산정

- 양수시험

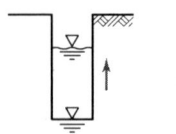

→ 양수기로 전부 양수 후 물이 차오르는 시간으로 투수계수 산정

→ 두 시험 모두 자동지하수위계 필수 설치

○ Darcy's Law

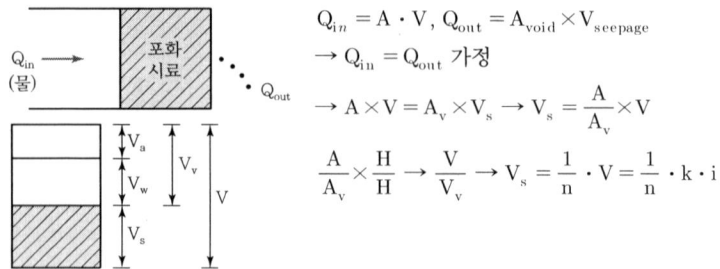

$Q_{in} = A \cdot V,\ Q_{out} = A_{void} \times V_{seepage}$

→ $Q_{in} = Q_{out}$ 가정

→ $A \times V = A_v \times V_s \to V_s = \dfrac{A}{A_v} \times V$

$\dfrac{A}{A_v} \times \dfrac{H}{H} \to \dfrac{V}{V_v} \to V_s = \dfrac{1}{n} \cdot V = \dfrac{1}{n} \cdot k \cdot i$

◯ Laplace 방정식

- $\dfrac{\partial^2 \phi}{\partial x^2} + \dfrac{\partial^2 \phi}{\partial y^2} + \dfrac{\partial^2 \phi}{\partial z^2} = 0$

- 등방이며, Darcy 법칙을 따름, 비압축성, 포화, 2차원 흐름으로 가정

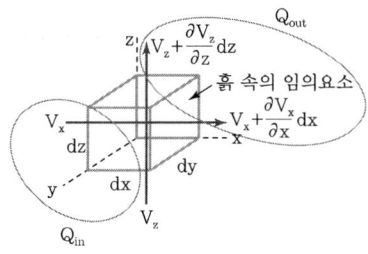

→ $\dfrac{\partial^2 h}{\partial x^2} + \dfrac{\partial^2 h}{\partial z^2} = 0$

→ 흙 속 물의 흐름은 x방향 동수경사와 z방향 동수경사 변화의 합이 0이 됨

→ x, z 방향 물의 흐름을 나타내는 유선망에서 유선과 등수두선은 직교함을 의미 → 유선망 가정조건 충족

◯ 유선망 가정조건

- 유선과 등수두선은 서로 직교
- 안전한 두 유선의 크기는 동일
- Laplace 방정식을 만족시킴
- 각 요소는 크기가 같은 정사각형
- 흙은 포화, 균질, 등방

◯ 부력과 양압력 산정

- 부력 $= V \times \gamma_w =$ 부피 × 물의 단위중량
- 양압력(침투압)
  - 물의 흐름 미존재 시 $U_p = h_w \times \gamma_w$
  - 물의 흐름 존재 시 $U_p = h_w \times \gamma_w + \Delta h \times \gamma_w$

국토부 Fs 기준 $Fs = \dfrac{W_b + Q_s}{U} > 1.2 \to O.K$

where) W_b : 자중
Q_s : 마찰저항
U : 부력

◯ 흙댐에서의 필터조건

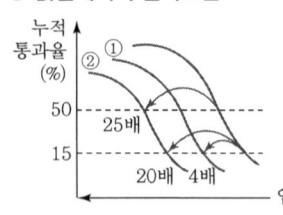

① 투수성 양호기준   ② 토립자 유출방지기준

$$\frac{(D_{15})f}{(D_{15})s} \geq 4 : 배수 원활$$

$$\frac{(D_{15})f}{(D_{15})s} \leq 20, \frac{(D_{50})f}{(D_{50})s} \leq 25 : 토립자 유출방지$$

◯ 투수계수의 경험적 산정

$$k = k' \cdot \frac{\gamma_w}{\eta} \times \frac{e^3}{1+e} \quad (Taylor) \quad Q = k \cdot \Delta h \cdot \frac{N_f}{N_d}$$

$$k' = c \cdot (D_{10})^2 \qquad \qquad \searrow 산정 가능$$

where) c : 사질 100~150, 점성 2(hazen)

◯ 물의 상향침투와 하향침투 시 지반 내 유효응력 변화

$\sigma' = \sigma - u$ 에서

구분	전응력	u	σ'	변화 여부
상향	Constant	증가	감소	σ' 감소
하향	Constant	감소	증가	σ' 증가(과압밀)

◯ 필댐 차수재료의 품질기준

- PI 15 이상, 흙의 종류 : CH, CL, $k = 1 \times 10^{-5}$ 이하
- 다짐이 잘되고 공학적 성질 우수, 토사구득성 용이

◯ 하천제방 안정성 확보, 설계 시 검토사항

① 제체부 : 부등침하, 월류, 세굴, 파이핑, 역행침식
   → 한계유속법, 유선망법

② 지반부 : 역행침식, 파이핑, 분사, 보일링
→ • 한계유속법, 가중크리프비 > FS 7~9 이상, 테르자기법 $\left(Fs = \dfrac{w}{J}\right)$

• $V_0 = \sqrt{\dfrac{w \cdot g}{A \cdot \gamma_w}}$ → 유속이 V_0가 $\dfrac{1}{100}$ 이하이면 안정

　　where) w : 토립자 수중중량
　　　　　A : 토립자 면적
　　　　　V_0 : 한계유속

• 한계동수경사* → 동수경사가 i_{cr}의 $\dfrac{1}{2}$ 이하이면 안정

○ 모래, 점토로 구성된 2층 지반에서 수위급강하 시 거동특성 고찰

구분	모래	점토
시간영향	미고려	고려(t = 0 ~ ∞)
배수	즉시배수	압밀배수
간극수압	침투수압	과잉간극수압
강도	증가	점점 증가
주변영향	경미	침하(Creep)

○ 댐 지반 그라우팅
↳ *댐의 지반개량은 차수(지수)와 보강으로 구분 작성
　　　┌ 차수 : 림, 컨택트, 커튼 그라우팅
　　　└ 보강 : 컨설리, 덴탈 그라우팅

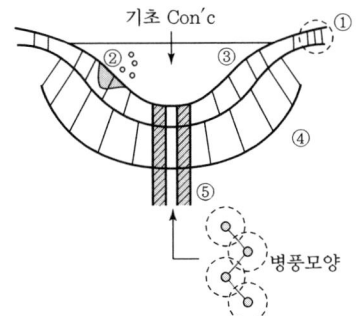

① 림 그라우팅
② 덴탈 그라우팅
③ 컨택트 그라우팅
④ 컨설리데이션 그라우팅
⑤ 커튼 그라우팅(병풍모양)

◐ 댐 기초부 암반의 투수성 평가법

- Lugeon Test
  - 목적 : 댐기초부의 투수성(안정성) 평가
  - 방법 : Single, Double Packer
  - 산정식 : $L_u = \dfrac{10Q}{PL}$ / 한계치 : $25L_u$

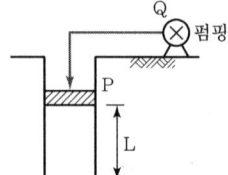

where) Q : 펌프용량
P : 주입압
L : 시험구간길이

→ 커튼 그라우팅 : $1 \sim 2L_u$, 컨설리데이션 그라우팅 : $2 \sim 5L_u$ (개량 후 목표치)

◐ 흙댐과 CFRD의 역학적 거동 차이

- Fill댐 : 침투 인정, 내진 검토 필요, 거대 규모, 커튼 그라우팅은 코어 내부에 위치
- CFRD댐 : 침투 불인정, 내진 검토 불필요, 왜소 규모, 커튼 그라우팅은 차수벽 외부에 위치

Chapter 03 압밀

○ 압밀의 목적

압밀은 결국 침하를 알기 위함 → 시간의존적 배수이다(정의).

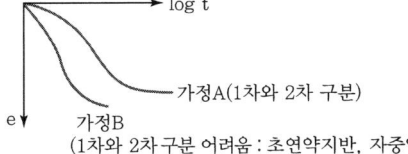

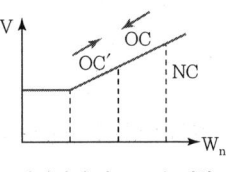

압밀진행 시 OC'은 팽창
OC, NC는 수축경향

○ 투수와 압밀 비교(기본가정 : 포화지반, 균질·등방, 비압축)

구분	투수(Drain)	압밀(Consolidation)
시간특성	$t = 0$ (Seepage)	$t = 0 \sim \infty$ (Seepage)
부피변화	$\triangle V = 0$	$\triangle V \neq 0$
유량변화	$Q_{in} = Q_{out}$ 수위유지 시	$Q_{in} = Q_{out} + \triangle q$ where) $\triangle q$: 빠져나간 물
과잉간극수압	침투수압	과잉간극수압

○ 등시곡선(Isochrone)

- 테르자기의 1차 압밀이론 $\left(\dfrac{\partial u}{\partial t} = C_v \cdot \dfrac{\partial^2 u}{\partial z^2} \right)$ 을

→ 그래프로 나타냄 →

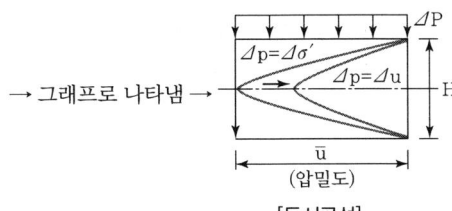

[등시곡선]

◯ EOP(△u가 0이 되는 순간)
- △u가 0이 된 이후에도 침하 → Creep($\Delta P = 0$, $\Delta u = 0$)
- 초연약지반에서는 하중 증가와 과잉간극수압의 소산이 없음에도 불구하고 변형 발생

◯ EOP 관련 유사용어
- EOP 압밀시험 : 간극수압측정시험법의 한 종류임
- EOP 압밀 : 1차, 2차 압밀 경계
- EOP 압밀계수 : $e - \log t$ 그래프에서 C_r 임

◯ 흙의 전단특성과 압밀특성

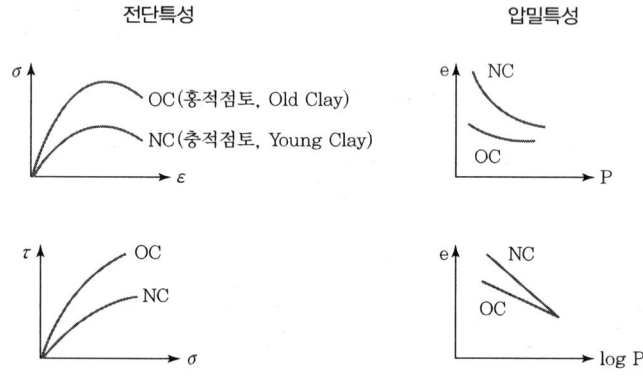

◯ 애터버그 한계와 압밀이론 관계

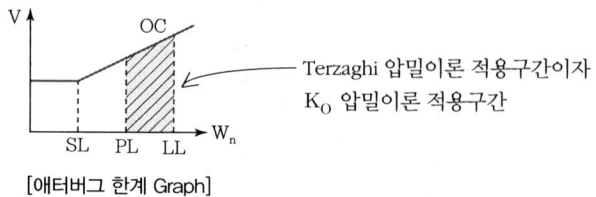

[애터버그 한계 Graph]

등가투수계수

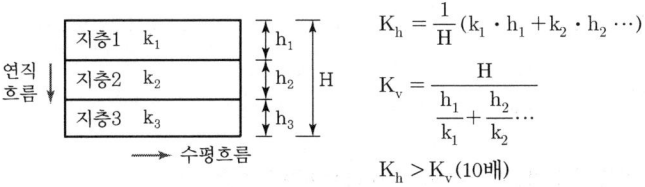

$$K_h = \frac{1}{H}(k_1 \cdot h_1 + k_2 \cdot h_2 \cdots)$$

$$K_v = \frac{H}{\frac{h_1}{k_1} + \frac{h_2}{k_2} \cdots}$$

$$K_h > K_v \,(10배)$$

하중증가비(LIR)와 압밀비의 상관관계

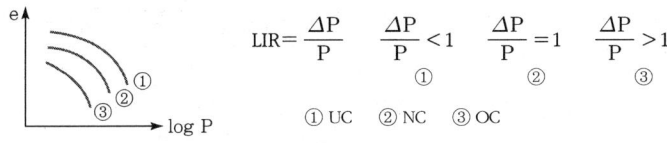

$$LIR = \frac{\Delta P}{P} \quad \underset{①}{\frac{\Delta P}{P} < 1} \quad \underset{②}{\frac{\Delta P}{P} = 1} \quad \underset{③}{\frac{\Delta P}{P} > 1}$$

① UC ② NC ③ OC

2차 압축지수와 2차 압밀비의 상관관계

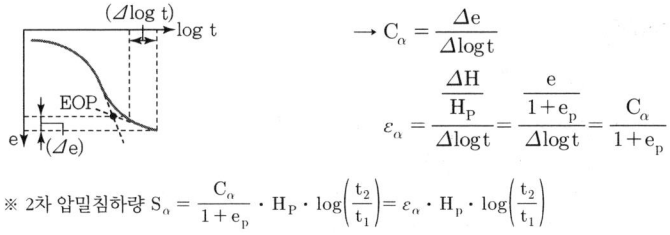

$$\rightarrow C_\alpha = \frac{\Delta e}{\Delta \log t}$$

$$\varepsilon_\alpha = \frac{\frac{\Delta H}{H_P}}{\Delta \log t} = \frac{\frac{e}{1+e_p}}{\Delta \log t} = \frac{C_\alpha}{1+e_p}$$

※ 2차 압밀침하량 $S_\alpha = \dfrac{C_\alpha}{1+e_p} \cdot H_P \cdot \log\left(\dfrac{t_2}{t_1}\right) = \varepsilon_\alpha \cdot H_p \cdot \log\left(\dfrac{t_2}{t_1}\right)$

미소변형률과 유한변형률 검토를 위한 압밀시험 및 적용이론 고찰

- 미소 : Terzaghi 1차 압밀 → 표준압밀시험, 가정 A, 침투압밀
- 유한 : 상반이론(Mikasa) → CRS 시험, Rowe-cell, 가정 B, 자중압밀, 진공압밀
  (1차 압밀)

구분	미소	유한
일반	테르자기, 표준압밀, 1차원 압밀	Mikasa 상반, CRS, Rowe-cell, 1차원 압밀
가정	등방, 비압축, 포화	비등방, 비균질, 압축

○ 흙의 항복강도(σ_y)와 선행압밀하중(P_c)의 관계

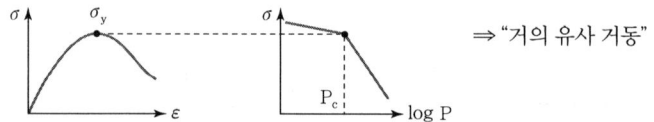

⇒ "거의 유사 거동"

○ 시간의존적 압밀침하거동해석에서 가정 A와 가정 B

- 가정 A : 1차 후 2차 압밀 → 미소변형률 이론 ┐
- 가정 B : 1차, 2차 동시 압밀 → 유한변형률 이론 ┘ → 둘 다 1차 압밀이론

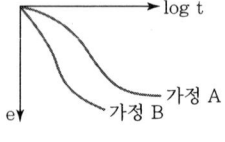

구분	가정 A	가정 B
압밀시기	1차 후 2차 압밀	1차, 2차 동시 압밀
해석	선형 해석	비선형 해석
지반특성	NC나 OC의 얇은 층	준설토
이론	미소변형률	유한변형률

○ 자중압밀

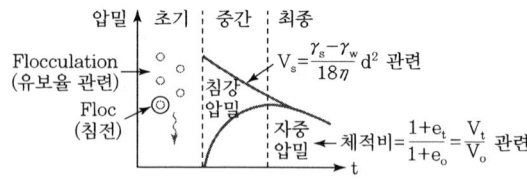

$V_s = \dfrac{\gamma_s - \gamma_w}{18\eta} d^2$ 관련

체적비 = $\dfrac{1+e_t}{1+e_o} = \dfrac{V_t}{V_o}$ 관련

[자중압밀 메커니즘 Graph]

○ 압밀침하량 계산에서 유한분포하중 재하 시, 점토층을 여러 층으로 나누는 이유

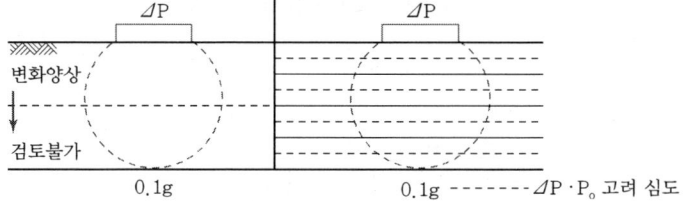

→ 여러 층으로 나누면 ΔP나 P_o의 변화양상 확인 유리, 지표는 1m 세분하고 심부 3~5m 나눔. 또한 깊이별로 C_c, C_v, e, γ_s가 다르므로 각각 산정 대입 필요

○ 압밀상태에 따른 압밀공식

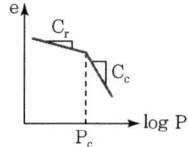

$$S_{(정규압밀)} = \frac{C_c}{1+e} \cdot H \cdot \log\left(\frac{P_0 + \Delta P}{P_0}\right)$$

$$S_{(과압밀)} = \frac{C_r}{1+e} \cdot H \cdot \log\left(\frac{P_c}{P_0}\right) + \frac{C_c}{1+e} \cdot H \cdot \log\left(\frac{P_0 + \Delta P}{P_c}\right)$$

→ $P_0 + \Delta P > P_c$ 경우

$$S_{(과압밀)} = \frac{C_r}{1+e} \cdot H \cdot \log\left(\frac{P_0 + \Delta P}{P_0}\right) \rightarrow P_0 + \Delta P < P_c \text{ 경우}$$

○ 압밀시험의 종류

① 표준압밀시험

목적 : C_c, C_v, C_r, a_v, m_v 산정, 압밀도 계산 → $\triangle u$ 소산 파악

$\frac{\Delta e}{\Delta P} = a_v \Leftarrow$ [그래프들] $\Rightarrow \frac{\Delta V}{\Delta \log t} = C_v$

② EOP 압밀시험

간극수압 조정*으로 EOP 도달(간극수압이 0이 되도록)

→ e−log t 그래프로 EOP 산정

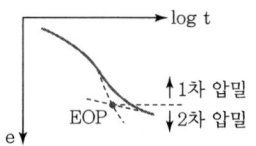

③ CRS 시험
- 시간 단축(2~3일 실시), u 측정
- ε이 일정하게 재하, 간극수압이 0이 될 때까지
- 변형률속도 0.5~1.0%/hr 정도, 시료포화 유지

Chapter 04 전단

○ 흙의 미소요소파괴면에 작용하는 τ, σ

① 도해법

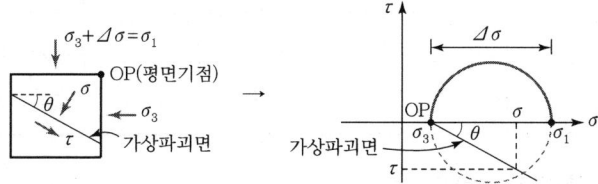

② 해석적 방법

$$\sigma = \frac{\sigma_1 + \sigma_3}{2} + \frac{\sigma_1 - \sigma_3}{2}\cos 2\theta \quad \tau = \frac{\sigma_1 - \sigma_3}{2}\sin 2\theta$$

○ 강도증가율

① 산정 : 0.45LL, 0.11+0.00371PI, $\dfrac{K}{\gamma_{sub}}$

② 활용 : 1차 후 2차 압밀 설계, 한계성토고, SHANSEP 세로축

③ 한계* : 초연약 또는 깊은 연약지반 적용 불가

○ M-C 포락선과 K_f (수정)파괴포락선의 관계

$\sin\phi = \tan\alpha, \quad a = C \cdot \cos\phi$

○ $Fs = \dfrac{\text{저항력}}{\text{작용력}} = \dfrac{\text{강도}}{\text{응력}} = \dfrac{M_r}{M_d} = \dfrac{\text{유효응력*}}{\text{간극수압}}$

○ 피압(Artesian Pressure)

- 피압수두 : 상부연약층 두께 절반 가정, 유효응력 = 전응력 − 피압
- 압밀하중 = 유효상재압(P_o) − 피압
- 피압 : 상향침투력 → 유효응력을 감소시킨다.

○ 삼축압축시험

준비단계	압밀단계	파괴단계	강도정수	한계성
1. 교란 보정	비압밀 U	비배수 U	C_u	ϕ 산정 어려움
2. 포화 확인	압밀 C	비배수 U	C_u, ϕ_u, C', ϕ'	Δu 측정 가능(장점)*
(Back Pressure) B계수 $\frac{\Delta u}{\Delta \sigma_3} = 1$ ↳ 최대 2kg/cm^2	압밀 C	배수 D	C', ϕ'	장기간 소요 (1~2년 이상)

○ 간극수압계수(Skempton)

- A계수 = B계수 + D계수(삼축압축) = $\dfrac{\Delta u - \Delta \sigma_3}{\Delta \sigma_1 - \Delta \sigma_3}$
- B계수(등방압축) = $\dfrac{\Delta u}{\Delta \sigma_3}$
- D계수(일축압축) = $\dfrac{\Delta u}{\Delta \sigma_1}$

① 활용
- Δu 산정 → $\Delta u = B[\Delta \sigma_3 + A(\Delta \sigma_1 - \Delta \sigma_3)]$
- 과압밀 검토

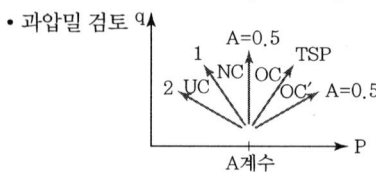

② 한계성 : $\Delta \sigma_2$ 미고려 → Henkel 이론 도입 필요(주로 선형구조물 계획 시)
③ 정의 : 점토에 압력을 가하면 과잉간극수압 발생. 이때 전응력 증가량에 대한 간극수압 변화량의 비($\dfrac{\Delta u}{\Delta \sigma}$)

○ 지반시험의 한계성
- 지반시험의 경우 현장에서 전문기술자, 개발자가 위치, 방법을 정해야 하는데, 대부분 시추업체, 시공자가 정함 → 설계단계부터 기준 마련 필요

○ 수평지반에 평면전단파괴가 발생하는 경우 전단면이 수평면과 이루는 각도($\phi = 0$ 또는 $\phi \neq 0$ 경우)

① 수평지반의 주동파괴와 수동파괴에 대한 사전고찰(막이중심)

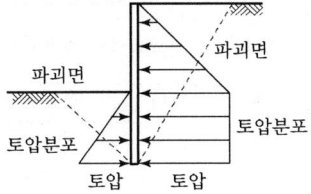

② 전단면이 수평면과 이루는 각도

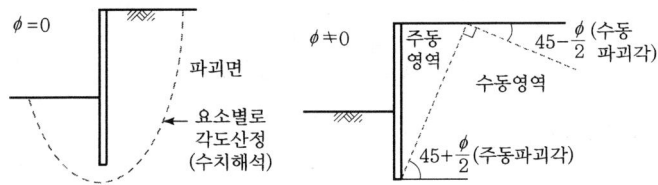

○ 전단강도와 전단응력 산정 시 한계성의 개선방안

① 응력 경로(중간주응력 고려)

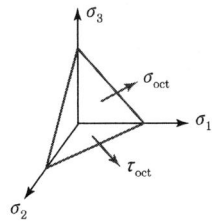

*실제 거동 시 중간주응력 σ_2가 발생하므로, σ_2를 고려한 산정검토 필요

② 응력불변량

$$\sigma_{oct} = \frac{1}{3}(\sigma_1 + \sigma_2 + \sigma_3)$$

$$\tau_{oct} = \frac{1}{3}\sqrt{(\sigma_1 - \sigma_2)^2 + (\sigma_2 - \sigma_3)^2 + (\sigma_3 - \sigma_1)^2}$$

◯ 배수하중과 비배수하중 조건의 거동 차이

① 배수하중과 비배수하중을 구분하는 삼축압축시험 검토

구분	압밀	파괴	배수	적용
UU	비압밀	비배수	비배수	급속시공, 일반구조물
CU	압밀	비배수		
CD	압밀	배수	배수	단계시공, 중요구조물

② 거동 차이(경향)

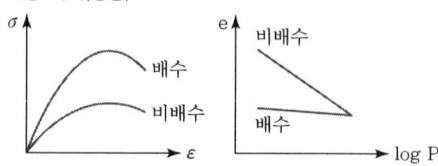

◯ 2차 압밀침하량

$$S_s = \frac{C_\alpha}{1+e_p} \cdot H_p \cdot \log\left(\frac{t_2}{t_1}\right)$$

where) H_p : 1차 압밀 종료 후 시료 두께

◯ 잔류강도 : 항복점 이후에도 잔류하는 강도

- 잔류계수(흙의 취성계수) $R = \dfrac{S_p - S}{S_p - S_r}$

  where) S_p : 최대강도, S : 파괴면강도, S_r : 잔류강도

- 링전단시험, 직접전단 → 잔류강도 산정시험
- 적용 : 과압밀지반, 인장균열지반, 교란된 지반

◯ 개발행위에 따른 응력 경로

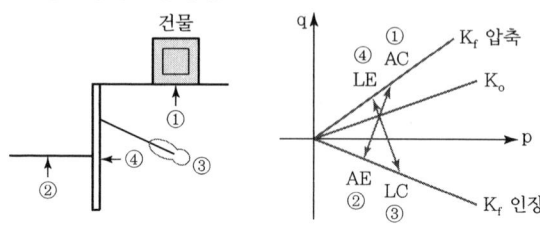

○ 진행성파괴(Progressive Failure)

① 역행침식을 중심으로 한 진행성파괴 메커니즘 이해

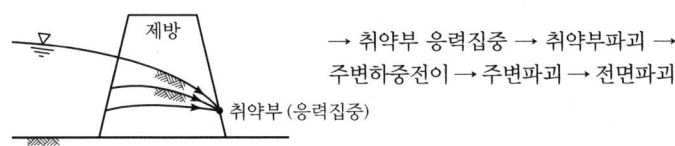

→ 취약부 응력집중 → 취약부파괴 →
주변하중전이 → 주변파괴 → 전면파괴

② 잔류강도 이론을 통한 진행성파괴 안정 검토

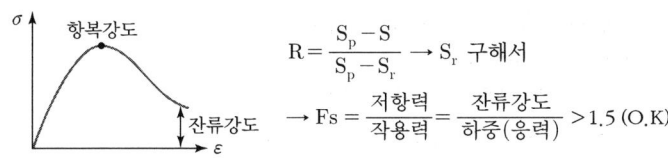

$$R = \frac{S_p - S}{S_p - S_r} \rightarrow S_r \text{ 구해서}$$

$$\rightarrow Fs = \frac{저항력}{작용력} = \frac{잔류강도}{하중(응력)} > 1.5 \text{ (O.K)}$$

○ 직접전단시험과 삼축압축시험의 모아원과 주응력방향변화

① 직접전단시험과 삼축압축시험의 모아원 표현

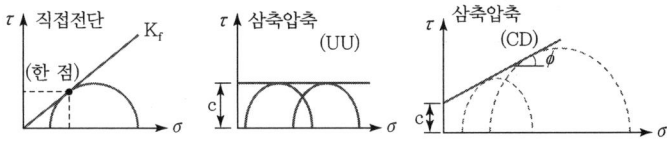

② 직접전단시험과 삼축압축시험의 변화 설명(응력경로)

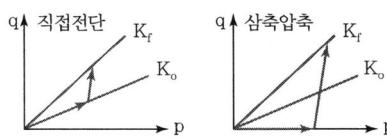

◯ 주응력(Principal Stress) 정의와 지반공학적 활용방안

①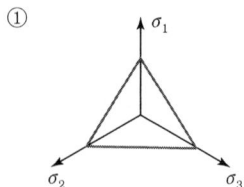

- 정의 : τ가 0일 때 면에 작용하는 수직응력
- 종류 : $\sigma_1, \sigma_2, \sigma_3$

[응력분포도]

② 실무에서 적용되는 주응력이론의 한계성
- 보통 중간주응력 미고려
- 선형(도로, 제방) 해석 시 난항(중간주응력 작용조건)

③ 주응력의 지반공학적 활용방안(한계성 개선 중심)
- $\sigma_1, \sigma_3 \rightarrow$ 토압, 사면 등
-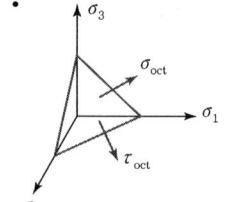

→ 도로, 제방 선형구조물에서는 σ_2 고려된 해석 검토

- $\sigma_{oct} = \dfrac{1}{3}(\sigma_1 + \sigma_2 + \sigma_3)$
- $\tau_{oct} = \dfrac{1}{3}\sqrt{(\sigma_1-\sigma_2)^2 + (\sigma_2-\sigma_3)^2 + (\sigma_3-\sigma_1)^2}$

◯ 압축전단시험의 응력 경로

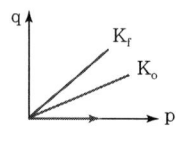

[등방($\sigma_1 = \sigma_3$ 조건) 상태]   [K_0 상태]   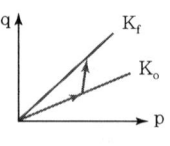 [(일축)직접전단시험]   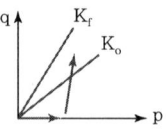 [삼축압축시험]

◯ 삼축압축시험의 전응력 경로와 유효응력 경로

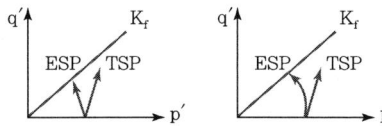

where) ESP : 유효응력 경로
TSP : 전응력 경로

[(OC)K_f로 완만히 진행]　[(NC)K_f로 급격히 진행]

◯ 실무에서 과압밀점토의 강도특성(P_c) 미고려 시 문제점

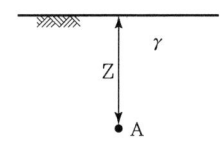

→ A는 오랜기간 $\gamma \cdot Z$의 하중을
　견뎌옴

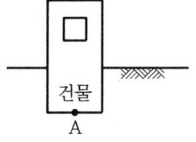

개발행위 시 선행압밀하중(P_c)에
대한 안정 무시 → 과다설계

*순하중(Net pressure) = 설계하중 − 선행하중($\gamma \cdot Z$)
　→ 순하중 고려 시, 효율적 설계 가능

◯ M−C 파괴포락선과 수정파괴포락선(K_f)의 관계

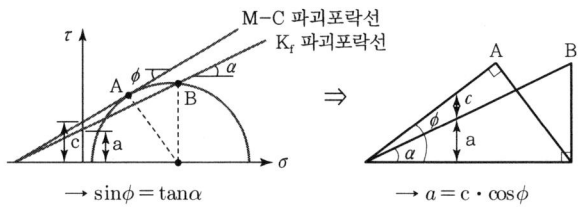

→ $\sin\phi = \tan\alpha$　　　　　　→ $a = c \cdot \cos\phi$

→ K_f(수정파괴포락선)선이 더 안정적 → 과다설계 방지

◯ 소성흐름법칙 : 항복 이후에 소성영역에서 큰 변형이 일어나는 현상

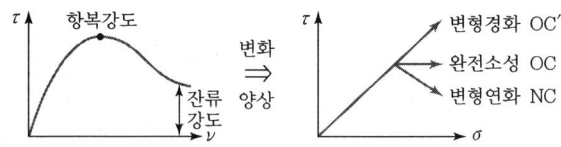

Chapter 05 토압/막이

○ 토압에 따른 파괴각

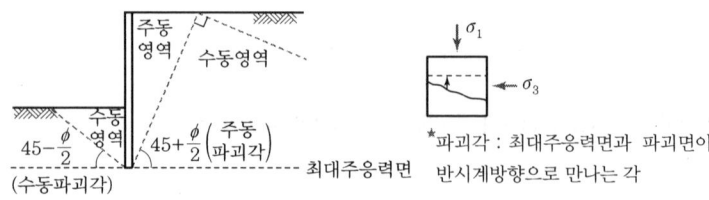

*파괴각 : 최대주응력면과 파괴면이 반시계방향으로 만나는 각

○ 일반적인 토압계수 산정

- $k_0 = 1 - \sin\phi \fallingdotseq 0.5$
- $k_a = \dfrac{1-\sin\phi}{1+\sin\phi} \fallingdotseq 0.33$
- $k_p = \dfrac{1+\sin\phi}{1-\sin\phi} \fallingdotseq 3$

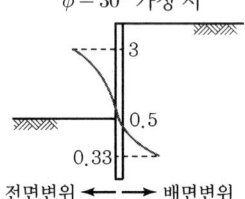

[흙막이의 토압계수 분포]

○ 지표면 경사 시 토압 산정

- $P_a = \dfrac{1}{2} K_a \cdot \gamma \cdot H^2 \cdot \cos i \rightarrow k_a = \dfrac{\cos i - \sqrt{\cos^2 i - \cos^2\phi}}{\cos i + \sqrt{\cos^2 i - \cos^2\phi}}$

- $P_p = \dfrac{1}{2} K_p \cdot \gamma \cdot H^2 \cdot \cos i \rightarrow k_a = \dfrac{\cos i + \sqrt{\cos^2 i - \cos^2\phi}}{\cos i - \sqrt{\cos^2 i - \cos^2\phi}}$

○ 상향볼록아치 · 하향볼록아치 모식도

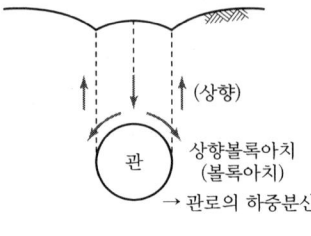

상향볼록아치 (볼록아치)
→ 관로의 하중분산

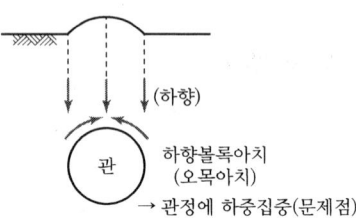

하향볼록아치 (오목아치)
→ 관정에 하중집중(문제점)

◯ Rankine 토압과 Coulomb 토압 차이점

구분	Rankine 토압	Coulomb 토압
이론	소성 이론	흙쐐기 이론
가정	벽마찰각 무시	벽마찰각 고려
산출	Mohr원 활용	파괴면 가정 → 반복 계산
결과	특이사항 없음	수동토압 과소평가 → 과다설계 가능
적용	일반구조물	단면설계/중요구조물

◯ 점착력 있는 흙의 토압

$$P_a = \frac{1}{2}k_a \cdot \gamma \cdot H^2 - 2CH\sqrt{k_a}, \quad P_p = \frac{1}{2}k_p \cdot \gamma \cdot H^2 + 2CH\sqrt{k_p}$$

◯ 인장균열고 · 한계절토고 산정

$$Z_c = \frac{2c}{\sqrt{k_a} \cdot \gamma} = \frac{2c\sqrt{k_p}}{\gamma}$$

$$h_e = \frac{4c}{\sqrt{k_a} \cdot \gamma} = \frac{4c\sqrt{k_p}}{\gamma}$$

◯ *굴착에 의한 영향범위(지반침하 관련 이슈)

① Peck의 이론

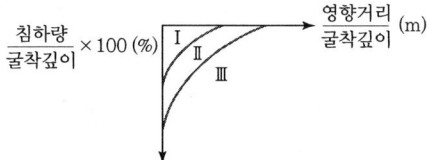

where) Ⅰ : 보통지반, Ⅱ : 연약지반, Ⅲ : 연약지반계속

② Caspe 이론(가장 합리적인 방법)

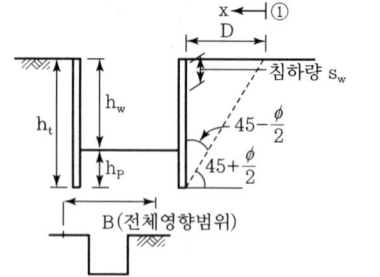

- 영향거리

$$D = h_t \times \tan\left(45 - \frac{\phi}{2}\right)$$

where) $h_t : h_w + h_p$

$$\Downarrow$$

$$\begin{cases} \phi = 0 \rightarrow h_p = B \\ \phi \neq 0 \rightarrow h_p = \frac{B}{2}\tan\left(45 + \frac{\phi}{2}\right) \end{cases}$$

- 임의 거리에서 침하량

$$S_i = S_w \times \left(D - \frac{x}{D}\right)^2, \quad \leftarrow x \text{ 경우 ① } S_i = \left(\frac{x}{D}\right)^2$$

where) $S_w = \dfrac{4 \cdot V_s}{D}$ → 벽체수평변위

③ Clough & O'rouke 방법

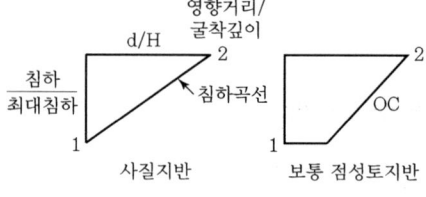
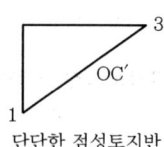

○ 보강토옹벽 일반

- 보강재 : 전면판 작용토압을 수동영역에서 분담하여 토압감소효과
  - 신장성 : 연성재(Geotextile, Geogrid)
  - 비신장성 : 강성재(아연도금강판)
- 뒷채움재 : #200체 통과량 15% 이하, C_u, C_g 양입도 만족, 배수거동하는 조립토
- 보강재 인발저항력 $Fs = \dfrac{\text{보강재 마찰저항력}}{\text{전주동토압}(\sigma' + u)}$
- 보강재 파단안정성 $Fs = \dfrac{\text{보강재 항복강도}}{\text{전주동}(\sigma' + u)}$

→ *옹벽문제는 반드시 "배수" 언급 필요(대제목으로)

○ 매설관 작용하중(Spangler 이론)

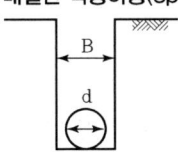

- 강성매설관 $W_e = C_d \cdot \gamma_t \cdot B^2$
- 연성매설관 $W_e = C_d \cdot \gamma_t \cdot B \cdot d$

where) W_e : 관단위길이당 작용토압, C_d : 하중계수

○ 흙막이 가시설구조물 안정조건

① 벽체변형
② 지지구조변형
③ 바닥안정
④ 주변영향
⑤ 지하수위변동

→ *내가 만족하는 답안이 아닌, 기본에 충실하고, 전체를 아우르는 채점자가 만족하는 답안을 적자!!

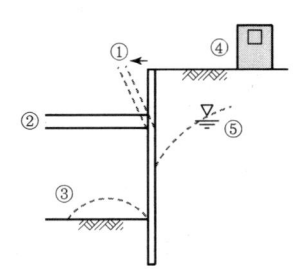

○ Arching Effect 양면성

구분	긍정적인 면	부정적인 면
옹벽	수동토압 증가	주동토압 증가
흙막이	배면토압 감소	해석난이도 어려움
흙댐	–	수압할렬
말뚝	–	부마찰력
터널	굴착부 지보역할(횡)	막장불안정(종)
지하매설물(관)	상향볼록아치	하향볼록아치

○ 하이브리드 앵커(소일네일 + 어스앵커)

• 소일 인장력 + 어스앵커 압축력

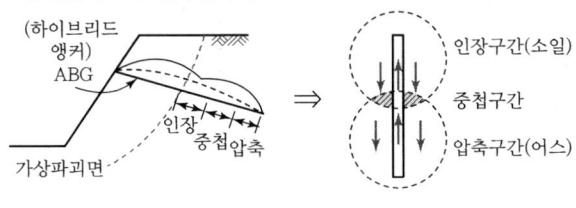

[ABG 거동특성]

○ 흙막이벽의 가상지지점 결정 [보해석(연속보, 단순보) → 경험토압]

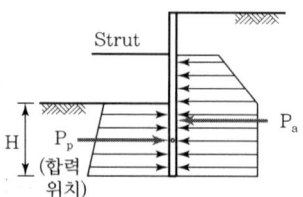

① 수동토압 합력위치
② 로메이어 방법

ϕ	20	25	30	35
깊이	0.25H	0.16H	0.08H	0.075H

○ 계단식 다단 보강토 옹벽 설계법

구분	NCMA 법	FHWA 법
내적 안정	하단옹벽, 보강재 길이 가정 → 상단옹벽 보강재 설계	상단옹벽하중으로 고려 → 보강재 설계
외적 안정	내적 결과 토대 → 하단옹벽의 외적 안정 검토	상단옹벽하중으로 고려 → 지지력, 전도, 침하, 활동해석
결과경향	내적 Fs 양호	외적 Fs 양호

→ 한계성 : 두 결과치의 차이가 심함, 안전율이 1 이하 가능, 근사해석, 설계미흡

○ 어스앵커 설계 관련

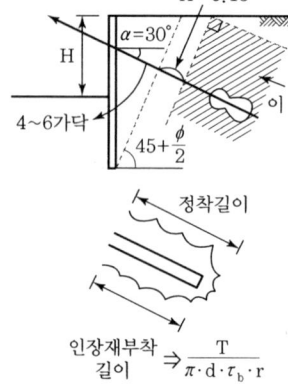

- 어스앵커 정착길이
$$= \frac{T(F_s)}{\pi \cdot d \cdot \tau}$$

- 케이블 가닥수 $\dfrac{T}{\sigma_a} = n$

- 자유단 길이
$$L = 45 + \frac{\phi}{2} + 0.15H$$

앵커 1개당 부담하는
토압 → T설계
$T = A \cdot P \cdot \cos\alpha$

◯ 단계성토 응력경로

(강도증가율의 활용성 관련)

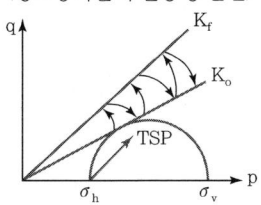

◯ 강성옹벽(철근콘크리트 옹벽)

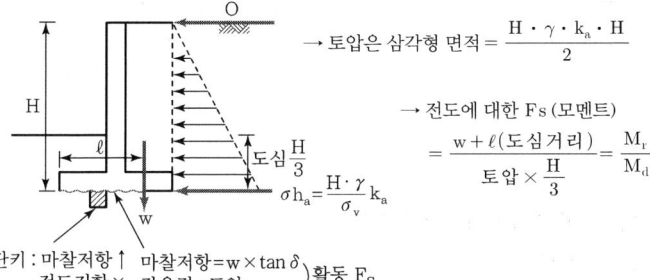

→ 토압은 삼각형 면적 $= \dfrac{H \cdot \gamma \cdot k_a \cdot H}{2}$

→ 전도에 대한 F_s (모멘트)

$$= \dfrac{w + \ell(\text{도심거리})}{\text{토압} \times \dfrac{H}{3}} = \dfrac{M_r}{M_d}$$

$\sigma h_a = \dfrac{H \cdot \gamma}{\sigma_v} k_a$

전단키 : 마찰저항 ↑ 마찰저항 $= w \times \tan \delta$
전도저항 ×   작용력 = 토압 } 활동 F_S

◯ 지중 강성관의 파괴부와 연성관의 변위

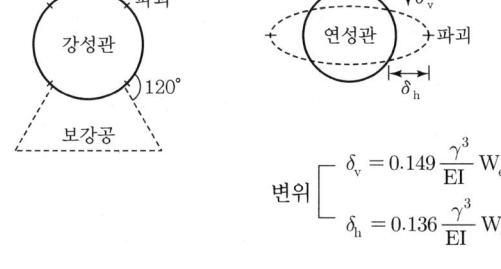

변위 $\begin{cases} \delta_v = 0.149 \dfrac{\gamma^3}{EI} W_e \\ \delta_h = 0.136 \dfrac{\gamma^3}{EI} W_e \end{cases}$

where) W_e : 하중

◎ 다층지반 굴착 중과 굴착완료 시 적용토압

① 굴착 중

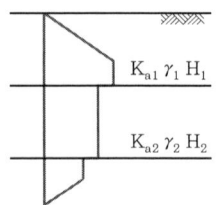

굴착 중 : 경험토압 중 각층 계수들 사용
$$P_{ai} = a(K_{ai} \times \gamma_i \times h_i)$$
where) a : 형상계수

② 굴착 완료

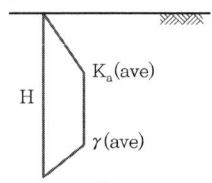

굴착 완료 : 평균값 사용
$$P_a = a(K_{(ave)} \cdot \gamma_{(ave)} \times H)$$

◎ 보강토옹벽 마찰쐐기법, 복합중력식법

① 마찰쐐기법 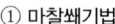 ② 복합중력식법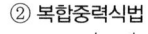

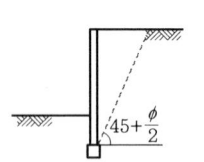 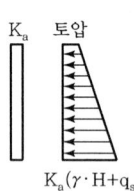 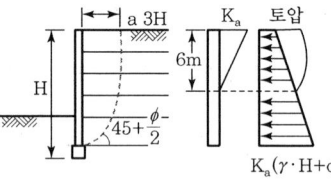

구분	마찰쐐기법	복합중력식법
보강재	신장성	비신장성
Creep	영향 있음	영향 없음
하중전달	마찰식	지압식
파괴면	삼각형	다각형
K_a 분포	일정	6m 깊이 이하 일정

◎ 지반 보강공법의 특징

구분	모식도	특징	비고
언더피닝		언더피닝의 $\Delta\sigma$가 σ_v, σ_h를 동시 증가시켜 k_f에서 k_0로 이동하는 거동을 보임 (메커니즘)	–
기존 기초지지		보편적으로 시공, 경제적	보강
파이프루프		선형지하구조물 보호, 비쌈, 보강효과 뛰어남	
그라우팅		단기간 시공 가능, 토양오염 유발 가능, 보강효과 뛰어남	개량

◎ 모아원 일반(예시)

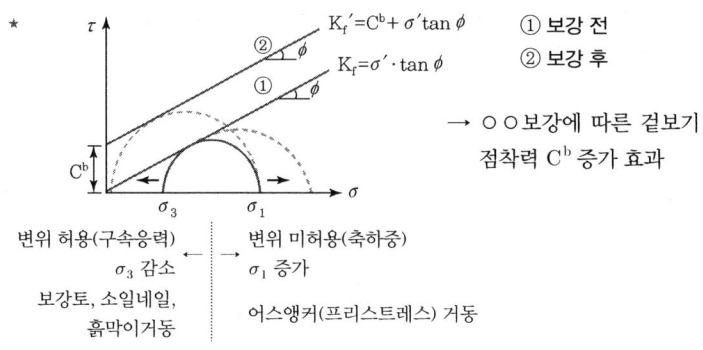

$K_f' = C^b + \sigma' \tan\phi$
$K_f = \sigma' \cdot \tan\phi$

① 보강 전
② 보강 후

→ ○○보강에 따른 겉보기 점착력 C^b 증가 효과

변위 허용(구속응력)   변위 미허용(축하중)
σ_3 감소 ← σ_1 증가
보강토, 소일네일,
흙막이거동   어스앵커(프리스트레스) 거동

◯ H-pile 토류벽에 작용하는 토압분포

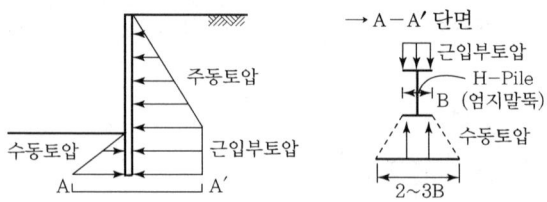

→ H-pile 토류벽에 근입된 엄지말뚝의 수동저항력

(수동저항력) $P_p = \dfrac{1}{2} k_p \cdot \gamma \cdot H^2 \rightarrow Fs = \dfrac{수동저항력}{주동토압 + 근입부토압} > 1.5 (O.K)$

◯ 옹벽배수공의 중요성(모아원으로 설명)

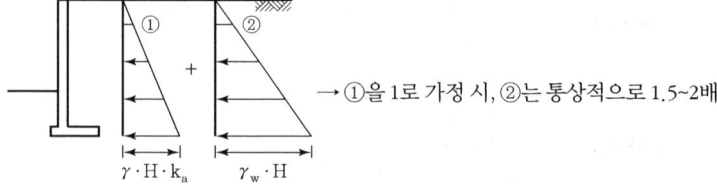

→ ①을 1로 가정 시, ②는 통상적으로 1.5~2배

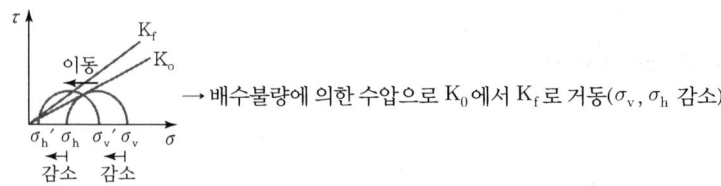

→ 배수불량에 의한 수압으로 K_0에서 K_f로 거동(σ_v, σ_h 감소)

Chapter 06 기초

○ 지반반력계수

$K_v = \dfrac{P\,(하중)}{S\,(침하)}(kN/m^2)$, K_h : 수평말뚝반력계수

○ Scale Effect 보정(지지력 보정) → 침하에 대한 보정은 연구·개발 미비

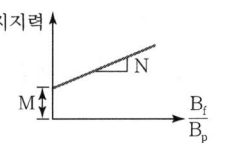

- $q'(보정) = M + N\left(\dfrac{B_f}{B_p}\right)$
- 2가지 크기가 다른 재하만 병행시험

○ 기초폭에 따른 지지력과 침하

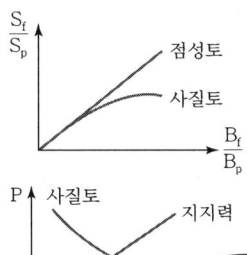

$\rightarrow \dfrac{S_f}{S_p} = \dfrac{B_f}{B_p} \rightarrow S_f = S_p\left(\dfrac{B_f}{B_p}\right)$

$\rightarrow S_f = S_p\left(\dfrac{2B_f}{B_p + B_f}\right)^2$

where) S_f : 침하

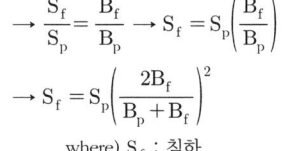

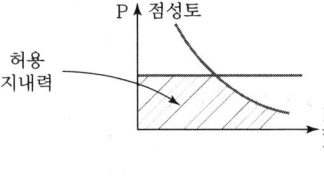

지지력 $Q_f = Q_p \cdot \dfrac{B_f}{B_p}$ $\qquad\qquad Q_f = Q_p$

○ 지지력이론(얕은 기초)

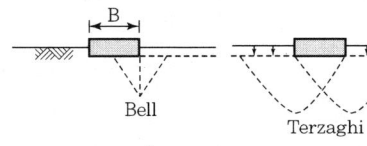

$q_u = C \cdot N_c + \dfrac{1}{2} B \cdot \gamma \cdot N_r + D_f \cdot \gamma \cdot N_q$

◯ Terzaghi의 지지력이론

$$q_u = \alpha \cdot C \cdot N_c + \beta \cdot B \cdot \gamma \cdot N_r + D_f \cdot \gamma \cdot N_q$$

◯ 총침하

즉시침하 + 1차 침하 + 2차 침하

$$S_i = \frac{q_0 \cdot B(1-\mu^2)}{E} \cdot I_p \qquad \mu = \frac{직각변형률}{축변형률} \rightarrow 최대\ 0.5$$

where) q_0 : 토피압, I_p : 지중영향계수, S_i : 즉시침하

$$1차\ 침하 = \frac{C_c}{1+e} \cdot H \cdot \log\left(\frac{P_0 + \Delta P}{P_0}\right) \qquad 2차\ 침하 = \frac{C_\alpha}{1+e_p} \cdot H_p \cdot \log\left(\frac{t_2}{t_1}\right)$$

(NC 가정 시)   (↗ ε_0)

◯ 깊은 기초의 주면마찰력과 선단지지력

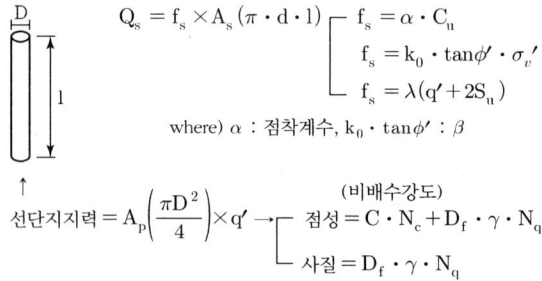

$$Q_s = f_s \times A_s\,(\pi \cdot d \cdot 1) \begin{cases} f_s = \alpha \cdot C_u \\ f_s = k_0 \cdot \tan\phi' \cdot \sigma_v' \\ f_s = \lambda(q' + 2S_u) \end{cases}$$

where) α : 점착계수, $k_0 \cdot \tan\phi'$: β

$$선단지지력 = A_p\left(\frac{\pi D^2}{4}\right) \times q' \rightarrow \begin{cases} (비배수강도) \\ 점성 = C \cdot N_c + D_f \cdot \gamma \cdot N_q \\ 사질 = D_f \cdot \gamma \cdot N_q \end{cases}$$

◯ 지하수변동에 의한 과압밀원리

- 하강 시 : $\gamma_{sub} \rightarrow \gamma_t \rightarrow \Delta P$ 발생
- 상승 시 : $\gamma_t \rightarrow \gamma_{sub} \rightarrow \Delta u$ 발생 : 장기적으로 과압밀 여건 생김

◯ 해상풍력발전 기초

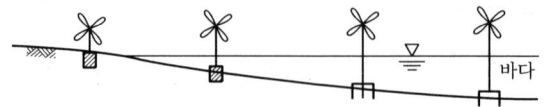

기초설치방식	중력식	모노파일	Tripod	Suction pile
수심	0m	0~30m	30~60m	60m 이상

◯ 동재하시험(PDA) → 깊은 기초

$$F = \frac{EA}{C} \cdot V$$

where) F : 힘, V : 변위속도, $\frac{EA}{C}$: 임피던스

C : 파속도, EA : Pile의 축강성

◯ IGM

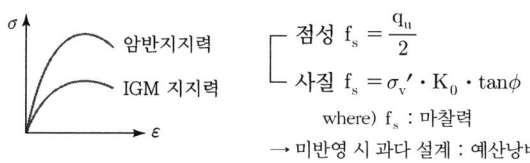

점성 $f_s = \dfrac{q_u}{2}$

사질 $f_s = \sigma_v' \cdot K_0 \cdot \tan\phi$

where) f_s : 마찰력

→ 미반영 시 과다 설계 : 예산낭비

◯ Time Effect → 재동재하시험 상관성

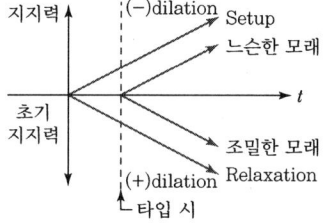

구분	초기선단동재하 (EOID)	재동재하시험 (Restrike)
목적	설계지지력 확인	Setup/Relax 확인
측정	초기항타 시 측정	항타 후 일정시간 후
특징	첫 타부터 측정	대상지반 확인

◯ 현타말뚝의 지지력 산정 경험식

현타말뚝의 암반근입		IGM 근입	
선단	Goodman $Q_p = q_u(N\phi + 1)$ RQD 이용	점성토	$q_p = 2.5q_u$
주면	AASHTO $f_s = 0.144q_{sr}$ (거칢) FHWA $f_s = 0.65P_a\left(\dfrac{q_{ui}}{P_a}\right)^{0.5}$ (매끈함) 도로교 $f_s = 0.05q_u$	점성토	$\dfrac{q_u}{2}$
		사질토	$K_0 \cdot \sigma_v' \cdot \tan\phi$

◯ Piled Raft(뗏목식 기초)

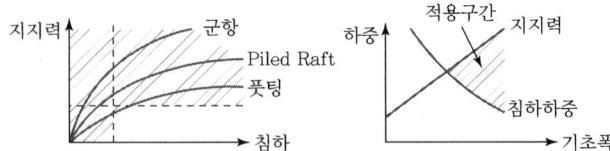

→ 극한지지력 산정 시 반드시 수치해석 실시
- 침하 $S = \dfrac{V}{K} = \dfrac{작용력}{강성}$

→ $Q_{(pr)} = R_{raft} + \Sigma R_{pile}$ / 한계성 : 해석 복잡, 실적 소수

◯ 부마찰력(Arching Effect)

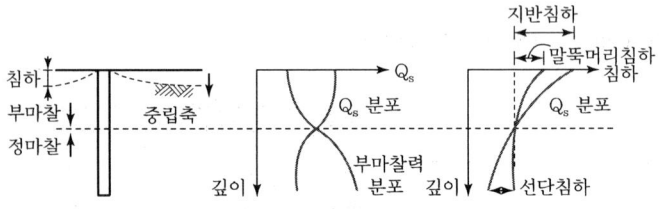

$$(Q_p + Q_s - Q_{ns})\dfrac{1}{F_s} > Q_a \rightarrow Q_d + Q_i < (Q_p + Q_s)\dfrac{1}{F_s}$$

where) Q_d : 사하중, Q_i : 활하중

→ 연약지반말뚝 : 부마찰력 고려, 양압력 고려, 지지층깊이 고려
- 실내시험 : UU, CU(비배수조건)
- 현장시험 : Vane, 콘관입, 딜라토미터

◯ 말뚝의 하중 – 침하곡선

– 압축재하시험 : 완속(30~70시간), 급속(2~5시간), 등속(평판 재하 동일)

① 극한지지력 산정

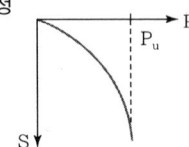 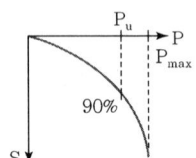

② 항복지지력 산정

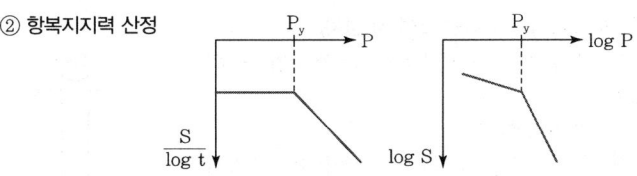

③ 허용지지력 : $P_a = \dfrac{P_u}{F_s}$, $P_a = \dfrac{P_y}{F_s}$

④ 한계성 : 결과 신뢰성 낮음, 시간·경비 과다 소요, 선단지지력과 주면마찰력의 구분이 모호함

○ **말뚝의 동재하시험** : 두부(가속도계, 변형률계 2set) → 항타 → PDA 분석 → 해석(간편법, CAPWAP) → 항타에너지, 지지력, 건전도, 경시효과 확인, 선단, 주면 분리 측정

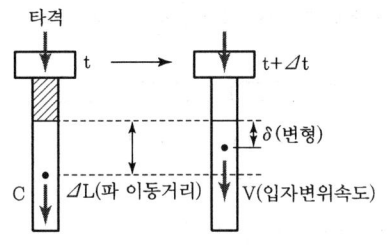

① 전달파의 비례성원칙 : Δt 동안 ΔL만큼 파 이동 시 말뚝은 δ만큼 이동

② $F = \dfrac{EA}{C}V$

$\dfrac{EA}{C}$: 임피던스 $\left(\dfrac{\text{힘과 입자속도}}{\text{비례상수}}\right)$

→ F파, V파 측정

→ 시험결과 분석 ┌ Case 대학교 방법 : 관입저항 $RTL = R_d - R_s$
　　　　　　　　│　where) R_d : 동적 저항, R_s : 정적 저항
　　　　　　　　└ CAPWAP : PDA 얻은 F와 V 이용 → 힘과 변위

○ **주동/수동 말뚝**

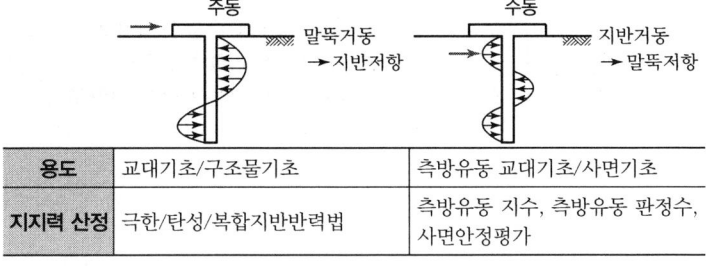

	주동	수동
용도	교대기초/구조물기초	측방유동 교대기초/사면기초
지지력 산정	극한/탄성/복합지반반력법	측방유동 지수, 측방유동 판정수, 사면안정평가

◯ 매입말뚝(도심지에서 주변 고려 시 설치)

① 과정 : 프리보링 → 오거인발 시 고정액 주입 → 말뚝
    삽입 → 양생

② 고정액 설계(배합설계)

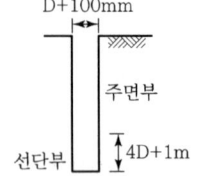

- 선단부 및 주면부 주입범위 → 최종 경타 미실시
    ↳ 4D+1m   ↳ 나머지 부분

- 지하수, 흙 종류에 따른 근고액 배합

$\begin{bmatrix} 보통 \begin{bmatrix} 선단고정\ W/C = 70\%(C = 400 \sim 800 kg/m^3) \\ 주면\ W/C = 150\%(C = 120 kg/m^3) \end{bmatrix} \\ 지하수\ 존재\ 시\ 물시멘트비\ 감소시킴,\ 현장\ 배합 : C\ 상승 \end{bmatrix}$

$\begin{bmatrix} 점성지반\ W/C\ 증가시킴(부배합) \\ 사질지반\ W/C\ 감소시킴(빈배합) \end{bmatrix}$

◯ 접지압(Contact Pressure) : 기초바닥과 지반 사이에 작용하는 압력

① 지반종류

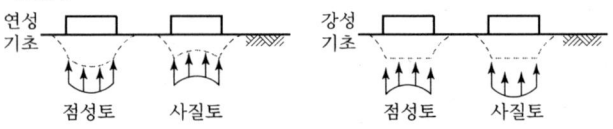

→ 강성기초 : 기둥간격 < $\dfrac{1.75}{\beta}$, 연성기초 : 기둥간격 ≥ $\dfrac{1.75}{\beta}$

② 기초심도(부등침하 감소)

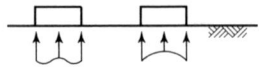

③ 설계하중 → 상승하면 침하 증가, 그러나 접지압 일정(설계하중 무관)

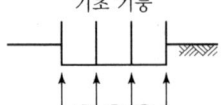

→ 기초 기둥부에 가장 큰 접지압 작용
→ 기초 기둥부 저항력 부족
→ 그래서 기초 기둥부 침하, 변형 발생

○ 모노파일

- 형식 : 우물통
- 주의사항 : 캔틸레버 거동, 내진 · 액상화 검토
- 최근 논문 : 친환경공법 아니다.(주변 어장 피해 등)

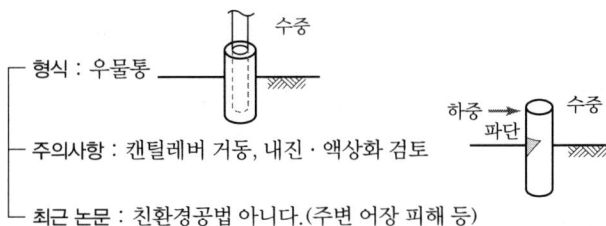

○ 말뚝지지력 산정방법

- 이론식 : 정역학적 공식, 동역학적 공식
- 재하시험 : 정재하, 동재하, 정동재하, 양방향
- 현장시험 : PMT, SPT, CPT

① 정재하시험
- 압축재하(완속, 급속, 등속)
- 동재하 : $\rightarrow F = \dfrac{EA}{C} V$
  $\rightarrow$ 측정방법 $\begin{bmatrix} CASE : RTL = R_d - R_s \\ CAPWAP \end{bmatrix}$
- 정동재하 : 양방향 측정방법

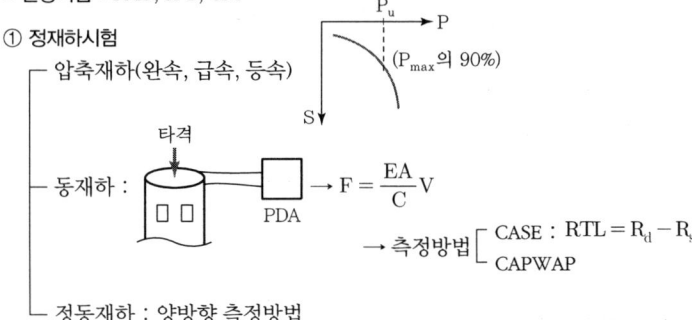

(P_{max}의 90%)

② 현장시험
- SPT : $Q_u = (30N) \cdot AP + 0.2N_s \cdot A_s + 0.5N_c \cdot A_c$
- CPT : $Q_u = q_s \cdot AP + f_s \cdot A_s$
- PMT : $Q_u = q_0 + k_q(P_2 - P_0) + Q_s$

③ 항타에 의한 지지력
- Hiley $Q_u = \dfrac{W_n \cdot h \cdot e \cdot \mu}{S + C} > 4$ where) e : 기계효율, μ : 타격효율
- Eng-news $Q_u = \dfrac{W_n \cdot h}{S + 25} > 6$
- Sander $Q_u = \dfrac{W_n \cdot h}{S} > 8$

○ PDA의 활용(F파, V파 측정)

- F 파 → $E = \dfrac{\sigma}{\varepsilon}$ → $\sigma = E \cdot \varepsilon$ → $F = \sigma \cdot A$: 말뚝의 저항력 산정
- V 파 → 속도 = $\dfrac{거리}{시간}$ → 시간 = $\dfrac{거리}{속도}$: 시간 산정

- 항타 시 각 층의 파 형태 : 시간에 따라 F 파 증가, V 파 감소

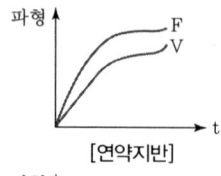
주면저항이 적어 파 분리 적음
[연약지반]

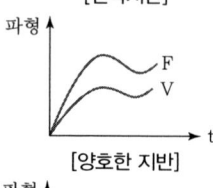
주면저항 발생 시 파 분리 생김
[양호한 지반]

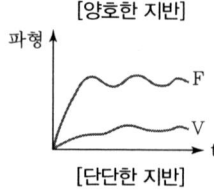
주면저항이 매우 커서 파 분리 심함
[단단한 지반]

○ 복합파일의 형태

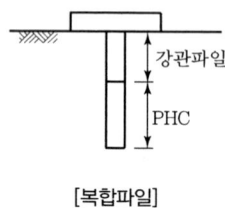
[복합파일]

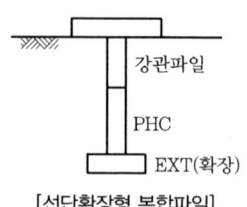
[선단확장형 복합파일]

07 연약지반

○ 성토체의 한계고

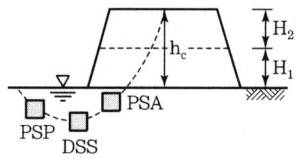

$$Fs = \frac{저항력}{작용력} = \frac{q_u (C \cdot N_c)}{h_c \times \gamma_t \times 1 \times 1}$$

$$\rightarrow h_c = \frac{C \cdot N_c}{Fs \cdot \gamma_t}$$

where) $q_u : C \cdot N_c$
$1 \times 1 :$ 단위면적

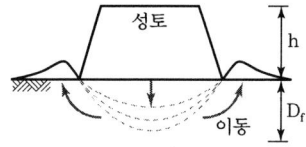

$$\rightarrow Fs = \frac{C \cdot N_c + D_f \cdot \gamma_{sat} \cdot N_q}{D_f \times \gamma_{sub} + h \cdot \gamma}$$

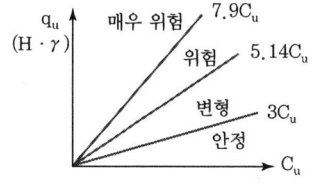

→ 성토체 측방유동/한계고(H) 관계 그래프

○ 초기 계측치를 이용한 압밀침하 예측기법

① 쌍곡선법

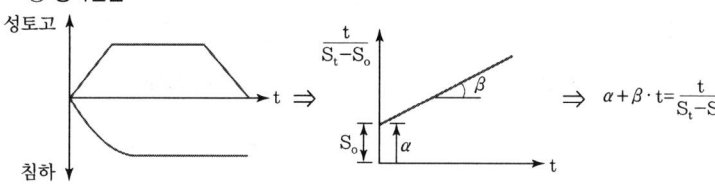

$$\Rightarrow \alpha + \beta \cdot t = \frac{t}{S_t - S_o}$$

② 호시노법

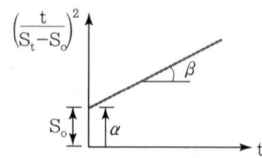

③ 아사오카법

○ 연약지반 계측(프리로딩)

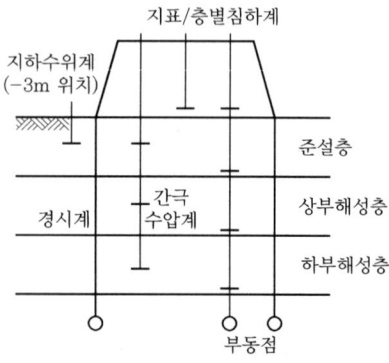

○ 연약지반의 안정관리분석법

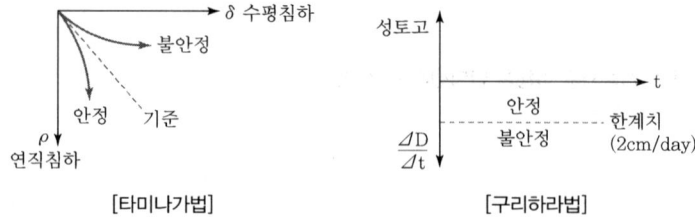

[타미나가법]　　　　　　　　　[구리하라법]

◯ 연약지반 준설매립 → 프리로딩 단계성토 중 활동파괴 가능

① 지반 변형 상태 고찰

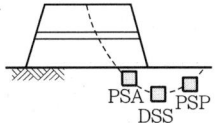

② 원지반 전단특성 파악에 필요한 K_0 압밀시험 : CK_0U 시험

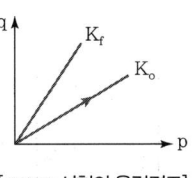

[CK_0U 시험의 응력경로]

③ 준설매립부터 활동파괴 시까지 응력경로

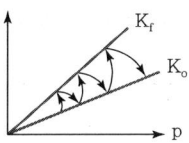

④ 활동파괴 후, 대책수립에 필요한 추가 시험항목
- 단계성토 시 한계성토고 검토

$$H_1 = \frac{5.14 C_u}{\gamma \cdot Fs} \quad H_2 = \frac{5.14(C_u + \Delta C)}{\gamma \cdot Fs} - H_1$$

where) ΔC : H_1에 의해 생긴 점착력

- 강도증가율 검토

$$\alpha = \frac{C_u}{P}$$

- 지중응력 영향범위 검토

$$Fs = \frac{M_{rs} + M_r (압성토)}{M(활)} > 1.5$$

원호활동 검토 필요

○ GCP(쇄석기둥말뚝) : Compaction Grouting(CGS)의 한 종류

↳ 언더피닝도 가능

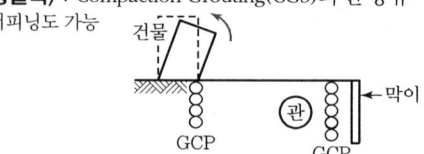

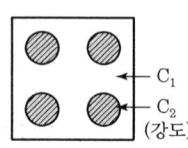

GCP면적(개당)
개량률 = $\dfrac{● \times 4}{□}$ (A′)
나머지 면적

복합지반강도(GCP)
$= A' \times C_2 + (1 - A') \times C_1$

- GCP 상부직경 미달(장심도 문제, 복합지반강도 미약)

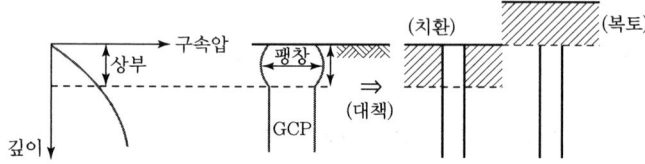

- 복합지반 강도특성

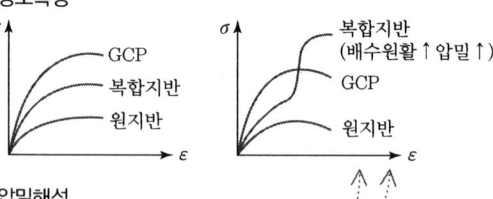

- 복합지반 압밀해석

→ ┌ t = 0일 때 : 구속압 증가에 따른 강도 증가 및 과잉간극수압 일부 증가
  └ t = ∞일 때 : 압밀에 따른 강도 증가

→ $S(침하량) = \dfrac{c_c}{1+e} \cdot H \cdot \log\left(\dfrac{P_0 + \beta \cdot \Delta P}{P_0}\right)$

$t(침하시간) = \dfrac{T_h \cdot H^2}{C_h}$

where) β : 침하저감계수

◎ 연직배수재 Well Resistance 관리방안

① 수평압밀계수 적용 $C_h = C_v \left(\dfrac{1}{3} \sim \dfrac{1}{4} \right)$

② 시험값 적용 : • Delft 시험
　　　　　　　• 투수성시험
　　　　　　　• 클로깅시험

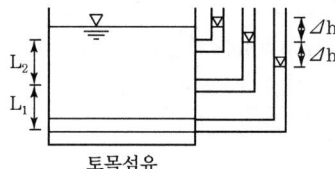

$$GR = \dfrac{\Delta h_1 / L_1}{\Delta h_2 / L_2}$$

$1 \leq GR \leq 3$ 양호
$GR \geq 3$ 구멍 막힘
where) GR : 클로깅 비율

◎ Tschebotarioff법 : 성토체 측방유동(비배수 시/지반부 검토)

$3C_u > H \cdot \gamma$: 안정
$3C_u < H \cdot \gamma$: 변형
$5.14C_u < H \cdot \gamma$: 위험

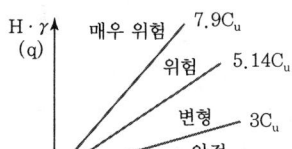

→ 한계성토고를 구할 수 있음

Marche법 : 성토체 측방유동(비배수 시/성토사면부 검토)

계수 $R = \dfrac{E \cdot \delta}{q \cdot B} \begin{array}{l} 저항 \\ 작용 \end{array}$

where) E : 변형계수, δ : 사면변위, q : 상재하중(h · γ)
→ Fs가 1.4 이하 시 사면활동 급격히 증가

◎ 단계성토 시 응력경로

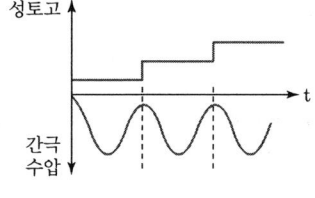
⇒
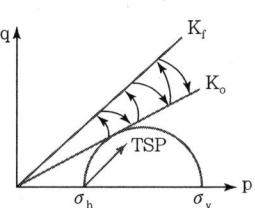

○ 자중압밀원리곡선

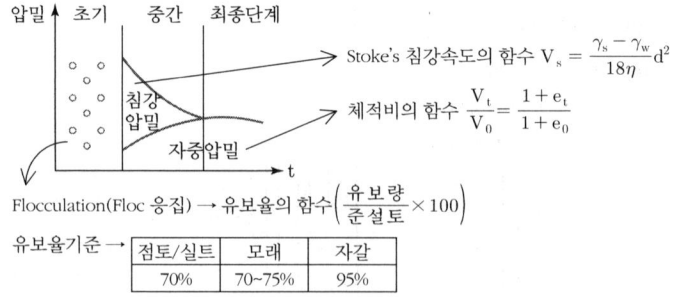

Flocculation(Floc 응집) → 유보율의 함수 $\left(\dfrac{유보량}{준설토} \times 100\right)$

유보율기준 →

점토/실트	모래	자갈
70%	70~75%	95%

○ 폐기물매립지

- 폐기물매립지반 공학적 특성

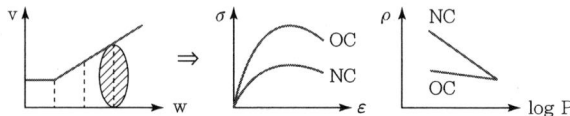

- 폐기물매립지 입지선정 시 고려사항
  매립지의 장기적 이용 방안

- 폐기물매립지 안정화 5단계
  초기 조절 → 전이 → 메탄 → 산 → 숙성

- 물리적 변화 : 침하
  화학적 변화 : 열, 가스
  생물적 변화 : 숙성

- 지중에서 오염물질 이동 Mechanism
  ① 이론 : 고농도 → 저농도 확산(농도 감소)

  Fick's 확산방정식 $J_x = -D\dfrac{\partial c}{\partial x}$
  ↳ 반드시 포화조건 시
  where) J_x : 물질흐름, C : 농도, D : 확산계수

  ② 영향인자 : k, 양이온 교환능력

- 복원절차
  조사 → 타당성 연구 → 복원 설계 → 복원 수행(생물학적, 화학적, 열적)

- 폐기물매립지 침하산정

$$\frac{S}{H} = \frac{C_c}{1+e} \cdot \log\left(\frac{P_0 + \Delta P}{P_0}\right) + C_{\alpha(1)} \cdot \log\left(\frac{t_2}{t_1}\right) + C_{\alpha(2)} \cdot \log\left(\frac{t_3}{t_2}\right)$$

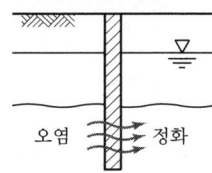

- 안정화 평가항목

침출수 분기별 1회 조사, 가스 분기별 1회 조사, 내부온도, 지하수 수질, 토양오염도, 식생 조사

○ 투수성 반응벽(Permeable Reactive Barriers)

지하수위 저하 방지, 침하 방지, 도심지 적합
→ 반영구적 반응제 개발, 클로깅, 블로킹, 국내사례 소수
→ 전 구간 설치 시 경제성 불리, 유도벽 치고(콘크리트), 일부 반응벽 설치 시 경제성 유리

○ 다짐공법

- 유압다짐 : 얕은 심도(천층 개량) 10m 이내
- 동다짐 : 깊은 심도(40m 이내),

$$D = C \cdot \alpha \cdot \sqrt{M \cdot H}$$

where) D : 심도, C : 계수
M : 무게, H : 높이

- 동압밀 : 충격에 의한 과잉수압 소산 발생, 할렬 주의

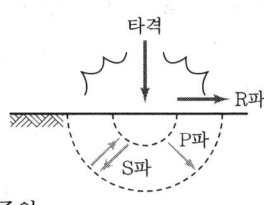

○ Sand Mat 두께 결정 → 주행성, 배수 원활, 지하수상승 차단

① 배수량 기준 $Q = kIA = \dfrac{k \cdot \Delta h \cdot A}{L}$

$\rightarrow \Delta h = \dfrac{Q \cdot L}{k \cdot A} \rightarrow h = \dfrac{L^2 \cdot S}{k \cdot \Delta h}$

where) L^2 : 배수거리, S : 침하속
Δh : 매트 내 수위차

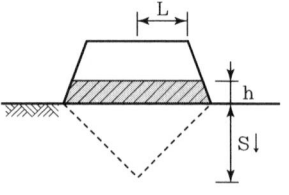

② 장비접지압 기준

$Fs = \dfrac{Q_u}{Q} > 1.5 = \dfrac{지지력}{상재하중}$

○ *토류벽(H-pile) 차수공법 비교 → 리칭 주의

구분	MSG	SGR	LW
주입	저압(2.0 shot)	저압(2.0 shot)	저압(1.5 shot)
재료	MSG + 규산	SGR + 시멘트	벤토나이트 + 시멘트
강도증진	비교적 큼	비교적 중간	없음
겔타입	조절 가능	가능	불가능
특징	고성능, 리칭 주의	성능 중간, 리칭	점성토 적용 불가, 리칭에 취약함

○ 공기단축을 위한 추가성토고 산정방법 & 하중제거시기 판정

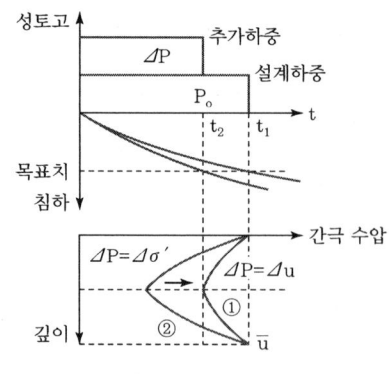

where) ① $P_0 + \Delta P$, ② P_0

1. P_0에 의한 목표침하량 산정
2. t_1로 T_v 산정
3. t_2의 $\bar{u}$ 산정
4. $P_0 + \Delta P$ 압밀도가 목표압밀도가 되도록 반복 계산
→ 구해진 ΔP에 의해 추가성토고 계산
→ H 구하면 침하시간 산정 가능
$t = \dfrac{T_v \cdot H^2}{C_v}$

○ 성토하중에 의한 강도 및 강도증가율 산정

- 강도 ┌ 실내시험 : 비배수(UU, CU) 강도시험
       └ 현장시험 : Vane, CPTu
- 강도증가율 $\alpha = \dfrac{C_u}{P} = 0.454,\ 0.11 + 0.00371 PI,\ \alpha = \dfrac{K}{\gamma_{sub}}$ ↗ 점착력기울기

○ 지반개량 완료시기 판정방법

- 강도에 의한 판정 : 일축, 삼축, 정적, 사운딩시험
- 침하에 의한 판정 : 침하판, 침하계 설치
- 간극수압에 의한 판정 : Δu 소산 정도 파악
- 압밀도에 의한 판정 : 목표 $\bar{u}$ 도달 여부 검토

○ 연약점성토 지반에 제방 축조(σ_2 고려 필요)

① 제방과 같은 선형구조물의 안정해석을 위한 중간주응력의 고려 고찰

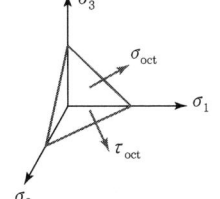

★응력불변량

$$\sigma_{oct} = \frac{1}{3}(\sigma_1 + \sigma_2 + \sigma_3)$$

$$\tau_{oct} = \frac{1}{3}\sqrt{(\sigma_1 - \sigma_2)^2 + (\sigma_2 - \sigma_3)^2 + (\sigma_3 - \sigma_1)^2}$$

② 원호활동 파괴 시 전단양상과 $\sigma - \varepsilon$ 관계

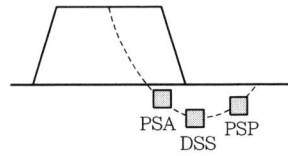
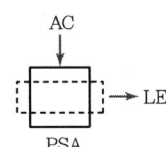
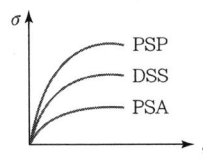

◯ 토공다짐 시 다짐에 의한 지중응력과 수평응력 변화 설명

① 다짐원리곡선

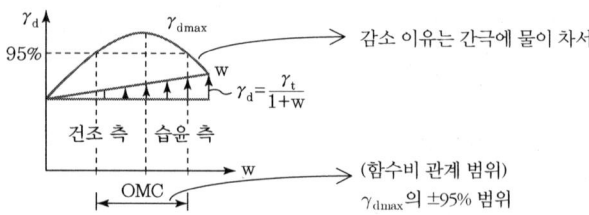

② 지반종류에 따른 다짐 특성

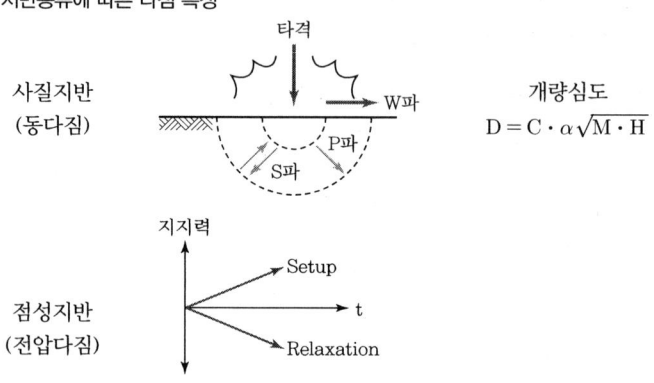

사질지반 (동다짐)

개량심도
$D = C \cdot \alpha \sqrt{M \cdot H}$

점성지반 (전압다짐)

③ 토공다짐에 의한 지중응력과 수평응력(응력경로)

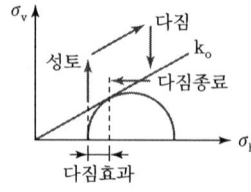

④ 현장다짐 시 주의사항

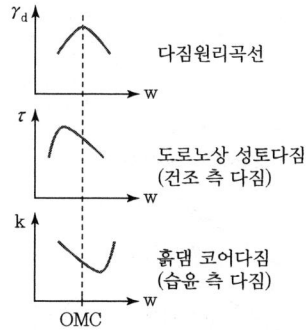

⑤ 다짐도 향상 방안
- OMC가 결정되면 다짐에너지 결정
- 1층 다짐두께 · 횟수 준수
- 적정 장비, 다짐속도 준수

Chapter 08 사면/조사

◯ 무한사면 파괴형태

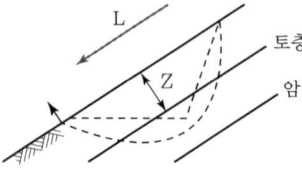

$\dfrac{Z}{L} < 10\% \rightarrow$ 무한사면

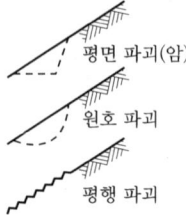

평면 파괴(암)

원호 파괴

평행 파괴

◯ 역학적 접근(한계평형해석)

$$Fs = \dfrac{\text{저항력}}{\text{작용력}} = \dfrac{(\tau_f = C + \sigma' \cdot \tan\phi) \times \text{경계범위}(\ell)}{\text{전단응력}}$$

① 평면 파괴(암)

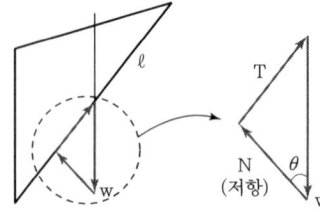

$\sigma = \dfrac{N}{\ell} = \dfrac{W \cdot \cos\theta}{\ell}$

$\tau = \dfrac{T}{\ell} = \dfrac{W \cdot \sin\theta}{\ell}$

where) τ : 응력

$$Fs = \dfrac{\tau_f = C + \left(\dfrac{W \cdot \cos\theta}{\ell} - u\right) \cdot \tan\phi}{\dfrac{W \cdot \sin\theta}{\ell}} = \dfrac{C \cdot \ell + (W \cdot \cos\theta - u\ell) \cdot \tan\phi}{w \cdot \sin\theta}$$

② 평행 파괴(무한사면)

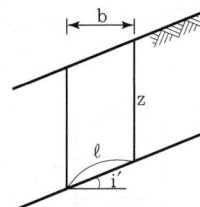

$$W = b \cdot z \cdot \gamma$$

$$l = \frac{b}{\cos i}$$

$$Fs = \frac{C + (\gamma \cdot z \cdot \cos^2 i - u) \cdot \tan\phi}{\gamma \cdot z \cdot \sin i' \cdot \cos i}$$

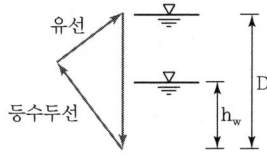

- 건조 시

$$Fs = \frac{\cancel{C}^0 + (\gamma \cdot z \cdot \cos^2 i' - \cancel{u}^0)\tan\phi}{\gamma \cdot z \cdot \sin i \cdot \cos i}$$

$$= \frac{\tan\phi}{\tan i}$$

- 포화 중 $Fs = \dfrac{\cancel{C}^0 + (\gamma_{sat} + z \cdot \cos^2 i - \gamma_w \cdot d_w \cdot \cos^2 i)\tan\phi}{\gamma_{sat} \cdot z \cdot \sin i \cdot \cos i} = \dfrac{\gamma_{sub}}{\gamma_{sat}} \cdot \dfrac{\tan\phi}{\tan i}$

- 완전포화 시 $Fs = \dfrac{\cancel{C}^0 + (\gamma \cdot z \cdot \cos^2 i - \cancel{u}^0)\tan\phi}{\gamma \cdot z \cdot \sin i \cdot \cos i} =$ 건조 시 조건

◯ 사면 수치해석 시 붕괴 가능 원인

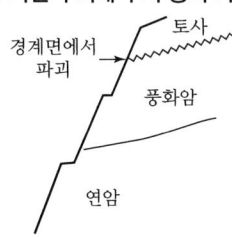

① 평균값으로 전체 해석 → 평균값보다 큰 하중, 취약단면 존재 → 여기서 붕괴
② 해석 단계를 고려 못한 극한 환경(집중호우)

◯ 사면의 불포화특성

- 　　모관흡수력　　　>　　　모관 현상
　　모든 방향의 흡수 능력　　중력 방향 반대로 흡수 현상

*불포화토 특성 → $u_a - u_w$ = 모관흡수력(Matric Suction)
　where) u_a : 간극공기압, u_w : 간극수압

- 함수특성곡선(불포화토의 역학적 성질 곡선)

체적함수비 $\theta = n \times w$(함수비)

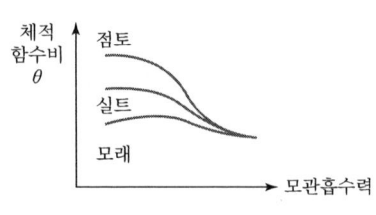

where) n : 간극률 $\left(\dfrac{V_v}{V}\right)$

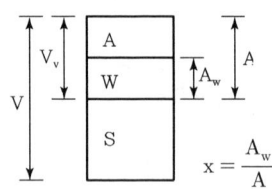

$$x = \dfrac{A_w}{A}$$

- 전단강도

  - Fredlund(' 포화 시, ^{b} 겉보기) : 모아원 표현 위해 활용
  $$\tau_f = C' + (\sigma_n - u_a) \cdot \tan\phi' + (u_a - u_w) \cdot \tan\phi^b$$
  - Bishop(불포화토 전단강도) : 불포화토의 전단강도
  $$\tau_f = C' + (\sigma - u_a) \cdot \tan\phi' + x(u_a - u_w) \cdot \tan\phi'$$

  where) $\sigma - u_a$: 유효응력, $u_a - u_w$: 간극수압(M.S.)

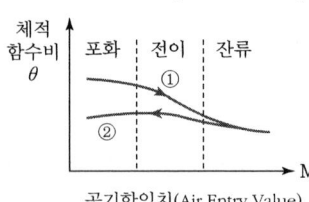

① 추출곡선 : 포화 → 전이 → 잔류
② 흡착곡선 : 다시 포화상태로

공기함입치(Air Entry Value)
[함수특성곡선]

○ SPT

N치 보정 → 보정식 : $N_{60} = N' \times C_N \times \eta_1 \times \eta_2 \times \eta_3 \times \eta_4$

where) N_{60} : 해머효율 60% 보정, N' : 장비별 결과, C_N : 유효상재하중 보정

- 로드길이 수정(η_2) $N = N'\left(1 - \dfrac{1}{200}\right)$
- 토질 수정 : 실측 N' 수정
- 상재하중 수정 $C_N = \sqrt{\dfrac{100}{P_0(H \cdot \gamma)}}$

○ 토층심도율/블록크기비 → 암사면 거동특성 구분

$$SR = \frac{토층심도 D}{사면높이 H}$$

- SR > 0.4 원호 파괴
- SR < 0.4 평면, 쐐기 파괴

$$BR = \frac{블록크기지수 I_b}{사면높이 H} \to \frac{\Sigma S_i}{3} (절리 간격)$$

- BR < 0.01 연속암반
- BR > 0.01 절리암반

○ Piezocone(CPT_u) 간극수압소산 곡선 → C_h 산정시험, S_u 산정시험

콘 포화시킴 → 관입 → 간극수압 측정 → 압밀도 구함 $\overline{u} = \left(1 - \dfrac{u_i}{u_f}\right) \times 100$

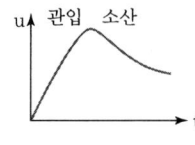
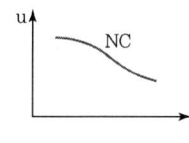
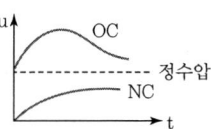

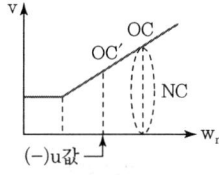
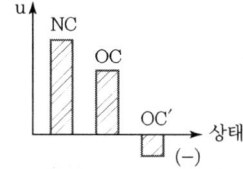

— S_u, C_h 산정

$$S_u = \frac{q_c - \sigma}{N} = \frac{u_t - u_0}{N}$$

where) q_c : 콘선단저항, σ : 전응력
u_t : 간극수압, u_0 : 정수압
N : 계수

$$C_h = \frac{T_n \cdot R^2}{t}$$

where) R : 콘 반경

○ 베인전단시험(S_u 산정)

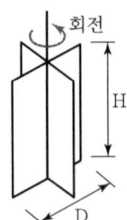

[Vane 모식도]

베인 D의 5배 이상 지반에 삽입, 비배수 점착력 산정(S_u)

$$T_{max} = \frac{C_{uv} \cdot \pi D^2 H}{2} + \frac{C_{uh} \cdot \pi D^3}{6} (C_{uv} = C_{uh})$$

$$\rightarrow C_u = \frac{T_{max}}{\frac{\pi D^2 H}{2} + \frac{\pi D^3}{6}}$$

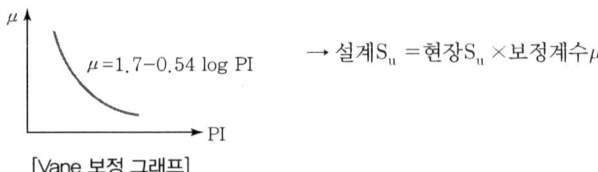

→ 설계S_u = 현장S_u × 보정계수 μ

[Vane 보정 그래프]

○ SMR(Slope Mass Rating)

$SMR = RMR + (F_1 \times F_2 \times F_3) + F_4$

where) F_1 : 경사보정, F_2, F_3 : 각도보정, F_4 : 굴착방법

등급	SMR	상태	파괴형태
I	81~100	매우 안정	–
II	61~80	안정	일부 블록
III	41~60	보통	소규모 평면, 원호
IV	21~40	불안정	평면, 원호
V	0~20	매우 불안정	대규모 평면, 원호

○ 토석류 응력경로

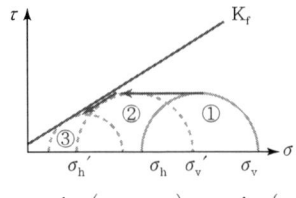

→ ① 건기 시의 지반강도가
② 집중호우 후 유효응력이 감소하여
③ 파괴포락선에 접하는 거동 보임

→ $\sigma_v' = (\gamma_t - \gamma_{sub})\sigma_v$, $\sigma_h' = (\gamma_t - \gamma_{sub})\sigma_v \cdot K_0$

○ 현장에서 불포화토 흡인력 측정방법

- 현장 : 텐시오미터(간극수압), 전기저항법
- 실내 : 원심법, 흡인법, 싸이클로미터

○ 모관흡수력 측정방법

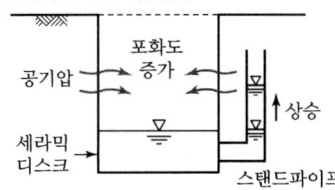

[텐시오미터 모식도]

① 현장 ─ 텐시오미터
       └ 전기저항법
② 실내시험 ─ 원심법
          ├ 흡인법
          └ 싸이클로미터

○ GPR

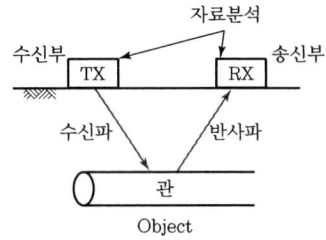

[GPR원리 모식도]

① 심도 결정 : $D = \dfrac{1}{2} V \cdot T$

⇓

② 위치 결정 : $V = \dfrac{C}{\sqrt{\varepsilon r}}$ 빛속도 / 유전율

where) V : 파속, T : 파 도달시간

○ 습윤대특성

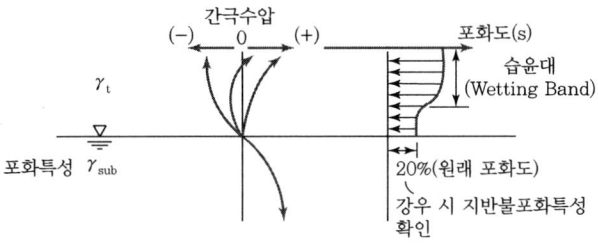

포화특성 γ_{sub}

20%(원래 포화도)
강우 시 지반불포화특성 확인

○ 암사면 해석의 구분
- 암사면의 기하학적 해석 : SMR, 평사투영법(예비검토)
- 암사면의 안정 해석 : 한계평형해석(F_s), 수치해석(본검토)

○ 사면안정에서 우기 시 강우침투를 고려한 지하수위 산정방법(지표까지 포화된 종래방법과 차이)

→ 종래 $Fs = \dfrac{C + (\gamma \cdot z \cdot \cos^2 i - \cancel{\mu})\tan\theta}{\gamma \cdot z \sin i \cdot \cos i}$ (완전포화) → 최근(사질토 가정 시 C = 0)

→ $Fs = \dfrac{\tan\phi}{\tan i}$ $\qquad\qquad Fs = \dfrac{\gamma_{sub}}{\gamma_{sat}} \cdot \dfrac{\tan\phi}{\tan i}$

(지하수가 활동면 아래에 존재 시) (지하수가 활동면 위에 존재 시)

Chapter 09 진동/암반

○ 내진설계 개념
내진설계의 악영향은 공진이다 → 물체 고유주기와 지진 가진주기가 같을 때 엄청난 파괴력 발생 → 내진설계 기본은 감쇠비 크게, 공진영향 작게 설계

○ 지반변형
0.1%가 기준, 넘으면 파괴된 것으로 간주

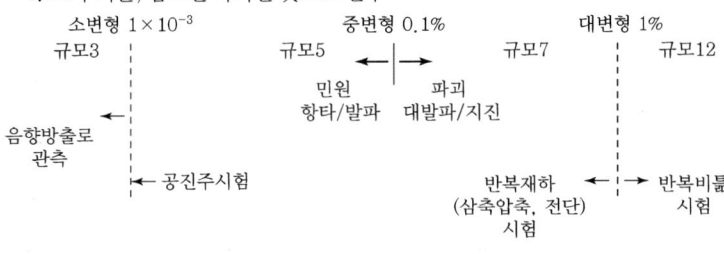

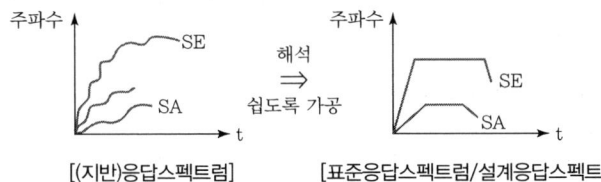

[(지반)응답스펙트럼]   [표준응답스펙트럼/설계응답스펙트럼]

○ 지진영향
유동맥상화, 쓰나미(전단력)

$$Fs = \frac{전단저항응력비(CRR)}{진동전단응력비(CRS)} = \frac{\dfrac{\tau_r}{\sigma_0'}}{\dfrac{\tau_d}{\sigma_0'}} > 1.0$$

where) $CRS = \dfrac{\tau_d}{\sigma_0} = 0.65 \dfrac{a_{max}}{g} \cdot \dfrac{\sigma_0}{\sigma_0'} \cdot C_d$ (감소계수)

$CRR = N_1 = N \times C_N$ (환산계수)
↑
반복재하시험의 재하횟수

$$\text{액상화가능지수 LPI} = \int_0^{20} F_{(z)} \cdot W_{(z)} dz$$

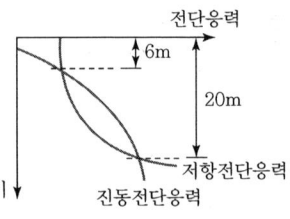

○ Hoek – Brown 파괴규정(암석, 암반 모두 적용)

- H – B 이론 　　　　모아 – 쿨롱 상관성 $\underbrace{\sigma_1 f = \sigma_{cm} + K \cdot \sigma_3}_{\text{H–B} \qquad \text{M–C}}$

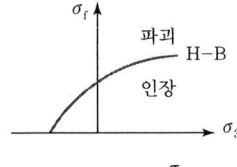 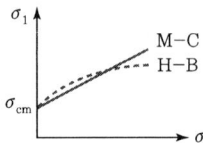

$$\sigma_{1f} = \sigma_3 - \sigma_c (m_b \frac{\sigma_3}{\sigma_c} + S)^a \qquad \text{where) } m_b, S, a : \text{암반의 특성값}$$

→ ① 암석, 암반 모두 적용, ② 그리피스이론 근거, ③ 암석대상 3천 번 시험 실시,
　④ 주의 : 이방성 암반 적용 불가

○ 암반분류 목적(터널 지보 설계 위함)

- RMR

① 　강　RQD　상　간　지　　　★ $RQD = \dfrac{10cm \text{ 이상 코어길이 합}}{\text{시추공길이}} \times 100\%$
　　15　20　30　20　15
　　　　　　↓
② RMR 구한 후　　　→　┌ 터널 : 0~12점 감점
　불연속면방향 보정　　　└ 사면 : $F_1 \sim F_3$ 보정
　　　　　　↓
③ 5등급 분류(SMR 유사)

- Q – system　　$Q = \dfrac{RQD}{J_n} \times \dfrac{J_r}{J_a} \times \dfrac{J_w}{SRF}$ → 방향성 미고려

　where) J_r : 불연속면 거칠기, J_w : 지하수상태, J_n : 불연속면 개수
　　　　J_a : 불연속면 풍화, SRF : 응력계수

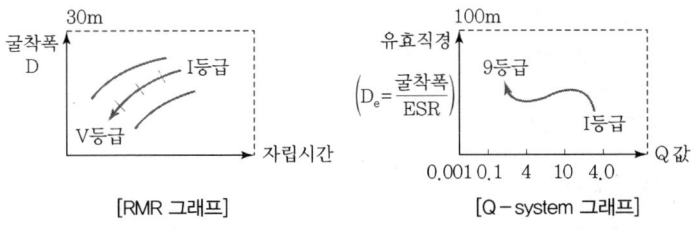

[RMR 그래프]   [Q-system 그래프]

○ Q-system과 RMR의 차이점

구분	Q-system	RMR
등급	9등급	5등급
지보체계	복잡	단순
응력조건	고려	미고려
적용	대단면 터널	소규모 터널

○ Squeezing 거동기준(시간의존적 거동)

$\alpha = \dfrac{\sigma_{cm}}{\gamma \cdot h} < 2$ → 스퀴징 발생

　where) γ : 단위중량, h : 터널심도

$\sigma_{cm} = \sqrt{S} \cdot \sigma_c$

　where) σ_{cm} : 암반강도, S : RMR지수

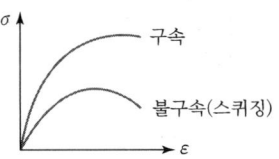

○ 암반 K_0 상태시험(암반초기지압 측정방법)

- Flat Jack Test : 대상암반 → 굴착 후 Jack 설치 → Jack 압력 가함
  → $\sigma - \varepsilon$ 관계 규명

- 수압파쇄법
  (수압할렬 발생)

- 응력해방법 : 작은 시추공에 게이지 설치 → 큰 시추공 작업 → 응력해방
  → $\sigma - \varepsilon$ 관계 규명

○ 지수 종류별 적용

- RQD : 지반상태 파악 위해 범용으로 활용
- RMR, RMI, Q−system : 터널 지보 패턴 파악
- SMR : 사면 평가

○ 액상화가능지수

$$LPI = \int_0^{20} F_{(Z)} \cdot W_{(Z)} dz$$ where) F : 안전율, W : 가중치

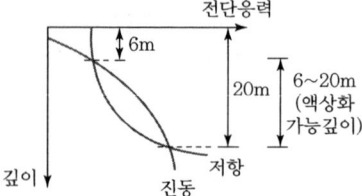

LPI 기준
- 0 : 피해 가능성 매우 낮음
- <5 : 낮음
- 5<LPI<15 : 높음
- >15 : 매우 높음

○ 감쇠비(Damping Ratio)

- 감쇠의 종류
  - 기하감쇠 : 진동측정기, (+)dila
  - 내부감쇠 : 공진주시험, (−)dila

①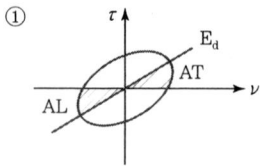

② 감쇠비

$$D = \frac{1}{4\pi} \frac{AL}{AT}$$

where) AL : 이력곡선 전체면적

[반복삼축압축시험의 $\tau - \nu$ 곡선]

○ 암반의 k_0 상태시험 이용(터널)

$\sigma_v > \sigma_h$, $k_o < 1$ $\sigma_v = \sigma_h$, $k_o = 1$ $\sigma_h > \sigma_v$, $k_o > 1$

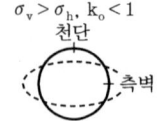   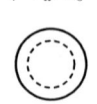   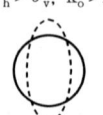

측벽 : 압축, 천단 : 인장   측벽, 천단 : 압축   측벽 : 인장, 천단 : 압축
→ 인장 측 보강   → 인장 측 보강

◐ 효과적인 내진설계를 위해 자진응답 해석을 이용한 설계지진하중(a_{max}) 산정

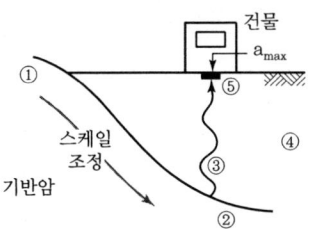

① 기반암노두 a_{max} 산정
② 설계지진파 결정
③ 지반동적물성치 결정(G, D, E, ν)
④ 1차원 지진응답해설 수행
⑤ 지표면 a_{max} 산정

◐ 감쇠이론

① **감쇠** : 진동이나 지진파가 시간, 거리에 따라 감소하는 현상
② **감쇠종류** ┌ 기하감쇠 : 토체부피 팽창, 급격감쇠
            └ 내부감쇠 : 토립자운동 → 마찰 → 열 → 에너지 감소

③ **발생** : 기하감쇠, 내부감쇠 동시 발생
④ **시험** : 기하(진동측정기), 내부(공진주시험)
⑤ 감쇠비와 전단탄성계수의 상관성

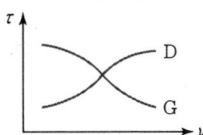

⑥ 감쇠비

$$D = \frac{1}{4\pi} \frac{AL}{AT}$$

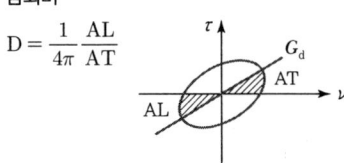

◐ 액상화 영향인자(밀입포 배진압)

밀도(느슨), 입도, 포화도, 배수조건, 진동특성, 압(유효상재압)

◯ 액상화 평가과정

예비평가 : 자료수집·분석, 지반조건에 따른 가능성
↓
본평가 ─ 지진응답해석 $\dfrac{\tau_{dmax}}{\sigma_{v'}} = 0.65 \dfrac{a_{max}}{g} \dfrac{\sigma_0}{\sigma_{0'}} \cdot C_d$

↓ ─ 간편예측 $Fs = \dfrac{액상화저항응력비}{전단응력비} \dfrac{CRR}{CRS} \cdot \dfrac{\tau_\ell}{\tau_d} > 1.5$

 ─ 상세예측 $Fs = \dfrac{전단저항응력비}{전단응력비} \dfrac{CRR}{CRS} \cdot \dfrac{\tau_r}{\tau_d} > 1.1$

액상화가능지수 검토 $LPI = \int_0^{20} F_{(Z)} W_{(Z)} dz$

◯ 암반초기지압 경험식(Hoek & Brown)

$$\dfrac{100}{Z} + 0.3 < K_0 < \dfrac{1,500}{Z} + 0.5$$

◯ 지반응답평가를 위한 실내, 현장시험(지질자료 보충!)

① 실내시험 : 초음파, 공진주, 반복재하, 반복비틂(E, D, G 산정)

구분	탄성계수	전단탄성계수	감쇠비
초음파시험	○	○	
공진주시험	○	○	○
반복재하시험	○		○
반복비틂시험		○	○

② 현장시험 : 층내검층, 표면파스펙트럼

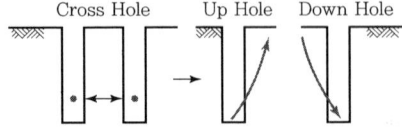
Cross Hole   Up Hole   Down Hole

③ 진동삼축압축시험 이력곡선

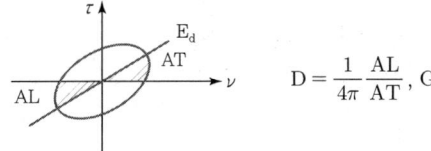

$$D = \frac{1}{4\pi} \frac{AL}{AT}, \quad G = \frac{\tau}{\nu}$$

○ (지반)응답스펙트럼

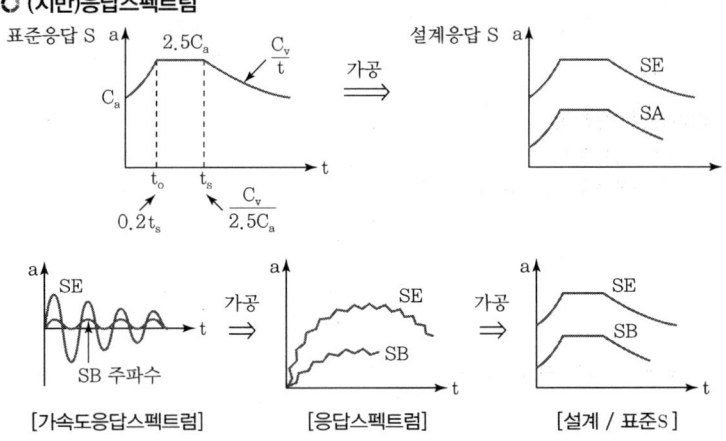

[가속도응답스펙트럼]   [응답스펙트럼]   [설계 / 표준S]

○ 액상화 고급 Mechanism

$\sigma' = \gamma_{sub} \times Z$

$u = Z \times \gamma_w$ (정수압)

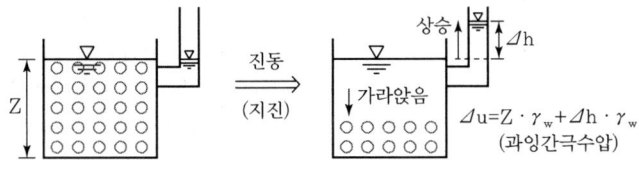

$\Delta u = Z \cdot \gamma_w + \Delta h \cdot \gamma_w$
(과잉간극수압)

○ 암석강도특성시험

- 간이시험 : 점하중시험

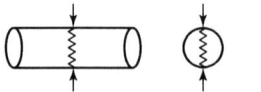
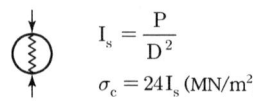

$$I_s = \frac{P}{D^2}$$

$$\sigma_c = 24 I_s \, (MN/m^2)$$

- 실내시험 ┬ 일축/삼축강도시험
  ├ 인장 : 브라질리안 $\sigma_t = \dfrac{2P}{\pi D \ell}$ →
  └ 전단 : 직접전단시험

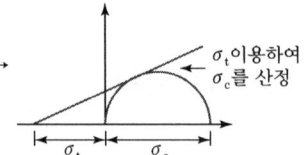

σ_t 이용하여 σ_c 를 산정

○ 암반전단거동모델

- Patton 톱니모델
  → 톱니모양 절리만 적용 가능(한계성)

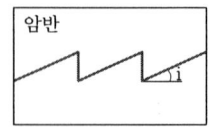

↗ 수직응력 σ_n 이 작을 때

$\tau_f = \sigma_n \cdot \tan(\phi_b + i)$ $\sigma_n < \sigma_\tau$

$\tau_f = C_{res} + \sigma_n \cdot \tan\phi_{res}$ $\sigma_n > \sigma_\tau$

→ 톱니가 깨질 때(σ_n 이 커서)

- Barton 비선형모델(모든 절리 모델 가능)

$$\tau_f = \sigma_n \cdot \tan\left[\phi_b + JCR \cdot \log\left(\frac{JCS}{\sigma_n}\right)\right]$$

where) JCR : 절리면 거칠기계수
JCS : 절리면 강도계수

○ 암석의 Mohr–Coulomb 파괴기준

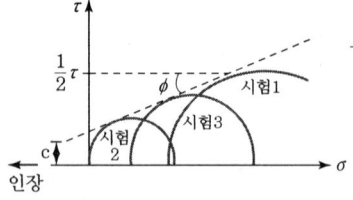

→ 암석의 인장시험과 1축 압축과 3축 압축시험으로 모아원 작도 후 접선으로 ϕ 산정, 절편으로 C 산정

① 암석은 인장력 존재 → σ_t 존재
② 곡선을 직선가정 후 ϕ, C 구함

$$\underset{\text{모아-쿨롱기준}}{\sigma_1 f(H-B) = \sigma_{cm} + k \cdot \sigma_3}$$

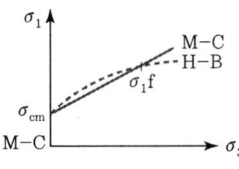

○ Jar – Slake Test(정적 시험)

- 시료 건조 → 시료 포화 → 상태 파악
  (110℃ 24시간) (24시간 수침) (1~6Mode 검토)

- 시험결과

단계	상태	단계	상태
I	Mud	IV	Fractures
II	Flakes	V	Slabs
III	Chips	VI	Non – Reaction

- 원통 Slake Test : 동적 시험

Chapter 10 터널

○ 터널 막장 평가방법
- 시공 시 막장 안정
  - 예비평가 : *Face Mapping
  - 막장전방탐사 ┬ TSP : 굴절파 이용, 측정범위 200m, 정밀도 낮음
                └ 수평보링 시추공 : 전방시추(15m), 탐사거리 짧으나 정밀함
  ↕
- 설계 시 막장 안정
  - 연약지반 ┬ 사질토 : 붕괴모드해석
            └ 점성토 N (안정계수)= $\dfrac{P_a - \sigma_t + r\left(H + \dfrac{D}{2}\right)}{C_u}$ <6 안정
  - 수치해석

○ 근접 터널시공에 따른 기존터널 안전영역(Pillar와 연계 작성)

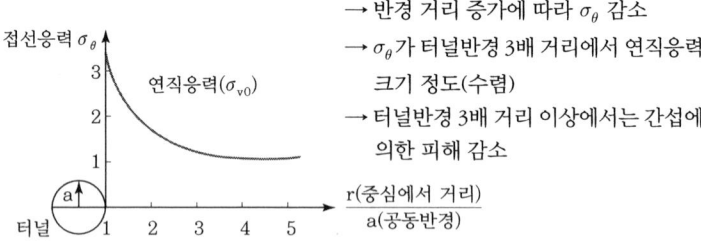

→ 반경 거리 증가에 따라 σ_θ 감소
→ σ_θ 가 터널반경 3배 거리에서 연직응력 크기 정도(수렴)
→ 터널반경 3배 거리 이상에서는 간섭에 의한 피해 감소

○ 시험발파

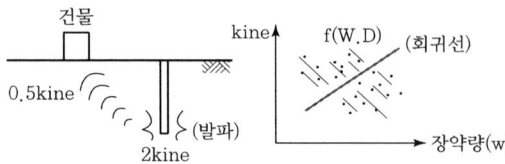

① 주민설명회
② 시험발파 실시 → 장약량, 천공간격 계획 및 소음, 진동 측정

③ 회귀 분석
④ 장약량, 천공간격 결정
⑤ 발파 기준

구분	가축	가옥	건물	철골구조
kine(cm/sec)	0.1	0.3	1.0	5.0

○ 도로터널 정량적 위험도 평가
• 절차 : 화재발생 시나리오 → 사건발생률 산정 → 화재해석 → 차량 정체 대피해석 → 유해가스 정량화 → 사상자 수 추정 → 위험수준 분석
• 기준(대피시간) = 감지시간 + 대피결정시간 + 대피속도
             (1분이내) (차 버리고 + 대피결정) (대피자 밀도, 시야확보, 연기농도 등 영향 받음)

○ Fore Poling과 Pipe Roof

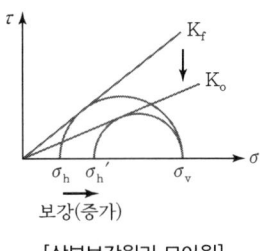

[상부보강원리 모아원]

구분	Fore Poling	Pipe Roof
재료	철근, 강관	강관, FRP
길이	굴진장 2~3배	6m
범위	60~120°	90~180°
설치	10°	15°
적용	소규모 파쇄대	중규모 파쇄대
효과	일시적 천단 안정	반영구적 천단 안정

○ Single Shell과 Double Shell의 차이점

구분	Single Shell	Double Shell
적용	NMT	NATM
분류	Q-system의 D_e 1~8등급은 싱글쉘 적용 가능	D, RMR, I, V, 자립시간
지보패턴	숏크리트 + 락볼트	숏크리트 + 락볼트 + 라이닝
특징	2차 라이닝 필요 없음, 굴착단면 축소 시공비 감소, 유지비 증가	다수실적, 과다설계 우려 시공비 증가, 유지비 감소

○ 쉴드공법에서 Gap Parameter

쉴드 외경과 세그먼트 외경 차이가 발생하는 변수들의 정량적 수치

$G = 2\Delta + \delta + U$

where) 2Δ : 쉴드와 라이닝공간
        δ : 라이닝 설치 시 변위
        U : 막장변위 + 쉴드변위

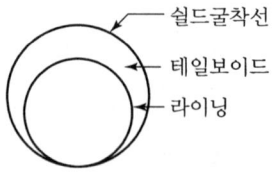

[Gap Parameter 모식도]

○ 저토피구간 터널 적용 공법

개착공법	외부보강 + 내부굴진	내부보강 + 내부굴진
카린시안반굴착	복토 + 지반그라우팅 + 내부굴진	강관다단 + 내부굴진
오픈컷	소일시멘트복토 + 내부굴진	NTR 공법
가시설 + 개착	상부콘크리트(얇게) + 강관다단 + 내부굴진	

○ 자유면과 최소저항선

- 자유면 : 발파 시 노출면
- 최소저항선 : 폭약중심 ~ 자유면까지 최단거리

$$\text{누두지수 } n = \frac{r(\text{누두반지름})}{w(\text{최소저항선})}$$
    $n = 1$ 표준장약
    $n > 1$ 과장약
    $n < 1$ 과소장약

- 자유면 목적 : 발파효율 극대, 여굴 방지, 모암영향 최소화
- 자유면 확보방법 : 심빼기발파(V컷, 피라미드컷, 다이아몬드컷) 등

○ 터널암반하중, 하중범위(테르자기이론)

① 터널라이닝에 작용하는 암반이완하중
- 정적하중 : 토압, 수압
- 동적하중 : 지진하중, 주변영향
- 추가하중 : 교통하중 + 공용중하중

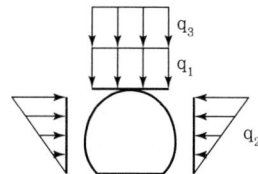

where) q_1 : 콘크리트자중
q_2 : 지하수압
q_3 : 암반이완하중

② 암반하중 산정

(깊은 터널)　　(얕은 터널)
$$P_{(roof)} = \frac{\gamma \cdot B}{2K \cdot \tan\phi} \quad / \quad P_{(roof)} = \frac{\gamma \cdot B}{2K \cdot \tan\phi}\left(1 - e^{-K \cdot \tan\phi \frac{2H}{B}}\right)$$

where) K : 토압계수, B : 지반이완범위

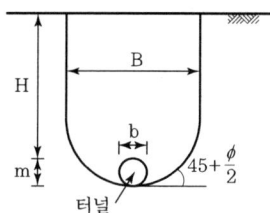

where) $B = 2\left[\dfrac{b}{2} + m \times \tan\left(45 - \dfrac{\phi}{2}\right)\right]$

○ 터널 설계 시 지보타입 결정방법

- RMR 활용

구분	강도	RQD	절리면 상태	절리면 간격	지하수 상태
점수	15	20	30	20	15

→ 절리방향 보정(0~12점 감점) → 5등급 분류 → 지보타입 결정

- Q-system 활용

$$Q = \frac{RQD}{J_n} \times \frac{J_r}{J_a} \times \frac{J_w}{SRF}$$

→ 지보타입 결정

◯ 터널 시공 시 지보타입 결정방법(NATM 중심)

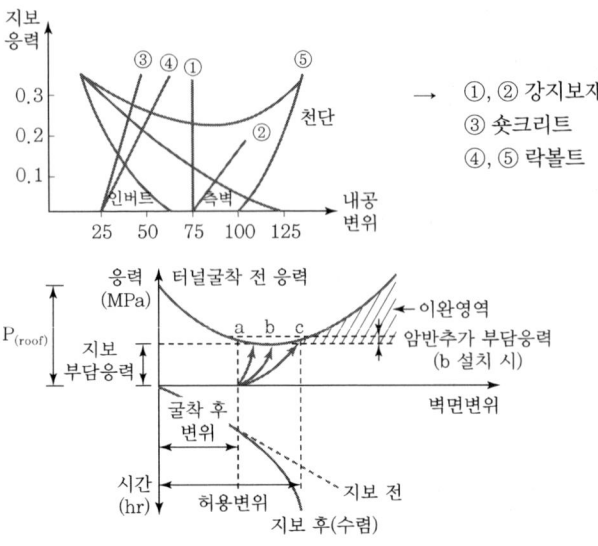

→ ①, ② 강지보재
  ③ 숏크리트
  ④, ⑤ 락볼트

[지반반응곡선]

→ a : 안정, 비경제적, b : 안정, 경제적, c : 불안정, 경제적

• 지반반응곡선의 특징
 무지보 자립시간 판단 / 지보시기 결정 / 화약량 산정 등

◯ 아칭이 막장 수직변위의 변화에 미치는 영향

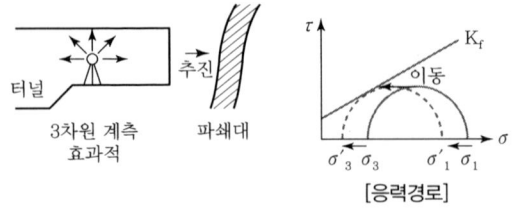

[응력경로]

① 적당거리 유지 시 수직변위 발생 → 아칭에 막장부 응력↑
② 파쇄근접 시 응력해방으로 수직변위 증가 < 종방향변위 증가 → 매우 불안정
  (K_f로 이동)

○ 배수터널과 비배수터널(물이 터널지반에 미치는 영향)

구분	배수터널	비배수터널
원리		
구성	배수시설, 터널, 지보	방수시설, 터널, 지보
시공	배수시설중심	방수시설중심
장점	수위변화 유연	유지비 감소
단점	유지비 증가	초기시공비 증가
적용	일반, 산악	해저, 연약

→ 배수터널 지하수 유입량

$$Q = \frac{2\pi K \cdot H_0}{l_n(2H/r)}$$ where) H_0 : 수두차, H : 침투거리, r : 터널반경

○ 터널붕락 원인

① 막장붕괴

② 지하수영향

③ 저토피

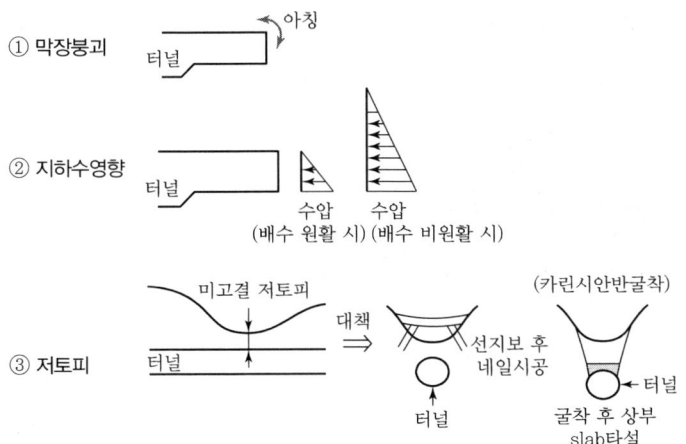

○ 단층대 규모 조사방법
- 현장조사 : 시추조사, 물리탐사, TSP 등
- 현장시험 : k_0시험, 루전, 베인, CPT_u / 실내시험 : 정적시험, 동적시험

○ 터널 굴착공법(굴착순서)

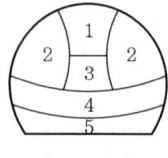 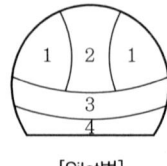 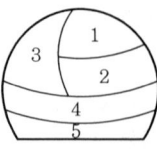

[Ring Cut]   [Silot법]   [중력식법]

○ NATM 설계 흐름

① 노선측량
↓
② 지표지질 조사 : 식생이 없는 지역 → 파쇄대, 절리
↓
③ 탄성파 탐사 : SA~SE 등급(암반 분류)
↓
④ 전기비저항 조사 : 물이 차 있으면 파란색, 없으면 빨간색
↓
⑤ 시추조사 + 시추공 촬영 : TCR, RQD / BIPS, BHTV → RMR, Q-system 검토
↓
⑥ 지보패턴 결정 : 유사설계 사례 + 조사결과 등

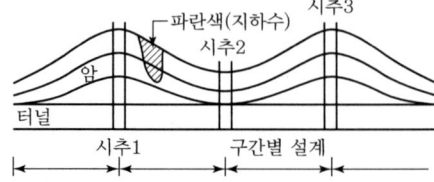

○ Pillar부 응력 제어공법

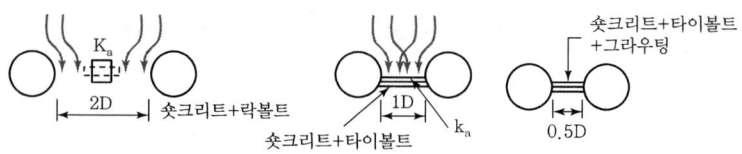

○ Decoupling 지수(제어발파)

- 발파 폭발력이 주변 암반영향 감소, 장약주위 공간형성
- 지수 = $\dfrac{발파공직경}{폭약직경} = \dfrac{d}{d_e}$ → 스무스 블라스팅 1.5~2 범위
- 제어발파 종류 : Line Drilling, Pre-Splitting, Cushion Blasting, Smooth Blasting
- 제어발파 원리 : 지발 효과, 디커플링 효과, 탬핑 효과

○ 터널 계측

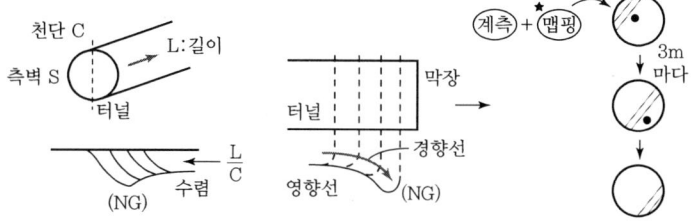

◯ 쉴드 TBM공법의 특징

구분	이수가압식(슬러리쉴드)	토압식(EPB)
막장안정	이수가압	굴착토압
장점	• 지하수압에 유리함 • 대수층에서도 적용 가능 • 배토 용이	• 비교적 공사비 저렴 • 굴착토 처리 용이 • 대규모 플랜트 필요 없음
단점	• 대규모 플랜트 필요 • 공사비 증가 • 사질지반 붕괴 가능	• 첨가재 필요 • 고결지반 효율 감소
Head부	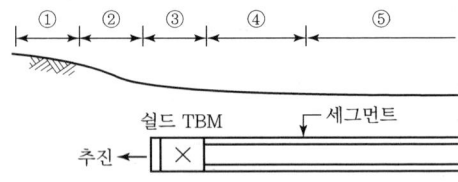	

◯ 쉴드 TBM 지반침하

구분	원인	대책
① 선행침하	지하수위 저하	지하수 Recharge
② 막장전방침하	추진압 과다	추진압 관리
③ 바디침하	막장 붕괴	막장붕괴 보조공법
④ 테일보이드침하	여굴 발생	뒷채움재 주입
⑤ 후속침하	지반 Creep	뒷채움재 주입